1890 GENEALOGICAL CENSUS RECONSTRUCTION

MISSISSIPPI EDITION

Volume 1

Sherida K. Eddlemon

HERITAGE BOOKS
2007

HERITAGE BOOKS
AN IMPRINT OF HERITAGE BOOKS, INC.

Books, CDs, and more—Worldwide

For our listing of thousands of titles see our website
at
www.HeritageBooks.com

Published 2007 by
HERITAGE BOOKS, INC.
Publishing Division
65 East Main Street
Westminster, Maryland 21157-5026

Copyright © 2002 Sherida K. Eddlemon

All rights reserved. No part of this book may be reproduced or transmitted in any form or by any means, electronic or mechanical, including photocopying, recording or by any information storage and retrieval system without written permission from the author, except for the inclusion of brief quotations in a review.

International Standard Book Number: 978-0-7884-2030-5

PREFACE

For years as a beginning genealogist, I was told that the 1890 Population Census was destroyed by fire in 1921. This is the first volume in a series using alternate sources devoted to reconstruction of individuals that may have been listed on the destroyed 1890 census. Data is collected between the time periods of 1881 to 1891.

However the destruction and lost of these records was not as simple as that. This census included much more information and was surrounded with complaints and controversy. Officials from New York and Minnesota were accused of adding fraudulent names for political reasons.

The records of the 1890 census were not in the vault. At that time there was not a National Archives to house the records. Firemen trampled over volumes and poured thousands of gallons of water to extinguish the fire. The basement vault with volumes damaged by water were from the years 1830, 1840, 1880, 1900 and 1910. Most of these volumes were opened dried and salvaged. The census schedules of 1790-1820 and 1850-1870 were on a separate floor and not damaged. The 1920 census was housed in a different building.

To this day it unknown exactly what caused the fire to happen. The cause of the fire was shrouded in rumor and speculation. The one thing that everyone agreed on that the fire had not been burning long when it was reported by James Foster, government employee. The fire was a national disaster and drew attention to the country's paper heritage. A fire could have easily have consumed the Declaration of Independence and the Constitution.

For some reason no salvage attempts were made to preserve the soaked 1890 census. There was extreme pressure from the Library of Congress, the National Genealogical Society, and the Daughters of the American Revolution to get Congress and President Hoover to try to save the 1890 census.

In May 1921 the new census director, William Steuart, arranged for the records to be returned to the census building and try to put them in some kind of order. Not much else is clear but in December, 1932 according to the federal regulation of that time, the Chief Clerk of the Bureau of Census sent a list to the Librarian of Congress a list of papers scheduled for destruction. Item 22 on that list was the 1890 census and the Liberian did not identify 1890 Original population schedules as a permanent record.

On February 21, 1933 Congress ordered the destruction of 1890 census. It is unknown the exact date of their destruction. Some records point to the destruction as late as 1935 and others in 1934. The one ironic note to this entire event is that the destruction of these priceless records was ordered by Congress one day before the cornerstone for the new National Archives was laid to ground. A few fragments of the 1890 census were missed by the Congressional destruction order and have been microfilmed. They are from the states of Alabama, Georgia, Illinois, Minnesota, New Jersey, New York, North Carolina, Ohio, South Dakota, Texas and the District of Columbia. There are approximately 6,100 name on the fragments.

Was it because of political intrigue? Was it just simple bungling on the part of a government official? Where was the public outcry from the genealogy and historical societies? What were the reasons the 1890 census was destroyed along with the information it contacted on our ancestors. Hopefully, you will find your missing ancestor with the pages of this book.

ABBREVATIONS

B	Born
D	Died
PRTS	Parents
MD	Marriage Date
CO	County
CMTS	Comments
C	Cemetery
ID	Issue Date
BP	Birth Place
DP	Place of Death
IDM	Issue date of Marriage License
RDM	Return date of Marriage License
L	Land
MIL	Military Information
WWIDR	World War I Draft Registration

Abbey, Thomas: (CMTS) 1890 Veterans Census, (CO) Alcorn
Abbott, Mrs. Annie: (CMTS) 1892 Natchez City Directory, (CO) Adams
Abbott, Charles: (CMTS) 1890 Veterans Census, (CO) Pike
Abbott, Liberty: (CMTS) 1890 Veterans Census, (CO) Holmes
Abbott, Walter Phillippi: (B) Jul. 6, 1887, (Race) White, (BP) Nashville TN, (WWIDR) Adams, MS, (CO) Adams
Abbott, W.: (CMTS) 1892 Natchez City Directory, (OC) Grocery, (CO) Adams
Abbott, W. B.: (CMTS) 1892 Natchez City Directory, (OC) Grocer, (CO) Adams
Abbott, William: (CMTS) 1890 Veterans Census, (CO) Panola
Abel, Mrytis H.: (B) Dec. 3, 1898, (D) Mar. 10, 1943, (CO) Carroll, (C) Bethel Baptist Cemetery
Abel, Stella B.: (B) Mar. 22, 1889, (D) Sep. 17, 1921, (CO) Carroll, (C) Bethel Baptist Cemetery
Abel, Walter L.: (B) Dec. 20, 1882, (D) Jul. 21, 1922, (CO) Carroll, (C) Bethel Baptist Cemetery
Abels, George H.: (MD) Dec. 1, 1897(Spouse) Jane Waldrop. (CO) Holmes
Abender, Elizabeth: (CMTS) 1890 Veterans Census, (CO) Warren
Abner, Gilbert: (CMTS) 1890 Veterans Census, (CO) Perry
Abraham, Daniel Wolf: (B) Jul. 12, 1885, (Race) White, (WWIDR) Adams, MS, (CO) Adams
Abraham, Ham: (CMTS) 1890 Veterans Census, (CO) Adams
Abram, Emily: (CMTS) 1890 Veterans Census, (CO) Tate
Abram, Franklin: (CMTS) 1890 Veterans Census, (CO) Hinds
Abram, Gabriel: (L) 120.19 acres, Jackson Land Office, (ID) Dec, 30, 1884, (CO) Marion
Abram, Gabriel: (L) 40.12 acres, Jackson Land Office, (ID) Sep. 23, 1890, (CO) Marion
Abram, Jerry: (L) 40.08 acres, Jackson Land Office, (ID) Feb. 21, 1895, (CO) Marion
Abram, Kelley: (CMTS) 1890 Veterans Census, (CO) Washington
Abram, Lee: (B) Aug. 12, 1886, (Race) Black, (BP) Natchez, MS, (WWIDR) Caldwell, LA, (CO) Adams
Abram, Lewis: (L) 159.98 acres, Jackson Land Office, (ID) Sep. 26, 1890, (CO) Marion
Abram, Lincoln: (CMTS) 1890 Veterans Census, (CO) Washington
Abram, Samuel: (L) 157.32 acres, Jackson Land Office, (ID) Mar. 23, 1892, (CO) Marion
Abram, Willard: (CMTS) 1890 Veterans Census, (CO) Hinds
Abram, William: (L) 160.24 acres, Jackson Land Office, (ID) Jan. 30, 1891, (CO) Marion
Abrams, Isaac: (CMTS) 1892 Natchez City Directy, (CO) Adams
Absen, Alexander: (B) Feb. 25, 1893, (Race) Black, (BP) Franklin Co., MS, (WWIDR) Adams, MS, (CO) Adams
Absen, Lee: (B) Oct. 29, 1899, (Race) Black, (WWIDR) Adams, MS, (CO) Adams
Absenh, George: (B) Sep. 10, 1898, (Race) Black, (BP) Adams Co., MS, (WWIDR) Adams, MS, (CO) Adams
Abson, Anderson: (B) 1896, (Race) Black, (BP) Adams Co., MS, (WWIDR) Adams, MS, (CO) Adams
Abston, Sylvester: (B) Feb. 16, 1898, (Race) Black, (WWIDR) Adams, MS, (CO) Adams
Ach, Polly: (CMTS) 1890 Veterans Census, (CO) Adams
Ackerman, Samuel: (B) Sep. 21, 1896, (Race) White, (BP) Natchez, MS, (WWIDR) New York City, NY, (CO) Adams
Acurlock, Henry: (CMTS) 1890 Veterans Census, (CO) Desoto
Adair, E. W.: (MD) Nov. 13, 1884, (Spouse) Mollie Smith (CO) Tippah
Adair, J. A..: (MD) Dec. 26, 1887, (Spouse) Corrie Smith (CO) Tippah
Adair, Luther: (MD) Jan. 3, 1892, (Spouse) Cora Horton (CO) Tippah
Adair, Luther: (MD) Dec. 29, 1898, (Spouse) Sallie Bartlett (CO) Tippah
Adams, Alexander: (L) 81.73 acres, Jackson Land Office, (ID) Apr. 4, 1885, (CO) Clarke
Adams, Almetter: (B) Oct. 1, 1899, (D) Oct. 15, 1989, (DP) Greenville., MS, (CO) Washington
Adams, Andrew David: (B) Dec. 9, 1882, (Race) White, (WWIDR) Adams, MS, (CO) Adams
Adams, Candis A..: (L) 40.14 acres, Jackson Land Office, (ID) Dec. 14, 1896, (CO) Yalobusha
Adams, Carey: (CMTS) 1890 Veterans Census, (CO) Holmes
Adams, Charles: (L) 160.42 acres, Jackson Land Office, (ID) Sep. 9, 1897, (CO) Jefferson
Adams, Charles: (L) 160.42 acres, Jackson Land Office, (ID) Sep. 9, 1897, (CO) Davis

Adams, Charles A.: (L) 160.49 acres, Jackson Land Office, (ID) May 7, 1897, (CO) George
Adams, Charles A.: (L) 40.27 acres, Jackson Land Office, (ID) Jun. 28, 1899, (CO) Neshoba
Adams, Chas.: (CMTS) 1892 Natchez City Directy, (OC) Clerk, (CO) Adams
Adams, David Y.: (L) 159.14 acres, Jackson Land Office, (ID) Jan. 17, 1895, (CO) Attala
Adams, Elbert: (B) 1896, (Race) Black, (BP) Kirby, MS, (WWIDR) Adams, MS, (CO) Adams
Adams, Ellis: (B) Jul. 8, 1890, (Race) Black, (BP) Natchez, MS, (WWIDR) Quincy IL, (CO) Adams
Adams, Esther: (L) 77.64 acres, Jackson Land Office, (ID) Aug, 20, 1881, (CO) Scott
Adams, Fred: (CMTS) 1890 Veterans Census, (CO) Copiah
Adams, Gates: (CMTS) 1890 Veterans Census, (CO) Madison
Adams, Genter P.: (B) May. 21, 1890, (Race) White, (BP) Natchez, MS, (WWIDR) Buffalo, NY, (CO) Adams
Adams, George: (B) Aug. 19, 1898, (D) 1974, (DP) Biloxi, MS, (CO) Harrison
Adams, George C.: (L) 159.88 acres, Jackson Land Office, (ID) May 20, 1891, (CO) Franklin
Adams, H. S.: (MD) Aug. 5, 1886, (Spouse) Martha Baker (CO) Tippah
Adams, Harry: (B) May. 1, 1895, (Race) White, (BP) Franklin Co., MS, (WWIDR) Adams, MS, (CO) Adams
Adams, Henry: (CMTS) 1890 Veterans Census, (CO) Washington
Adams, Horace G.: (B) Apr. 14, 1887, (Race) White, (BP) Meadville, MS, (WWIDR) Adams, MS, (CO) Adams
Adams, J.: (CMTS) 1892 Natchez City Directory, (CO) Adams
Adams, James: (CMTS) 1890 Veterans Census, (CO) Hinds
Adams, James: (CMTS) 1890 Veterans Census, (CO) Washington
Adams, Jane: (B) Nov. 29, 1898, (D) 1980, (DP) Tupelo, MS, (CO) Lee
Adams, Joel R: (MD) Oct. 1, 1891, (Spouse) Evie Lowry (CO) Tippah
Adams, John W.: (MD) Dec. 5, 1888, (Spouse) Eddie Sullivan (CO) Tippah
Adams, Leslie: (B) Aug. 21, 1897, (D) Mar., 1974, (DP) Biloxi, MS, (CO) Harrison
Adams, Luther: (B) Jul. 23, 1891, (Race) White, (BP) Franklin Co., MS, (WWIDR) Adams, MS, (CO) Adams
Adams, Mary: (B) Oct. 4, 1892, (D) 1973, (DP) Columbus, MS, (CO) Lowndes
Adams, Millard: (B) 1896, (Race) Black, (BP) Washington, MS, (WWIDR) Toledo OH, (CO) Adams
Adams, Millie: (CMTS) 1890 Veterans Census, (CO) Bolivar
Adams, Orlando: (B) Sep. 10, 1888, (D) 1966, (DP) Bay St. Louis, MS, (CO) Hancock
Adams, Parker: (B) Aug. 23, 1894, (Race) Black, (BP) Church Hill, MS, (WWIDR) Adams, MS, (CO) Adams
Adams, Pauline: (B) Jan. 14, 1896, (D) 1978, (DP) Philadelphia, MS, (CO) Neshoba
Adams, Perry: (CMTS) 1890 Veterans Census, (CO) Bolivar
Adams, Pleasant: (CMTS) 1890 Veterans Census, (CO) Holmes
Adams, Prince: (CMTS) 1890 Veterans Census, (CO) Washington
Adams, Robort: (CMTS) 1890 Veterans Census, (CO) Washington
Adams, Richard: (CMTS) 1890 Veterans Census, (CO) Tunica
Adams, Saint Elmo: (B) Jul. 16, 1892, (Race) Black, (BP) Natchez, MS, (WWIDR) Adams, MS, (CO) Adams
Adams, Sam: (CMTS) 1890 Veterans Census, (CO) Issaquena
Adams, Stevens: (CMTS) 1890 Veterans Census, (CO) Hinds
Adams, Tenie: (B) Mar. 1, 1891, (D) 1983, (DP) Macon, MS, (CO) Noxubee
Adams, Thomas B.: (MD) Nov. 16, 1883, (Spouse) Della A. Perry, (CO) Perry
Adams, William: (B) Apr. 21, 1896, (Race) Black, (BP) Natchez, MS, (WWIDR) Adams, MS, (CO) Adams
Adams, William: (CMTS) 1890 Veterans Census, (CO) Copiah
Adcox, Wade: (B) Mar. 17, 1884, (Race) White, (WWIDR) Adams, MS, (CO) Adams
Addison, Henry: (B) Mar. 28, 1882, (Race) Black, (WWIDR) Adams, MS, (CO) Adams
Addison, John: (CMTS) 1890 Veterans Census, (CO) Adams
Addison, Lewis: (CMTS) 1890 Veterans Census, (CO) Washington

Addison, Sam: (B) Jul. 15, 1896, (Race) Black, (BP) Natchez, MS, (WWIDR) Baldwin AL, (CO) Adams
Addison, Silas: (B) Sep. 26, 1893, (Race) Black, (BP) Ferriday, LA, (WWIDR) Adams, MS, (CO) Adams
Addkison, Morgan Isaac: (B) Apr. 14, 1888, (Race) White, (BP) Camden, MS, (WWIDR) Adams, MS, (CO) Adams
Adell, Joseph Harry: (B) Jul. 27, 1882, (Race) White, (WWIDR) Adams, MS, (CO) Adams
Aderson, Mace: (CMTS) 1890 Veterans Census, (CO) Bolivar
Adison, Archie: (CMTS) 1890 Veterans Census, (CO) Bolivar
Adison, Mattie: (CMTS) 1890 Veterans Census, (CO) Issaquena
Adison, Scott: (CMTS) 1890 Veterans Census, (CO) Madison
Adkins, Adolphus: (CMTS) 1890 Veterans Census, (CO) Bolivar
Adkins, Andre W.: (B) 1896, (Race) Black, (WWIDR) Adams, MS, (CO) Adams
Adkins, George: (CMTS) 1890 Veterans Census, (CO) Wilkins
Adkins, Mack: (B) Aug. 31, 1888, (Race) White, (WWIDR) Bolivar, MS, (CO) Adams
Adkins, Ruffin: (CMTS) 1890 Veterans Census, (CO) Warren
Adkins, William: (MD) Mar. 15, 1883, (Spouse) Dora Rucker (CO) Tippah
Adler, Edward Solomon: (B) Dec. 28, 1899, (Race) White, (WWIDR) Adams, MS, (CO) Adams
Adler, Jacob: (CMTS) 1890 Veterans Census, (CO) Warren
Adley, Garbriel: (CMTS) 1890 Veterans Census, (CO) Warren
Age, Alfred: (CMTS) 1890 Veterans Census, (CO) Bolivar
Agness, Alf: (B) Dec. 5, 1892, (Race) Black, (BP) Natchez, MS, (WWIDR) Leflore, MS, (CO) Adams
Aguirre, Raymond: (B) Aug. ., 1881, (Race) White, (WWIDR) Adams, MS, (CO) Adams
Aheart, Alex: (B) Aug. 15, 1899, (Race) Black, (WWIDR) Adams, MS, (CO) Adams
Aiken, Gabe: (CMTS) 1890 Veterans Census, (CO) Tate
Aiken, James: (CMTS) 1890 Veterans Census, (CO) Washington
Aikin, James: (CMTS) 1890 Veterans Census, (CO) Washington
Aikins, James: (CMTS) 1890 Veterans Census, (CO) Desoto
Akins, J. F: (MD) Aug., 18, 1896, (Spouse) Lottie Olive (CO) Tippah
Albert, Francis: (CMTS) 1890 Veterans Census, (CO) Hinds
Albert, Owen: (CMTS) 1890 Veterans Census, (CO) Harrison
Albert, Prince: (CMTS) 1890 Veterans Census, (CO) Adams
Albert, Prince: (CMTS) 1890 Veterans Census, (CO) Leflore
Albrecht, Carrie: (CMTS) 1890 Veterans Census, (CO) Hinds
Albrecht, Charles: (CMTS) 1890 Veterans Census, (CO) Hinds
Albin, D. M.: (MD) Npv. 10, 1898, (Spouse) Mamie Hemingway, (CO) Attala
Albritton, Johnnie: (B) Dec. 23, 1896, (Race) Black, (BP) Natchez, MS, (WWIDR) Adams, MS, (CO) Adams
Albritton, M. C.: (MD) Feb. 23, 1896, (Spouse) B. Stevens, (CO) Perry
Albritton, M. E.: (MD) Jul. 31, 1898, (Spouse) Mollie Jenkins, (CO) Perry
Albritton, Robert Lee: (B) Sep. 23, 1888, (Race) White, (WWIDR) Adams, MS, (CO) Adams
Albritton, Sidney: (B) Aug. 4, 1891, (Race) Black, (BP) Calhoun Pass LA, (WWIDR) Adams, MS, (CO) Adams
Albritton, Thomas Harold: (B) Aug. 5, 1894, (Race) Black, (BP) Natchez, MS, (WWIDR) Adams, MS, (CO) Adams
Alderman, Edward E.: (B) Dec. 3, 1891, (D) May 11, 1974, (CO) Carroll, (C) Bethel Baptist Cemetery
Alderman, Martha F.: (B) Oct. 8, 1894, (D) Feb. 18, 1984, (CO) Carroll, (C) Bethel Baptist Cemetery
Aldrich, Harold: (B) Jun. 4, 1896, (Race) Black, (BP) Natchez, MS, (WWIDR) Adams, MS, (CO) Adams
Aldridge, Henry: (CMTS) 1890 Veterans Census, (CO) Lee
Aldridge, L. G.: (CMTS) 1892 Natchez City Directory, (CO) Adams

Aldridge, L. N.: (MD) Dec. 22, 1895, (Spouse) Media Ford (CO) Tippah
Aldridge, W. J.: (MD) Nov. 12, 1889, (Spouse) Eliza Jane Welch (CO) Tippah
Aldrige, L. C.: (MD) Feb. 14, 1883, (Spouse) Sallie J. Wallace (CO) Tippah
Aldrige, W. I.: (MD) Aug. 8, 1886, (Spouse) Lillie Ann Bryant (CO) Tippah
Aldrige, W. W.: (MD) Oct. 4, 1883, (Spouse) F. E. Mcdowell (CO) Tippah
Aldrige, Jr., E. G.: (MD) Nov. 5, 1882, (Spouse) Mary L. Mcallister (CO) Tippah
Alexander, A.: (OC) Cotton Mill Worker, (CMTS) 1892 Natchez City Directory, (CO) Adams
Alexander, Alex: (CMTS) 1890 Veterans Census, (CO) Holmes
Alexander, Alix: (CMTS) 1890 Veterans Census, (CO) Adams
Alexander, Allen: (CMTS) 1890 Veterans Census, (CO) Adams
Alexander, C. T.: (OC) Wholesaler and Millinery, (CMTS) 1892 Natchez City Directory, (CO) Adams
Alexander, Caroline: (CMTS) 1890 Veterans Census, (CO) Bolivar
Alexander, Charles F.: (B) Apr. 25, 1891, (Race) White, (BP) Natchez, MS, (WWIDR) Jacksonville, FL, (CO) Adams
Alexander, Charles R: (MD) Nov. 24, 1886, (Spouse) Allie V. Davis (CO) Tippah
Alexander, Cloy: (CMTS) 1890 Veterans Census, (CO) Lincoln
Alexander, E.: (OC) Clark, (CMTS) 1892 Natchez City Directory, (CO) Adams
Alexander, Frank Dan: (B) Oct. 25, 1881, (Race) Black, (WWIDR) Adams, MS, (CO) Adams
Alexander, George: (CMTS) 1890 Veterans Census, (CO) Jackson
Alexander, George W.: (MD) Oct. 4, 1886, (Spouse) J. Davis (CO) Tippah
Alexander, Grace: (CMTS) 1890 Veterans Census, (CO) Marshall
Alexander, H. W.: (MD) Jul. 10, 1890, (Spouse) Maggie Moore (CO) Tippah
Alexander, Henry: (CMTS) 1890 Veterans Census, (CO) Warren
Alexander, Hezikiah: (CMTS) 1890 Veterans Census, (CO) Lincoln
Alexander, Hobson Moore: (B) Nov. 10, 1884, (Race) White, (WWIDR) Adams, MS, (CO) Adams
Alexander, J. H.: (MD) Aug. 9, 1885, (Spouse) M. E. Grammar (CO) Tippah
Alexander, J. H.: (MD) Nov. 13, 1887, (Spouse) S. E. Davis (CO) Tippah
Alexander, J. W.: (CMTS) 1892 Natchez City Directory, (CO) Adams
Alexander, James: (CMTS) 1890 Veterans Census, (CO) Harrison
Alexander, James: (CMTS) 1890 Veterans Census, (CO) Warren
Alexander, James Franklin: (B) Nov. 13, 1890, (Race) White, (BP) Natchez, MS, (WWIDR) Adams, MS, (CO) Adams
Alexander, Jennie: (CMTS) 1890 Veterans Census, (CO) Warren
Alexander, Joe: (CMTS) 1890 Veterans Census, (CO) Washington
Alexander, John: (CMTS) 1890 Veterans Census, (CO) Bolivar
Alexander, John: (MD) Dec. 29, 1886, (Spouse) Mary Miller (CO) Tippah
Alexander, King: (CMTS) 1890 Veterans Census, (CO) Coahoma
Alexander, Louis: (B) Mar. 20, 1884, (Race) Black, (WWIDR) Adams, MS, (CO) Adams
Alexander, M.: (CMTS) 1892 Natchez City Directory, (CO) Adams
Alexander, Reason: (CMTS) 1890 Veterans Census, (CO) Warren
Alexander, Robert: (MD) Feb. 5, 1893, (Spouse) Rebecca White (CO) Tippah
Alexander, Sarah: (CMTS) 1890 Veterans Census, (CO) Desoto
Alexander, Simon: (B) ., 1898, (Race) Black, (WWIDR) Adams, MS, (CO) Adams
Alexander, T.: (CMTS) 1892 Natchez City Directory, (CO) Adams
Alexander, Thomas: (CMTS) 1890 Veterans Census, (CO) Panola
Alexander, Thomas: (MD) Jul. 13, 1884, (Spouse) Georgia Hunt (CO) Tippah
Alexnader, W.: (CMTS) 1892 Natchez City Directory, (CO) Adams
Alexander, Walter: (B) Mar. 30, 1882, (Race) Black, (WWIDR) Adams, MS, (CO) Adams
Alexander, Walter Bullock: (B) Jul. 27, 1896, (Race) White, (BP) Natchez, MS, (WWIDR) Adams, MS, (CO) Adams
Alford, Grant: (CMTS) 1890 Veterans Census, (CO) Sharkey
Alford, Thomas: (CMTS) 1890 Veterans Census, (CO) Sharkey
Algood, Dock: (CMTS) 1890 Veterans Census, (CO) Pontotoc

Alix, Alexander: (CMTS) 1890 Veterans Census, (CO) Adams
Alldread, Donia B.: (B) Jan. 12, 1881, (D) Nov. 6, 1969, (CO) Carroll, (C) Bethel Baptist Cemetery
Allen, Albert: (CMTS) 1890 Veterans Census, (CO) Washington
Allen, Alexander: (L) 79.77 acres, Jackson Land Office, (ID) Jun. 25, 1890, (CO) Clarke
Allen, Amos: (CMTS) 1890 Veterans Census, (CO) Hinds
Allen, Annie: (CMTS) 1892 Natchez City Directory, (CO) Adams
Allen, Carlton E.: (B) May. 30, 1897, (Race) White, (WWIDR) Adams, MS, (CO) Adams
Allen, David: (B) May. 14, 1893, (Race) Black, (WWIDR) Humphreys, MS, (CO) Adams
Allen, Elizabeth: (CMTS) 1890 Veterans Census, (CO) Warren
Allen, F.: (OC) Cotton Miller Worker, (CMTS) 1892 Natchez City Directory, (CO) Adams
Allen, G.: (OC) Cotton Mill Worker, (CMTS) 1892 Natchez City Directory, (CO) Adams
Allen, George F.: (L) 153.62 acres, Jackson Land Office, (ID) Nov. 6, 1896, (CO) Wayne
Allen, Henry D.: (L) 40 acres, Jackson Land Office, (ID) May 26, 1892, (CO) Pike
Allen, Hiram: (B) Feb. 8, 1888, (Race) Black, (BP) Summit, MS, (WWIDR) Adams, MS, (CO) Adams
Allen, Hosey: (B) Oct. 23, 1881, (Race) Black, (WWIDR) Adams, MS, (CO) Adams
Allen, Jacob: (CMTS) 1890 Veterans Census, (CO) Adams
Allen, J.: (OC) Cotton Miller Worker, (CMTS) 1892 Natchez City Directory, (CO) Adams
Allen, James: (L) 38.77 acres, Jackson Land Office, (ID) Maqy 27, 1887, (CO) Smith
Allen, James W.: (L) 78.08 acres, Jackson Land Office, (ID) Feb. 21, 1890, (CO) Clarke
Allen, Jessie: (CMTS) 1890 Veterans Census, (CO) Jackson
Allen, John: (CMTS) 1890 Veterans Census, (CO) Monroe
Allen, John: (CMTS) 1890 Veterans Census, (CO) Yazoo
Allen, K.: (OC) Cotton Mill Worker, (CMTS) 1892 Natchez City Directory, (CO) Adams
Allen, Levi: (CMTS) 1890 Veterans Census, (CO) Warren
Allen, Lizzie: (CMTS) 1892 Natchez City Directory, (CO) Adams
Allen, Maria: (CMTS) 1890 Veterans Census, (CO) Claiborne
Allen, Mary: (CMTS) 1890 Veterans Census, (CO) Warren
Allen, Monroe: (CMTS) 1890 Veterans Census, (CO) Warren
Allen, Mose: (B) Sep. 22, 1889, (Race) Black, (BP) Jonesville, LA, (WWIDR) Adams, MS, (CO) Adams
Allen, Patrick: (CMTS) 1890 Veterans Census, (CO) Warren
Allen, Robert: (CMTS) 1890 Veterans Census, (CO) Warren
Allen, S.: (OC) Cotton Miller Worker, (CMTS) 1892 Natchez City Directory, (CO) Adams
Allen, Thomas: (CMTS) 1890 Veterans Census, (CO) Alcorn
Allen, Vernon Davis: (B) Oct. 10, 1893, (Race) White, (BP) Natchez, MS, (WWIDR) Adams, MS, (CO) Adams
Allen, W.: (OC) Cotton Miller Worker, (CMTS) 1892 Natchez City Directory, (CO) Adams
Allen, W. J.: (CMTS) 1890 Veterans Census, (CO) Jefferson
Allen, Warren: (CMTS) 1890 Veterans Census, (CO) Washington
Allen, William Elie: (B) May. 15, 1884, (Race) White, (WWIDR) Adams, MS, (CO) Adams
Allen, William: (CMTS) 1890 Veterans Census, (CO) Scott
Allen, James W.: (L) 39.04 acres, Jackson Land Office, (ID) Apr. 12, 1893, (CO) Clarke
Allen, Z.: (OC) Cotton Mill Worker, (CMTS) 1892 Natchez City Directory, (CO) Adams
Alott, Charles: (CMTS) 1890 Veterans Census, (CO) Pike
Alsop, T. D.: (MD) Feb. 23, 1890, (Spouse) A. E. Moore (CO) Tippah
Alston, J. M.: (CMTS) 1890 Veterans Census, (CO) Panola
Alston, Rollen: (CMTS) 1890 Veterans Census, (CO) Panola
Alsup, Alex: (CMTS) 1890 Veterans Census, (CO) Tippah
Alvis, George: (MD) Feb. 11, 1892, (Spouse) Emma Richardson (CO) Tippah
Alvis, L. T.: (MD) Dec. 4, 1889, (Spouse) Kate Morton (CO) Tippah
Alvis, W. R.: (MD) Dec. 31, 1885, (Spouse) Mary E. Morton (CO) Tippah
Alvis, W. R.: (MD) Jan. 2, 1894, (Spouse) Velma Jones (CO) Tippah
Alvis, W. R.: (MD) Feb. 3, 1896, (Spouse) Lily D. Pegram (CO) Tippah

Aly, Charles: (CMTS) 1890 Veterans Census, (CO) Jefferson
Ambrose, H. S.: (MD) Nov., 18, 1894, (Spouse) N. A. Hamilton (CO) Tippah
Ambrose, Henry: (CMTS) 1890 Veterans Census, (CO) Adams
Ambrose, Joel: (CMTS) 1890 Veterans Census, (CO) Holmes
Ambrose, Preston: (CMTS) 1890 Veterans Census, (CO) Adams
Ambrose, Sallie: (CMTS) 1890 Veterans Census, (CO) Adams
Amderson, Wilson: (CMTS) 1890 Veterans Census, (CO) Warren
Ames, Francis: (CMTS) 1890 Veterans Census, (CO) Tate
Ammons, Issac: (CMTS) 1890 Veterans Census, (CO) Warren
Amont, Burton: (CMTS) 1890 Veterans Census, (CO) Bolivar
Amos, Ben: (CMTS) 1890 Veterans Census, (CO) Warren
Amos, Jackson: (B) ., 1895, (Race) Black, (BP) Natchez, MS, (WWIDR) Mississippi MO, (CO) Adams
Andersen, Joshiah: (CMTS) 1890 Veterans Census, (CO) Amite
Anderson, Albert: (CMTS) 1890 Veterans Census, (CO) Desoto
Anderson, Alford: (CMTS) 1890 Veterans Census, (CO) Sharkey
Anderson, Anna: (CMTS) 1890 Veterans Census, (CO) Pontotoc
Anderson, Ben: (MD) 1881, (Spouse) Susan Jackson (CO) Tippah
Anderson, Branch: (CMTS) 1890 Veterans Census, (CO) Adams
Anderson, Burrus: (CMTS) 1890 Veterans Census, (CO) Yazoo
Anderson, C.: (RES) Canel St., (OC) Laundry, (CMTS) 1892 Natchez City Directory, (CO) Adams
Anderson, C.: (RES) Claiborne St., (CMTS) 1892 Natchez City Directory, (CO) Adams
Anderson, C. C.: (CMTS) 1892 Natchez City Directory, (CO) Adams
Anderson, Cary: (CMTS) 1890 Veterans Census, (CO) Tunica
Anderson, Catharine: (CMTS) 1890 Veterans Census, (CO) Jefferson
Anderson, Charles: (CMTS) 1890 Veterans Census, (CO) Marshall
Anderson, Charlie: (CMTS) 1890 Veterans Census, (CO) Tunica
Anderson, Clairborne: (CMTS) 1890 Veterans Census, (CO) Sharkey
Anderson, Clarrissa: (CMTS) 1890 Veterans Census, (CO) Jefferson
Anderson, Coleman: (CMTS) 1890 Veterans Census, (CO) Holmes
Anderson, Dave: (B) Aug. 8, 1883, (Race) Black, (WWIDR) Adams, MS, (CO) Adams
Anderson, Davenport: (CMTS) 1890 Veterans Census, (CO) Warren
Anderson, Edward: (CMTS) 1890 Veterans Census, (CO) Coahoma
Anderson, Elis: (CMTS) 1890 Veterans Census, (CO) Washington
Anderson, Emory: (CMTS) 1890 Veterans Census, (CO) Warren
Anderson, Epps: (CMTS) 1890 Veterans Census, (CO) Adams
Anderson, Fred: (B) Jan. 7, 1888, (Race) Black, (BP) Pine Ridge, MS, (WWIDR) Adams, MS, (CO) Adams
Anderson, Fred: (B) Feb. 8, 1891, (Race) Black, (BP) Natchez, MS, (WWIDR) Washington, MS, (CO) Adams
Anderson, Fredrick: (CMTS) 1890 Veterans Census, (CO) Adams
Anderson, George: (CMTS) 1890 Veterans Census, (CO) Hinds
Anderson, George: (CMTS) 1890 Veterans Census, (CO) Jefferson
Anderson, George: (CMTS) 1890 Veterans Census, (CO) Marshall
Anderson, Goodbelt: (CMTS) 1890 Veterans Census, (CO) Adams
Anderson, H. (CMTS) 1892 Natchez City Directory, (RES) High St., (CO) Adams
Anderson, H.: (CMTS) 1892 Natchez City Directory, (RES) Regimental Quarters, (CO) Adams
Anderson, Hanur: (CMTS) 1890 Veterans Census, (CO) Benton
Anderson, Hardy: (CMTS) 1890 Veterans Census, (CO) Issaquena
Anderson, Harris: (CMTS) 1890 Veterans Census, (CO) Sharkey
Anderson, Harry: (B) May. 10, 1892, (Race) Black, (BP) Adams Co., MS, (WWIDR) Adams, MS, (CO) Adams
Anderson, Henry: (B) Jun. 17, 1896, (Race) Black, (BP) Natchez, MS, (WWIDR) Bolivar, MS, CO) Adams

Anderson, Henry: (CMTS) 1890 Veterans Census, (CO) Bolivar
Anderson, Henry: (CMTS) 1890 Veterans Census, (CO) Clark
Anderson, Henry: (CMTS) 1890 Veterans Census, (CO) Hinds
Anderson, Henry: (CMTS) 1890 Veterans Census, (CO) Leflore
Anderson, Henry: (CMTS) 1890 Veterans Census, (CO) Sharkey
Anderson, Henry: (CMTS) 1890 Veterans Census, (CO) Sunflower
Anderson, Henry: (CMTS) 1890 Veterans Census, (CO) Warren
Anderson, Hermon: (B) May. 10, 1892, (Race) Black, (BP) Pine Ridge, MS, (WWIDR) Adams, MS, (CO) Adams
Anderson, Hildreth Vernon: (B) Mar. 29, 1886, (Race) White, (WWIDR) Adams, MS, (CO) Adams
Anderson, Homer: (B) May. 10, 1894, (Race) Black, (BP) Natchez, MS, (WWIDR) Tallahatchie, MS, (CO) Adams
Anderson, I: (OC) Boatman, (RES) Catherine St., (CMTS) 1892 Natchez City Directory, (CO) Adams
Anderson, I.: (RES) Union St., (CMTS) 1892 Natchez City Directory, (CO) Adams
Anderson, Ike: (B) Jun. 9, 1891, (Race) Black, (BP) Natchez, MS, (WWIDR) Tallahatchie, MS, (CO) Adams
Anderson, Isaac: (B) Jul. 1, 1898, (Race) Black, (WWIDR) Adams, MS, (CO) Adams
Anderson, J.: (OC) Cotton Miller Worker, (CMTS) 1892 Natchez City Directory, (CO) Adams
Anderson, J. A.: (MD) Nov. 14, 1889, (Spouse) N. C. Bartlett (CO) Tippah
Anderson, Jacob: (CMTS) 1890 Veterans Census, (CO) Claiborne
Anderson, James: (B) Dec. 6, 1893, (Race) Black, (BP) Wilkinson Co., MS, (WWIDR) Adams, MS, (CO) Adams
Anderson, James: (B) Jan. 10, 1894, (Race) Black, (BP) Adams Co., MS, (WWIDR) Adams, MS, (CO) Adams
Anderson, James: (B) Aug. ., 1897, (Race) Black, (WWIDR) Tallahatchie, MS, (CO) Adams
Anderson, James: (CMTS) 1890 Veterans Census, (CO) Desoto
Anderson, James: (CMTS) 1890 Veterans Census, (CO) Warren
Anderson, James: (MD) Oct. 14, 1883, (Spouse) Eliza J. Jones (CO) Tippah
Anderson, Jekson: (CMTS) 1890 Veterans Census, (CO) Warren
Anderson, Jesse: (B) Jun. 21, 1890, (Race) Black, (BP) Adams Co., MS, (WWIDR) Adams, MS, (CO) Adams
Anderson, Jesse: (B) Apr. 1, 1892, (Race) Black, (BP) Algiers LA, (WWIDR) Adams, MS, (CO) Adams
Anderson, Jesse: (CMTS) 1890 Veterans Census, (CO) Tunica
Anderson, John: (B) Jul. 17, 1882, (Race) Black, (WWIDR) Adams, MS, (CO) Adams
Anderson, John: (CMTS) 1890 Veterans Census, (CO) Desoto
Anderson, John: (CMTS) 1890 Veterans Census, (CO) Hinds
Anderson, John: (CMTS) 1890 Veterans Census, (CO) Sharkey
Anderson, John: (MD) Dec. 28, 1892, (Spouse) Katie Gillard (CO) Tippah
Anderson, Jones: (CMTS) 1890 Veterans Census, (CO) Sharkey
Anderson, Joseph: (CMTS) 1890 Veterans Census, (CO) Marshall
Anderson, Josiah: (CMTS) 1890 Veterans Census, (CO) Amite
Anderson, Judge: (B) Jul. 4, 1882, (Race) Black, (WWIDR) Adams, MS, (CO) Adams
Anderson, Lawson: (CMTS) 1890 Veterans Census, (CO) Scott
Anderson, Levi: (B) Dec. ., 18, 1888, (Race) Black, (BP) Natchez, MS, (WWIDR) Memphis, TN, (CO) Adams
Anderson, Levi: (CMTS) 1890 Veterans Census, (CO) Adams
Anderson, Lewis: (B) Feb. 5, 1889, (Race) Black, (BP) Natchez, MS, (WWIDR) Washington, MS, (CO) Adams
Anderson, Lindsey: (B) Jun. 5, 1892, (Race) Black, (BP) Natchez, MS, (WWIDR) Humphreys, MS, (CO) Adams
Anderson, Lindsey: (CMTS) 1890 Veterans Census, (CO) Warren
Anderson, Lom: (CMTS) 1890 Veterans Census, (CO) Jefferson

Anderson, Louis: (B) Jan. 9, 1895, (Race) Black, (BP) Natchez, MS, (WWIDR) Bolivar, MS, (CO) Adams
Anderson, Mac: (CMTS) 1890 Veterans Census, (CO) Bolivar
Anderson, Mack: (B) Aug. 15, 1881, (Race) Black, (WWIDR) Adams, MS, (CO) Adams
Anderson, Mack: (CMTS) 1890 Veterans Census, (CO) Adams
Anderson, Malinda: (CMTS) 1890 Veterans Census, (CO) Desoto
Anderson, Manuel: (B) May. 5, 1895, (Race) Black, (BP) Natchez, MS, (WWIDR) Hinds, MS, (CO) Adams
Anderson, Martha: (CMTS) 1890 Veterans Census, (CO) Warren
Anderson, Mary: (CMTS) 1890 Veterans Census, (CO) Warren
Anderson, Meade: (CMTS) 1890 Veterans Census, (CO) Yalobusha
Anderson, Melenda: (CMTS) 1890 Veterans Census, (CO) Benton
Anderson, Nancy: (CMTS) 1890 Veterans Census, (CO) Warren
Anderson, Nathan: (B) ., 1894, (Race) Black, (WWIDR) Bolivar, MS, (CO) Adams
Anderson, Nelson: (CMTS) 1890 Veterans Census, (CO) Warren
Anderson, Omer: (CMTS) 1890 Veterans Census, (CO) Chickasaw
Anderson, Peter: (CMTS) 1890 Veterans Census, (CO) Warren
Anderson, Prince: (B) ., 1893, (Race) Black, (BP) Natchez, MS, (WWIDR) Tallahatchie, MS, (CO) Adams
Anderson, R. L.: (OC) Confectioner (CMTS) 1892 Natchez City Directory, (CO) Adams
Anderson, Robert: (B) Oct. 11, 1887, (Race) Black, (BP) Point Coupee LA, (WWIDR) Adams, MS, (CO) Adams
Anderson, Robert: (CMTS) 1890 Veterans Census, (CO) Panola
Anderson, Robert: (CMTS) 1890 Veterans Census, (CO) Warren
Anderson, Rushell Talmark: (B) Apr. 5, 1898, (Race) White, (WWIDR) Adams, MS, (CO) Adams
Anderson, Sam: (CMTS) 1890 Veterans Census, (CO) Jefferson
Anderson, Samuel: (CMTS) 1890 Veterans Census, (CO) Harrison
Anderson, Samuel: (CMTS) 1890 Veterans Census, (CO) Warren
Anderson, Scott: (B) Dec. 25, 1891, (Race) Black, (BP) Harriston, MS, (WWIDR) Adams, MS, (CO) Adams
Anderson, Self: (B) May. 25, 1896, (Race) Black, (BP) Natchez, MS, (WWIDR) Washington, MS, (CO) Adams
Anderson, Smith: (CMTS) 1890 Veterans Census, (CO) Adams
Anderson, Stephen: (CMTS) 1890 Veterans Census, (CO) Warren
Anderson, Sylvia: (CMTS) 1890 Veterans Census, (CO) Warren
Anderson, Tillman: (CMTS) 1890 Veterans Census, (CO) Washington
Anderson, W. L.: (MD) Jun. 17, 1883, (Spouse) Sallie M. Portis (CO) Tippah
Anderson, Walter: (CMTS) 1890 Veterans Census, (CO) Adams
Anderson, Ward: (CMTS) 1890 Veterans Census, (CO) Washington
Anderson, Washington: (CMTS) 1890 Veterans Census, (CO) Yazoo
Anderson, Watson: (CMTS) 1890 Veterans Census, (CO) Adams
Anderson, Westmorland: (CMTS) 1890 Veterans Census, (CO) Bolivar
Anderson, William: (CMTS) 1890 Veterans Census, (CO) Warren
Anderson, William: (CMTS) 1890 Veterans Census, (CO) Washington
Anderson, William A.: (B) Aug. 8, 1895, (Race) White, (BP) Adams Co., MS, (WWIDR) Adams, MS, (CO) Adams
Anderson, Williams: (CMTS) 1890 Veterans Census, (CO) Bolivar
Anderson, Wilson: (CMTS) 1890 Veterans Census, (CO) Warren
Anditon, Samuel: (CMTS) 1890 Veterans Census, (CO) Alcorn
Andrew, Jackson: (CMTS) 1890 Veterans Census, (CO) Washington
Andrews, Alford: (CMTS) 1890 Veterans Census, (CO) Hinds
Andrews, Fannie: (CMTS) 1890 Veterans Census, (CO) Yalobusha
Andrews, Jerry: (CMTS) 1890 Veterans Census, (CO) Warren
Andrews, John: (CMTS) 1890 Veterans Census, (CO) Yalobusha

Andrews, John: (CMTS) 1890 Veterans Census, (CO) Madison
Andrews, Reuben: (CMTS) 1890 Veterans Census, (CO) Lincoln
Angelety, Emile: (B) Oct. 12, 1889, (Race) Black, (BP) Natchez, MS, (WWIDR) Adams, MS, (CO) Adams
Angelety, Rudolph: (B) Mar. ., 18, 1893, (Race) Black, (BP) Natchez, MS, (WWIDR) Memphis,TN, (CO) Adams
Angire, Sarah: (CMTS) 1890 Veterans Census, (CO) Adams
Anry, Jerry: (CMTS) 1890 Veterans Census, (CO) Bolivar
Anthoney, David: (CMTS) 1890 Veterans Census, (CO) Warren
Anthony, Daniel: (CMTS) 1890 Veterans Census, (CO) Tunica
Anthony, David: (CMTS) 1890 Veterans Census, (CO) Warren
Anthony, Reuben: (CMTS) 1890 Veterans Census, (CO) Bolivar
Anthony, Robert: (CMTS) 1890 Veterans Census, (CO) Tate
Anthony, Rose: (CMTS) 1890 Veterans Census, (CO) Warren
Anthony, Vennix: (B) Sep. 15, 1889, (Race) Black, (BP) Natchez, MS, (WWIDR) Liberty, TX, (CO) Adams
Anthony, William: (CMTS) 1890 Veterans Census, (CO) Sharkey
Antwine, James E: (MD) Sep. 27, 1888, (Spouse) Susan J. Worley (CO) Tippah
Anzalone, Frank: (B) Nov. 22, 1884, (Race) White, (WWIDR) Adams, MS, (CO) Adams
Appel, Conrad: (CMTS) 1890 Veterans Census, (CO) Copiah
Archer, Furlong: (CMTS) 1890 Veterans Census, (CO) Adams
Archer, George: (CMTS) 1890 Veterans Census, (CO) Warren
Archer, Grandison: (CMTS) 1890 Veterans Census, (CO) Holmes
Archer, Peru: (CMTS) 1890 Veterans Census, (CO) Adams
Ardrie, George: (CMTS) 1890 Veterans Census, (CO) Warren
Argo, Henry: (CMTS) 1890 Veterans Census, (CO) Desoto
Armer, Isaac: (CMTS) 1890 Veterans Census, (CO) Scott
Armor, J. T.: (MD) Feb. 28, 1882, (Spouse) R. F. Crum (CO) Tippah
Armor, M. B.: (MD) Jan. 12, 1888, (Spouse) Etta M. Hawthorn (CO) Tippah
Armor, W. H.: (MD) Oct. 17, 1882, (Spouse) M. L. D. Moore (CO) Tippah
Armstead, Grant: (B) ., 1889, (Race) Black, (BP) Concordia Par. LA, (WWIDR) Adams, MS, (CO) Adams
Armstead, Hezekiah: (CMTS) 1890 Veterans Census, (CO) Jefferson
Armstead, Robert: (CMTS) 1890 Veterans Census, (CO) Bolivar
Armstead, W.: (CMTS) 1890 Veterans Census, (CO) Adams
Armstord, Peter: (CMTS) 1890 Veterans Census, (CO) Panola
Armstring, William: (CMTS) 1890 Veterans Census, (CO) Washington
Armstrong, Charles: (CMTS) 1890 Veterans Census, (CO) Prentiss
Armstrong, Charles: (CMTS) 1890 Veterans Census, (CO) Bolivar
Armstrong, Edward: (CMTS) 1890 Veterans Census, (CO) Yazoo
Armstrong, Emanuel: (CMTS) 1890 Veterans Census, (CO) Yazoo
Armstrong, Jack: (CMTS) 1890 Veterans Census, (CO) Yazoo
Armstrong, Jeff: (CMTS) 1890 Veterans Census, (CO) Coahoma
Armstrong, Jincy: (CMTS) 1890 Veterans Census, (CO) Prentiss
Armstrong, Lucy: (CMTS) 1890 Veterans Census, (CO) Prentiss
Armstrong, Moses: (CMTS) 1890 Veterans Census, (CO) Madison
Armstrong, Scott: (CMTS) 1890 Veterans Census, (CO) Tate
Armstrong, Seabon: (CMTS) 1890 Veterans Census, (CO) Desoto
Armstrong, William: (CMTS) 1890 Veterans Census, (CO) Coahoma
Armstrong, William: (CMTS) 1890 Veterans Census, (CO) Washington
Arnett, John: (CMTS) 1890 Veterans Census, (CO) Lowndes
Arnette, Richard: (CMTS) 1890 Veterans Census, (CO) Jefferson
Arnold, Dick: (CMTS) 1890 Veterans Census, (CO) Tunica
Arnold, Ebby: (CMTS) 1890 Veterans Census, (CO) Benton

Arnold, Harriet: (CMTS) 1890 Veterans Census, (CO) Marshall
Arnold, J. C.: (MD) Oct. 19, 1899, (Spouse) Nadie Little (CO) Tippah
Arnold, John: (CMTS) 1890 Veterans Census, (CO) Perry
Arnold, Lew.: (CMTS) 1890 Veterans Census, (CO) Benton
Arnold, Spencer: (CMTS) 1890 Veterans Census, (CO) Marshall
Arnold, Thomas J.: (B) Jun. 20, 1891, (Race) White, (BP) McCall Creek, MS, (WWIDR) Adams, MS, (CO) Adams
Arston, John: (CMTS) 1890 Veterans Census, (CO) Washington
Arthur, Joe: (CMTS) 1890 Veterans Census, (CO) Desoto
Asberry, William: (CMTS) 1890 Veterans Census, (CO) Warren
Asburey, Staples: (CMTS) 1890 Veterans Census, (CO) Washington
Asburg, Bootne: (CMTS) 1890 Veterans Census, (CO) Benton
Asbury, Benjamin: (CMTS) 1890 Veterans Census, (CO) Desoto
Asbury, Stark: (CMTS) 1890 Veterans Census, (CO) Washington
Asgo, Henry: (CMTS) 1890 Veterans Census, (CO) Desoto
Ash, Reuben: (CMTS) 1890 Veterans Census, (CO) Warren
Ashford, Coot: (B) Mar. 25, 1893, (Race) Black, (BP) Jeannette, MS, (WWIDR) Franklin, MS, (CO) Adams
Ashford, William: (B) Aug. 2, 1898, (Race) Black, (WWIDR) Tunica, MS, (CO) Adams
Ashley, J. M.: (MD) Mar. 15, 1883, (Spouse) Mattie F. Thomas (CO) Tippah
Askew, J.J.: (CMTS) 1890 Veterans Census, (CO) Yalobusha
Askew, Jackson: (CMTS) 1890 Veterans Census, (CO) Warren
Askew, Jackson: (CMTS) 1890 Veterans Census, (CO) Washington
Aston, Margaret Ann: (B) Jan. 31, 1852 (D) Feb. 22, 1885 (CO) Chickasaw, (C) Wesley Chapel Cemetery
Astrap, James: (CMTS) 1890 Veterans Census, (CO) Warren
Atkins, Lawrence J.: (B) Dec. 28, 1896, (Race) White, (WWIDR) Adams, MS, (CO) Adams
Atkinson, David: (CMTS) 1890 Veterans Census, (CO) Tippah
Atwood, Henry: (MD) Aug. 4, 1881, (Spouse) Bettie Brown, (CO) Panola
Augustus, Clayton: (CMTS) 1890 Veterans Census, (CO) Warren
Augustus, John: (CMTS) 1890 Veterans Census, (CO) Warren
Ausburn, Lewis: (CMTS) 1890 Veterans Census, (CO) Panola
Austin, Blunt: (CMTS) 1890 Veterans Census, (CO) Warren
Austin, Elmira: (CMTS) 1890 Veterans Census, (CO) Warren
Austin, J. R.: (CMTS) 1890 Veterans Census, (CO) Lafayette
Austin, John W.: (MD) Oct. 4, 1885, (Spouse) Jane Raines (CO) Tippah
Austin, John: (CMTS) 1890 Veterans Census, (CO) Prentiss
Austin, Peter: (CMTS) 1890 Veterans Census, (CO) Panola
Austin, William: (CMTS) 1890 Veterans Census, (CO) Madison
Auzlin, Margaret: (CMTS) 1890 Veterans Census, (CO) Union
Avant, Barlow: (CMTS) 1890 Veterans Census, (CO) Lafayette
Avant, Jack: (B) Feb. 8, 1885, (Race) Black, (BP) Lake Washington, MS, (WWIDR) Quitman, MS, (CO) Adams
Avant, John: (CMTS) 1890 Veterans Census, (CO) Tunica
Avant, Malissa: (CMTS) 1890 Veterans Census, (CO) Lafayette
Avent, Charles: (CMTS) 1890 Veterans Census, (CO) Yalobusha
Avent, Susan R.: (D) Oct. 13, 1890, (CO) Webster
Avery, Amos: (CMTS) 1890 Veterans Census, (CO) Adams
Avery, Jesse Maxfield: (B) Mar. 31, 1887, (Race) White, (BP) Florence AL, (WWIDR) Adams, MS, (CO) Adams
Avery, Jerry: (CMTS) 1890 Veterans Census, (CO) Bolivar
Aycock, T. M.: (MD) Oct. 30, 1893, (Spouse) Bettie Rogers (CO) Tippah
Aydorn, Imele: (CMTS) 1890 Veterans Census, (CO) Washington
Ayers, Albert: (MD) Jan. 17, 1894, (Spouse) Crittie Cox (CO) Tippah

Ayers, George: (CMTS) 1890 Veterans Census, (CO) Benton
Ayers, Henry C.: (MD) Feb. 14, 1895, (Spouse) Violet Reed (CO) Tippah
Ayres, Samuel Newman: (B) Jul. 22, 1892, (Race) White, (BP) Natchez, MS, (WWIDR) Adams, MS, (CO) Adams
Azlin, Margarett: (CMTS) 1890 Veterans Census, (CO) Union
Baal, Melissa: (CMTS) 1890 Veterans Census, (CO) Tunica
Babcock, William: (CMTS) 1890 Veterans Census, (CO) Calhoun
Babee, John: (CMTS) 1890 Veterans Census, (CO) Jackson
Baber, John: (CMTS) 1890 Veterans Census, (CO) Jackson
Babo, Peter: (CMTS) 1890 Veterans Census, (CO) Desoto
Backer, Issac: (CMTS) 1890 Veterans Census, (CO) Jefferson
Backus, William: (CMTS) 1890 Veterans Census, (CO) Washington
Bacon, Bennett Wert: (B) Sep 20, 1898, (Race) Black, (WWIDR) Adams, MS, (CO) Adams
Bacon, David: (B) May 8, 1883, (Race) Black, (WWIDR) Adams, MS, (CO) Adams
Bacon, George: (B) Feb. 22, 1894, (Race) Black, (BP) Natchez, MS, (WWIDR) Adams, MS, (CO) Adams
Bacon, George: (B) Oct. 19, 1881, (Race) Black, (WWIDR) Adams, MS, (CO) Adams
Bacon, James: (CMTS) 1890 Veterans Census, (CO) Adams
Bacon, Louisa: (CMTS) 1890 Veterans Census, (CO) Holmes
Bacon, Richard: (B) Aug. 3, 1895, (Race) Black Ching Grove, MS, (WWIDR) Adams, MS, (CO) Adams
Bacon, Samuel: (B) May 23, 1886, (Race) Black, (WWIDR) Adams, MS, (CO) Adams
Bacon, Warrenton: (B) Oct. 25, 1882, (Race) Black, (WWIDR) Adams, MS, (CO) Adams
Bacon, William: (CMTS) 1890 Veterans Census, (CO) Leflore
Baddie, Jacob: (CMTS) 1890 Veterans Census, (CO) Warren
Badger, Henry: (MD) May 12, 1881, (Spouse) Bettie Brown, (CO) Lafayette
Bahin, Alphonse Evans: (B) May 28, 1882, (Race) White, (WWIDR) Adams, MS, (CO) Adams
Bahin, Walter Cameron: (B) Apr. 1, 1898, (Race) White, (WWIDR) Adams, MS, (CO) Adams
Bailey, Abraham: (CMTS) 1890 Veterans Census, (CO) Bolivar
Bailey, Alex: (CMTS) 1890 Veterans Census, (CO) Tippah
Bailey, Arthur E.: (B) Apr., 18, 1884, (Race) Black, (WWIDR) Adams, MS, (CO) Adams
Bailey, Charley: (B) Sep 15, 1891, (Race) Black Conn, MS, (WWIDR) Adams, MS, (CO) Adams
Bailey, Dennis: (CMTS) 1890 Veterans Census, (CO) Warren
Bailey, Elizabeth: (CMTS) 1890 Veterans Census, (CO) Warren
Bailey, George: (B) Jul. 13, 1889, (Race) Black, (BP) Mississippi, (WWIDR) Adams, MS, (CO) Adams
Bailey, George: (CMTS) 1890 Veterans Census, (CO) Adams
Bailey, Henry: (B) 1882, (Race) Black, (WWIDR) Warren, MS, (CO) Adams
Bailey, J. F.: (MD) Sep. 25, 1887, (Spouse) N. C. Waldrip (CO) Tippah
Bailey, J. H.: (MD) Jul. 30, 1885, (Spouse) Mary F. Hansford (CO) Tippah
Bailey, James: (CMTS) 1890 Veterans Census, (CO) Washington
Bailey, Jock: (B) Jun. 26, 1889, (Race) White, (BP) Natchez, MS, (WWIDR) Copiah, MS, (CO) Adams
Bailey, Joe: (B) May 5, 1887, (Race) Black, (BP) Natchez, MS, (WWIDR) Adams, MS, (CO) Adams
Bailey, Matt: (CMTS) 1890 Veterans Census, (CO) Tunica
Bailey, Norris: (B) Jul. 10, 1893, (Race) Black, (BP) Natchez, MS, (WWIDR) Adams, MS, (CO) Adams
Bailey, Orange: (CMTS) 1890 Veterans Census, (CO) Benton
Bailey, Roberson: (CMTS) 1890 Veterans Census, (CO) Adams
Bailey, Robert: (CMTS) 1890 Veterans Census, (CO) Jefferson
Bailey, W. H.: (MD) JAN. 6, 1887, (Spouse) M. C. Cutbirth (CO) Tippah
Bailey, Watt: (CMTS) 1890 Veterans Census, (CO) Tunica
Bailey, William R.: (L) 39.66 acres, Jackson Land Office, (ID) Apr. 19, 1897, (CO) Montgomery

Bailey, Willis: (B) Sep 2, 1881, (Race) Black, (WWIDR) Adams, MS, (CO) Adams
Bailey, Zachriah: (CMTS) 1890 Veterans Census, (CO) Leflore
Baily, Charley: (B) Sep 15, 1891, (Race) Black Conn, MS, (WWIDR) Adams, MS, (CO) Adams
Baily, Matt: (CMTS) 1890 Veterans Census, (CO) Tunica
Baily, Nathaniel: (CMTS) 1890 Veterans Census, (CO) Tunica
Baitee, Alfred: (CMTS) 1890 Veterans Census, (CO) Issaquena
Baker, Alcus Dennis: (B) Jul. 9, 1882, (Race) White, (WWIDR) Adams, MS, (CO) Adams
Baker, Benjamin: (CMTS) 1890 Veterans Census, (CO) Adams
Baker, Benjamin: (CMTS) 1890 Veterans Census, (CO) Desoto
Baker, Charles S.: (L) 164.16 acres, Jackson Land Office, (ID) Jan. 10, 1896, (CO) Stone
Baker, Eliga: (B) Jun. 11, 1898, (Race) Black, (WWIDR) Adams, MS, (CO) Adams
Baker, Everard Green: (B) Feb. 10, 1889, (Race) White, (BP) Jeanette, MS, (WWIDR) Adams, MS, (CO) Adams
Baker, Francis Nevitt: (B) Nov. 20, 1893, (Race) White, (BP) Jeannette, MS, (WWIDR) Adams, MS, (CO) Adams
Baker, Franklin Timothy: (B) May 19, 1892, (Race) White, (WWIDR) Adams, MS, (CO) Adams
Baker, Garfield: (B) Dec. 25, 1881, (Race) Black, (WWIDR) Adams, MS, (CO) Adams
Baker, Harry Louis: (B) Apr. 2, 1895, (Race) White Baton Rouge, LA, (WWIDR) Adams, MS, (CO) Adams
Baker, Henry: (CMTS) 1890 Veterans Census, (CO) Lee
Baker, Henry: (CMTS) 1890 Veterans Census, (CO) Holmes
Baker, Hillard: (CMTS) 1890 Veterans Census, (CO) Coahoma
Baker, Holliday Fleming: (B) Feb. 8, 1896, (Race) White, (BP) Jeannette, MS, (WWIDR) Adams, MS, (CO) Adams
Baker, Jackson: (CMTS) 1890 Veterans Census, (CO) Sharkey
Baker, Jerry: (B) Sep 14, 1890, (Race) Black Adams Co., MS, (WWIDR) Adams, MS, (CO) Adams
Baker, Johnie: (B) Mar. 28, 1895, (Race) Black Brivers, MS, (WWIDR) Adams, MS, (CO) Adams
Baker, Joseph: (CMTS) 1890 Veterans Census, (CO) Holmes
Baker, Louis: (CMTS) 1890 Veterans Census, (CO) Adams
Baker, Mose: (B) Dec. 26, 1897, (Race) Black, (WWIDR) Adams, MS, (CO) Adams
Baker, Rayfield: (B) Sep 10, 1881, (Race) Black, (WWIDR) Adams, MS, (CO) Adams
Baker, Richard: (CMTS) 1890 Veterans Census, (CO) Marshall
Baker, Robert: (CMTS) 1890 Veterans Census, (CO) Yazoo
Baker, Duncan: (B) May 31, 1892, (Race) White, (BP) Natchez, MS, (WWIDR) Adams, MS, (CO) Adams
Baker, Sam: (B) Mar. 15, 1882, (Race) Black, (WWIDR) Adams, MS, (CO) Adams
Baker, Scott: (CMTS) 1890 Veterans Census, (CO) Yazoo
Baker, Simon: (CMTS) 1890 Veterans Census, (CO) Adams
Baker, Squire: (CMTS) 1890 Veterans Census, (CO) Jefferson
Baker, T. Giles: (CMTS) 1892 Natchez City Directy, (MIL) Captain Adams Light Infantry, (CO) Adams
Baker, Thomas: (CMTS) 1890 Veterans Census, (CO) Warren
Baker, Victoria: (CMTS) 1890 Veterans Census, (CO) Adams
Bal, Levi: (CMTS) 1890 Veterans Census, (CO) Tunica
Balch, Andrew: (MD) Aug. 10, 1898, (Spouse) S J. Young (CO) Tippah
Balden, Robert: (B) May 7, 1892, (Race) Black, (BP) Natchez, MS, (WWIDR) Jackson City, MS, (CO) Adams
Baldwin, Calling: (CMTS) 1890 Veterans Census, (CO) Bolivar
Baldwin, David: (CMTS) 1890 Veterans Census, (CO) Jefferson
Baldwin, Davis: (B) 1883, (Race) Black, (WWIDR) Adams, MS, (CO) Adams
Baldwin, Enoch: (CMTS) 1890 Veterans Census, (CO) Sharkey
Baldwin, Frank: (B) Nov. 8, 1892, (Race) Black, (BP) Natchez, MS, (WWIDR) Adams, MS, (CO) Adams

Baldwin, Nathaniel: (CMTS) 1890 Veterans Census, (CO) Bolivar
Baldwin, Shed: (B) Jun. 12, 1891, (Race) Black, (BP) Stanton, MS, (WWIDR) Adams, MS, (CO) Adams
Baldwin, Thomas: (B) 1881, (Race) Black, (WWIDR) Adams, MS, (CO) Adams
Baldwin, William: (B) May 8, 1884, (Race) Black, (WWIDR) Adams, MS, (CO) Adams
Baldwin, William: (CMTS) 1890 Veterans Census, (CO) Jefferson
Baldwyn, James W.: (MD) Jul. 22, 1884, (Spouse) Mollie Jenkins (CO) Tippah
Baldy, Guy: (CMTS) 1890 Veterans Census, (CO) Desoto
Balentine, Cage: (CMTS) 1890 Veterans Census, (CO) Panola
Baley, John: (CMTS) 1890 Veterans Census, (CO) Tunica
Ball, Joseph: (CMTS) 1890 Veterans Census, (CO) Adams
Ballard, David: (CMTS) 1890 Veterans Census, (CO) Grenada
Ballard, Fountain: (CMTS) 1890 Veterans Census, (CO) Adams
Ballard, Lloyd: (B) Dec. 25, 1898, (Race) Black, (WWIDR) Adams, MS, (CO) Adams
Ballot, Silas: (CMTS) 1890 Veterans Census, (CO) Jefferson
Baltimore, Lue: (CMTS) 1890 Veterans Census, (CO) Tunica
Banavicchia, Joe: (B) Mar. 2, 1884, (Race) White, (WWIDR) Adams, MS, (CO) Adams
Bandless, William: (CMTS) 1890 Veterans Census, (CO) Sharkey
Bandy, John A.: (MD) Jul. 14, 1896, (Spouse) Annie M. Neighbors (CO) Tippah
Bandy, Simmeon: (CMTS) 1890 Veterans Census, (CO) Clay
Banet, Daniel: (CMTS) 1890 Veterans Census, (CO) Warren
Banister, George: (CMTS) 1890 Veterans Census, (CO) Yazoo
Banks, Alex: (CMTS) 1890 Veterans Census, (CO) Claiborne
Banks, Andrew: (CMTS) 1890 Veterans Census, (CO) Adams
Banks, Caleb: (CMTS) 1890 Veterans Census, (CO) Warren
Banks, David: (CMTS) 1890 Veterans Census, (CO) Tunica
Banks, Fredrick: (CMTS) 1890 Veterans Census, (CO) Adams
Banks, Fred: (B) Mar. 15, 1891, (Race) Black, (BP) Natchez, MS, (WWIDR) Adams, MS, (CO) Adams
Banks, Fredick: (CMTS) 1890 Veterans Census, (CO) Adams
Banks, Henry: (B) Aug. 29, 1896, (Race) Black, (WWIDR) Adams, MS, (CO) Adams
Banks, Henry: (CMTS) 1890 Veterans Census, (CO) Bolivar
Banks, Henry: (CMTS) 1890 Veterans Census, (CO) Sharkey
Banks, John: (CMTS) 1890 Veterans Census, (CO) Bolivar
Banks, John: (CMTS) 1890 Veterans Census, (CO) Jefferson
Banks, Jordan: (CMTS) 1890 Veterans Census, (CO) Claiborne
Banks, Robert: (B) 1891, (Race) Black Adams Co., MS, (WWIDR) Adams, MS, (CO) Adams
Banks, Robert: (CMTS) 1890 Veterans Census, (CO) Jefferson
Banks, Rueben: (CMTS) 1890 Veterans Census, (CO) Adams
Banks, William: (B) Oct. 17, 1892, (Race) Black Adams Co., MS, (WWIDR) Adams, MS, (CO) Adams
Banks, William: (CMTS) 1890 Veterans Census, (CO) Adams
Barber, Alexander: (CMTS) 1890 Veterans Census, (CO) Jackson
Barber, Eugene: (B) Dec. 25, 1895, (Race) Black, (BP) Natchez, MS, (WWIDR) Madison, LA, (CO) Adams
Barber, Henry: (B) 1888, (Race) Black, (BP) Natchez, MS, (WWIDR) Sharkey, MS, (CO) Adams
Barber, J. R.: (MD) Jan. 1, 1895, (Spouse) Mrs S J. Davis (CO) Tippah
Barber, James: (B) Sep 15, 1889, (Race) Black, (BP) Natchez, MS, (WWIDR) Sharkey, MS, (CO) Adams
Barber, John: (CMTS) 1890 Veterans Census, (CO) Panola
Barber, Reuben: (CMTS) 1890 Veterans Census, (CO) Washington
Barber, W. B.: (MD) Dec. 1, 1898, (Spouse) Ella Crawford (CO) Tippah
Barber, W. T.: (MD) Nov. 14, 1895, (Spouse) Mary M. Roofe (CO) Tippah

Bard, Samuel: (CMTS) 1890 Veterans Census, (CO) Washington
Barefield, Aaron: (CMTS) 1890 Veterans Census, (CO) Jefferson
Barefield, Susan: (CMTS) 1890 Veterans Census, (CO) Jefferson
Barger, Elijah: (B) Jan., 1884, (Race) Black, (WWIDR) Adams, MS, (CO) Adams
Barker, Alford: (CMTS) 1890 Veterans Census, (CO) Issaquena
Barkley, G. T.: (MD) Dec. 28, 1898, (Spouse) Mattie Wammack (CO) Tippah
Barkley, Gadsden: (MD) Dec. 22, 1898, (Spouse) Minnie Nix (CO) Tippah
Barkley, J. T.: (MD) Jan. 3, 1889, (Spouse) Sallie Mercer (CO) Tippah
Barkley, John: (MD) Feb. 2, 1893, (Spouse) Emma Gaillard (CO) Tippah
Barkley, Lee: (MD) Dec. 7, 1882, (Spouse) Cally Hoyl (CO) Tippah
Barkley, Lee: (MD) Feb. 8, 1885, (Spouse) Minnie McAllister (CO) Tippah
Barkley, R. S.: (MD) Jan. 22, 1896, (Spouse) Cora Keith (CO) Tippah
Barkley, S. P.: (MD) Dec. 20, 1888, (Spouse) A. A. Kelly (CO) Tippah
Barkley, W. A.: (MD) Jun. 24, 1896, (Spouse) Minnie Cox (CO) Tippah
Barks, John: (CMTS) 1890 Veterans Census, (CO) Warren
Barksdale, Jim: (CMTS) 1890 Veterans Census, (CO) Marshall
Barland, Charlie: (B) Dec. 8, 1885, (Race) Black, (WWIDR) Adams, MS, (CO) Adams
Barland, Dave: (B) Jul. 12, 1888, (Race) Black, (BP) Natchez, MS, (WWIDR) Adams, MS, (CO) Adams
Barland, Herbert C.: (B) Sep 24, 1889, (Race) Black, (BP) Natchez, MS, (WWIDR) Adams, MS, (CO) Adams
Barland, Joe: (B) Dec. 27, 1883, (Race) Black, (WWIDR) Adams, MS, (CO) Adams
Barland, Oscar Lacurox: (B) Jan. 21, 1898, (Race) Black, (WWIDR) Adams, MS, (CO) Adams
Barlow, Elisabeth: (B) Dec. 22, 1821, (D) Oct. 27, 1899, (CO) Simpson, (C) Barlow Cemetery, Harrisville, MS
Barlow, Henry: (CMTS) 1890 Veterans Census, (CO) Adams
Barlow, Mary Jane: (B) Apr. 10, 1835, (D) Sep. 25, 1886, (CO) Hinds, (C) Kelley Cemetery
Barlow, Noah: (CMTS) 1890 Veterans Census, (CO) Adams
Barnard, Thomas Frederick: (B) Mar. 31, 1881, (Race) Black, (WWIDR) Adams, MS, (CO) Adams
Barnes, Aaron: (B) Mar. 12, 1897, (Race) Black, (BP) L. Adams Co., LA, (WWIDR) Adams, MS, (CO) Adams
Barnes, Benjamin: (B) Feb. 24, 1883, (Race) Black, (WWIDR) Adams, MS, (CO) Adams
Barnes, Ejah: (CMTS) 1890 Veterans Census, (CO) Warren
Barnes, Elijah: (CMTS) 1890 Veterans Census, (CO) Warren
Barnes, Eugene Aurelius: (B) Oct. 17, 1898, (Race) White, (WWIDR) Adams, MS, (CO) Adams
Barnes, Gable: (B) Mar. 24, 1885, (Race) Black, (WWIDR) Adams, MS, (CO) Adams
Barnes, Isaac: (CMTS) 1890 Veterans Census, (CO) Claiborne
Barnes, J. A.: (MD) Nov. 24, 1892, (Spouse) R. L. D. Neeley (CO) Tippah
Barnes, Jared: (CMTS) 1890 Veterans Census, (CO) Yazoo
Barnes, Jarrell: (CMTS) 1890 Veterans Census, (CO) Yazoo
Barnes, Joseph: (B) Apr. 15, 1882, (Race) Black, (WWIDR) Adams, MS, (CO) Adams
Barnes, Mary: (CMTS) 1890 Veterans Census, (CO) Warren
Barnes, Morgan: (CMTS) 1890 Veterans Census, (CO) Itawamba
Barnes, Peter: (B) May, 1891, (Race) Black Adams Co., MS, (WWIDR) Adams, MS, (CO) Adams
Barnes, Phillip: (CMTS) 1890 Veterans Census, (CO) Warren
Barnes, Robert: (CMTS) 1890 Veterans Census, (CO) Tunica
Barnes, Stapley: (CMTS) 1890 Veterans Census, (CO) Washington
Barnes, Thomas: (B) Jul., 1895, (Race) Black, (BP) Wilkinson Co., MS, (WWIDR) Adams, MS, (CO) Adams
Barnes, Thomas: (CMTS) 1890 Veterans Census, (CO) Bolivar
Barnes, William: (CMTS) 1890 Veterans Census, (CO) Hinds
Barnes, William: (CMTS) 1890 Veterans Census, (CO) Warren
Barnett, A. M.: (MD) 1889, (Spouse) M. A. Barkley (CO) Tippah
Barnett, Daniel: (MD) Sep. 8, 1881, (Spouse) Bettie Brown, (CO) Oktibbeha

Barnett, Hill: (MD) Dec. 30, 1885, (Spouse) Emma Cox (CO) Tippah
Barnett, Jaroyal: (CMTS) 1890 Veterans Census, (CO) Tishomingo
Barnett, Larmer: (CMTS) 1890 Veterans Census, (CO) Tishomingo
Barnett, Ned: (MD) Dec. 21, 1882, (Spouse) Eliza Childers (CO) Tippah
Barnett, Robert: (CMTS) 1890 Veterans Census, (CO) Warren
Barnett, Thomas: (MD) Dec. 11, 1883, (Spouse) Mary Mccord (CO) Tippah
Barney, Thomas: (CMTS) 1890 Veterans Census, (CO) Bolivar
Barns, C. C.: (MD) Apr. 26, 1882, (Spouse) Margaret Tennessee Duncan (CO) Tippah
Barrere, Earnest: (B) Dec. 12, 1898, (Race) White, (BP) Natchez, MS, (WWIDR) Adams, MS, (CO) Adams
Barrere, John Augustus: (B) Aug. 26, 1881, (Race) White, (WWIDR) Adams, MS, (CO) Adams
Barret, Daniel: (CMTS) 1890 Veterans Census, (CO) Warren
Barrett, John: (CMTS) 1890 Veterans Census, (CO) Rankin
Barrick, Charles: (CMTS) 1890 Veterans Census, (CO) Warren
Barringer, Mary: (CMTS) 1890 Veterans Census, (CO) Desoto
Barrow, Page: (CMTS) 1890 Veterans Census, (CO) Hinds
Barry, Rev. James Joseph: (B) Feb. 9, 1886, (Race) White, (WWIDR) Adams, MS, (CO) Adams
Barry, Mike: (CMTS) 1890 Veterans Census, (CO) Leflore
Barter, Alfred: (CMTS) 1890 Veterans Census, (CO) Issaquena
Bartlett, G. T.: (MD) Jan. 13, 1881, (Spouse) Sallie Millican (CO) Tippah
Bartlett, G. T.: (MD) Dec. 20, 1897, (Spouse) Jennie Winborn (CO) Tippah
Bartlett, J. J.: (MD) Apr. 19, 1891, (Spouse) M. C. Plummer (CO) Tippah
Bartlett, J. T.: (MD) Dec. 12, 1890, (Spouse) M. J. Williamson (CO) Tippah
Bartlett, N. C.: (MD) Feb. 14, 1883, (Spouse) Mattie J. Cook (CO) Tippah
Bartlett, O. C.: (MD) Dec. 17, 1893, (Spouse) Sarah Braddy (CO) Tippah
Bartlett, W. A.: (MD) Oct. 3, 1899, (Spouse) Vonie Smith (CO) Tippah
Bartley, Washington: (CMTS) 1890 Veterans Census, (CO) Adams
Bartley, Washington: (CMTS) 1890 Veterans Census, (CO) Adams
Bartling, August: (CMTS) 1890 Veterans Census, (CO) Leflore
Bartling, Hugust: (CMTS) 1890 Veterans Census, (CO) Leflore
Barton, Almira: (CMTS) 1890 Veterans Census, (CO) Bolivar
Barton, David Charles: (B) Aug. 22, 1890, (Race) White, (BP) Natchez, MS, (WWIDR) Adams, MS, (CO) Adams
Barton, Ftenim: (CMTS) 1890 Veterans Census, (CO) Bolivar
Barton, Harrison: (CMTS) 1890 Veterans Census, (CO) Tate
Barton, Henry: (CMTS) 1890 Veterans Census, (CO) Tunica
Barton, Homer: (CMTS) 1890 Veterans Census, (CO) Bolivar
Barton, James Burke: (B) Dec. 5, 1889, (Race) White, (BP) Natchez, MS, (WWIDR) Adams, MS, (CO) Adams
Barton, Robert Gastrell: (B) Jul. 17, 1886, (Race) White, (WWIDR) Adams, MS, (CO) Adams
Barton, Thomas: (CMTS) 1890 Veterans Census, (CO) Bolivar
Bass, George: (B) 1896, (Race) Black, (BP) Natchez, MS, (WWIDR) Adams, MS, (CO) Adams
Bass, Steve: (CMTS) 1890 Veterans Census, (CO) Hancock
Bass, W. R.: (MD) Sep. 7, 1893, (Spouse) Willie Taylor (CO) Tippah
Bassett, Abram: (B) Oct. 20, 1893, (Race) Black Adams Co., MS, (WWIDR) Adams, MS, (CO) Adams
Batchelor, Allen: (CMTS) 1890 Veterans Census, (CO) Warren
Batchlor, Allen: (CMTS) 1890 Veterans Census, (CO) Warren
Bates, David: (CMTS) 1890 Veterans Census, (CO) Warren
Bates, Jack: (CMTS) 1890 Veterans Census, (CO) Washington
Bates, James: (CMTS) 1890 Veterans Census, (CO) Bolivar
Bates, Joseph: (B) 1895, (Race) Black Adams Co., MS, (WWIDR) Adams, MS, (CO) Adams
Bates, Lizzie: (CMTS) 1890 Veterans Census, (CO) Adams
Batic, John: (CMTS) 1890 Veterans Census, (CO) Warren

Batley, Aaron: (CMTS) 1890 Veterans Census, (CO) Warren
Batley, Amanda: (CMTS) 1890 Veterans Census, (CO) Warren
Batly, Sam: (CMTS) 1890 Veterans Census, (CO) Bolivar
Bauavecchia, Joe: (B) Mar. 2, 1884, (Race) White, (WWIDR) Adams, MS, (CO) Adams
Bauer, George Abbott: (B) Aug. 6, 1887, (Race) White, (BP) Natchez, MS, (WWIDR) Adams, MS, (CO) Adams
Baums, Roas: (CMTS) 1890 Veterans Census, (CO) Yazoo
Bawler, Henry: (CMTS) 1890 Veterans Census, (CO) Sharkey
Baxter, Squire: (CMTS) 1890 Veterans Census, (CO) Yazoo
Bayley, Caroline: (CMTS) 1890 Veterans Census, (CO) Bolivar
Bayley, William: (CMTS) 1890 Veterans Census, (CO) Bolivar
Beach, George: (CMTS) 1890 Veterans Census, (CO) Hancock
Beacons, Robert: (CMTS) 1890 Veterans Census, (CO) Holmes
Beady, Michael: (CMTS) 1890 Veterans Census, (CO) Jackson
Beal, John: (CMTS) 1890 Veterans Census, (CO) Madison
Beaman, George: (CMTS) 1890 Veterans Census, (CO) Leflore
Beard, Eugene: (CMTS) 1890 Veterans Census, (CO) Benton
Beard, James: (MD) Dec. 30, 1868, (Spouse) Amanda Hamer, (CO) Tippah
Bearden, Horace: (B) Apr. 8, 1888, (Race) Black, (BP) Natchez, MS, (WWIDR) Sunflower, MS, (CO) Adams
Bearth, Maine: (CMTS) 1890 Veterans Census, (CO) Washington
Beasley, Augustus: (CMTS) 1890 Veterans Census, (CO) Warren
Beasley, William: (CMTS) 1890 Veterans Census, (CO) Warren
Beattie, James Ervin: (B) Mar. 15, 1887, (Race) White, (BP) Starkville, MS, (WWIDR) Adams, MS, (CO) Adams
Beatty, Adrien Leo: (B) Apr. 3, 1895, (Race) White, (BP) Natchez, MS, (WWIDR) Adams, MS, (CO) Adams
Beatty, Francis Xavier: (B) Oct. 16, 1890, (Race) White, (BP) Natchez, MS, (WWIDR) Adams, MS, (CO) Adams
Beatty, James Augustine: (B) Aug. 23, 1889, (Race) White, (BP) Natchez, MS, (WWIDR) Adams, MS, (CO) Adams
Beatty, William Henry: (B) Feb. 12, 1892, (Race) White, (BP) Natchez, MS, (WWIDR) Adams, MS, (CO) Adams
Beaty, J. H.: (MD) Nov., 18, 1884, (Spouse) Everee Hodges, (CO) Tippah
Beaty, J. S.: (MD) Jan. 19, 1892, (Spouse) Sallie Little, (CO) Tippah
Beaty, J. T.: (MD) Dec. 1, 1881, (Spouse) J. D. F. Rogers, (CO) Tippah
Beaty, J. W.: (MD) Feb. 4, 1892, (Spouse) Amanda Duncan, (CO) Tippah
Beaty, James A.: (MD) Sep. 17, 1891, (Spouse) Bettie Beaty, (CO) Tippah
Beaty, O. C.: (MD) Nov. 24, 1889, (Spouse) N. E. Bullock, (CO) Tippah
Beauchamp, Wallace Adrian: (B) Apr. 28, 1881, (Race) White, (WWIDR) Adams, MS, (CO) Adams
Beavers, J. B.: (MD) Aug. 15, 1895, (Spouse) N. J. Jackson, (CO) Tippah
Beavers, W. A.: (MD) Dec. 28, 1898, (Spouse) L. M. Benson, (CO) Tippah
Beck, Calvin: (CMTS) 1890 Veterans Census, (CO) Yazoo
Beck, David: (CMTS) 1890 Veterans Census, (CO) Washington
Beck, Wesley: (CMTS) 1890 Veterans Census, (CO) Yazoo
Beckerstaff, Mahulda: (CMTS) 1890 Veterans Census, (CO) Tishomingo
Bedwell, Samuel: (CMTS) 1890 Veterans Census, (CO) Yazoo
Beecher, Robert Earnest: (B) Sep 11, 1884, (Race) Black, (WWIDR) Adams, MS, (CO) Adams
Beeecher, Virgin: (CMTS) 1890 Veterans Census, (CO) Sunflower
Beekman, Marcus: (B) Jul. 21, 1884, (Race) White, (WWIDR) Adams, MS, (CO) Adams
Beery, David: (CMTS) 1890 Veterans Census, (CO) Bolivar
Behler, William Peter: (B) Oct. 23, 1882, (Race) White, (WWIDR) Adams, MS, (CO) Adams
Beiber, H. S.: (MD) Oct. 9, 1892, (Spouse) E. L. Ketchum, (CO) Tippah

Beiber, J. M.: (MD) Dec. 13, 1883, (Spouse) Missouri Neely, (CO) Tippah
Bele, Mary: (CMTS) 1890 Veterans Census, (CO) Desoto
Bele, William: (CMTS) 1890 Veterans Census, (CO) Desoto
Belecig, Major: (B) Sep 5, 1897, (Race) Black, (BP) L. Tensas Par., LA, (WWIDR) Adams, MS, (CO) Adams
Belford, John: (CMTS) 1890 Veterans Census, (CO) Holmes
Belirig, Major: (B) Sep 5, 1897, (Race) Black, (BP) L. Tensas Par., LA, (WWIDR) Adams, MS, (CO) Adams
Bell, A.. D.: (MD) Nov., 18, 1869, (Spouse) M. Tapp, (CO) Tippah
Bell, Allen: (B) Jul. 17, 1898, (Race) Black, (WWIDR) Adams, MS, (CO) Adams
Bell, Amos: (CMTS) 1890 Veterans Census, (CO) Tunica
Bell, Augustus: (CMTS) 1890 Veterans Census, (CO) Bolivar
Bell, Byron: (L) 160.08 acres, Jackson Land Office, (ID) Dec. 1, 1898, (CO) George
Bell, Charles: (CMTS) 1890 Veterans Census, (CO) Sunflower
Bell, Charles E.: (L) 40.12 acres, Jackson Land Office, (ID) Dec. 14, 1896, (CO) Kemper
Bell, Charley: (CMTS) 1890 Veterans Census, (CO) Washington
Bell, Charley W.: (MD) Sep. 21, 1899, (Spouse) Mollie Jones, (CO) Tippah
Bell, Charlie: (CMTS) 1890 Veterans Census, (CO) Coahoma
Bell, Chauncey S.: (L) 164.25 acres, Jackson Land Office, (ID) Jun. 22, 1895, (CO) George
Bell, Clemmon: (B) Apr. 16, 1899, (Race) Black, (WWIDR) Adams, MS, (CO) Adams
Bell, Cleophis: (B) Feb. 8, 1896, (Race) Black, (BP) Pine Ridge, MS, (WWIDR) Adams, MS, (CO) Adams
Bell, Crawley: (L) 159.67 acres, Jackson Land Office, (ID) Nov. 11, 1895, (CO) Franklin
Bell, David: (CMTS) 1890 Veterans Census, (CO) Claiborne
Bell, Dennis: (B) Jan. 21, 1899, (Race) Black, (WWIDR) Adams, MS, (CO) Adams
Bell, Dennis: (CMTS) 1890 Veterans Census, (CO) Adams
Bell, Dock: (MD) Feb. 4, 1897, (Spouse) Mary Holly, (CO) Tippah
Bell, Earnest: (B) Apr. 10, 1896, (Race) Black Adams Co., MS, (WWIDR) Adams, MS, (CO) Adams
Bell, Emer A.: (L) 158.82 acres, Jackson Land Office, (ID) Dec. 1, 1898, (CO) George
Bell, Ernest: (B) Dec. 10, 1895, (Race) Black, (BP) Natchez, MS, (WWIDR) Adams, MS, (CO) Adams
Bell, George: (CMTS) 1890 Veterans Census, (CO) Washington
Bell, Gilion: (CMTS) 1890 Veterans Census, (CO) Sunflower
Bell, Hagar: (CMTS) 1890 Veterans Census, (CO) Hinds
Bell, Henry: (CMTS) 1890 Veterans Census, (CO) Adams
Bell, Henry: (MD) Aug. 14, 1884, (Spouse) Annie Triplet, (CO) Tippah
Bell, Jacob: (CMTS) 1890 Veterans Census, (CO) Warren
Bell, James Elisha: (B) Dec. 10, 1899, (Race) Black, (WWIDR) Adams, MS, (CO) Adams
Bell, Jane: (CMTS) 1890 Veterans Census, (CO) Washington
Bell, John: (CMTS) 1890 Veterans Census, (CO) Hinds
Bell, John: (CMTS) 1890 Veterans Census, (CO) Wilkins
Bell, M. M. C.: (MD) Jul. 24, 1883, (Spouse) J. E. Cowan, (CO) Tippah
Bell, Moses: (B) Apr. 22, 1884, (Race) Black, (WWIDR) Adams, MS, (CO) Adams
Bell, Moses: (CMTS) 1890 Veterans Census, (CO) Washington
Bell, Robert: (B) Feb. 22, 1884, (Race) Black, (WWIDR) Adams, MS, (CO) Adams
Bell, Ruphus: (CMTS) 1890 Veterans Census, (CO) Bolivar
Bell, Sarah: (CMTS) 1890 Veterans Census, (CO) Washington
Bell, W. M.: (MD) Mar. 3, 1898, (Spouse) Lilla Hopper, (CO) Tippah
Bell, Wash: (B) Feb. 29, 1882, (Race) Black, (WWIDR) Adams, MS, (CO) Adams
Bell, Willie: (B) 1898, (Race) Black, (WWIDR) Adams, MS, (CO) Adams
Bell, Wilson: (B) Jun. 6, 1881, (Race) Black, (WWIDR) Adams, MS, (CO) Adams
Bell, William: (CMTS) 1890 Veterans Census, (CO) Warren
Bellande, Antonio: (CMTS) 1890 Veterans Census, (CO) Harrison

Bellingsly, Haywood: (CMTS) 1890 Veterans Census, (CO) Washington
Belote, Isaac E: (MD) Feb. 2, 1881, (Spouse) Laurah A. Tapp, (CO) Tippah
Belote, J. N..: (MD) Sep. 1, 1886, (Spouse) E. K Whitten, (CO) Tippah
Belt, Augustus: (CMTS) 1890 Veterans Census, (CO) Claiborne
Belton, Richard: (B) 1889, (Race) Black, (BP) Greenfield Plantation, MS, (WWIDR) Adams, MS, (CO) Adams
Beltzhoover, Melchior Roch: (B) Jul. 24, 1892, (Race) White, (BP) Natchez, MS, (WWIDR) Adams, MS, (CO) Adams
Bemer, John: (CMTS) 1890 Veterans Census, (CO) Yalobusha
Bemer, Nicholas: (CMTS) 1890 Veterans Census, (CO) Adams
Bemiss, John Barney: (B) Jul. 26, 1886, (Race) Black Baton Rouge, LA, (WWIDR) Adams, MS, (CO) Adams
Ben, Amos: (CMTS) 1890 Veterans Census, (CO) Warren
Ben, Kelly: (CMTS) 1890 Veterans Census, (CO) Adams
Benard, Joe: (B) Mar. 10, 1894, (Race) Black Adams Co., MS, (WWIDR) Adams, MS, (CO) Adams
Benard, John Robert: (B) Apr. 23, 1895, (Race) Black, (BP) Magnolia, MS, (WWIDR) Adams, MS, (CO) Adams
Benard, Robert: (B) Sep, 18, 1888, (Race) Black, (BP) Selma, MS, (WWIDR) Adams, MS, (CO) Adams
Benard, Willis: (B) Jun. 15, 1893, (Race) Black Adams Co., MS, (WWIDR) Adams, MS, (CO) Adams
Bench, Andre W.: (CMTS) 1890 Veterans Census, (CO) Coahoma
Bendy, Michael: (CMTS) 1890 Veterans Census, (CO) Jackson
Benedict, Floyd Thomas: (B) Sep 19, 1898, (Race) White, (WWIDR) Adams, MS, (CO) Adams
Benett, Johnson: (CMTS) 1890 Veterans Census, (CO) Sharkey
Benett, Seabon: (CMTS) 1890 Veterans Census, (CO) Washington
Benick, Napolean: (CMTS) 1890 Veterans Census, (CO) Itawamba
Benjamin, Daniel: (CMTS) 1890 Veterans Census, (CO) Leflore
Benjamin, Samuel: (CMTS) 1890 Veterans Census, (CO) Adams
Benjamin, Elna: (CMTS) 1890 Veterans Census, (CO) Marshall
Benjamin, Hannah: (CMTS) 1890 Veterans Census, (CO) Adams
Benjamin, Madison: (CMTS) 1890 Veterans Census, (CO) Adams
Benn, John: (CMTS) 1890 Veterans Census, (CO) Warren
Benner, Nicholas: (CMTS) 1890 Veterans Census, (CO) Adams
Bennerscheidt, Frederick W.D: (B) Jan. 5, 1891, (Race) White, (BP) Savannah GA, (WWIDR) Adams, MS, (CO) Adams
Bennett, Andy: (MD) Apr. 4, 1883, (Spouse) Eliza West, (CO) Tippah
Bennett, Calvin Smith: (B) Dec. 9, 1896, (Race) White, (WWIDR) Adams, MS, (CO) Adams
Bennett, Eliza: (CMTS) 1890 Veterans Census, (CO) Bolivar
Bennett, Ernest: (B) Dec. 15, 1883, (Race) White, (WWIDR) Adams, MS, (CO) Adams
Bennett, G. P.: (MD) Mar. 24, 1895, (Spouse) Sallie King, (CO) Tippah
Bennett, George Gordon: (B) Jan. 30, 1882, (Race) White, (WWIDR) Adams, MS, (CO) Adams
Bennett, John: (CMTS) 1890 Veterans Census, (CO) Coahoma
Bennett, R. C.: (MD) Dec. 23, 1894, (Spouse) Blanche Rucker, (CO) Tippah
Bennett, Seabon: (CMTS) 1890 Veterans Census, (CO) Washington
Bennett, Tyra: (CMTS) 1890 Veterans Census, (CO) Itawamba
Bennett, William: (B) Jun. 20, 1882, (Race) Black, (WWIDR) Adams, MS, (CO) Adams
Benoist, Edwin Eugene: (B) Dec., 18, 1891, (Race) White, (BP) Natchez, MS, (WWIDR) Adams, MS, (CO) Adams
Benoist, Louis Armand (Armau: (B) Sep 13, 1889, (Race) White, (BP) Natchez, MS, (WWIDR) Adams, MS, (CO) Adams
Benoist, Percy A.: (B) Mar. 12, 1896, (Race) White, (BP) Natchez, MS, (WWIDR) Adams, MS, (CO) Adams

Benson, George: (CMTS) 1890 Veterans Census, (CO) Adams
Benson, Robert: (CMTS) 1890 Veterans Census, (CO) Marshall
Benson, Silas: (CMTS) 1890 Veterans Census, (CO) Bolivar
Benson, William: (CMTS) 1890 Veterans Census, (CO) Yalobusha
Bentley, Henry: (CMTS) 1890 Veterans Census, (CO) Claiborne
Benton, Arnot: (CMTS) 1890 Veterans Census, (CO) Bolivar
Benton, Mosley: (CMTS) 1890 Veterans Census, (CO) Yazoo
Berard, Joseph (Rev.): (B) Jan. 9, 1888, (Race) White, (BP) Monastin, France, (WWIDR) Adams, MS, (CO) Adams
Berbag, Vison: (CMTS) 1890 Veterans Census, (CO) Jefferson
Berbage, Vinson: (CMTS) 1890 Veterans Census, (CO) Jefferson
Berdon, William Baugh: (B) Jun. 16, 1892, (Race) White, (BP) Natchez, MS, (WWIDR) Adams, MS, (CO) Adams
Berger, Frederick Ferdinand: (B) Jun. 3, 1886, (Race) White, (WWIDR) Adams, MS, (CO) Adams
Bernard, David: (B) Dec. 9, 1890, (Race) Black, (BP) Pine Ridge, MS, (WWIDR) Adams, MS, (CO) Adams
Bernard, Eugene Jessie: (B) Sep 19, 1886, (Race) Black, (BP) Sibley, MS, (WWIDR) Adams, MS, (CO) Adams
Bernard, George: (B) May 15, 1885, (Race) Black, (WWIDR) Warren, MS, (CO) Adams
Bernard, Henderson: (B) May 29, 1887, (Race) Black Adams Co., MS, (WWIDR) Adams, MS, (CO) Adams
Bernard, James: (B) 1882, (Race) Black, (WWIDR) Adams, MS, (CO) Adams
Bernard, Joe: (B) Mar. 10, 1894, (Race) Black Adams Co., MS, (WWIDR) Adams, MS, (CO) Adams
Bernard, John: (B) Jul. 8, 1882, (Race) Black, (WWIDR) Adams, MS, (CO) Adams
Bernard, John: (B) Jul. 15, 1883, (Race) Black, (WWIDR) Adams, MS, (CO) Adams
Bernard, John Robert: (B) Apr. 23, 1895, (Race) Black, (BP) Magnolia, MS, (WWIDR) Adams, MS, (CO) Adams
Bernard, Theodore: (B) Jan. 26, 1891, (Race) Black Adams Co., MS, (WWIDR) Adams, MS, (CO) Adams
Bernard, William Alexander: (B) Dec. 6, 1881, (Race) Black, (WWIDR) Adams, MS, (CO) Adams
Bernstein, Bennie: (B) Aug. 24, 1894, (Race) White, (BP) Garland, LA, (WWIDR) Adams, MS, (CO) Adams
Berr, Amos: (CMTS) 1890 Veterans Census, (CO) Warren
Berry, Allen Knoux: (B) Jul. 11, 1893 (D) May 19 1924 (CO) Chickasaw, (C) Wesley Chapel Cemetery
Berry, Charley: (MD) Dec. 13, 1882, (Spouse) Malinda Green, (CO) Tippah
Berry, Christy: (CMTS) 1890 Veterans Census, (CO) Lafayette
Berry, Dock: (CMTS) 1890 Veterans Census, (CO) Pontotoc
Berry, Ike: (B) Jul. 12, 1891, (Race) Black, (BP) Warren Co., MS, (WWIDR) Adams, MS, (CO) Adams
Berry, J. R: (MD) Mar. 6, 1898, (Spouse) Mollie Bullock, (CO) Tippah
Berry, Jack: (MD) Dec. 26, 1878, (Spouse) Martha Ratliff, (CO) Tippah
Berry, Jack: (MD) Oct. 14, 1883, (Spouse) Phillis McCarley, (CO) Tippah
Berry, Oliver: (CMTS) 1890 Veterans Census, (CO) Warren
Berry, Pearce: (MD) Dec. 7, 1882, (Spouse) Ellen Barkley, (CO) Tippah
Berry, Sam: (MD) 1884, (Spouse) Emma Kinds, (CO) Tippah
Berry, Samuel: (CMTS) 1890 Veterans Census, (CO) Jackson
Berry, Simpson: (CMTS) 1890 Veterans Census, (CO) Lafayette
Berry, Steve: (MD) Nov. 30, 1884, (Spouse) Lula Colman, (CO) Tippah
Berryhill, Tom: (CMTS) 1890 Veterans Census, (CO) Leflore
Bertha, Fred: (B) Mar. 1, 1895, (Race) Black Adams Co., MS, (WWIDR) Adams, MS, (CO) Adams
Besinger, B. F.: (MD) Aug. 27, 1894, (Spouse) M. E. Roberson, (CO) Tippah
Bess, Dorsey: (B) May 10, 1897, (Race) Black, (BP) L. Natchez, MS, (WWIDR) Adams, MS, (CO)

Adams
Bess, Nancy: (CMTS) 1890 Veterans Census, (CO) Adams
Bethany, Anthony: (CMTS) 1890 Veterans Census, (CO) Copiah
Better, Margaret: (CMTS) 1890 Veterans Census, (CO) Washington
Betts, Sandy: (CMTS) 1890 Veterans Census, (CO) Desoto
Beunr, Nicholas: (CMTS) 1890 Veterans Census, (CO) Adams
Beverly, Horace: (CMTS) 1890 Veterans Census, (CO) Jefferson
Beverly, Thomas: (CMTS) 1890 Veterans Census, (CO) Adams
Bevo, Carb: (B) Oct. 12, 1885, (Race) Black, (WWIDR) Adams, MS, (CO) Adams
Beward, John: (CMTS) 1890 Veterans Census, (CO) Adams
Beyer, John: (CMTS) 1890 Veterans Census, (CO) Hancock
Bezeman, Meca: (CMTS) 1890 Veterans Census, (CO) Sharkey
Bezzeal, Eliza: (CMTS) 1890 Veterans Census, (CO) Washington
Bezzeal, Phillip: (CMTS) 1890 Veterans Census, (CO) Washington
Bias, James: (CMTS) 1890 Veterans Census, (CO) Warren
Bias, John: (CMTS) 1890 Veterans Census, (CO) Washington
Bias, Sarah: (CMTS) 1890 Veterans Census, (CO) Warren
Biles, Dave: (CMTS) 1890 Veterans Census, (CO) Marshall
Bill, Dave: (CMTS) 1890 Veterans Census, (CO) Claiborne
Billingsly, Haywood: (CMTS) 1890 Veterans Census, (CO) Washington
Billins, Hezekiah: (CMTS) 1890 Veterans Census, (CO) Jefferson
Bimber, Elmira: (CMTS) 1890 Veterans Census, (CO) Sharkey
Bimber, Sibren: (CMTS) 1890 Veterans Census, (CO) Coahoma
Bims, Morris: (B) Aug. 8, 1896, (Race) Black, (BP) Washington, MS, (WWIDR) Adams, MS, (CO) Adams
Bims, Morris: (B) Aug. 8, 1896, (Race) Black, (WWIDR) Adams, MS, (CO) Adams
Bims, Samuel: (B) Oct. 10, 1889, (Race) Black, (BP) Natchez, MS, (WWIDR) Hinds, MS, (CO) Adams
Binber, Alexander: (CMTS) 1890 Veterans Census, (CO) Sharkey
Binber, Elmira: (CMTS) 1890 Veterans Census, (CO) Sharkey
Bindon, Holliday: (B) May 19, 1893, (Race) Black, (BP) Natchez, MS, (WWIDR) Sunflower, MS, (CO) Adams
Bine, Levi: (CMTS) 1890 Veterans Census, (CO) Warren
Binford, Henry: (CMTS) 1890 Veterans Census, (CO) Tunica
Bingham, Charley: (CMTS) 1890 Veterans Census, (CO) Warren
Bingham, Mary: (CMTS) 1890 Veterans Census, (CO) Warren
Binimen, Sibrin: (CMTS) 1890 Veterans Census, (CO) Coahoma
Binns, Saint Elmo: (B) 1896, (Race) Black, (BP) L. Washington, MS, (WWIDR) Adams, MS, (CO) Adams
Bintess, Alexander: (CMTS) 1890 Veterans Census, (CO) Sharkey
Bintess, Elmira: (CMTS) 1890 Veterans Census, (CO) Sharkey
Bird, Benjamin: (CMTS) 1890 Veterans Census, (CO) Tunica
Bird, Henry: (CMTS) 1890 Veterans Census, (CO) Jefferson
Bird, Lawyer: (CMTS) 1890 Veterans Census, (CO) Bolivar
Birney, James: (CMTS) 1890 Veterans Census, (CO) Tunica
Birns, Morris: (B) Aug. 8, 1896, (Race) Black, (BP) Washington, MS, (WWIDR) Adams, MS, (CO) Adams
Bishop, A. J.: (MD) Nov. 13, 1897, (Spouse) Susanna Little, (CO) Tippah
Bishop, Allen: (CMTS) 1890 Veterans Census, (CO) Claiborne
Bishop, Benjamin: (CMTS) 1890 Veterans Census, (CO) Warren
Bishop, Bob: (B) Aug. 15, 1884, (Race) Black, (WWIDR) Adams, MS, (CO) Adams
Bishop, J. W.: (MD) Mar. 13, 1890, (Spouse) Annie Ellums, (CO) Tippah
Bishop, James: (CMTS) 1890 Veterans Census, (CO) Grenada
Bishop, John: (CMTS) 1890 Veterans Census, (CO) Pike

Bishop, Robert: (MD) Oct. 6, 1890, (Spouse) Melvin Ellens, (CO) Tippah
Bishop, Samuel: (CMTS) 1890 Veterans Census, (CO) Bolivar
Black, Anna: (CMTS) 1890 Veterans Census, (CO) Warren
Black, Britton: (B) 1882, (Race) Black, (WWIDR) Adams, MS, (CO) Adams
Black, Charles: (CMTS) 1890 Veterans Census, (CO) Adams
Black, Head: (CMTS) 1890 Veterans Census, (CO) Yazoo
Black, Jack: (CMTS) 1890 Veterans Census, (CO) Holmes
Black, James: (CMTS) 1890 Veterans Census, (CO) Lee
Black, John: (CMTS) 1890 Veterans Census, (CO) Desoto
Black, Oliver: (CMTS) 1890 Veterans Census, (CO) Union
Black, Peter: (CMTS) 1890 Veterans Census, (CO) Warren
Black, Romeo: (B) Jan., 1895, (Race) Black, (BP) Natchez, MS, (WWIDR) Adams, MS, (CO) Adams
Black, Romeo: (B) Jan., 1895, (Race) Black, (WWIDR) Adams, MS, (CO) Adams
Black, Seymour: (B) Feb. 9, 1886, (Race) White, (WWIDR) Adams, MS, (CO) Adams
Blackburn, Charles: (CMTS) 1890 Veterans Census, (CO) Jefferson
Blackburn, James: (CMTS) 1890 Veterans Census, (CO) Marshall
Blackburn, William: (CMTS) 1890 Veterans Census, (CO) Claiborne
Blackham, Archie: (CMTS) 1890 Veterans Census, (CO) Desoto
Blackman, George: (B) Jun. 2, 1892, (Race) Black, (BP) Louisville KY, (WWIDR) Adams, MS, (CO) Adams
Blackman, George: (B) Jun. 2, 1892, (Race) Black, (WWIDR) Adams, MS, (CO) Adams
Blackman, Hillard: (CMTS) 1890 Veterans Census, (CO) Warren
Blackman, John: (B) Apr. 9, 1886, (Race) Black, (WWIDR) Adams, MS, (CO) Adams
Blackman, Mark: (CMTS) 1890 Veterans Census, (CO) Pike
Blackmon, Eugene: (B) Jul. 7, 1892, (Race) Black Adams Co., MS, (WWIDR) Adams, MS, (CO) Adams
Blackmon, Harry: (B) Jan. 9, 1895, (Race) Black, (BP) Natchez, MS, (WWIDR) Adams, MS, (CO) Adams
Blackmon, John: (B) Apr. 9, 1886, (Race) Black, (WWIDR) Adams, MS, (CO) Adams
Blackston, Thornton: (CMTS) 1890 Veterans Census, (CO) Washington
Blackwell, Arthur: (CMTS) 1890 Veterans Census, (CO) Washington
Blackwell, Caldonia: (CMTS) 1890 Veterans Census, (CO) Coahoma
Blackwell, Henry: (MD) Dec. 27, 1882, (Spouse) Lee Miller, (CO) Tippah
Blackwell, Robbert: (CMTS) 1890 Veterans Census, (CO) Desoto
Bladen, Williams: (CMTS) 1890 Veterans Census, (CO) Wilkinson
Blae, John: (CMTS) 1890 Veterans Census, (CO) Bolivar
Blaie, James: (CMTS) 1890 Veterans Census, (CO) Jefferson
Blain, Wyatt: (CMTS) 1890 Veterans Census, (CO) Washington
Blair, James: (CMTS) 1890 Veterans Census, (CO) Carroll
Blair, James: (CMTS) 1890 Veterans Census, (CO) Jefferson
Blake, Abe: (CMTS) 1890 Veterans Census, (CO) Adams
Blake, Anthony: (CMTS) 1890 Veterans Census, (CO) Warren
Blake, Handy: (CMTS) 1890 Veterans Census, (CO) Adams
Blake, James: (B) Mar. 12, 1882, (Race) Black, (WWIDR) Adams, MS, (CO) Adams
Blake, John: (B) Apr. 7, 1898, (Race) Black, (WWIDR) Adams, MS, (CO) Adams
Blake, Rowan: (B) Aug. 15, 1884, (Race) Black, (WWIDR) Adams, MS, (CO) Adams
Blake, William: (CMTS) 1890 Veterans Census, (CO) Claiborne
Blakeney, John E: (MD) Dec. 24, 1868, (Spouse) Susan Hughey, (CO) Tippah
Blakney, Tom: (CMTS) 1890 Veterans Census, (CO) Tishomingo
Blalock, William: (CMTS) 1890 Veterans Census, (CO) Calhoun
Blanch, Philip: (CMTS) 1890 Veterans Census, (CO) Warren
Blanchard, Cary: (CMTS) 1890 Veterans Census, (CO) Adams
Bland, Charles: (CMTS) 1890 Veterans Census, (CO) Jefferson

Bland, Dick: (CMTS) 1890 Veterans Census, (CO) Leflore
Bland, Esias: (CMTS) 1890 Veterans Census, (CO) Adams
Bland, Fred: (B) May 25, 1886, (Race) Black, (WWIDR) Adams, MS, (CO) Adams
Bland, Isiah: (CMTS) 1890 Veterans Census, (CO) Adams
Bland, Samuel: (B) Jun. 10, 1886, (Race) Black Adams Co., MS, (WWIDR) Adams, MS, (CO) Adams
Bland, Stephen: (CMTS) 1890 Veterans Census, (CO) Washington
Blandon, Fannie: (CMTS) 1890 Veterans Census, (CO) Warren
Blandon, William: (CMTS) 1890 Veterans Census, (CO) Warren
Blands, Edward: (CMTS) 1890 Veterans Census, (CO) Adams
Blankenstein, William Clifton: (B) Aug. 9, 1899, (Race) White, (WWIDR) Adams, MS, (CO) Adams
Blansett, Walter T.: (B) Jun. 20, 1897 (D) Feb. 19 1968 (CO) Chickasaw, (C) Wesley Chapel Cemetery
Blanton, Alfred: (CMTS) 1890 Veterans Census, (CO) Adams
Blanton, Amos: (B) Mar. 3, 1896, (Race) Black Adams Co., MS, (WWIDR) Adams, MS, (CO) Adams
Blanton, B. H.: (L) 39.97 acres, Jackson Land Office, (ID) Sep. 15, 1883, (CO) Coctaw
Blanton, Ben: (B) 1891, (Race) Black Adams Co., MS, (WWIDR) Adams, MS, (CO) Adams
Blanton, Benjamin: (CMTS) 1890 Veterans Census, (CO) Adams
Blanton, David: (B) May 15, 1882, (Race) Black Adams Co., MS, (WWIDR) Adams, MS, (CO) Adams
Blanton, Ely: (B) Jun. 24, 1892, (Race) Black Adams Co., MS, (WWIDR) Adams, MS, (CO) Adams
Blanton, Frank: (B) Feb. 6, 1894, (Race) Black, (BP) Natchez, MS, (WWIDR) Adams, MS, (CO) Adams
Blanton, Georgianne: (CMTS) 1890 Veterans Census, (CO) Warren
Blanton, John: (L) 79.98 acres, Columbus Land Office, (ID) May 7, 1897. (CO) Noxubee
Blanton, Richard: (B) Oct. 15, 1888, (Race) Black, (BP) Natchez, MS, (WWIDR) Adams, MS, (CO) Adams
Blanton, Rob: (B) Mar. 15, 1895, (Race) Black Adams Co., MS, (WWIDR) Adams, MS, (CO) Adams
Blanton, Silas: (B) Apr. 1, 1894, (Race) Black Adams Co., MS, (WWIDR) Adams, MS, (CO) Adams
Blanton, Willy: (CMTS) 1890 Veterans Census, (CO) Warren
Blar, John: (CMTS) 1890 Veterans Census, (CO) Bolivar
Blarber, Charles: (CMTS) 1890 Veterans Census, (CO) Adams
Blatman, Anshel: (B) May 7, 1882, (Race) White, (WWIDR) Adams, MS, (CO) Adams
Blatnton, Benjamin: (CMTS) 1890 Veterans Census, (CO) Adams
Blaylock, M. L.: (MD) Jan. 13, 1881, (Spouse) Sallie Guthrie, (CO) Tippah
Blaylock, T. C.: (MD) Nov. 24, 1898, (Spouse) Willie Caplin, (CO) Tippah
Blaylouch, T. C.: (MD) Jun. 28, 1887, (Spouse) Allie Blake, (CO) Tippah
Blevens, Henry: (CMTS) 1890 Veterans Census, (CO) Washington
Blevins, Cornalis: (CMTS) 1890 Veterans Census, (CO) Washington
Blewett, Charles H.: (B) May 26, 1893, (Race) White, (BP) Yazoo City, MS, (WWIDR) Adams, MS, (CO) Adams
Bleything, William: (CMTS) 1890 Veterans Census, (CO) Warren
Bliss, William: (CMTS) 1890 Veterans Census, (CO) Warren
Block, Samuel: (CMTS) 1890 Veterans Census, (CO) Adams
Blocken, Clay: (CMTS) 1890 Veterans Census, (CO) Desoto
Blockston, Thornton: (CMTS) 1890 Veterans Census, (CO) Washington
Blonton, Georgianne: (CMTS) 1890 Veterans Census, (CO) Warren
Blonton, Willis: (CMTS) 1890 Veterans Census, (CO) Warren
Bloodworth, Watt: (B) Apr. 20, 1884, (Race) Black, (WWIDR) Adams, MS, (CO) Adams
Blount, George: (CMTS) 1890 Veterans Census, (CO) Grenada

Blow, William: (B) Oct. 1, 1899, (Race) Black, (WWIDR) Adams, MS, (CO) Adams
Blowe, Joseph: (B) Jul. 6, 1888, (Race) Black Adams Co., MS, (WWIDR) Adams, MS, (CO) Adams
Blucan, Philip: (B) Sep 9, 1886, (Race) White, (BP) Franklin Co., MS, (WWIDR) Adams, MS, (CO) Adams
Bluhm, Jacob: (CMTS) 1890 Veterans Census, (CO) Lowndes
Bluin, Eleven: (CMTS) 1890 Veterans Census, (CO) Bolivar
Bluin, Emanuel: (CMTS) 1890 Veterans Census, (CO) Bolivar
Blum, Louie M.: (B) Oct. 3, 1893, (Race) White, (BP) Salartilla, MS, (WWIDR) Adams, MS, (CO) Adams
Blum, Maurice J.: (B) Nov. 26, 1889, (Race) White, (BP) Evergreen, LA, (WWIDR) Adams, MS, (CO) Adams
Blumb, Horace: (CMTS) 1890 Veterans Census, (CO) Lee
Blunt, Austin: (CMTS) 1890 Veterans Census, (CO) Warren
Blunt, Elmira: (CMTS) 1890 Veterans Census, (CO) Warren
Bly, Brass: (CMTS) 1890 Veterans Census, (CO) Warren
Bly, Caroline: (CMTS) 1890 Veterans Census, (CO) Warren
Blythe, Clifton: (B) Feb. 14, 1894, (Race) White, (BP) Natchez, MS, (WWIDR) Adams, MS, (CO) Adams
Boadley, Washington: (CMTS) 1890 Veterans Census, (CO) Claiborne
Boatley, William: (CMTS) 1890 Veterans Census, (CO) Claiborne
Bob, Henry: (CMTS) 1890 Veterans Census, (CO) Tallahatchie
Bobbitt, Robert Earl: (B) Jun. 24, 1895, (Race) White, (BP) Shreveport, LA, (WWIDR) Adams, MS, (CO) Adams
Bobee, John: (CMTS) 1890 Veterans Census, (CO) Jackson
Bobo, Bob: (B) Jan. 1, 1896, (D) 1973, (RES) Baltzer, Bobo, Clarksdale, King & Anderson, Riverton, Roundaway and Stovall, MS, (CO) Coahoma
Bobo, D. B.: (MD) May 02, 1886, (Spouse) Ida Canady, (CO) Tippah
Bobo, D. T.: (MD) Nov. 22, 1896, (Spouse) Ella J. Hollis, (CO) Tippah
Bobo, J. C. M.: (MD) Apr., 18, 1889, (Spouse) S E. Atwell, (CO) Tippah
Bobo, L. C.: (MD) Feb. 2, 1892, (Spouse) Minnie Hollis, (CO) Tippah
Bobo, P. N.: (MD) Jun. 29, 1884, (Spouse) A. M. Willhite, (CO) Tippah
Bobo, Robert: (CMTS) 1890 Veterans Census, (CO) Coahoma
Bobo, Tyra: (CMTS) 1890 Veterans Census, (CO) Coahoma
Bobo, W. A.: (MD) Feb. 7, 1895, (Spouse) Nora King, (CO) Tippah
Boddie, Jacob: (CMTS) 1890 Veterans Census, (CO) Warren
Bogan, Rufus: (CMTS) 1890 Veterans Census, (CO) Desoto
Bogan, Wily: (CMTS) 1890 Veterans Census, (CO) Bolivar
Boggs, Edward: (CMTS) 1890 Veterans Census, (CO) Benton
Bolden, Edward: (CMTS) 1890 Veterans Census, (CO) Wilkins
Bolden, Lorenzo: (B) Aug. 8, 1896, (Race) Black, (WWIDR) Adams, MS, (CO) Adams
Bolden, Nathan: (CMTS) 1890 Veterans Census, (CO) Jackson
Baldwin, Willay: (CMTS) 1890 Veterans Census, (CO) Bolivar
Boldwin, Calling: (CMTS) 1890 Veterans Census, (CO) Bolivar
Boldwin, Enoch: (CMTS) 1890 Veterans Census, (CO) Sharkey
Boldwin, Nathaniel: (CMTS) 1890 Veterans Census, (CO) Bolivar
Bole, John: (CMTS) 1890 Veterans Census, (CO) Sunflower
Boleware, Claude Erastus: (B) Sep 25, 1892, (Race) White, (BP) Hattiesburg, MS, (WWIDR) Adams, MS, (CO) Adams
Boleware, Cleavland Harper: (B) Jul. 25, 1894, (Race) White, (BP) Hattiesburg, MS, (WWIDR) Adams, MS, (CO) Adams
Boleware, Oliver Dewey: (B) Mar. 4, 1898, (Race) White, (WWIDR) Copiah, MS, (CO) Adams
Bolin, John: (B) Apr. 5, 1894, (Race) Black, (WWIDR) Madison LA, (CO) Adams
Bollan, Gabriel: (CMTS) 1890 Veterans Census, (CO) Jefferson

Bollan, Robert: (CMTS) 1890 Veterans Census, (CO) Desoto
Bolling, Richard: (CMTS) 1890 Veterans Census, (CO) Hinds
Bollinger, Thomas: (B) Dec. 4, 1894, (Race) Black, (BP) Natchez, MS, (WWIDR) Adams, MS, (CO) Adams
Bollinger, Thomas: (B) Dec. 4, 1894, (Race) Black, (WWIDR) Adams, MS, (CO) Adams
Bolton, Morris: (CMTS) 1890 Veterans Census, (CO) Issaquena
Bolwes, Preston: (CMTS) 1890 Veterans Census, (CO) Warren
Bomair, John: (CMTS) 1890 Veterans Census, (CO) Jackson
Boman, Douglas: (CMTS) 1890 Veterans Census, (CO) Bolivar
Boman, John: (CMTS) 1890 Veterans Census, (CO) Jackson
Boman, Robert: (CMTS) 1890 Veterans Census, (CO) Bolivar
Bomer, John: (CMTS) 1890 Veterans Census, (CO) Yalobusha
Bonaparte, Napoleon: (MD) Dec. 26, 1886, (Spouse) Lucinda Stevens, (CO) Amite
Bonber, Elmira: (CMTS) 1890 Veterans Census, (CO) Sharkey
Bond, Ernest: (CMTS) 1890 Veterans Census, (CO) Harrison
Bond, Randolph: (CMTS) 1890 Veterans Census, (CO) Warren
Bond, Sallie: (CMTS) 1890 Veterans Census, (CO) Warren
Bond, Sarah: (CMTS) 1890 Veterans Census, (CO) Warren
Bondleas, William: (CMTS) 1890 Veterans Census, (CO) Sharkey
Bonds, Jeff: (B) Feb. 25, 1896, (Race) Black, (BP) Natchez, MS, (WWIDR) Quitman, MS (CO) Adams
Bone, John: (CMTS) 1890 Veterans Census, (CO) Claiborne
Bonnels, R.: (CMTS) 1890 Veterans Census, (CO) Jones
Bonner, David: (B) Jun. 25, 1891, (Race) Black Ashland, LA, (WWIDR) Adams, MS, (CO) Adams
Bonnett, John: (CMTS) 1890 Veterans Census, (CO) Tishomingo
Bonney, Henry: (CMTS) 1890 Veterans Census, (CO) Yazoo
Booker, Andrew: (CMTS) 1890 Veterans Census, (CO) Warren
Booker, Chisel: (CMTS) 1890 Veterans Census, (CO) Wilkinson
Booker, Edward Adam: (B) Sep 12, 1885, (Race) White, (WWIDR) Adams, MS, (CO) Adams
Booker, George: (MD) Aug. 11, 1881, (Spouse) Katie Miller, (CO) Grenada
Booker, George: (MD) Jul. 21, 1883, (Spouse) Mahala Booker, (CO) Coahoma
Booker, George: (B) May 12, 1893, (D) Jun., 1973, (RES) Oakland, (CO) Yalobusha
Booker, George W.: (MD) Mar. 2, 1892, (Spouse) Leola Jefferies, (CO) Tippah
Booker, Joe: (CMTS) 1890 Veterans Census, (CO) Washington
Booker, John: (CMTS) 1890 Veterans Census, (CO) Desoto
Booker, John: (CMTS) 1890 Veterans Census, (CO) Holmes
Booker, John: (MD) Jan. 16, 1885, (Spouse) Clara Moore, (CO) Washington
Booker, John: (MD) Apr. 13, 1885, (Spouse) Mary Wright, (CO) Panola
Booker, John: (MD) Jul. 25, 1886, (Spouse) Lucy Townes, (CO) Grenada
Booker, John: (MD) Sep. 29, 1886, (Spouse) Rachel Williams, (CO) Tallahatchie
Booker, John: (MD) Jan. 1, 1891, (Spouse) Alice Armstrong, (CO) Lafayatte
Booker, John A.: (MD) Jun. 12, 1892, (Spouse) Edie Suens, (CO) Washington
Booker, John T.: (MD) Nov. 27, 1881, (Spouse) Leota Jones, (CO) Tippah
Booker, Joseph: (CMTS) 1890 Veterans Census, (CO) Grenada
Booker, Silvia: (CMTS) 1890 Veterans Census, (CO) Warren
Booker, Taylor: (CMTS) 1890 Veterans Census, (CO) Sharkey
Booker, William: (MD) Jun. 1, 1884, (Spouse) Gracie Robinson, (CO) Grenada
Booker, William: (MD) Dec. 17, 1896, (Spouse) Mary Bruce, (CO) Grenada
Booker, William: (MD) Sep. 4, 1890, (Spouse) Ella Stuart, (CO) Wilkinson
Booker, William: (MD) Dec. 25, 1890, (Spouse) Sallie Norfleet, (CO) Lafayattee
Booker, William: (CMTS) 1890 Veterans Census, (CO) Quitman
Booker, William S.: (B) Nov., 1895, (CO) Benton
Boom, John: (CMTS) 1890 Veterans Census, (CO) Warren
Boon, Washington: (CMTS) 1890 Veterans Census, (CO) Desoto

Boone, John: (CMTS) 1890 Veterans Census, (CO) Warren
Boone, Mack: (CMTS) 1890 Veterans Census, (CO) Benton
Boose, Jane: (CMTS) 1890 Veterans Census, (CO) Issaquena
Boose, Jeff: (CMTS) 1890 Veterans Census, (CO) Issaquena
Booth, Syd L.: (MD) Jun. 15, 1897, (Spouse) Nannie Lee Chism, (CO) Tippah
Boothe, Albert Julius: (B) Jan. 19, 1891, (Race) White, (BP) Natchez, MS, (WWIDR) Adams, MS, (CO) Adams
Boothe, Horace C.: (B) Nov. 26, 1894, (Race) White, (BP) Natchez, MS, (WWIDR) Adams, MS, (CO) Adams
Boothe, James Adolph: (B) Mar. 3, 1898, (Race) White, (WWIDR) Adams, MS, (CO) Adams
Boothe, John: (CMTS) 1890 Veterans Census, (CO) Desoto
Boothe, Walter Rowan: (B) Dec. 29, 1899, (Race) White, (WWIDR) Adams, MS, (CO) Adams
Boothe, William Lee: (B) Oct. 28, 1888, (Race) White, (BP) Natchez, MS, (WWIDR) Adams, MS, (CO) Adams
Boye, Peter: (CMTS) 1890 Veterans Census, (CO) Hinds
Boyl, Peter: (CMTS) 1890 Veterans Census, (CO) Hinds
Booze, William: (CMTS) 1890 Veterans Census, (CO) Claiborne
Bord, Samuel: (CMTS) 1890 Veterans Census, (CO) Washington
Boren, J. A.: (MD) Nov. 10, 1881, (Spouse) R. M. Mcelwain, (CO) Tippah
Borm, John: (CMTS) 1890 Veterans Census, (CO) Warren
Borman, Robert: (CMTS) 1890 Veterans Census, (CO) Bolivar
Bornells, R. D: (CMTS) 1890 Veterans Census, (CO) Jones
Borrian, John: (CMTS) 1890 Veterans Census, (CO) Jackson
Bortman, Troy: (CMTS) 1890 Veterans Census, (CO) Yazoo
Boschieri, Ettore: (B) May 21, 1887, (Race) White, (WWIDR) Adams, MS, (CO) Adams
Boseley, Charles: (CMTS) 1890 Veterans Census, (CO) Tunica
Boshieri, Ettore: (B) May 21, 1887, (Race) White, (WWIDR) Adams, MS, (CO) Adams
Bostic, James: (CMTS) 1890 Veterans Census, (CO) Tunica
Boston, Abram: (CMTS) 1890 Veterans Census, (CO) Adams
Boston, Arthur: (CMTS) 1890 Veterans Census, (CO) Warrne
Boston, Madeline: (CMTS) 1890 Veterans Census, (CO) Adams
Boston, Moses: (CMTS) 1890 Veterans Census, (CO) Adams
Boston, Moses: (CMTS) 1890 Veterans Census, (CO) Bolivar
Boswell, A. J.: (MD) Sep. 23, 1882, (Spouse) Minnie Braddock, (CO) Tippah
Botly, William: (CMTS) 1890 Veterans Census, (CO) Claiborne
Bouber, Elmira: (CMTS) 1890 Veterans Census, (CO) Sharkey
Bouman, Emanuell: (CMTS) 1890 Veterans Census, (CO) Warren
Bounds, Adison: (CMTS) 1890 Veterans Census, (CO) Hancock
Bounds, James: (CMTS) 1890 Veterans Census, (CO) Hancock
Bounds, R: (CMTS) 1890 Veterans Census, (CO) Jones
Bounds, William: (MD) May 21, 1881, (Spouse) Maggie Lull, (CO) Lowndes
Bounds, William Elmer: (B) Aug. 29, 1895, (CO) Calhoun
Boutwell, Rufus Cecil: (B) Mar. 12, 1898, (Race) White, (WWIDR) Adams, MS, (CO) Adams
Bovan, Sandy: (CMTS) 1890 Veterans Census, (CO) Bolivar
Bowen, Frederick: (CMTS) 1890 Veterans Census, (CO) Adams
Bowen, Jackson: (CMTS) 1890 Veterans Census, (CO) Adams
Bowen, Nicholas: (CMTS) 1890 Veterans Census, (CO) Warren
Bowens, George: (CMTS) 1890 Veterans Census, (CO) Adams
Bower, John: (CMTS) 1890 Veterans Census, (CO) Amite
Bowers, Pleasant: (CMTS) 1890 Veterans Census, (CO) Desoto
Bowie, Edward: (B) Jul. 7, 1894, (Race) Black Brookhaven, MS, (WWIDR) Adams, MS, (CO) Adams
Bowie, Edward: (CMTS) 1890 Veterans Census, (CO) Warren
Bowie, E.: (CMTS) 1890 Veterans Census, (CO) Marshall

Bowie, Nathaniel Charles: (B) Jan. 3, 1881, (Race) Black, (WWIDR) Adams, MS, (CO) Adams
Bowie, Stephen: (CMTS) 1890 Veterans Census, (CO) Jefferson
Bowie, Willie: (B) May 27, 1892, (Race) Black, (BP) Washington, MS, (WWIDR) Adams, MS, (CO) Adams
Bowins, Johanna: (CMTS) 1890 Veterans Census, (CO) Warren
Bowler, Henry: (CMTS) 1890 Veterans Census, (CO) Sharkey
Bowles, Sarah: (CMTS) 1890 Veterans Census, (CO) Attala
Bowlin, Willis: (MD) 1882, (Spouse) Mariah Dobbs, (CO) Tippah
Bowling, H. T.: (MD) Dec. 16, 1896, (Spouse) Lizzie Shelton, (CO) Tippah
Bowling, J. M.: (MD) Dec. 25, 1899, (Spouse) Ora Ford, (CO) Tippah
Bowlins, Thomas: (CMTS) 1890 Veterans Census, (CO) Franklin
Bowman, Emanuel: (CMTS) 1890 Veterans Census, (CO) Warren
Bowman, Jackson: (CMTS) 1890 Veterans Census, (CO) Adams
Bowman, Joseph: (B) Jun. 11, 1883, (Race) Black, (WWIDR) Adams, MS, (CO) Adams
Bowman, Sam: (B) Mar. 7, 1899, (Race) Black, (WWIDR) Adams, MS, (CO) Adams
Bowman, Samuel: (CMTS) 1890 Veterans Census, (CO) Warren
Bowman, William Chapman: (B) Sep 14, 1882, (Race) White, (WWIDR) Adams, MS, (CO) Adams
Bown, Brist: (CMTS) 1890 Veterans Census, (CO) Marshall
Box, C. J.: (MD) Nov. 11, 1894, (Spouse) Annie Florence Saylors, (CO) Tippah
Box, E. T.: (MD) May 27, 1885, (Spouse) S. A. Perkins, (CO) Tippah
Box, E. T.: (MD) May 31, 1896, (Spouse) Viola Lambert, (CO) Tippah
Box, Henry: (CMTS) 1890 Veterans Census, (CO) Benton
Box, J. H.: (MD) Jul. 27, 1890, (Spouse) Melissa Lee, (CO) Tippah
Box, L. M.: (MD) Sep. 14, 1894, (Spouse) May Bell Bartlett, (CO) Tippah
Box, Loyd Tillman: (MD) Dec. 29, 1898, (Spouse) Millie E. Hamm, (CO) Tippah
Box, W. P.: (MD) Mar. 9, 1887, (Spouse) M. B Bryan, (CO) Tippah
Box, W. R.: (MD) Oct. 11, 1891, (Spouse) Synthia H. Phillips, (CO) Tippah
Boxler, Leon: (B) Nov. 22, 1898, (Race) Black, (WWIDR) Adams, MS, (CO) Adams
Boy, Dick: (CMTS) 1890 Veterans Census, (CO) Sharkey
Boyd, Alex: (CMTS) 1890 Veterans Census, (CO) Bolivar
Boyd, Allen: (B) Feb. 4, 1893, (D) 1972, (RES) Natchez, MS< (CO) Adams
Boyd, Allen: (B) Feb. 6, 1892, (Race) Black, (BP) Natchez, MS, (WWIDR) Adams, MS, (CO) Adams
Boyd, Andy: (MD) Jun. 14, 1883, (Spouse) Amanda Spight, (CO) Tippah
Boyd, Ben: (CMTS) 1890 Veterans Census, (CO) Tunica
Boyd, C. B.: (MD) Dec. 22, 1886, (Spouse) Mary Ragan, (CO) Tippah
Boyd, Charley: (CMTS) 1890 Veterans Census, (CO) Yazoo
Boyd, Eva: (CMTS) 1890 Veterans Census, (CO) Bolivar
Boyd, J. T.: (MD) Dec. 24, 1890, (Spouse) C. A. Barkley, (CO) Tippah
Boyd, James: (MD) Dec. 21, 1892, (Spouse) Josephine Brown, (CO) Wilkinson
Boyd, James: (B) Sep. 11, 1885, (D) 1970, (RES) Blue Mountain, Cotton Plant and Bluff, MS, (CO) Tippah,
Boyd, James: (MD) Jan. 29, 1885, (Spouse) Mollie Brooks, (CO) Tippah
Boyd, James: (MD) May 14, 1888, (Spouse) Ada Jones, (CO) Marshall
Boyd, James: (MD) Dec. 22, 1881, (Spouse) Betsy Willis, (CO) Claiborne
Boyd, James: (MD) Oct. 23, 1887, (Spouse) Harriet Gray, (CO) Leake
Boyd, James Austin: (B) Jan. 21, 1887, (PRTS) John C. Boyd, (CO) Scott
Boyd, James H.: (MD) Dec. 4, 1884, (Spouse) Lula Spight, (CO) Tippah
Boyd, Jeff: (CMTS) 1890 Veterans Census, (CO) Coahoma
Boyd, Louis: (B) Aug. 1, 1884, (Race) Black, (WWIDR) Adams, MS, (CO) Adams
Boyd, Michael: (CMTS) 1890 Veterans Census, (CO) Warren
Boyd, Sam: (B) Mar. 15, 1891, (Race) Black Concordia Par., LA, (WWIDR) Adams, MS, (CO) Adams
Boyd, Samuel: (CMTS) 1890 Veterans Census, (CO) Washington

Boyd, Samuel: (MD) 1882, (Spouse) Kittie Boyd, (CO) Tippah
Boyd, Steve: (B) Mar. 14, 1882, (Race) Black, (WWIDR) Adams, MS, (CO) Adams
Boyd, Washington: (CMTS) 1890 Veterans Census, (CO) Washington
Boyd, William: (MD) Jun. 15, 1889, (Spouse) Sarah Clay, (CO) Sunflower
Boyd, William: (MD) Sep. 12, 1896, (Spouse) Janie Bowles, (CO) Grenada
Boyd, William M.: (B) Oct. 20, 1813, (D) Nov. 12, 1883, (CO) Pike, (C) Boyd Cemetery
Boyd, William S.: (MD) Sep. 18, 1881, (Spouse) Millie Ann Boyd, (CO) Lawrence
Boyd, Willis: (MD) Nov. 12, 1881, (Spouse) Hattie Hamer, (CO) Leflore
Boyd, Jr., Albert: (MD) 1882, (Spouse) Elsie Boyd, (CO) Tippah
Boyds, Louis: (B) Aug. 1, 1884, (Race) Black, (WWIDR) Adams, MS, (CO) Adams
Boydston, R. N.: (CMTS) 1890 Veterans Census, (CO) Yalobusha
Boyer, Frederick: (CMTS) 1890 Veterans Census, (CO) Adams
Boyer, Henry: (CMTS) 1890 Veterans Census, (CO) Hinds
Boyet, G. W.: (MD) Dec. 25, 1895, (Spouse) Virgie Paseur, (CO) Tippah
Boyet, J. B.: (MD) Feb. 12, 1893, (Spouse) Susan Campbell, (CO) Tippah
Boyt, W. T.: (MD) Sep. 1, 1889, (Spouse) M. A. Webb, (CO) Tippah
Bozeman, Mean: (CMTS) 1890 Veterans Census, (CO) Sharkey
Brabston, James: (CMTS) 1890 Veterans Census, (CO) Warren
Brabston, Porter: (CMTS) 1890 Veterans Census, (CO) Warren
Bracey, Milton: (CMTS) 1890 Veterans Census, (CO) Hinds
Brackingridy, Samuel: (CMTS) 1890 Veterans Census, (CO) Claiborne
Braddock, H. F.: (MD) Dec. 20, 1891, (Spouse) Jennie Nance, (CO) Tippah
Braddock, Isaac: (MD) Oct. 1, 1884, (Spouse) Mary Cannon, (CO) Tippah
Braddock, Jr., J. F.: (MD) Dec. 24, 1884, (Spouse) Flora L. Fuller, (CO) Tippah
Braddock, J. Milton: (MD) Dec. 19, 1896, (Spouse) Lily Rucker, (CO) Tippah
Braddock, James T.: (MD) Jun. 7, 1893, (Spouse) Fannie Leonard, (CO) Tippah
Braddock, Lindsey: (MD) Dec. 19, 1897, (Spouse) Sallie Rucker, (CO) Tippah
Braddock, Mose: (MD) 1882, (Spouse) Mary Boyd, (CO) Tippah
Braddy, A. W.: (MD) Dec. 23, 1883, (Spouse) L. J. Kitchens, (CO) Tippah
Braddy, James: (CMTS) 1890 Veterans Census, (CO) Covington
Bradford, Charles: (CMTS) 1890 Veterans Census, (CO) Bolivar
Bradford, Henry: (B) Feb. 13, 1888, (Race) Black, (BP) Pine Ridge, MS, (WWIDR) Adams, MS, (CO) Adams
Bradford, Wesley: (CMTS) 1890 Veterans Census, (CO) Warren
Bradford, William: (CMTS) 1890 Veterans Census, (CO) Monroe
Bradit, Alford: (CMTS) 1890 Veterans Census, (CO) Holmes
Bradley, B. F: (MD) Nov. 20, 1892, (Spouse) M. A. Davis, (CO) Tippah
Bradley, Charles: (CMTS) 1890 Veterans Census, (CO) Warren
Bradley, Dub: (CMTS) 1890 Veterans Census, (CO) Warren
Bradley, Gus: (B) 1883, (Race) Black, (WWIDR) Adams, MS, (CO) Adams
Bradley, Henry: (CMTS) 1890 Veterans Census, (CO) Desoto
Bradley, Jeff: (CMTS) 1890 Veterans Census, (CO) Bolivar
Bradley, John: (CMTS) 1890 Veterans Census, (CO) Leflore
Bradley, McKinley: (B) Mar. 4, 1897, (Race) Black, (BP) Grand Gulf, MS, (WWIDR) Claiborne, MS, (CO) Adams
Bradly, Noah: (CMTS) 1890 Veterans Census, (CO) Hinds
Bradly, Thomas: (CMTS) 1890 Veterans Census, (CO) Desoto
Bradshaw, John: (CMTS) 1890 Veterans Census, (CO) Wilkinson
Bradshaw, William: (CMTS) 1890 Veterans Census, (CO) Tate
Bradsher, William: (CMTS) 1890 Veterans Census, (CO) Tate
Brady, Frederick Cecil: (B) Oct. 25, 1884, (Race) White, (WWIDR) Adams, MS, (CO) Adams
Brady, Charley: (B) Jan. 4, 1898, (Race) Black, (WWIDR) Adams, MS, (CO) Adams
Brady, Erby: (B) Apr. 20, 1885, (Race) White, (WWIDR) Adams, MS, (CO) Adams
Brady, Henry: (B) 1895, (Race) Black, (BP) Shilds Plantation, MS, (WWIDR) Adams, MS, (CO)

Adams
Brady, Hurbert: (B) Nov. 7, 1897, (Race) White, (WWIDR) Adams, MS, (CO) Adams
Brady, Lafayette: (B) Oct. 29, 1892, (Race) White Covington Co., MS, (WWIDR) Adams, MS, (CO) Adams
Brady, Mary: (CMTS) 1890 Veterans Census, (CO) Washington
Brady, Michael: (CMTS) 1890 Veterans Census, (CO) Jackson
Brady, Rachael: (CMTS) 1890 Veterans Census, (CO) Adams
Brady, Reason: (CMTS) 1890 Veterans Census, (CO) Washington
Brady, William: (B) Jan. 24, 1890, (Race) White Covington Co., MS, (WWIDR) Adams, MS, (CO) Adams
Bralston, Porter: (CMTS) 1890 Veterans Census, (CO) Warren
Brame, Deliah: (CMTS) 1890 Veterans Census, (CO) Claiborne
Bramlett, Daniel: (CMTS) 1890 Veterans Census, (CO) Bolivar
Branch, Anderson: (CMTS) 1890 Veterans Census, (CO) Warren
Branch, Anderson: (CMTS) 1890 Veterans Census, (CO) Adams
Branch, Anderson: (CMTS) 1890 Veterans Census, (CO) Benton
Branch, Archie: (B) Nov. 25, 1881, (Race) Black, (WWIDR) Adams, MS, (CO) Adams
Branch, Day: (CMTS) 1890 Veterans Census, (CO) Pike
Branch, Peter: (CMTS) 1890 Veterans Census, (CO) Pike
Branch, Samuel: (CMTS) 1890 Veterans Census, (CO) Leflore
Branch, Thomas: (B) Oct. 14, 1887, (Race) Black Concordia Par., LA, (WWIDR) Adams, MS, (CO) Adams
Brandon, Eliza: (CMTS) 1890 Veterans Census, (CO) Warren
Brandon, Henry: (CMTS) 1890 Veterans Census, (CO) Warren
Brandon, Thomas: (MD) Feb. 8, 1888, (Spouse) Minerva Langdon, (CO) Tippah
Brandt, Peter: (CMTS) 1890 Veterans Census, (CO) Adams
Branick, Joe Lovell: (B) Jan. 15, 1896, (Race) Black, (WWIDR) Adams, MS, (CO) Adams
Brannan, J. P.: (MD) Dec. 5, 1895, (Spouse) Frankie Jernigan, (CO) Tippah
Brantley, W. C.: (MD) Dec. 12, 1882, (Spouse) Mrs M. A. Cotton, (CO) Tippah
Braody, Matilda: (CMTS) 1890 Veterans Census, (CO) Warren
Brass, Bly: (CMTS) 1890 Veterans Census, (CO) Warren
Brass, Caroline: (CMTS) 1890 Veterans Census, (CO) Warren
Brauch, Archie: (B) Nov. 25, 1881, (Race) Black, (WWIDR) Adams, MS, (CO) Adams
Brauch, Thomas: (B) Oct. 14, 1887, (Race) Black Concordia Par., LA, (WWIDR) Adams, MS, (CO) Adams
Braxton, Daniel: (CMTS) 1890 Veterans Census, (CO) Bolivar
Braxton, David: (CMTS) 1890 Veterans Census, (CO) Bolivar
Braxton, Myra: (CMTS) 1890 Veterans Census, (CO) Bolivar
Bray, Emanuel: (CMTS) 1890 Veterans Census, (CO) Warren
Bray, John E.: (B) Jul. 1, 1886, (PRTS) John A. Bray, (CO) Chickasaw
Bray, Samuel: (CMTS) 1890 Veterans Census, (CO) Warren
Brazelle, James: (B) May 16, 1883, (Race) Black, (WWIDR) Adams, MS, (CO) Adams
Breard, Charles: (CMTS) 1890 Veterans Census, (CO) Sharkey
Breecher, Virgin: (CMTS) 1890 Veterans Census, (CO) Sunflower
Breeden, Lizer: (CMTS) 1890 Veterans Census, (CO) Tishomingo
Breeden, William: (CMTS) 1890 Veterans Census, (CO) Tishomingo
Brehm, Wilbur Henry: (B) Sep 5, 1897, (Race) White, (WWIDR) Adams, MS, (CO) Adams
Brehurstaff, William: (CMTS) 1890 Veterans Census, (CO) Tishomingo
Breithaupt, Charles Woodson: (B) Apr. 9, 1894, (Race) White, (BP) Natchez, MS, (WWIDR) Adams, MS, (CO) Adams
Breithaupt, William R.: (B) Feb. 1, 1897, (Race) White, (BP) Natchez, MS, (WWIDR) Adams, MS, (CO) Adams
Breithaupt, William R.: (B) Feb. 1, 1897, (Race) White, (WWIDR) Adams, MS, (CO) Adams
Brell, Patrick: (CMTS) 1890 Veterans Census, (CO) Yalobusha

Bremmer, Richard: (CMTS) 1890 Veterans Census, (CO) Desoto
Brenan, Patrick: (CMTS) 1890 Veterans Census, (CO) Leake
Brennan, John: (CMTS) 1890 Veterans Census, (CO) Coahoma
Brent, Thomas: (CMTS) 1890 Veterans Census, (CO) Warren
Breson, Alexander: (CMTS) 1890 Veterans Census, (CO) Yazoo
Brevard, Henry Clyde: (B) Apr. 11, 1885, (Race) White, (WWIDR) Adams, MS, (CO) Adams
Brevard, John: (CMTS) 1890 Veterans Census, (CO) Adams
Brewer, Anthony: (CMTS) 1890 Veterans Census, (CO) Prentiss
Brewer, Clayton: (CMTS) 1890 Veterans Census, (CO) Madison
Brewer, George: (CMTS) 1890 Veterans Census, (CO) Jackson
Brewer, John T.: (MD) Jan. 13, 1881, (Spouse) Uretta S. Merritt, (CO) Greene
Brewster, Alford: (CMTS) 1890 Veterans Census, (CO) Adams
Brewster, Rebecca: (CMTS) 1890 Veterans Census, (CO) Adams
Briant, L. L.: (MD) Aug. 11, 1889, (Spouse) N. L. Mcclusky, (CO) Tippah
Brice, Lew.: (CMTS) 1890 Veterans Census, (CO) Wilkinson
Bridgeford, Isham: (CMTS) 1890 Veterans Census, (CO) Desoto
Bridgeforth, Camilla: (CMTS) 1890 Veterans Census, (CO) Desoto
Bridgeforth, Isham: (CMTS) 1890 Veterans Census, (CO) Desoto
Bridgeforth, Thomas: (CMTS) 1890 Veterans Census, (CO) Desoto
Bridgeforth, William: (CMTS) 1890 Veterans Census, (CO) Warren
Bridger, Richard: (CMTS) 1890 Veterans Census, (CO) Panola
Bridges, Dorsie: (B) Jan. 10, 1895, (Race) White Cottonwood Point, MO, (WWIDR) Adams, MS, (CO) Adams
Bridges, Richard: (CMTS) 1890 Veterans Census, (CO) Panola
Bridges, W. M.: (MD) Jul. 8, 1896, (Spouse) Bettie Morgan, (CO) Tippah
Bridgewater, Nolan: (B) Dec., 1895, (Race) Black Adams Co., MS, (WWIDR) Adams, MS, (CO) Adams
Briggs, Edward: (CMTS) 1890 Veterans Census, (CO) Benton
Briggs, Frank: (B) Mar. 24, 1889, (Race) Black, (BP) Pine Ridge, MS, (WWIDR) Adams, MS, (CO) Adams
Briggs, Fred Hamilton: (B) May 21, 1884, (Race) Black, (WWIDR) Adams, MS, (CO) Adams
Briggs, Jules: (CMTS) 1890 Veterans Census, (CO) Marshall
Briggs, Matthew: (CMTS) 1890 Veterans Census, (CO) Washington
Briggs, Willie: (B) Nov. 21, 1887, (Race) Black , (BP) Lamb Plantation, MS, (WWIDR) Adams, MS, (CO) Adams
Bright, Dennis: (CMTS) 1890 Veterans Census, (CO) Marshall
Bright, Frederick: (CMTS) 1890 Veterans Census, (CO) Claiborne
Bright, George: (CMTS) 1890 Veterans Census, (CO) Adams
Bright, William: (MD) Jan. 17, 1897, (Spouse) Josie Norton, (CO) Tippah
Bright, Willis: (CMTS) 1890 Veterans Census, (CO) Warren
Briscoe, Edward James: (B) Sep 27, 1898, (Race) Black, (WWIDR) Adams, MS, (CO) Adams
Briscoe, John: (CMTS) 1890 Veterans Census, (CO) Warren
Briscoe, Lee: (B) Oct. 7, 1898, (Race) Black, (WWIDR) Adams, MS, (CO) Adams
Briscoe, Richard: (CMTS) 1890 Veterans Census, (CO) Warren
Briscoe, Washington: (B) Oct. 6, 1891, (Race) Black, (BP) Washington, MS, (WWIDR) Adams, MS, (CO) Adams
Brister, Wash: (L) 80 acres, Jackson Land Office, (ID) Oct., 18, 1892, (CO) Walthall
Britt, A. E..: (MD) May 15, 1890, (Spouse) W. A. Gibson, (CO) Tippah
Britt, J. A.: (MD) Dec. 25, 1883, (Spouse) Dosia Crawford, (CO) Tippah
Britt, William: (CMTS) 1890 Veterans Census, (CO) Tate
Brittiam, Caroline: (CMTS) 1890 Veterans Census, (CO) Marshall
Brittingham, Phil: (CMTS) 1890 Veterans Census, (CO) Lauderda
Britton, Mathew: (CMTS) 1890 Veterans Census, (CO) Sharkey
Britton, Martin: (CMTS) 1890 Veterans Census, (CO) Sharkey

Broadus, Robert: (CMTS) 1890 Veterans Census, (CO) Adams
Broady, Green: (CMTS) 1890 Veterans Census, (CO) Warren
Broady, James: (CMTS) 1890 Veterans Census, (CO) Desoto
Brock, E. M.: (MD) Dec. 30, 1891, (Spouse) M. L. Childs, (CO) Tippah
Brock, Henry: (MD) Dec., 18, 1890, (Spouse) Annie Smith, (CO) Tippah
Brock, J. F.: (MD) Jan. 17, 1895, (Spouse) Emma D. Stewart, (CO) Tippah
Brock, Jessie: (MD) Dec. 28, 1898, (Spouse) Fannie Crum, (CO) Tippah
Brock, Joseph: (MD) Sep. 2, 1888, (Spouse) N. L. Brown, (CO) Tippah
Brock, L. L.: (MD) Dec. 10, 1889, (Spouse) C. D. Rogers, (CO) Tippah
Brock, Lewis: (MD) Feb. 28, 1882, (Spouse) Bettie Bradley, (CO) Tippah
Brock, Lewis: (MD) May 28, 1890, (Spouse) S. J. Smith, (CO) Tippah
Brock, W. H.: (MD) Sep. 1, 1892, (Spouse) Pinkie Hopkins, (CO) Tippah
Brock, Z. H.: (MD) Dec. 29, 1886, (Spouse) B. O. Wetzel, (CO) Tippah
Brody, Erby: (B) Apr. 20, 1885, (Race) White, (WWIDR) Adams, MS, (CO) Adams
Brody, Hulbert: (B) Nov. 7, 1897, (Race) White, (WWIDR) Adams, MS, (CO) Adams
Brody, Jacob: (CMTS) 1890 Veterans Census, (CO) Warren
Brody, Willie: (B) 1893, (Race) Black, (BP) Natchez, MS, (WWIDR) Jackson City, MS, (CO) Adams
Broglin, Thomas: (CMTS) 1890 Veterans Census, (CO) Warren
Bromer, Edward: (CMTS) 1890 Veterans Census, (CO) Issaquena
Brommer, Daby: (CMTS) 1890 Veterans Census, (CO) Tate
Brondon, Elisa: (CMTS) 1890 Veterans Census, (CO) Warren
Brondon, Henry: (CMTS) 1890 Veterans Census, (CO) Warren
Brook, Joe: (CMTS) 1890 Veterans Census, (CO) Warren
Brookins, Ezekiel B.: (Ezkiel) (B) Sep 24, 1884, (Race) Black, (WWIDR) Adams, MS, (CO) Adams
Brookins, Jackson: (CMTS) 1890 Veterans Census, (CO) Claiborne
Brookins, Robert: (CMTS) 1890 Veterans Census, (CO) Jefferson
Brooks, Aaron: (B) Apr. 25, 1899, (Race) Black, (WWIDR) Adams, MS, (CO) Adams
Brooks, Albert: (B) Dec. 8, 1894, (Race) Black, (BP) Natchez, MS, (WWIDR) Adams, MS, (CO) Adams
Brooks, Albert: (B) Dec. 8, 1894, (Race) Black, (WWIDR) Adams, MS, (CO) Adams
Brooks, Caleb: (CMTS) 1890 Veterans Census, (CO) Tunica
Brooks, Dan: (B) Jul. 15, 1884, (Race) Black, (WWIDR) Adams, MS, (CO) Adams
Brooks, Ebb Lee: (B) May 22, 1882, (D) Apr. 12, 1957, (CO) Carroll, (C) Bethel Baptist Cemetery
Brooks, Ely: (CMTS) 1890 Veterans Census, (CO) Holmes
Brooks, George: (CMTS) 1890 Veterans Census, (CO) Tunica
Brooks, Henry: (CMTS) 1890 Veterans Census, (CO) Jefferson
Brooks, Henry: (CMTS) 1890 Veterans Census, (CO) Warren
Brooks, James: (CMTS) 1890 Veterans Census, (CO) Hinds
Brooks, John: (MD) Feb. 4, 1881, (Spouse) Ellan Chaney, (CO) Tippah
Brooks, Josep: (CMTS) 1890 Veterans Census, (CO) Holmes
Brooks, Joseph: (CMTS) 1890 Veterans Census, (CO) Claiborne
Brooks, Joseph: (CMTS) 1890 Veterans Census, (CO) Holmes
Brooks, Leona Frasier: (B) Jul. 29, 1888, (D) Aug. 13, 1968, (CO) Carroll, (C) Bethel Baptist Cemetery
Brooks, Missouri: (CMTS) 1890 Veterans Census, (CO) Warren
Brooks, Prince: (CMTS) 1890 Veterans Census, (CO) Panola
Brooks, Richard: (CMTS) 1890 Veterans Census, (CO) Warren
Brooks, Sallie: (CMTS) 1890 Veterans Census, (CO) Adams
Brooks, Silas: (CMTS) 1890 Veterans Census, (CO) Warren
Brooks, Solly: (B) Aug. 5, 1893, (Race) Black Adams Co., MS, (WWIDR) Adams, MS, (CO) Adams
Brooks, Thomas: (B) Jun. 28, 1890, (Race) Black, (BP) Washington, MS, (WWIDR) Adams, MS, (CO) Adams

Brooks, Thomas: (B) Sep 21, 1886, (Race) Black, (BP) Stanton, MS, (WWIDR) Adams, MS, (CO) Adams
Brotherton, F. M.: (MD) Nov. 24, 1881, (Spouse) M. J. Pool, (CO) Tippah
Brotherton, H. A.: (MD) Sep. 26, 1894, (Spouse) M. C. Boyd, (CO) Tippah
Brotherton, John L.: (MD) Apr. 8, 1886, (Spouse) M. J. Finch, (CO) Tippah
Brotherton, T. H.: (MD) Dec. 17, 1891, (Spouse) A. J. Gibson, (CO) Tippah
Brotter, Tom: (CMTS) 1890 Veterans Census, (CO) Desoto
Brouse, Henry: (CMTS) 1890 Veterans Census, (CO) Wilkins
Brown, Aaron: (CMTS) 1890 Veterans Census, (CO) Warren
Brown, Aaron: (CMTS) 1890 Veterans Census, (CO) Wilkins
Brown, Absalum H.: (L) 78.36 acres, Jackson Land Office, (ID) Dec. 18, 1896, (CO) Simpson
Brown, Adaline: (L) 145.88 acres, Jackson Land Office, (ID) Dec. 17, 1894, (CO) Simpson
Brown, Adam: (CMTS) 1890 Veterans Census, (CO) Washington
Brown, Albert: (B) Sep 26, 1890, (Race) Black, (BP) Natchez, MS, (WWIDR) Adams, MS, (CO) Adams
Brown, Albert: (L) 160 acres, Jackson Land Office, (ID) Jul. 25, 1892, (CO) Jones
Brown, Alexander: (L) 79.87 acres, Jackson Land Office, (ID) May 20, 1891, (CO) Grenada
Brown, Alfred G.: (L) 159.86 acres, Jackson Land Office, (ID) Dec. 30, 1884, (CO) Perry
Brown, Ambrose: (CMTS) 1890 Veterans Census, (CO) Jefferson
Brown, Anthony: (CMTS) 1890 Veterans Census, (CO) Washington
Brown, Arthur James: (B) Sep 9, 1891, (Race) White, (BP) Franklin Co., MS, (WWIDR) Adams, MS, (CO) Adams
Brown, B. N.: (MD) Jul. 16, 1884, (Spouse) L. E. Hall, (CO) Tippah
Brown, Ben: (CMTS) 1890 Veterans Census, (CO) Tunica
Brown, Ben: (CMTS) 1890 Veterans Census, (CO) Sharkey
Brown, Charles: (CMTS) 1890 Veterans Census, (CO) Bolivar
Brown, Charles: (CMTS) 1890 Veterans Census, (CO) Claiborne
Brown, Charles: (CMTS) 1890 Veterans Census, (CO) Holmes
Brown, Charles James: (B) Apr. 25, 1893, (Race) White, (BP) Natchez, MS, (WWIDR) Warren, MS, (CO) Adams
Brown, Charlie: (CMTS) 1890 Veterans Census, (CO) Lauderdale
Brown, Claiborne: (CMTS) 1890 Veterans Census, (CO) Chickasaw
Brown, Dan: (CMTS) 1890 Veterans Census, (CO) Wilkinson
Brown, Dave: (CMTS) 1890 Veterans Census, (CO) Jefferson
Brown, David: (CMTS) 1890 Veterans Census, (CO) Adams
Brown, Deliah: (CMTS) 1890 Veterans Census, (CO) Claiborne
Brown, Dennis Felix: (B) Aug. 25, 1895, (Race) White, (BP) Wilkinson Co., MS, (WWIDR) Adams, MS, (CO) Adams
Brown, Duncan: (B) 1885, (Race) Black, (WWIDR) Adams, MS, (CO) Adams
Brown, Edward: (CMTS) 1890 Veterans Census, (CO) Issaquena
Brown, Elizabeth: (CMTS) 1890 Veterans Census, (CO) Warren
Brown, Enos: (B) Aug. 22, 1894, (Race) Black, (WWIDR) Adams, MS, (CO) Adams
Brown, Eugene: (B) Sep 10, 1883, (Race) Black, (WWIDR) Adams, MS, (CO) Adams
Brown, F. T.: (MD) Jan. 20, 1887, (Spouse) H. C. Phillips, (CO) Tippah
Brown, Febe: (CMTS) 1890 Veterans Census, (CO) Adams
Brown, Frank: (CMTS) 1890 Veterans Census, (CO) Bolivar
Brown, George: (B) Jan. 8, 1885, (Race) Black, (WWIDR) Adams, MS, (CO) Adams
Brown, George: (CMTS) 1890 Veterans Census, (CO) Adams
Brown, George: (CMTS) 1890 Veterans Census, (CO) Leflore
Brown, George: (CMTS) 1890 Veterans Census, (CO) Tunica
Brown, George: (CMTS) 1890 Veterans Census, (CO) Warren
Brown, George: (CMTS) 1890 Veterans Census, (CO) Washington
Brown, George: (CMTS) 1890 Veterans Census, (CO) Leflore

Brown, London: (CMTS) 1890 Veterans Census, (CO) Adams
Brown, Georgeana: (CMTS) 1890 Veterans Census, (CO) Adams
Brown, Godfrey: (CMTS) 1890 Veterans Census, (CO) Adams
Brown, Harriet: (CMTS) 1890 Veterans Census, (CO) Adams
Brown, Harry: (CMTS) 1890 Veterans Census, (CO) Adams
Brown, Harry: (CMTS) 1890 Veterans Census, (CO) Sharkey
Brown, Henderson: (CMTS) 1890 Veterans Census, (CO) Yazoo
Brown, Henry: (B) Jun. 10, 1894, (Race) Black, (WWIDR) Adams, MS, (CO) Adams
Brown, Henry: (B) Jun. 10, 1894, (Race) Black, (BP) Farner, MS, (WWIDR) Adams, MS, (CO) Adams
Brown, Henry: (CMTS) 1890 Veterans Census, (CO) Adams
Brown, Henry: (CMTS) 1890 Veterans Census, (CO) Hinds
Brown, Henry: (CMTS) 1890 Veterans Census, (CO) Tunica
Brown, Henry: (CMTS) 1890 Veterans Census, (CO) Wilkins
Brown, Hiram: (CMTS) 1890 Veterans Census, (CO) Desoto
Brown, Isaac: (CMTS) 1890 Veterans Census, (CO) Tunica
Brown, J. D.: (MD) Nov. 13, 1881, (Spouse) Mrs C. J. Norris, (CO) Tippah
Brown, J. C.: (CMTS) 1890 Veterans Census, (CO) Yalobusha
Brown, Jackson: (CMTS) 1890 Veterans Census, (CO) Tunica
Brown, Jackson: (CMTS) 1890 Veterans Census, (CO) Adams
Brown, James: (CMTS) 1890 Veterans Census, (CO) Sunflower
Brown, James: (CMTS) 1890 Veterans Census, (CO) Warren
Brown, Jane: (CMTS) 1890 Veterans Census, (CO) Panola
Brown, Jimmie: (B) Nov. 13, 1899, (Race) Black, (WWIDR) Adams, MS, (CO) Adams
Brown, Joe: (B) Oct. 15, 1894, (Race) Black, (BP) Natchez, MS, (WWIDR) Sharkey, MS, (CO) Adams
Brown, Joe: (B) Mar., 1897, (Race) Black, (BP) Natchez, MS, (WWIDR) Issaquena, MS, (CO) Adams
Brown, Joe: (CMTS) 1890 Veterans Census, (CO) Holmes
Brown, Joe: (CMTS) 1890 Veterans Census, (CO) Yazoo
Brown, John: (B) May 23, 1890 (D) Sep. 15, 1957, (CO) Yalobusha
Brown, John: (MD) Feb. 28, 1881, (Spouse) Rebecca Holladay, (CO) Adams
Brown, John: (MD) Jun. 2, 1882, (Spouse) A. Ollie, (CO) Union
Brown, John: (MD) Dec. 29, 1882, (Spouse) Alice Rider, (CO) Warren
Brown, John: (MD) Jan. 13, 1883, (Spouse) Esther Morris, (CO) Copiah
Brown, John: (B) Jul. 1, 1894, (Race) Black, (BP) Natchez, MS, (WWIDR) Sunflower, MS, (CO) Adams
Brown, John: (CMTS) 1890 Veterans Census, (CO) Amite
Brown, John: (CMTS) 1890 Veterans Census, (CO) Hancock
Brown, John: (CMTS) 1890 Veterans Census, (CO) Coahoma
Brown, John: (CMTS) 1890 Veterans Census, (CO) Sharkey
Brown, John: (CMTS) 1890 Veterans Census, (CO) Tate
Brown, John: (CMTS) 1890 Veterans Census, (CO) Warren
Brown, John: (MD) Jun. 14, 1887, (Spouse) O. A. Mays, (CO) Tippah
Brown, John Calvin: (B) Apr. 2, 1809, (D) May 6, 1892, (CO) Winston, (C) Mt. Carmel Cemetery
Brown, John F.: (MD) Feb. 1, 1881, (Spouse) Kate Couger, (CO) Lafayette
Brown, John Joseph Arlington: (B) Dec. 8, 1890, (Race) White, (BP) Natchez, MS, (WWIDR) Adams, MS, (CO) Adams
Brown, John R.: (MD) Dec. 5, 1882, (Spouse) Bettie Houston, (CO) Lafayette
Brown, Johnnie: (B) Jun. 7, 1881, (D) Mar. 15, 1967, (RES) Yazoo City, MS, (CO) Yazoo
Brown, Joseph: (CMTS) 1890 Veterans Census, (CO) Holmes
Brown, Joseph: (CMTS) 1890 Veterans Census, (CO) Panola
Brown, Joseph: (CMTS) 1890 Veterans Census, (CO) Washington
Brown, Joseph: (MD) Oct. 10, 1894, (Spouse) Ella Smith, (CO) Tippah

Brown, Josiah: (CMTS) 1890 Veterans Census, (CO) Washington
Brown, Julia: (CMTS) 1890 Veterans Census, (CO) Warren
Brown, Junious: (B) Jan. 27, 1896, (Race) Black Concordia Par., LA, (WWIDR) Adams, MS, (CO) Adams
Brown, Kilpatrick: (CMTS) 1890 Veterans Census, (CO) Benton
Brown, Le Roy: (B) Jul. 29, 1897, (Race) Black, (BP) L. Adams Co., MS, (WWIDR) Adams, MS, (CO) Adams
Brown, Lemuel: (B) Apr. 26, 1896, (Race) Black, (BP) Percy, MS, (WWIDR) Adams, MS, (CO) Adams
Brown, Leneaux: (B) 1886, (Race) Black, (WWIDR) Adams, MS, (CO) Adams
Brown, Leroy William: (B) Jul. 28, 1893, (Race) Adams Co., MS, (WWIDR) Adams, MS, (CO) Adams
Brown, Levy: (B) Jun. 27, 1882, (Race) Black, (WWIDR) Adams, MS, (CO) Adams
Brown, Lindy: (CMTS) 1890 Veterans Census, (CO) Adams
Brown, Loisa: (CMTS) 1890 Veterans Census, (CO) Pike
Brown, London: (CMTS) 1890 Veterans Census, (CO) Adams
Brown, Louie Bernard: (B) Dec. 29, 1881, (Race) White, (WWIDR) Adams, MS, (CO) Adams
Brown, Louis: (CMTS) 1890 Veterans Census, (CO) Bolivar
Brown, M. W.: (MD) Aug. 9, 1888, (Spouse) S C. Simpson, (CO) Tippah
Brown, Major: (CMTS) 1890 Veterans Census, (CO) Adams
Brown, Marshall: (CMTS) 1890 Veterans Census, (CO) Sunflower
Brown, Martin: (CMTS) 1890 Veterans Census, (CO) Desoto
Brown, Mary: (CMTS) 1890 Veterans Census, (CO) Warren
Brown, Moses: (CMTS) 1890 Veterans Census, (CO) Adams
Brown, Nathan: (CMTS) 1890 Veterans Census, (CO) Adams
Brown, Nathan: (CMTS) 1890 Veterans Census, (CO) Harrison
Brown, Newton: (CMTS) 1890 Veterans Census, (CO) Claiborne
Brown, Page: (CMTS) 1890 Veterans Census, (CO) Hinds
Brown, Patsy: (CMTS) 1890 Veterans Census, (CO) Adams
Brown, Paul: (CMTS) 1890 Veterans Census, (CO) Yalobusha
Brown, Peter: (CMTS) 1890 Veterans Census, (CO) Tunica
Brown, Richard: (CMTS) 1890 Veterans Census, (CO) Harrison
Brown, Robert: (B) May 22, 1883, (Race) Black, (WWIDR) Adams, MS, (CO) Adams
Brown, Robert: (CMTS) 1890 Veterans Census, (CO) Warren
Brown, Rubin: (B) 1895, (Race) Black Adams Co., MS, (WWIDR) Adams, MS, (CO) Adams
Brown, Rush: (CMTS) 1890 Veterans Census, (CO) Adams
Brown, Sampson: (MD) Nov. 9, 1882, (Spouse) Bettie Brown, (CO) Lauderdale
Brown, Samuel: (CMTS) 1890 Veterans Census, (CO) Bolivar
Brown, Samuel: (CMTS) 1890 Veterans Census, (CO) Warren
Brown, Samuel: (CMTS) 1890 Veterans Census, (CO) Washington
Brown, Sarah: (CMTS) 1890 Veterans Census, (CO) Issaquena
Brown, Silas: (CMTS) 1890 Veterans Census, (CO) Sharkey
Brown, Silas: (CMTS) 1890 Veterans Census, (CO) Yazoo
Brown, Surn: (CMTS) 1890 Veterans Census, (CO) Tunica
Brown, Sylvester: (CMTS) 1890 Veterans Census, (CO) Lincoln
Brown, Thomas: (B) Mar. 20, 1883, (Race) Black, (WWIDR) Adams, MS, (CO) Adams
Brown, Thomas: (B) Sep 5, 1881, (Race) Black, (WWIDR) Adams, MS, (CO) Adams
Brown, Thomas: (CMTS) 1890 Veterans Census, (CO) Claiborne
Brown, Thomas Bingman: (B) Nov. 2, 1890, (Race) Black Adams Co., MS, (WWIDR) Adams, MS, (CO) Adams
Brown, Thomas James: (B) Feb., 18, 1887, (Race) White, (BP) Natchez, MS, (WWIDR) Adams, MS, (CO) Adams
Brown, Tom: (CMTS) 1890 Veterans Census, (CO) Tunica
Brown, Walter: (B) Oct. 15, 1892, (Race) Black Adams Co., MS, (WWIDR) Adams, MS, (CO)

Adams
Brown, Washington: (CMTS) 1890 Veterans Census, (CO) Warren
Brown, Wesley: (CMTS) 1890 Veterans Census, (CO) Adams
Brown, William: (CMTS) 1890 Veterans Census, (CO) Hinds
Brown, William: (CMTS) 1890 Veterans Census, (CO) Madison
Brown, William: (CMTS) 1890 Veterans Census, (CO) Washington
Brown, William: (CMTS) 1890 Veterans Census, (CO) Yazoo
Brown, William: (CMTS) 1890 Veterans Census, (CO) Adams
Brown, William Hansford: (B) Nov. 15, 1892, (Race) White, (BP) Saint, Louis, MO, (WWIDR) Adams, MS, (CO) Adams
Brown, Willie: (B) Sep 14, 1890, (Race) Black, (BP) Natchez, MS, (WWIDR) Warren, MS, (CO) Adams
Brown, Willie: (B) Sep 15, 1890, (Race) Black, (BP) Natchez, MS, (WWIDR) Adams, MS, (CO) Adams
Brown, Willie: (B) Jul. 4, 1896, (Race) Black, (BP) Natchez, MS, (WWIDR) Sunflower, MS, (CO) Adams
Brown, Wilson: (CMTS) 1890 Veterans Census, (CO) Yazoo
Brown, Wilson: (CMTS) 1890 Veterans Census, (CO) Adams
Brown, William: (CMTS) 1890 Veterans Census, (CO) Yazoo
Browne, John: (B) Jan. 7, 1881, (D) 1968, (RES)Biloxi and West Biloxi, MS, (CO) Harrison
Browning, Green: (CMTS) 1890 Veterans Census, (CO) Attala
Browning, Rufus: (CMTS) 1890 Veterans Census, (CO) Attala
Browning, Sam: (CMTS) 1890 Veterans Census, (CO) Panola
Browse, Henry: (CMTS) 1890 Veterans Census, (CO) Wilkinson
Broyden, Carter: (CMTS) 1890 Veterans Census, (CO) Sharkey
Broyler, Carter: (CMTS) 1890 Veterans Census, (CO) Sharkey
Bruce, Frank: (CMTS) 1890 Veterans Census, (CO) Adams
Bruce, Henry: (CMTS) 1890 Veterans Census, (CO) Washington
Bruce, James: (CMTS) 1890 Veterans Census, (CO) Wilkinson
Bruce, John: (CMTS) 1890 Veterans Census, (CO) Adams
Bruce, Morris: (B) Mar. 23, 1899, (Race) Black, (WWIDR) Adams, MS, (CO) Adams
Bruce, W. J.: (MD) Feb. 9, 1896, (Spouse) Lula Garner, (CO) Tippah
Brukerstaff, William: (CMTS) 1890 Veterans Census, (CO) Tishomingo
Brummer, James: (CMTS) 1890 Veterans Census, (CO) Tate
Brun, Elven: (CMTS) 1890 Veterans Census, (CO) Bolivar
Bruner, Abner: (CMTS) 1890 Veterans Census, (CO) Washington
Bruner, Frances: (CMTS) 1890 Veterans Census, (CO) Washington
Bryan, Beatrice: (MD) Aug. 24, 1884, (Spouse) W. R. Thurmond, (CO) Tippah
Bryan, Charles: (CMTS) 1890 Veterans Census, (CO) Washington
Bryan, J. S.: (MD) Aug. 24, 1884, (Spouse) N. J. Thurmond, (CO) Tippah
Bryan, John S.: (MD) 1896, (Spouse) Mollie J. Smith, (CO) Tippah
Bryan, R. L.: (MD) Jul. 10, 1887, (Spouse) S F. Goad, (CO) Tippah
Bryan, W. C.: (MD) Dec. 28, 1898, (Spouse) C. E. Williams, (CO) Tippah
Bryant, Alice V: (MD) Mar., 18, 1886, (Spouse) J. H. Reynolds, (CO) Tippah
Bryant, C. S.: (MD) Feb. 24, 1884, (Spouse) M. L. Michael, (CO) Tippah
Bryant, Elzey: (MD) Dec. 24, 1890, (Spouse) Emeline Morgan, (CO) Tippah
Bryant, Issac: (CMTS) 1890 Veterans Census, (CO) Coahoma
Bryant, J. S.: (MD) Oct. 22, 1896, (Spouse) Dora Aldridge, (CO) Tippah
Bryant, J. W.: (MD) Sep. 24, 1885, (Spouse) S A. E. Morgan, (CO) Tippah
Bryant, Jerry: (CMTS) 1890 Veterans Census, (CO) Bolivar
Bryant, John: (B) Sep 23, 1882, (Race) Black, (WWIDR) Adams, MS, (CO) Adams
Bryant, John: (CMTS) 1890 Veterans Census, (CO) Union
Bryant, Nathan: (CMTS) 1890 Veterans Census, (CO) Desoto
Bryant, Peter: (CMTS) 1890 Veterans Census, (CO) Claiborne

Bryant, Romeo: (CMTS) 1890 Veterans Census, (CO) Washington
Bryant, S J.: (MD) Oct. 30, 1885, (Spouse) Alice Young, (CO) Tippah
Bryant, Turner: (CMTS) 1890 Veterans Census, (CO) Coahoma
Bryon, John: (CMTS) 1890 Veterans Census, (CO) Holmes
Bryont, John: (CMTS) 1890 Veterans Census, (CO) Union
Bryson, Jennie: (CMTS) 1890 Veterans Census, (CO) Warren
Bryson, L. H.: (MD) Nov. 25, 1896, (Spouse) Dessie Ratliff, (CO) Tippah
Bryson, Peter: (CMTS) 1890 Veterans Census, (CO) Warren
Bryson, Young: (MD) Dec. 20, 1894, (Spouse) Eunice E. Snell, (CO) Tippah
Buben, Dean: (CMTS) 1890 Veterans Census, (CO) Marshall
Bubin, Dean: (CMTS) 1890 Veterans Census, (CO) Marshall
Buchanan, Henry: (CMTS) 1890 Veterans Census, (CO) Desoto
Buchanan, James: (CMTS) 1890 Veterans Census, (CO) Washington
Buchanan, Jno H.: (MD) Feb. 27, 1886, (Spouse) Elizabeth Rainey, (CO) Tippah
Buchanan, Lee: (B) Feb. 6, 1885, (Race) Black, (WWIDR) Adams, MS, (CO) Adams
Buchanan, Noah: (CMTS) 1890 Veterans Census, (CO) Adams
Buchanan, W. C. B: (MD) Feb. 15, 1893, (Spouse) Urulda Barkley, (CO) Tippah
Buchannon, Henry: (CMTS) 1890 Veterans Census, (CO) Copiah
Buchels, Henry: (CMTS) 1890 Veterans Census, (CO) Jefferson
Buckett, Monroe: (CMTS) 1890 Veterans Census, (CO) Leflore
Buckhanan, James: (CMTS) 1890 Veterans Census, (CO) Washington
Buckhanan, Levie: (CMTS) 1890 Veterans Census, (CO) Holmes
Buckingham, James: (CMTS) 1890 Veterans Census, (CO) Sharkey
Buckley, Moses: (CMTS) 1890 Veterans Census, (CO) Desoto
Buckner, David: (CMTS) 1890 Veterans Census, (CO) Adams
Buckner, George: (B) Oct. 4, 1891, (Race) Black, (BP) Natchez, MS, (WWIDR) Adams, MS, (CO) Adams
Buckner, Jackson: (CMTS) 1890 Veterans Census, (CO) Desoto
Buckner, Maria: (CMTS) 1890 Veterans Census, (CO) Adams
Buckner, Moses: (CMTS) 1890 Veterans Census, (CO) Tunica
Buckner, Phillip: (CMTS) 1890 Veterans Census, (CO) Issaquena
Buckner, Robert: (B) Jun. 15, 1886, (Race) Black, (BP) Natchez, MS, (WWIDR) Issaquena, MS, (CO) Adams
Buckner, Wilson: (B) Aug. 27, 1893, (Race) Black, (BP) Newellton, LA, (WWIDR) Adams, MS, (CO) Adams
Bug, Ruben: (CMTS) 1890 Veterans Census, (CO) Yazoo
Buie, Levi: (CMTS) 1890 Veterans Census, (CO) Warren
Buil, Levi: (CMTS) 1890 Veterans Census, (CO) Warren
Bules, Dave: (CMTS) 1890 Veterans Census, (CO) Marshall
Bullen, Joseph: (CMTS) 1890 Veterans Census, (CO) Jefferson
Bullen, Phillip: (CMTS) 1890 Veterans Census, (CO) Tate
Bullens, Dave: (B) 1896, (Race) Black, (BP) Natchez, MS, (WWIDR) Sunflower, MS, (CO) Adams
Bullens, Robert: (B) Apr. 2, 1892, (Race) Black, (BP) Natchez, MS, (WWIDR) Quitman, MS, (CO) Adams
Bullin, George: (CMTS) 1890 Veterans Census, (CO) Adams
Bullins, Milley: (CMTS) 1890 Veterans Census, (CO) Adams
Bullins, Peter: (CMTS) 1890 Veterans Census, (CO) Adams
Bulloch, David Abner: (B) Apr. 20, 1884, (Race) White, (WWIDR) Adams, MS, (CO) Adams
Bullock, E. W.: (MD) Feb. 14, 1886, (Spouse) Margarett Hamelton, (CO) Tippah
Bullock, F. M.: (MD) Feb. 26, 1883, (Spouse) A. Foreshea, (CO) Tippah
Bullock, Frank: (MD) Jul. 17, 1897, (Spouse) Mrs Alice Moore, (CO) Tippah
Bullock, Henry: (CMTS) 1890 Veterans Census, (CO) Leflore
Bullock, J. H.: (MD) Jul., 18, 1886, (Spouse) Lula Spight, (CO) Tippah
Bullock, J. N..: (MD) May 06, 1896, (Spouse) Mattie Griffin, (CO) Tippah

Bullock, James: (B) Dec. 25, 1893, (Race) Black, (BP) Lincoln Co., MS, (WWIDR) Adams, MS, (CO) Adams
Bullock, Jeff Davis: (MD) Dec. 27, 1882, (Spouse) C. E. Noble, (CO) Tippah
Bullock, Rosa: (MD) Oct. 8, 1893, (Spouse) B F. Randolph, (CO) Tippah
Bullock, Simon R: (MD) Nov. 17, 1881, (Spouse) Sallie A. Shannon, (CO) Tippah
Bullock, W. E: (MD) Jul. 6, 1884, (Spouse) M. E. Beaty, (CO) Tippah
Bumgardner, Lonnie Neal: (B) Aug. 4, 1898, (Race) White, (WWIDR) Adams, MS, (CO) Adams
Bunch, Isaac S.: (B) Aug. 19, 1895, (Race) White, (BP) Dolorosa, MS, (WWIDR) Adams, MS, (CO) Adams
Bunn, Sarah: (CMTS) 1890 Veterans Census, (CO) Issaquena
Buoy, Dick: (CMTS) 1890 Veterans Census, (CO) Sharkey
Burch, Augustus: (CMTS) 1890 Veterans Census, (CO) Coahoma
Burden, Charles: (CMTS) 1890 Veterans Census, (CO) Claiborne
Burdon, Joseph: (CMTS) 1890 Veterans Census, (CO) Jefferson
Burell, Charles: (CMTS) 1890 Veterans Census, (CO) Warren
Bures, Isaiah: (B) Sep 16, 1892, (Race) Black, (BP) Providence Plantation, MS, (WWIDR) Adams, MS, (CO) Adams
Burge, John: (CMTS) 1890 Veterans Census, (CO) Benton
Burgess, Carland: (CMTS) 1890 Veterans Census, (CO) Tunica
Burgess, Ford: (CMTS) 1890 Veterans Census, (CO) Leflore
Burgess, Joseph: (CMTS) 1890 Veterans Census, (CO) Benton
Burgess, Montgomery: (CMTS) 1890 Veterans Census, (CO) Leflore
Burgess, Sandland: (CMTS) 1890 Veterans Census, (CO) Tunica
Burgess, Thomas: (CMTS) 1890 Veterans Census, (CO) Wayne
Burk, H. B.: (MD) Dec. 17, 1887, (Spouse) M. E. Davis, (CO) Tippah
Burke, Frank: (B) Aug. 4, 1896, (Race) Black, (BP) Pine Ridge, MS, (WWIDR) Adams, MS, (CO) Adams
Burke, Frank: (B) Aug. 4, 1896, (Race) Black, (WWIDR) Adams, MS, (CO) Adams
Burke, James P.: (B) Oct. 9, 1894, (Race) White, (BP) Natchez, MS, (WWIDR) Adams, MS, (CO) Adams
Burke, Martin Aloysius: (B) Nov. 19, 1894, (Race) White, (BP) Galveston TX, (WWIDR) Adams, MS, (CO) Adams
Burke, Robert Joseph: (B) Nov. 14, 1886, (Race) White, (BP) Natchez, MS, (WWIDR) Adams, MS, (CO) Adams
Burkes, Harvey: (CMTS) 1890 Veterans Census, (CO) Warren
Burkes, James: (CMTS) 1890 Veterans Census, (CO) Warren
Burkes, Osburn: (CMTS) 1890 Veterans Census, (CO) Bolivar
Burkes, Samuel: (B) May 14, 1890, (Race) Black, (BP) Natchez, MS, (WWIDR) Jackson City, MS, (CO) Adams
Burks, Albert: (CMTS) 1890 Veterans Census, (CO) Adams
Burks, Charles: (CMTS) 1890 Veterans Census, (CO) Coahoma
Burks, George: (B) Jun. 29, 1887, (Race) Black Adams Co., MS, (WWIDR) Adams, MS, (CO) Adams
Burks, John W.: (B) Aug. 15, 1888, (Race) Black Adams Co., MS, (WWIDR) Adams, MS, (CO) Adams
Burl, Terry: (CMTS) 1890 Veterans Census, (CO) Wilkinson
Burler, John: (CMTS) 1890 Veterans Census, (CO) Warren
Burn, Anderson: (CMTS) 1890 Veterans Census, (CO) Marshall
Burnes, Mary: (CMTS) 1890 Veterans Census, (CO) Warren
Burnet, Robert: (CMTS) 1890 Veterans Census, (CO) Jefferson
Burnett, Phillis: (CMTS) 1890 Veterans Census, (CO) Bolivar
Burnett, Robert: (CMTS) 1890 Veterans Census, (CO) Bolivar
Burnett, Robert John: (B) Mar. 21, 1887, (Race) White, (BP) Natchez, MS, (WWIDR) Warren, MS, (CO) Adams

Burnett, Wesley: (CMTS) 1890 Veterans Census, (CO) Leflore
Burney, Ananias: (CMTS) 1890 Veterans Census, (CO) Tunica
Burney, Jesse: (B) Jul. 30, 1894, (Race) Black, (BP) Natchez, MS, (WWIDR) Adams, MS, (CO) Adams
Burnham, Walter: (CMTS) 1890 Veterans Census, (CO) Washington
Burns, Arthur: (CMTS) 1890 Veterans Census, (CO) Warren
Burns, Conner A.: (B) Jan. 28, 1893, (Race) White, (BP) Natchez, MS, (WWIDR) Adams, MS, (CO) Adams
Burns, Eddie: (B) 1886, (Race) Black, (WWIDR) Adams, MS, (CO) Adams
Burns, Elizabeth: (CMTS) 1890 Veterans Census, (CO) Warren
Burns, George: (CMTS) 1890 Veterans Census, (CO) Bolivar
Burns, George Washington: (B) Jul. 11, 1883, (Race) Black, (WWIDR) Adams, MS, (CO) Adams
Burns, J. D.: (MD) Nov. 25, 1885, (Spouse) Sallie M. Rogers, (CO) Tippah
Burns, Louis A.: (B) Sep 27, 1882, (Race) White, (WWIDR) Adams, MS, (CO) Adams
Burns, Robert E.: (B) Dec. 4, 1888, (Race) White, (BP) Natchez, MS, (WWIDR) Adams, MS, (CO) Adams
Burns, William: (CMTS) 1890 Veterans Census, (CO) Coahoma
Burns, Willie: (B) Dec. 6, 1890, (Race) Black Adams Co., MS, (WWIDR) Adams, MS, (CO) Adams
Burrel, Condon: (CMTS) 1890 Veterans Census, (CO) Pike
Burrell, Jefferson: (CMTS) 1890 Veterans Census, (CO) Leflore
Burrell, Wash: (B) 1881, (Race) Black, (WWIDR) Adams, MS, (CO) Adams
Burrell, Wesley: (CMTS) 1890 Veterans Census, (CO) Pike
Burrett, John: (CMTS) 1890 Veterans Census, (CO) Wilkinson
Burrill, Jefferson: (CMTS) 1890 Veterans Census, (CO) Leflore
Burris, Andrew: (CMTS) 1890 Veterans Census, (CO) Yalobusha
Burris, Mitchel: (CMTS) 1890 Veterans Census, (CO) Bolivar
Burrows, Dallas Summerville: (B) Dec. 1, 1892, (Race) White, (BP) Raleigh, NC, (WWIDR) Adams, MS, (CO) Adams
Burrus, Anderson: (CMTS) 1890 Veterans Census, (CO) Yazoo
Burt, Silas: (CMTS) 1890 Veterans Census, (CO) Jefferson
Burton, Amont: (CMTS) 1890 Veterans Census, (CO) Bolivar
Burton, John: (CMTS) 1890 Veterans Census, (CO) Harrison
Burton, Mosley: (CMTS) 1890 Veterans Census, (CO) Yazoo
Burvin, Will: (B) Jan., 1881, (Race) Black, (WWIDR) Adams, MS, (CO) Adams
Bury, David: (CMTS) 1890 Veterans Census, (CO) Bolivar
Bush, Abijah: (CMTS) 1890 Veterans Census, (CO) Washington
Bush, Henry: (CMTS) 1890 Veterans Census, (CO) Jefferson
Bush, Henry: (CMTS) 1890 Veterans Census, (CO) Bolivar
Bush, Louis: (B) Jul. 3, 1893, (Race) Black Adams Co., MS, (WWIDR) Adams, MS, (CO) Adams
Bush, Mose: (B) Feb. 11, 1896, (Race) Black, (BP) Jefferson Co., MS, (WWIDR) Adams, MS, (CO) Adams
Bush, Solomon: (CMTS) 1890 Veterans Census, (CO) Yazoo
Bush, Warren: (CMTS) 1890 Veterans Census, (CO) Washington
Buskner, Charles: (CMTS) 1890 Veterans Census, (CO) Issaquena
Busler, Greene: (CMTS) 1890 Veterans Census, (CO) Sharkey
Butchart, Thomas A.: (B) Aug. 30, 1892, (Race) White, (BP) Natchez, MS, (WWIDR) Adams, MS, (CO) Adams
Butcher, Charles: (B) Mar. 27, 1883, (Race) Black, (WWIDR) Adams, MS, (CO) Adams
Butcher, Frank: (B) Apr. 8, 1894, (Race) Black, (WWIDR) Adams, MS, (CO) Adams
Butcher, Julius: (CMTS) 1890 Veterans Census, (CO) Adams
Buthane, Ben: (CMTS) 1890 Veterans Census, (CO) Marshall
Butler, Adolph: (B) Jan. 9, 1892, (Race) Black Adams Co., MS, (WWIDR) Adams, MS, (CO)

Adams
Butler, Albert: (CMTS) 1890 Veterans Census, (CO) Warren
Butler, Andrew: (CMTS) 1890 Veterans Census, (CO) Adams
Butler, Charley: (CMTS) 1890 Veterans Census, (CO) Bolivar
Butler, David: (B) Oct. 25, 1881, (Race) Black, (WWIDR) Adams, MS, (CO) Adams
Butler, Edwin: (CMTS) 1890 Veterans Census, (CO) Bolivar
Butler, Eli: (B) Mar., 18, 1894, (Race) Black Adams Co., MS, (WWIDR) Adams, MS, (CO) Adams
Butler, Eliza: (CMTS) 1890 Veterans Census, (CO) Warren
Butler, Enos: (B) Feb. 22, 1882, (Race) Black, (WWIDR) Adams, MS, (CO) Adams
Butler, George: (B) Mar. 10, 1886, (Race) Black, (WWIDR) Adams, MS, (CO) Adams
Butler, Greeland: (CMTS) 1890 Veterans Census, (CO) Warren
Butler, Henry: (B) Nov. 4, 1890, (Race) Black Adams Co., MS, (WWIDR) Adams, MS, (CO) Adams
Butler, J. M: (MD) Jun. 29, 1898, (Spouse) Theopa Kelly, (CO) Tippah
Butler, Jim: (B) Dec. 28, 1884, (Race) Black, (WWIDR) Adams, MS, (CO) Adams
Butler, John: (B) May 1, 1882, (Race) Black, (WWIDR) Adams, MS, (CO) Adams
Butler, John: (CMTS) 1890 Veterans Census, (CO) Claiborne
Butler, John: (CMTS) 1890 Veterans Census, (CO) Jefferson
Butler, John: (CMTS) 1890 Veterans Census, (CO) Sharkey
Butler, John: (CMTS) 1890 Veterans Census, (CO) Warren
Butler, John: (CMTS) 1890 Veterans Census, (CO) Sharkey
Butler, Joseph: (B) Feb. 22, 1899, (Race) Black, (WWIDR) Adams, MS, (CO) Adams
Butler, Joseph: (CMTS) 1890 Veterans Census, (CO) Yazoo
Butler, L.: (CMTS) 1890 Veterans Census, (CO) Jefferson
Butler, Ledy: (CMTS) 1890 Veterans Census, (CO) Harrison
Butler, Lee: (CMTS) 1890 Veterans Census, (CO) Warren
Butler, Lewis: (B) Oct. 15, 1895, (Race) Black Adams Co., MS, (WWIDR) Adams, MS, (CO) Adams
Butler, Moses: (CMTS) 1890 Veterans Census, (CO) Sharkey
Butler, Noel H.: (B) Dec., 18, 1896, (Race) White, (BP) L. Amite Co., MS, (WWIDR) Adams, MS, (CO) Adams
Butler, Paul: (CMTS) 1890 Veterans Census, (CO) Coahoma
Butler, Peter: (CMTS) 1890 Veterans Census, (CO) Yazoo
Butler, Robert: (B) Oct. 9, 1887, (Race) Black Adams Co., MS, (WWIDR) Adams, MS, (CO) Adams
Butler, Rowland Wilkinson: (B) Oct. 17, 1882, (Race) White, (WWIDR) Adams, MS, (CO) Adams
Butler, Sessions: (CMTS) 1890 Veterans Census, (CO) Adams
Butler, Sophia: (CMTS) 1890 Veterans Census, (CO) Warren
Butler, Wallace: (CMTS) 1890 Veterans Census, (CO) Desoto
Butler, Wash: (B) Dec. 10, 1889, (Race) Black Adams Co., MS, (WWIDR) Adams, MS, (CO) Adams
Butler, William: (B) Oct. 30, 1892, (Race) Black Adams Co., MS, (WWIDR) Adams, MS, (CO) Adams
Butler, William: (B) 1881, (Race) Black, (WWIDR) Adams, MS, (CO) Adams
Butler, York: (CMTS) 1890 Veterans Census, (CO) Issaquena
Butter, Andrew: (CMTS) 1890 Veterans Census, (CO) Adams
Butter, John: (CMTS) 1890 Veterans Census, (CO) Sharkey
Buttler, Bellu: (CMTS) 1890 Veterans Census, (CO) Tunica
Buttler, Billie: (CMTS) 1890 Veterans Census, (CO) Tunica
Buttler, July: (CMTS) 1890 Veterans Census, (CO) Warren
Buttler, Ledy: (CMTS) 1890 Veterans Census, (CO) Harrison
Button, John Feland: (B) May 4, 1882, (Race) White, (WWIDR) Adams, MS, (CO) Adams
Bynem, James: (CMTS) 1890 Veterans Census, (CO) Claiborne
Bynum, Randal: (CMTS) 1890 Veterans Census, (CO) Adams

Byrd, Alex: (B) Mar. 9, 1893, (Race) Black, (BP) Natchez, MS, (WWIDR) Jackson City, MS, (CO) Adams
Byrd, Brown: (B) 1894, (Race) Black, (BP) Sibley, MS, (WWIDR) Adams, MS, (CO) Adams
Byrd, Hubert: (B) Mar. 6, 1899, (Race) Black, (WWIDR) Adams, MS, (CO) Adams
Byrd, Julis: (CMTS) 1890 Veterans Census, (CO) Warren
Byrd, MatheW.: (B) 1891, (Race) Black, (BP) Kingston, MS, (WWIDR) Adams, MS, (CO) Adams
Byrd, Sarah: (CMTS) 1890 Veterans Census, (CO) Marshall
Byrd, W.: (MD) Dec. 27, 1866, (Spouse) Milley Poteet, (CO) Tippah
Byrne, William Joseph: (B) Mar. 20, 1899, (Race) White, (WWIDR) Adams, MS, (CO) Adams
Byrnes, Charles Ferriday: (B) Aug. 14, 1890, (Race) White, (BP) Natchez, MS, (WWIDR) Adams, MS, (CO) Adams
Cade, Sancho: (CMTS) 1890 Veterans Census, (CO) Issaquena
Cadien, Ernest Irvine: (B) Apr. 14, 1885, (Race) White, (WWIDR) Adams, MS, (CO) Adams
Cadien, Lee Kimbrough: (B) Jun. 14, 1887, (Race) White, (BP) Vicksburg, MS, (WWIDR) Adams, MS, (CO) Adams
Cadien, William A.: (B) Aug. 17, 1889, (Race) White, (BP) Greenville, MS, (WWIDR) Adams, MS, (CO) Adams
Cady, Frank: (CMTS) 1890 Veterans Census, (CO) Jackson
Cady, Louis: (CMTS) 1890 Veterans Census, (CO) Hinds
Cage, Gloster: (B) Sep 2, 1888, (Race) Black Adams Co., MS, (WWIDR) Adams, MS, (CO) Adams
Cage, John: (B) Jun. 25, 1882, (Race) Black, (WWIDR) Adams, MS, (CO) Adams
Cage, John J.: (CMTS) 1890 Veterans Census, (CO) Wilkinson
Cage, Pearl: (B) Jan. 22, 1887, (Race) Black, (BP) Woodville, MS, (WWIDR) Adams, MS, (CO) Adams
Cage, Thomas: (B) Jan. 1, 1897, (Race) Black, (BP) Woodville, MS, (WWIDR) Adams, MS, (CO) Adams
Cage, Thomas: (B) Jan. 1, 1897, (Race) Black, (WWIDR) Adams, MS, (CO) Adams
Cage, William H.: (B) Jun. 3, 1887, (Race) White, (WWIDR) Adams, MS, (CO) Adams
Cain, David: (B) Aug. 6, 1898, (Race) Black, (WWIDR) Adams, MS, (CO) Adams
Cain, James: (CMTS) 1890 Veterans Census, (CO) Sharkey
Calcote, James O.: (B) Apr. 23, 1889, (Race) White, (BP) Franklin Co., MS, (WWIDR) Adams, MS, (CO) Adams
Calder, James: (B) Dec. 27, 1882, (Race) Black, (BP) mom, Lives, Memphis TN, (WWIDR) Adams, MS, (CO) Adams
Calder, James: (B) Dec. 27, 1882, (Race) Black, (WWIDR) Adams, MS, (CO) Adams
Caldwell, Ann: (CMTS) 1890 Veterans Census, (CO) Yazoo
Caldwell, Reuben: (CMTS) 1890 Veterans Census, (CO) Warren
Caldwell, Thomas: (CMTS) 1890 Veterans Census, (CO) Hinds
Calender, Raymond Henry: (B) Oct. 9, 1894, (Race) White, (BP) Jonesville KY, (WWIDR) Adams, MS, (CO) Adams
Calhoun, Levi: (B) Nov. 26, 1896, (Race) Black, (BP) Kingston, MS, (WWIDR) Sunflower, MS, (CO) Adams
Calhoun, MathloW.: (B) Aug. 16, 1884, (Race) Black, (WWIDR) Adams, MS, (CO) Adams
Calhoun, Pete: (B) Dec. 25, 1882, (Race) Black, (WWIDR) Adams, MS, (CO) Adams
Calhoun, Sidney: (B) Dec. 23, 1897, (Race) Black, (WWIDR) Adams, MS, (CO) Adams
Calico, Fred: (CMTS) 1890 Veterans Census, (CO) Tunica
Calico, Richard: (CMTS) 1890 Veterans Census, (CO) Tunica
Calicoat, William P: (CMTS) 1890 Veterans Census, (CO) Lafayette
Callender, John T.: (CMTS) 1890 Veterans Census, (CO) Adams
Callifer, Eliza: (CMTS) 1890 Veterans Census, (CO) Warren
Callifer, George: (CMTS) 1890 Veterans Census, (CO) Warren
Callihan, Charles: (CMTS) 1890 Veterans Census, (CO) Harrison
Callihan, Daniel: (CMTS) 1890 Veterans Census, (CO) Harrison

Callon, Thomas Harrison: (B) Sep 26, 1884, (Race) White, (WWIDR) Adams, MS, (CO) Adams
Callroe, Manuel: (CMTS) 1890 Veterans Census, (CO) Washington
Calvert, Forest: (B) 1889, (Race) Black, (BP) Roxie, MS, (WWIDR) Adams, MS, (CO) Adams
Calvert, George: (CMTS) 1890 Veterans Census, (CO) Warren
Calvert, Katy: (CMTS) 1890 Veterans Census, (CO) Warren
Calvert, Sam: (B) Aug. 19, 1889, (Race) Black Cranfield, MS, (WWIDR) Adams, MS, (CO) Adams
Calvin, Johnny: (B) Jan. 26, 1896, (Race) Black, (BP) Natchez, MS, (WWIDR) Adams, MS, (CO) Adams
Calvin, Samuel: (CMTS) 1890 Veterans Census, (CO) Jefferson
Calwell, Edmond: (CMTS) 1890 Veterans Census, (CO) Bolivar
Cambell, Harvy: (CMTS) 1890 Veterans Census, (CO) Bolivar
Cambell, Samuel: (CMTS) 1890 Veterans Census, (CO) Marshall
Cambreidge, Virginia E.: (CMTS) 1890 Veterans Census, (CO) Warren
Cambridge, George: (CMTS) 1890 Veterans Census, (CO) Warren
Cambridge, Virginia E.: (CMTS) 1890 Veterans Census, (CO) Warren
Cameron, Aaron James: (B) Jan. 19, 1893, (Race) Black, (BP) Meadville, MS, (WWIDR) Adams, MS, (CO) Adams
Cameron, Dan: (CMTS) 1890 Veterans Census, (CO) Warren
Cameron, John R.: (CMTS) 1890 Veterans Census, (CO) Madison
Cameron, Robert: (CMTS) 1890 Veterans Census, (CO) Warren
Campbell, Albert: (B) Jan. 10, 1895, (Race) Black, (BP) Turner, MS, (WWIDR) Adams, MS, (CO) Adams
Campbell, Albert: (B) Jan. 10, 1895, (Race) Black, (WWIDR) Adams, MS, (CO) Adams
Campbell, Albert: (CMTS) 1890 Veterans Census, (CO) Coahoma
Campbell, Andy: (CMTS) 1890 Veterans Census, (CO) Warren
Campbell, Ben: (B) Dec. 20, 1882, (Race) Black, (WWIDR) Adams, MS, (CO) Adams
Campbell, Benjamin Harrison: (B) 1888, (Race) Black, (WWIDR) Adams, MS, (CO) Adams
Campbell, Charles: (CMTS) 1890 Veterans Census, (CO) Hinds
Campbell, Charles: (CMTS) 1890 Veterans Census, (CO) Warren
Campbell, Charley: (B) Apr. 14, 1897, (Race) Black, (BP) L. Adams Co., MS, (WWIDR) Adams, MS, (CO) Adams
Campbell, Donald: (CMTS) 1890 Veterans Census, (CO) Warren
Campbell, Fred: (B) Oct. 30, 1885, (Race) White, (WWIDR) Adams, MS, (CO) Adams
Campbell, Gable: (CMTS) 1890 Veterans Census, (CO) Coahoma
Campbell, George: (B) Mar. 7, 1890, (Race) Black, (BP) Natchez, MS, (WWIDR) Adams, MS, (CO) Adams
Campbell, Hannah: (CMTS) 1890 Veterans Census, (CO) Warren
Campbell, Hannah: (CMTS) 1890 Veterans Census, (CO) Yazoo
Campbell, James: (CMTS) 1890 Veterans Census, (CO) Jefferson
Campbell, James: (CMTS) 1890 Veterans Census, (CO) Tunica
Campbell, Jerry: (CMTS) 1890 Veterans Census, (CO) Warren
Campbell, John: (MD) Feb. 23, 18882, (Spouse) Zipla Clifton, (CO) Jefferson
Campbell, John: (CMTS) 1890 Veterans Census, (CO) Coahoma
Campbell, John: (MD) Jan.22, 1884, (Spouse) Nancy Carroll, (CO) Grenada
Campbell, John: (CMTS) 1890 Veterans Census, (CO) Warren
Campbell, John B.: (CMTS) 1890 Veterans Census, (CO) Tunica
Campbell, John D.: (B) Jan. 5, 1884, (CO) Tippah, (PRTS) Samuel J. Campbell and Martha C. Holley
Campbell, John H.: (MD) Apr. 12, 1882, (Spouse) Jane Perry, (CO) Coahoma
Campbell, John H.: (MD) May 7, 1881, (Spouse) Rebecca Watson, (CO) Warren
Campbell, John Neal: (B) Aug. 7, 1893, (Race) White, (BP) Harriston, MS, (WWIDR) Adams, MS, (CO) Adams
Campbell, Johnnie: (MD) Mar. 12, 1884, (Spouse) Matilda Goins, (CO) Warren

Campbell, Junius: (B) Mar. 20, 1887, (Race) Black Adams Co., MS, (WWIDR) Adams, MS, (CO) Adams
Campbell, Louisa: (CMTS) 1890 Veterans Census, (CO) Bolivar
Campbell, Louisa: (CMTS) 1890 Veterans Census, (CO) Washington
Campbell, Lucian: (CMTS) 1890 Veterans Census, (CO) Warren
Campbell, Marshall: (CMTS) 1890 Veterans Census, (CO) Hinds
Campbell, Minor: (CMTS) 1890 Veterans Census, (CO) Adams
Campbell, Nelson: (CMTS) 1890 Veterans Census, (CO) Washington
Campbell, Oscar Alexander: (B) Feb. 12, 1885, (Race) White, (WWIDR) Adams, MS, (CO) Adams
Campbell, Percy Leon: (B) Oct. 13, 1899, (Race) White, (WWIDR) Adams, MS, (CO) Adams
Campbell, Peter Clyde: (B) May 30, 1888, (Race) White, (BP) Franklin Co., MS, (WWIDR) Adams, MS, (CO) Adams
Campbell, Richard: (CMTS) 1890 Veterans Census, (CO) Warren
Campbell, Robert Lee: (B) Apr. 14, 1893, (Race) White Adams Co., MS, (WWIDR) Adams, MS, (CO) Adams
Campbell, Robert: (CMTS) 1890 Veterans Census, (CO) Warren
Campbell, Robert W.: (CMTS) 1890 Veterans Census, (CO) Jefferson
Campbell, Shedrick: (B) Sep 25, 1893, (Race) Black, (BP) Turner, MS, (WWIDR) Adams, MS, (CO) Adams
Campbell, Shelvy: (CMTS) 1890 Veterans Census, (CO) Washington
Campbell, Victoria: (CMTS) 1890 Veterans Census, (CO) Warren
Campbell, Wellington: (B) Nov. 10, 1897, (Race) Black, (BP) Natchez, MS, (WWIDR) Adams, MS, (CO) Adams
Campbell, William: (CMTS) 1890 Veterans Census, (CO) Warren
Campble, Henry: (CMTS) 1890 Veterans Census, (CO) Bolivar
Campble, Lucinda: (CMTS) 1890 Veterans Census, (CO) Warren
Canada, Julia: (CMTS) 1890 Veterans Census, (CO) Warren
Canada, Moses: (CMTS) 1890 Veterans Census, (CO) Bolivar
Canaway, Daniel: (CMTS) 1890 Veterans Census, (CO) Warren
Cane, Sarah: (CMTS) 1890 Veterans Census, (CO) Sunflower
Cannon, Frederick Horace: (B) Aug. 5, 1891, (Race) White, (BP) Sumter Co. GA, (WWIDR) Adams, MS, (CO) Adams
Capleton, James: (CMTS) 1890 Veterans Census, (CO) Warren
Capps, David: (CMTS) 1890 Veterans Census, (CO) Bolivar
Capps, Phillip: (CMTS) 1890 Veterans Census, (CO) Bolivar
Carbage, Jacob: (CMTS) 1890 Veterans Census, (CO) Tunica
Cark, Newcomb: (CMTS) 1890 Veterans Census, (CO) Jackson
Carlyle, John: (CMTS) 1890 Veterans Census, (CO) Quitman
Carman, Alfred Burton: (B) Dec. 22, 1887, (Race) White, (BP) Joplin, MO, (WWIDR) Adams, MS, (CO) Adams
Carman, Herbert Moorman: (B) Apr. 17, 1886, (Race) White, (WWIDR) Adams, MS, (CO) Adams
Carmel, Eliza: (CMTS) 1890 Veterans Census, (CO) Washington
Carmichael, John A.: (L) 40.64 acres, Jackson Land Office, (ID) Jul. 12, 1898, (CO) Clarke
Carmichael, Leonard L.: (B) May, 18, 1894,(D) 1974, (CO) Clarke(C) Hepzibah Baptist Cemetery
Carmichael, Mary E.: (B) Oct., 18, 1888, (D) Jul. 10, 1964(CO) Clarke(C) Hepzibah Baptist Cemetery
Carmichael, Michael: (L) 39.94 acres, Jackson Land Office, (ID) Feb. 24, 1898, (CO) Clarke
Carmichael, William F.: (L) 159.98 acres, Jackson Land Office, (ID) Jun. 25, 1890, (CO) Kemper
Carnahan, Charles: (CMTS) 1890 Veterans Census, (CO) Hinds
Carneiff, Bartlette: (CMTS) 1890 Veterans Census, (CO) Lafayette
Carnell, Jeffrey: (CMTS) 1890 Veterans Census, (CO) Warren

Caroline, Edward W.: (CMTS) 1890 Veterans Census, (CO) Adams
Carper, George: (CMTS) 1890 Veterans Census, (CO) Washington
Carr, Anderson: (L) 40.16 acres, Jackson Land Office, (ID) Feb. 10, 1894, (CO) Webster
Carr, Augustus: (CMTS) 1890 Veterans Census, (CO) Quitman
Carr, Charles L.: (L) 39.74 acres, Jackson Land Office, (ID) May 7, 1897, (CO) Yalobusha
Carr, Felix: (L) 120.12 acres, Jackson Land Office, (ID) Feb. 23, 1897, (CO) Smith
Carr, Francis H.: (L) 160 acres, Jackson Land Office, (ID) Nov. 24, 1899, (CO) Wayne
Carr, Frank: (L) 160 acres, Jackson Land Office, (ID) Dec. 31, 1890, (CO) Lawrence
Carr, George W.: (L) 80 acres, Jackson Land Office, (ID) Dec. 24, 1895, (CO) Marion
Carr, George W.: (L) 79.90 acres, Jackson Land Office, (ID) Dec/ 30, 1884, (CO) Grenade
Carr, James: (CMTS) 1890 Veterans Census, (CO) Coahoma
Carr, John: (B) Jun. 30, 1899, (Race) Black, (WWIDR) Adams,
    MS, (CO) Adams
Carr, John Aloysius: (B) Jun. 7, 1884, (Race) White, (WWIDR) Adams,
    MS, (CO) Adams
Carr, John M.: (L) 80.25 acres, Jackson Land Officee, (ID) Dec. 21, 1893, (CO) Clarke
Carr, Lewis W.: (L) 159.95 acres, Jackson Land Office, (ID) Feb. 15, 1897, (CO) Lawrence
Carr, Manuel: (B) Oct. 4, 1892, (Race) Black Angola, LA, (WWIDR) Adams,
    MS, (CO) Adams
Carr, Martha E.: (L) 159.84 acres, Jackson Land Office, (ID) Dec. 14, 1896, (CO) Smith
Carr, Nancy L.: (L) 40.16 acres, Jackson Land Office, (ID) Feb. 10, 1894, (CO) Webster
Carr, Patrick: (CMTS) 1890 Veterans Census, (CO) Union
Carr, Sam: (B) Dec. 20, 1885, (Race) Black, (WWIDR) Adams, MS, (CO) Adams
Carr, Thomas: (L) 39.97 acres, Jackson Land Office, (ID) Jun. 25, 1890, (CO) Covington
Carr, William: (CMTS) 1890 Veterans Census, (CO) Desoto
Carr, William: (L) 160.25 acres, Jackson Land Office, (ID) Jun. 7, 1897. (CO) Lawrence
Carr, Willis: (L) 78.76 acres, Jackson Land Office, (ID) Jul. 19, 1889, (CO) Lawrence
Carradine, Dock: (B) Mar. 22, 1884, (Race) Black, (WWIDR) Adams,
    MS, (CO) Adams
Carradine, James: (B) Jul. 17, 1887, (Race) Black, (BP) Natchez, MS, (WWIDR) Sunflower, MS,
    (CO) Adams
Carradine, Joseph: (CMTS) 1890 Veterans Census, (CO) Yazoo
Carradine, Leonard W.: (CMTS) 1890 Veterans Census, (CO) Jefferson
Carraway, James Edward: (B) Oct. 1, 1897, (Race) Black, (WWIDR) Adams, MS, (CO) Adams
Carraway, William: (B) Mar. 7, 1890, (Race) Black, (BP) Port Adams, MS, (WWIDR) Adams,
    MS, (CO) Adams
Carrington, Coleman: (CMTS) 1890 Veterans Census, (CO) Warren
Carrington, Elisha: (CMTS) 1890 Veterans Census, (CO) Bolivar
Carrington, Essex E.: (CMTS) 1890 Veterans Census, (CO) Bolivar
Carroll, Benjamine: (CMTS) 1890 Veterans Census, (CO) Jackson
Carroll, Charles: (CMTS) 1890 Veterans Census, (CO) Washington
Carroll, Jefferson: (CMTS) 1890 Veterans Census, (CO) Washington
Carroll, Madison: (CMTS) 1890 Veterans Census, (CO) Washington
Carroll, Thomas: (B) Dec. 25, 1899, (Race) Black, (WWIDR) Adams,
    MS, (CO) Adams
Carroll, William: (CMTS) 1890 Veterans Census, (CO) Desoto
Carroll, Willie: (B) Dec. 22, 1883, (Race) Black, (WWIDR) Adams, MS, (CO) Adams
Carroll, Willie: (B) Apr. 1, 1882, (Race) Black, (WWIDR) Adams, MS, (CO) Adams
Carson, Jerry: (CMTS) 1890 Veterans Census, (CO) Sharkey
Carson, John: (CMTS) 1890 Veterans Census, (CO) Sharkey
Carson, Thomas J.: (CMTS) 1890 Veterans Census, (CO) Adams
Carter, Alvin Edgar: (B) Sep 30, 1892, (Race) White Arkansas, (WWIDR) Adams,
    MS, (CO) Adams
Carter, Bessie Irene: (B) Sep. 27, 1895 (D) May 19 1900 (CO) Chickasaw, (C) Wesley Chapel

Cemetery
Carter, Boyter: (CMTS) 1890 Veterans Census, (CO) Sharkey
Carter, Charlie: (B) 1894, (Race) Black, (WWIDR) Adams,MS, (CO) Adams
Carter, Chris: (B) Jun. 5, 1894, (Race) Black, (BP) Mississippi, (WWIDR) Adams,
 MS, (CO) Adams
Carter, Eddie: (B) May 30, 1894, (Race) Black, (BP) Natchez, MS, (WWIDR) Issaquena, MS,
 (CO) Adams
Carter, Edward: (CMTS) 1890 Veterans Census, (CO) Lafayette
Carter, Edward: (CMTS) 1890 Veterans Census, (CO) Tunica
Carter, Elias: (B) Jun., 18, 1888, (Race) Black Concordia Par., LA, (WWIDR) Adams,
 MS, (CO) Adams
Carter, Emanuel: (CMTS) 1890 Veterans Census, (CO) Washington
Carter, Frank: (CMTS) 1890 Veterans Census, (CO) Coahoma
Carter, George: (CMTS) 1890 Veterans Census, (CO) Yazoo
Carter, George: (CMTS) 1890 Veterans Census, (CO) Adams
Carter, George Dewey: (B) Oct. 21, 1897, (Race) White, (WWIDR) Adams,
 MS, (CO) Adams
Carter, Helliary Willis: (B) Jan. 1, 1886, (Race) White, (WWIDR) Adams,
 MS, (CO) Adams
Carter, Jack: (CMTS) 1890 Veterans Census, (CO) Warren
Carter, Jackson: (CMTS) 1890 Veterans Census, (CO) Wilkinson
Carter, James: (CMTS) 1890 Veterans Census, (CO) Washington
Carter, James R.: (CMTS) 1890 Veterans Census, (CO) Washington
Carter, Jane: (CMTS) 1890 Veterans Census, (CO) Warren
Carter, Jesse: (B) Oct. 15, 1898, (Race) Black, (WWIDR) Adams,
 MS, (CO) Adams
Carter, John: (B) Sep 1, 1882, (Race) Black, (WWIDR) Adams, MS, (CO) Adams
Carter, John: (B) Feb. 12, 1885, (Race) Black, (WWIDR) Adams, MS, (CO) Adams
Carter, John: (CMTS) 1890 Veterans Census, (CO) Adams
Carter, John: (CMTS) 1890 Veterans Census, (CO) Quitman
Carter, John Clifton: (B) Sep 28, 1899, (Race) White, (WWIDR) Adams,
 MS, (CO) Adams
Carter, John P.: (CMTS) 1890 Veterans Census, (CO) Jefferson
Carter, Joseph: (B) Aug. 4, 1893, (Race) Black, (BP) Natchez, MS, (WWIDR) Adams,
 MS, (CO) Adams
Carter, Joseph C: (CMTS) 1890 Veterans Census, (CO) Yazoo
Carter, Lepoltry: (B) Jan. 31, 1885, (Race) Black, (WWIDR) Adams,
Carter, Mary: (CMTS) 1890 Veterans Census, (CO) Adams
Carter, Milton: (B) Jun. 5, 1892, (Race) Black, (BP) Stanton, MS, (WWIDR) Adams,
 MS, (CO) Adams
Carter, Moses: (CMTS) 1890 Veterans Census, (CO) Desoto
Carter, Nannette: (B) Oct. 26, 1886 (D) Jun. 21, 1888 (CO) Chickasaw, (C) Wesley Chapel
 Cemetery
Carter, Nettie Hughes: (B) Sep. 21, 1897 (CO) Chickasaw, (C) Wesley Chapel Cemetery
Carter, Peggie: (CMTS) 1890 Veterans Census, (CO) Adams
Carter, Philip: (CMTS) 1890 Veterans Census, (CO) Hinds
Carter, Philip: (CMTS) 1890 Veterans Census, (CO) Warren
Carter, Robert: (B) Feb. 8, 1898, (Race) Black, (WWIDR) Adams, MS, (CO) Adams
Carter, Robert: (CMTS) 1890 Veterans Census, (CO) Hinds
Carter, Ruben: (CMTS) 1890 Veterans Census, (CO) Adams
Carter, Samuel A.: (CMTS) 1890 Veterans Census, (CO) Adams
Carter, Shepherd: (CMTS) 1890 Veterans Census, (CO) Warren
Carter, Silas: (B) 1891, (Race) Black, (BP) New Orleans, LA, (WWIDR) Adams,
 MS, (CO) Adams

Carter, Sylvester: (B) Nov. 19, 1882, (Race) Black, (WWIDR) Adams, MS, (CO) Adams
Carter, Taylor: (CMTS) 1890 Veterans Census, (CO) Jefferson
Carter, Thomas: (CMTS) 1890 Veterans Census, (CO) Adams
Carter, Tom: (B) Aug. 15, 1895, (Race) Black, (BP) L. Natchez, MS, (WWIDR) Adams, MS, (CO) Adams
Carter, William: (CMTS) 1890 Veterans Census, (CO) Adams
Carter, William: (CMTS) 1890 Veterans Census, (CO) Washington
Carter, William M.: (CMTS) 1890 Veterans Census, (CO) Copiah
Carter, York: (CMTS) 1890 Veterans Census, (CO) Warren
Caruthers, Daniel: (CMTS) 1890 Veterans Census, (CO) Dekalb
Caruthers, Joseph E.: (CMTS) 1890 Veterans Census, (CO) Yalobusha
Caruthers, Samuel: (CMTS) 1890 Veterans Census, (CO) Dekalb
Case, Alexander: (B) Aug. 5, 1881, (Race) White, (WWIDR) Adams, MS, (CO) Adams
Case, Lewis A.: (B) Aug. 19, 1891, (Race) White, (BP) Natchez, MS, (WWIDR) Adams, MS, (CO) Adams
Case, Richard William: (B) Oct. 4, 1883, (Race) White, (WWIDR) Adams, MS, (CO) Adams
Casper, George: (CMTS) 1890 Veterans Census, (CO) Washington
Cassell, Jessie: (CMTS) 1890 Veterans Census, (CO) Warren
Cassell, Katie: (CMTS) 1890 Veterans Census, (CO) Warren
Cassey, Michael: (CMTS) 1890 Veterans Census, (CO) Washington
Castle, George T.: (CMTS) 1890 Veterans Census, (CO) Harrison
Castlebey, David: (CMTS) 1890 Veterans Census, (CO) Itawamba
Castleman, Stanley Owen: (B) Dec. 26, 1883, (Race) White, (WWIDR) Adams, MS, (CO) Adams
Caston, Henry: (CMTS) 1890 Veterans Census, (CO) Bolivar
Castrell, Philip: (CMTS) 1890 Veterans Census, (CO) Warren
Caswell, John: (CMTS) 1890 Veterans Census, (CO) Washington
Cat, Thomas: (CMTS) 1890 Veterans Census, (CO) Marshall
Catalanotto, Joseph: (B) Mar. 25, 1892, (Race) White, (BP) Villa Franca, Sicily, Italy, (WWIDR) Adams, MS, (CO) Adams
Cates, Jack: (CMTS) 1890 Veterans Census, (CO) Washington
Cates, Thomas J.: (CMTS) 1890 Veterans Census, (CO) Sunflower
Cathey, Exiline: (CMTS) 1890 Veterans Census, (CO) Tunica
Caughlin, Patrick: (CMTS) 1890 Veterans Census, (CO) Tunica
Caulk, Shelby V.: (CMTS) 1890 Veterans Census, (CO) Bolivar
Causey, Tom: (B) 1885, (Race) Black, (WWIDR) Adams, MS, (CO) Adams
Causley, William H.: (CMTS) 1890 Veterans Census, (CO) Amite
Causley, William H.: (CMTS) 1890 Veterans Census, (CO) Sunflower
Cay, Dallas: (CMTS) 1890 Veterans Census, (CO) Bolivar
Cayton, Henry: (CMTS) 1890 Veterans Census, (CO) Warren
Ceals, Thomas: (CMTS) 1890 Veterans Census, (CO) Bolivar
Ceasar, Howard: (CMTS) 1890 Veterans Census, (CO) Washington
Center, Alex: (CMTS) 1890 Veterans Census, (CO) Tunica
Ceples, Davie: (CMTS) 1890 Veterans Census, (CO) Marshall
Chaleston, Nathaniel: (B) Oct. 30, 1898, (Race) Black, (WWIDR) Adams, MS, (CO) Adams
Chalmers, Henry: (CMTS) 1890 Veterans Census, (CO) Desoto
Chamberlain, John W.: (CMTS) 1890 Veterans Census, (CO) Desoto
Chamberlain, William: (B) Sep 20, 1885, (Race) Black, (WWIDR) Adams, MS, (CO) Adams
Chamberlin, Edward: (CMTS) 1890 Veterans Census, (CO) Washington
Chambers, Benjamin F.: (CMTS) 1890 Veterans Census, (CO) Washington
Chambers, Elizer: (CMTS) 1890 Veterans Census, (CO) Tunica
Chambers, George: (CMTS) 1890 Veterans Census, (CO) Bolivar
Chambers, Henry: (CMTS) 1890 Veterans Census, (CO) Hinds

Chambers, Isaac: (CMTS) 1890 Veterans Census, (CO) Wayne
Chambers, Jacob: (CMTS) 1890 Veterans Census, (CO) Warren
Chambers, James: (CMTS) 1890 Veterans Census, (CO) Yazoo
Chambler, Mary: (CMTS) 1890 Veterans Census, (CO) Lauderdale
Chambles, Christopher: (CMTS) 1890 Veterans Census, (CO) Jefferson
Champ, Ernest: (B) Dec. 25, 1894, (Race) Black, (BP) Natchez, MS, (WWIDR) Warren, MS, (CO) Adams
Champion, Gilbert: (CMTS) 1890 Veterans Census, (CO) Sharkey
Chance, Earle D.: (B) Sep 12, 1893, (Race) White, (BP) Gloster, MS, (WWIDR) Adams, MS, (CO) Adams
Chance, John: (CMTS) 1890 Veterans Census, (CO) Washington
Chance, Otho Merritt: (B) Nov. 4, 1898, (Race) White, (WWIDR) Adams, MS, (CO) Adams
Chancy, Isaac: (CMTS) 1890 Veterans Census, (CO) Sharkey
Chaney, Albert Z.: (B) Sep 9, 1890, (Race) White, (BP) Natchez, MS, (WWIDR) Adams, MS, (CO) Adams
Chaney, Alfred: (CMTS) 1890 Veterans Census, (CO) Jefferson
Chaney, George: (CMTS) 1890 Veterans Census, (CO) Jefferson
Chapell, Fayett e: (CMTS) 1890 Veterans Census, (CO) Coahoma
Chaplin, Frank: (B) 1893, (Race) Black, (BP) Natchez, MS, (WWIDR) Jackson City, MS, (CO) Adams
Chapman, Bazil: (CMTS) 1890 Veterans Census, (CO) Adams
Chapman, Harrette: (CMTS) 1890 Veterans Census, (CO) Adams
Chapman, Joseph H.: (CMTS) 1890 Veterans Census, (CO) Bolivar
Chapman, Rachael L.: (CMTS) 1890 Veterans Census, (CO) Hinds
Chappell, Caroline: (CMTS) 1890 Veterans Census, (CO) Sharkey
Charles, Gibson: (CMTS) 1890 Veterans Census, (CO) Washington
Charles, William: (CMTS) 1890 Veterans Census, (CO) Washington
Charleston, Nathaniel: (B) Oct. 30, 1898, (Race) Black, (BP) moved to Nashville TN, (WWIDR) Adams, MS, (CO) Adams
Charlis, Jay: (CMTS) 1890 Veterans Census, (CO) Panola
Chase, George: (CMTS) 1890 Veterans Census, (CO) Hinds
Chase, John: (CMTS) 1890 Veterans Census, (CO) Adams
Chase, William: (B) Sep 29, 1890, (Race) Black, (BP) Vidalia, LA, (WWIDR) Adams, MS, (CO) Adams
Chasteen, James W.: (CMTS) 1890 Veterans Census, (CO) Tunica
Chatman, Garver: (B) Dec. 2, 1889, (Race) Black, (BP) Jeannette, MS, (WWIDR) Adams, MS, (CO) Adams
Chatman, James: (CMTS) 1890 Veterans Census, (CO) Chickasa
Chatman, Jeff: (B) Sep, 1889, (Race) Black, (WWIDR) Adams, MS, (CO) Adams
Chatman, Willie: (B) Jun. 30, 1897, (Race) Black, (BP) L. Adams Co., MS, (WWIDR) Adams, MS, (CO) Adams
Chavours, Harold K.: (B) Feb. 4, 1895, (Race) Black, (BP) Hutchen, MS, (WWIDR) Adams, MS, (CO) Adams
Chealds, Henry: (CMTS) 1890 Veterans Census, (CO) Coahoma
Cheatum, Wily: (CMTS) 1890 Veterans Census, (CO) Bolivar
Cheek, James: (CMTS) 1890 Veterans Census, (CO) Sharkey
Cheeks, Charles: (B) Dec. 17, 1899, (Race) Black, (WWIDR) Adams, MS, (CO) Adams
Cheeks, Flemon: (CMTS) 1890 Veterans Census, (CO) Bolivar
Cheers, Shepherd: (CMTS) 1890 Veterans Census, (CO) Coahoma
Chenault, John Bean: (B) Jan. 20, 1896 (D) Sep 16 1971 (CO) Chickasaw, (C) Wesley Chapel Cemetery
Cheney, Issac: (CMTS) 1890 Veterans Census, (CO) Sharkey
Cheney, Levy: (CMTS) 1890 Veterans Census, (CO) Sharkey
Chennault, Permelie A.: (B) Jan. 24., 1853 (D) May 30, 1899 (CO) Chickasaw, (C) Wesley Chapel

Cemetery
Cheny, Robert: (CMTS) 1890 Veterans Census, (CO) Coahoma
Cheriher, Washington: (CMTS) 1890 Veterans Census, (CO) Tunica
Chesnutt, John H.: (CMTS) 1890 Veterans Census, (CO) Choctaw
Childress, John D.: (CMTS) 1890 Veterans Census, (CO) Tate
Chin, Alexander: (CMTS) 1890 Veterans Census, (CO) Adams
Chin, Hester: (CMTS) 1890 Veterans Census, (CO) Adams
Chipley, Isaac: (B) Dec. 25, 1887, (Race) Black Chotard, LA, (WWIDR) Adams,
    MS, (CO) Adams
Chipley, Sherman: (B) Dec. 29, 1881, (Race) Black, (WWIDR) Adams, MS, (CO) Adams
Chisel, Booker: (CMTS) 1890 Veterans Census, (CO) Wilkinson
Chocolate, William: (CMTS) 1890 Veterans Census, (CO) Issaquena
Christion, Jesse: (CMTS) 1890 Veterans Census, (CO) Tunica
Christman, Henry: (B) Dec. 2, 1885, (Race) Black, (WWIDR) Adams, MS, (CO) Adams
Christmas, James: (B) Dec. 19, 1892, (Race) Black, (BP) Kingston, MS, (WWIDR) Adams,
    MS, (CO) Adams
Christmas, James: (B) Jun. 5, 1885, (Race) Black, (WWIDR) Adams, MS, (CO) Adams
Christmas, Samuel: (CMTS) 1890 Veterans Census, (CO) Warren
Christmas, Walter: (B) Dec. 27, 1881, (Race) Black, (WWIDR) Adams, MS, (CO) Adams
Christmoss, Henry: (B) Dec. 2, 1885, (Race) Black, (WWIDR) Adams, MS, (CO) Adams
Cicoria, Louis: (B) Apr. 7, 1891, (Race) White, (BP) Natchez, MS, (WWIDR) Adams,
    MS, (CO) Adams
Cicoria, Thomas: (B) Mar. 25, 1896, (Race) White Adams Co., MS, (WWIDR) Adams,
    MS, (CO) Adams
Cieba, Frank: (CMTS) 1890 Veterans Census, (CO) Washington
Claborn, Clarence: (B) Sep 6, 1897, (Race) Black, (WWIDR) Adams, MS, (CO) Adams
Claget, William E. H.: (CMTS) 1890 Veterans Census, (CO) Adams
Claiborn, Robert: (CMTS) 1890 Veterans Census, (CO) Jefferson
Claiborne, Clarence: (B) Sep 6, 1897, (Race) Black, (WWIDR) Adams, MS, (CO) Adams
Claiborne, Duncan: (B) 1896, (Race) Black Adams Co., MS, (WWIDR) Adams,
    MS, (CO) Adams
Claiborne, Johnie: (B) Dec. 13, 1898, (Race) Black, (WWIDR) Adams, MS, (CO) Adams
Clara, Silas: (CMTS) 1890 Veterans Census, (CO) Washington
Clark, Albert: (CMTS) 1890 Veterans Census, (CO) Tunica
Clark, Alec: (CMTS) 1890 Veterans Census, (CO) Lafayette
Clark, Alexander: (CMTS) 1890 Veterans Census, (CO) Adams
Clark, Andew: (CMTS) 1890 Veterans Census, (CO) Coahoma
Clark, Anna: (CMTS) 1890 Veterans Census, (CO) Washington
Clark, Archie: (B) Aug. 21, 1892, (Race) Black, (BP) Jeannette, MS, (WWIDR) Adams,
    MS, (CO) Adams
Clark, Bingman: (B) Oct. 10, 1898, (Race) Black, (WWIDR) Adams, MS, (CO) Adams
Clark, Charles: (B) Feb. 22, 1892, (Race) Black, (BP) Jeannette, MS, (WWIDR) Adams,
    MS, (CO) Adams
Clark, Charles: (B) Dec. 28, 1896, (Race) Black Adams Co., MS, (WWIDR) Adams,
    MS, (CO) Adams
Clark, Charles H.: (CMTS) 1890 Veterans Census, (CO) Yazoo
Clark, Charley: (B) Oct. 5, 1883, (Race) Black, (WWIDR) Adams, MS, (CO) Adams
Clark, Dave: (B) Feb. 16, 1891, (Race) Black, (BP) Galveston TX, (WWIDR) Adams,
    MS, (CO) Adams
Clark, Doctor: (B) Jan. 21, 1889, (Race) Black Adams Co., MS, (WWIDR) Adams,
    MS, (CO) Adams
Clark, Duffie: (B) Apr. 6, 1896, (Race) Black Adams Co., MS, (WWIDR) Adams,
    MS, (CO) Adams
Clark, Edward: (B) Dec. 22, 1892, (Race) Black Adams Co., MS, (WWIDR) Adams,

MS, (CO) Adams
Clark, George: (CMTS) 1890 Veterans Census, (CO) Coahoma
Clark, Henry: (B) Jan. 10, 1881, (Race) Black, (WWIDR) Adams, MS, (CO) Adams
Clark, James: (CMTS) 1890 Veterans Census, (CO) Warren
Clark, Jim: (B) Dec. 29, 1896, (Race) Black, (BP) L. Wilkinson Co., MS (WWIDR) Adams, MS, (CO) Adams
Clark, John C.: (CMTS) 1890 Veterans Census, (CO) Harrison
Clark, Joseph: (B) Mar. 25, 1888, (Race) Black Adams Co., MS, (WWIDR) Adams, MS, (CO) Adams
Clark, June: (B) Feb. 5, 1890, (Race) Black, (BP) Fort Adams, MS, (WWIDR) Adams, MS, (CO) Adams
Clark, Leonard: (B) Oct. 20, 1891, (Race) Black, (BP) Natchez, MS, (WWIDR) Sunflower, MS, (CO) Adams
Clark, Louis: (CMTS) 1890 Veterans Census, (CO) Washington
Clark, Major: (B) Feb. 7, 1889, (Race) Black, (WWIDR) Adams, MS, (CO) Adams
Clark, Melton: (B) Dec. 16, 1896, (Race) Black, (BP) Natchez, MS, (WWIDR) Sunflower, MS, (CO) Adams
Clark, Richard: (CMTS) 1890 Veterans Census, (CO) Washington
Clark, Robert Thompson: (B) Apr. 29, 1895, (Race) White, (BP) Natchez, MS, (WWIDR) Adams, MS, (CO) Adams
Clark, Roby: (B) Mar. 10, 1895, (Race) Black, (WWIDR) Adams, MS, (CO) Adams
Clark, Wade: (B) Sep 29, 1886, (Race) Black, (BP) Jefferson Co., MS, (WWIDR) Adams, MS, (CO) Adams
Clark, Walter: (B) Nov. 11, 1890, (Race) Black Adams Co., MS, (WWIDR) Adams, MS, (CO) Adams
Clark, Washington: (B) May 20, 1890, (Race) Black, (BP) Red, Lick, MS, (WWIDR) Adams, MS, (CO) Adams
Clark, West: (B) 1893, (Race) Black, (BP) Wilkinson Co., MS, (WWIDR) Adams, MS, (CO) Adams
Clark, Willie: (B) May 12, 1890, (Race) Black, (BP) Jeannette, MS, (WWIDR) Adams, MS, (CO) Adams
Clark, Willie: (B) Apr. 19, 1892, (Race) Black Adams Co., MS, (WWIDR) Adams, MS, (CO) Adams
Clark, Willie: (B) Oct. 25, 1898, (Race) Black, (WWIDR) Adams, MS, (CO) Adams
Clarke, Albert: (CMTS) 1890 Veterans Census, (CO) Copiah
Clarke, Bias: (CMTS) 1890 Veterans Census, (CO) Warren
Clarke, George P.: (CMTS) 1890 Veterans Census, (CO) Newton
Clarke, George A..: (CMTS) 1890 Veterans Census, (CO) Warren
Clarke, Major: (CMTS) 1890 Veterans Census, (CO) Adams
Clarke, Willis: (CMTS) 1890 Veterans Census, (CO) Coahoma
Clay, Archy: (CMTS) 1890 Veterans Census, (CO) Yalobusha
Clay, George: (CMTS) 1890 Veterans Census, (CO) Coahoma
Clay, Henry: (CMTS) 1890 Veterans Census, (CO) Desoto
Clay, Henry: (CMTS) 1890 Veterans Census, (CO) Panola
Clay, Henry: (CMTS) 1890 Veterans Census, (CO) Tunica
Clay, Ira: (B) Sep 5, 1894, (Race) Black, (BP) Natchez, MS, (WWIDR) Adams, MS, (CO) Adams
Clay, James T.: (L) 79.66 acres, Jackson Land Office, (ID) Feb. 24, 1898, (CO) Lauderdale
Clay, Milton: (CMTS) 1890 Veterans Census, (CO) Bolivar
Clay, Perry: (B) 1899, (Race) Black, (WWIDR) Adams, MS, (CO) Adams
Clay, Sylvester: (B) Aug. 15, 1889, (Race) Black, (BP) Newellton, LA, (WWIDR) Adams, MS, (CO) Adams
Clay, William W.: (L) 158.83 acres, Jackson Land Office, (ID) Jun. 30, 1892, (CO) Kemper
Claybon, Manio C.: (CMTS) 1890 Veterans Census, (CO) Tunica
Clayborn, Georgoe: (CMTS) 1890 Veterans Census, (CO) Coahoma
Clayborne, Duncan: (B) 1896, (Race) Black Adams Co., MS, (WWIDR) Adams,

MS, (CO) Adams
Clayton, Augustus: (CMTS) 1890 Veterans Census, (CO) Warren
Clayton, Charles C.: (CMTS) 1890 Veterans Census, (CO) Jackson
Clayton, Henry: (CMTS) 1890 Veterans Census, (CO) Madison
Clayton, William: (L) 160.81 acres, Jackson Land Office, (ID) Aug. 30, 1895, (CO) Clarke
Clayton, Wyatt: (CMTS) 1890 Veterans Census, (CO) Warren
Clegg, George: (CMTS) 1890 Veterans Census, (CO) Alcorn
Clemens, Charlie: (B) Dec. 20, 1890, (Race) Black Adams Co., MS, (WWIDR) Adams, MS, (CO) Adams
Clement, Peter L.: (CMTS) 1890 Veterans Census, (CO) Jackson
Clements, Leroy S.: (CMTS) 1890 Veterans Census, (CO) Prentiss
Clemmens, Charity: (CMTS) 1890 Veterans Census, (CO) Leflore
Clemmens, John: (CMTS) 1890 Veterans Census, (CO) Leflore
Clemmons, Tom: (CMTS) 1890 Veterans Census, (CO) Tippah
Cleveland, John M.: (CMTS) 1890 Veterans Census, (CO) Dekalb
Clifton, Patrick H.: (CMTS) 1890 Veterans Census, (CO) Tippah
Cline, Cove Carter: (CMTS) 1890 Veterans Census, (CO) Sharkey
Clinton, Elton: (B) Sep, 1882, (Race) Black, (WWIDR) Sharkey, MS, (CO) Adams
Cloud, George W.: (CMTS) 1890 Veterans Census, (CO) Madison
Clowers, Martin: (CMTS) 1890 Veterans Census, (CO) Warren
Cloy, Alexander: (CMTS) 1890 Veterans Census, (CO) Lincoln
Cloyd, John: (CMTS) 1890 Veterans Census, (CO) Tunica
Cloyd, Stynard: (CMTS) 1890 Veterans Census, (CO) Warren
Coats, Harriet: (CMTS) 1890 Veterans Census, (CO) Tunica
Coats, Nellie: (CMTS) 1890 Veterans Census, (CO) Warren
Coaty, Harry: (CMTS) 1890 Veterans Census, (CO) Coahoma
Cobb, Bart: (CMTS) 1890 Veterans Census, (CO) Dekalb
Cobb, Edward: (CMTS) 1890 Veterans Census, (CO) Dekalb
Cobb, Emanuel: (CMTS) 1890 Veterans Census, (CO) Warren
Cobb, John A.: (CMTS) 1890 Veterans Census, (CO) Bolivar
Cobb, Mark: (CMTS) 1890 Veterans Census, (CO) Bolivar
Cobb, William H.: (CMTS) 1890 Veterans Census, (CO) Warren
Cobbler, James: (B) Dec. 27, 1882, (Race) Black, (BP) mom, Lives, Memphis TN, (WWIDR) Adams, MS, (CO) Adams
Cobler, Alexander: (CMTS) 1890 Veterans Census, (CO) Warren
Cochran, Allen: (B) Aug. 15, 1899, (Race) Black, (WWIDR) Adams,MS, (CO) Adams
Cochrum, Si: (CMTS) 1890 Veterans Census, (CO) Marshall
Cocks, Elwood: (CMTS) 1890 Veterans Census, (CO) Claiborne
Coffee, Bell: (CMTS) 1890 Veterans Census, (CO) Tunica
Coffee, Billee: (CMTS) 1890 Veterans Census, (CO) Tunica
Coffee, John: (CMTS) 1890 Veterans Census, (CO) Warren
Coffey, Nathan: (CMTS) 1890 Veterans Census, (CO) Jefferson
Coffey, Melissa M.: (CMTS) 1890 Veterans Census, (CO) Jefferson
Cogburn, Judge M.: (CMTS) 1890 Veterans Census, (CO) Sunflower
Cohron, Richard: (CMTS) 1890 Veterans Census, (CO) Warren
Colbert, Elizabeth: (CMTS) 1890 Veterans Census, (CO) Washington
Colbert, Oscar: (B) Jul. 11, 1884, (Race) Black, (WWIDR) Adams, MS, (CO) Adams
Cole, Allen: (CMTS) 1890 Veterans Census, (CO) Sharkey
Cole, Arthur: (CMTS) 1890 Veterans Census, (CO) Hinds
Cole, Daniel: (CMTS) 1890 Veterans Census, (CO) Jefferson
Cole, David: (B) 1892, (Race) Black Brookhaven, MS, (WWIDR) Adams, MS, (CO) Adams
Cole, Henderson: (CMTS) 1890 Veterans Census, (CO) Desoto

Cole, Henry: (CMTS) 1890 Veterans Census, (CO) Jefferson
Cole, Henry: (CMTS) 1890 Veterans Census, (CO) Warren
Cole, Stephen: (CMTS) 1890 Veterans Census, (CO) Adams
Coleman, Albert: (B) Jun. 28, 1881, (Race) Black, (BP) Deadman's Bend, MS, (WWIDR) Adams, MS, (CO) Adams
Coleman, Alex: (CMTS) 1890 Veterans Census, (CO) Jefferson
Coleman, Allen: (B) Jun. 28, 1881, (Race) Black, (BP) Deadman's Bend, MS, (WWIDR) Adams, MS, (CO) Adams
Coleman, Celia: (CMTS) 1890 Veterans Census, (CO) Adams
Coleman, Daniel: (CMTS) 1890 Veterans Census, (CO) Coahoma
Coleman, Dick: (CMTS) 1890 Veterans Census, (CO) Lincoln
Coleman, Doctor: (CMTS) 1890 Veterans Census, (CO) Warren
Coleman, Edward: (CMTS) 1890 Veterans Census, (CO) Bolivar
Coleman, Elie: (B) Jul. 5, 1884, (Race) Black, (WWIDR) Adams, MS, (CO) Adams
Coleman, Eliza: (CMTS) 1890 Veterans Census, (CO) Warren
Coleman, George: (CMTS) 1890 Veterans Census, (CO) Warren
Coleman, Hariet: (CMTS) 1890 Veterans Census, (CO) Jefferson
Coleman, Henry: (CMTS) 1890 Veterans Census, (CO) Bolivar
Coleman, Henry J.: (CMTS) 1890 Veterans Census, (CO) Jefferson
Coleman, James: (B) Sep 4, 1885, (Race) Black, (WWIDR) Adams, MS, (CO) Adams
Coleman, James: (CMTS) 1890 Veterans Census, (CO) Adams
Coleman, James: (CMTS) 1890 Veterans Census, (CO) Claiborne
Coleman, Jane: (CMTS) 1890 Veterans Census, (CO) Adams
Coleman, Jerry (Jery): (B) Jun. 6, 1890, (Race) Black Cars Point, LA, (WWIDR) Adams, MS, (CO) Adams
Coleman, Johnie: (B) Dec. 25, 1890, (Race) Black, (BP) Edwards, MS, (WWIDR) Adams, MS, (CO) Adams
Coleman, Lige: (B) Mar., 1886, (Race) Black, (WWIDR) Adams, MS, (CO) Adams
Coleman, Lucinda: (CMTS) 1890 Veterans Census, (CO) Washington
Coleman, Minor: (CMTS) 1890 Veterans Census, (CO) Warren
Coleman, Mose: (B) Jun. 16, 1883, (Race) Black, (WWIDR) Adams, MS, (CO) Adams
Coleman, Nicholas: (CMTS) 1890 Veterans Census, (CO) Warren
Coleman, Richard: (B) Dec. 26, 1882, (Race) Black, (WWIDR) Adams, MS, (CO) Adams
Coleman, Sam: (CMTS) 1890 Veterans Census, (CO) Warren
Coleman, Shed: (B) Nov. 14, 1894, (Race) Black Carrs Point, LA, (WWIDR) Adams, MS, (CO) Adams
Coleman, Silvy: (CMTS) 1890 Veterans Census, (CO) Lincoln
Coleman, Thomas: (CMTS) 1890 Veterans Census, (CO) Adams
Coleman, Walter De Jarnette: (B) Aug. 6, 1883, (Race) White, (WWIDR) Adams, MS, (CO) Adams
Coles, Annie: (CMTS) 1890 Veterans Census, (CO) Bolivar
Coles, Henry: (CMTS) 1890 Veterans Census, (CO) Bolivar
Colhoune, George T.: (CMTS) 1890 Veterans Census, (CO) Washington
Collens, John R.: (CMTS) 1890 Veterans Census, (CO) Tunica
Collier, Bad: (B) May, 1885, (Race) Black, (WWIDR) Adams, MS, (CO) Adams
Collier, Harrison: (CMTS) 1890 Veterans Census, (CO) Adams
Collier, James: (CMTS) 1890 Veterans Census, (CO) Wilkinson
Collier, John B: (CMTS) 1890 Veterans Census, (CO) Washington
Collier, Joseph: (CMTS) 1890 Veterans Census, (CO) Tunica
Collier, Nathan: (CMTS) 1890 Veterans Census, (CO) Bolivar
Collier, Nelson: (CMTS) 1890 Veterans Census, (CO) Coahoma
Collier, Peter: (B) Aug. 6, 1889, (Race) Black Adams Co., MS, (WWIDR) Adams, MS, (CO) Adams
Collier, Shelley: (CMTS) 1890 Veterans Census, (CO) Jefferson

Collin, Ben: (CMTS) 1890 Veterans Census, (CO) Bolivar
Colling, Encoch: (CMTS) 1890 Veterans Census, (CO) Washington
Collins, Aaron: (CMTS) 1890 Veterans Census, (CO) Warren
Collins, Aberham: (CMTS) 1890 Veterans Census, (CO) Claiborne
Collins, Albert: (B) Jun. 21, 1894, (Race) Black, (BP) Mississippi, (WWIDR) Adams, MS, (CO) Adams
Collins, Albert: (B) May 10, 1896, (Race) Black Cranfield, MS, (WWIDR) Adams, MS, (CO) Adams
Collins, Alfred: (CMTS) 1890 Veterans Census, (CO) Adams
Collins, Alfred: (CMTS) 1890 Veterans Census, (CO) Warren
Collins, Andrew: (B) Jan. 22, 1892, (Race) Black, (BP) Natchez, MS, (WWIDR) Warren, MS, (CO) Adams
Collins, Berta: (CMTS) 1890 Veterans Census, (CO) Warren
Collins, Dunbar: (CMTS) 1890 Veterans Census, (CO) Adams
Collins, Emmerly: (CMTS) 1890 Veterans Census, (CO) Leflore
Collins, Enoch: (CMTS) 1890 Veterans Census, (CO) Washington
Collins, Garfield: (B) May 14, 1881, (Race) Black, (WWIDR) Adams, MS, (CO) Adams
Collins, George: (CMTS) 1890 Veterans Census, (CO) Bolivar
Collins, Henry: (B) Apr. 13, 1894, (Race) Black, (BP) Jonesville, LA, (WWIDR) Adams, MS, (CO) Adams
Collins, Ike: (B) 1883, (Race) Black, (WWIDR) Adams, MS, (CO) Adams
Collins, Isabella: (CMTS) 1890 Veterans Census, (CO) Quitman
Collins, James: (B) Jul. 23, 1894, (Race) Black, (BP) Jefferson Co., MS, (WWIDR) Adams, MS, (CO) Adams
Collins, James: (CMTS) 1890 Veterans Census, (CO) Yazoo
Collins, John R.: (CMTS) 1890 Veterans Census, (CO) Tunica
Collins, Johnie: (B) Nov. 12, 1892, (Race) Black Ashley, LA, (WWIDR) Adams, MS, (CO) Adams
Collins, Joshua: (CMTS) 1890 Veterans Census, (CO) Wilkinson
Collins, Nelson: (CMTS) 1890 Veterans Census, (CO) Bolivar
Collins, Noah J.: (CMTS) 1890 Veterans Census, (CO) Desoto
Collins, Octavia: (CMTS) 1890 Veterans Census, (CO) Adams
Collins, Page: (CMTS) 1890 Veterans Census, (CO) Quitman
Collins, Philas: (CMTS) 1890 Veterans Census, (CO) Issaquena
Collins, Rebecca: (CMTS) 1890 Veterans Census, (CO) Issaquena
Collins, Samuel: (CMTS) 1890 Veterans Census, (CO) Adams
Collins, Tinsly: (CMTS) 1890 Veterans Census, (CO) Bolivar
Collins, William: (CMTS) 1890 Veterans Census, (CO) Washington
Collins, William: (CMTS) 1890 Veterans Census, (CO) Benton
Collins, William: (CMTS) 1890 Veterans Census, (CO) Leflore
Collins, William K.: (B) Dec., 18, 1894, (Race) White, (BP) Fairview, LA, (WWIDR) Adams, MS, (CO) Adams
Collins, William T.: (CMTS) 1890 Veterans Census, (CO) Marshall
Collins, Willie: (B) Jan. 8, 1897, (Race) Black, (BP) Natchez, MS, (WWIDR) Issaquena, MS, (CO) Adams
Collrol, Maunel: (CMTS) 1890 Veterans Census, (CO) Washington
Colson, Eliza: (CMTS) 1890 Veterans Census, (CO) Warren
Colston, Henry: (B) Mar. 25, 1896, (Race) Black, (BP) Washington, MS, (WWIDR) Hancock, MS, (CO) Adams
Columbus, Christopher: (CMTS) 1890 Veterans Census, (CO) Tunica
Colvin, Thomas: (CMTS) 1890 Veterans Census, (CO) Coahoma
Colwell, Walace: (CMTS) 1890 Veterans Census, (CO) Washington
Combs, Allen: (B) Oct. 7, 1884, (Race) Black, (WWIDR) Adams, MS, (CO) Adams

Combs, John: (CMTS) 1890 Veterans Census, (CO) Leflore
Commadore, James: (CMTS) 1890 Veterans Census, (CO) Sharkey
Commadore, Thornton: (CMTS) 1890 Veterans Census, (CO) Warren
Como, James: (CMTS) 1890 Veterans Census, (CO) Bolivar
Como, Leah: (CMTS) 1890 Veterans Census, (CO) Bolivar
Compton, Richard V: (CMTS) 1890 Veterans Census, (CO) Jefferson
Conely, John W.: (CMTS) 1890 Veterans Census, (CO) Choctaw
Coner, Aaron: (CMTS) 1890 Veterans Census, (CO) Adams
Confer, Bismark: (B) Nov. 15, 1896, (Race) Black, (BP) Natchez, MS, (WWIDR) Adams, MS, (CO) Adams
Conn, Willie Frank: (B) Sep 1, 1898, (Race) White, (WWIDR) Adams, MS, (CO) Adams
Connelly, Courtland Countess: (B) Dec. 25, 1892, (Race) White, (BP) Glencoe KY, (WWIDR) Adams,MS, (CO) Adams
Conner, Aaron: (B) Oct. 25, 1898, (Race) Black, (WWIDR) Adams, MS, (CO) Adams
Conner, Abe: (B) Aug. 15, 1886, (Race) Black Adams Co., MS, (WWIDR) Adams, MS, (CO) Adams
Conner, Audley B.: (B) Jan. 22, 1890, (Race) White, (BP) Natchez, MS, (WWIDR) Adams, MS, (CO) Adams
Conner, Calvin: (B) Dec., 1898, (Race) Black, (WWIDR) Adams, MS, (CO) Adams
Conner, Charles: (B) Jun. 15, 1895, (Race) Black Adams Co., MS, (WWIDR) Adams, MS, (CO) Adams
Conner, Dan: (CMTS) 1890 Veterans Census, (CO) Hancock
Conner, David: (B) Mar. 1, 1890, (Race) Black Adams Co., MS, (WWIDR) Adams, MS, (CO) Adams
Conner, Ellen: (CMTS) 1890 Veterans Census, (CO) Warren
Conner, Fleming: (B) Feb. 19, 1899, (Race) Black, (WWIDR) Adams, MS, (CO) Adams
Conner, George: (B) Dec. 17, 1892, (Race) Black Adams Co., MS, (WWIDR) Adams, MS, (CO) Adams
Conner, Henry: (B) Mar. 15, 1891, (Race) Black Adams Co., MS, (WWIDR) Adams, MS, (CO) Adams
Conner, Louis E.: (CMTS) 1890 Veterans Census, (CO) Tishomingo
Conner, Shed: (B) 1897, (Race) Black, (WWIDR) Adams, MS, (CO) Adams
Conner, Solomon: (CMTS) 1890 Veterans Census, (CO) Warren
Conners, Frank: (CMTS) 1890 Veterans Census, (CO) Harrison
Conrad, Lee: (CMTS) 1890 Veterans Census, (CO) Sharkey
Consley, Alex: (CMTS) 1890 Veterans Census, (CO) Bolivar
Contrell, James H.: (CMTS) 1890 Veterans Census, (CO) Lafayette
Conway, John: (CMTS) 1890 Veterans Census, (CO) Hinds
Conyer, Stuart: (CMTS) 1890 Veterans Census, (CO) Tunica
Cook, Abram: (CMTS) 1890 Veterans Census, (CO) Warren
Cook, Andrew: (CMTS) 1890 Veterans Census, (CO) Adams
Cook, Caroline: (CMTS) 1890 Veterans Census, (CO) Tippah
Cook, Duglas: (CMTS) 1890 Veterans Census, (CO) Waren
Cook, Duke: (CMTS) 1890 Veterans Census, (CO) Chickasa
Cook, Ely: (CMTS) 1890 Veterans Census, (CO) Coahoma
Cook, J. T.: (MD) Jan, 16, 1881, (Spouse) Sallie Stevens, (CO) Alcorn
Cook, James: (CMTS) 1890 Veterans Census, (CO) Warren
Cook, Jane: (CMTS) 1890 Veterans Census, (CO) Warren
Cook, Kauchin: (CMTS) 1890 Veterans Census, (CO) Warren
Cook, Lewis: (CMTS) 1890 Veterans Census, (CO) Tunica
Cook, Matilda: (CMTS) 1890 Veterans Census, (CO) Warren
Cook, Peter: (CMTS) 1890 Veterans Census, (CO) Warren
Cook, William: (B) Jul., 1892, (Race) Black Adams Co., MS, (WWIDR) Adams,

MS, (CO) Adams
Cooke, Mallery: (B) Mar. 12, 1882, (Race) White, (WWIDR) Adams,
  MS, (CO) Adams
Cooks, Abraham: (CMTS) 1890 Veterans Census, (CO) Washington
Cooper, Aaron: (MD) Feb. 26, 1891, (Spouse) Emma Stevens, (CO) AMite
Cooper, Andrew: (B) Oct., 1884, (Race) Black, (WWIDR) Adams,
  MS, (CO) Adams
Cooper, Daniel: (CMTS) 1890 Veterans Census, (CO) Washington
Cooper, George: (CMTS) 1890 Veterans Census, (CO) Bolivar
Cooper, Henry: (CMTS) 1890 Veterans Census, (CO) Lelore
Cooper, Henry: (CMTS) 1890 Veterans Census, (CO) Warren
Cooper, Isaac: (CMTS) 1890 Veterans Census, (CO) Issaquena
Cooper, Jacob: (CMTS) 1890 Veterans Census, (CO) Adams
Cooper, James M.: (CMTS) 1890 Veterans Census, (CO) Attala
Cooper, Joe: (B) Apr. 12, 1885, (Race) Black, (BP) Turner, MS, (WWIDR) Adams,
  MS, (CO) Adams
Cooper, John Newton: (B) Aug. 24, 1881, (Race) White, (WWIDR) Adams,
  MS, (CO) Adams
Cooper, Joseph L.: (CMTS) 1890 Veterans Census, (CO) Clay
Cooper, Levi: (B) Dec. 25, 1889, (Race) Black, (BP) Natchez, MS, (WWIDR) Madison LA,
  (CO) Adams
Cooper, Louis: (B) Mar., 1882, (Race) Black, (WWIDR) Adams, MS, (CO) Adams
Cooper, Philip Purvis: (B) Jun. 16, 1886, (Race) White, (WWIDR) Adams, MS, (CO) Adams
Cooper, Silas: (CMTS) 1890 Veterans Census, (CO) Bolivar
Cooper, Susan: (CMTS) 1890 Veterans Census, (CO) Bolivar
Cope, Issac: (CMTS) 1890 Veterans Census, (CO) Lincoln
Cope, John J.: (CMTS) 1890 Veterans Census, (CO) Lincoln
Copeland, John R.: (CMTS) 1890 Veterans Census, (CO) Desoto
Copeland, Mark: (CMTS) 1890 Veterans Census, (CO) Adams
Copleand, Julia: (CMTS) 1890 Veterans Census, (CO) Adams
Copplin, L. M.: (CMTS) 1890 Veterans Census, (CO) Warren
Corazza, Adelmo: (B) May 1, 1889, (Race) White, (BP) Budria, Bologna, Italy, (WWIDR) Adams,
  MS, (CO) Adams
Corbin, John: (CMTS) 1890 Veterans Census, (CO) Tunica
Corbin, John L.: (CMTS) 1890 Veterans Census, (CO) Yazoo
Corbit, Tom: (CMTS) 1890 Veterans Census, (CO) Adams
Cordell, Henry: (CMTS) 1890 Veterans Census, (CO) Hinds
Cornelius, Leroy: (CMTS) 1890 Veterans Census, (CO) Alcorn
Cornelous, William: (CMTS) 1890 Veterans Census, (CO) Jefferson
Corner, Joseph: (CMTS) 1890 Veterans Census, (CO) Washington
Corner, William A.: (CMTS) 1890 Veterans Census, (CO) Sharkey
Corter, Jones: (CMTS) 1890 Veterans Census, (CO) Warren
Corter, Phillip: (CMTS) 1890 Veterans Census, (CO) Warren
Cortor, Lepoltry: (B) Jan. 31, 1885, (Race) Black, (WWIDR) Adams,
  MS, (CO) Adams
Cosgrove, Robert: (CMTS) 1890 Veterans Census, (CO) Bolivar
Cossell, Katie: (CMTS) 1890 Veterans Census, (CO) Warren
Cossett, John Rowland: (B) Aug. 4, 1884, (Race) Black, (WWIDR) Adams,
  MS, (CO) Adams
Costello, Michael Joseph (Re: (B) Mar. 17, 1887, (Race) White, (BP) Mullagh Co.,
  Cavan, Ireland, (WWIDR) Adams, MS, (CO) Adams
Costes, Henry: (B) 1892, (Race) Black, (BP) Natchez, MS, (WWIDR) Adams, MS,
  (CO) Adams
Costes, Henry: (B) 1892, (Race) Black, (WWIDR) Adams, MS, (CO) Adams

Cotton, Ann: (CMTS) 1890 Veterans Census, (CO) Warren
Cotton, Elisha: (CMTS) 1890 Veterans Census, (CO) Wilkinson
Cotton, John: (CMTS) 1890 Veterans Census, (CO) Adams
Cotton, John: (CMTS) 1890 Veterans Census, (CO) Warren
Cotton, Patsy: (CMTS) 1890 Veterans Census, (CO) Adams
Cotton, Peter: (CMTS) 1890 Veterans Census, (CO) Washington
Cotton, William: (CMTS) 1890 Veterans Census, (CO) Adams
Cottrell, William: (CMTS) 1890 Veterans Census, (CO) Desoto
Couillard, Charles Profilet: (B) Mar. 13, 1899, (Race) White, (WWIDR) Adams, MS, (CO) Adams
Couillard, James Gilbert: (B) Nov. 30, 1893, (Race) White, (BP) Natchez, MS, (WWIDR) Adams, MS, (CO) Adams
Coulson, Peter: (CMTS) 1890 Veterans Census, (CO) Adams
Country, James: (CMTS) 1890 Veterans Census, (CO) Washington
Countryman, James: (CMTS) 1890 Veterans Census, (CO) Washington
Cournel, Brown B: (CMTS) 1890 Veterans Census, (CO) Washington
Courtney, John Henry: (B) Feb. 22, 1882, (Race) White, (WWIDR) Adams, MS, (CO) Adams
Couyers, Anthony: (CMTS) 1890 Veterans Census, (CO) Hinds
Cove, Carter Clive: (CMTS) 1890 Veterans Census, (CO) Sharkey
Cowad, Lee: (CMTS) 1890 Veterans Census, (CO) Sharkey
Cowan, Alex: (CMTS) 1890 Veterans Census, (CO) Marshall
Cowan, Hamton: (CMTS) 1890 Veterans Census, (CO) Marshall
Cowan, James: (CMTS) 1890 Veterans Census, (CO) Tunica
Cowart, William John: (B) Jan. 24, 1891, (Race) White, (BP) Knoxville, MS, (WWIDR) Adams, MS, (CO) Adams
Cowart, William John: (B) Jan. 24, 1891, (Race) White, (WWIDR) Adams, MS, (CO) Adams
Cox, Albert P.: (CMTS) 1890 Veterans Census, (CO) Warren
Cox, Edward: (CMTS) 1890 Veterans Census, (CO) Sunflower
Cox, Harriet: (CMTS) 1890 Veterans Census, (CO) Issaquena
Cox, Harry: (CMTS) 1890 Veterans Census, (CO) Tunica
Cox, Henry: (CMTS) 1890 Veterans Census, (CO) Holmes
Cox, Marie: (CMTS) 1890 Veterans Census, (CO) Marshall
Cox, Mary: (CMTS) 1890 Veterans Census, (CO) Tippah
Cox, Richard: (CMTS) 1890 Veterans Census, (CO) Warren
Cox, Sam: (CMTS) 1890 Veterans Census, (CO) Bolivar
Cox, Sarah: (CMTS) 1890 Veterans Census, (CO) Warren
Cox, Stephen: (CMTS) 1890 Veterans Census, (CO) Issaquena
Cox, William C.: (CMTS) 1890 Veterans Census, (CO) Leflore
Cox, William Francis: (B) Nov. 28, 1882, (Race) White, (WWIDR) Adams, MS, (CO) Adams
Coyburn, M.: (CMTS) 1890 Veterans Census, (CO) Sunflower
Craft, Henry M.: (CMTS) 1890 Veterans Census, (CO) Adams
Craig, Mary L.: (CMTS) 1890 Veterans Census, (CO) Hinds
Craig, William R.: (CMTS) 1890 Veterans Census, (CO) Hinds
Craige, James: (B) 1890, (Race) Black, (WWIDR) Adams, MS, (CO) Adams
Cramer, Christian G.: (CMTS) 1890 Veterans Census, (CO) Copiah
Crane, Robert: (CMTS) 1890 Veterans Census, (CO) Warren
Cranfield, Claude: (B) Aug. 8, 1899, (Race) White, (WWIDR) Adams, MS, (CO) Adams
Crawford, Benjamin: (CMTS) 1890 Veterans Census, (CO) Adams
Crawford, Benjamin Webster: (B) Apr. 12, 1891, (Race) White, (BP) Pike Co., MS, (WWIDR)

Adams, MS, (CO) Adams
Crawford, Charles: (CMTS) 1890 Veterans Census, (CO) Washington
Crawford, Edmond: (B) Nov. 28, 1898, (Race) Black, (WWIDR) Adams, MS, (CO) Adams
Crawford, Lewis: (CMTS) 1890 Veterans Census, (CO) Tunica
Crawford, Martin: (CMTS) 1890 Veterans Census, (CO) Desoto
Crawford, Robert: (CMTS) 1890 Veterans Census, (CO) Grenada
Crawford, Roya: (CMTS) 1890 Veterans Census, (CO) Adams
Crayton, Edward: (CMTS) 1890 Veterans Census, (CO) Claiborne
Creason, Frank: (CMTS) 1890 Veterans Census, (CO) Tunica
Creason, Mary: (CMTS) 1890 Veterans Census, (CO) Tunica
Cregg, Harrison: (CMTS) 1890 Veterans Census, (CO) Hinds
Crenshaw, Tony: (CMTS) 1890 Veterans Census, (CO) Tunica
Crews, Monroe: (B) Aug. 3, 1881, (Race) Black, (WWIDR) Adams, MS, (CO) Adams
Crislow, David: (CMTS) 1890 Veterans Census, (CO) Hinds
Crivens, Peter: (CMTS) 1890 Veterans Census, (CO) Bolivar
Crocker, Elias M.: (CMTS) 1890 Veterans Census, (CO) Calhoun
Crocker, Rebecca M.: (CMTS) 1890 Veterans Census, (CO) Calhoun
Crockett, P. P.: (CMTS) 1890 Veterans Census, (CO) Tate
Crockett, Samuel: (CMTS) 1890 Veterans Census, (CO) Bolivar
Crofton, Ed: (CMTS) 1890 Veterans Census, (CO) Panola
Crosby, Samuel: (CMTS) 1890 Veterans Census, (CO) Leflore
Crosley, C: (CMTS) 1890 Veterans Census, (CO) Yalobusha
Cross, Emanuel: (B) Dec., 1884, (Race) Black, (WWIDR) Adams, MS, (CO) Adams
Cross, Merinda: (CMTS) 1890 Veterans Census, (CO) Washington
Crossgrove, James: (B) Nov. 16, 1892, (Race) Black, (BP) Natchez, MS, (WWIDR) Adams, MS, (CO) Adams
Crostiers, Victor Malcolm (D: (B) Sep 24, 1886, (Race) White, (BP) Washington, MS, (WWIDR) Issaquena, MS, (CO) Adams
Crothers, Clyde: (B) Mar. 3, 1897, (Race) White, (BP) L. Natchez, MS, (WWIDR) Adams, MS, (CO) Adams
Crothers, Neil: (B) Jun. 6, 1891, (Race) Black, (BP) Pine Ridge, MS, (WWIDR) Adams, MS, (CO) Adams
Crothers, Victor Malcolm (Dr: (B) Sep 24, 1886, (Race) White, (BP) Washington, MS, (WWIDR) Issaquena, MS, (CO) Adams
Crowley, Charles: (CMTS) 1890 Veterans Census, (CO) Jackson
Cruens, Monroe: (B) Aug. 3, 1881, (Race) Black, (WWIDR) Adams, MS, (CO) Adams
Crump, Anthony: (CMTS) 1890 Veterans Census, (CO) Sharkey
Crump, David: (CMTS) 1890 Veterans Census, (CO) Panola
Crump, Pall: (CMTS) 1890 Veterans Census, (CO) Desoto
Crump, Warren: (CMTS) 1890 Veterans Census, (CO) Warren
Crumpton, Lymus: (CMTS) 1890 Veterans Census, (CO) Warren
Crutcher, Henry: (CMTS) 1890 Veterans Census, (CO) Warren
Crutcher, Henry: (CMTS) 1890 Veterans Census, (CO) Warren
Cula, Frank: (CMTS) 1890 Veterans Census, (CO) Washington
Culbert, Dan (Lan): (B) 1895, (Race) Black, (BP) Stampley, MS, (WWIDR) Adams, MS, (CO) Adams
Culbert, Mack: (B) Sep 15, 1886, (Race) Black, (BP) Natchez, MS, (WWIDR) Warren, MS, (CO) Adams
Cull, Robert J.: (CMTS) 1890 Veterans Census, (CO) Lauderdale
Culley, Freeland H.: (CMTS) 1890 Veterans Census, (CO) Jefferson

Cullier, Timothy: (CMTS) 1890 Veterans Census, (CO) Desoto
Cullinane, Peter Francis: (B) Apr. 6, 1897, (Race) White, (BP) Kansas City, MO, (WWIDR) Adams, MS, (CO) Adams
Cullinane, Peter Francis: (B) Apr. 6, 1897, (Race) White, (WWIDR) Adams, MS, (CO) Adams
Cullum, Thomas: (CMTS) 1890 Veterans Census, (CO) Bolivar
Culver, George: (CMTS) 1890 Veterans Census, (CO) Tate
Cumings, George Dewey: (B) Sep 14, 1897, (Race) White, (WWIDR) Adams, MS, (CO) Adams
Cummings, Litt: (CMTS) 1890 Veterans Census, (CO) Adams
Cummins, Simon: (CMTS) 1890 Veterans Census, (CO) Bolivar
Cuningham, Jesse Nelson: (B) Sep 8, 1888, (Race) White, (BP) Missouri, (WWIDR) Adams, MS, (CO) Adams
Cunningham, David W.: (CMTS) 1890 Veterans Census, (CO) Jefferson
Cunningham, Flora: (CMTS) 1890 Veterans Census, (CO) Coahoma
Cunningham, James: (CMTS) 1890 Veterans Census, (CO) Coahoma
Cunningham, Thomas: (CMTS) 1890 Veterans Census, (CO) Harrison
Cunningham, Thomas: (CMTS) 1890 Veterans Census, (CO) Yazoo
Curether, Rufus: (CMTS) 1890 Veterans Census, (CO) Tunica
Curianton, John C: (CMTS) 1890 Veterans Census, (CO) Bolivar
Curow, John: (CMTS) 1890 Veterans Census, (CO) Tunica
Currie, Niell D.: (CMTS) 1890 Veterans Census, (CO) Hinds
Curry, Lee: (B) Jul. 4, 1896, (Race) White, (BP) New Orleans, LA, (WWIDR) Adams, MS, (CO) Adams
Curry, Peter: (CMTS) 1890 Veterans Census, (CO) Hinds
Curten, John Dominic: (B) Nov. 6, 1898, (Race) White, (WWIDR) Adams, MS, (CO) Adams
Curter, Alex: (CMTS) 1890 Veterans Census, (CO) Tunica
Curtin, John Dominic: (B) Nov. 6, 1898, (Race) White, (WWIDR) Adams, MS, (CO) Adams
Curtis, Barkis: (CMTS) 1890 Veterans Census, (CO) Adams
Curtis, Issiack: (CMTS) 1890 Veterans Census, (CO) Tippah
Curtis, James: (B) Dec. 22, 1892, (Race) Black, (BP) Mississippi, (WWIDR) Adams, MS, (CO) Adams
Curtis, James: (B) Feb. 1, 1881, (Race) Black, (WWIDR) Adams, MS, (CO) Adams
Curtis, John W.: (CMTS) 1890 Veterans Census, (CO) Leflore
Curtis, Johnny: (B) Aug., 1897, (Race) Black, (BP) Kingston, MS, (WWIDR) Adams, MS, (CO) Adams
Curtis, Leon: (B) Aug. 15, 1894, (Race) Black Carthage Plantation, MS, (WWIDR) Adams, MS, (CO) Adams
Curtis, MattheW.: (B) Sep 27, 1899, (Race) Black, (WWIDR) Adams, MS, (CO) Adams
Curtis, Matthew: (CMTS) 1890 Veterans Census, (CO) Warren
Curtis, Mckenzie: (CMTS) 1890 Veterans Census, (CO) Warren
Curtis, Paytien: (CMTS) 1890 Veterans Census, (CO) Adams
Curtis, Perry Cleveland: (B) Jul. 30, 1894, (Race) Black Adams Co., MS, (WWIDR) Adams, MS, (CO) Adams
Curtis, Robert: (B) 1887, (Race) Black, (BP) Natchez, MS, (WWIDR) Sunflower, MS, (CO) Adams
Curtis, Robison I: (CMTS) 1890 Veterans Census, (CO) Tippah
Curtis, Theodore: (B) Dec. 21, 1896, (Race) Black, (BP) L. Adams Co., MS, (WWIDR) Adams, MS, (CO) Adams
Curtis, Wesley: (CMTS) 1890 Veterans Census, (CO) Adams
Curtis, William: (CMTS) 1890 Veterans Census, (CO) Lincoln

Cybert, Rebecca: (B) Sep. 18, 1815, (D) Feb. 8, 1898, (CO) Lee, (Spouse) William Carroll Cybert, (MD) Jan. 24, 1833.
Dackery, Daniel: (CMTS) 1890 Veterans Census, (CO) Desoto
Dackey, Robert: (CMTS) 1890 Veterans Census, (CO) Desoto
Dailey, Frank F.: (B) Jan. 22, 1892, (Race) Black, (BP) Natchez, MS, (WWIDR) Adams, MS, (CO) Adams
Dailey, George E.: (B) Oct. 7, 1887, (Race) Black Church Hill, MS, (WWIDR) Adams, MS, (CO) Adams
Dale, Robert Thomas: (B) Sep 14, 1883, (Race) White, (WWIDR) Adams, MS, (CO) Adams
Daley, Robert: (CMTS) 1890 Veterans Census, (CO) Claiborne
Dallas, George: (CMTS) 1890 Veterans Census, (CO) Tunica
Dalton, David: (CMTS) 1890 Veterans Census, (CO) Tunica
Damare, Joseph Rene: (B) Oct. 12, 1883, (Race) White, (WWIDR) Adams, MS, (CO) Adams
Dance, Daniel: (CMTS) 1890 Veterans Census, (CO) Adams
Dance, George: (B) Jan. 17, 1898, (Race) Black, (WWIDR) Adams, MS, (CO) Adams
Dance, Leroy: (B) Jan. 1, 1885, (Race) Black, (WWIDR) Adams, MS, (CO) Adams
Dancy, Joseph: (CMTS) 1890 Veterans Census, (CO) Warren
Dandridge, Elbert: (CMTS) 1890 Veterans Census, (CO) Panola
Danial, John: (B) Dec., 1892, (Race) Black Black River, LA, (WWIDR) Adams, MS, (CO) Adams
Daniel, Bennie: (B) Sep 13, 1885, (Race) Black, (WWIDR) Adams, MS, (CO) Adams
Daniel, Gussie: (B) Sep 1, 1898, (Race) Black, (WWIDR) Adams, MS, (CO) Adams
Daniel, John: (B) Dec., 1892, (Race) Black Black River, LA, (WWIDR) Adams, MS, (CO) Adams
Daniel, Ruby: (B) Feb. 10, 1893, (Race) Black, (BP) Natchez, MS, (WWIDR) Adams, MS, (CO) Adams
Daniels, Earnest: (B) Feb. 11, 1885, (Race) Black, (WWIDR) Adams, MS, (CO) Adams
Daniels, Edmund: (CMTS) 1890 Veterans Census, (CO) Warren
Daniels, George: (B) Mar., 1885, (Race) Black, (WWIDR) Adams, MS, (CO) Adams
Daniels, Henry: (CMTS) 1890 Veterans Census, (CO) Bolivar
Daniels, Will: (B) Jul. 6, 1888, (Race) Black, (BP) Natchez, MS, (WWIDR) Hinds, MS, (CO) Adams
Daniels, William: (CMTS) 1890 Veterans Census, (CO) Claiborne
Danse, Mary: (CMTS) 1890 Veterans Census, (CO) Adams
D'Antoni, John F.: (B) Dec. 9, 1891, (Race) White, (BP) Natchez, MS, (WWIDR) Adams, MS, (CO) Adams
D'Antoni, Sam J.: (B) Oct. 1, 1894, (Race) White, (BP) New Orleans, LA, (WWIDR) Adams, MS, (CO) Adams
Danuels, Henry: (CMTS) 1890 Veterans Census, (CO) Sunflower
Darden, Andrew J.: (CMTS) 1890 Veterans Census, (CO) Jefferson
Darden, Anna: (CMTS) 1890 Veterans Census, (CO) Warren
Darden, James T.: (CMTS) 1890 Veterans Census, (CO) Bolivar
Darden, Kate A.: (CMTS) 1890 Veterans Census, (CO) Jefferson
Darden, Putt: (CMTS) 1890 Veterans Census, (CO) Jefferson
Darden, Robert: (B) 1888, (Race) Black, (BP) Westfield, MS, (WWIDR) Adams, MS, (CO) Adams

Darden, Thomas L.: (CMTS) 1890 Veterans Census, (CO) Jefferson
Darling, John: (CMTS) 1890 Veterans Census, (CO) Warren
Darsey, Charles O.: (B) 1899, (Race) White, (WWIDR) Adams, MS, (CO) Adams
Darsey, James: (B) 1896, (Race) Black Cannonsburg, MS, (WWIDR) Adams, MS, (CO) Adams
Darston, John: (CMTS) 1890 Veterans Census, (CO) Washington
Datcher, Dennis: (CMTS) 1890 Veterans Census, (CO) Warren
Datcher, Willis: (CMTS) 1890 Veterans Census, (CO) Warren
Datson, Edward: (CMTS) 1890 Veterans Census, (CO) Warren
Daughty, Brunson Edwin: (B) May 19, 1881, (Race) White, (WWIDR) Adams, MS, (CO) Adams
Davenport, Amos James: (B) Jan. 24, 1893, (Race) Black, (BP) Cedartown, MS, (WWIDR) Adams, MS, (CO) Adams
Davenport, Anderson: (CMTS) 1890 Veterans Census, (CO) Warren
Davenport, Banjamin: (CMTS) 1890 Veterans Census, (CO) Warren
Davenport, Edward: (B) Oct. 6, 1899, (Race) Black, (WWIDR) Adams, MS, (CO) Adams
Davenport, Harrison: (CMTS) 1890 Veterans Census, (CO) Claiborne
Davenport, Henry: (CMTS) 1890 Veterans Census, (CO) Warren
Davia, Anamas: (CMTS) 1890 Veterans Census, (CO) Washington
Davice, Jopeph G.: (CMTS) 1890 Veterans Census, (CO) Sharkey
David, John: (CMTS) 1890 Veterans Census, (CO) Tunica
Davidson, Alex: (MD) Jan. 25, 1881. (Spouse) Ellie Thompson, (CO) Chickasaw
Davidson, Alfred: (MD) Oct. 9, 1882, (Spouse) Ida Shelton, (CO) Alcorn
Davidson, J. L.: (MD) May 5, 1881, (Spouse) M. F. Oury, (CO) Carroll
Davidson, L. M.: (MD) Oct. 13, 1881, (Spouse) Marthie Baskin, (CO) Chickasaw
Davidson, John Newton: (B) Dec. 29, 1898, (Race) White, (WWIDR) Adams, MS, (CO) Adams
Davidson, Robert: (MD) Feb. 13, 1881, (Spouse) Mary C. Rayborn, (CO) Carroll
Davidson, Sam T.: (B) May 1, 1892, (Race) White, (BP) Natchez, MS, (WWIDR) Adams, MS, (CO) Adams
Davidson, Sorney: (MD) Dec. 28, 1881, (Spouse) Zurie Steel, (CO) Chickasaw
Davidson, W. H.: (MD) May 22, 1881, (Spouse) Mary C. Spruell, (CO) Adams
Davidson, Willie Joseph: (B) Sep 29, 1893, (Race) White, (BP) Natchez, MS, (WWIDR) Adams, MS, (CO) Adams
Davies, Essie (Essic): (B) Jun. 1, 1897, (Race) Black, (BP) Kingston, MS, (WWIDR) Adams, MS, (CO) Adams
Davinport, George: (CMTS) 1890 Veterans Census, (CO) Warren
Davis, Albert H.: (CMTS) 1890 Veterans Census, (CO) Copiah
Davis, Alfred Vidal: (B) Aug. 24, 1886, (Race) White, (BP) Natchez, MS, (WWIDR) Adams, MS, (CO) Adams
Davis, Allen V: (CMTS) 1890 Veterans Census, (CO) Lafayette
Davis, Amos: (CMTS) 1890 Veterans Census, (CO) Chickasa
Davis, Amos: (CMTS) 1890 Veterans Census, (CO) Yazoo
Davis, Ananias: (CMTS) 1890 Veterans Census, (CO) Washington
Davis, Angeline: (CMTS) 1890 Veterans Census, (CO) Warren
Davis, Ann: (CMTS) 1890 Veterans Census, (CO) Jefferson
Davis, April: (CMTS) 1890 Veterans Census, (CO) Claiborne
Davis, Arthur Randle: (B) Nov. 9, 1884, (Race) White, (WWIDR) Adams, MS, (CO) Adams
Davis, Ballard: (B) Jul. 4, 1881, (Race) Black, (WWIDR) Adams, MS, (CO) Adams
Davis, Benjamin: (CMTS) 1890 Veterans Census, (CO) Claiborne
Davis, Caroline: (CMTS) 1890 Veterans Census, (CO) Warren

Davis, Charles: (CMTS) 1890 Veterans Census, (CO) Tunica
Davis, Charles: (CMTS) 1890 Veterans Census, (CO) Warren
Davis, Charley: (B) 1894, (Race) Black, (BP) Natchez, MS, (WWIDR) Sunflower, MS, (CO) Adams
Davis, Charley: (B) 1894, (Race) Black, (WWIDR) Sunflower, MS, (CO) Adams
Davis, Charlie: (B) Jun. 29, 1882, (Race) Black, (WWIDR) Adams, MS, (CO) Adams
Davis, Dan: (CMTS) 1890 Veterans Census, (CO) Washington
Davis, Daniel Webster: (B) Jul. 30, 1898, (Race) Black, (WWIDR) Adams, MS, (CO) Adams
Davis, Duffield: (CMTS) 1890 Veterans Census, (CO) Jefferson
Davis, Earl: (B) Apr. 15, 1894, (Race) Black Adams Co., MS, (WWIDR) Adams, MS, (CO) Adams
Davis, Edmund: (CMTS) 1890 Veterans Census, (CO) Desoto
Davis, Edward (Eduard): (B) Jul., 1891, (Race) Black, (BP) Jeannette, MS, (WWIDR) Adams, MS, (CO) Adams
Davis, Eligah: (B) Jul. 4, 1899, (Race) Black, (WWIDR) Adams, MS, (CO) Adams
Davis, Eliza: (CMTS) 1890 Veterans Census, (CO) Warren
Davis, Elvin: (B) Jun. 16, 1884, (Race) Black, (WWIDR) Adams, MS, (CO) Adams
Davis, Endmond: (CMTS) 1890 Veterans Census, (CO) Adams
Davis, Enoch Jerry: (B) Jul. 31, 1885, (Race) White, (WWIDR) Adams, MS, (CO) Adams
Davis, Eugene: (B) Feb., 1898, (Race) Black, (WWIDR) Adams, MS, (CO) Adams
Davis, Fannie: (CMTS) 1890 Veterans Census, (CO) Warren
Davis, Frank: (B) 1894, (Race) Black Adams Co., MS, (WWIDR) Adams, MS, (CO) Adams
Davis, Frank: (CMTS) 1890 Veterans Census, (CO) Tunica
Davis, George: (CMTS) 1890 Veterans Census, (CO) Washington
Davis, George: (CMTS) 1890 Veterans Census, (CO) Claiborne
Davis, George: (CMTS) 1890 Veterans Census, (CO) Warren
Davis, Gilbert: (CMTS) 1890 Veterans Census, (CO) Tunica
Davis, Hanibal: (B) Jan. 25, 1898, (Race) Black, (WWIDR) Adams, MS, (CO) Adams
Davis, Hannibal: (CMTS) 1890 Veterans Census, (CO) Yazoo
Davis, Harriet A.: (CMTS) 1890 Veterans Census, (CO) Issaquena
Davis, Henry: (B) Sep 3, 1887, (Race) Black, (BP) Jeannette, MS, (WWIDR) Adams, MS, (CO) Adams
Davis, Henry: (CMTS) 1890 Veterans Census, (CO) Adams
Davis, Henry: (CMTS) 1890 Veterans Census, (CO) Claiborne
Davis, Henry: (CMTS) 1890 Veterans Census, (CO) Warren
Davis, Henry: (CMTS) 1890 Veterans Census, (CO) Yazoo
Davis, Henry Wesley: (B) Nov. 9, 1882, (Race) White, (WWIDR) Adams, MS, (CO) Adams
Davis, Hugo: (B) Jun. 14, 1882, (Race) Black, (WWIDR) Adams, MS, (CO) Adams
Davis, Isaac: (B) May 16, 1883, (Race) Black, (WWIDR) Adams, MS, (CO) Adams
Davis, Isaac: (CMTS) 1890 Veterans Census, (CO) Washington
Davis, Jack: (CMTS) 1890 Veterans Census, (CO) Warren
Davis, Jackson: (CMTS) 1890 Veterans Census, (CO) Tunica
Davis, James: (B) Nov. 26, 1899, (Race) Black, (WWIDR) Adams, MS, (CO) Adams
Davis, James: (CMTS) 1890 Veterans Census, (CO) Bolivar
Davis, James: (CMTS) 1890 Veterans Census, (CO) Jackson
Davis, James: (CMTS) 1890 Veterans Census, (CO) Warren
Davis, Jeremiah: (CMTS) 1890 Veterans Census, (CO) Warren
Davis, Jo: (B) 1891, (Race) Black, (BP) Kingston, MS, (WWIDR) Adams,

MS, (CO) Adams
Davis, Joe: (B) Jan. 28, 1887, (Race) Black, (BP) Sibley, MS, (WWIDR) Issaquena, MS, (CO) Adams
Davis, John: (CMTS) 1890 Veterans Census, (CO) Hinds
Davis, John: (CMTS) 1890 Veterans Census, (CO) Warren
Davis, John Bost: (B) Sep 27, 1882, (Race) Black, (WWIDR) Adams, MS, (CO) Adams
Davis, John W.: (B) Aug. 30, 1896, (Race) White, (BP) L, Midway KY, (WWIDR) Adams, MS, (CO) Adams
Davis, Johnnie: (B) 1882, (Race) Black, (WWIDR) Adams, MS, (CO) Adams
Davis, Jon F.: (CMTS) 1890 Veterans Census, (CO) Harrison
Davis, Joseph: (CMTS) 1890 Veterans Census, (CO) Jefferson
Davis, Joseph Fleetwood: (B) Nov. 27, 1887, (Race) Black, (BP) Natchez, MS, (WWIDR) Adams, MS, (CO) Adams
Davis, Josh: (B) Dec. 7, 1899, (Race) Black, (WWIDR) Adams, MS, (CO) Adams
Davis, Leamon: (B) Oct. 23, 1882, (Race) Black, (WWIDR) Adams, MS, (CO) Adams
Davis, Lee: (B) Jan. 1, 1882, (Race) Black, (WWIDR) Adams, MS, (CO) Adams
Davis, Lee F.: (CMTS) 1890 Veterans Census, (CO) Bolivar
Davis, Legrand: (CMTS) 1890 Veterans Census, (CO) Sharkey
Davis, Lem: (CMTS) 1890 Veterans Census, (CO) Boivar
Davis, Lenard: (B) Jan. 25, 1881, (Race) Black, (WWIDR) Adams, MS, (CO) Adams
Davis, Lingo: (B) Nov., 1881, (Race) Black, (WWIDR) Adams, MS, (CO) Adams
Davis, Louie: (B) 1898, (Race) Black, (WWIDR) Adams, MS, (CO) Adams
Davis, Louis: (CMTS) 1890 Veterans Census, (CO) Wilkinson
Davis, Lucy: (CMTS) 1890 Veterans Census, (CO) Warren
Davis, Major: (B) Dec. 25, 1888, (Race) Black, (BP) Natchez, MS, (WWIDR) Adams, MS, (CO) Adams
Davis, Margaret: (CMTS) 1890 Veterans Census, (CO) Washington
Davis, Melisa: (CMTS) 1890 Veterans Census, (CO) Warren
Davis, Moses: (CMTS) 1890 Veterans Census, (CO) Warren
Davis, Napoleon: (B) Feb. 7, 1885, (Race) Black, (WWIDR) Adams, MS, (CO) Adams
Davis, Nena Mae Beaty: (B) Dec. 21, 1892 (D) Oct 8 1951 (CO) Chickasaw, (C) Wesley Chapel Cemetery
Davis, Peter: (CMTS) 1890 Veterans Census, (CO) Warren
Davis, Randall: (CMTS) 1890 Veterans Census, (CO) Warren
Davis, Richard: (CMTS) 1890 Veterans Census, (CO) Warren
Davis, Robert: (CMTS) 1890 Veterans Census, (CO) Warren
Davis, Rogers Gorin: (B) Nov. 16, 1898, (Race) White, (WWIDR) Adams, MS, (CO) Adams
Davis, Saint Anthony: (B) Sep 10, 1882, (Race) Black, (WWIDR) Adams, MS, (CO) Adams
Davis, Sallie: (CMTS) 1890 Veterans Census, (CO) Warren
Davis, Sam: (B) Dec. 8, 1881, (Race) Black, (WWIDR) Adams, MS, (CO) Adams
Davis, Samuel: (CMTS) 1890 Veterans Census, (CO) Hinds
Davis, Silvester: (CMTS) 1890 Veterans Census, (CO) Benton
Davis, Simon: (CMTS) 1890 Veterans Census, (CO) Issaquena
Davis, Spencer: (B) 1884, (Race) Black, (WWIDR) Quitman, MS, (CO) Adams
Davis, Stanley: (B) Oct. 1, 1894, (Race) Black Adams Co., MS, (WWIDR) Adams, MS, (CO) Adams
Davis, Thomas: (B) Jan. 1, 1883, (Race) Black, (WWIDR) Adams, MS, (CO) Adams
Davis, Tom: (B) May 10, 1898, (Race) Black Adams Co., MS, (WWIDR) Adams, MS, (CO) Adams
Davis, Wade: (CMTS) 1890 Veterans Census, (CO) Warren

Davis, Wallace: (CMTS) 1890 Veterans Census, (CO) Bolivar
Davis, Will: (B) Mar. 10, 1882, (Race) Black, (WWIDR) Adams, MS, (CO) Adams
Davis, William: (B) Apr. 10, 1887, (Race) Black, (BP) Mississippi, (WWIDR) Adams, MS, (CO) Adams
Davis, William: (B) Jan. 28, 1897, (Race) Black Adams Co., MS, (WWIDR) Adams, MS, (CO) Adams
Davis, William: (B) Jun. 9, 1883, (Race) Black, (WWIDR) Adams, MS, (CO) Adams
Davis, William: (CMTS) 1890 Veterans Census, (CO) Harrison
Davis, William: (CMTS) 1890 Veterans Census, (CO) Issaquena
Davis, William Harden: (B) Sep. 25, 1887 (D) Feb. 2 1965 (CO) Chickasaw, (C) Wesley Chapel Cemetery
Davis, Willie: (B) Nov. 4, 1885, (Race) White, (WWIDR) Adams, MS, (CO) Adams
Davis, Zack: (B) Jan. 17, 1895, (Race) Black, (WWIDR) Adams, MS, (CO) Adams
Davis,: (B) Aug. 7, 1891, (Race) Black, (BP) Sibley, MS, (WWIDR) Adams, MS, (CO) Adams
Dawes, Harry C. (Hary): (B) May 23, 1892, (Race) White, (BP) New Orleans, LA, (WWIDR) Adams, MS, (CO) Adams
Dawson, Edward: (CMTS) 1890 Veterans Census, (CO) Monroe
Dawson, James: (CMTS) 1890 Veterans Census, (CO) Lincoln
Dawson, Jessie: (CMTS) 1890 Veterans Census, (CO) Coahoma
Dawson, Persilla: (CMTS) 1890 Veterans Census, (CO) Warren
Dawson, Timotohy: (CMTS) 1890 Veterans Census, (CO) Marshall
Dawson, William: (CMTS) 1890 Veterans Census, (CO) Washington
Dawson, William Henry: (B) Jul. 25, 1882, (Race) Black, (WWIDR) Adams, MS, (CO) Adams
Day, Andrew: (CMTS) 1890 Veterans Census, (CO) Warren
Day, Augustus: (CMTS) 1890 Veterans Census, (CO) Adams
Day, Carter: (CMTS) 1890 Veterans Census, (CO) Sharkey
Day, David: (CMTS) 1890 Veterans Census, (CO) Jackson
Day, Elbert R.: (CMTS) 1890 Veterans Census, (CO) Washington
Day, Frederick W.B.: (B) Oct. 24, 1887, (Race) White, (BP) Natchez, MS, (WWIDR) Adams, MS, (CO) Adams
Day, Peter: (CMTS) 1890 Veterans Census, (CO) Pike
Day, Robert D.: (CMTS) 1890 Veterans Census, (CO) Franklin
Day, Thomas: (CMTS) 1890 Veterans Census, (CO) Franklin
De France, Jerry: (B) Jun. 10, 1888, (Race) Black, (BP) Natchez, MS, (WWIDR) Sunflower, MS, (CO) Adams
De Grigg, Jessie: (CMTS) 1890 Veterans Census, (CO) Warren
De Grout, Horace W.: (CMTS) 1890 Veterans Census, (CO) Franklin
De Hony, Ed: (CMTS) 1890 Veterans Census, (CO) Tunica
De Jong, Simon: (CMTS) 1890 Veterans Census, (CO) Warren
De Marco, John Michael: (B) Jun. 6, 1896, (Race) White, (BP) Natchez, MS, (WWIDR) Adams, MS, (CO) Adams
De Marco, John Thomas: (B) Sep 28, 1883, (Race) White, (WWIDR) Adams, MS, (CO) Adams
De Marco, Prospero: (B) Nov. 3, 1892, (Race) White, (BP) Natchez, MS, (WWIDR) Adams, MS, (CO) Adams
De Marco, Raphael: (B) Oct. 8, 1887, (Race) White Adams Co., MS, (WWIDR) Adams, MS, (CO) Adams
De Shields, Levi: (CMTS) 1890 Veterans Census, (CO) Washington
De Shields, Sarclia: (CMTS) 1890 Veterans Census, (CO) Washington
De Wees, Henry Fenton: (B) Feb. 9, 1883, (Race) White, (WWIDR) Adams, MS, (CO) Adams
Deal, Alexander: (CMTS) 1890 Veterans Census, (CO) Claiborne
Dean, George G.: (CMTS) 1890 Veterans Census, (CO) Leflore
Dean, Harvey: (CMTS) 1890 Veterans Census, (CO) Bolivar

Dean, John: (CMTS) 1890 Veterans Census, (CO) Warren
Dean, William: (CMTS) 1890 Veterans Census, (CO) Desoto
Dean, William: (CMTS) 1890 Veterans Census, (CO) Jefferson
Dearing, John Proby: (B) Oct. 12, 1898, (Race) White, (WWIDR) Adams, MS, (CO) Adams
Dee, Hosea: (CMTS) 1890 Veterans Census, (CO) Warren
Dee, Willie: (B) Jul. 5, 1884, (Race) Black, (WWIDR) Adams, MS, (CO) Adams
Defrance, Charles: (B) Feb. 15, 1899, (Race) Black, (BP) Natchez, MS, (WWIDR) Sunflower, MS, (CO) Adams
Defrance, Julius: (B) Jun. 13, 1893, (Race) Black, (BP) Natchez, MS, (WWIDR) Sunflower, MS, (CO) Adams
Degrigg, Jessie: (CMTS) 1890 Veterans Census, (CO) Warren
Delane, Isaac: (CMTS) 1890 Veterans Census, (CO) Jefferson
Delaney, John: (CMTS) 1890 Veterans Census, (CO) Wilkinson
Delaney, John T.: (CMTS) 1890 Veterans Census, (CO) Washington
Delany, Leland Wilson: (B) Aug. 24, 1885, (Race) White, (WWIDR) Adams, MS, (CO) Adams
Delaughter, Jessie D.: (CMTS) 1890 Veterans Census, (CO) Lincoln
Delbridge, George W.: (CMTS) 1890 Veterans Census, (CO) Lafayette
Dellingsly, Hayward: (CMTS) 1890 Veterans Census, (CO) Washington
Dement, Abner: (CMTS) 1890 Veterans Census, (CO) Sharkey
Dempsey, Albert: (CMTS) 1890 Veterans Census, (CO) Warren
Dempsey, Harry: (B) Jun., 1899, (Race) Black, (WWIDR) Adams, MS, (CO) Adams
Dennis, Addam: (CMTS) 1890 Veterans Census, (CO) Warren
Dennis, Eddie: (B) Jul., 1897, (Race) Black, (BP) Wilkinson Co., MS, (WWIDR) Adams, MS, (CO) Adams
Dennis, Joseph G.: (CMTS) 1890 Veterans Census, (CO) Leflore
Dennis, Robert: (CMTS) 1890 Veterans Census, (CO) Sunflower
Denny, Thomas H.: (CMTS) 1890 Veterans Census, (CO) Tunica
Denpsey, Caroline: (CMTS) 1890 Veterans Census, (CO) Warren
Denson, John E.: (CMTS) 1890 Veterans Census, (CO) Washington
Dent, Andrew: (CMTS) 1890 Veterans Census, (CO) Warren
Dent, John: (CMTS) 1890 Veterans Census, (CO) Jefferson
Dent, Lewis: (CMTS) 1890 Veterans Census, (CO) Washington
Denton, Charley: (CMTS) 1890 Veterans Census, (CO) Coahoma
Derby, William: (B) Jul. 22, 1893, (Race) Black Adams Co., MS, (WWIDR) Adams, MS, (CO) Adams
Derby, William: (B) Jul. 22, 1893, (Race) Black, (WWIDR) Adams, MS, (CO) Adams
Deshiels, Thomas J.: (CMTS) 1890 Veterans Census, (CO) Washington
Devenport, Amos James: (B) Jan. 24, 1893, (Race) Black, (BP) Cedartown, MS, (WWIDR) Adams, MS, (CO) Adams
Devereux, Clifford: (B) Oct. 2, 1895, (Race) Black, (BP) Sibley, MS, (WWIDR) Adams, MS, (CO) Adams
Devess, Tom: (B) May 10, 1898, (Race) Black Adams Co., MS, (WWIDR) Adams, MS, (CO) Adams
Di Martino, Emile P.: (B) Feb. 11, 1887, (Race) White, (BP) New Orleans, LA, (WWIDR) Adams, MS, (CO) Adams
Diamond, Jobe: (CMTS) 1890 Veterans Census, (CO) Bolivar
Dicken, John: (CMTS) 1890 Veterans Census, (CO) Harrison
Dickens, Thomas: (CMTS) 1890 Veterans Census, (CO) Tunica
Dickerson, Thomas: (CMTS) 1890 Veterans Census, (CO) Jefferson
Dickey, James N: (CMTS) 1890 Veterans Census, (CO) Alcorn
Dickinson, Charles: (CMTS) 1890 Veterans Census, (CO) Washington

Dicks, Isaac Kirksey: (B) Oct. 20, 1882, (Race) White, (WWIDR) Adams,
MS, (CO) Adams
Dicks, John Barber: (B) Jul. 2, 1889, (Race) White, (BP) Natchez, MS, (WWIDR) Adams, MS,
(CO) Adams
Dicks, Louie Walter: (B) Aug. 28, 1882, (Race) White, (WWIDR) Adams,
MS, (CO) Adams
Dickson, Dolly: (CMTS) 1890 Veterans Census, (CO) Yazoo
Dickson, Gertrude: (CMTS) 1890 Veterans Census, (CO) Washington
Dickson, Howard: (CMTS) 1890 Veterans Census, (CO) Warren
Dickson, Urzula: (CMTS) 1890 Veterans Census, (CO) Coahoma
Dickson, William: (B) Oct. 23, 1884, (Race) Black, (WWIDR) Adams,
MS, (CO) Adams
Dickson, William Roger: (B) Sep 4, 1892, (Race) White Centreville, MS, (WWIDR) Adams, MS,
(CO) Adams
Dierkes, Charles: (CMTS) 1890 Veterans Census, (CO) Jackosn
Diggs, Celia: (CMTS) 1890 Veterans Census, (CO) Warren
Diggs, Henry: (B) Apr. 11, 1895, (Race) Black Anna, MS, (WWIDR) Adams,
MS, (CO) Adams
Diggs, Henry: (CMTS) 1890 Veterans Census, (CO) Warren
Diggs, Peter: (CMTS) 1890 Veterans Census, (CO) Jefferson
Diggs, Wesley: (B) Jul. 6, 1891, (Race) Black, (WWIDR) Adams,
MS, (CO) Adams
Dillard, Benjamin: (CMTS) 1890 Veterans Census, (CO) Leflore
Dillingham, Alex: (CMTS) 1890 Veterans Census, (CO) Washington
Dillingham, Lucinda: (CMTS) 1890 Veterans Census, (CO) Washington
Dillingham, William: (CMTS) 1890 Veterans Census, (CO) Washington
Dillious, George: (CMTS) 1890 Veterans Census, (CO) Jackson
Dillon, Pete: (B) 1891, (Race) Black, (BP) Natchez, MS, (WWIDR) Perry, MS, (CO) Adams
Dillons, George: (CMTS) 1890 Veterans Census, (CO) Jackson
Dimmid, Dick: (CMTS) 1890 Veterans Census, (CO) Warren
Dimmid, Eliza: (CMTS) 1890 Veterans Census, (CO) Warren
Dinelli, Moraye Henderson: (B) Oct. 4, 1896, (Race) Black, (BP) Jeannette, MS, (WWIDR)
Adams,
MS, (CO) Adams
Disch, James Louis: (B) Oct. 31, 1888, (Race) White, (BP) Sicily Island, LA, (WWIDR) Adams,
MS, (CO) Adams
Disch, John William: (B) Sep 28, 1886, (Race) White Catahoula Par., LA, (WWIDR) Adams, MS,
(CO) Adams
Dison, Athan: (CMTS) 1890 Veterans Census, (CO) Washington
Dison, Richard: (CMTS) 1890 Veterans Census, (CO) Coahoma
Disy, Cleves: (B) 1898, (Race) Black, (WWIDR) Adams, MS, (CO) Adams
Diver, Nero: (CMTS) 1890 Veterans Census, (CO) Waren
Divers, Howard: (CMTS) 1890 Veterans Census, (CO) Warren
Divies, Tom: (B) May 10, 1898, (Race) Black Adams Co., MS, (WWIDR) Adams,
MS, (CO) Adams
Dix, David Miller: (B) Jan. 7, 1892, (Race) White, (BP) Natchez, MS, (WWIDR) Adams, MS, (CO)
Adams
Dix, William W.: (CMTS) 1890 Veterans Census, (CO) Washington
Dixion, Beverly: (CMTS) 1890 Veterans Census, (CO) Claiborne
Dixon, Alhan: (CMTS) 1890 Veterans Census, (CO) Washington
Dixon, George: (B) May 25, 1883, (Race) Black, (BP) mom, Lives RFD Natchez, MS, (WWIDR)
Benton, MS, (CO) Adams
Dixon, Henry: (CMTS) 1890 Veterans Census, (CO) Washington
Dixon, Sr., Henry: (CMTS) 1890 Veterans Census, (CO) Tate

Dixon, John: (B) Jul. 24, 1881, (Race) Black, (WWIDR) Adams, MS, (CO) Adams
Dixon, Joseph French: (B) Oct. 25, 1888, (Race) White, (BP) Natchez, MS, (WWIDR) Adams, MS, (CO) Adams
Dixon, Leonard: (B) Dec. 28, 1888, (Race) Black Adams Co., MS, (WWIDR) Adams, MS, (CO) Adams
Dixon, Minor Jennings: (B) Aug. 14, 1893, (Race) White, (BP) Helena AR, (WWIDR) Adams, MS, (CO) Adams
Dixon, Monroe: (B) Jan. 27, 1883, (Race) Black, (WWIDR) Adams, MS, (CO) Adams
Dixon, Montana Moses: (B) Nov. 14, 1896, (Race) Black, (BP) L. Adams Co., MS, (WWIDR) Adams, MS, (CO) Adams
Dixon, Munroe: (CMTS) 1890 Veterans Census, (CO) Jefferson
Dixon, Philip: (CMTS) 1890 Veterans Census, (CO) Warren
Dixon, Robert Smith: (B) Nov., 1890, (Race) White, (BP) Natchez, MS, (WWIDR) Adams, MS, (CO) Adams
Dixon, Sam: (B) 1886, (Race) Black, (WWIDR) Adams, MS, (CO) Adams
Dixon, Sandey: (CMTS) 1890 Veterans Census, (CO) Sunflower
Dixson, Allen: (CMTS) 1890 Veterans Census, (CO) Hinds
Dixson, Sam: (CMTS) 1890 Veterans Census, (CO) Isszquen
Dixson, Samuel: (CMTS) 1890 Veterans Census, (CO) Warren
Doan, Charlie: (CMTS) 1890 Veterans Census, (CO) Marshall
Dobbins, Aaron: (B) Jun. 8, 1897, (Race) Black, (BP) Natchez, MS, (WWIDR) Sunflower, MS, (CO) Adams
Dobbins, Aaron: (B) Jun. 8, 1897, (Race) Black, (WWIDR) Sunflower, MS, (CO) Adams
Dobbins, Israel: (B) Nov. 10, 1889, (Race) Black, (BP) Natchez, MS, (WWIDR) Sunflower, MS, (CO) Adams
Dobbins, Joe: (CMTS) 1890 Veterans Census, (CO) Desoto
Dobose, John: (CMTS) 1890 Veterans Census, (CO) Coahoma
Dobose, Victoria: (CMTS) 1890 Veterans Census, (CO) Coahoma
Dockery, Stephen: (CMTS) 1890 Veterans Census, (CO) Tunica
Docking, Tom C: (CMTS) 1890 Veterans Census, (CO) Desoto
Doherty, Henry A.: (B) Oct. 3, 1893, (Race) White, (BP) Natchez, MS, (WWIDR) Adams, MS, (CO) Adams
Doherty, John: (CMTS) 1890 Veterans Census, (CO) Warren
Dollehite, Mary: (CMTS) 1890 Veterans Census, (CO) Desoto
Dollehite, William A.: (CMTS) 1890 Veterans Census, (CO) Desoto
Dolson, Edward: (CMTS) 1890 Veterans Census, (CO) Warren
Dome, General: (CMTS) 1890 Veterans Census, (CO) Issazuen
Donahue, Walter: (B) Oct. 15, 1890, (Race) Black Batchelor, LA, (WWIDR) Adams, MS, (CO) Adams
Donald, Adam: (CMTS) 1890 Veterans Census, (CO) Desoto
Donald, Floyd: (B) Sep 25, 1890, (Race) Black Church Hill, MS, (WWIDR) Adams, MS, (CO) Adams
Donald, Robert: (CMTS) 1890 Veterans Census, (CO) Jefferson
Donaldson, Earl Thomas: (B) Dec. 22, 1898, (Race) White, (WWIDR) Adams, MS, (CO) Adams
Donan, William: (B) Apr. 1, 1895, (Race) Black Adams Co., MS, (WWIDR) Adams, MS, (CO) Adams
Doran, John: (CMTS) 1890 Veterans Census, (CO) Bolivar
Dorden, James: (CMTS) 1890 Veterans Census, (CO) Warren
Dore, Noel: (B) Dec. 25, 1894, (Race) White, (BP) Natchez, MS, (WWIDR) Adams, MS, (CO) Adams
Dore, Orrick F.: (B) Jul. 24, 1890, (Race) White, (BP) Natchez, MS, (WWIDR) Adams, MS, (CO)

Adams
Dore, William Gabrial: (B) Mar., 18, 1884, (Race) White, (WWIDR) Adams, MS, (CO) Adams
Dorkey, Charles: (CMTS) 1890 Veterans Census, (CO) Warren
Dorman, Emanuel: (CMTS) 1890 Veterans Census, (CO) Warren
Dorse, Daniel: (CMTS) 1890 Veterans Census, (CO) Coahoma
Dorsey, Alice: (CMTS) 1890 Veterans Census, (CO) Adams
Dorsey, Benj.: (CMTS) 1890 Veterans Census, (CO) Washington
Dorsey, Charles: (B) Dec. 26, 1898, (Race) Black, (WWIDR) Adams, MS, (CO) Adams
Dorsey, Charles: (CMTS) 1890 Veterans Census, (CO) Warren
Dorsey, Clinton: (CMTS) 1890 Veterans Census, (CO) Adams
Dorsey, Frank: (B) Dec. 15, 1897, (Race) Black, (WWIDR) Adams, MS, (CO) Adams
Dorsey, James: (B) 1896, (Race) Black Cannonsburg, MS, (WWIDR) Adams, MS, (CO) Adams
Dorsey, John: (CMTS) 1890 Veterans Census, (CO) Tate
Dorsey, Major: (B) Aug. 25, 1881, (Race) Black, (WWIDR) Adams, MS, (CO) Adams
Dorsey, Pete: (B) Apr. 10, 1898, (Race) Black, (WWIDR) Adams, MS, (CO) Adams
Dorsey, Quil: (CMTS) 1890 Veterans Census, (CO) Adams
Dorsey, Robert: (CMTS) 1890 Veterans Census, (CO) Adams
Dorsey, Thomas: (B) Feb., 1895, (Race) Black, (BP) Natchez, MS, (WWIDR) Adams, MS, (CO) Adams
Dorsey, Thomas Henry: (B) Mar. 27, 1893, (Race) White, (BP) Knoxville, MS, (WWIDR) Adams, MS, (CO) Adams
Dorson, Franklin: (CMTS) 1890 Veterans Census, (CO) Warren
Dorson, Oliver: (CMTS) 1890 Veterans Census, (CO) Hinds
Dorsy, Lizzie W.: (CMTS) 1890 Veterans Census, (CO) Jefferson
Dossey, Junipher: (CMTS) 1890 Veterans Census, (CO) Washington
Dotkins, Julia: (CMTS) 1890 Veterans Census, (CO) Warren
Dotson, George H.: (B) Nov. 14, 1888, (Race) White, (BP) Waniela, MS, (WWIDR) Adams, MS, (CO) Adams
Dotson, Henry: (CMTS) 1890 Veterans Census, (CO) Hinds
Dotson, Johns: (CMTS) 1890 Veterans Census, (CO) Warren
Dotson, Julia: (CMTS) 1890 Veterans Census, (CO) Washington
Dotson, Patt: (CMTS) 1890 Veterans Census, (CO) Washington
Dotson, Van: (B) Jan. 21, 1895, (Race) Black, (BP) Natchez, MS, (WWIDR) Issaquena, MS, (CO) Adams
Dottery, Elias: (CMTS) 1890 Veterans Census, (CO) Adams
Dottery, Lee Roy: (B) Oct. 6, 1887, (Race) Black Adams Co., MS, (WWIDR) Adams, MS, (CO) Adams
Dottrey, Burrell: (B) Dec. 9, 1889, (Race) Black Adams Co., MS, (WWIDR) Adams, MS, (CO) Adams
Dottrey, Calvin: (B) Aug. 28, 1885, (Race) Black, (WWIDR) Adams, MS, (CO) Adams
Dottrey, Eugene: (B) Jan. 20, 1888, (Race) Black Adams Co., MS, (WWIDR) Adams, MS, (CO) Adams
Dottrey, Joseph Martin: (B) Dec. 1, 1882, (Race) Black, (WWIDR) Adams, MS, (CO) Adams
Dottrey, Lee Roy: (B) Oct. 6, 1887, (Race) Black Adams Co., MS, (WWIDR) Adams, MS, (CO) Adams
Dottrey, Robert: (B) Nov. 15, 1899, (Race) Black, (WWIDR) Adams, MS, (CO) Adams
Doughty, Brunson Edwin: (B) May 19, 1881, (Race) White, (WWIDR) Adams, MS, (CO) Adams
Doughty, William F.: (CMTS) 1890 Veterans Census, (CO) Sunflower
Douglas, Calvin: (B) Aug. 9, 1884, (Race) Black, (WWIDR) Adams, MS, (CO) Adams
Douglas, Edward: (B) Aug. 3, 1896, (Race) Black, (BP) Natchez, MS, (WWIDR) Sunflower, MS,

(CO) Adams
Douglas, Eli: (B) Feb. 15, 1889, (Race) Black, (BP) Quitman Plantation, MS, (WWIDR) Adams, MS, (CO) Adams
Douglas, Elijah: (B) 1882, (Race) Black, (WWIDR) Adams, MS, (CO) Adams
Douglas, Ernest: (B) 1884, (Race) Black, (WWIDR) Adams, MS, (CO) Adams
Douglas, Fred: (B) Jun. 3, 1886, (Race) Black, (WWIDR) Adams, MS, (CO) Adams
Douglas, George: (CMTS) 1890 Veterans Census, (CO) Warren
Douglas, Henry: (CMTS) 1890 Veterans Census, (CO) Warren
Douglas, James: (B) Aug. 7, 1893, (Race) Black Cannonsburg, MS, (WWIDR) Adams, MS, (CO) Adams
Douglas, Mary: (CMTS) 1890 Veterans Census, (CO) Warren
Douglas, William: (B) Dec. 9, 1886, (Race) Black, (BP) Natchez, MS, (WWIDR) Adams, MS, (CO) Adams
Douglas, William: (CMTS) 1890 Veterans Census, (CO) Adams
Douglas, Willie: (B) May 22, 1891, (Race) Black, (BP) Selma, MS, (WWIDR) Adams, MS, (CO) Adams
Douglass, Ben: (B) 1895, (Race) Black, (BP) Stanton, MS, (WWIDR) Adams, MS, (CO) Adams
Douglass, Fred: (B) Jun. 3, 1886, (Race) Black, (WWIDR) Adams, MS, (CO) Adams
Douglass, Monroe: (CMTS) 1890 Veterans Census, (CO) Panola
Douglass, Wayne C.: (B) Jul. 29, 1888, (Race) White, (WWIDR) Adams, MS, (CO) Adams
Douglass, William: (CMTS) 1890 Veterans Census, (CO) Warren
Dounver, Charles: (CMTS) 1890 Veterans Census, (CO) Sharkey
Dow, Simon: (CMTS) 1890 Veterans Census, (CO) Sharkey
Dowd, William Wall: (B) Apr. 22, 1883, (Race) White, (WWIDR) Madison, LA, (CO) Adams
Dowdy, Andy: (CMTS) 1890 Veterans Census, (CO) Marshall
Dowing, Dan: (CMTS) 1890 Veterans Census, (CO) Grenada
Downes, James: (CMTS) 1890 Veterans Census, (CO) Attala
Downey, Irving: (CMTS) 1890 Veterans Census, (CO) Warren
Downing, Charles: (CMTS) 1890 Veterans Census, (CO) Hinds
Downs, Charles: (CMTS) 1890 Veterans Census, (CO) Yazoo
Dowson, Persilla: (CMTS) 1890 Veterans Census, (CO) Warren
Doxton, Joel: (CMTS) 1890 Veterans Census, (CO) Washington
Doyl, Robert: (CMTS) 1890 Veterans Census, (CO) Tunica
Doyle, Ben: (CMTS) 1890 Veterans Census, (CO) Warren
Doyle, Mike: (CMTS) 1890 Veterans Census, (CO) Washington
Drake, Amanda: (CMTS) 1890 Veterans Census, (CO) Warren
Drake, Dock: (B) May 4, 1892, (Race) Black, (BP) Natchez, MS, (WWIDR) Sunflower, MS, (CO) Adams
Drake, Doctor: (CMTS) 1890 Veterans Census, (CO) Warren
Drake, James: (B) Aug. 8, 1899, (Race) Black, (WWIDR) Adams, MS, (CO) Adams
Drake, Lizzie V: (CMTS) 1890 Veterans Census, (CO) Jefferson
Drake, Thomas: (CMTS) 1890 Veterans Census, (CO) Jefferson
Drakes, Oliver: (CMTS) 1890 Veterans Census, (CO) Warren
Drayton, Sarah Ann: (CMTS) 1890 Veterans Census, (CO) Issaquena
Drew, Clarence: (B) May 22, 1899, (Race) Black, (WWIDR) Adams, MS, (CO) Adams
Driver, Fannie: (CMTS) 1890 Veterans Census, (CO) Tunica
Driver, New: (CMTS) 1890 Veterans Census, (CO) Warren
Driver, Richman T.: (CMTS) 1890 Veterans Census, (CO) Tunica
Driver, Robert: (CMTS) 1890 Veterans Census, (CO) Desoto
Druetta, John A.: (B) May 23, 1891, (Race) White, (BP) Natchez, MS, (WWIDR) Adams, MS, (CO) Adams
Druilhit, Ernest Frank: (B) Mar. 8, 1884, (Race) Black, (WWIDR) Adams, MS, (CO) Adams

Drummond, Wiel H.: (CMTS) 1890 Veterans Census, (CO) Washington
Duck, John: (CMTS) 1890 Veterans Census, (CO) Jefferson
Dudley, Nelson: (CMTS) 1890 Veterans Census, (CO) Hinds
Dudley, Paris M.: (CMTS) 1890 Veterans Census, (CO) Lafayette
Duff, James F.: (CMTS) 1890 Veterans Census, (CO) Yalobusha
Duff, Robert: (CMTS) 1890 Veterans Census, (CO) Tunica
Duffey, Charles: (CMTS) 1890 Veterans Census, (CO) Adams
Dugan, James William: (B) Aug. 15, 1885, (Race) White, (WWIDR) Adams, MS, (CO) Adams
Duggan, John: (CMTS) 1890 Veterans Census, (CO) Harrison
Duglas, Calvin: (B) Aug. 9, 1884, (Race) Black, (WWIDR) Adams, MS, (CO) Adams
Duglas, Elijah: (B) 1882, (Race) Black, (WWIDR) Adams, MS, (CO) Adams
Duglen, William: (CMTS) 1890 Veterans Census, (CO) Sharkey
Duke, Alfred: (CMTS) 1890 Veterans Census, (CO) Panola
Duke, Junes M.: (CMTS) 1890 Veterans Census, (CO) Quitman
Dulaney, James S.: (B) Dec. 19, 1898 (D) Feb. 11 1979 (CO) Chickasaw, (C) Wesley Chapel Cemetery
Dulphus, John: (CMTS) 1890 Veterans Census, (CO) Harrison
Dumar, Alexander: (CMTS) 1890 Veterans Census, (CO) Tunica
Dumas, Leonard McArthur: (B) May 29, 1892, (Race) Black, (BP) Houma, LA, (WWIDR) Adams, MS, (CO) Adams
Dunaway, George F.: (CMTS) 1890 Veterans Census, (CO) Desoto
Dunaway, Isaiah: (B) Nov. 30, 1899, (Race) Black, (WWIDR) Sunflower, MS, (CO) Adams
Dunbar, Andre: (B) 1893, (Race) Black, (BP) Pine Ridge, MS, (WWIDR) Adams, MS, (CO) Adams
Dunbar, Charles: (CMTS) 1890 Veterans Census, (CO) Adams
Dunbar, Grant: (B) 1892, (Race) Black, (BP) Pine Ridge, MS, (WWIDR) Adams, MS, (CO) Adams
Dunbar, John: (B) 1887, (Race) Black, (BP) Quitman, MS, (WWIDR) Adams, MS, (CO) Adams
Dunbar, John: (CMTS) 1890 Veterans Census, (CO) Warren
Duncan, Daniel: (CMTS) 1890 Veterans Census, (CO) Adams
Duncan, Denis: (B) Dec. 11, 1891, (Race) Black, MS, (WWIDR) Adams, MS, (CO) Adams
Duncan, Jerry: (B) 1895, (Race) Black, MS, (WWIDR) Adams, MS, (CO) Adams
Duncan, Joseph: (B) Dec. 26, 1898, (Race) Black, (WWIDR) Adams, MS, (CO) Adams
Duncan, Manerva: (CMTS) 1890 Veterans Census, (CO) Adams
Duncan, Robert: (CMTS) 1890 Veterans Census, (CO) Marshall
Duncan, Shirly A.: (B) Feb. 19, 1890, (Race) White, (BP) Mount Sterling KY, (WWIDR) Adams, MS, (CO) Adams
Duncan, Wellington: (CMTS) 1890 Veterans Census, (CO) Adams
Duncan, Willie: (B) Aug. 8, 1887, (Race) Black, (BP) Stanton, MS, (WWIDR) Adams, MS, (CO) Adams
Dundy, Lloyd: (CMTS) 1890 Veterans Census, (CO) Sharkey
Dunham, Gullie: (B) Aug. 4, 1895, (Race) Black, (BP) Natchez, MS, (WWIDR) Adams, MS, (CO) Adams
Dunham, Henry: (B) Jan. 26, 1888, (Race) Black Adams Co., MS, (WWIDR) Adams, MS, (CO) Adams
Dunlap, James A.: (CMTS) 1890 Veterans Census, (CO) Tunica
Dunlap, Louis: (CMTS) 1890 Veterans Census, (CO) Tunica
Dunlap, Thomas: (CMTS) 1890 Veterans Census, (CO) Bolivar
Dunmore, George: (B) Sep 5, 1891, (Race) Black, (BP) Jeannette, MS, (WWIDR) Adams, MS, (CO) Adams
Dunmore, Henry: (B) Mar. 15, 1899, (Race) Black, (WWIDR) Adams, MS, (CO) Adams

Dunmore, Loyd Chester: (B) Mar. 15, 1894, (Race) Black, (BP) Fairview, MS, (WWIDR) Adams, MS, (CO) Adams
Dunmore, Stanley: (B) Nov. 25, 1898, (Race) Black, (WWIDR) Adams, MS, (CO) Adams
Dunmore, Willie: (B) Dec., 1887, (Race) Black, (BP) Jeannette, MS, (WWIDR) Adams, MS, (CO) Adams
Dunn, Abram: (CMTS) 1890 Veterans Census, (CO) Laudedale
Dunn, Aley: (CMTS) 1890 Veterans Census, (CO) Benton
Dunn, John: (CMTS) 1890 Veterans Census, (CO) Wilkinson
Dunn, Robert: (CMTS) 1890 Veterans Census, (CO) Yazoo
Dunning, Henry W.: (B) Mar. 12, 1895, (Race) White, (BP) West Point, MS, (WWIDR) Adams, MS, (CO) Adams
Dunville, Enoch: (CMTS) 1890 Veterans Census, (CO) Tunica
Dupree, Ellen: (CMTS) 1890 Veterans Census, (CO) Warren
Dupree, Jessie: (CMTS) 1890 Veterans Census, (CO) Washington
Dupree, Philip: (CMTS) 1890 Veterans Census, (CO) Warren
Durell, Charles E.: (CMTS) 1890 Veterans Census, (CO) Warren
Durham, John: (CMTS) 1890 Veterans Census, (CO) Washington
Durley, William E.: (CMTS) 1890 Veterans Census, (CO) Tate
Durst, John: (CMTS) 1890 Veterans Census, (CO) Sharkey
Dutch, Samuel: (CMTS) 1890 Veterans Census, (CO) Jackson
Dyas, Joseph: (B) 1896, (Race) Black, (WWIDR) Adams, MS, (CO) Adams
Dye, Johanna: (CMTS) 1890 Veterans Census, (CO) Warren
Dye, John: (CMTS) 1890 Veterans Census, (CO) Desoto
Dye, Oliver: (CMTS) 1890 Veterans Census, (CO) Warren
Dyer, Eveline: (CMTS) 1890 Veterans Census, (CO) Bolivar
Dyer, William B: (CMTS) 1890 Veterans Census, (CO) Bolivar
Dyson, Benny: (B) Aug. 15, 1895, (Race) Black, (BP) Frogmore, LA, (WWIDR) Adams, MS, (CO) Adams
Dyson, Joseph: (B) Feb. 3, 1891, (Race) Black, (BP) Frogmore, LA, (WWIDR) Adams, MS, (CO) Adams
Dyson, Robert: (B) Jan. 31, 1890, (Race) Black, (BP) Frogmore, LA, (WWIDR) Adams, MS, (CO) Adams
Eacoles, Edwards: (CMTS) 1890 Veterans Census, (CO) Washington
Eacoles, Vicey: (CMTS) 1890 Veterans Census, (CO) Washington
Eades, William N.: (L) 43.68 acres, Jackson Land Office, (ID) Mar. 16, 1891, (CO) Attala
Eames, Jerry: (B) Dec. 10, 1898, (Race) White, (WWIDR) Adams, MS, (CO) Adams
Eames, Jessie: (B) May 3, 1892, (Race) White, (BP) Roxie, MS, (WWIDR) Adams, MS, (CO) Adams
Earley, Mary: (CMTS) 1890 Veterans Census, (CO) Washington
Earley, Sam: (B) Aug. 25, 1897, (Race) Black, (WWIDR) Adams, MS, (CO) Adams
Earley, Wilson: (B) Jun. 1, 1881, (Race) Black, (WWIDR) Adams, MS, (CO) Adams
Earls, Richard: (CMTS) 1890 Veterans Census, (CO) Washington
Early, Robert: (B) Mar. 1, 1897, (Race) Black, (WWIDR) Sunflower, MS, (CO) Adams
Early, Sam: (B) 1888, (Race) Black Anna, MS, (WWIDR) Adams, MS, (CO) Adams
Early, Sam: (B) Aug. 25, 1897, (Race) Black, (WWIDR) Adams, MS, (CO) Adams
Early, Wilson: (B) Jun. 1, 1881, (Race) Black, (WWIDR) Adams, MS, (CO) Adams
Earthman, Luther: (B) Dec. 2, 1892, (Race) White, (BP) Grayson Co. TX, (WWIDR) Adams, MS, (CO) Adams
Easin, Ebiky: (CMTS) 1890 Veterans Census, (CO) Desoto
Easlern, Anthony: (B) 1884, (Race) Black, (WWIDR) Adams, MS, (CO) Adams
East, Fredrick Elmer: (B) Sep 5, 1883, (Race) White, (WWIDR) Jackson City, MS, (CO) Adams
East, George Robert: (B) Nov. 29, 1882, (Race) White, (WWIDR) Adams, MS, (CO) Adams

Easter, Daniel: (B) Mar. 23, 1882, (Race) Black, (WWIDR) Adams, MS, (CO) Adams
Easter, Jack: (B) Dec. 1, 1896, (Race) Black, (WWIDR) Adams, MS, (CO) Adams
Easter, Johnson: (CMTS) 1890 Veterans Census, (CO) Washington
Eastern, Anthony: (B) 1884, (Race) Black, (WWIDR) Adams, MS, (CO) Adams
Eastin, Eugene Augustine: (B) Feb. 13, 1888, (Race) White, (BP) Lawrenceburg, KY, (WWIDR) Adams, MS, (CO) Adams
Eastman, James: (B) 1895, (Race) Black Adams Co., MS, (WWIDR) Adams, MS, (CO) Adams
Eastman, Louis: (CMTS) 1890 Veterans Census, (CO) Lelore
Easton, Joe: (B) Jan. 14, 1885, (Race) Black, (WWIDR) Adams, MS, (CO) Adams
Eaton, John: (CMTS) 1890 Veterans Census, (CO) Washington
Echols, Margaret: (CMTS) 1890 Veterans Census, (CO) Coahoma
Ecoff, Ralph Alaman: (B) Jul. 28, 1886, (Race) White, (BP) Saint, Louis, MO, (WWIDR) Adams, MS, (CO) Adams
Eddins, William: (CMTS) 1890 Veterans Census, (CO) Marshall
Edmiston, Albert: (CMTS) 1890 Veterans Census, (CO) Tate
Edmonds, Arthur: (CMTS) 1890 Veterans Census, (CO) Lee
Edmonds, James E.: (CMTS) 1890 Veterans Census, (CO) Bolivar
Edmund, Brother: (B) Jun. 11, 1892, (Race) White, (BP) Harrison, NJ, (WWIDR) Adams, MS, (CO) Adams
Edmund, Brother: (B) Jun. 11, 1892, (Race) White, (WWIDR) Adams, MS, (CO) Adams
Edmund, Chester: (CMTS) 1890 Veterans Census, (CO) Issaquena
Edmund, John: (CMTS) 1890 Veterans Census, (CO) Bolivar
Edward, Francis: (CMTS) 1890 Veterans Census, (CO) Warren
Edward, John: (CMTS) 1890 Veterans Census, (CO) Washington
Edward, Jones: (CMTS) 1890 Veterans Census, (CO) Sharkey
Edwards, Benjamin: (CMTS) 1890 Veterans Census, (CO) Coahoma
Edwards, George: (CMTS) 1890 Veterans Census, (CO) Madison
Edwards, Henry: (CMTS) 1890 Veterans Census, (CO) Bolivar
Edwards, Henry: (CMTS) 1890 Veterans Census, (CO) Yazoo
Edwards, John: (CMTS) 1890 Veterans Census, (CO) Bolivar
Edwards, Jordan: (CMTS) 1890 Veterans Census, (CO) Warren
Edwards, Joseph: (CMTS) 1890 Veterans Census, (CO) Yazoo
Edwards, Lewis E.: (CMTS) 1890 Veterans Census, (CO) Benton
Edwards, Martin: (CMTS) 1890 Veterans Census, (CO) Warren
Edwards, Nancy: (CMTS) 1890 Veterans Census, (CO) Lelore
Edwards, Sophia: (CMTS) 1890 Veterans Census, (CO) Warren
Edwards, Stephen: (CMTS) 1890 Veterans Census, (CO) Yazoo
Eggan, Henry: (CMTS) 1890 Veterans Census, (CO) Hinds
Egland, David: (B) Jul. 20, 1891, (Race) Black, (BP) Natchez, MS, (WWIDR) Adams, MS, (CO) Adams
Egland, George: (B) Dec. 25, 1884, (Race) Black, (WWIDR) Adams, MS, (CO) Adams
Ehlers, Henry: (CMTS) 1890 Veterans Census, (CO) Jackson
Ehrett, George: (CMTS) 1890 Veterans Census, (CO) Tishomingo
Eidt, Duncan Joseph: (B) Dec. 10, 1897, (Race) White, (WWIDR) Adams, MS, (CO) Adams
Elan, Elias: (CMTS) 1890 Veterans Census, (CO) Adams
Elder, Ethna: (CMTS) 1890 Veterans Census, (CO) Tunica
Eldridge, Felix C: (CMTS) 1890 Veterans Census, (CO) Panola
Eldridge, Jennie: (CMTS) 1890 Veterans Census, (CO) Bolivar
Elephen, Robert: (CMTS) 1890 Veterans Census, (CO) Tunica
Elis, Anderson: (CMTS) 1890 Veterans Census, (CO) Washington
Elkins, Joe: (B) Aug. 4, 1897, (Race) White, (BP) Dougherty OK, (WWIDR) Adams, MS, (CO)

Adams
Elliott, Charles E.: (CMTS) 1890 Veterans Census, (CO) Hinds
Elliott, Henderson: (B) Sep 1, 1889, (Race) Black, (WWIDR) Adams, MS, (CO) Adams
Elliott, James: (B) Mar. 12, 1893, (Race) Black Adams Co., MS, (WWIDR) Adams, MS, (CO) Adams
Elliott, Jerome: (B) Nov. 27, 1898, (Race) Black, (WWIDR) Adams, MS, (CO) Adams
Elliott, Lewis: (B) Feb., 18, 1892, (Race) Black Adams Co., MS, (WWIDR) Adams, MS, (CO) Adams
Elliott, Norris: (CMTS) 1890 Veterans Census, (CO) Hinds
Elliott, Robert: (B) Feb., 18, 1896, (Race) Black Carthage Plantation, MS, (WWIDR) Adams, MS, (CO) Adams
Elliott, Robert: (CMTS) 1890 Veterans Census, (CO) Warren
Ellir, Joseph: (CMTS) 1890 Veterans Census, (CO) Sharkey
Ellis, Allan: (CMTS) 1890 Veterans Census, (CO) Jefferson
Ellis, Amanda: (CMTS) 1890 Veterans Census, (CO) Jefferson
Ellis, Arron K.: (B) Feb. 28, 1896, (Race) White, (BP) Jefferson Co., MS, (WWIDR) Adams, MS, (CO) Adams
Ellis, Calvin: (B) 1894, (Race) Black Adams Co., MS, (WWIDR) Adams, MS, (CO) Adams
Ellis, David: (B) Jul., 1889, (Race) Black Adams Co., MS, (WWIDR) Adams, MS, (CO) Adams
Ellis, Ephram: (CMTS) 1890 Veterans Census, (CO) Washington
Ellis, Eva: (CMTS) 1890 Veterans Census, (CO) Warren
Ellis, Garret: (B) Nov. 19, 1895, (Race) Black, (BP) Harrison, MS, (WWIDR) Adams, MS, (CO) Adams
Ellis, George: (CMTS) 1890 Veterans Census, (CO) Tunica
Ellis, Isiah: (B) Jul. 29, 1888, (Race) Black China Villa, MS, (WWIDR) Adams, MS, (CO) Adams
Ellis, James O: (CMTS) 1890 Veterans Census, (CO) Desoto
Ellis, Johnie: (B) Jul. 11, 1894, (Race) Black, (BP) Natchez, MS, (WWIDR) Adams, MS, (CO) Adams
Ellis, Johnie: (B) Nov. 15, 1894, (Race) Black, (BP) Egypt, MS, (WWIDR) Adams, MS, (CO) Adams
Ellis, Joseph: (CMTS) 1890 Veterans Census, (CO) Sharkey
Ellis, Joshua: (B) Aug. 15, 1891, (Race) Black, (BP) Natchez, MS, (WWIDR) Adams, MS, (CO) Adams
Ellis, Linnie: (CMTS) 1890 Veterans Census, (CO) Jefferson
Ellis, Morris: (CMTS) 1890 Veterans Census, (CO) Jefferson
Ellis, Nathan: (CMTS) 1890 Veterans Census, (CO) Jefferson
Ellis, Peter: (CMTS) 1890 Veterans Census, (CO) Yazoo
Ellis, Richard: (B) Mar. 18, 1889, (Race) Black Adams Co., MS, (WWIDR) Adams, MS, (CO) Adams
Ellis, Richard: (B) Aug. 24, 1885, (Race) Black, (WWIDR) Adams, MS, (CO) Adams
Ellis, Robert: (CMTS) 1890 Veterans Census, (CO) Washington
Ellis, Walter: (B) Jan. 31, 1891, (Race) Black Adams Co., MS, (WWIDR) Adams, MS, (CO) Adams
Ellis, Willie: (B) Jan. 15, 1896, (Race) Black Adams Co., MS, (WWIDR) Adams, MS, (CO) Adams
Ellison, George: (CMTS) 1890 Veterans Census, (CO) Warren
Ellison, Jim: (CMTS) 1890 Veterans Census, (CO) Holmes
Elloit, John: (CMTS) 1890 Veterans Census, (CO) Adams
Ellsworth, Levi: (CMTS) 1890 Veterans Census, (CO) Warren
Elmo, Sam: (CMTS) 1890 Veterans Census, (CO) Claiborne
Elmoore, W. Joe: (CMTS) 1890 Veterans Census, (CO) Washington
Elmore, Cowell: (B) Aug. 21, 1899, (Race) Black, (WWIDR) Adams, MS, (CO) Adams
Elmore, Rufus: (B) Nov. 13, 1895, (Race) Black, (BP) Jeannette, MS, (WWIDR) Adams, MS, (CO)

Adams
Elmore, Sam: (B) Oct. 30, 1890, (Race) Black, (BP) Jeannette, MS, (WWIDR) Adams, MS, (CO) Adams
Elray, Eugene: (B) Aug. 16, 1886, (Race) Black, (WWIDR) Adams, MS, (CO) Adams
Ely, David: (CMTS) 1890 Veterans Census, (CO) Jackson
Ely, John: (CMTS) 1890 Veterans Census, (CO) Tunica
Elyard, John: (CMTS) 1890 Veterans Census, (CO) Sunflower
Elzie, Charley: (B) Nov. 20, 1895, (Race) Black Adams Co., MS, (WWIDR) Adams, MS, (CO) Adams
Emerory, Arthur: (CMTS) 1890 Veterans Census, (CO) Claiborne
Emmick, Robert: (CMTS) 1890 Veterans Census, (CO) Warren
England, Aaron: (CMTS) 1890 Veterans Census, (CO) Warren
Engle, Cyrus G.: (CMTS) 1890 Veterans Census, (CO) Adams
English, Abner: (CMTS) 1890 Veterans Census, (CO) Tunica
English, Andrew: (CMTS) 1890 Veterans Census, (CO) Quitman
English, Edward: (CMTS) 1890 Veterans Census, (CO) Quitman
English, Jean: (B) Apr. 30, 1892, (Race) White, (BP) Natchez, MS, (WWIDR) Sunflower, MS, (CO) Adams
English, John P.: (CMTS) 1890 Veterans Census, (CO) Desto
Enoch, David: (CMTS) 1890 Veterans Census, (CO) Washington
Enochs, Eugene Stewart: (B) Nov. 3, 1881, (Race) White, (WWIDR) Adams, MS, (CO) Adams
Enochs, Robert Emmet: (B) Mar. 2, 1890, (Race) White, (BP) Jackson, MS, (WWIDR) Adams, MS, (CO) Adams
Enright, Catherine A.: (CMTS) 1890 Veterans Census, (CO) Washington
Entrikin, John: (CMTS) 1890 Veterans Census, (CO) Benton
Entrikin, Susan: (CMTS) 1890 Veterans Census, (CO) Benton
Ervin, Anderson: (CMTS) 1890 Veterans Census, (CO) Bolivar
Ervin, William: (B) Sep 30, 1897, (Race) Black, (WWIDR) Adams, MS, (CO) Adams
Essex, Anderson: (CMTS) 1890 Veterans Census, (CO) Warren
Essick, Noah: (CMTS) 1890 Veterans Census, (CO) Hinds
Eston, William: (CMTS) 1890 Veterans Census, (CO) Warren
Eubanks, John W.: (L) 79.77 acres, Jackson Land Office, (ID) Mar. 16, 1891, (CO) Kemper
Evans, Angeline: (CMTS) 1890 Veterans Census, (CO) Adams
Evans, Arthur: (B) Dec. 8, 1893, (Race) Black Cranfield, MS, (WWIDR) Adams, MS, (CO) Adams
Evans, Charles E.: (CMTS) 1890 Veterans Census, (CO) Adams
Evans, Clark Earl: (B) Oct. 20, 1891, (Race) Black, (BP) Natchez, MS, (WWIDR) Adams, MS, (CO) Adams
Evans, Dennis: (CMTS) 1890 Veterans Census, (CO) Benton
Evans, Edmond: (CMTS) 1890 Veterans Census, (CO) Washington
Evans, Forest: (B) Aug. 10, 1894, (Race) Black, (BP) Jeannette, MS, (WWIDR) Adams, MS, (CO) Adams
Evans, George: (CMTS) 1890 Veterans Census, (CO) Coahoma
Evans, Henry: (CMTS) 1890 Veterans Census, (CO) Leflore
Evans, Horace: (B) Aug. 10, 1894, (Race) Black, (BP) Jeannette, MS, (WWIDR) Adams, MS, (CO) Adams
Evans, Ike: (B) 1894, (Race) Black Adams Co., MS, (WWIDR) Adams, MS, (CO) Adams
Evans, Issac: (CMTS) 1890 Veterans Census, (CO) Wilkinson
Evans, Jack: (CMTS) 1890 Veterans Census, (CO) Warren
Evans, James: (B) Sep 10, 1884, (Race) Black, (WWIDR) Adams, MS, (CO) Adams
Evans, James: (CMTS) 1890 Veterans Census, (CO) Bolivar
Evans, Jane: (CMTS) 1890 Veterans Census, (CO) Monroe
Evans, Jared Bunce: (B) Feb. 6, 1894, (Race) White, (BP) Natchez, MS, (WWIDR) Adams,

    MS, (CO) Adams
Evans, Jim: (CMTS) 1890 Veterans Census, (CO) Warren
Evans, Joe: (B) Mar., 1891, (Race) Black, (BP) Natchez, MS, (WWIDR) Adams,
    MS, (CO) Adams
Evans, John W.: (CMTS) 1890 Veterans Census, (CO) Desoto
Evans, Joseph Fred: (B) Oct. 14, 1899, (Race) Black, (WWIDR) Adams,
    MS, (CO) Adams
Evans, Levi: (CMTS) 1890 Veterans Census, (CO) Warren
Evans, Lindsay: (B) May 27, 1882, (Race) Black, (WWIDR) Adams, MS, (CO) Adams
Evans, Maria: (CMTS) 1890 Veterans Census, (CO) Warren
Evans, Metcalf: (B) Mar. 19, 1885, (Race) Black, (WWIDR) Adams, MS, (CO) Adams
Evans, Minerva: (CMTS) 1890 Veterans Census, (CO) Warren
Evans, Moses: (CMTS) 1890 Veterans Census, (CO) Clarke
Evans, Philip: (CMTS) 1890 Veterans Census, (CO) Monroe
Evans, Preston: (CMTS) 1890 Veterans Census, (CO) Benton
Evans, Richard L.: (CMTS) 1890 Veterans Census, (CO) Bolivar
Evans, Samuel: (CMTS) 1890 Veterans Census, (CO) Harrison
Evans, Stephen: (CMTS) 1890 Veterans Census, (CO) Tunica
Evans, Thadeous: (B) Dec. 22, 1891, (Race) Black Angola, LA, (WWIDR) Adams,
    MS, (CO) Adams
Evans, Thomas J.: (CMTS) 1890 Veterans Census, (CO) Jefferson
Evans, Warren: (B) Jul. 10, 1896, (Race) Black, (BP) L. Adams Co., MS, (WWIDR) Adams,
    MS, (CO) Adams
Evans, William L.: (CMTS) 1890 Veterans Census, (CO) Adams
Evening, Grassman: (CMTS) 1890 Veterans Census, (CO) Bolivar
Evens, James: (CMTS) 1890 Veterans Census, (CO) Claiborne
Evens, Peter: (CMTS) 1890 Veterans Census, (CO) Bolivar
Everett, William H.: (CMTS) 1890 Veterans Census, (CO) Lee
Ewing, Dudley: (CMTS) 1890 Veterans Census, (CO) Bolivar
Exis, Robert: (CMTS) 1890 Veterans Census, (CO) Washington
Fagan, Louis James: (B) Dec. 5, 1897, (Race) White, (WWIDR) Adams, MS, (CO) Adams
Fagan, Matilda: (CMTS) 1890 Veterans Census, (CO) Warren
Fagan, William: (CMTS) 1890 Veterans Census, (CO) Warren
Fagen, Allen: (B) Oct. 19, 1899, (Race) Black, (WWIDR) Adams,
    MS, (CO) Adams
Faggan, Jesie: (CMTS) 1890 Veterans Census, (CO) Washington
Fair, John C: (CMTS) 1890 Veterans Census, (CO) Jefferson
Falkner, Faenlain: (B) Jun., 1897, (Race) Black, (WWIDR) Adams,
    MS, (CO) Adams
Falkner, Mike: (CMTS) 1890 Veterans Census, (CO) Coahoma
Falls, Louis: (CMTS) 1890 Veterans Census, (CO) Leflore
Farish, William D.: (CMTS) 1890 Veterans Census, (CO) Sunflower
Farley, Eliza M.: (CMTS) 1890 Veterans Census, (CO) Desoto
Farley, Enoch: (CMTS) 1890 Veterans Census, (CO) Claiborne
Farley, Hapstins: (CMTS) 1890 Veterans Census, (CO) Benton
Farley, Robert J.: (CMTS) 1890 Veterans Census, (CO) Desoto
Farmer, A. W.: (MD) May. 29, 1895, (Spouse) Fanny Hinton, (CO) Jackson
Farmer, Adam: (MD) Jan. 9, 1886, (Spouse) Eliza King, (CO) Bolivar
Farmer, Adam: (CMTS) 1890 Veterans Census, (CO) Copiah
Farmer, Alexander: (CMTS) 1890 Veterans Census, (CO) Desoto
Farmer, Anderson: (MD) Dec. 2, 1896, (Spouse) Mary Dyer, (CO) Webster
Farmer, Andy: (MD) Feb. 7, 1890, (Spouse) Matilda Golding, (CO) Webster
Farmer, B. B.: (MD) Jan. 4, 1894, (Spouse) Loula Winborn, (CO) Holmes
Farmer, B. F.: (MD) Dec. 17, 1886, (Spouse) Lucy C. Swilly, (CO) Lawrence

Farmer, Boss U: (MD) Dec. 17, 1895, (Spouse) Nannie Stubbs, (CO) Scott
Farmer, Burrel: (MD) Feb., 18, 1891, (Spouse) Isido Adams, (CO) Desoto
Farmer, C. W.: (MD) Mar. 31, 1897, (Spouse) Bettie Beacham, (CO) Pike
Farmer, Clay D.: (B) Dec. 22, 1892, (Race) White, (BP) Lillian, MS, (WWIDR) Adams, MS, (CO) Adams
Farmer, Darden: (MD) Nov. 9, 1897, (Spouse) B E. Stubbs, (CO) Scott
Farmer, Edwin H.: (CMTS) 1890 Veterans Census, (CO) Lauderdale
Farmer, G. R: (MD) Dec. 16, 1895, (Spouse) Bertha Wallace, (CO) Prentiss
Farmer, Gees: (MD) Jun. 12, 1898, (Spouse) Sallie Prine, (CO) Perry
Farmer, George: (MD) Aug. 8, 1891, (Spouse) Levicy Moore, (CO) Clarke
Farmer, George: (MD) Dec. 4, 1897, (Spouse) Elizabeth Hughes, (CO) Webster
Farmer, George W.: (MD) Aug. 10, 1891, (Spouse) Levicy Moore, (CO) Clarke
Farmer, H. F. (MD) Dec. 31, 1896, (Spouse) Ella Deer, (CO) Lawrence
Farmer, H. . (MD) Nov. 19, 1899, (Spouse) Kate Carter, (CO) Lawrence
Farmer, Isaac: (MD) Nov. 19, 1885, (Spouse) Myra Bullock, (CO) Marion
Farmer, Isaac: (CMTS) 1890 Veterans Census, (CO) Tunica
Farmer, Isham: (MD) Jan. 9, 1894, (Spouse) Delia Simmons, (CO) Webster
Farmer, J. B.: (MD) Jul. 13, 1886, (Spouse) A. E. Miss Dement, (CO) Scott
Farmer, J. B.: (MD) Dec. 9, 1890, (Spouse) E. C. Miss Buntyin, (CO) Lauderdale
Farmer, J. B: (MD) Feb. 23, 1898, (Spouse) Ella Malone, (CO) Marshall
Farmer, J. C. H.: (MD) Jun. 22, 1889, (Spouse) Jennie Miller, (CO) Marshall
Farmer, J. E: (MD) Feb. 26, 1896, (Spouse) Ella E. Rocket, (CO) Yalobusha
Farmer, J. G: (MD) Oct. 15, 1894, (Spouse) Mary Viona Stevenson, (CO) Jones
Farmer, J. H.: (MD) Jul. 5, 1888, (Spouse) Ella D. Patterson, (CO) Panola
Farmer, J. H.: (MD) Dec. 26, 1899, (Spouse) Mary Scott, (CO) Webster
Farmer, J. L.: (MD) Dec. 23, 1885, (Spouse) Lizzie Dorris, (CO) Scott
Farmer, J. L.: (MD) Dec. 21, 1896, (Spouse) Susie Baskerville, (CO) Yalobusha
Farmer, J. R.: (MD) Feb. 22, 1898, (Spouse) Mattie Harrison, (CO) Holmes
Farmer, Jeff: (MD) Jul. 28, 1895, (Spouse) Ada Coleman, (CO) Simpson
Farmer, John: (MD) Aug. 5, 1884, (Spouse) Fannie Armstead, (CO) Desoto
Farmer, John: (MD) Jun. 17, 1887, (Spouse) Rinda Robertson, (CO) Desoto
Farmer, John H.: (MD) Nov. 6, 1895, (Spouse) Nannie Magee, (CO) Simpson
Farmer, John Q: (MD) Jun. 26, 1896, (Spouse) Annie Woodruff, (CO) Tate
Farmer, M. T.: (MD) Jan. 28, 1886, (Spouse) J. W. Lemmons, (CO) Adams
Farmer, Nelson: (B) Apr. 5, 1882, (Race) Black, (WWIDR) Adams, MS, (CO) Adams
Farmer, R. L.: (MD) Jan. 31, 1893, (Spouse) Roxie Clay, (CO) Lauderdale
Farmer, Sammie: (MD) Jul. 27, 1898, (Spouse) J. S Ready, (CO) Wayne
Farmer, Shepherd: (CMTS) 1890 Veterans Census, (CO) Desoto
Farmer, Ship: (MD) Dec. 27, 1898, (Spouse) Lula Cowan, (CO) Desoto
Farmer, T. L.: (MD) Apr. 20, 1899, (Spouse) Effie Beggerly, (CO) Lauderdale
Farmer, Thomas: (MD) Nov. 16, 1898, (Spouse) Mary Wilson, (CO) Marshall
Farmer, Virginia H.: (CMTS) 1890 Veterans Census, (CO) Desoto
Farmer, W. A.: (MD) Dec. 14, 1890, (Spouse) Mollie Swilly, (CO) Lawrence
Farmer, W. B.: (MD) Dec. 25, 1898, (Spouse) Esther Fortenberry, (CO) Marion
Farmer, W. D.: (MD) Feb. 17, 1887, (Spouse) Peggie Mrs Gibbs, (CO) Jefferson
Farmer, W. H.: (MD) Aug. 10, 1892, (Spouse) R. L. Miss Martin, (CO) Lauderdale
Farmer, W. M.: (MD) Apr. 2, 1899, (Spouse) Eva Godwin, (CO) Adams
Farmer, Will: (MD) May. 9, 1896, (Spouse) Evie Stephenson, (CO) Washington
Farmer, William: (MD) Dec. 31, 1885, (Spouse) Ella Miles, (CO) Jefferson
Farmer, William: (MD) Apr. 14, 1890, (Spouse) Lorena Alsobrook, (CO) Desoto
Farmer, William: (MD) Aug. 1, 1891, (Spouse) Graicey Allen, (CO) Desoto
Farmer, William: (CMTS) 1890 Veterans Census, (CO) Desoto
Farmer, Winwood: (MD) Nov. 20, 1884, (Spouse) Mary Hill, (CO) Bolivar
Farmer, William: (MD) Feb. 6, 1885, (Spouse) Rachel Owen, (CO) Monroe

Farmur, Severun: (CMTS) 1890 Veterans Census, (CO) Washington
Farnham, Ernest Crawford: (B) Apr. 5, 1893, (Race) White, (BP) Natchez, MS, (WWIDR) Jackson City, MS, (CO) Adams
Farnum, Severson: (CMTS) 1890 Veterans Census, (CO) Washington
Farr, John Miller: (B) Mar. 17, 1898, (Race) White, (WWIDR) Adams, MS, (CO) Adams
Farr, Mauck Francis: (B) Dec. 16, 1882, (Race) White, (WWIDR) Adams, MS, (CO) Adams
Farrand, Frank C: (CMTS) 1890 Veterans Census, (CO) Amite
Farrar, Charles S.: (CMTS) 1890 Veterans Census, (CO) Benton
Farrell, Francis Leo: (B) Feb. 19, 1893, (Race) White, (BP) Natchez, MS, (WWIDR) Adams, MS, (CO) Adams
Farrell, James: (CMTS) 1890 Veterans Census, (CO) Warren
Farrell, James Glenn: (B) Jul. 19, 1889, (Race) White, (BP) Natchez, MS, (WWIDR) Adams, MS, (CO) Adams
Farrell, John G.: (CMTS) 1890 Veterans Census, (CO) Lauderdale
Farrow, Ben: (CMTS) 1890 Veterans Census, (CO) Washington
Farrow, Lucy: (CMTS) 1890 Veterans Census, (CO) Washington
Faulk, William L.: (CMTS) 1890 Veterans Census, (CO) Jefferson
Faulkner, Dan: (B) Jan. 6, 1892, (Race) Black, (BP) Linwood Plantation, MS, (WWIDR) Adams, MS, (CO) Adams
Faulkner, Faenlain: (B) Jun., 1897, (Race) Black, (WWIDR) Adams, MS, (CO) Adams
Faulkner, Jeff: (B) Mar., 1896, (Race) Black, (BP) Poplar Grove, MS, (WWIDR) Adams, MS, (CO) Adams
Faulkner, Joham: (CMTS) 1890 Veterans Census, (CO) Adams
Faulkner, Walter: (B) Dec. 2, 1896, (Race) Black, (BP) Natchez, MS, (WWIDR) Adams, MS, (CO) Adams
Favers, George Bennett: (B) Feb. 3, 1886, (Race) White, (WWIDR) Adams, MS, (CO) Adams
Featherstone, Winfield Scott: (B) Aug. 8, 1820, (D) May 28, 1891, (CO) Marshall, (MIL) Confederate Brigadier General Commissioned Mar. 4, 1862, Paroled Greensboro, NC May 1, 1865, (BP) Rutherford Co., TN, (DP) Holly Springs, MS, (C) Hillcrest Cemetery
February, Thomas: (CMTS) 1890 Veterans Census, (CO) Washington
February, Tobe: (CMTS) 1890 Veterans Census, (CO) Washington
Felten, James A. V: (CMTS) 1890 Veterans Census, (CO) Washington
Felton, Bernard: (CMTS) 1890 Veterans Census, (CO) Tunica
Felton, Hovisan: (B) 1892, (Race) Black, (WWIDR) Adams, MS, (CO) Adams
Felton, John Henry: (CMTS) 1890 Veterans Census, (CO) Adams
Felton, Julia: (CMTS) 1890 Veterans Census, (CO) Adams
Feltus, Abram Morrell: (B) Jan. 7, 1893, (Race) White, (WWIDR) Adams, MS, (CO) Adams
Feltus, Clem French: (B) Jun. 28, 1889, (Race) White, (BP) Natchez, MS, (WWIDR) Adams, MS, (CO) Adams
Feltus, James: (B) Aug. 23, 1896, (Race) Black, (WWIDR) Adams, MS, (CO) Adams
Feltus, Joseph Moreland: (B) Feb. 28, 1887, (Race) White, (BP) Tensas Par., LA, (WWIDR) Adams, MS, (CO) Adams
Fenner, Lum: (CMTS) 1890 Veterans Census, (CO) Jefferson
Fennessee, John: (CMTS) 1890 Veterans Census, (CO) Washington
Fennessee, Katie: (CMTS) 1890 Veterans Census, (CO) Washington
Ferguson, Andrew: (CMTS) 1890 Veterans Census, (CO) Issaquena
Ferguson, Anthony: (CMTS) 1890 Veterans Census, (CO) Tunica
Ferguson, Betty: (CMTS) 1890 Veterans Census, (CO) Issaquena
Ferguson, Billy: (CMTS) 1890 Veterans Census, (CO) Issaquena

Ferguson, James: (B) Oct. 25, 1882, (Race) Black, (WWIDR) Adams, MS, (CO) Adams
Ferguson, Richard: (CMTS) 1890 Veterans Census, (CO) Warren
Ferguson,: (B) Jun. 13, 1890, (Race) White, (BP) Natchez, MS, (WWIDR) Hancock, MS, (CO) Adams
Fernandez, Pacolet: (CMTS) 1890 Veterans Census, (CO) Lafayette
Ferris, Anthony: (CMTS) 1890 Veterans Census, (CO) Adams
Festiman, William M.: (CMTS) 1890 Veterans Census, (CO) Bolivar
Fetger, Isaac E.: (CMTS) 1890 Veterans Census, (CO) Warren
Fholson, Frank: (CMTS) 1890 Veterans Census, (CO) Bolivar
Fick, Mary: (CMTS) 1890 Veterans Census, (CO) Hinds
Field, Bertram L.: (B) Sep 10, 1887, (Race) White, (BP) Natchez, MS, (WWIDR) Adams, MS, (CO) Adams
Field, Clarence Fontaine: (B) Aug. 21, 1885, (Race) White, (WWIDR) Claiborne, MS, (CO) Adams
Field, Clifford: (B) Feb. 16, 1884, (Race) White, (WWIDR) Adams, MS, (CO) Adams
Field, Clifton C.: (B) Sep 13, 1888, (Race) White, (BP) Natchez, MS, (WWIDR) Adams, MS, (CO) Adams
Field, James F.: (B) Jul. 2, 1890, (Race) White, (BP) Natchez, MS, (WWIDR) Adams, MS, (CO) Adams
Field, Larkin Cowwell: (B) Feb. 27, 1894, (Race) White, (BP) Natchez, MS, (WWIDR) Adams, MS, (CO) Adams
Fields, Archee: (CMTS) 1890 Veterans Census, (CO) Washington
Fields, Austin: (CMTS) 1890 Veterans Census, (CO) Tunica
Fields, Clarisa: (CMTS) 1890 Veterans Census, (CO) Tunica
Fields, Earl: (B) May 7, 1895, (Race) Black, (BP) Natchez, MS, (WWIDR) Warren, MS, (CO) Adams
Fields, Gillam: (CMTS) 1890 Veterans Census, (CO) Quitman
Fields, Harrison: (CMTS) 1890 Veterans Census, (CO) Bolivar
Fields, Henry: (CMTS) 1890 Veterans Census, (CO) Bolivar
Fields, Jack: (CMTS) 1890 Veterans Census, (CO) Washington
Fields, Joe: (CMTS) 1890 Veterans Census, (CO) Issaquena
Fife, Henry: (B) Mar. 23, 1893, (Race) White, (BP) Hernsville, MS, (WWIDR) Adams, MS, (CO) Adams
Figures, Augustus: (CMTS) 1890 Veterans Census, (CO) Warren
Finire, Richard: (CMTS) 1890 Veterans Census, (CO) Washington
Finley, Martha: (CMTS) 1890 Veterans Census, (CO) Wilkinson
Finley, Nelson: (CMTS) 1890 Veterans Census, (CO) Wilkinson
Finn, Lucien Guy: (B) Oct. 16, 1899, (Race) White, (WWIDR) Adams, MS, (CO) Adams
Finnie, John: (CMTS) 1890 Veterans Census, (CO) Tallahatchie
Finnie, William: (CMTS) 1890 Veterans Census, (CO) Tunica
Finnix, Richard: (CMTS) 1890 Veterans Census, (CO) Washington
Firstlery, John: (B) 1891, (Race) Black, (BP) Fayette, MS, (WWIDR) Adams, MS, (CO) Adams
Fiscomb, W. J.: (CMTS) 1890 Veterans Census, (CO) Alcorn
Fisher, Ben: (CMTS) 1890 Veterans Census, (CO) Warren
Fisher, Bob: (CMTS) 1890 Veterans Census, (CO) Coahoma
Fisher, Bright: (CMTS) 1890 Veterans Census, (CO) Washington
Fisher, Elias: (CMTS) 1890 Veterans Census, (CO) Warren
Fisher, Henry: (CMTS) 1890 Veterans Census, (CO) Lee
Fisher, London: (CMTS) 1890 Veterans Census, (CO) Yazoo
Fisher, William: (CMTS) 1890 Veterans Census, (CO) Tunica
Fitch, Andrew J.: (CMTS) 1890 Veterans Census, (CO) Warren
Fitt, Jake: (B) Nov. 30, 1893, (Race) White, (WWIDR) Adams, MS, (CO) Adams
Fitzgerald, Alex: (B) Apr. 8, 1883, (Race) Black, (WWIDR) Adams, MS, (CO) Adams

Fitzgerald, Edward A.: (B) Jun. 19, 1894, (Race) White, (BP) Natchez, MS, (WWIDR) Warren, MS, (CO) Adams
Fitzhugh, Lee: (B) Jan. 10, 1899, (Race) Black, (WWIDR) Adams, MS, (CO) Adams
Fitzpatrick, Earl Harvey: (B) Aug. 20, 1896, (Race) White, (BP) L. Natchez, MS, (WWIDR) Adams, MS, (CO) Adams
Fitzpatrick, Louis A.: (CMTS) 1890 Veterans Census, (CO) Adams
Fitzpatrick, Louis Lee: (B) Apr. 28, 1885, (Race) White, (WWIDR) Adams, MS, (CO) Adams
Fitzsimmons, W. T.: (CMTS) 1890 Veterans Census, (CO) Alcorn
Flaherty, Elizabeth E.: (B) Feb. 15, 1869 (D) Aug. 24, 1886 (CO) Chickasaw, (C) Wesley Chapel Cemetery
Flake, Sampson H.: (CMTS) 1890 Veterans Census, (CO) Tippah
Flannagan, C. M.: (CMTS) 1890 Veterans Census, (CO) Warren
Fleming, Albert: (B) Nov. 1, 1896, (Race) Black, (BP) Jeannette, MS, (WWIDR) Adams, MS, (CO) Adams
Fleming, Claborn: (B) Mar. 8, 1898, (Race) Black, (WWIDR) Adams, MS, (CO) Adams
Fleming, Claud: (B) Mar. 12, 1890, (Race) Black, (BP) Jeannette, MS, (WWIDR) Adams, MS, (CO) Adams
Fleming, Edgar: (B) May 2, 1896, (Race) Black, (BP) Jeannette, MS, (WWIDR) Adams, MS, (CO) Adams
Fleming, Floyd: (B) Feb. 5, 1898, (Race) Black, (WWIDR) Adams, MS, (CO) Adams
Fleming, Foster: (B) Mar. 15, 1892, (Race) Black, (BP) Natchez, MS, (WWIDR) Issaquena, MS, (CO) Adams
Fleming, Issac: (CMTS) 1890 Veterans Census, (CO) Adams
Fleming, James: (B) Mar. 3, 1895, (Race) Black, (BP) Natchez, MS, (WWIDR) Adams, MS, (CO) Adams
Fleming, James: (B) Jan. 7, 1890, (Race) Black, (BP) Hamburg, MS, (WWIDR) Adams, MS, (CO) Adams
Fleming, James S.: (B) 1893, (Race) White, (WWIDR) Adams, MS, (CO) Adams
Fleming, Jane: (CMTS) 1890 Veterans Census, (CO) Adams
Fleming, John B: (CMTS) 1890 Veterans Census, (CO) Jefferson
Fleming, John Gaynor: (B) Oct. 12, 1895, (Race) Black, (BP) Jeannette, MS, (WWIDR) Adams, MS, (CO) Adams
Fleming, Joseph: (B) Sep 20, 1887, (Race) Black, (BP) Jeannette, MS, (WWIDR) Adams, MS, (CO) Adams
Fleming, Otis: (B) Jul. 27, 1896, (Race) Black, (BP) Jeannette, MS, (WWIDR) Adams, MS, (CO) Adams
Fleming, Robert: (B) Jun. 16, 1894, (Race) Black, (BP) Jeannette, MS, (WWIDR) Adams, MS, (CO) Adams
Fleming, Silas: (CMTS) 1890 Veterans Census, (CO) Warren
Fleming, Werner James: (B) Apr. 19, 1897, (Race) Black, (BP) Washington, MS, (WWIDR) Adams, MS, (CO) Adams
Fleming, Willie: (B) Sep, 18, 1887, (Race) Black, (BP) Jeannette, MS, (WWIDR) Adams, MS, (CO) Adams
Fletcher, Benjamin: (CMTS) 1890 Veterans Census, (CO) Warren
Fletcher, Levi: (CMTS) 1890 Veterans Census, (CO) Warren
Fletcher, Phill: (B) 1891, (Race) Black, (BP) Natchez, MS, (WWIDR) Sharkey, MS, (CO) Adams
Fletcher, Richard: (CMTS) 1890 Veterans Census, (CO) Warren
Fletcher, Richard Robin: (CMTS) 1890 Veterans Census, (CO) Warren
Fletcher, Robert: (B) Oct. 16, 1891, (Race) Black, (BP) Lee Bayou, LA, (WWIDR) Adams, MS, (CO) Adams
Fletcher, Willie: (B) Jun. 5, 1899, (Race) Black, (WWIDR) Adams, MS, (CO) Adams

Flinn, Willie H.: (CMTS) 1890 Veterans Census, (CO) Marshall
Flood, Jenkins: (CMTS) 1890 Veterans Census, (CO) Desoto
Flowers, Ellen: (CMTS) 1890 Veterans Census, (CO) Warren
Flowers, Julius: (B) Apr. 4, 1889, (Race) Black, (BP) Natchez, MS, (WWIDR) Bay, FL, (CO) Adams
Flowers, Moses: (CMTS) 1890 Veterans Census, (CO) Warren
Floyd, Emmett Monroe: (B) Jan. 26, 1883, (Race) White, (WWIDR) Adams, MS, (CO) Adams
Floyd, John H.: (CMTS) 1890 Veterans Census, (CO) Panola
Floyd, Ned: (CMTS) 1890 Veterans Census, (CO) Alcorn
Floyd, Percy William: (B) Aug. 19, 1881, (Race) White, (WWIDR) Adams, MS, (CO) Adams
Flynn, Alonzo: (CMTS) 1890 Veterans Census, (CO) Yazoo
Flynn, William A.: (CMTS) 1890 Veterans Census, (CO) Chickasaw
Foggo, Edward Joseph: (B) Jan. 14, 1899, (Race) White, (WWIDR) Adams, MS, (CO) Adams
Folde, Adam: (CMTS) 1890 Veterans Census, (CO) Washington
Foley, Albert: (B) Nov. 25, 1899, (Race) Black, (WWIDR) Adams, MS, (CO) Adams
Foley, Augustus: (B) Aug. 11, 1888, (Race) Black, (BP) Natchez, MS, (WWIDR) Adams, MS, (CO) Adams
Foley, Benjamin: (B) Jul. 20, 1895, (Race) Black, (BP) Natchez, MS, (WWIDR) Adams, MS, (CO) Adams
Foley, Sandford Richard: (B) Jun. 20, 1897, (Race) Black, (BP) L. Natchez, MS, (WWIDR) Adams, MS, (CO) Adams
Foley, Walter Madison: (B) Feb. 23, 1882, (Race) Black, (WWIDR) Adams, MS, (CO) Adams
Fontaine, Henry: (CMTS) 1890 Veterans Census, (CO) Bolivar
Foot, Lawrence: (CMTS) 1890 Veterans Census, (CO) Madison
Foote, Henry M.: (CMTS) 1890 Veterans Census, (CO) Lee
Forbush, Alexander: (CMTS) 1890 Veterans Census, (CO) Hancock
Force, Green: (CMTS) 1890 Veterans Census, (CO) Warren
Force, Harriet: (CMTS) 1890 Veterans Census, (CO) Warren
Ford, Anna: (CMTS) 1890 Veterans Census, (CO) Issaquena
Ford, Bradford: (CMTS) 1890 Veterans Census, (CO) Jefferson
Ford, Daniel: (CMTS) 1890 Veterans Census, (CO) Yazoo
Ford, Dock: (CMTS) 1890 Veterans Census, (CO) Issaquena
Ford, Elias W.: (CMTS) 1890 Veterans Census, (CO) Claiborne
Ford, Frank: (B) May 10, 1897, (Race) Black, (BP) L. Adams Co., MS, (WWIDR) Adams, MS, (CO) Adams
Ford, Henderson: (B) Jun. 27, 1895, (Race) Black, (BP) Natchez, MS, (WWIDR) Adams, MS, (CO) Adams
Ford, Henry: (B) Jun. 12, 1885, (Race) Black, (BP) Jackson Point, MS, (WWIDR) Adams, MS, (CO) Adams
Ford, Howell L.: (B) Jan. 3, 1892, (Race) White, (BP) Fayette, MS, (WWIDR) Adams, MS, (CO) Adams
Ford, Jack: (CMTS) 1890 Veterans Census, (CO) Warren
Ford, John: (B) Mar. 15, 1881, (Race) Black, (WWIDR) Adams, MS, (CO) Adams
Ford, Joseph: (CMTS) 1890 Veterans Census, (CO) Warren
Ford, Joseph M.: (CMTS) 1890 Veterans Census, (CO) Tishomingo
Ford, Lee: (B) Nov. 11, 1891, (Race) Black, (BP) Natchez, MS, (WWIDR) Warren, MS, (CO) Adams
Ford, Mollie: (CMTS) 1890 Veterans Census, (CO) Warren
Ford, William: (CMTS) 1890 Veterans Census, (CO) Adams
Ford, Willie: (B) Apr., 1899, (Race) Black, (WWIDR) Adams, MS, (CO) Adams
Fore, Chester Dare: (B) Dec. 8, 1891, (Race) White, (BP) Natchez, MS, (WWIDR) Stone, MS, (CO) Adams
Fore, Daniel Webster: (B) Nov. 14, 1889, (Race) White, (BP) Natchez, MS, (WWIDR) Stone, MS, (CO) Adams

Fore, James Thomas: (B) May 17, 1887, (Race) White, (BP) Natchez, MS, (WWIDR) Stone, MS, (CO) Adams
Fore, Joseph Richard: (B) Mar. 16, 1896, (Race) White, (BP) Natchez, MS, (WWIDR) Stone, MS, (CO) Adams
Fore, Samuel L.: (B) Jan. 16, 1894, (Race) White, (BP) Natchez, MS, (WWIDR) Stone, MS, (CO) Adams
Fore, Thomas H.: (B) Jul. 22, 1893, (Race) White Barlow, MS, (WWIDR) Adams, MS, (CO) Adams
Foreman, Frederick: (B) Jun. 29, 1893, (Race) Black Baton Rouge, LA, (WWIDR) Adams, MS, (CO) Adams
Foreman, Stephen: (CMTS) 1890 Veterans Census, (CO) Adams
Foreman, William: (B) Oct. 5, 1882, (Race) Black, (WWIDR) Adams, MS, (CO) Adams
Foreman, William: (CMTS) 1890 Veterans Census, (CO) Warren
Forman, Henry: (B) Jun. 27, 1897, (Race) Black, (BP) Natchez, MS, (WWIDR) Adams, MS, (CO) Adams
Forman, Henry: (B) Jun. 27, 1897, (Race) Black, (WWIDR) Adams, MS, (CO) Adams
Forman, Willie: (B) Sep 19, 1896, (Race) Black, (BP) Natchez, MS, (WWIDR) Adams, MS, (CO) Adams
Forster, Nelson: (B) Apr. 5, 1882, (Race) Black, (WWIDR) Adams, MS, (CO) Adams
Fort, Benjamin: (B) Feb. 5, 1894, (Race) Black Adams Co., MS, (WWIDR) Adams, MS, (CO) Adams
Fort, James: (B) Mar. 13, 1883, (Race) Black, (WWIDR) Adams, MS, (CO) Adams
Fort, Joseph: (B) Aug. 1, 1893, (Race) Black Adams Co., MS, (WWIDR) Adams, MS, (CO) Adams
Fort, Pierce: (B) Dec. 12, 1890, (Race) Black Adams Co., MS, (WWIDR) Adams, MS, (CO) Adams
Foster, Abraham: (CMTS) 1890 Veterans Census, (CO) Washington
Foster, Adam: (CMTS) 1890 Veterans Census, (CO) Copiah
Foster, Addison J.: (B) Oct. 30, 1887, (Race) White, (BP) Natchez, MS, (WWIDR) Adams, MS, (CO) Adams
Foster, Alex: (B) Mar. 8, 1897, (Race) Black, (BP) L. Adams Co., MS, (WWIDR) Jackson City, MS, (CO) Adams
Foster, Allison Rowan: (B) Oct. 22, 1898, (Race) White, (WWIDR) Adams, MS, (CO) Adams
Foster, Charlie: (B) Jul. 6, 1893, (Race) Black, (BP) Natchez, MS, (WWIDR) Adams, MS, (CO) Adams
Foster, Clarance: (B) Mar. 22, 1899, (Race) Black, (WWIDR) Adams, MS, (CO) Adams
Foster, Clinton: (B) Mar., 18, 1895, (Race) Black, (WWIDR) Adams, MS, (CO) Adams
Foster, Clinton: (B) Mar., 18, 1895, (Race) Black, (BP) Arnot, MS, (WWIDR) Adams, MS, (CO) Adams
Foster, David W.: (B) Sep 13, 1887, (Race) Black, (BP) Natchez, MS, (WWIDR) Adams, MS, (CO) Adams
Foster, Edward: (CMTS) 1890 Veterans Census, (CO) Coahoma
Foster, Field: (B) Aug. 4, 1884, (Race) Black, (WWIDR) Adams, MS, (CO) Adams
Foster, Floyd Earl: (B) Feb. 17, 1896, (Race) White, (BP) Natchez, MS, (WWIDR) Jackson City, MS, (CO) Adams
Foster, George: (CMTS) 1890 Veterans Census, (CO) Washington
Foster, Henry: (B) Aug. 24, 1896, (Race) Black, (BP) Natchez, MS, (WWIDR) Sunflower, MS, (CO) Adams
Foster, Henry: (CMTS) 1890 Veterans Census, (CO) Warren
Foster, James: (B) Nov. 20, 1890, (Race) Black, (BP) Natchez, MS, (WWIDR) Sunflower, MS, (CO) Adams
Foster, Joe: (B) Mar. 15, 1898, (Race) Black, (WWIDR) Adams, MS, (CO) Adams
Foster, Mary: (CMTS) 1890 Veterans Census, (CO) Claiborne
Foster, Samuel: (B) Feb. 10, 1894, (Race) Black, (BP) Pine Ridge, MS, (WWIDR) Adams,

MS, (CO) Adams
Foster, Thomas J.: (CMTS) 1890 Veterans Census, (CO) Jefferson
Foster, Tom: (CMTS) 1890 Veterans Census, (CO) Tunica
Foster, William: (CMTS) 1890 Veterans Census, (CO) Sunflower
Foster, William: (CMTS) 1890 Veterans Census, (CO) Warren
Foster, Wilson: (CMTS) 1890 Veterans Census, (CO) Adams
Foules, Charles D.: (CMTS) 1890 Veterans Census, (CO) Adams
Foules, Henry: (CMTS) 1890 Veterans Census, (CO) Adams
Fourence, Lafayette: (CMTS) 1890 Veterans Census, (CO) Sharkey
Foust, William W.: (CMTS) 1890 Veterans Census, (CO) Lafayette
Fowler, Albert: (CMTS) 1890 Veterans Census, (CO) Adams
Fowler, Cyrus: (CMTS) 1890 Veterans Census, (CO) Warren
Fowler, Emanuel Matthews: (B) Apr. 4, 1881, (Race) Black, (WWIDR) Adams, MS, (CO) Adams
Fowler, Geore W.: (CMTS) 1890 Veterans Census, (CO) Alcorn
Fowler, Henry James: (B) May 5, 1897, (Race) Black, (BP) Pine Ridge, MS, (WWIDR) Adams, MS, (CO) Adams
Fowler, John Charles: (B) May 6, 1888, (Race) White, (BP) Natchez, MS, (WWIDR) Adams, MS, (CO) Adams
Fowler, Leonard: (CMTS) 1890 Veterans Census, (CO) Warren
Fowler, Matthews: (B) 1895, (Race) Black Adams Co., MS, (WWIDR) Adams, MS, (CO) Adams
Fowler, Wesley: (CMTS) 1890 Veterans Census, (CO) Coahoma
Fox, Stepehen: (CMTS) 1890 Veterans Census, (CO) Claiborne
Foy, William: (CMTS) 1890 Veterans Census, (CO) Madison
Fraction, Pleasant: (CMTS) 1890 Veterans Census, (CO) Washington
Frames, Thomas: (CMTS) 1890 Veterans Census, (CO) Warren
France, George: (B) Jan. 25, 1889, (Race) Black, (BP) Natchez, MS, (WWIDR) Sunflower, MS, (CO) Adams
Frances, Thomas: (CMTS) 1890 Veterans Census, (CO) Warren
Frances, Virginia: (CMTS) 1890 Veterans Census, (CO) Warren
Frank, Hilliard: (CMTS) 1890 Veterans Census, (CO) Coahoma
Frank, John: (CMTS) 1890 Veterans Census, (CO) Harrison
Franklin, Ailsey: (CMTS) 1890 Veterans Census, (CO) Warren
Franklin, Benjamin: (CMTS) 1890 Veterans Census, (CO) Yazoo
Franklin, Clance: (B) 1895, (Race) Black Adams Co., MS, (WWIDR) Adams, MS, (CO) Adams
Franklin, Frank Duncan: (B) Nov. 28, 1890, (Race) White, (BP) Montgomery AL, (WWIDR) Adams, MS, (CO) Adams
Franklin, Isaac: (CMTS) 1890 Veterans Census, (CO) Adams
Franklin, Jim: (B) 1889, (Race) Black, (BP) Shulds Plantation, MS, (WWIDR) Adams, MS, (CO) Adams
Franklin, Samuel Young: (B) Oct. 6, 1885, (Race) White, (WWIDR) Adams, MS, (CO) Adams
Franklin, William: (CMTS) 1890 Veterans Census, (CO) Madison
Franks, Robert W.: (CMTS) 1890 Veterans Census, (CO) Sunflower
Fraser, Mose: (B) May 7, 1881, (Race) Black, (WWIDR) Adams, MS, (CO) Adams
Fraser, Sallie: (CMTS) 1890 Veterans Census, (CO) Bolivar
Frasier, Israel (Isreal): (B) Jul. 28, 1898, (Race) Black, (WWIDR) Adams, MS, (CO) Adams
Frasier, Lewis: (B) Apr. 10, 1884, (Race) Black, (WWIDR) Adams, MS, (CO) Adams
Frazier, Cage: (CMTS) 1890 Veterans Census, (CO) Yazoo
Frazier, Ed: (B) Sep 3, 1881, (Race) Black, (WWIDR) Adams, MS, (CO) Adams
Frazier, George: (B) Sep 5, 1896, (Race) Black, (BP) L. Natchez, MS, (WWIDR) Adams,

MS, (CO) Adams
Frazier, George: (CMTS) 1890 Veterans Census, (CO) Adams
Frazier, Henry: (B) Mar. 7, 1898, (Race) Black, (WWIDR) Adams, MS, (CO) Adams
Frazier, Isaac: (B) Apr. 22, 1891, (Race) Black, (BP) Waterproof, LA, (WWIDR) Adams,
    MS, (CO) Adams
Frazier, William Finis: (B) Aug. 10, 1883, (Race) White, (WWIDR) Adams,
    MS, (CO) Adams
Frazir, Steven: (CMTS) 1890 Veterans Census, (CO) Jefferson
Free, Willis: (CMTS) 1890 Veterans Census, (CO) Jefferson
Freeland, Butler: (CMTS) 1890 Veterans Census, (CO) Warren
Freeman, Archie: (CMTS) 1890 Veterans Census, (CO) Desoto
Freeman, Caven Emile: (B) Nov. 9, 1892, (Race) White, (BP) Troy AL, (WWIDR) Adams,
    MS, (CO) Adams
Freeman, Frederic: (CMTS) 1890 Veterans Census, (CO) Washington
Freeman, Harry: (CMTS) 1890 Veterans Census, (CO) Waraen
Freeman, J.: (CMTS) 1890 Veterans Census, (CO) Jackson
Freeman, Jerry: (CMTS) 1890 Veterans Census, (CO) Union
Freeman, Joe: (B) Feb. 2, 1884, (Race) White, (WWIDR) Perry, MS, (CO) Adams
Freeman, Josaphine: (CMTS) 1890 Veterans Census, (CO) Warren
Freman, William: (CMTS) 1890 Veterans Census, (CO) Washington
French, Briant: (CMTS) 1890 Veterans Census, (CO) Marshall
French, Eugene Brewster: (B) Oct. 13, 1885, (Race) White, (WWIDR) Adams,
    MS, (CO) Adams
French, Harrison: (CMTS) 1890 Veterans Census, (CO) Washington
French, James: (CMTS) 1890 Veterans Census, (CO) Washington
French, John: (CMTS) 1890 Veterans Census, (CO) Washington
French, Robert Leroy: (B) Mar. 14, 1890, (Race) White, (BP) Natchez, MS, (WWIDR) Adams,
    MS, (CO) Adams
French, Rosa: (CMTS) 1890 Veterans Census, (CO) Washington
French, T. D.: (CMTS) 1890 Veterans Census, (CO) Warren
Friar, George: (CMTS) 1890 Veterans Census, (CO) Warren
Friend, Alberry: (CMTS) 1890 Veterans Census, (CO) Washington
Friend, James: (CMTS) 1890 Veterans Census, (CO) Warren
Friendly, James: (CMTS) 1890 Veterans Census, (CO) Warren
Frier, Charles: (CMTS) 1890 Veterans Census, (CO) Jackson
Frierson, Nancy: (CMTS) 1890 Veterans Census, (CO) Tunica
Fries, Christofer Anderson: (B) May 15, 1884, (Race) White, (WWIDR) Adams,
    MS, (CO) Adams
Frisborne, Isaac: (CMTS) 1890 Veterans Census, (CO) Washington
Frisborne, Jane: (CMTS) 1890 Veterans Census, (CO) Washington
Frishman, Rosa: (CMTS) 1890 Veterans Census, (CO) Adams
Frishman, Samuel: (CMTS) 1890 Veterans Census, (CO) Adams
Fritz, Emil: (CMTS) 1890 Veterans Census, (CO) Holmes
Fritz, Martin E.: (CMTS) 1890 Veterans Census, (CO) Holmes
Frurson, William B.: (CMTS) 1890 Veterans Census, (CO) Lafayette
Fry, Charles: (B) Feb. 7, 1889, (Race) Black Concordia Par., LA, (WWIDR) Adams,
    MS, (CO) Adams
Fry, Frank: (B) 1893, (Race) Black, (BP) Natchez, MS, (WWIDR) Sunflower, MS, (CO) Adams
Fryer, Joseph: (CMTS) 1890 Veterans Census, (CO) Coahoma
Fulcher, Adolphus: (CMTS) 1890 Veterans Census, (CO) Wilkinson
Fulgum, Emily: (CMTS) 1890 Veterans Census, (CO) Warren
Fulgum, Gordon: (CMTS) 1890 Veterans Census, (CO) Warren
Fulgurn, Emily: (CMTS) 1890 Veterans Census, (CO) Warren
Fuller, Sarah: (CMTS) 1890 Veterans Census, (CO) Washington

Fulsom, Aleck: (CMTS) 1890 Veterans Census, (CO) Warren
Fultz, Jacob: (CMTS) 1890 Veterans Census, (CO) Tunica
Funderburk, William H.: (CMTS) 1890 Veterans Census, (CO) Itawamba
Funk, Christian: (CMTS) 1890 Veterans Census, (CO) Lauderdale
Gage, Charles W.: (CMTS) 1890 Veterans Census, (CO) Lincoln
Gage, Gloster: (B) Sep 2, 1888, (Race) Black Adams Co., MS, (WWIDR) Adams, MS, (CO) Adams
Gahopia, Aron: (B) Dec. 5, 1883, (Race) Black, (WWIDR) Adams, MS, (CO) Adams
Gaies, William: (B) Apr. 7, 1899, (Race) Black, (WWIDR) Adams, MS, (CO) Adams
Gaines, Alex: (CMTS) 1890 Veterans Census, (CO) Bolivar
Gaines, Elisha: (CMTS) 1890 Veterans Census, (CO) Jefferson
Gaines, Louis: (CMTS) 1890 Veterans Census, (CO) Jefferson
Gaines, Sarah: (CMTS) 1890 Veterans Census, (CO) Jefferson
Gaines, Westley: (CMTS) 1890 Veterans Census, (CO) Jefferson
Gaines, William: (B) Dec. 25, 1881, (Race) Black, (WWIDR) Adams, MS, (CO) Adams
Gains, Charles: (CMTS) 1890 Veterans Census, (CO) Washington
Gains, Clark: (CMTS) 1890 Veterans Census, (CO) Jefferson
Gains, Francis: (CMTS) 1890 Veterans Census, (CO) Washington
Gains, Richard: (CMTS) 1890 Veterans Census, (CO) Washington
Gairey, Thomas: (CMTS) 1890 Veterans Census, (CO) Adams
Gaither, Matson: (CMTS) 1890 Veterans Census, (CO) Warren
Gaither, Rosa: (CMTS) 1890 Veterans Census, (CO) Warren
Galago, Esau: (CMTS) 1890 Veterans Census, (CO) Sunflower
Galberth, Elizabeth: (CMTS) 1890 Veterans Census, (CO) Jefferson
Galberth, John A.: (CMTS) 1890 Veterans Census, (CO) Jefferson
Gale, Amanda: (CMTS) 1890 Veterans Census, (CO) Warren
Gale, James: (B) Feb., 1893, (Race) Black Butler Swamp, MS, (WWIDR) Adams, MS, (CO) Adams
Gale, James W.: (CMTS) 1890 Veterans Census, (CO) Bolivar
Gale, Jefferson: (CMTS) 1890 Veterans Census, (CO) Warren
Gale, Sam: (CMTS) 1890 Veterans Census, (CO) Warren
Gale, Wesley: (B) 1892, (Race) Black, (BP) Jefferson Co., MS, (WWIDR) Adams, MS, (CO) Adams
Gales, Douglas: (B) Apr., 1895, (Race) Black, (BP) Kingston, MS, (WWIDR) Adams, MS, (CO) Adams
Gales, James: (B) Mar. 27, 1894, (Race) Black, (BP) Fayette, MS, (WWIDR) Adams, MS, (CO) Adams
Gales, James: (CMTS) 1890 Veterans Census, (CO) Jefferson
Gallaher, Carl: (B) Sep 2, 1897, (Race) White, (WWIDR) Adams, MS, (CO) Adams
Gallison, Renty: (CMTS) 1890 Veterans Census, (CO) Yazoo
Gallon, Henderson: (CMTS) 1890 Veterans Census, (CO) Bolivar
Gallon, Nancy: (CMTS) 1890 Veterans Census, (CO) Bolivar
Galloway, Ben: (CMTS) 1890 Veterans Census, (CO) Hancock
Galloway, Kattie: (CMTS) 1890 Veterans Census, (CO) Adams
Galloway, Maria: (CMTS) 1890 Veterans Census, (CO) Hancock
Galloway, Mike: (CMTS) 1890 Veterans Census, (CO) Adams
Galmore, James: (B) 1890, (Race) Black Adams Co., MS, (WWIDR) Adams, MS, (CO) Adams
Galoway, James: (CMTS) 1890 Veterans Census, (CO) Desoto
Gals, James: (B) Feb., 1893, (Race) Black Butler Swamp, MS, (WWIDR) Adams, MS, (CO) Adams
Gambler, Anthony: (CMTS) 1890 Veterans Census, (CO) Warren
Gamel, Eorge: (CMTS) 1890 Veterans Census, (CO) Coahoma
Gant, Robert Henry: (B) Sep 21, 1881, (Race) Black, (WWIDR) Adams,

MS, (CO) Adams
Gant, William: (CMTS) 1890 Veterans Census, (CO) Sunflower
Gant, William: (CMTS) 1890 Veterans Census, (CO) Claiborne
Gardner, Wesly: (CMTS) 1890 Veterans Census, (CO) Washington
Garison, Tom: (B) Oct. 23, 1895, (Race) Black Arnot, MS, (WWIDR) Adams,
    MS, (CO) Adams
Garland, John: (B) Mar. 20, 1884, (Race) Black, (WWIDR) Sunflower, MS, (CO) Adams
Garn, Amos: (B) Mar. 15, 1883, (Race) Black, (WWIDR) Adams, MS, (CO) Adams
Garnder, Andrew D.: (CMTS) 1890 Veterans Census, (CO) Leflore
Garner, John David: (B) Dec. 9, 1884, (Race) Black, (WWIDR) Adams, MS, (CO) Adams
Garner, London: (B) Feb. 1, 1890, (Race) Black, (BP) Natchez, MS, (WWIDR) Adams,
    MS, (CO) Adams
Garnes, Winnie: (CMTS) 1890 Veterans Census, (CO) Warren
Garnigan, W. C: (CMTS) 1890 Veterans Census, (CO) Tishomingo
Garr, Amos: (B) Mar. 15, 1883, (Race) Black, (WWIDR) Adams, MS, (CO) Adams
Garret, John: (CMTS) 1890 Veterans Census, (CO) Jefferson
Garret, Willis: (CMTS) 1890 Veterans Census, (CO) Adams
Garrett, Alec: (CMTS) 1890 Veterans Census, (CO) Tate
Garrett, James C: (CMTS) 1890 Veterans Census, (CO) Desoto
Garrett, Robert: (CMTS) 1890 Veterans Census, (CO) Washington
Garrett, William C: (CMTS) 1890 Veterans Census, (CO) Coahoma
Garrison, Tom: (B) Oct. 23, 1895, (Race) Black Arnot, MS, (WWIDR) Adams,
    MS, (CO) Adams
Garrott, Ransom: (CMTS) 1890 Veterans Census, (CO) Tate
Garrus, Clement Peter: (B) Jul. 1, 1883, (Race) Black, (WWIDR) Adams, MS, (CO) Adams
Garrus, Fred: (B) Oct. 24, 1884, (Race) Black, (WWIDR) Adams, MS, (CO) Adams
Gary, Henry: (CMTS) 1890 Veterans Census, (CO) Sharkey
Gary, Thomas: (CMTS) 1890 Veterans Census, (CO) Waren
Gary, Willie: (B) May, 1898, (Race) Black, (WWIDR) Adams, MS, (CO) Adams
Gaskin, Anthony: (CMTS) 1890 Veterans Census, (CO) Waren
Gaskin, Reed: (CMTS) 1890 Veterans Census, (CO) Adams
Gaskin, Sarah: (CMTS) 1890 Veterans Census, (CO) Warren
Gassage, Laurence: (B) Oct. 10, 1898, (Race) White, (WWIDR) Adams, MS, (CO) Adams
Gastrill, Henry M.: (CMTS) 1890 Veterans Census, (CO) Adams
Gastrill, Lucy E.: (CMTS) 1890 Veterans Census, (CO) Adams
Gates, David: (CMTS) 1890 Veterans Census, (CO) Claiborne
Gates, Harrison: (CMTS) 1890 Veterans Census, (CO) Washington
Gates, John Purcer: (B) Dec. 11, 1896, (Race) White, (BP) Meadville, MS, (WWIDR) Sharkey,
    MS, (CO) Adams
Gay, Peter: (CMTS) 1890 Veterans Census, (CO) Coahoma
Gayler, Winfield Douglas: (B) Feb. 6, 1893, (Race) Black, (BP) Stanton, MS, (WWIDR) Adams,
    MS, (CO) Adams
Gaynor, Ernest Clifford: (B) Dec. 27, 1892, (Race) White, (BP) Natchez, MS, (WWIDR) Jackson
    City, MS, (CO) Adams
Geeter, Ike: (B) Apr., 1884, (Race) Black, (WWIDR) Adams, MS, (CO) Adams
Geisenberger, Abraham Harold: (B) Jul. 8, 1897, (Race) White, (BP) Natchez, MS, (WWIDR)
    Adams, MS, (CO) Adams
Geisenberger, Abraham Harold: (B) Jul. 8, 1897, (Race) White, (WWIDR) Adams,
    MS, (CO) Adams
Geisenberger, Alex J.: (B) Oct. 4, 1887, (Race) White, (BP) Natchez, MS, (WWIDR) Adams,
    MS, (CO) Adams
Geisenberger, Bernard Claren: (B) Dec. 6, 1892, (Race) White, (BP) Natchez, MS, (WWIDR)
    Adams, MS, (CO) Adams
Geisenberger, Robert Edward: (B) Jan. 19, 1898, (Race) White, (WWIDR) Adams,

MS, (CO) Adams
Geisenberger, Samuel: (B) Sep 26, 1895, (Race) White, (BP) Natchez, MS, (WWIDR) Adams, MS, (CO) Adams
Geisenberger, Wilfred Alexander: (B) Sep 5, 1892, (Race) White, (BP) Natchez, MS, (WWIDR) Adams, MS, (CO) Adams
Genters, George C: (CMTS) 1890 Veterans Census, (CO) Warren
Gentile, Joseph: (CMTS) 1890 Veterans Census, (CO) Washington
Gentry, Ben: (CMTS) 1890 Veterans Census, (CO) Monroe
Gentry, Frank: (CMTS) 1890 Veterans Census, (CO) Bolivar
Gentry, Green: (CMTS) 1890 Veterans Census, (CO) Washington
Gentry, Jesse F.: (CMTS) 1890 Veterans Census, (CO) Bolivar
Gentry, John: (CMTS) 1890 Veterans Census, (CO) Yalobusha
Gentry, Peggie: (CMTS) 1890 Veterans Census, (CO) Yalobusha
George, Washington: (CMTS) 1890 Veterans Census, (CO) Panola
Germain, Charles: (CMTS) 1890 Veterans Census, (CO) Lauderdale
Gerrin, Henry: (CMTS) 1890 Veterans Census, (CO) Panola
Gerten, John: (CMTS) 1890 Veterans Census, (CO) Lauderdale
Ghee, Julius: (CMTS) 1890 Veterans Census, (CO) Marshall
Gibbs, Calvin: (CMTS) 1890 Veterans Census, (CO) Warren
Gibbs, Raymond S.: (B) Jul. 12, 1889, (Race) White, (WWIDR) Adams, MS, (CO) Adams
Gibbs, Wash: (CMTS) 1890 Veterans Census, (CO) Issaquena
Gibbs, William H.: (CMTS) 1890 Veterans Census, (CO) Hinds
Gibbson, Nelson: (CMTS) 1890 Veterans Census, (CO) Bolivar
Gibson, Alfred G.: (CMTS) 1890 Veterans Census, (CO) Benton
Gibson, Allen: (B) Mar. 23, 1885, (Race) Black, (WWIDR) Adams, MS, (CO) Adams
Gibson, Ambrose: (CMTS) 1890 Veterans Census, (CO) Warren
Gibson, Charley: (CMTS) 1890 Veterans Census, (CO) Washington
Gibson, Edwin G.: (CMTS) 1890 Veterans Census, (CO) Harrison
Gibson, Elijah: (CMTS) 1890 Veterans Census, (CO) Yazoo
Gibson, Eliza: (CMTS) 1890 Veterans Census, (CO) Warren
Gibson, Issac: (CMTS) 1890 Veterans Census, (CO) Washington
Gibson, James T.: (CMTS) 1890 Veterans Census, (CO) Newton
Gibson, John: (CMTS) 1890 Veterans Census, (CO) Adams
Gibson, John Arthur: (B) Mar. 20, 1884, (Race) White, (WWIDR) Adams, MS, (CO) Adams
Gibson, Leroy: (B) 1894, (Race) Black, (BP) Mississippi, (WWIDR) Adams, MS, (CO) Adams
Gibson, Mary: (CMTS) 1890 Veterans Census, (CO) Warren
Gibson, Minerva: (CMTS) 1890 Veterans Census, (CO) Warren
Gibson, Prince: (CMTS) 1890 Veterans Census, (CO) Claiborne
Gibson, Richard: (CMTS) 1890 Veterans Census, (CO) Madison
Gibson, Safron: (CMTS) 1890 Veterans Census, (CO) Adams
Gibson, Samuel: (CMTS) 1890 Veterans Census, (CO) Yazoo
Gibson, Sarah: (CMTS) 1890 Veterans Census, (CO) Warren
Gibson, Squire: (CMTS) 1890 Veterans Census, (CO) Leflore
Gibson, William: (CMTS) 1890 Veterans Census, (CO) Sunflower
Gibson, William: (CMTS) 1890 Veterans Census, (CO) Jefferson
Gibson, Willie Tucker: (B) May 26, 1883, (Race) White, (WWIDR) Adams, MS, (CO) Adams
Gidden, Jonn: (B) Jul. 31, 1898, (Race) Black, (WWIDR) Adams, MS, (CO) Adams
Gift, James E.: (CMTS) 1890 Veterans Census, (CO) Alcorn
Giggles, Henry: (CMTS) 1890 Veterans Census, (CO) Sunflower
Gilbert, Abner D.: (CMTS) 1890 Veterans Census, (CO) Perry
Gilbert, Albert: (CMTS) 1890 Veterans Census, (CO) Adams
Gilbert, Benjamin Franklin: (B) Jul. 10, 1882, (Race) White, (WWIDR) Adams, MS, (CO) Adams
Gilbert, James G.: (CMTS) 1890 Veterans Census, (CO) Hinds

Gilbert, Otis: (B) Sep 1, 1892, (Race) White, (BP) Hamburg, MS, (WWIDR) Adams,
  MS, (CO) Adams
Gilbert, Rev.: (B) Jul. 5, 1893, (Race) White, (BP) Marion, NJ, (WWIDR) Adams,
  MS, (CO) Adams
Gilbert, Wesley: (CMTS) 1890 Veterans Census, (CO) Glaiborn
Gilbert, William L.: (CMTS) 1890 Veterans Census, (CO) Jackson
Giles, Alford: (CMTS) 1890 Veterans Census, (CO) Hinds
Giles, Dan: (CMTS) 1890 Veterans Census, (CO) Warren
Giles, James Sharon: (B) Feb. 8, 1881, (Race) White, (WWIDR) Adams, MS, (CO) Adams
Giles, Thomas DeShields: (B) Sep 22, 1884, (Race) White, (WWIDR) Adams,
  MS, (CO) Adams
Gilford, Charley: (CMTS) 1890 Veterans Census, (CO) Washington
Gill, Dick: (CMTS) 1890 Veterans Census, (CO) Washington
Gill, Nimrod: (CMTS) 1890 Veterans Census, (CO) Franklin
Gillem, Steve: (CMTS) 1890 Veterans Census, (CO) Hancock
Gillem, Steven: (CMTS) 1890 Veterans Census, (CO) Hancock
Gillespie, A.: (B) Nov. 8, 1898 (D) Aug. 15 1969 (CO) Chickasaw, (C) Wesley Chapel Cemetery
Gillespie, Clarence: (B) May 13, 1893, (Race) Black Brius, MS, (WWIDR) Adams,
  MS, (CO) Adams
Gilliland, Dock: (CMTS) 1890 Veterans Census, (CO) Tate
Gilliland, Thomas: (CMTS) 1890 Veterans Census, (CO) Tate
Gillim, William: (CMTS) 1890 Veterans Census, (CO) Yazoo
Gilliner, Roughen: (CMTS) 1890 Veterans Census, (CO) Desoto
Gillis, Charles: (CMTS) 1890 Veterans Census, (CO) Tunica
Gillispie, John: (CMTS) 1890 Veterans Census, (CO) Tunica
Gillum, William: (CMTS) 1890 Veterans Census, (CO) Yazoo
Gillyard, Batiece: (CMTS) 1890 Veterans Census, (CO) Adams
Gilmore, Henry West: (B) Feb. 22, 1883, (Race) White, (WWIDR) Adams,
  MS, (CO) Adams
Gilmore, Richard D.: (CMTS) 1890 Veterans Census, (CO) Coahoma
Gilson, Sarah: (CMTS) 1890 Veterans Census, (CO) Warren
Gilyard, Walter: (B) Dec. 24, 1894, (Race) Black Adams Co., MS, (WWIDR) Adams,
  MS, (CO) Adams
Girgsby, Samuel: (CMTS) 1890 Veterans Census, (CO) Leflore
Girtley, Nathan: (B) Dec. 24, 1883, (Race) Black, (WWIDR) Adams, MS, (CO) Adams
Givins, Matilda: (CMTS) 1890 Veterans Census, (CO) Leflore
Gladley, Silas: (CMTS) 1890 Veterans Census, (CO) Panola
Glascow, Andrew: (CMTS) 1890 Veterans Census, (CO) Bolivar
Glascow, Sarah A.: (CMTS) 1890 Veterans Census, (CO) Prentis
Glasper, Isaac: (B) Aug. 15, 1899, (Race) Black, (WWIDR) Adams, MS, (CO) Adams
Glavin, John: (CMTS) 1890 Veterans Census, (CO) Adams
Glenn, William E.: (CMTS) 1890 Veterans Census, (CO) Desoto
Glover, Elizabeth: (CMTS) 1890 Veterans Census, (CO) Panola
Glover, Henry: (B) Jun. 4, 1889, (Race) Black Adams Co., MS, (WWIDR) Adams,
  MS, (CO) Adams
Glover, John: (CMTS) 1890 Veterans Census, (CO) Grenada
Glover, Marshal: (B) May 29, 1895, (Race) Black Adams Co., MS, (WWIDR) Adams,
  MS, (CO) Adams
Glover, Oke: (B) Jan., 1881, (Race) Black, (WWIDR) Adams, MS, (CO) Adams
Glover, Spencer: (B) Dec. 15, 1882, (Race) Black, (WWIDR) Adams, MS, (CO) Adams
Glynn, Martha: (CMTS) 1890 Veterans Census, (CO) Washington
Godwin, Abram J.: (CMTS) 1890 Veterans Census, (CO) Jefferson
Goens, William: (CMTS) 1890 Veterans Census, (CO) Tunica
Goetz, Charles Clifton: (B) Sep 17, 1881, (Race) White, (WWIDR) Adams,

MS, (CO) Adams
Goffener, Isaac: (CMTS) 1890 Veterans Census, (CO) Warren
Goings, Henry: (B) Aug. 22, 1889, (Race) Black Briers, MS, (WWIDR) Adams, MS, (CO) Adams
Goings, Henry: (B) 1897, (Race) Black, (WWIDR) Adams, MS, (CO) Adams
Goings, Ike: (B) Jan. 16, 1884, (Race) Black, (WWIDR) Adams, MS, (CO) Adams
Gold, John: (CMTS) 1890 Veterans Census, (CO) Warren
Goldberger, Max Meyer: (B) Oct. 23, 1885, (Race) White, (WWIDR) Adams, MS, (CO) Adams
Golden, Lawrence: (CMTS) 1890 Veterans Census, (CO) Yazoo
Goldsmith, Sidney Adolph: (B) Sep 17, 1881, (Race) White, (WWIDR) Adams, MS, (CO) Adams
Golf, Wash: (B) Dec. 16, 1888, (Race) Black, (BP) Kings Point, LA, (WWIDR) Adams, MS, (CO) Adams
Gollaher, Carl: (B) Sep 2, 1899, (Race) White, (WWIDR) Adams, MS, (CO) Adams
Gooch, John: (CMTS) 1890 Veterans Census, (CO) Coahoma
Gooch, Thomas P: (CMTS) 1890 Veterans Census, (CO) Yalobusha
Goodan, Bettie: (CMTS) 1890 Veterans Census, (CO) Washington
Goode, James H.: (CMTS) 1890 Veterans Census, (CO) Tishomingo
Gooden, Collene: (CMTS) 1890 Veterans Census, (CO) Sharkey
Gooden, John: (B) May 8, 1896, (Race) Black, (BP) Selma, MS, (WWIDR) Adams, MS, (CO) Adams
Goodes, Charley: (B) Mar. 20, 1884, (Race) Black, (WWIDR) Adams, MS, (CO) Adams
Goodin, Theodore: (B) Oct. 28, 1891, (Race) Black Church Hill, MS, (WWIDR) Adams, MS, (CO) Adams
Gooding, Thadeus: (CMTS) 1890 Veterans Census, (CO) Jackson
Goodloe, Isaac: (CMTS) 1890 Veterans Census, (CO) Yazoo
Goodly, Burrell: (CMTS) 1890 Veterans Census, (CO) Warren
Goodman, Burleigh: (CMTS) 1890 Veterans Census, (CO) Sharkey
Goodman, Henry: (CMTS) 1890 Veterans Census, (CO) Washington
Goodman, Robert D.: (CMTS) 1890 Veterans Census, (CO) Tishomingo
Goodwin, Alonzo: (CMTS) 1890 Veterans Census, (CO) Lafayette
Goodwin, Caliven: (CMTS) 1890 Veterans Census, (CO) Bolivar
Goosby, William: (CMTS) 1890 Veterans Census, (CO) Holmes
Gooseberry, Richard: (B) Oct. 8, 1896, (Race) Black, (BP) L. Adams Co., MS, (WWIDR) Adams, MS, (CO) Adams
Gorden, Thomas H.: (CMTS) 1890 Veterans Census, (CO) Yalobusha
Gordon, Adeline: (CMTS) 1890 Veterans Census, (CO) Warren
Gordon, Adline: (CMTS) 1890 Veterans Census, (CO) Warren
Gordon, Augustus: (CMTS) 1890 Veterans Census, (CO) Desoto
Gordon, Fred: (B) Apr. 19, 1891, (Race) Black Adams Co., MS, (WWIDR) Adams, MS, (CO) Adams
Gordon, Harrison: (CMTS) 1890 Veterans Census, (CO) Sharkey
Gordon, Henry: (B) Dec., 1896, (Race) Black, (WWIDR) Adams, MS, (CO) Adams
Gordon, Howard G.: (B) Dec. 4, 1895, (Race) Black, (BP) Natchez, MS, (WWIDR) Adams, MS, (CO) Adams
Gordon, Jack: (CMTS) 1890 Veterans Census, (CO) Yazoo
Gordon, James: (B) Jun., 1890, (Race) Black, (WWIDR) Adams, MS, (CO) Adams
Gordon, James: (CMTS) 1890 Veterans Census, (CO) Warren
Gordon, James J.: (CMTS) 1890 Veterans Census, (CO) Jefferson
Gordon, Joe: (CMTS) 1890 Veterans Census, (CO) Washington
Gordon, Julia: (CMTS) 1890 Veterans Census, (CO) Warren
Gordon, Lewis: (CMTS) 1890 Veterans Census, (CO) Adams
Gordon, Lewis: (CMTS) 1890 Veterans Census, (CO) Warren
Gordon, Nathan: (B) Dec., 1893, (Race) Black Ashland, MS, (WWIDR) Adams, MS, (CO) Adams

Gordon, Peter: (CMTS) 1890 Veterans Census, (CO) Benton
Gordon, Riley: (CMTS) 1890 Veterans Census, (CO) Warren
Gordon, William: (CMTS) 1890 Veterans Census, (CO) Warren
Gordon, Willis: (CMTS) 1890 Veterans Census, (CO) Warren
Gore, William: (CMTS) 1890 Veterans Census, (CO) Wayne
Gorland, E. A.: (CMTS) 1890 Veterans Census, (CO) Yalobusha
Gorland, Joseph: (CMTS) 1890 Veterans Census, (CO) Washington
Gormon, John M.: (B) Oct. 5, 1896, (Race) White, (BP) Natchez, MS, (WWIDR) Adams, MS, (CO) Adams
Gorns, William: (CMTS) 1890 Veterans Census, (CO) Tunica
Gory, Willie: (B) May, 1898, (Race) Black, (WWIDR) Adams, MS, (CO) Adams
Goss, George: (CMTS) 1890 Veterans Census, (CO) Jackson
Goss, Walter Frank: (B) Nov. 15, 1890, (Race) White, (BP) Union Parrish, LA, (WWIDR) Adams, MS, (CO) Adams
Gossage, Laurence: (B) Oct. 10, 1898, (Race) White, (WWIDR) Adams, MS, (CO) Adams
Gossbey, Bill: (CMTS) 1890 Veterans Census, (CO) Desoto
Gould, Charles: (CMTS) 1890 Veterans Census, (CO) Warren
Gower, Samuel H.: (CMTS) 1890 Veterans Census, (CO) Adams
Grable, Bedford: (CMTS) 1890 Veterans Census, (CO) Leflore
Grady, Daniel James: (B) Dec. 11, 1884, (Race) White, (WWIDR) Adams, MS, (CO) Adams
Grady, John D.: (B) Dec. 25, 1893, (Race) White, (BP) Natchez, MS, (WWIDR) Adams, MS, (CO) Adams
Grafton, Frank: (CMTS) 1890 Veterans Census, (CO) Bolivar
Graham, Dennis: (CMTS) 1890 Veterans Census, (CO) Benton
Graham, Frank: (B) Sep 8, 1892, (Race) Black Adams Co., MS, (WWIDR) Adams, MS, (CO) Adams
Graham, George: (CMTS) 1890 Veterans Census, (CO) Coahoma
Graham, Jack: (B) Mar. 7, 1895, (Race) White, (BP) Natchez, MS, (WWIDR) Adams, MS, (CO) Adams
Graham, John: (B) Apr. 9, 1887, (Race) Black Adams Co., MS, (WWIDR) Adams, MS, (CO) Adams
Graham, L. O.: (CMTS) 1890 Veterans Census, (CO) Tippah
Graham, Levi: (CMTS) 1890 Veterans Census, (CO) Jackson
Graham, Ned: (CMTS) 1890 Veterans Census, (CO) Adams
Graham, Robert Lawrence: (B) Apr. 12, 1881, (Race) White, (WWIDR) Adams, MS, (CO) Adams
Graham, Sam: (B) Dec. 20, 1896, (Race) Black, (BP) Pine Ridge, MS, (WWIDR) Adams, MS, (CO) Adams
Gram, Sam: (B) Dec. 20, 1896, (Race) Black, (BP) Pine Ridge, MS, (WWIDR) Adams, MS, (CO) Adams
Granderson, Noah: (CMTS) 1890 Veterans Census, (CO) Warren
Granderson, Tom: (CMTS) 1890 Veterans Census, (CO) Issaquena
Grandeson, Alexander: (CMTS) 1890 Veterans Census, (CO) Warren
Grandeson, Jane: (CMTS) 1890 Veterans Census, (CO) Warren
Grant, Alford: (CMTS) 1890 Veterans Census, (CO) Sharkey
Grant, Annie: (CMTS) 1890 Veterans Census, (CO) Adams
Grant, Brisco: (CMTS) 1890 Veterans Census, (CO) Adams
Grant, Charlie: (B) Aug. 26, 1894, (Race) Black, (BP) Natchez, MS, (WWIDR) Adams, MS, (CO) Adams
Grant, Milton: (CMTS) 1890 Veterans Census, (CO) Jefferson
Grant, Richard L.: (CMTS) 1890 Veterans Census, (CO) Warren
Grant, Silass: (CMTS) 1890 Veterans Census, (CO) Tunica
Grant, Stephen: (CMTS) 1890 Veterans Census, (CO) Desoto
Grant, William G.: (CMTS) 1890 Veterans Census, (CO) Bolivar

Grantham, Cynthia: (B) Feb. 28, 1807, (D) Jan. 26, 1899, (CO) Jones, (C) Grantham Cemetery
Granton, Daniel: (CMTS) 1890 Veterans Census, (CO) Washington
Grass, John: (CMTS) 1890 Veterans Census, (CO) Claiborne
Grassper, Philip: (CMTS) 1890 Veterans Census, (CO) Bolivar
Graves, Bob: (B) Dec. 16, 1882, (Race) Black, (WWIDR) Adams, MS, (CO) Adams
Graves, George: (B) Feb. 15, 1895, (Race) Black, (BP) Franklin Co., MS, (WWIDR) Adams, MS, (CO) Adams
Graves, Henry: (CMTS) 1890 Veterans Census, (CO) Washington
Graves, Isaac: (CMTS) 1890 Veterans Census, (CO) Bolivar
Graves, Ivy Long: (B) Sep, 18, 1894, (Race) White, (BP) Roxie, MS, (WWIDR) Adams, MS, (CO) Adams
Graves, James H.: (CMTS) 1890 Veterans Census, (CO) Washington
Graves, Robert: (B) 1888, (Race) Black, (BP) Natchez, MS, (WWIDR) Adams, MS, (CO) Adams
Graves, Vernon Lee: (B) Aug. 27, 1898, (Race) Black, (WWIDR) Adams, MS, (CO) Adams
Graves, Willie: (B) May 22, 1892, (Race) Black, (BP) Natchez, MS, (WWIDR) Adams, MS, (CO) Adams
Gravie, Allen: (CMTS) 1890 Veterans Census, (CO) Warren
Gravie, Lizzie: (CMTS) 1890 Veterans Census, (CO) Warren
Gray, Aaron Ralph: (B) Oct. 26, 1884, (Race) Black, (WWIDR) Adams, MS, (CO) Adams
Gray, Charlotte: (CMTS) 1890 Veterans Census, (CO) Warren
Gray, Clayborn: (CMTS) 1890 Veterans Census, (CO) Sharkey
Gray, Edmund: (CMTS) 1890 Veterans Census, (CO) Jefferson
Gray, Franklin Jefferson: (B) Sep 10, 1882, (Race) White, (WWIDR) Adams, MS, (CO) Adams
Gray, Hypolite: (CMTS) 1890 Veterans Census, (CO) Warren
Gray, Isaac L.: (CMTS) 1890 Veterans Census, (CO) Madison
Gray, John P: (CMTS) 1890 Veterans Census, (CO) Warren
Gray, Joshua: (CMTS) 1890 Veterans Census, (CO) Hinds
Gray, Lewis: (CMTS) 1890 Veterans Census, (CO) Adams
Gray, Mary E.: (CMTS) 1890 Veterans Census, (CO) Madison
Gray, Norman D.: (B) Nov. 5, 1889, (Race) Black, (BP) Fayette, MS, (WWIDR) Adams, MS, (CO) Adams
Gray, Peter: (CMTS) 1890 Veterans Census, (CO) Warren
Gray, Philip Albert: (B) Nov. 11, 1896, (Race) Black, (WWIDR) Adams, MS, (CO) Adams
Gray, Romeo: (B) Jan., 1895, (Race) Black, (BP) Natchez, MS, (WWIDR) Adams, MS, (CO) Adams
Gray, Samuel D.: (CMTS) 1890 Veterans Census, (CO) Lee
Gray, Tobe: (CMTS) 1890 Veterans Census, (CO) Desoto
Gray, Washington: (CMTS) 1890 Veterans Census, (CO) Claiborne
Gray, William: (CMTS) 1890 Veterans Census, (CO) Adams
Gray, William: (CMTS) 1890 Veterans Census, (CO) Monroe
Gray, William T.: (CMTS) 1890 Veterans Census, (CO) Warren
Gray, Willie: (B) Dec. 22, 1893, (Race) Black Concordia Par., LA, (WWIDR) Adams, MS, (CO) Adams
Grayer, T. Leonard: (B) Nov. 24, 1897, (Race) Black, (WWIDR) Adams, MS, (CO) Adams
Grayson, Elisha: (CMTS) 1890 Veterans Census, (CO) Jefferson
Grayson, Eliza: (CMTS) 1890 Veterans Census, (CO) Jefferson
Grayson, James: (CMTS) 1890 Veterans Census, (CO) Warren
Greaves, Isum: (CMTS) 1890 Veterans Census, (CO) Madison
Green, Albert: (B) Feb. 26, 1885, (Race) Black, (WWIDR) Adams, MS, (CO) Adams
Green, Alfred: (CMTS) 1890 Veterans Census, (CO) Bolivar
Green, Alonzo: (B) Sep 3, 1890, (Race) Black, (BP) Natchez, MS, (WWIDR) Adams, MS, (CO) Adams
Green, Anderson: (B) Jun. 6, 1891, (Race) Black, (BP) Natchez, MS, (WWIDR) Sunflower,

MS, (CO) Adams
Green, Bismark: (B) Feb. 6, 1895, (Race) Black Carthage Plantation, MS, (WWIDR) Adams, MS, (CO) Adams
Green, Cecil Alvin: (B) Feb. 8, 1897, (Race) White, (BP) Natchez, MS, (WWIDR) Adams, MS, (CO) Adams
Green, Charity: (CMTS) 1890 Veterans Census, (CO) Issaquena
Green, Charles F.: (CMTS) 1890 Veterans Census, (CO) Union
Green, Dennis: (CMTS) 1890 Veterans Census, (CO) Warren
Green, Earl Francis: (B) Nov. 20, 1894, (Race) White, (BP) Natchez, MS, (WWIDR) Warren MS, (CO) Adams
Green, Ed: (B) Aug. 2, 1885, (Race) Black, (WWIDR) Adams, MS, (CO) Adams
Green, Eddie: (B) Aug. 25, 1898, (Race) Black, (WWIDR) Adams, MS, (CO) Adams
Green, Edmund: (CMTS) 1890 Veterans Census, (CO) Adams
Green, Edward: (B) Feb. 5, 1894, (Race) Black, (BP) Natchez, MS, (WWIDR) Adams, MS, (CO) Adams
Green, Edward: (B) 1895, (Race) Black, (WWIDR) Adams, MS, (CO) Adams
Green, Ephram: (CMTS) 1890 Veterans Census, (CO) Yazoo
Green, Frank: (CMTS) 1890 Veterans Census, (CO) Adams
Green, Fred: (B) Jun. 3, 1893, (Race) Black Adams Co., MS, (WWIDR) Adams, MS, (CO) Adams
Green, Fred: (B) Nov. 24, 1884, (Race) Black, (WWIDR) Adams, MS, (CO) Adams
Green, Frederick: (CMTS) 1890 Veterans Census, (CO) Issaquena
Green, Gabriel: (CMTS) 1890 Veterans Census, (CO) Washington
Green, George: (B) Mar., 1888, (Race) Black, (BP) Natchez, MS, (WWIDR) Adams, MS, (CO) Adams
Green, George: (B) Jan. 17, 1888, (Race) Black, (WWIDR) Adams, MS, (CO) Adams
Green, George: (B) Sep 5, 1890, (Race) Black, (WWIDR) Adams, MS, (CO) Adams
Green, George: (B) 1896, (Race) Black, (WWIDR) Adams, MS, (CO) Adams
Green, George: (CMTS) 1890 Veterans Census, (CO) Coahoma
Green, George: (CMTS) 1890 Veterans Census, (CO) Hinds
Green, George: (CMTS) 1890 Veterans Census, (CO) Tunica
Green, Harvy: (B) Aug., 1887, (Race) Black, (BP) Natchez, MS, (WWIDR) Madison LA,, (CO) Adams
Green, Henderson: (CMTS) 1890 Veterans Census, (CO) Washington
Green, Henry: (CMTS) 1890 Veterans Census, (CO) Bolivar
Green, Henry G.: (CMTS) 1890 Veterans Census, (CO) Adams
Green, Henry H.: (CMTS) 1890 Veterans Census, (CO) Sunflower
Green, Ingram: (CMTS) 1890 Veterans Census, (CO) Tunica
Green, Isaac: (CMTS) 1890 Veterans Census, (CO) Warren
Green, Jack: (CMTS) 1890 Veterans Census, (CO) Warren
Green, James: (B) Aug., 1897, (Race) Black, (WWIDR) Adams, MS, (CO) Adams
Green, James: (CMTS) 1890 Veterans Census, (CO) Issaquena
Green, James: (CMTS) 1890 Veterans Census, (CO) Sharkey
Green, James E.: (CMTS) 1890 Veterans Census, (CO) Washington
Green, John: (CMTS) 1890 Veterans Census, (CO) Desoto
Green, John: (CMTS) 1890 Veterans Census, (CO) Tallahatchie
Green, John: (CMTS) 1890 Veterans Census, (CO) Warren
Green, Joseph: (B) Dec. 12, 1883, (Race) Black, (WWIDR) Warren, MS, (CO) Adams
Green, Joseph: (B) Feb. 20, 1889, (Race) Black Adams Co., MS, (WWIDR) Adams, MS, (CO) Adams
Green, Launzia: (B) Dec. 13, 1896, (Race) Black, (BP) Wade Plantation, MS, (WWIDR) Adams, MS, (CO) Adams
Green, Louis: (B) Jan. 17, 1892, (Race) Black, (BP) Natchez, MS, (WWIDR) Adams, MS, (CO) Adams

Green, Major: (B) Jul. 20, 1890, (Race) Black Adams Co., MS, (WWIDR) Adams, MS, (CO) Adams
Green, Maria A.: (CMTS) 1890 Veterans Census, (CO) Warren
Green, Mary P: (CMTS) 1890 Veterans Census, (CO) Warren
Green, Mason: (CMTS) 1890 Veterans Census, (CO) Grenada
Green, Mathew: (CMTS) 1890 Veterans Census, (CO) Warren
Green, Mollie F.: (CMTS) 1890 Veterans Census, (CO) Sunflower
Green, Mose: (B) Dec., 1899, (Race) Black, (WWIDR) Adams, MS, (CO) Adams
Green, Ollie: (CMTS) 1890 Veterans Census, (CO) Warren
Green, Rhueben: (CMTS) 1890 Veterans Census, (CO) Warren
Green, Richard: (CMTS) 1890 Veterans Census, (CO) Adams
Green, Robert: (B) Apr. 11, 1882, (Race) Black, (WWIDR) Adams, MS, (CO) Adams
Green, Robert: (CMTS) 1890 Veterans Census, (CO) Coahoma
Green, Rufhus: (CMTS) 1890 Veterans Census, (CO) Coahoma
Green, Sam: (B) Aug. 16, 1895, (Race) Black, (BP) Natchez, MS, (WWIDR) Warren, MS, (CO) Adams
Green, Thomas Keenan: (B) Sep 5, 1885, (Race) White, (WWIDR) Adams, MS, (CO) Adams
Green, Tom: (CMTS) 1890 Veterans Census, (CO) Issaquena
Green, Tom: (CMTS) 1890 Veterans Census, (CO) Madison
Green, Walter: (B) 1884, (Race) Black, (WWIDR) Adams, MS, (CO) Adams
Green, Walter Galloway: (B) Jun. 29, 1892, (Race) White, (BP) Natchez, MS, (WWIDR) Adams, MS, (CO) Adams
Green, Will: (B) May 4, 1885, (Race) Black, (WWIDR) Adams, MS, (CO) Adams
Green, William: (CMTS) 1890 Veterans Census, (CO) Adams
Green, William: (CMTS) 1890 Veterans Census, (CO) Warren
Green, William: (B) Jan., 1897, (Race) Black, (BP) Natchez, MS, (WWIDR) Claiborne, MS, (CO) Adams
Green, William H.: (CMTS) 1890 Veterans Census, (CO) Adams
Green, William Wesley: (B) May 21, 1885, (Race) Black, (WWIDR) Adams, MS, (CO) Adams
Green, Willie: (B) Dec. 16, 1899, (Race) Black, (WWIDR) Adams, MS, (CO) Adams
Green, Zid: (CMTS) 1890 Veterans Census, (CO) Yazoo
Greenes, Isum: (CMTS) 1890 Veterans Census, (CO) Madison
Greenfield, Jacob: (CMTS) 1890 Veterans Census, (CO) Panola
Greenslade, Luther H.: (B) Apr. 12, 1875 (D) Jul. 12, 1888 (CO) Chickasaw, (C) Wesley Chapel Cemetery
Gregory, John: (CMTS) 1890 Veterans Census, (CO) Alcorn
Gregory, Miles: (CMTS) 1890 Veterans Census, (CO) Warren
Gregory, William R.: (CMTS) 1890 Veterans Census, (CO) Pontotoc
Greild, Gtrothers: (CMTS) 1890 Veterans Census, (CO) Warren
Grenney, Michael J.: (CMTS) 1890 Veterans Census, (CO) Adams
Grenshaw, Carney: (CMTS) 1890 Veterans Census, (CO) Coahoma
Grey, Allen: (CMTS) 1890 Veterans Census, (CO) Panola
Grice, Richard: (CMTS) 1890 Veterans Census, (CO) Bolivar
Griffin, Alfred O: (CMTS) 1890 Veterans Census, (CO) Warren
Griffin, Alghis: (B) May 10, 1892, (Race) Black, (BP) Natchez, MS, (WWIDR) Warren, MS, (CO) Adams
Griffin, Andrew Lenore: (B) Nov. 8, 1892, (Race) Black, (BP) Natchez, MS, (WWIDR) Adams, MS, (CO) Adams
Griffin, Candy: (CMTS) 1890 Veterans Census, (CO) Holmes
Griffin, Earnest: (B) Feb. 15, 1883, (Race) Black, (WWIDR) Adams, MS, (CO) Adams
Griffin, Eliza A.: (CMTS) 1890 Veterans Census, (CO) Washington

Griffin, Ely: (CMTS) 1890 Veterans Census, (CO) Holmes
Griffin, Everet: (CMTS) 1890 Veterans Census, (CO) Sunflower
Griffin, Franklin: (CMTS) 1890 Veterans Census, (CO) Adams
Griffin, Fred: (CMTS) 1890 Veterans Census, (CO) Issaquena
Griffin, George: (CMTS) 1890 Veterans Census, (CO) Warren
Griffin, Henry: (B) Jul. 10, 1893, (Race) Black, (BP) Natchez, MS, (WWIDR) Adams,
    MS, (CO) Adams
Griffin, Henry: (B) Jun. 29, 1883, (Race) Black, (WWIDR) Adams,
    MS, (CO) Adams
Griffin, Henry: (CMTS) 1890 Veterans Census, (CO) Wilkinson
Griffin, Henry Beard: (B) Dec. 24, 1881, (Race) White, (WWIDR) Adams,
    MS, (CO) Adams
Griffin, Horace: (CMTS) 1890 Veterans Census, (CO) Washington
Griffin, Kain: (CMTS) 1890 Veterans Census, (CO) Holmes
Griffin, Lewis: (CMTS) 1890 Veterans Census, (CO) Washington
Griffin, Marx Cordrey: (B) Sep 1, 1884, (Race) White, (WWIDR) Adams,
    MS, (CO) Adams
Griffin, Peter: (CMTS) 1890 Veterans Census, (CO) Washington
Griffin, Philip: (CMTS) 1890 Veterans Census, (CO) Warren
Griffin, Ralph Waldo: (B) Apr. 5, 1889, (Race) Black, (BP) Natchez, MS, (WWIDR) Adams,
    MS, (CO) Adams
Griffin, Romeo: (CMTS) 1890 Veterans Census, (CO) Washington
Griffin, Samuel David: (B) Jan. 16, 1883, (Race) Black, (WWIDR) Adams,
    MS, (CO) Adams
Griffin, Samuel F.: (CMTS) 1890 Veterans Census, (CO) Bolivar
Griffin, Samuel Wood: (B) Jul. 21, 1890, (Race) White, (BP) Natchez, MS, (WWIDR) Adams,
    MS, (CO) Adams
Griffin, Tom: (CMTS) 1890 Veterans Census, (CO) Warren
Griffin, Washingnton: (CMTS) 1890 Veterans Census, (CO) Jefferson
Griffin, William: (B) Jun. 15, 1887, (Race) Black, (BP) Wilkinson Co., MS, (WWIDR) Adams,
    MS, (CO) Adams
Griffin, William: (CMTS) 1890 Veterans Census, (CO) Washington
Griffing, Earnest: (B) Feb. 15, 1883, (Race) Black, (WWIDR) Adams,
    MS, (CO) Adams
Griffing, Jordan: (CMTS) 1890 Veterans Census, (CO) Waren
Griffing, Oscar: (B) Jun. 12, 1896, (Race) Black, (BP) L. Adams Co., MS, (WWIDR) Adams,
    MS, (CO) Adams
Griggs, John: (B) 1890, (Race) Black Adams Co., MS, (WWIDR) Adams,
    MS, (CO) Adams
Grill, Richard: (CMTS) 1890 Veterans Census, (CO) Bolivar
Grimes, Bert: (CMTS) 1890 Veterans Census, (CO) Tate
Grimes, Charles: (CMTS) 1890 Veterans Census, (CO) Hinds
Grimes, John: (CMTS) 1890 Veterans Census, (CO) Wilkinson
Grinfull, Robert: (CMTS) 1890 Veterans Census, (CO) Warren
Grise, Jesse R.: (CMTS) 1890 Veterans Census, (CO) Scott
Grisham, Leon Magill: (B) Jan., 18, 1892, (Race) White, (BP) Selma, MS, (WWIDR) Adams,
    MS, (CO) Adams
Grodman, Henry: (CMTS) 1890 Veterans Census, (CO) Washington
Gross, Alfred: (CMTS) 1890 Veterans Census, (CO) Washington
Gross, Ed: (CMTS) 1890 Veterans Census, (CO) Tunica
Gross, Jacob: (CMTS) 1890 Veterans Census, (CO) Prentiss
Grossley, Richard Sylvester: (B) Jul. 11, 1882, (Race) Black, (WWIDR) Adams, MS, (CO) Adams
Groth, Jacob: (CMTS) 1890 Veterans Census, (CO) Marshall
Grover, Josiah: (B) Oct. 3, 1886, (Race) White, (BP) Natchez, MS, (WWIDR) Adams,

MS, (CO) Adams
Grubbs, Jemim C: (CMTS) 1890 Veterans Census, (CO) Union
Gryton, Pontie: (CMTS) 1890 Veterans Census, (CO) Tippah
Guess, James: (CMTS) 1890 Veterans Census, (CO) Sharkey
Guess, John T.: (CMTS) 1890 Veterans Census, (CO) Webster
Guice, Fred: (B) Jan. 22, 1893, (Race) White, (BP) Hamburg, MS, (WWIDR) Adams, MS, (CO) Adams
Guidice, Julius Anthony: (B) Sep 6, 1890, (Race) White Adams Co., MS, (WWIDR) Adams, MS, (CO) Adams
Guido, Frank L.: (B) Sep 29, 1894, (Race) White, (BP) Natchez, MS, (WWIDR) Warren, MS, (CO) Adams
Guido, Thomas J.: (B) Apr. 7, 1888, (Race) White, (BP) Natchez, MS, (WWIDR) Adams, MS, (CO) Adams
Guido, Vincent: (B) May 7, 1890, (Race) White, (BP) Natchez, MS, (WWIDR) Adams, MS, (CO) Adams
Guise, Marsh: (CMTS) 1890 Veterans Census, (CO) Sunflower
Gull, George: (CMTS) 1890 Veterans Census, (CO) Bolivar
Gunning, Andrew Allen: (B) Nov. 9, 1888, (Race) White, (BP) Natchez, MS, (WWIDR) Adams, MS, (CO) Adams
Gunning, John Martin: (B) Jul. 22, 1895, (Race) White, (BP) Natchez, MS, (WWIDR) Adams, MS, (CO) Adams
Gunning, William Vernon: (B) May, 18, 1898, (Race) White, (WWIDR) Adams, MS, (CO) Adams
Gunther, Travis: (CMTS) 1890 Veterans Census, (CO) Desoto
Gusland, Robert: (CMTS) 1890 Veterans Census, (CO) Adams
Gustus, Reed: (CMTS) 1890 Veterans Census, (CO) Claiborne
Guthrie, David Blackburn: (B) Dec. 23, 1894, (Race) White, (BP) Natchez, MS, (WWIDR) Adams, MS, (CO) Adams
Guthrie, John Blair: (B) Apr. 4, 1893, (Race) White, (BP) Natchez, MS, (WWIDR) Adams, MS, (CO) Adams
Guy, George: (CMTS) 1890 Veterans Census, (CO) Desoto
Guy, John: (CMTS) 1890 Veterans Census, (CO) Desoto
Guy, Johnnie: (B) Jul. 1, 1897, (Race) Black, (BP) Wilkinson Co., MS, (WWIDR) Adams, MS, (CO) Adams
Guy, Johnnie: (B) Jul. 1, 1897, (Race) Black, (WWIDR) Adams, MS, (CO) Adams
Guy, William B: (CMTS) 1890 Veterans Census, (CO) Tunica
Gwynn, Simon: (CMTS) 1890 Veterans Census, (CO) Washington
Hackler, Britton L.: (B) Jul. 30, 1887, (Race) White, (BP) Natchez, MS, (WWIDR) Adams, MS, (CO) Adams
Hackler, George W.: (B) Nov. 30, 1889, (Race) White, (BP) Natchez, MS, (WWIDR) Adams, MS, (CO) Adams
Hackler, James Edward: (B) Aug. 4, 1885, (Race) White, (WWIDR) Adams, MS, (CO) Adams
Hackworth, Ernest Victor: (B) Aug. 20, 1885, (Race) Black, (WWIDR) Adams, MS, (CO) Adams
Haddley, Ed: (B) Jun. 7, 1883, (Race) Black, (WWIDR) Adams, MS, (CO) Adams
Hadley, James: (B) Jul. 10, 1884, (Race) Black, (WWIDR) Adams, MS, (CO) Adams
Hadley, John: (CMTS) 1890 Veterans Census, (CO) Coahoma
Hagan, Thomas: (CMTS) 1890 Veterans Census, (CO) Adams
Hagles, Patrick: (CMTS) 1890 Veterans Census, (CO) Tishomingo
Hailes, Alexander: (B) May 2, 1890(D) Dec. 1, 1951(CO) Clarke(C) Hepzibah Baptist Church Cemetery
Hailes, Elias A.: (B) 1892(D) 1969(CO) Clarke(C) Hepzibah Baptist Church Cemetery
Hailes, Johnnie Slias: (B) Dec. 14, 1896(D) Aug. 15, 1985(CO) Clarke(C) Hepzibah Baptist Church Cemetery(MIL) WWI
Hailes, Judge H.: (B) Dec. 13, 1887(D) Nov. 13, 1971(CO) Clarke(C) Hepzibah Baptist Church

Hailes, Mary: (B) Nov. 15, 1899(D) May 22, 1963(CO) Clarke(C) Hepzibah Baptist Church Cemetery
Hailey, Mathews Taylor: (B) Nov. 22, 1890, (Race) Black, (BP) Natchez, MS, (WWIDR) Adams, MS, (CO) Adams
Hailey, Robert: (B) Apr. 6, 1882, (Race) Black, (WWIDR) Adams, MS, (CO) Adams
Hair, Frank: (CMTS) 1890 Veterans Census, (CO) Tunica
Hal, Jim T.: (CMTS) 1890 Veterans Census, (CO) Marshall
Halder, Isaac: (CMTS) 1890 Veterans Census, (CO) Warren
Hale, Roy Maurice: (B) Dec. 19, 1892, (Race) White, (BP) King, MS, (WWIDR) Adams, MS, (CO) Adams
Haley, Dunk: (B) Nov. 4, 1896, (Race) Black, (WWIDR) Adams, MS, (CO) Adams
Haley, Lee: (B) Feb. 16, 1882, (Race) Black, (WWIDR) Adams, MS, (CO) Adams
Haley, Robert: (B) Apr. 6, 1882, (Race) Black, (WWIDR) Adams, MS, (CO) Adams
Haley, Roland Swain: (B) Mar. 4, 1899, (Race) White, (WWIDR) Adams, MS, (CO) Adams
Hall, Alfred: (B) Nov. 13, 1891, (Race) Black Adams Co., MS, (WWIDR) Adams, MS, (CO) Adams
Hall, Casey James: (B) Apr. 11, 1890 (D) Jun. 2 1953 (CO) Chickasaw, (C) Wesley Chapel Cemetery
Hall, Enoch: (CMTS) 1890 Veterans Census, (CO) Claiborne
Hall, Estus Pinkney: (B) May 6, 1885, (Race) White, (WWIDR) Adams, MS, (CO) Adams
Hall, Frank: (B) Dec. 24, 1891, (Race) Black, (BP) Natchez, MS, (WWIDR) Adams, MS, (CO) Adams
Hall, George: (CMTS) 1890 Veterans Census, (CO) Warren
Hall, Henry: (CMTS) 1890 Veterans Census, (CO) Sunflower
Hall, Isaac: (B) Apr. 22, 1896, (Race) Black Adams Co., MS, (WWIDR) Adams, MS, (CO) Adams
Hall, James: (B) Nov. 12, 1899, (Race) Black, (WWIDR) Adams, MS, (CO) Adams
Hall, James Madison: (B) Dec. 13, 1890, (Race) White, (BP) Lincoln Co., MS, (WWIDR) Adams, MS, (CO) Adams
Hall, James P: (CMTS) 1890 Veterans Census, (CO) Washington
Hall, Jerry: (CMTS) 1890 Veterans Census, (CO) Tunica
Hall, John: (CMTS) 1890 Veterans Census, (CO) Bolivar
Hall, John: (CMTS) 1890 Veterans Census, (CO) Warren
Hall, Jordan: (B) 1883, (Race) Black, (WWIDR) Adams, MS, (CO) Adams
Hall, Labron: (B) Jan. 4, 1882, (Race) Black, (WWIDR) Adams, MS, (CO) Adams
Hall, Richard W.: (CMTS) 1890 Veterans Census, (CO) Grenada
Hall, Robert: (B) Nov. 28, 1895, (Race) Black, (BP) Mississippi, (WWIDR) Adams, MS, (CO) Adams
Hall, Sam: (CMTS) 1890 Veterans Census, (CO) Holmes
Hall, Samuel B: (CMTS) 1890 Veterans Census, (CO) Jackson
Hall, Silvester: (B) Nov. 20, 1899, (Race) Black, (WWIDR) Adams, MS, (CO) Adams
Hall, Susan C: (CMTS) 1890 Veterans Census, (CO) Jackson
Hall, Thomas: (CMTS) 1890 Veterans Census, (CO) Adams
Hall, William: (CMTS) 1890 Veterans Census, (CO) Clarke
Hall, William: (CMTS) 1890 Veterans Census, (CO) Denton
Hall, William: (CMTS) 1890 Veterans Census, (CO) Warren
Hall, William: (CMTS) 1890 Veterans Census, (CO) Washington
Hall, William T.: (B) Aug. 4, 1891, (Race) White, (BP) Natchez, MS, (WWIDR) Adams, MS, (CO) Adams
Hallaway, Icy O: (CMTS) 1890 Veterans Census, (CO) Prentiss
Hallaway, James: (CMTS) 1890 Veterans Census, (CO) Prentiss
Hallaway, Jr., Louis: (CMTS) 1890 Veterans Census, (CO) Prentiss
Hallaway, William: (CMTS) 1890 Veterans Census, (CO) Prentiss

Hallay, William F.: (CMTS) 1890 Veterans Census, (CO) Jefferson
Hallmark, Thomas H.: (CMTS) 1890 Veterans Census, (CO) Prentiss
Halstead, D. W.: (CMTS) 1890 Veterans Census, (CO) Jackson
Ham, James R.: (CMTS) 1890 Veterans Census, (CO) Desoto
Hambrick, Colbert: (CMTS) 1890 Veterans Census, (CO) Tunica
Hamey, Joshua: (CMTS) 1890 Veterans Census, (CO) Hinds
Hamilton, Alfred: (CMTS) 1890 Veterans Census, (CO) Coahoma
Hamilton, Benjamin: (CMTS) 1890 Veterans Census, (CO) Adams
Hamilton, Duncan: (B) Sep 22, 1888, (Race) Black Adams Co., MS, (WWIDR) Adams, MS, (CO) Adams
Hamilton, George R.: (CMTS) 1890 Veterans Census, (CO) Tate
Hamilton, James: (B) Apr. 8, 1890, (Race) Black Adams Co., MS, (WWIDR) Adams, MS, (CO) Adams
Hamilton, Jeremiah: (CMTS) 1890 Veterans Census, (CO) Adams
Hamilton, John: (CMTS) 1890 Veterans Census, (CO) Adams
Hamilton, Marshall: (B) Aug. 4, 1887, (Race) Black, (BP) Washington, MS, (WWIDR) Adams, MS, (CO) Adams
Hamilton, William: (CMTS) 1890 Veterans Census, (CO) Adams
Hamington, C. K.: (B) Sep 8, 1899, (Race) White, (WWIDR) Adams, MS, (CO) Adams
Hamlin, F. R.: (CMTS) 1890 Veterans Census, (CO) Clay
Hamlin, Horace: (CMTS) 1890 Veterans Census, (CO) Jefferson
Hammack, Myers Eugene: (B) Dec. 14, 1896, (Race) White, (BP) Natchez, MS, (WWIDR) Adams, MS, (CO) Adams
Hammack, Oliver W.: (B) Jan. 5, 1897, (Race) White, (BP) L. Natchez, MS, (WWIDR) Adams, MS, (CO) Adams
Hammack, William Henry: (B) Nov. 13, 1894, (Race) White, (BP) Natchez, MS, (WWIDR) Adams, MS, (CO) Adams
Hammen, Henry: (CMTS) 1890 Veterans Census, (CO) Copiah
Hammett, Charles Henry: (B) Jan. 2, 1893, (Race) White, (BP) Natchez, MS, (WWIDR) Adams, MS, (CO) Adams
Hammett, Grover Clevland: (B) Dec. 22, 1885, (Race) White, (WWIDR) Adams, MS, (CO) Adams
Hammett, Martin Leon: (B) Dec. 29, 1898, (Race) White, (WWIDR) Adams, MS, (CO) Adams
Hammett, Thomas B: (CMTS) 1890 Veterans Census, (CO) Jefferson
Hammond, Malinda: (CMTS) 1890 Veterans Census, (CO) Adams
Hammond, Philipp: (CMTS) 1890 Veterans Census, (CO) Hinds
Hammond, Thomas W.: (CMTS) 1890 Veterans Census, (CO) Jefferson
Hammonds, Thomas: (CMTS) 1890 Veterans Census, (CO) Leflore
Hammons, Alexander: (CMTS) 1890 Veterans Census, (CO) Washington
Hamonds, Bettsie: (CMTS) 1890 Veterans Census, (CO) Lelore
Hampton, Andrew: (CMTS) 1890 Veterans Census, (CO) Washington
Hampton, Burley: (B) Dec. 10, 1884, (Race) Black, (WWIDR) Adams, MS, (CO) Adams
Hampton, Frank: (B) Jul., 1899, (Race) Black, (WWIDR) Adams, MS, (CO) Adams
Hampton, Henry: (CMTS) 1890 Veterans Census, (CO) Issaquena
Hampton, Wade: (CMTS) 1890 Veterans Census, (CO) Adams
Hampton, Zack: (CMTS) 1890 Veterans Census, (CO) Wilkinson
Hamtan, Nancy: (CMTS) 1890 Veterans Census, (CO) Claiborne
Hancock, Francis Walter: (B) Aug. 13, 1895, (Race) White Chapel Hill, MS, (WWIDR) Adams, MS, (CO) Adams
Hand, John: (CMTS) 1890 Veterans Census, (CO) Leflore
Haney, Charles: (CMTS) 1890 Veterans Census, (CO) Washington
Haney, Elmira: (CMTS) 1890 Veterans Census, (CO) Bolivar
Haney, Leare: (CMTS) 1890 Veterans Census, (CO) Washington

Haney, Louisia: (CMTS) 1890 Veterans Census, (CO) Warren
Haney, Spencer: (CMTS) 1890 Veterans Census, (CO) Bolivar
Hanks, George: (CMTS) 1890 Veterans Census, (CO) Warren
Hanley, Clemonds H.: (CMTS) 1890 Veterans Census, (CO) Desoto
Hann, Ann: (CMTS) 1890 Veterans Census, (CO) Tunica
Hannell, Hollis: (CMTS) 1890 Veterans Census, (CO) Washington
Hannible, Julia: (CMTS) 1890 Veterans Census, (CO) Harrison
Hannon, Amanda: (CMTS) 1890 Veterans Census, (CO) Warren
Hansley, Thomas: (CMTS) 1890 Veterans Census, (CO) Warren
Hanson, Cailop: (CMTS) 1890 Veterans Census, (CO) Marshall
Hapgood, Henry: (CMTS) 1890 Veterans Census, (CO) Desoto
Hard, Hettie: (CMTS) 1890 Veterans Census, (CO) Coahoma
Harden, Albert: (B) Jan., 1896, (Race) Black, (BP) Natchez, MS, (WWIDR) Adams, MS, (CO) Adams
Harden, Doe: (B) Mar. 15, 1885, (Race) Black, (WWIDR) Adams, MS, (CO) Adams
Harden, Ed: (CMTS) 1890 Veterans Census, (CO) Marshall
Harden, Joseph: (B) Mar., 1898, (Race) Black, (WWIDR) Adams, MS, (CO) Adams
Harden, Leroy: (B) May, 1896, (Race) Black, (BP) Natchez, MS, (WWIDR) Jackson City, MS, (CO) Adams
Harden, Levi: (CMTS) 1890 Veterans Census, (CO) Adams
Harden, William: (CMTS) 1890 Veterans Census, (CO) Alcorn
Hardin, George: (B) 1893, (Race) Black, (BP) Natchez, MS, (WWIDR) Adams, MS, (CO) Adams
Hardin, James: (CMTS) 1890 Veterans Census, (CO) Jefferson
Hardin, Joseph: (B) Mar. 15, 1888, (Race) Black Adams Co., MS, (WWIDR) Adams, MS, (CO) Adams
Hardin, Maggie A.: (B) Dec. 13, 1888 (D) Oct 14 1905 (CO) Chickasaw, (C) Wesley Chapel Cemetery
Hardin, Oliver: (B) Sep 13, 1882, (Race) Black, (WWIDR) Adams, MS, (CO) Adams
Hardmon, Clem: (B) Mar. 24, 1883, (Race) Black, (WWIDR) Adams, MS, (CO) Adams
Hardy, Cynthia: (CMTS) 1890 Veterans Census, (CO) Tunica
Hardy, Frances F.: (CMTS) 1890 Veterans Census, (CO) Hinds
Hardy, George T.: (CMTS) 1890 Veterans Census, (CO) Warren
Hardy, James W.: (CMTS) 1890 Veterans Census, (CO) Hinds
Hardy, Julius: (CMTS) 1890 Veterans Census, (CO) Coahoma
Hardy, Robert A.: (CMTS) 1890 Veterans Census, (CO) Jackson
Hargrave, Isaiah: (B) Feb. 4, 1881, (Race) Black, (WWIDR) Adams, MS, (CO) Adams
Hargrave, James: (B) Dec. 23, 1893, (Race) Black Adams Co., MS, (WWIDR) Adams, MS, (CO) Adams
Hargrave, Robert: (B) Feb. 9, 1890, (Race) Black Adams Co., MS, (WWIDR) Adams, MS, (CO) Adams
Hargrove, Mary Jane: (B) 1890(D) 1897(CO) Clarke(C) Hepzibah Baptist Church Cemetery
Haring, William: (CMTS) 1890 Veterans Census, (CO) Lafayette
Harkey, Milton: (B) Feb. 5, 1891, (Race) White, (BP) Scott Co., MS, (WWIDR) Adams, MS, (CO) Adams
Harkins, Benjamin: (CMTS) 1890 Veterans Census, (CO) Sharkey
Harley, Jim: (CMTS) 1890 Veterans Census, (CO) Desoto
Harmon, Charles: (CMTS) 1890 Veterans Census, (CO) Tunica
Harness, Hehemiah J.: (CMTS) 1890 Veterans Census, (CO) Desoto
Harney, Abraham: (CMTS) 1890 Veterans Census, (CO) Washington
Haron, Robert: (B) Jan. 10, 1887, (Race) Black, (BP) Natchez, MS, (WWIDR) Warren, MS, (CO) Adams
Harper, Anthony: (CMTS) 1890 Veterans Census, (CO) Jefferson
Harper, Eliza: (CMTS) 1890 Veterans Census, (CO) Jefferson
Harper, Handy: (CMTS) 1890 Veterans Census, (CO) Jefferson

Harper, James: (CMTS) 1890 Veterans Census, (CO) Washington
Harper, Jane: (CMTS) 1890 Veterans Census, (CO) Jefferson
Harper, John: (B) Apr. 10, 1894, (Race) White, (BP) Natchez, MS, (WWIDR) Adams, MS, (CO) Adams
Harper, Matt C.: (B) Dec. 29, 1886, (Race) White, (BP) Natchez, MS, (WWIDR) Adams, MS, (CO) Adams
Harrell, A. C.: (CMTS) 1890 Veterans Census, (CO) Pike
Harrell, Bennie Due: (B) Dec. 10, 1899, (Race) White, (WWIDR) Adams, MS, (CO) Adams
Harrell, Charles: (CMTS) 1890 Veterans Census, (CO) Pike
Harrell, Luther E.: (B) Apr. 2, 1896, (Race) White Claiborne Co., MS, (WWIDR) Adams, MS, (CO) Adams
Harrelson, Mary M.: (CMTS) 1890 Veterans Census, (CO) Prentiss
Harrelson, William A.: (CMTS) 1890 Veterans Census, (CO) Prentiss
Harring, Patsy: (CMTS) 1890 Veterans Census, (CO) Washington
Harrington, Edgar Leon: (B) Oct. 15, 1898, (D) Oct. 24, 1914, (CO) Chickasaw, (C) Pleasant Ridge Cemetery
Harrington, Joeph: (CMTS) 1890 Veterans Census, (CO) Yazoo
Harris, Aaron: (CMTS) 1890 Veterans Census, (CO) Yazoo
Harris, Abe: (CMTS) 1890 Veterans Census, (CO) Yazoo
Harris, Adeline: (CMTS) 1890 Veterans Census, (CO) Warren
Harris, Albert: (CMTS) 1890 Veterans Census, (CO) Tunica
Harris, Alex: (B) 1894, (Race) Black, (BP) Natchez, MS, (WWIDR) Issaquena, MS, (CO) Adams
Harris, Alfred: (B) Dec. 25, 1895, (Race) Black, (BP) Natchez, MS, (WWIDR) Adams, MS, (CO) Adams
Harris, Allen: (MD) Mar. 19, 1884, (Spouse) Sallie Hamilton, (CO) Tate
Harris, Allen: (MD) Jan. 6, 1897, (Spouse) Rosa Page, (CO) Holmes
Harris, Allen: (MD) Mar. 5, 1888, (Spouse) Ella Blake, (CO) Carroll
Harris, Allen: (MD) Dec. 29, 1897, (Spouse) Lizzie Campbell, (CO) Jones
Harris, Allen: (CMTS) 1890 Veterans Census, (CO) Warren
Harris, Allen: (MD) Feb. 17, 1883, (Spouse) Frances Fritz, (CO) Warren
Harris, Almira: (CMTS) 1890 Veterans Census, (CO) Adams
Harris, Anderson: (MD) Jan. 17, 1884, (Spouse) Sophia A. Perkins, (CO) Lowndes
Harris, Anderson: (CMTS) 1890 Veterans Census, (CO) Sharkey
Harris, Anderson: (MD) Sep. 6, 1884, (Spouse) Florence Ford, (CO) Clay
Harris, Anderson: (MD) Aug. 13, 1885, (Spouse) Nancy Anderews, (CO) Monroe
Harris, Anderson: (MD) Dec. 29, 1886, (Spouse) Liddie Neely, (CO) Yalobusha
Harris, Andrew J.: (CMTS) 1890 Veterans Census, (CO) Marshall
Harris, Bartlett: (CMTS) 1890 Veterans Census, (CO) Washington
Harris, Ben: (CMTS) 1890 Veterans Census, (CO) Warren
Harris, Christopher: (B) Jul. 13, 1892, (Race) Black Adams Co., MS, (WWIDR) Adams, MS, (CO) Adams
Harris, Cyrus: (CMTS) 1890 Veterans Census, (CO) Tunica
Harris, Daniel: (CMTS) 1890 Veterans Census, (CO) Hinds
Harris, Daniel: (CMTS) 1890 Veterans Census, (CO) Warren
Harris, Edwin Earl: (B) Aug. 23, 1895, (Race) White, (WWIDR) Adams, MS, (CO) Adams
Harris, Edwin Earl: (B) Aug. 23, 1895, (Race) White, (BP) Edwards, MS, (WWIDR) Adams, MS, (CO) Adams
Harris, Frank: (CMTS) 1890 Veterans Census, (CO) Adams
Harris, Fred: (B) Mar., 18, 1895, (Race) Black, (BP) Vidalia, LA, (WWIDR) Adams, MS, (CO) Adams
Harris, George D.: (CMTS) 1890 Veterans Census, (CO) Warren
Harris, Henry: (CMTS) 1890 Veterans Census, (CO) Claiborne
Harris, Henry: (CMTS) 1890 Veterans Census, (CO) Coahoma

Harris, Isaac: (CMTS) 1890 Veterans Census, (CO) Leflore
Harris, Jacob: (CMTS) 1890 Veterans Census, (CO) Washington
Harris, James: (B) Mar. 30, 1894, (Race) Black, (BP) Natchez, MS, (WWIDR) Sunflower, MS, (CO) Adams
Harris, Jefferson: (CMTS) 1890 Veterans Census, (CO) Warren
Harris, John: (B) 1898, (Race) Black, (WWIDR) Adams, MS, (CO) Adams
Harris, John: (CMTS) 1890 Veterans Census, (CO) Adams
Harris, John: (CMTS) 1890 Veterans Census, (CO) Coahoma
Harris, John: (CMTS) 1890 Veterans Census, (CO) Warren
Harris, John W.: (CMTS) 1890 Veterans Census, (CO) Marshall
Harris, Joseph: (B) Jun. 6, 1891, (Race) Black, (BP) Shreveport, LA, (WWIDR) Adams, MS, (CO) Adams
Harris, Joseph: (CMTS) 1890 Veterans Census, (CO) Dekalb
Harris, Kimchen: (CMTS) 1890 Veterans Census, (CO) Washington
Harris, Lewis: (CMTS) 1890 Veterans Census, (CO) Warren
Harris, London: (CMTS) 1890 Veterans Census, (CO) Warren
Harris, Martha: (CMTS) 1890 Veterans Census, (CO) Adams
Harris, Matt: (B) Sep 16, 1881, (Race) Black, (WWIDR) Adams, MS, (CO) Adams
Harris, Mitchell: (B) Mar. 15, 1881, (Race) Black, (WWIDR) Adams, MS, (CO) Adams
Harris, Mose: (CMTS) 1890 Veterans Census, (CO) Adams
Harris, Nathan: (CMTS) 1890 Veterans Census, (CO) Hinds
Harris, Nelson: (B) 1885, (Race) Black, (WWIDR) Adams, MS, (CO) Adams
Harris, Phil: (B) Jul. 29, 1889, (Race) Black, (BP) Vidalia, LA, (WWIDR) Adams, MS, (CO) Adams
Harris, Richard: (CMTS) 1890 Veterans Census, (CO) Bolivar
Harris, Richard: (CMTS) 1890 Veterans Census, (CO) Coahoma
Harris, Richmond: (CMTS) 1890 Veterans Census, (CO) Sharkey
Harris, Robert: (CMTS) 1890 Veterans Census, (CO) Washington
Harris, Romeo C.: (B) Feb. 22, 1888, (Race) Black Adams Co., MS, (WWIDR) Adams, MS, (CO) Adams
Harris, Sam: (B) Mar., 1899, (Race) Black, (WWIDR) Adams, MS, (CO) Adams
Harris, Samuel M.: (CMTS) 1890 Veterans Census, (CO) Yazoo
Harris, Sizor: (B) Feb., 1896, (Race) Black, (BP) Natchez, MS, (WWIDR) Sunflower, MS, (CO) Adams
Harris, Stephen: (CMTS) 1890 Veterans Census, (CO) Adams
Harris, Stephen: (CMTS) 1890 Veterans Census, (CO) Warren
Harris, Stephen Peter: (B) Feb. 27, 1881, (Race) Black, (WWIDR) Adams, MS, (CO) Adams
Harris, Thomas: (CMTS) 1890 Veterans Census, (CO) Dekalb
Harris, Turner: (B) Mar. 12, 1882, (Race) Black, (WWIDR) Adams, MS, (CO) Adams
Harris, Valentine: (CMTS) 1890 Veterans Census, (CO) Washington
Harris, Wash: (CMTS) 1890 Veterans Census, (CO) Bolivar
Harris, Washington: (CMTS) 1890 Veterans Census, (CO) Jefferson
Harris, William: (CMTS) 1890 Veterans Census, (CO) Washington
Harris, William: (CMTS) 1890 Veterans Census, (CO) Adams
Harris, Wilson: (CMTS) 1890 Veterans Census, (CO) Adams
Harris, Winston Robert: (B) Dec. 16, 1897, (Race) Black, (WWIDR) Adams, MS, (CO) Adams
Harrison, Perry: (CMTS) 1890 Veterans Census, (CO) Warren
Harrison, George: (CMTS) 1890 Veterans Census, (CO) Harrison
Harrison, George R.: (CMTS) 1890 Veterans Census, (CO) Panola
Harrison, Gordon: (CMTS) 1890 Veterans Census, (CO) Sharkey
Harrison, Henry: (CMTS) 1890 Veterans Census, (CO) Warren
Harrison, Isam: (L) 79.98 acres, Columbus Land Office, (ID) May 7, 1897. (CO) Noxubee

Harrison, John: (CMTS) 1890 Veterans Census, (CO) Harrison
Harrison, Joseph: (CMTS) 1890 Veterans Census, (CO) Adams
Harrison, Lewis: (CMTS) 1890 Veterans Census, (CO) Chickasaw
Harrison, Martin: (CMTS) 1890 Veterans Census, (CO) Warren
Harrison, Perry: (CMTS) 1890 Veterans Census, (CO) Warren
Harrison, Robert W. (Dr.): (B) Apr. 2, 1888, (Race) Black, (BP) Vicksburg, MS, (WWIDR) Adams, MS, (CO) Adams
Harrison, Silas I: (CMTS) 1890 Veterans Census, (CO) Lafayette
Harrison, William F.: (CMTS) 1890 Veterans Census, (CO) Pontotoc
Harrison, William Paul: (B) Sep 30, 1888, (Race) Black, (BP) Natchez, MS, (WWIDR) Warren, MS, (CO) Adams
Harrison, Willis: (CMTS) 1890 Veterans Census, (CO) Warren
Harrisson, Edward: (CMTS) 1890 Veterans Census, (CO) Washington
Harrisson, Martin: (CMTS) 1890 Veterans Census, (CO) Warren
Harry, Eliza: (CMTS) 1890 Veterans Census, (CO) Jefferson
Hart, Benjamin: (CMTS) 1890 Veterans Census, (CO) Warren
Hart, Eunice: (B) Feb. 6, 1899, (Race) Black, (BP) prisoner in Cummins AR, (WWIDR) Adams, MS (CO) Adams
Hart, Eunice: (B) Feb. 6, 1899, (Race) Black, (BP) Natchez, MS, (WWIDR) Adams, MS, (CO) Adams
Hart, Henry: (CMTS) 1890 Veterans Census, (CO) Warren
Hart, Jno: (CMTS) 1890 Veterans Census, (CO) Yazoo
Hart, John: (CMTS) 1890 Veterans Census, (CO) Yazoo
Hart, John Atkins: (B) Sep 28, 1884, (Race) Black, (WWIDR) Adams, MS, (CO) Adams
Hart, Louisa: (CMTS) 1890 Veterans Census, (CO) Warren
Hart, Moses: (CMTS) 1890 Veterans Census, (CO) Coahoma
Hart, Robert: (B) Feb. 25, 1889, (Race) Black, (BP) Washington, MS, (WWIDR) Adams, MS, (CO) Adams
Hart, Samuel: (CMTS) 1890 Veterans Census, (CO) Adams
Hart, Willie: (B) Jun., 18, 1894, (Race) Black, (BP) Natchez, MS, (WWIDR) Warren, MS, (CO) Adams
Harten, Thomas: (CMTS) 1890 Veterans Census, (CO) Yalobusha
Harter, Henry Hay (Hoy): (B) Aug. 28, 1890, (Race) White, (BP) Dallas TX, (WWIDR) Adams, MS, (CO) Adams
Hartgrove, Stephen: (CMTS) 1890 Veterans Census, (CO) Washington
Harthell, Hollis: (CMTS) 1890 Veterans Census, (CO) Washington
Hartley, William H.: (CMTS) 1890 Veterans Census, (CO) Tate
Hartman, Frank: (CMTS) 1890 Veterans Census, (CO) Lincoln
Harvey, Dan: (CMTS) 1890 Veterans Census, (CO) Sharkey
Harvey, James: (CMTS) 1890 Veterans Census, (CO) Warren
Harvey, Nelson: (CMTS) 1890 Veterans Census, (CO) Sharkey
Harvy, John: (CMTS) 1890 Veterans Census, (CO) Washington
Harvy, Tom: (CMTS) 1890 Veterans Census, (CO) Madison
Hassel, Albert: (CMTS) 1890 Veterans Census, (CO) Dekalb
Hassell, Newton: (CMTS) 1890 Veterans Census, (CO) Bolivar
Hassill, Jeremiah: (CMTS) 1890 Veterans Census, (CO) Dekalb
Hasting, William: (CMTS) 1890 Veterans Census, (CO) Grenada
Hastings, H.: (CMTS) 1890 Veterans Census, (CO) Jefferson
Hastings, Harriet L.: (CMTS) 1890 Veterans Census, (CO) Jefferson
Hastings, Robert M.: (CMTS) 1890 Veterans Census, (CO) Jefferson
Hastings, Walter Jerry: (B) Oct. 12, 1899, (Race) White, (WWIDR) Adams, MS, (CO) Adams
Hatch, Andrew: (CMTS) 1890 Veterans Census, (CO) Bolivar
Hatcher, Issac: (CMTS) 1890 Veterans Census, (CO) Warren
Hate, Elias: (CMTS) 1890 Veterans Census, (CO) Bolivar

Hathcox, Charles James: (B) Jan. 6, 1895, (Race) White, (BP) Franklin Par., LA, (WWIDR) Adams, MS, (CO) Adams
Hathcox, Edwin Anthony: (B) Dec. 6, 1899, (Race) White, (WWIDR) Adams, MS, (CO) Adams
Hathcox, Joseph Coswell: (B) May 14, 1897, (Race) White, (BP) Natchez, MS, (WWIDR) Adams, MS, (CO) Adams
Hatter, Pete: (B) Jul. 4, 1893, (Race) Black, (BP) Natchez, MS, (WWIDR) Issaquena, MS, (CO) Adams
Hatter, Scott: (B) Mar. 4, 1895, (Race) Black, (BP) Natchez, MS, (WWIDR) Adams, MS, (CO) Adams
Haupt, Ernest Miller: (B) Jul. 31, 1887, (Race) White, (BP) Natchez, MS, (WWIDR) Adams, MS, (CO) Adams
Havenhill, Mute: (CMTS) 1890 Veterans Census, (CO) Washington
Havens, Quash: (CMTS) 1890 Veterans Census, (CO) Leflore
Hawkins, Bates: (CMTS) 1890 Veterans Census, (CO) Warren
Hawkins, Brown: (CMTS) 1890 Veterans Census, (CO) Wilkinson
Hawkins, Clyde: (B) Apr. 6, 1898, (Race) Black, (WWIDR) Adams, MS, (CO) Adams
Hawkins, David: (B) Mar. 5, 1889, (Race) Black Adams Co., MS, (WWIDR) Adams, MS, (CO) Adams
Hawkins, David Leon: (B) Jun. 4, 1898, (Race) Black, (WWIDR) Adams, MS, (CO) Adams
Hawkins, Ed: (CMTS) 1890 Veterans Census, (CO) Dekalb
Hawkins, Emons: (CMTS) 1890 Veterans Census, (CO) Warren
Hawkins, Frank: (CMTS) 1890 Veterans Census, (CO) Quitman
Hawkins, John: (CMTS) 1890 Veterans Census, (CO) Dekalb
Hawkins, Louisa: (CMTS) 1890 Veterans Census, (CO) Warren
Hawkins, Nancy: (CMTS) 1890 Veterans Census, (CO) Warren
Hawkins, Samuel S.: (B) Dec. 22, 1882, (Race) Black, (WWIDR) Adams,MS, (CO) Adams
Hawkins, Silas: (CMTS) 1890 Veterans Census, (CO) Tunica
Hawkins, Stephen: (CMTS) 1890 Veterans Census, (CO) Sharkey
Hawkins, Will: (B) Mar. 12, 1891, (Race) Black, (BP) Natchez, MS, (WWIDR) Madison LA, (CO) Adams
Hay, Andrew: (CMTS) 1890 Veterans Census, (CO) Sharkey
Hayden, Andrew: (CMTS) 1890 Veterans Census, (CO) Wilkinson
Hayden, James: (B) Dec. 25, 1891, (Race) Black, (WWIDR) Adams, MS, (CO) Adams
Hayes, Charlie: (B) Jun. 5, 1893, (Race) Black, (BP) Jeannette, MS, (WWIDR) Adams, MS, (CO) Adams
Hayes, Edward: (CMTS) 1890 Veterans Census, (CO) Bolivar
Hayes, Eugene: (B) Mar. 10, 1895, (Race) Black Adams Co., MS, (WWIDR) Adams, MS, (CO) Adams
Hayes, Hilliard: (CMTS) 1890 Veterans Census, (CO) Warren
Hayes, James Lee: (B) May 2, 1897, (Race) Black, (BP) L. Jonesville, LA, (WWIDR) Adams, MS, (CO) Adams
Hayes, Jim Evert: (B) Aug. 1, 1882, (Race) Black, (WWIDR) Adams, MS, (CO) Adams
Hayes, Johanna: (CMTS) 1890 Veterans Census, (CO) Warren
Hayes, John: (CMTS) 1890 Veterans Census, (CO) Warren
Hayes, Jonn: (CMTS) 1890 Veterans Census, (CO) Jackson
Hayes, Martin: (CMTS) 1890 Veterans Census, (CO) Tunica
Hayes, Thornton: (CMTS) 1890 Veterans Census, (CO) Bolivar
Hayes, Tom: (B) Sep 24, 1881, (Race) Black, (WWIDR) Adams, MS, (CO) Adams
Hayles, David C.: (B) Jul. 20, 1889, (Race) White, (BP) Monroe AL, (WWIDR) Adams, MS, (CO) Adams
Haymon, George: (B) Feb. 9, 1894, (Race) Black, (BP) Natchez, MS, (WWIDR) Adams, MS, (CO) Adams
Haynes, Austin: (CMTS) 1890 Veterans Census, (CO) Alcorn
Haynes, Clara Blair: (B) Jun. 21, 1893(D) Apr. 14, 1988(CO) Clarke(C) Hepzibah Baptist Church

Haynes, Joseph: (CMTS) 1890 Veterans Census, (CO) Warren
Haynes, Louis: (B) Nov. 17, 1899, (Race) Black, (WWIDR) Adams, MS, (CO) Adams
Haynes, Louisia: (CMTS) 1890 Veterans Census, (CO) Warren
Haynes, Luther Norris: (B) May 29, 1894(D) May 1, 1984, (CO) Clarke, (C) Hepzibah Baptist Church Cemetery
Haynes, Margaret: (CMTS) 1890 Veterans Census, (CO) Adams
Haynes, Moses: (CMTS) 1890 Veterans Census, (CO) Tunica
Haynes, Jr., James Parson: (B) Jun. 17, 1891(D) Jul. 6, 1968(CO) Clarke(C) Hepzibah Baptist Cemetery
Hayns, Polks: (CMTS) 1890 Veterans Census, (CO) Tunica
Hays, Anna: (CMTS) 1890 Veterans Census, (CO) Adams
Hays, Benjiman: (CMTS) 1890 Veterans Census, (CO) Adams
Hays, Ed: (B) Mar. 10, 1881, (Race) Black, (WWIDR) Adams, MS, (CO) Adams
Hays, Freddie: (B) Aug. 12, 1896, (Race) Black, (BP) L. Adams Co., MS, (WWIDR) Adams, MS, (CO) Adams
Hays, George: (CMTS) 1890 Veterans Census, (CO) Tunica
Hays, Martha: (CMTS) 1890 Veterans Census, (CO) Tunica
Haywood, Alfred: (B) 1887, (Race) Black, (BP) Selma, MS, (WWIDR) Adams, MS, (CO) Adams
Haywood, Dennis: (CMTS) 1890 Veterans Census, (CO) Bolivar
Haywood, George: (B) 1889, (Race) Black, (BP) Pine Ridge, MS, (WWIDR) Adams, MS, (CO) Adams
Haywood, Henderson: (CMTS) 1890 Veterans Census, (CO) Warren
Haywood, Jerden: (CMTS) 1890 Veterans Census, (CO) Claiborne
Haywood, John: (CMTS) 1890 Veterans Census, (CO) Yazoo
Haywood, Thomas: (CMTS) 1890 Veterans Census, (CO) Tunica
Haywood, Viney: (CMTS) 1890 Veterans Census, (CO) Yazoo
Hazil, Henry: (CMTS) 1890 Veterans Census, (CO) Warren
Heahldman, Ephrain: (CMTS) 1890 Veterans Census, (CO) Adams
Heals, Emma: (CMTS) 1890 Veterans Census, (CO) Tunica
Heard, Ada: (CMTS) 1890 Veterans Census, (CO) Yazoo
Heard, John: (B) Jan. 15, 1891, (Race) Black, (BP) Natchez, MS, (WWIDR) Madison LA, (CO) Adams
Heard, Johs: (CMTS) 1890 Veterans Census, (CO) Warren
Heard, Simon: (CMTS) 1890 Veterans Census, (CO) Warren
Heard, Simon: (CMTS) 1890 Veterans Census, (CO) Yazoo
Heard, William: (CMTS) 1890 Veterans Census, (CO) Yazoo
Heatherington, Joseph W.: (B) Nov. 22, 1892, (Race) White, (WWIDR) Adams, MS, (CO) Adams
Hedrick, George Tannyhill: (B) Nov. 14, 1888, (Race) White, (BP) Natchez, MS, (WWIDR) Jackson City, MS, (CO) Adams
Heim, Sims: (B) Apr. 30, 1885, (Race) Black, (WWIDR) Adams, MS, (CO) Adams
Helm, George M.: (CMTS) 1890 Veterans Census, (CO) Washington
Helm, James E.: (CMTS) 1890 Veterans Census, (CO) Tunica
Helms, Mattie L.: (B) Apr., 18, 1887 (D) Mar 20 1970 (CO) Chickasaw, (C) Wesley Chapel Cemetery
Helsup, Haywood: (CMTS) 1890 Veterans Census, (CO) Holmes
Heman, Henry: (CMTS) 1890 Veterans Census, (CO) Warren
Hemby, Merrill: (B) Aug. 24, 1886, (Race) White, (BP) Natchez, MS, (WWIDR) Warren, MS, (CO) Adams
Hemby, Robert Lee: (B) Sep 6, 1893, (Race) White, (BP) Hamburg AR, (WWIDR) Adams, MS, (CO) Adams
Hemphill, Bill: (MD) Feb. 11, 1882, (Spouse) Betty Brown, (CO) Choctaw
Hemphill, Saml H.: (CMTS) 1890 Veterans Census, (CO) Perry

Hempstead, Adeline: (CMTS) 1890 Veterans Census, (CO) Harrison
Hempstead, Orla C.H.: (CMTS) 1890 Veterans Census, (CO) Harrison
Hempstead, Orlando H.: (CMTS) 1890 Veterans Census, (CO) Harrison
Henasy, Jack: (CMTS) 1890 Veterans Census, (CO) Union
Hence, William W.: (CMTS) 1890 Veterans Census, (CO) Adams
Henderson, Abe: (CMTS) 1890 Veterans Census, (CO) Sharkey
Henderson, Amanda: (CMTS) 1890 Veterans Census, (CO) Jefferson
Henderson, Andrew: (CMTS) 1890 Veterans Census, (CO) Waren
Henderson, Charles: (CMTS) 1890 Veterans Census, (CO) Adams
Henderson, Cornelius: (B) Aug. 14, 1897, (Race) Black, (BP) Pine Ridge, MS, (WWIDR) Adams, MS, (CO) Adams
Henderson, Delia: (CMTS) 1890 Veterans Census, (CO) Warren
Henderson, Duvall: (B) Nov. 7, 1885, (Race) White, (WWIDR) Adams, MS, (CO) Adams
Henderson, Edward: (B) Oct. 19, 1882, (Race) Black, (WWIDR) Adams, MS, (CO) Adams
Henderson, Edwin Harrison: (B) May 16, 1881, (Race) White, (WWIDR) Adams, MS, (CO) Adams
Henderson, Elijah: (CMTS) 1890 Veterans Census, (CO) Warren
Henderson, Green: (CMTS) 1890 Veterans Census, (CO) Washington
Henderson, Harrison: (CMTS) 1890 Veterans Census, (CO) Washington
Henderson, Henry: (CMTS) 1890 Veterans Census, (CO) Marshall
Henderson, Hewston: (CMTS) 1890 Veterans Census, (CO) Coarnoma
Henderson, Ike: (CMTS) 1890 Veterans Census, (CO) Coahoma
Henderson, James: (CMTS) 1890 Veterans Census, (CO) Dekalb
Henderson, James: (CMTS) 1890 Veterans Census, (CO) Jefferson
Henderson, James: (CMTS) 1890 Veterans Census, (CO) Washington
Henderson, John: (CMTS) 1890 Veterans Census, (CO) Dekalb
Henderson, Lewis: (CMTS) 1890 Veterans Census, (CO) Washington
Henderson, Louisa: (CMTS) 1890 Veterans Census, (CO) Lafayette
Henderson, McKinley: (B) Aug. 6, 1899, (Race) Black, (WWIDR) Adams, MS, (CO) Adams
Henderson, Moses: (CMTS) 1890 Veterans Census, (CO) Warren
Henderson, Ransom: (CMTS) 1890 Veterans Census, (CO) Sharkey
Henderson, Sam: (CMTS) 1890 Veterans Census, (CO) Warren
Henderson, Solomon: (CMTS) 1890 Veterans Census, (CO) Washington
Henderson, Spencer: (CMTS) 1890 Veterans Census, (CO) Madison
Henderson, Thomas H.: (CMTS) 1890 Veterans Census, (CO) Adams
Henderson, Tretor: (CMTS) 1890 Veterans Census, (CO) Lafayette
Henderson, William: (CMTS) 1890 Veterans Census, (CO) Adams
Henderson, William: (CMTS) 1890 Veterans Census, (CO) Hinds
Henderson, William: (CMTS) 1890 Veterans Census, (CO) Warren
Henderson, William: (CMTS) 1890 Veterans Census, (CO) Washington
Henderson, William W.: (CMTS) 1890 Veterans Census, (CO) Holmes
Henderson, Willis: (CMTS) 1890 Veterans Census, (CO) Washington
Henderson, William R.: (CMTS) 1890 Veterans Census, (CO) Dekalb
Henderson Anderson, B: (CMTS) 1890 Veterans Census, (CO) Dekalb
Hendersonn, Solomon: (CMTS) 1890 Veterans Census, (CO) Washington
Henin, Sims: (B) Apr. 30, 1885, (Race) Black, (WWIDR) Adams, MS, (CO) Adams
Hennington, C.K.Marshall: (B) Sep 8, 1899, (Race) White, (WWIDR) Adams, MS, (CO) Adams
Henrie, Cornelious: (CMTS) 1890 Veterans Census, (CO) Washington
Henry, Alexander: (CMTS) 1890 Veterans Census, (CO) Warren
Henry, Alfred: (CMTS) 1890 Veterans Census, (CO) Jackson
Henry, Carl W.: (B) May 22, 1886, (Race) White, (WWIDR) Adams, MS, (CO) Adams
Henry, Clayton: (CMTS) 1890 Veterans Census, (CO) Warren
Henry, David: (CMTS) 1890 Veterans Census, (CO) Warren

Henry, Emanuel: (CMTS) 1890 Veterans Census, (CO) Tunica
Henry, Griffin: (CMTS) 1890 Veterans Census, (CO) Claiborne
Henry, Harrison: (CMTS) 1890 Veterans Census, (CO) Warren
Henry, James: (CMTS) 1890 Veterans Census, (CO) Tunica
Henry, Jennie: (CMTS) 1890 Veterans Census, (CO) Warren
Henry, John: (B) 1890, (Race) Black, (WWIDR) Walton FL, (CO) Adams
Henry, John: (CMTS) 1890 Veterans Census, (CO) Claiborne
Henry, Juduena: (CMTS) 1890 Veterans Census, (CO) Warren
Henry, Robert: (CMTS) 1890 Veterans Census, (CO) Jackson
Henry, Sam Lee: (B) 1894, (Race) White, (WWIDR) Adams, MS, (CO) Adams
Hensley, Henry S.: (CMTS) 1890 Veterans Census, (CO) Adams
Henson, James: (CMTS) 1890 Veterans Census, (CO) Adams
Henyard, Peter: (B) 1885, (Race) Black, (WWIDR) Adams, MS, (CO) Adams
Herber, Cornell: (CMTS) 1890 Veterans Census, (CO) Warren
Herbert, Augusta: (B) Dec. 5, 1882, (Race) Black, (WWIDR) Adams, MS, (CO) Adams
Herbert, Earnest: (B) May 10, 1888, (Race) Black, (BP) Washington, MS, (WWIDR) Adams, MS, (CO) Adams
Herd, Alford: (CMTS) 1890 Veterans Census, (CO) Grenada
Herd, Wesley: (CMTS) 1890 Veterans Census, (CO) Washington
Herman, George Paul: (B) Aug. 12, 1899, (Race) White, (WWIDR) Adams, MS, (CO) Adams
Herring, Alfred: (CMTS) 1890 Veterans Census, (CO) Sharkey
Herring, W. A.: (CMTS) 1890 Veterans Census, (CO) Yalobusha
Herrington, Benj. Harrison: (B) Jul. 6, 1899, (Race) White, (WWIDR) Adams, MS, (CO) Adams
Herrington, C.K.Marshall: (B) Sep 8, 1899, (Race) White, (WWIDR) Adams, MS, (CO) Adams
Herron, Benjamin F.: (CMTS) 1890 Veterans Census, (CO) Dekalb
Herron, Isaac: (CMTS) 1890 Veterans Census, (CO) Coahoma
Hess, Charles Phillip: (B) May 7, 1884, (Race) White, (WWIDR) Adams, MS, (CO) Adams
Hester, Jack: (CMTS) 1890 Veterans Census, (CO) Benton
Hester, Joseph: (B) Dec. 6, 1891, (Race) Black, (BP) Natchez, MS, (WWIDR) Adams, MS, (CO) Adams
Hewitt, John Calvin: (B) Aug. 30, 1894, (Race) White, (BP) Natchez, MS, (WWIDR) Adams, MS, (CO) Adams
Hewitt, William Charles: (B) Jul. 29, 1895, (Race) White, (BP) Natchez, MS, (WWIDR) Adams, MS, (CO) Adams
Hews, Charlie: (CMTS) 1890 Veterans Census, (CO) Coahoma
Hews, Conway: (CMTS) 1890 Veterans Census, (CO) Coahoma
Hezikiah, Alexander: (CMTS) 1890 Veterans Census, (CO) Lincoln
Hickenbothom, Clarence: (B) Nov. 6, 1896, (Race) Black Adams Co., MS, (WWIDR) Adams, MS, (CO) Adams
Hickenbottom, Clarence: (B) Nov. 6, 1896, (Race) Black Adams Co., MS, (WWIDR) Adams, MS, (CO) Adams
Hickmond, John: (CMTS) 1890 Veterans Census, (CO) Bolivar
Hicks, Calvin: (CMTS) 1890 Veterans Census, (CO) Marshall
Hicks, Edward Franklin: (B) Oct. 16, 1882, (Race) White, (WWIDR) Adams, MS, (CO) Adams
Hicks, Mantie: (B) Sep 8, 1899, (Race) Black, (WWIDR) Adams, MS, (CO) Adams
Hicks, Jr., Marshall: (CMTS) 1890 Veterans Census, (CO) Washington
Hicks, Sr., Marshall: (CMTS) 1890 Veterans Census, (CO) Washington
Hicks, Nathan (CMTS) 1890 Veterans Census, (CO) Coahoma
Hicks, Richard: (CMTS) 1890 Veterans Census, (CO) Warren
Hicks, Samuel: (CMTS) 1890 Veterans Census, (CO) Leflore
Hicks, Santy: (CMTS) 1890 Veterans Census, (CO) Warren
Hicks, William: (B) Apr., 1899, (Race) Black, (WWIDR) Adams, MS, (CO) Adams
Hickson, John: (CMTS) 1890 Veterans Census, (CO) Warren

Higdon, Henry: (B) Jan. 9, 1887, (Race) Black, (BP) Kingston, MS, (WWIDR) Adams, MS, (CO) Adams
Higgins, Levi: (CMTS) 1890 Veterans Census, (CO) Warren
Higgins, Wesley: (CMTS) 1890 Veterans Census, (CO) Sharkey
High, Fred: (CMTS) 1890 Veterans Census, (CO) Tunica
Hilborn, Elias: (CMTS) 1890 Veterans Census, (CO) Dekalb
Hildes, Frank F.: (CMTS) 1890 Veterans Census, (CO) Harrison
Hill, Alexander: (CMTS) 1890 Veterans Census, (CO) Washington
Hill, Anthony: (CMTS) 1890 Veterans Census, (CO) Yazoo
Hill, Daniel: (CMTS) 1890 Veterans Census, (CO) Coahoola
Hill, David: (CMTS) 1890 Veterans Census, (CO) Yazoo
Hill, Douglass D.: (CMTS) 1890 Veterans Census, (CO) Jefferson
Hill, Frederic: (CMTS) 1890 Veterans Census, (CO) Warren
Hill, Golden: (CMTS) 1890 Veterans Census, (CO) Yazoo
Hill, Gracey A.: (CMTS) 1890 Veterans Census, (CO) Washington
Hill, Henry S.: (CMTS) 1890 Veterans Census, (CO) Jefferson
Hill, Jack: (CMTS) 1890 Veterans Census, (CO) Warren
Hill, James: (CMTS) 1890 Veterans Census, (CO) Bolivar
Hill, James: (CMTS) 1890 Veterans Census, (CO) Warren
Hill, James Franklin: (B) Mar. 19, 1898, (Race) White, (WWIDR) Adams, MS, (CO) Adams
Hill, Jerry: (CMTS) 1890 Veterans Census, (CO) Sharkey
Hill, John: (CMTS) 1890 Veterans Census, (CO) Issaquena
Hill, John: (CMTS) 1890 Veterans Census, (CO) Panola
Hill, John: (CMTS) 1890 Veterans Census, (CO) Union
Hill, Jordan: (CMTS) 1890 Veterans Census, (CO) Quitman
Hill, Miles: (CMTS) 1890 Veterans Census, (CO) Tunica
Hill, Milton B: (CMTS) 1890 Veterans Census, (CO) Washington
Hill, Patsy: (CMTS) 1890 Veterans Census, (CO) Warren
Hill, Polly: (CMTS) 1890 Veterans Census, (CO) Bolivar
Hill, Riley: (CMTS) 1890 Veterans Census, (CO) Bolivar
Hill, Robert: (CMTS) 1890 Veterans Census, (CO) Bolivar
Hill, Robert: (CMTS) 1890 Veterans Census, (CO) Washington
Hill, Rufus: (B) Aug. 1, 1896, (Race) Black, (WWIDR) Adams, MS, (CO) Adams
Hill, William: (CMTS) 1890 Veterans Census, (CO) Yazoo
Hill, William D.: (CMTS) 1890 Veterans Census, (CO) Washington
Hillara, Henry: (CMTS) 1890 Veterans Census, (CO) Sharkey
Hilliard, Dianah: (CMTS) 1890 Veterans Census, (CO) Warren
Hilliard, John I: (CMTS) 1890 Veterans Census, (CO) Bolivar
Hilliard, Lattimer: (CMTS) 1890 Veterans Census, (CO) Warren
Hilliford, Jeff: (CMTS) 1890 Veterans Census, (CO) Dekalb
Hills, Rufus: (B) Aug. 1, 1896, (Race) Black, (BP) L. Adams Co., MS, (WWIDR) Adams, MS, (CO) Adams
Hillyard, Henry: (CMTS) 1890 Veterans Census, (CO) Sharkey
Hillyas, Henry: (CMTS) 1890 Veterans Census, (CO) Sharkey
Hilsey, Franklin: (CMTS) 1890 Veterans Census, (CO) Warren
Himes, Dennis: (CMTS) 1890 Veterans Census, (CO) Tunica
Hindman, Emily F.: (CMTS) 1890 Veterans Census, (CO) Union
Hinds, Charley: (CMTS) 1890 Veterans Census, (CO) Washington
Hinds, Thomas: (CMTS) 1890 Veterans Census, (CO) Washington
Hinds, Wash: (B) Jan. 10, 1895, (Race) Black, (BP) Jeannette, MS, (WWIDR) Adams, MS, (CO) Adams
Hines, Calvano: (B) Sep 13, 1886, (Race) Black Arnot, MS, (WWIDR) Adams, MS, (CO) Adams

Hines, Dan: (B) Aug. 2, 1895, (Race) Black Cranfield, MS, (WWIDR) Adams, MS, (CO) Adams
Hines, Eddie: (B) Jan. 20, 1886, (Race) Black Arnot, MS, (WWIDR) Adams, MS, (CO) Adams
Hines, Harrison: (CMTS) 1890 Veterans Census, (CO) Jefferson
Hines, Leo Elgin: (B) Dec. 7, 1889, (Race) White, (BP) Emmet AR, (WWIDR) Adams, MS, (CO) Adams
Hines, Sam: (B) Dec. 14, 1888, (Race) Black Cranfield, MS, (WWIDR) Adams, MS, (CO) Adams
Hinkle, Jennette: (CMTS) 1890 Veterans Census, (CO) Panola
Hinton, James: (CMTS) 1890 Veterans Census, (CO) Claiborne
Hinton, James S.: (CMTS) 1890 Veterans Census, (CO) Sunflower
Hintson, William A.: (CMTS) 1890 Veterans Census, (CO) Warren
Hmilton, Alexander: (CMTS) 1890 Veterans Census, (CO) Jefferson
Hobbs, Calvin: (CMTS) 1890 Veterans Census, (CO) Copiah
Hockett, Henry: (B) 1891, (Race) Black Adams Co., MS, (WWIDR) Adams, MS, (CO) Adams
Hodge, Sophia: (CMTS) 1890 Veterans Census, (CO) Warren
Hodges, Alexander H.: (CMTS) 1890 Veterans Census, (CO) Benton
Hodges, Ephriam: (CMTS) 1890 Veterans Census, (CO) Leflore
Hodges, Robert Milton: (CMTS) 1890 Veterans Census, (CO) Benton
Hoffman, Samuel: (CMTS) 1890 Veterans Census, (CO) Washington
Hogan, Bill: (CMTS) 1890 Veterans Census, (CO) Washington
Hogan, Charles: (CMTS) 1890 Veterans Census, (CO) Warren
Hogan, Charles M.: (CMTS) 1890 Veterans Census, (CO) Harrison
Hogan, E.: (CMTS) 1890 Veterans Census, (CO) Warren
Hogan, George: (CMTS) 1890 Veterans Census, (CO) Yazoo
Hogan, Isham: (CMTS) 1890 Veterans Census, (CO) Warren
Hogan, Michael: (CMTS) 1890 Veterans Census, (CO) Warren
Hogan, Porter: (CMTS) 1890 Veterans Census, (CO) Warren
Hogan, Thomas: (CMTS) 1890 Veterans Census, (CO) Washington
Hogans, James: (CMTS) 1890 Veterans Census, (CO) Warren
Hoggatt, Dan: (B) Jul. 10, 1899, (Race) Black, (WWIDR) Adams, MS, (CO) Adams
Hoggatt, Forest: (B) Dec. 22, 1890, (Race) Black Adams Co., MS, (WWIDR) Adams, MS, (CO) Adams
Hoggatt, Garfield: (B) Jun. 5, 1883, (Race) Black, (WWIDR) Adams, MS, (CO) Adams
Hoggatt, Henry: (B) 1894, (Race) Black Adams Co., MS, (WWIDR) Adams, MS, (CO) Adams
Hoggatt, John: (B) Jul. 4, 1897, (Race) Black, (WWIDR) Adams, MS, (CO) Adams
Hoggatt, John: (B) Aug. 6, 1882, (Race) Black, (WWIDR) Adams, MS, (CO) Adams
Hoggatt, Saunders: (B) 1891, (Race) Black, (BP) Plaquemines, LA, (WWIDR) Adams, MS, (CO) Adams
Hoggatt, William E.: (B) Feb. 19, 1895, (Race) Black, (BP) Washington, MS, (WWIDR) Adams, MS, (CO) Adams
Hoggett, Albert: (B) Dec. 26, 1893, (Race) Black, (BP) Natchez, MS, (WWIDR) Adams, MS, (CO) Adams
Hogin, Anthony A.: (CMTS) 1890 Veterans Census, (CO) Warren
Hogins, Charley: (CMTS) 1890 Veterans Census, (CO) Washington
Holbert, Fred: (B) Sep, 1882, (Race) White, (WWIDR) Adams, MS, (CO) Adams
Holcomb, Thomas W.: (CMTS) 1890 Veterans Census, (CO) Benton
Holcomb, William T.: (CMTS) 1890 Veterans Census, (CO) Marshall
Holden, Henry: (CMTS) 1890 Veterans Census, (CO) Warren
Holden, Wilbert: (B) Jul. 20, 1881, (Race) Black, (WWIDR) Adams,

MS, (CO) Adams
Holdman, Jeff: (CMTS) 1890 Veterans Census, (CO) Quitman
Holiday, Charles: (CMTS) 1890 Veterans Census, (CO) Washington
Holins, Sarah: (CMTS) 1890 Veterans Census, (CO) Hinds
Holland, John: (CMTS) 1890 Veterans Census, (CO) Jackson
Holley, Hugh Broadas: (B) May 13, 1889, (Race) White, (BP), (WWIDR) Adams,
    MS, (CO) Adams
Holley, James A. M.: (CMTS) 1890 Veterans Census, (CO) Jefferson
Holley, James D.: (CMTS) 1890 Veterans Census, (CO) Prentiss
Holley, Lyman B: (CMTS) 1890 Veterans Census, (CO) Harrison
Holliday, Asa: (CMTS) 1890 Veterans Census, (CO) Bolivar
Holliday, Rube: (B) Jan., 18, 1890, (Race) Black, (BP) Natchez, MS, (WWIDR) Sunflower,
    MS, (CO) Adams
Hollinger, Addney: (CMTS) 1890 Veterans Census, (CO) Adams
Hollinger, James: (CMTS) 1890 Veterans Census, (CO) Adams
Hollins, Isac: (CMTS) 1890 Veterans Census, (CO) Hinds
Hollins, Jaccb: (CMTS) 1890 Veterans Census, (CO) Panola
Hollins, John: (B) Jan. 7, 1897, (Race) Black, (BP) New Orleans, LA, (WWIDR) Adams,
    MS, (CO) Adams
Hollins, Mason: (B) Aug. 10, 1893, (Race) Black, (BP) West Baton Rouge, LA, (WWIDR) Adams,
    MS, (CO) Adams
Hollins, Stewart: (B) 1893, (Race) Black, (BP) Natchez, MS, (WWIDR) Claiborne, MS, (CO)
    Adams
Hollins, Thomas: (B) Aug. 9, 1895, (Race) Black, (BP) Washintgon, MS, (WWIDR) Adams,
    MS, (CO) Adams
Holliway, Major: (CMTS) 1890 Veterans Census, (CO) Dekalb
Holloman, Oliver: (CMTS) 1890 Veterans Census, (CO) Harrison
Holloway, Frank: (CMTS) 1890 Veterans Census, (CO) Coahoma
Holloway, Lawson: (CMTS) 1890 Veterans Census, (CO) Marshall
Holloway, Robert: (CMTS) 1890 Veterans Census, (CO) Marshall
Holly, Lem: (CMTS) 1890 Veterans Census, (CO) Bolivar
Holman, Emily: (CMTS) 1890 Veterans Census, (CO) Tunica
Holman, Henry: (CMTS) 1890 Veterans Census, (CO) Tunkca
Holme, William D.: (CMTS) 1890 Veterans Census, (CO) Scott
Holmes, Alex Fritz Allen: (B) Jul. 6, 1883, (Race) White, (WWIDR) Adams, MS, (CO) Adams
Holmes, Alexxander: (CMTS) 1890 Veterans Census, (CO) Warren
Holmes, Sr., Ambrose: (CMTS) 1890 Veterans Census, (CO) Warren
Holmes, Authur: (CMTS) 1890 Veterans Census, (CO) Warren
Holmes, C. K. Marshall: (B) 1894, (Race) Black Adams Co., MS, (WWIDR) Adams,
    MS, (CO) Adams
Holmes, Charles: (CMTS) 1890 Veterans Census, (CO) Warren
Holmes, Davis: (CMTS) 1890 Veterans Census, (CO) Sharkey
Holmes, Edmond: (CMTS) 1890 Veterans Census, (CO) Warren
Holmes, Elisha: (CMTS) 1890 Veterans Census, (CO) Adams
Holmes, Frank: (B) May 1, 1882, (Race) Black, (WWIDR) Adams,
    MS, (CO) Adams
Holmes, Gabriel: (CMTS) 1890 Veterans Census, (CO) Washington
Holmes, George: (B) Jan. 8, 1896, (Race) Black Adams Co., MS, (WWIDR) Adams,
    MS, (CO) Adams
Holmes, Henry: (B) Jul., 1894, (Race) Black, (BP) Frogmore, LA, (WWIDR) Adams,
    MS, (CO) Adams
Holmes, Henry: (B) Oct. 1, 1881, (Race) Black, (WWIDR) Adams, MS, (CO) Adams
Holmes, Henry: (CMTS) 1890 Veterans Census, (CO) Warren
Holmes, Isaac: (CMTS) 1890 Veterans Census, (CO) Washington

Holmes, Joe: (B) 1893, (Race) Black, (BP) Tensas Par., LA, (WWIDR) Adams, MS, (CO) Adams
Holmes, Johney: (B) Nov. 15, 1897, (Race) Black, (WWIDR) Adams, MS, (CO) Adams
Holmes, Johnny: (B) Oct. 23, 1889, (Race) Black, (BP) Natchez, MS, (WWIDR) Adams, MS, (CO) Adams
Holmes, Lem: (B) Aug. 26, 1892, (Race) Black Adams Co., MS, (WWIDR) Adams, MS, (CO) Adams
Holmes, Leroy: (B) Dec. 11, 1898, (Race) Black, (WWIDR) Adams, MS, (CO) Adams
Holmes, Louis: (B) Sep 7, 1897, (Race) Black, (WWIDR) Adams, MS, (CO) Adams
Holmes, Patient: (CMTS) 1890 Veterans Census, (CO) Warren
Holmes, Peyton: (CMTS) 1890 Veterans Census, (CO) Washington
Holmes, Phillis: (CMTS) 1890 Veterans Census, (CO) Bolivar
Holmes, Rufus: (B) Dec. 26, 1885, (Race) Black, (WWIDR) Adams, MS, (CO) Adams
Holmes, Sam: (B) Oct. 27, 1884, (Race) Black, (WWIDR) Adams, MS, (CO) Adams
Holmes, Simon: (B) Jun. 10, 1898, (Race) Black, (WWIDR) Adams, MS, (CO) Adams
Holmes, William: (CMTS) 1890 Veterans Census, (CO) Benton
Holmes, Willie: (B) Nov., 1889, (Race) Black Adams Co., MS, (WWIDR) Adams, MS, (CO) Adams
Holmess, Athur: (CMTS) 1890 Veterans Census, (CO) Waren
Holmond, John: (CMTS) 1890 Veterans Census, (CO) Bolivar
Holson, Eliza: (CMTS) 1890 Veterans Census, (CO) Warren
Holston, Charles: (CMTS) 1890 Veterans Census, (CO) Yazoo
Holt, David: (B) Aug. 15, 1887, (Race) Black, (WWIDR) Adams, MS, (CO) Adams
Holt, Wyatt: (CMTS) 1890 Veterans Census, (CO) Yazoo
Homer, George: (CMTS) 1890 Veterans Census, (CO) Warren
Homes, Calvan: (B) 1894, (Race) Black Adams Co., MS, (WWIDR) Adams, MS, (CO) Adams
Homes, George: (B) Jan. 8, 1896, (Race) Black, (WWIDR) Adams, MS, (CO) Adams
Homes, Henry: (B) Jul., 1894, (Race) Black, (BP) Frogmore, LA, (WWIDR) Adams, MS, (CO) Adams
Homes, Lem: (B) Aug. 26, 1892, (Race) Black Adams Co., MS, (WWIDR) Adams, MS, (CO) Adams
Homes, Rufus: (B) Dec. 26, 1885, (Race) Black, (WWIDR) Adams, MS, (CO) Adams
Homes, Sam: (B) Oct. 27, 1884, (Race) Black, (WWIDR) Adams, MS, (CO) Adams
Homes, S.: (B) Dec. 27, 1895, (Race) Black Adams Co., MS, (WWIDR) Adams, MS, (CO) Adams
Hommon, Steve: (B) Mar. 2, 1893, (Race) Black, (WWIDR) Adams, MS, (CO) Adams
Honey, Edward: (CMTS) 1890 Veterans Census, (CO) Holmes
Honey, Grant: (CMTS) 1890 Veterans Census, (CO) Warren
Honse, Capt: (CMTS) 1890 Veterans Census, (CO) Wilkinson
Hood, Robert: (CMTS) 1890 Veterans Census, (CO) Dekalb
Hooker, Alexander: (CMTS) 1890 Veterans Census, (CO) Quitman
Hooker, Dennis: (B) 1893, (Race) Black, (BP) Natchez, MS, (WWIDR) Sunflower, MS, (CO) Adams
Hooker, Dennis: (B) 1893, (Race) Black, (WWIDR) Sunflower, MS, (CO) Adams
Hooker, George: (B) Mar. 20, 1885, (Race) Black, (WWIDR) Adams, MS, (CO) Adams
Hooker, Henry: (B) 1883, (Race) Black, (WWIDR) Adams, MS, (CO) Adams
Hooker, Louis: (B) Oct. 20, 1899, (Race) Black, (WWIDR) Adams, MS, (CO) Adams
Hooker, Solomon: (B) 1896, (Race) Black, (BP) Natchez, MS, (WWIDR) Sunflower, MS, (CO) Adams
Hooks, Toby: (CMTS) 1890 Veterans Census, (CO) Jefferson
Hooks, William: (CMTS) 1890 Veterans Census, (CO) Dekalb
Hooper, Robert: (CMTS) 1890 Veterans Census, (CO) Washington
Hootsell, Walton Smith: (B) Jul. 13, 1890, (Race) White, (BP) Vidalia, LA, (WWIDR) Adams, MS, (CO) Adams

Hope, James E.: (CMTS) 1890 Veterans Census, (CO) Lafayette
Hopkins, Doherty: (CMTS) 1890 Veterans Census, (CO) Sunflower
Hopkins, Isaac: (B) Jun. 5, 1896, (Race) Black, (BP) Natchez, MS, (WWIDR) Adams,
    MS, (CO) Adams
Hopkins, Stephen: (CMTS) 1890 Veterans Census, (CO) Sharkey
Hopper, Benjamin: (CMTS) 1890 Veterans Census, (CO) Coahoma
Hopson, Mack: (CMTS) 1890 Veterans Census, (CO) Warren
Horace, Milton: (CMTS) 1890 Veterans Census, (CO) Jefferson
Horner, Abner: (CMTS) 1890 Veterans Census, (CO) Bolivar
Horner, George: (CMTS) 1890 Veterans Census, (CO) Warren
Horner, Joseph: (CMTS) 1890 Veterans Census, (CO) Washington
Horner, Wesley: (CMTS) 1890 Veterans Census, (CO) Adams
Horrison, Henry: (CMTS) 1890 Veterans Census, (CO) Leflore
Horton, James: (CMTS) 1890 Veterans Census, (CO) Tunica
Horton, Vinie: (CMTS) 1890 Veterans Census, (CO) Tunica
Hoskins, Julius: (B) Jan. 6, 1898, (Race) Black, (WWIDR) Adams, MS, (CO) Adams
Hoskins, Louis: (B) Feb. 14, 1891, (Race) Black, (BP) Natchez, MS, (WWIDR) Broward FL, (CO)
    Adams
Hoskins, Monroe: (CMTS) 1890 Veterans Census, (CO) Adams
Houff, Arthur: (B) Mar. 9, 1884, (Race) Black, (WWIDR) Adams, MS, (CO) Adams
House, James T.: (CMTS) 1890 Veterans Census, (CO) Dekalb
House, Washington: (CMTS) 1890 Veterans Census, (CO) Claiborne
House, William: (CMTS) 1890 Veterans Census, (CO) Washington
Houston, Bill: (CMTS) 1890 Veterans Census, (CO) Bolivar
Houston, John W.: (CMTS) 1890 Veterans Census, (CO) Washington
Houston, James: (CMTS) 1890 Veterans Census, (CO) Dekalb
Howard, Andrew: (B) Feb. 28, 1896, (Race) Black Adams Co., MS, (WWIDR) Adams,
    MS, (CO) Adams
Howard, Charles: (CMTS) 1890 Veterans Census, (CO) Issaquena
Howard, Charles: (CMTS) 1890 Veterans Census, (CO) Warren
Howard, Edward: (CMTS) 1890 Veterans Census, (CO) Yalobusha
Howard, Elvira: (CMTS) 1890 Veterans Census, (CO) Warren
Howard, Felix: (B) Aug. 5, 1894, (Race) Black Adams Co., MS, (WWIDR) Adams,
    MS, (CO) Adams
Howard, Frank: (CMTS) 1890 Veterans Census, (CO) Warren
Howard, Frank: (CMTS) 1890 Veterans Census, (CO) Washington
Howard, Geo M.: (CMTS) 1890 Veterans Census, (CO) Dekalb
Howard, George: (CMTS) 1890 Veterans Census, (CO) Warren
Howard, Harry: (B) Apr., 1896, (Race) Black, (BP) Natchez, MS, (WWIDR) Sunflower, MS,
    (CO) Adams
Howard, Henry: (CMTS) 1890 Veterans Census, (CO) Warren
Howard, Herman Evans: (B) Apr. 24, 1884, (Race) White, (WWIDR) Adams, MS, (CO) Adams
Howard, Isabella: (CMTS) 1890 Veterans Census, (CO) Washington
Howard, Joseph: (B) Jan. 7, 1886, (Race) White, (WWIDR) Adams, MS, (CO) Adams
Howard, Joseph: (CMTS) 1890 Veterans Census, (CO) Holmes
Howard, Moses: (CMTS) 1890 Veterans Census, (CO) Adams
Howard, Nelson: (CMTS) 1890 Veterans Census, (CO) Waren
Howard, Reason: (CMTS) 1890 Veterans Census, (CO) Coahoma
Howard, Samuel: (B) Sep 29, 1896, (Race), (BP) New York NY, (WWIDR) Adams,
    MS, (CO) Adams
Howard, Tom: (CMTS) 1890 Veterans Census, (CO) Madison
Howe, Charles: (CMTS) 1890 Veterans Census, (CO) Warren
Howe, Charles Marion: (B) Dec. 23, 1895, (Race) White, (BP) Natchez, MS, (WWIDR) Adams,
    MS, (CO) Adams

Howell, Fred M.: (CMTS) 1890 Veterans Census, (CO) Jackson
Howell, William J.: (CMTS) 1890 Veterans Census, (CO) Leflore
Howerton, Joel D.: (B) Nov. 11, 1892, (Race) White, (BP) Iuka, MS, (WWIDR) Adams, MS, (CO) Adams
Howland, James M.: (CMTS) 1890 Veterans Census, (CO) Jackson
Howlen, Allen: (CMTS) 1890 Veterans Census, (CO) Tunica
Hoy, Henry: (CMTS) 1890 Veterans Census, (CO) Sharkey
Hubbard, Saulsbury: (B) Jun. 2, 1881, (Race) Black, (WWIDR) Adams, MS, (CO) Adams
Huber, Joseph: (CMTS) 1890 Veterans Census, (CO) Jefferson
Hubert, Augusta: (B) Dec. 5, 1882, (Race) Black, (WWIDR) Adams, MS, (CO) Adams
Hudnall, James S.: (CMTS) 1890 Veterans Census, (CO) Dekalb
Hudson, Jerry: (CMTS) 1890 Veterans Census, (CO) Bolivar
Hudson, John: (CMTS) 1890 Veterans Census, (CO) Warren
Hudson, John Bascom: (B) May 5, 1891, (Race) White, (BP) Bethel Springs TN, (WWIDR) Adams, MS, (CO) Adams
Hudson, Tony: (CMTS) 1890 Veterans Census, (CO) Panola
Hudson, William: (CMTS) 1890 Veterans Census, (CO) Adams
Hudson, Zadok B: (CMTS) 1890 Veterans Census, (CO) Tishomingo
Hudspeth, Thomas D.: (CMTS) 1890 Veterans Census, (CO) Pike
Huedin, John: (CMTS) 1890 Veterans Census, (CO) Washington
Huelson, Jefferson: (CMTS) 1890 Veterans Census, (CO) Tunica
Huet, Peter: (CMTS) 1890 Veterans Census, (CO) Quitman
Huetson, Jeferson: (CMTS) 1890 Veterans Census, (CO) Tunica
Huff, Charles: (CMTS) 1890 Veterans Census, (CO) Washington
Huff, Eliza: (CMTS) 1890 Veterans Census, (CO) Washington
Huffman, Frank Leslie: (B) Sep 21, 1896, (Race) White, (WWIDR) Adams, MS, (CO) Adams
Huggins, Julia: (CMTS) 1890 Veterans Census, (CO) Bolivar
Hughes, Ben: (CMTS) 1890 Veterans Census, (CO) Issaquena
Hughes, Ike: (B) 1896, (Race) Black, (BP) Natchez, MS, (WWIDR) Warren, MS, (CO) Adams
Hughes, Robert: (CMTS) 1890 Veterans Census, (CO) Washington
Hughes, Tom: (B) Sep 3, 1895, (Race) Black Adams Co., MS, (WWIDR) Adams, MS, (CO) Adams
Hughes, William J.: (B) Apr. 21, 1897, (Race) White, (BP) Reading IL, (WWIDR) Adams, MS, (CO) Adams
Hughey, Joe: (CMTS) 1890 Veterans Census, (CO) Tate
Hughs, Chessman: (CMTS) 1890 Veterans Census, (CO) Warren
Hull, William: (CMTS) 1890 Veterans Census, (CO) Tunica
Hullett, Jesse: (CMTS) 1890 Veterans Census, (CO) Tunica
Hulone, Joe: (CMTS) 1890 Veterans Census, (CO) Sunflower
Humbert, Jesse: (CMTS) 1890 Veterans Census, (CO) Adams
Humphreys, Arthur Leroy: (B) Jun. 9, 1883, (Race) Black, (WWIDR) Adams, MS, (CO) Adams
Humphries, Alfred: (B) 1885, (Race) Black, (WWIDR) Adams, MS, (CO) Adams
Humphries, Willie: (B) Mar. 10, 1895, (Race) Black, (BP) Natchez, MS, (WWIDR) Adams, MS, (CO) Adams
Hunt, Alfred: (CMTS) 1890 Veterans Census, (CO) Warren
Hunt, Chester: (B) Aug. 26, 1897, (Race) Black, (WWIDR) Adams, MS, (CO) Adams
Hunt, David: (CMTS) 1890 Veterans Census, (CO) Quitman
Hunt, Dick: (CMTS) 1890 Veterans Census, (CO) Franklin
Hunt, Dick: (CMTS) 1890 Veterans Census, (CO) Sharkey
Hunt, Eli: (CMTS) 1890 Veterans Census, (CO) Amite
Hunt, Ellis: (B) Aug. 2, 1891, (Race) Black, (BP) Louisiana, (WWIDR) Adams, MS, (CO) Adams
Hunt, Elvie: (CMTS) 1890 Veterans Census, (CO) Panola

Hunt, Henry: (CMTS) 1890 Veterans Census, (CO) Tunica
Hunt, Henry: (CMTS) 1890 Veterans Census, (CO) Washington
Hunt, Isaac: (CMTS) 1890 Veterans Census, (CO) Panola
Hunt, James: (CMTS) 1890 Veterans Census, (CO) Union
Hunt, Levi: (CMTS) 1890 Veterans Census, (CO) Jefferson
Hunt, Melton: (CMTS) 1890 Veterans Census, (CO) Amite
Hunt, Omer: (CMTS) 1890 Veterans Census, (CO) Sharkey
Hunt, Orangeby: (CMTS) 1890 Veterans Census, (CO) Amite
Hunt, Patsey: (CMTS) 1890 Veterans Census, (CO) Panola
Hunt, Robert: (CMTS) 1890 Veterans Census, (CO) Warren
Hunt, Sydney: (CMTS) 1890 Veterans Census, (CO) Wilkinson
Hunt, Washington: (CMTS) 1890 Veterans Census, (CO) Sharkey
Hunter, Albert: (CMTS) 1890 Veterans Census, (CO) Tunica
Hunter, Charles Caspar: (B) Sep 8, 1899, (Race) White, (WWIDR) Adams,
    MS, (CO) Adams
Hunter, Clark: (B) May 10, 1895, (Race) Black, (BP) Torras, LA, (WWIDR) Adams,
    MS, (CO) Adams
Hunter, Perlina J.: (CMTS) 1890 Veterans Census, (CO) Coahoma
Hunter, Stepeny: (CMTS) 1890 Veterans Census, (CO) Tunica
Hunter, Stewart: (CMTS) 1890 Veterans Census, (CO) Sharkey
Hunter, Tom: (B) 1889, (Race) Black, (BP) Selma, MS, (WWIDR) Sunflower, MS, (CO) Adams
Hunton, Thomas: (CMTS) 1890 Veterans Census, (CO) Claiborne
Huntor, Stewart: (CMTS) 1890 Veterans Census, (CO) Sharkey
Hurd, Abram: (CMTS) 1890 Veterans Census, (CO) Warren
Hurd, Benjamin: (CMTS) 1890 Veterans Census, (CO) Warren
Hurd, King: (CMTS) 1890 Veterans Census, (CO) Warren
Hurst, John: (CMTS) 1890 Veterans Census, (CO) Sharkey
Hurston, John: (CMTS) 1890 Veterans Census, (CO) Benton
Hurt, Robert: (CMTS) 1890 Veterans Census, (CO) Adams
Husdon, James: (CMTS) 1890 Veterans Census, (CO) Coahoma
Hustleby, Harriette: (CMTS) 1890 Veterans Census, (CO) Washington
Huston, Israel (Isreal): (B) Nov. 9, 1896, (Race) Black, (BP) L. Adams Co., MS, (WWIDR) Adams,
    MS, (CO) Adams
Hutchie, Ike: (CMTS) 1890 Veterans Census, (CO) Tunica
Hutchins, Booker: (CMTS) 1890 Veterans Census, (CO) Dekalb
Hutchins, Elbert: (B) Feb. 22, 1893, (Race) Black Adams Co., MS, (WWIDR) Adams,
    MS, (CO) Adams
Hutchins, Leon: (B) Aug. 11, 1896, (Race) Black, (BP) L. Adams Co., MS, (WWIDR) Adams,
    MS, (CO) Adams
Hutchins, Margaret L.: (CMTS) 1890 Veterans Census, (CO) Alcorn
Hutchinson, Handy: (CMTS) 1890 Veterans Census, (CO) Jefferson
Hutton, James Franklin: (B) Dec. 17, 1887, (Race) White, (BP) Natchez, MS, (WWIDR) Adams,
    MS, (CO) Adams
Hutton, Joseph Turpin: (B) Jan. 3, 1893, (Race) White Adams Co., MS, (WWIDR) Adams,
    MS, (CO) Adams
Hyles, Frank: (B) Sep 9, 1889, (Race) Black, (BP) Natchez, MS, (WWIDR) Adams,
    MS, (CO) Adams
Hymes, George: (B) Mar., 1897, (Race) Black Adams Co., MS, (WWIDR) Adams,
    MS, (CO) Adams
Hymes, Philis: (CMTS) 1890 Veterans Census, (CO) Warren
Iacoponelli, Attilio: (B) Apr. 27, 1898, (Race) White, (WWIDR) Adams, MS, (CO) Adams
Iacoponelli, John: (B) Jan. 14, 1896, (Race) White, (BP) Sicily, Italy, (WWIDR) Adams,
    MS, (CO) Adams
Ingham, John: (CMTS) 1890 Veterans Census, (CO) Sharkey

Ingraham, Lucius W.: (CMTS) 1890 Veterans Census, (CO) Sharkey
Ingram,: (B) Apr. 26, 1816 (D) Sept 27, 1898 (CO) Chickasaw, (C) Wesley Chapel Cemetery
Ingram, Green: (CMTS) 1890 Veterans Census, (CO) Tunica
Ingram, John: (CMTS) 1890 Veterans Census, (CO) Washington
Inmon, Ned: (CMTS) 1890 Veterans Census, (CO) Quitman
Ireland, Alonzo: (B) Oct. 15, 1884, (Race) Black, (WWIDR) Adams, MS, (CO) Adams
Ireland, Joe Grover: (B) Feb. 3, 1884, (Race) Black, (WWIDR) Adams, MS, (CO) Adams
Irvin, Benjamin: (CMTS) 1890 Veterans Census, (CO) Bolivar
Irvin, George: (B) Mar., 1887, (Race) Black Anna, MS, (WWIDR) Adams, MS, (CO) Adams
Irving, Edmund: (CMTS) 1890 Veterans Census, (CO) Warren
Irving, Henry: (B) 1892, (Race) Black, (WWIDR) Adams, MS, (CO) Adams
Irving, James: (B) Oct. 11, 1893, (Race) Black, (WWIDR) Adams, MS, (CO) Adams
Irving, Monroe: (B) Jul., 18, 1898, (Race) Black, (WWIDR) Adams, MS, (CO) Adams
Irwin, Frederick: (CMTS) 1890 Veterans Census, (CO) Holmes
Isaac, Sam: (B) Aug. 30, 1894, (Race) Black, (WWIDR) Adams, MS, (CO) Adams
Isaacs, Charles Henry: (B) Mar. 10, 1884, (Race) Black, (WWIDR) Adams,
    MS, (CO) Adams
Isaacs, Soloman: (CMTS) 1890 Veterans Census, (CO) Bolivar
Ish, Henry: (CMTS) 1890 Veterans Census, (CO) Warren
Isom, Isaac: (CMTS) 1890 Veterans Census, (CO) Dekalb
Israel, Elijah: (CMTS) 1890 Veterans Census, (CO) Claiborne
Isweec, Lee: (B) Dec., 18, 1894, (Race) Black, (BP) Kingston, MS, (WWIDR) Adams,
    MS, (CO) Adams
Ivery, Dave: (CMTS) 1890 Veterans Census, (CO) Claiborne
Ivory, Fleming: (B) Sep, 1893, (Race) Black, (BP) Kingston, MS, (WWIDR) Adams, MS, (CO)
    Adams
Ivory, Henry: (B) Feb. 15, 1896, (Race) Black Adams Co., MS, (WWIDR) Adams,
    MS, (CO) Adams
Ivory, Lenox: (B) 1887, (Race) Black, (BP) Mississippi, (WWIDR) Adams, MS, (CO) Adams
Jack, Morton: (CMTS) 1890 Veterans Census, (CO) Warren
Jackon, George: (CMTS) 1890 Veterans Census, (CO) Sharkey
Jackson, Abb: (CMTS) 1890 Veterans Census, (CO) Wilkinson
Jackson, Albert: (B) Apr. 15, 1896, (Race) Black, (BP) Natchez, MS, (WWIDR) Warren, MS,
    (CO) Adams
Jackson, Albert C: (CMTS) 1890 Veterans Census, (CO) Coahoma
Jackson, Alex: (CMTS) 1890 Veterans Census, (CO) Warren
Jackson, Alfred: (B) Jan. 15, 1896, (Race) Black , (WWIDR) Adams, MS, (CO) Adams
Jackson, Alfred: (B) Dec. 18, 1882, (Race) Black, (WWIDR) Adams, MS, (CO) Adams
Jackson, Alfred: (CMTS) 1890 Veterans Census, (CO) Washington
Jackson, Amos: (B) Mar. 4, 1893, (Race) Black, (BP) Natchez, MS, (WWIDR) Adams,
    MS, (CO) Adams
Jackson, Andre: (CMTS) 1890 Veterans Census, (CO) Coahoma
Jackson, Andrew: (CMTS) 1890 Veterans Census, (CO) Benton
Jackson, Andrew: (CMTS) 1890 Veterans Census, (CO) Coahoma
Jackson, Andrew: (CMTS) 1890 Veterans Census, (CO) Dekalb
Jackson, Andrew: (CMTS) 1890 Veterans Census, (CO) Jefferson
Jackson, Andrew: (CMTS) 1890 Veterans Census, (CO) Sunflower
Jackson, Andrew: (CMTS) 1890 Veterans Census, (CO) Warren
Jackson, Andrew: (CMTS) 1890 Veterans Census, (CO) Washington
Jackson, Andrew: (CMTS) 1890 Veterans Census, (CO) Washington
Jackson, Andrew: (CMTS) 1890 Veterans Census, (CO) Yalobusha
Jackson, Augustus M.: (CMTS) 1890 Veterans Census, (CO) Warren
Jackson, Ben: (B) 1890, (Race) Black, (WWIDR) Adams, MS, (CO) Adams
Jackson, Bengerman: (CMTS) 1890 Veterans Census, (CO) Grenada

Jackson, Benjamin: (B) Dec. 27, 1896, (Race) Black Cannonsburg, MS, (WWIDR) Adams, MS, (CO) Adams
Jackson, Bill: (CMTS) 1890 Veterans Census, (CO) Warren
Jackson, Bob: (CMTS) 1890 Veterans Census, (CO) Warren
Jackson, Charles: (CMTS) 1890 Veterans Census, (CO) Jackson
Jackson, Charles: (CMTS) 1890 Veterans Census, (CO) Adams
Jackson, Charles H.: (CMTS) 1890 Veterans Census, (CO) Yazoo
Jackson, Creecy: (CMTS) 1890 Veterans Census, (CO) Warren
Jackson, Dan: (B) Jul. 22, 1898, (Race) Black, (WWIDR) Adams, MS, (CO) Adams
Jackson, Daniel Philip: (B) Oct. 24, 1885, (Race) Black, (WWIDR) Adams, MS, (CO) Adams
Jackson, David: (B) Jul. 15, 1887, (Race) Black, (BP) New Orleans, LA, (WWIDR) Adams, MS, (CO) Adams
Jackson, David: (B) Oct. 19, 1899, (Race) Black, (WWIDR) Adams, MS, (CO) Adams
Jackson, Doctor: (CMTS) 1890 Veterans Census, (CO) Claiborne
Jackson, Ed: (B) Mar. 16, 1895, (Race) Black, (BP) Natchez, MS, (CO) Adams
Jackson, Edmond: (CMTS) 1890 Veterans Census, (CO) Bolivar
Jackson, Edward: (CMTS) 1890 Veterans Census, (CO) Jefferson
Jackson, Edward: (CMTS) 1890 Veterans Census, (CO) Warren
Jackson, Emmet: (B) 1892, (Race) Black, (BP) Natchez, MS, (WWIDR) Sunflower, MS, (CO) Adams
Jackson, Enoch: (CMTS) 1890 Veterans Census, (CO) Warren
Jackson, Ephriam: (CMTS) 1890 Veterans Census, (CO) Warren
Jackson, Frank: (B) Jun. 1, 1896, (Race) Black, (BP) Washington, MS, (WWIDR) Adams, MS, (CO) Adams
Jackson, Fred: (B) Jan. 16, 1895, (Race) Black Adams Co., MS, (WWIDR) Adams, MS, (CO) Adams
Jackson, Fred: (CMTS) 1890 Veterans Census, (CO) Warren
Jackson, George: (CMTS) 1890 Veterans Census, (CO) Dekalb
Jackson, George: (CMTS) 1890 Veterans Census, (CO) Sharkey
Jackson, George: (CMTS) 1890 Veterans Census, (CO) Washington
Jackson, George Albert: (B) May 9, 1899, (Race) White, (WWIDR) Adams, MS, (CO) Adams
Jackson, Gett: (CMTS) 1890 Veterans Census, (CO) Adams
Jackson, Henry: (B) Oct. 2, 1890, (Race) Black, (BP) New Orleans, LA, (WWIDR) Adams, MS, (CO) Adams
Jackson, Henry: (B) Mar. 24, 1892, (Race) Black Adams Co., MS, (WWIDR) Adams, MS, (CO) Adams
Jackson, Henry: (B) Dec. 30, 1892, (Race) Black Adams Co., MS, (WWIDR) Adams, MS, (CO) Adams
Jackson, Henry: (CMTS) 1890 Veterans Census, (CO) Marshall
Jackson, Henry: (CMTS) 1890 Veterans Census, (CO) Tallahatchie
Jackson, Henry Frank: (B) 1890, (Race) Black, (BP) Natchez, MS, (WWIDR) Warren, MS, (CO) Adams
Jackson, Henry H.: (CMTS) 1890 Veterans Census, (CO) Washington
Jackson, Jacob: (CMTS) 1890 Veterans Census, (CO) Bolivar
Jackson, Jacob: (CMTS) 1890 Veterans Census, (CO) Hinds
Jackson, James: (B) Dec. 24, 1882, (Race) Black, (WWIDR) Adams, MS, (CO) Adams
Jackson, James: (CMTS) 1890 Veterans Census, (CO) Bolivar
Jackson, James: (CMTS) 1890 Veterans Census, (CO) Warren
Jackson, James: (CMTS) 1890 Veterans Census, (CO) Wilkinson
Jackson, James A.: (CMTS) 1890 Veterans Census, (CO) Bolivar
Jackson, Jane: (CMTS) 1890 Veterans Census, (CO) Adams
Jackson, Jane H. T.: (CMTS) 1890 Veterans Census, (CO) Benton
Jackson, Jerry: (CMTS) 1890 Veterans Census, (CO) Amite
Jackson, Jessie: (B) 1888, (Race) Black, (BP) Jefferson Co., MS, (WWIDR) Adams,

MS, (CO) Adams
Jackson, Jim: (CMTS) 1890 Veterans Census, (CO) Tunica
Jackson, Joe: (CMTS) 1890 Veterans Census, (CO) Bolivar
Jackson, John: (B) 1892, (Race) Black, (BP) Natchez, MS, (WWIDR) Adams, MS, (CO) Adams
Jackson, John: (B) Jan. 8, 1882, (Race) Black, (WWIDR) Adams, MS, (CO) Adams
Jackson, John: (B) 1885, (Race) Black, (WWIDR) Adams, MS, (CO) Adams
Jackson, John: (CMTS) 1890 Veterans Census, (CO) Jefferson
Jackson, John: (CMTS) 1890 Veterans Census, (CO) Quitman
Jackson, John T.: (CMTS) 1890 Veterans Census, (CO) Tunica
Jackson, Johnnie: (B) 1882, (Race) Black, (WWIDR) Adams, MS, (CO) Adams
Jackson, Johnnie: (CMTS) 1890 Veterans Census, (CO) Warren
Jackson, Jordon: (CMTS) 1890 Veterans Census, (CO) Warren
Jackson, Joshua: (CMTS) 1890 Veterans Census, (CO) Dekalb
Jackson, Lemon: (CMTS) 1890 Veterans Census, (CO) Washington
Jackson, Leonard: (CMTS) 1890 Veterans Census, (CO) Warren
Jackson, Lymus: (CMTS) 1890 Veterans Census, (CO) Warren
Jackson, Maggie: (CMTS) 1890 Veterans Census, (CO) Warren
Jackson, Marion: (B) Feb. 12, 1883, (Race) Black, (WWIDR) Adams, MS, (CO) Adams
Jackson, Mark A.: (CMTS) 1890 Veterans Census, (CO) Dekalb
Jackson, Mary S.: (CMTS) 1890 Veterans Census, (CO) Warren
Jackson, Mattie: (CMTS) 1890 Veterans Census, (CO) Washington
Jackson, Meretan: (CMTS) 1890 Veterans Census, (CO) Sharkey
Jackson, Merit: (CMTS) 1890 Veterans Census, (CO) Warren
Jackson, Merrit: (CMTS) 1890 Veterans Census, (CO) Warren
Jackson, Mike: (B) Apr. 10, 1884, (Race) Black, (WWIDR) Adams, MS, (CO) Adams
Jackson, Murphy: (B) Dec. 17, 1899, (Race) Black, (WWIDR) Adams, MS, (CO) Adams
Jackson, Nathan: (CMTS) 1890 Veterans Census, (CO) Issaquena
Jackson, Nelson: (CMTS) 1890 Veterans Census, (CO) Dekalb
Jackson, Osborn: (CMTS) 1890 Veterans Census, (CO) Sunflower
Jackson, Patterson: (CMTS) 1890 Veterans Census, (CO) Washington
Jackson, Perry: (CMTS) 1890 Veterans Census, (CO) Tunica
Jackson, Phillip: (CMTS) 1890 Veterans Census, (CO) Adams
Jackson, Prince: (CMTS) 1890 Veterans Census, (CO) Adams
Jackson, Pryor: (CMTS) 1890 Veterans Census, (CO) Warren
Jackson, Pugen: (CMTS) 1890 Veterans Census, (CO) Bolivar
Jackson, Ralft: (CMTS) 1890 Veterans Census, (CO) Adams
Jackson, Randall: (CMTS) 1890 Veterans Census, (CO) Jefferson
Jackson, Reaves: (B) Oct. 3, 1891, (Race) Black Adams Co., MS, (WWIDR) Adams, MS, (CO) Adams
Jackson, Richard: (B) Mar. 7, 1891, (Race) Black, (BP) Natchez, MS, (WWIDR) Adams, MS, (CO) Adams
Jackson, Richard: (CMTS) 1890 Veterans Census, (CO) Madison
Jackson, Robert: (CMTS) 1890 Veterans Census, (CO) Bolivar
Jackson, Sam: (CMTS) 1890 Veterans Census, (CO) Washington
Jackson, Sampson: (CMTS) 1890 Veterans Census, (CO) Washington
Jackson, Scott: (CMTS) 1890 Veterans Census, (CO) Warren
Jackson, Sloss: (CMTS) 1890 Veterans Census, (CO) Tunica
Jackson, Squire: (CMTS) 1890 Veterans Census, (CO) Warren
Jackson, Staven: (CMTS) 1890 Veterans Census, (CO) Jefferson
Jackson, Steve Albert (Abbt): (B) Jun. 10, 1893, (Race) Black Adams Co., MS, (WWIDR) Adams, MS, (CO) Adams
Jackson, Thomas: (CMTS) 1890 Veterans Census, (CO) Coahoma

Jackson, Thomas: (CMTS) 1890 Veterans Census, (CO) Sunflower
Jackson, Tom: (B) Jul. 5, 1883, (Race) Black, (WWIDR) Adams, MS, (CO) Adams
Jackson, Tom: (B) Nov., 18, 1884, (Race) Black, (WWIDR) Adams, MS, (CO) Adams
Jackson, Viglett: (CMTS) 1890 Veterans Census, (CO) Amite
Jackson, Walter: (B) Oct. 2, 1894, (Race) Black Adams Co., MS, (WWIDR) Adams, MS, (CO) Adams
Jackson, Wesley: (CMTS) 1890 Veterans Census, (CO) Warren
Jackson, William: (B) Oct. 28, 1897, (Race) Black, (WWIDR) Adams, MS, (CO) Adams
Jackson, William: (CMTS) 1890 Veterans Census, (CO) Adams
Jackson, William: (CMTS) 1890 Veterans Census, (CO) Bolivar
Jackson, William: (CMTS) 1890 Veterans Census, (CO) Bolivar
Jackson, William: (CMTS) 1890 Veterans Census, (CO) Coahoma
Jackson, William: (CMTS) 1890 Veterans Census, (CO) Harrison
Jackson, William: (CMTS) 1890 Veterans Census, (CO) Marshall
Jackson, William H.: (CMTS) 1890 Veterans Census, (CO) Warren
Jackson, Willie: (B) Jan. 16, 1888, (Race) Black, (BP) Natchez, MS, (WWIDR) Adams, MS, (CO) Adams
Jackson, Willie: (B) Jan. 25, 1895, (Race) Black, (WWIDR) Adams, MS, (CO) Adams
Jackson, Willie: (B) 1897, (Race) Black, (WWIDR) Adams, MS, (CO) Adams
Jacob, Simon S.: (CMTS) 1890 Veterans Census, (CO) Jefferson
Jacobs, Austin C: (CMTS) 1890 Veterans Census, (CO) Holmes
Jacobs, John: (CMTS) 1890 Veterans Census, (CO) Coahoma
James, Alexander: (CMTS) 1890 Veterans Census, (CO) Warren
James, Arthur: (B) 1894, (Race) Black, (BP) Tallulah, LA, (WWIDR) Adams, MS, (CO) Adams
James, Charles: (CMTS) 1890 Veterans Census, (CO) Washington
James, Esaw: (CMTS) 1890 Veterans Census, (CO) Marshall
James, George: (CMTS) 1890 Veterans Census, (CO) Bolivar
James, Harry: (B) Dec. 25, 1897, (Race) Black, (BP) Natchez, MS, (WWIDR) Warren, MS, (CO) Adams
James, J. J: (CMTS) 1890 Veterans Census, (CO) Warren
James, Jesse: (CMTS) 1890 Veterans Census, (CO) Panola
James, John: (CMTS) 1890 Veterans Census, (CO) Alcorn
James, John: (CMTS) 1890 Veterans Census, (CO) Sunflower
James, John: (CMTS) 1890 Veterans Census, (CO) Warren
James, John S.: (CMTS) 1890 Veterans Census, (CO) Sharkey
James, Lazarus: (CMTS) 1890 Veterans Census, (CO) Warren
James, Louisa: (CMTS) 1890 Veterans Census, (CO) Alcorn
James, Major: (CMTS) 1890 Veterans Census, (CO) Washington
James, Solomon: (B) 1887, (Race) Black, (BP) Ferriday, LA, (WWIDR) Adams, MS, (CO) Adams
James, T. C: (CMTS) 1890 Veterans Census, (CO) Alcorn
James, Toliver: (CMTS) 1890 Veterans Census, (CO) Warren
James, Tyler: (CMTS) 1890 Veterans Census, (CO) Adams
James, William: (CMTS) 1890 Veterans Census, (CO) Jefferson
Jamison, Louis: (CMTS) 1890 Veterans Census, (CO) Washington
Jamison, Louisa: (CMTS) 1890 Veterans Census, (CO) Washington
Jankins, Ben: (CMTS) 1890 Veterans Census, (CO) Warren
Jarrett, Hattie B: (CMTS) 1890 Veterans Census, (CO) Dekalb
Jart, Larken: (CMTS) 1890 Veterans Census, (CO) Tnica
Jarvis, Moses: (CMTS) 1890 Veterans Census, (CO) Bolivar
Jasper, Noland: (B) Dec. 12, 1884, (Race) Black, (WWIDR) Adams, MS, (CO) Adams
Jayness, William G.: (CMTS) 1890 Veterans Census, (CO) Tunica
Jean, Taylor W.: (CMTS) 1890 Veterans Census, (CO) Adams

Jean, William W.: (CMTS) 1890 Veterans Census, (CO) Tate
Jeeter, Ike: (B) Apr., 1884, (Race) Black, (WWIDR) Adams, MS, (CO) Adams
Jefferson, Eliza: (CMTS) 1890 Veterans Census, (CO) Dekalb
Jefferson, Harlin: (CMTS) 1890 Veterans Census, (CO) Warren
Jefferson, John Green: (B) Dec. 28, 1895, (Race) Black, (BP) Greenfield, MS, (WWIDR) Adams, MS, (CO) Adams
Jefferson, Pinkney: (CMTS) 1890 Veterans Census, (CO) Washington
Jefferson, Rhoda: (CMTS) 1890 Veterans Census, (CO) Washington
Jefferson, Robert: (CMTS) 1890 Veterans Census, (CO) Adams
Jefferson, Samuel: (CMTS) 1890 Veterans Census, (CO) Warren
Jefferson, Thomas: (CMTS) 1890 Veterans Census, (CO) Adams
Jefferson, Thomas: (CMTS) 1890 Veterans Census, (CO) Coahoma
Jefferson, Thomas: (CMTS) 1890 Veterans Census, (CO) Hinds
Jeffries, Steven: (CMTS) 1890 Veterans Census, (CO) Dekalb
Jeffries, William R.: (CMTS) 1890 Veterans Census, (CO) Marshall
Jehlen, Victor A.: (B) Sep 12, 1897, (Race) White, (WWIDR) Adams, MS, (CO) Adams
Jemerson, Robert: (CMTS) 1890 Veterans Census, (CO) Hinds
Jenkins, Aaron: (CMTS) 1890 Veterans Census, (CO) Warren
Jenkins, Abraham: (CMTS) 1890 Veterans Census, (CO) Dekalb
Jenkins, Benjamin: (B) Dec., 1892, (Race) Black, MS, (WWIDR) Adams, MS, (CO) Adams
Jenkins, Bill: (CMTS) 1890 Veterans Census, (CO) Issaquena
Jenkins, Charles W.: (CMTS) 1890 Veterans Census, (CO) Marshall
Jenkins, Dave: (B) Mar. 17, 1895, (Race) Black, (BP) Natchez, MS, (WWIDR) Adams, MS, (CO) Adams
Jenkins, David: (B) Oct. 14, 1897, (Race) Black Adams Co., MS, (WWIDR) Adams, MS, (CO) Adams
Jenkins, Eliza: (CMTS) 1890 Veterans Census, (CO) Warren
Jenkins, Flood: (CMTS) 1890 Veterans Census, (CO) Dekalb
Jenkins, Frank: (CMTS) 1890 Veterans Census, (CO) Washington
Jenkins, Henderson: (CMTS) 1890 Veterans Census, (CO) Bolivar
Jenkins, Horace: (CMTS) 1890 Veterans Census, (CO) Jefferson
Jenkins, Hyde Rust: (B) Jun. 5, 1894, (Race) White Adams Co., MS, (WWIDR) Adams, MS, (CO) Adams
Jenkins, Jack: (CMTS) 1890 Veterans Census, (CO) Adams
Jenkins, Jacob: (CMTS) 1890 Veterans Census, (CO) Adams
Jenkins, John Wesley: (B) Jul. 4, 1890, (Race) Black, (BP) Vicksburg, MS, (WWIDR) Adams, MS, (CO) Adams
Jenkins, Lee Andrew: (B) Sep 5, 1897, (Race) Black, (WWIDR) Warren, MS, (CO) Adams
Jenkins, Lotta: (CMTS) 1890 Veterans Census, (CO) Washington
Jenkins, Morry: (CMTS) 1890 Veterans Census, (CO) Adams
Jenkins, Rachell: (CMTS) 1890 Veterans Census, (CO) Washington
Jenkins, Samuel Francis: (B) Mar. 7, 1888, (Race) White, (BP) Natchez, MS, (WWIDR) Adams, MS, (CO) Adams
Jenkins, Thomas: (CMTS) 1890 Veterans Census, (CO) Jefferson
Jenkins, Veleste: (CMTS) 1890 Veterans Census, (CO) Warren
Jenkins, William A.: (CMTS) 1890 Veterans Census, (CO) Coahoma
Jennings, Lazerus: (CMTS) 1890 Veterans Census, (CO) Pike
Jennings, Margaret: (CMTS) 1890 Veterans Census, (CO) Pike
Jennings, Z. D.: (CMTS) 1890 Veterans Census, (CO) Yalobusha
Jewell, Nancy: (CMTS) 1890 Veterans Census, (CO) Warren
Jewell, William H.: (CMTS) 1890 Veterans Census, (CO) Adams
Jewitt, Randell: (B) Nov. 30, 1885, (Race) Black, (WWIDR) Issaquena, MS, (CO) Adams
Joes, Allen: (CMTS) 1890 Veterans Census, (CO) Tunica
Johnis, John: (CMTS) 1890 Veterans Census, (CO) Washington

Johns, Thomas Steward: (B) Jan. 7, 1881, (Race) White, (WWIDR) Adams, MS, (CO) Adams
Johnson, Adline: (CMTS) 1890 Veterans Census, (CO) Warren
Johnson, Albert: (B) Oct. 25, 1892, (Race) Black, (BP) Fosters, MS, (WWIDR) Adams, MS, (CO) Adams
Johnson, Albert: (B) 1881, (Race) Black, (WWIDR) Adams, MS, (CO) Adams
Johnson, Albert: (CMTS) 1890 Veterans Census, (CO) Carroll
Johnson, Albert: (CMTS) 1890 Veterans Census, (CO) Holmes
Johnson, Albert: (CMTS) 1890 Veterans Census, (CO) Warren
Johnson, Alex: (B) Dec. 15, 1894, (Race) Black, (BP) Kientrios, MS, (WWIDR) Adams, MS, (CO) Adams
Johnson, Alex: (CMTS) 1890 Veterans Census, (CO) Hinds
Johnson, Alexander: (CMTS) 1890 Veterans Census, (CO) Dekalb
Johnson, Alfred: (CMTS) 1890 Veterans Census, (CO) Yazoo
Johnson, Allen: (CMTS) 1890 Veterans Census, (CO) Marshall
Johnson, Amos: (CMTS) 1890 Veterans Census, (CO) Adams
Johnson, Amos A.: (CMTS) 1890 Veterans Census, (CO) Quitman
Johnson, Andrew: (CMTS) 1890 Veterans Census, (CO) Jefferson
Johnson, Andrew: (CMTS) 1890 Veterans Census, (CO) Washington
Johnson, Andrew J.: (CMTS) 1890 Veterans Census, (CO) Bolivar
Johnson, Anvus A.: (CMTS) 1890 Veterans Census, (CO) Quitman
Johnson, Ben: (B) May 3, 1897, (Race) Black, (BP) Turner, MS, (WWIDR) Adams, MS, (CO) Adams
Johnson, Ben: (B) Jan. 1, 1892, (Race) Black, (BP) Pine Ridge, MS, (WWIDR) Adams, MS, (CO) Adams
Johnson, Ben: (B) May 3, 1897, (Race) Black, (WWIDR) Adams, MS, (CO) Adams
Johnson, Ben: (B) Aug. 26, 1884, (Race) Black, (WWIDR) Adams, MS, (CO) Adams
Johnson, Ben: (CMTS) 1890 Veterans Census, (CO) Jefferson
Johnson, Ben: (CMTS) 1890 Veterans Census, (CO) Washington
Johnson, Benord: (B) Oct. 15, 1892, (Race) Black, (BP) Pine Ridge, MS, (WWIDR) Issaquena, MS, (CO) Adams
Johnson, Calvin: (CMTS) 1890 Veterans Census, (CO) Holmes
Johnson, Caroline: (CMTS) 1890 Veterans Census, (CO) Coahoma
Johnson, Caroline: (CMTS) 1890 Veterans Census, (CO) Dekalb
Johnson, Catheren: (CMTS) 1890 Veterans Census, (CO) Washington
Johnson, Catherine: (CMTS) 1890 Veterans Census, (CO) Washington
Johnson, Charles: (CMTS) 1890 Veterans Census, (CO) Claiborne
Johnson, Charles L.: (CMTS) 1890 Veterans Census, (CO) Jackson
Johnson, Charley: (CMTS) 1890 Veterans Census, (CO) Washington
Johnson, Chlora: (CMTS) 1890 Veterans Census, (CO) Warren
Johnson, Clyde: (B) 1893, (Race) Black, (BP) Cannonsburg, MS, (WWIDR) Adams, MS, (CO) Adams
Johnson, Daniel: (CMTS) 1890 Veterans Census, (CO) Adams
Johnson, Daniel: (CMTS) 1890 Veterans Census, (CO) Dekalb
Johnson, Daphney: (CMTS) 1890 Veterans Census, (CO) Bolivar
Johnson, David: (CMTS) 1890 Veterans Census, (CO) Warren
Johnson, David P.: (B) Jan. 5, 1890, (Race) Black Adams Co., MS, (WWIDR) Adams, MS, (CO) Adams
Johnson, Easter: (CMTS) 1890 Veterans Census, (CO) Washington
Johnson, Edward: (CMTS) 1890 Veterans Census, (CO) Yazoo
Johnson, Edwin: (B) Aug. 24, 1894, (Race) Black, (BP) Natchez, MS, (WWIDR) Adams, MS, (CO) Adams
Johnson, Elijah: (B) Oct. 14, 1884, (Race) Black, (WWIDR) Adams, MS, (CO) Adams
Johnson, Elijah: (CMTS) 1890 Veterans Census, (CO) Issaquena

Johnson, Ella: (CMTS) 1890 Veterans Census, (CO) Warren
Johnson, Elmore: (B) Apr. 15, 1881, (Race) Black, (WWIDR) Adams,
    MS, (CO) Adams
Johnson, Emanuel: (CMTS) 1890 Veterans Census, (CO) Warren
Johnson, Emily: (CMTS) 1890 Veterans Census, (CO) Warren
Johnson, Emily: (CMTS) 1890 Veterans Census, (CO) Washington
Johnson, Ernest: (B) Mar. 16, 1896, (Race) Black, (BP) Natchez, MS, (WWIDR) Sunflower, MS,
    (CO) Adams
Johnson, Ezekiel: (B) 1891, (Race) Black Adams Co., MS, (WWIDR) Adams, MS, (CO) Adams
Johnson, Ferdinand: (CMTS) 1890 Veterans Census, (CO) Adams
Johnson, Francis: (CMTS) 1890 Veterans Census, (CO) Yazoo
Johnson, Frank: (CMTS) 1890 Veterans Census, (CO) Adams
Johnson, Frank: (CMTS) 1890 Veterans Census, (CO) Madison
Johnson, Frank: (CMTS) 1890 Veterans Census, (CO) Tunica
Johnson, Frank Rochester: (B) Dec. 25, 1881, (Race) Black, (WWIDR) Adams, MS, (CO) Adams
Johnson, Fred: (B) 1894, (Race) Black, (BP) Washington, MS, (WWIDR) Adams, MS, (CO) Adams
Johnson, Fred: (CMTS) 1890 Veterans Census, (CO) Jefferson
Johnson, Frederic: (CMTS) 1890 Veterans Census, (CO) Washington
Johnson, Gabriel: (CMTS) 1890 Veterans Census, (CO) Hinds
Johnson, Gabriel: (CMTS) 1890 Veterans Census, (CO) Sunflower
Johnson, Gabriel: (CMTS) 1890 Veterans Census, (CO) Warren
Johnson, Gabriel: (CMTS) 1890 Veterans Census, (CO) Washington
Johnson, George: (B) Dec. 27, 1881, (Race) Black, (WWIDR) Adams, MS, (CO) Adams
Johnson, George: (CMTS) 1890 Veterans Census, (CO) Adams
Johnson, George: (CMTS) 1890 Veterans Census, (CO) Warren
Johnson, George: (CMTS) 1890 Veterans Census, (CO) Washington
Johnson, George J.: (CMTS) 1890 Veterans Census, (CO) Bolivar
Johnson, George N: (CMTS) 1890 Veterans Census, (CO) Adams
Johnson, Green: (CMTS) 1890 Veterans Census, (CO) Coahoma
Johnson, Green: (CMTS) 1890 Veterans Census, (CO) Lincoln
Johnson, Griffin: (CMTS) 1890 Veterans Census, (CO) Washington
Johnson, Hannah: (CMTS) 1890 Veterans Census, (CO) Jefferson
Johnson, Hannah: (CMTS) 1890 Veterans Census, (CO) Warren
Johnson, Harry: (L) 80.44 acres, Jackson Land Office, (ID) Feb. 12, 1891, (CO) Leake
Johnson, Harry: (CMTS) 1890 Veterans Census, (CO) Bolivar
Johnson, Henretta: (CMTS) 1890 Veterans Census, (CO) Washington
Johnson, Henry: (B) Apr. 15, 1894, (Race) Black, (BP) Pine Ridge, MS, (WWIDR) Issaquena, MS,
    (CO) Adams
Johnson, Henry: (B) May 28, 1891, (Race) Black, (BP) Arnot, MS, (WWIDR) Adams,
    MS, (CO) Adams
Johnson, Henry: (B) Dec. 13, 1882, (Race) Black, (WWIDR) Adams, MS, (CO) Adams
Johnson, Henry: (CMTS) 1890 Veterans Census, (CO) Adams
Johnson, Henry: (CMTS) 1890 Veterans Census, (CO) Claiborne
Johnson, Henry: (CMTS) 1890 Veterans Census, (CO) Jefferson
Johnson, Henry: (CMTS) 1890 Veterans Census, (CO) Warren
Johnson, Henry G.: (CMTS) 1890 Veterans Census, (CO) Sharkey
Johnson, Isaac: (CMTS) 1890 Veterans Census, (CO) Bolivar
Johnson, Isaac: (CMTS) 1890 Veterans Census, (CO) Issaquena
Johnson, Jackson: (CMTS) 1890 Veterans Census, (CO) Dekalb
Johnson, Jacob: (B) Jan. 9, 1887, (Race) Black, (BP) Washington, MS, (WWIDR) Adams,
    MS, (CO) Adams
Johnson, Jacob: (CMTS) 1890 Veterans Census, (CO) Warren
Johnson, Jake: (B) Mar. 12, 1892, (Race) Black Adams Co., MS, (WWIDR) Adams,
    MS, (CO) Adams

Johnson, James: (B) Jul., 1895, (Race) Black, (BP) Newellton, LA, (WWIDR) Adams, MS, (CO) Adams
Johnson, James: (B) Oct. 12, 1895, (Race) Black, (BP) Natchez, MS, (WWIDR) Adams, MS, (CO) Adams
Johnson, James: (B) Oct. 17, 1899, (Race) Black, (WWIDR) Adams, MS, (CO) Adams
Johnson, James: (CMTS) 1890 Veterans Census, (CO) Pike
Johnson, James: (CMTS) 1890 Veterans Census, (CO) Warren
Johnson, James: (CMTS) 1890 Veterans Census, (CO) Yazoo
Johnson, James W.: (CMTS) 1890 Veterans Census, (CO) Tallahatchie
Johnson, Jane: (CMTS) 1890 Veterans Census, (CO) Adams
Johnson, Jennie: (CMTS) 1890 Veterans Census, (CO) Issaquena
Johnson, Jesse: (B) Jul. 19, 1882, (Race) Black, (WWIDR) Adams, MS, (CO) Adams
Johnson, Jesse: (CMTS) 1890 Veterans Census, (CO) Panola
Johnson, Jessie: (B) May 30, 1899, (Race) Black, (WWIDR) Adams, MS, (CO) Adams
Johnson, Joe: (B) Dec., 1882, (Race) Black, (WWIDR) Adams, MS, (CO) Adams
Johnson, Joe: (B) Dec. 14, 1899, (Race) Black, (WWIDR) Adams, MS, (CO) Adams
Johnson, John: (CMTS) 1890 Veterans Census, (CO) Adams
Johnson, John: (CMTS) 1890 Veterans Census, (CO) Leflore
Johnson, John: (CMTS) 1890 Veterans Census, (CO) Tunica
Johnson, John: (CMTS) 1890 Veterans Census, (CO) Yazoo
Johnson, John Frank: (B) Dec. 6, 1892, (Race) Black, (BP) Natchez, MS, (WWIDR) Sunflower, MS, (CO) Adams
Johnson, John Henry: (CMTS) 1890 Veterans Census, (CO) Quitman
Johnson, John M.: (B) Nov. 27, 1886, (Race) Black, (BP) Washington, MS, (WWIDR) Adams, MS, (CO) Adams
Johnson, John W.: (CMTS) 1890 Veterans Census, (CO) Dekalb
Johnson, John W.: (CMTS) 1890 Veterans Census, (CO) Sharkey
Johnson, Joseph: (B) Apr. 12, 1894, (Race) Black, (BP) Natchez, MS, (WWIDR) Adams, MS, (CO) Adams
Johnson, Joseph: (B) Mar. 28, 1889, (Race) Black, (WWIDR) Adams, MS, (CO) Adams
Johnson, Joseph: (CMTS) 1890 Veterans Census, (CO) Jefferson
Johnson, Joseph: (CMTS) 1890 Veterans Census, (CO) Warren
Johnson, Julius: (B) Aug. 5, 1890, (Race) Black Cranfield, MS, (WWIDR) Adams, MS, (CO) Adams
Johnson, Julius: (B) Aug. 15, 1885, (Race) Black, (WWIDR) Adams, MS, (CO) Adams
Johnson, Junius: (B) Dec. 23, 1899, (Race) Black, (WWIDR) Adams, MS, (CO) Adams
Johnson, Larkin: (CMTS) 1890 Veterans Census, (CO) Washington
Johnson, Lee: (CMTS) 1890 Veterans Census, (CO) Warren
Johnson, Leon: (B) Oct. 10, 1897, (Race) Black, (WWIDR) Adams, MS, (CO) Adams
Johnson, Leonard: (CMTS) 1890 Veterans Census, (CO) Adams
Johnson, Levi: (CMTS) 1890 Veterans Census, (CO) Tunica
Johnson, Lyman: (CMTS) 1890 Veterans Census, (CO) Warren
Johnson, Marey: (CMTS) 1890 Veterans Census, (CO) Sharkey
Johnson, Maria: (CMTS) 1890 Veterans Census, (CO) Washington
Johnson, Marks: (CMTS) 1890 Veterans Census, (CO) Harrison
Johnson, Martha: (CMTS) 1890 Veterans Census, (CO) Carroll
Johnson, Mason: (CMTS) 1890 Veterans Census, (CO) Grenada
Johnson, Matt F.: (CMTS) 1890 Veterans Census, (CO) Washington
Johnson, Med: (CMTS) 1890 Veterans Census, (CO) Washington
Johnson, Merrell: (CMTS) 1890 Veterans Census, (CO) Pike
Johnson, Minor: (B) May 10, 1884, (Race) Black, (WWIDR) Adams, MS, (CO) Adams
Johnson, Minor: (CMTS) 1890 Veterans Census, (CO) Washington

Johnson, Otis Albert: (B) Jul. 15, 1899, (Race) Black, (WWIDR) Adams, MS, (CO) Adams
Johnson, Overton: (B) Aug. 30, 1887, (Race) Black, (BP) Cranfield, MS, (WWIDR) Hancock, MS, (CO) Adams
Johnson, Peyton: (CMTS) 1890 Veterans Census, (CO) Warren
Johnson, Philip: (CMTS) 1890 Veterans Census, (CO) Warren
Johnson, Phillip: (CMTS) 1890 Veterans Census, (CO) Claiborne
Johnson, Phillip: (CMTS) 1890 Veterans Census, (CO) Yazoo
Johnson, Printice: (CMTS) 1890 Veterans Census, (CO) Hinds
Johnson, Rebecca: (CMTS) 1890 Veterans Census, (CO) Adams
Johnson, Richard: (CMTS) 1890 Veterans Census, (CO) Coahoma
Johnson, Richard: (CMTS) 1890 Veterans Census, (CO) Washington
Johnson, Robert: (B) 1895, (Race) Black, (BP) Lunus, MS, (WWIDR) Adams, MS, (CO) Adams
Johnson, Robert: (B) Mar. 2, 1898, (Race) Black, (WWIDR) Adams, MS, (CO) Adams
Johnson, Robert: (CMTS) 1890 Veterans Census, (CO) Holmes
Johnson, Robert: (CMTS) 1890 Veterans Census, (CO) Warren
Johnson, Robert: (CMTS) 1890 Veterans Census, (CO) Wilkinson
Johnson, Robert James: (B) Jul. 25, 1899, (Race) Black, (WWIDR) Adams, MS, (CO) Adams
Johnson, Roy: (B) Oct. 23, 1896, (Race) Black Adams Co., MS, (WWIDR) Adams, MS, (CO) Adams
Johnson, Sam: (B) Mar. 15, 1891, (Race) Black, (BP) Rodney, MS, (WWIDR) Adams, MS, (CO) Adams
Johnson, Sam: (CMTS) 1890 Veterans Census, (CO) Jefferson
Johnson, Samuel: (B) Feb. 12, 1885, (Race) Black, (WWIDR) Adams, MS, (CO) Adams
Johnson, Samuel: (CMTS) 1890 Veterans Census, (CO) Bolivar
Johnson, Samuel: (CMTS) 1890 Veterans Census, (CO) Holmes
Johnson, Samuel: (CMTS) 1890 Veterans Census, (CO) Warren
Johnson, Samuel: (CMTS) 1890 Veterans Census, (CO) Washington
Johnson, Samuel: (CMTS) 1890 Veterans Census, (CO) Wilkinson
Johnson, Scott: (CMTS) 1890 Veterans Census, (CO) Warrren
Johnson, Sidney: (CMTS) 1890 Veterans Census, (CO) Claiborne
Johnson, Silas: (CMTS) 1890 Veterans Census, (CO) Yazoo
Johnson, Solomon: (B) Jan. 15, 1891, (Race) Black, (BP) Washington, MS, (WWIDR) Adams, MS, (CO) Adams
Johnson, Steven: (B) Jun. 6, 1899, (Race) Black, (WWIDR) Adams, MS, (CO) Adams
Johnson, Susan: (CMTS) 1890 Veterans Census, (CO) Quitman
Johnson, Susan: (CMTS) 1890 Veterans Census, (CO) Warren
Johnson, Susan: (CMTS) 1890 Veterans Census, (CO) Washington
Johnson, Talsey: (B) Sep 26, 1896, (Race) Black, (BP) Port Gibson, MS, (WWIDR) Adams, MS, (CO) Adams
Johnson, Telious: (B) Nov. 9, 1892, (Race) Black, (BP) Rodney, MS, (WWIDR) Adams, MS, (CO) Adams
Johnson, Thomas: (B) Jul. 21, 1893, (Race) Black, (BP) Cannonsburg, MS, (WWIDR) Adams, MS, (CO) Adams
Johnson, Thomas: (B) 1899, (Race) Black, (WWIDR) Adams, MS, (CO) Adams
Johnson, Thomas: (CMTS) 1890 Veterans Census, (CO) Adams
Johnson, Thomas: (CMTS) 1890 Veterans Census, (CO) Bolivar
Johnson, Thomas: (CMTS) 1890 Veterans Census, (CO) Bolivar
Johnson, Thomas: (CMTS) 1890 Veterans Census, (CO) Warren
Johnson, Thornton: (CMTS) 1890 Veterans Census, (CO) Adams
Johnson, Wallace: (CMTS) 1890 Veterans Census, (CO) Warren

Johnson, Walter: (CMTS) 1890 Veterans Census, (CO) Washington
Johnson, Wash: (CMTS) 1890 Veterans Census, (CO) Washington
Johnson, Wiley: (CMTS) 1890 Veterans Census, (CO) Washington
Johnson, Will: (B) Jan. 1, 1884, (Race) Black, (WWIDR) Adams, MS, (CO) Adams
Johnson, Will J.: (CMTS) 1890 Veterans Census, (CO) Bolivar
Johnson, William: (B) May 6, 1896, (Race) Black, (BP) Tensas Parrish, LA, (WWIDR) Adams, MS, (CO) Adams
Johnson, William: (B) Apr. 5, 1896, (Race) Black, (BP) Berkeley, MS, (WWIDR) Adams, MS, (CO) Adams
Johnson, William: (B) Jun., 18, 1896, (Race) Black, (BP) Adams Co., MS, (WWIDR) Adams, MS, (CO) Adams
Johnson, William: (L) 160.63 acres, Jackson Land Office, (ID) Mar. 16, 1891, (CO) Jones
Johnson, William: (CMTS) 1890 Veterans Census, (CO) Adams
Johnson, William: (CMTS) 1890 Veterans Census, (CO) Bolivar
Johnson, William: (CMTS) 1890 Veterans Census, (CO) Coahoma
Johnson, William: (CMTS) 1890 Veterans Census, (CO) Dekalb
Johnson, William: (CMTS) 1890 Veterans Census, (CO) Hinds
Johnson, William: (CMTS) 1890 Veterans Census, (CO) Sharkey
Johnson, William: (CMTS) 1890 Veterans Census, (CO) Tunica
Johnson, William: (CMTS) 1890 Veterans Census, (CO) Washington
Johnson, William W.: (CMTS) 1890 Veterans Census, (CO) Bolivar
Johnson, Willie: (B) Jul. 4, 1890, (Race) Black, (BP) Saint Joseph, LA, (WWIDR) Adams, MS, (CO) Adams
Johnson, WIlliam H.: (CMTS) 1890 Veterans Census, (CO) Washington
Johnston, Albert: (B) Sep 16, 1895, (Race) Black, (BP) Natchez, MS, (WWIDR) Adams, MS, (CO) Adams
Johnston, George: (CMTS) 1890 Veterans Census, (CO) Harrison
Johnston, Henry: (CMTS) 1890 Veterans Census, (CO) Warren
Johnston, John Lynch: (B) Feb. 13, 1882, (Race) Black, (WWIDR) Adams, MS, (CO) Adams
Johnston, Kinyard: (CMTS) 1890 Veterans Census, (CO) Dekalb
Johnston, Melford: (CMTS) 1890 Veterans Census, (CO) Hinds
Johnston, Samuel Jefferson: (B) Oct. 4, 1892, (Race) Black, (BP) Natchez, MS, (WWIDR) Adams, MS, (CO) Adams
Jointer, Augustus: (CMTS) 1890 Veterans Census, (CO) Bolivar
Jolly, Charles H.: (CMTS) 1890 Veterans Census, (CO) Washington
Jolly, Cyrus: (CMTS) 1890 Veterans Census, (CO) Jefferson
Jones, Abraham: (CMTS) 1890 Veterans Census, (CO) Sharkey
Jones, Albert: (B) Apr. 2, 1895, (Race) White, (BP) Natchez, MS, (WWIDR) Adams, MS, (CO) Adams
Jones, Alberttine: (CMTS) 1890 Veterans Census, (CO) Grenada
Jones, Alex: (CMTS) 1890 Veterans Census, (CO) Jefferson
Jones, Allen: (CMTS) 1890 Veterans Census, (CO) Tunica
Jones, Anderson: (CMTS) 1890 Veterans Census, (CO) Sharkey
Jones, Ben: (CMTS) 1890 Veterans Census, (CO) Marshall
Jones, Benjamon: (CMTS) 1890 Veterans Census, (CO) Adams
Jones, Brnt: (CMTS) 1890 Veterans Census, (CO) Washington
Jones, Caesar: (CMTS) 1890 Veterans Census, (CO) Hancock
Jones, Caleb: (CMTS) 1890 Veterans Census, (CO) Warren
Jones, Calvin: (CMTS) 1890 Veterans Census, (CO) Tunica
Jones, Carrel: (B) 1884, (Race) Black, (WWIDR) Adams, MS, (CO) Adams
Jones, Caswell: (CMTS) 1890 Veterans Census, (CO) Washington
Jones, Cathrine: (CMTS) 1890 Veterans Census, (CO) Washington
Jones, Charity: (CMTS) 1890 Veterans Census, (CO) Sharkey
Jones, Charles: (CMTS) 1890 Veterans Census, (CO) Tunica

Jones, Charles: (CMTS) 1890 Veterans Census, (CO) Washington
Jones, Charley: (CMTS) 1890 Veterans Census, (CO) Issaquena
Jones, Charlie: (B) Jul. 3, 1898, (Race) Black, (WWIDR) Adams, MS, (CO) Adams
Jones, Charlotte: (CMTS) 1890 Veterans Census, (CO) Warren
Jones, Clarence Wade: (B) Nov. 21, 1899, (Race) White, (WWIDR) Adams, MS, (CO) Adams
Jones, Columbus: (CMTS) 1890 Veterans Census, (CO) Leflore
Jones, Comododre: (CMTS) 1890 Veterans Census, (CO) Dekalb
Jones, Dan: (B) Apr. 25, 1892, (Race) Black, (BP) Tensas Par., LA, (WWIDR) Adams, MS, (CO) Adams
Jones, Daniel: (CMTS) 1890 Veterans Census, (CO) Tunica
Jones, David: (CMTS) 1890 Veterans Census, (CO) Hinds
Jones, David: (CMTS) 1890 Veterans Census, (CO) Warren
Jones, Dinah: (CMTS) 1890 Veterans Census, (CO) Adams
Jones, Ed: (B) Aug. 31, 1883, (Race) Black, (WWIDR) Adams, MS, (CO) Adams
Jones, Edward: (CMTS) 1890 Veterans Census, (CO) Sharkey
Jones, Edward Wesley: (B) Mar. 20, 1881, (Race) White, (WWIDR) Adams, MS, (CO) Adams
Jones, Elias: (CMTS) 1890 Veterans Census, (CO) Warren
Jones, Eliza: (CMTS) 1890 Veterans Census, (CO) Warren
Jones, Elliott: (B) Apr. 12, 1881, (Race) Black, (WWIDR) Adams, MS, (CO) Adams
Jones, Ely R.: (CMTS) 1890 Veterans Census, (CO) Jefferson
Jones, Emeline: (CMTS) 1890 Veterans Census, (CO) Warren
Jones, Emeline: (CMTS) 1890 Veterans Census, (CO) Warren
Jones, Emily: (CMTS) 1890 Veterans Census, (CO) Issaquena
Jones, Emily: (CMTS) 1890 Veterans Census, (CO) Warren
Jones, Ennis: (B) May, 18, 1896, (Race) Black, (WWIDR) Adams, MS, (CO) Adams
Jones, Frank: (B) Mar. 29, 1881, (Race) Black, (WWIDR) Adams, MS, (CO) Adams
Jones, Freddie: (B) 1882, (Race) Black, (WWIDR) Adams, MS, (CO) Adams
Jones, George: (B) May 9, 1892, (Race) Black Adams Co., MS, (WWIDR) Adams, MS, (CO) Adams
Jones, George: (CMTS) 1890 Veterans Census, (CO) Coahoma
Jones, George: (CMTS) 1890 Veterans Census, (CO) Quitman
Jones, George W.: (CMTS) 1890 Veterans Census, (CO) Jefferson
Jones, Giles: (CMTS) 1890 Veterans Census, (CO) Warren
Jones, Gillam: (CMTS) 1890 Veterans Census, (CO) Quitman
Jones, Harrison: (CMTS) 1890 Veterans Census, (CO) Hinds
Jones, Henry: (CMTS) 1890 Veterans Census, (CO) Coahoma
Jones, Henry: (CMTS) 1890 Veterans Census, (CO) Dekalb
Jones, Henry: (CMTS) 1890 Veterans Census, (CO) Quitman
Jones, Henry: (CMTS) 1890 Veterans Census, (CO) Warren
Jones, Hill: (CMTS) 1890 Veterans Census, (CO) Panola
Jones, Hnery: (CMTS) 1890 Veterans Census, (CO) Warren
Jones, Isaac: (CMTS) 1890 Veterans Census, (CO) Warren
Jones, Isabella M.: (CMTS) 1890 Veterans Census, (CO) Tunica
Jones, Isreal: (CMTS) 1890 Veterans Census, (CO) Adams
Jones, Ivory: (B) Nov. 23, 1882, (Race) Black, (WWIDR) Adams, MS, (CO) Adams
Jones, James: (CMTS) 1890 Veterans Census, (CO) Bolivar
Jones, James: (CMTS) 1890 Veterans Census, (CO) Tunica
Jones, James: (CMTS) 1890 Veterans Census, (CO) Wilkinson
Jones, James C: (CMTS) 1890 Veterans Census, (CO) Marshall
Jones, James K: (CMTS) 1890 Veterans Census, (CO) Marshall
Jones, Jane: (CMTS) 1890 Veterans Census, (CO) Dekalb

Jones, Jeff: (CMTS) 1890 Veterans Census, (CO) Warren
Jones, Jesse James (Jessy): (B) Mar. 25, 1898, (Race) Black, (WWIDR) Adams, MS, (CO) Adams
Jones, Joe: (B) 1890, (Race) Black Adams Co., MS, (WWIDR) Adams, MS, (CO) Adams
Jones, Johanna: (CMTS) 1890 Veterans Census, (CO) Warren
Jones, John: (B) May 3, 1897, (Race) Black, (WWIDR) Adams, MS, (CO) Adams
Jones, John: (B) Mar. 25, 1895, (Race) Black Adams Co., MS, (WWIDR) Adams, MS, (CO) Adams
Jones, John: (CMTS) 1890 Veterans Census, (CO) Dekalb
Jones, John: (CMTS) 1890 Veterans Census, (CO) Warren
Jones, John: (CMTS) 1890 Veterans Census, (CO) Washington
Jones, John: (CMTS) 1890 Veterans Census, (CO) Wilkinson
Jones, John C: (CMTS) 1890 Veterans Census, (CO) Hinds
Jones, John H.: (CMTS) 1890 Veterans Census, (CO) Dekalb
Jones, John H.: (CMTS) 1890 Veterans Census, (CO) Issaquena
Jones, John P: (CMTS) 1890 Veterans Census, (CO) Lauderdale
Jones, John W.: (CMTS) 1890 Veterans Census, (CO) Bolivar
Jones, John W.: (CMTS) 1890 Veterans Census, (CO) Union
Jones, Joseph: (B) Jun., 18, 1881, (Race) Black, (WWIDR) Adams, MS, (CO) Adams
Jones, Joseph: (CMTS) 1890 Veterans Census, (CO) Bolivar
Jones, Joseph: (CMTS) 1890 Veterans Census, (CO) Jefferson
Jones, Joseph: (CMTS) 1890 Veterans Census, (CO) Warren
Jones, Joshua: (CMTS) 1890 Veterans Census, (CO) Yazoo
Jones, Lee Roy: (B) Dec. 30, 1898, (Race) Black, (WWIDR) Adams, MS, (CO) Adams
Jones, Leeanduro: (B) Aug. 28, 1898, (Race) Black, (WWIDR) Adams, MS, (CO) Adams
Jones, Levi: (CMTS) 1890 Veterans Census, (CO) Adams
Jones, Levi: (CMTS) 1890 Veterans Census, (CO) Warren
Jones, London: (CMTS) 1890 Veterans Census, (CO) Bolivar
Jones, Louie: (B) 1895, (Race) Black, (BP) Harriston, MS, (WWIDR) Adams, MS, (CO) Adams
Jones, Louis: (CMTS) 1890 Veterans Census, (CO) Adams
Jones, Lucy: (CMTS) 1890 Veterans Census, (CO) Warren
Jones, Mahala: (CMTS) 1890 Veterans Census, (CO) Bolivar
Jones, Marshall: (CMTS) 1890 Veterans Census, (CO) Tunica
Jones, Mary: (CMTS) 1890 Veterans Census, (CO) Warren
Jones, Mary E.: (CMTS) 1890 Veterans Census, (CO) Marshall
Jones, Matilda: (CMTS) 1890 Veterans Census, (CO) Coahoma
Jones, Matt: (CMTS) 1890 Veterans Census, (CO) Warren
Jones, Melford: (B) Mar. 31, 1894, (Race) Black, (BP) Mississippi, (WWIDR) Adams, MS, (CO) Adams
Jones, Miles: (CMTS) 1890 Veterans Census, (CO) Adams
Jones, Mittie: (CMTS) 1890 Veterans Census, (CO) Copiah
Jones, Moses: (CMTS) 1890 Veterans Census, (CO) Claiborne
Jones, Moses: (CMTS) 1890 Veterans Census, (CO) Copiah
Jones, Ned: (CMTS) 1890 Veterans Census, (CO) Tunica
Jones, Nelson: (B) 1892, (Race) Black, (WWIDR) Adams, MS, (CO) Adams
Jones, Nelson: (B) 1892, (Race) Black,(WWIDR) Adams, MS (CO) Adams
Jones, Oliver: (CMTS) 1890 Veterans Census, (CO) Tate
Jones, Paul: (CMTS) 1890 Veterans Census, (CO) Adams
Jones, Peter: (B) Dec. 9, 1894, (Race) Black, (BP) Natchez, MS, (WWIDR) Adams, MS, (CO) Adams
Jones, Peter: (B) Mar. 3, 1897, (Race) Black, (WWIDR) Adams, MS, (CO) Adams
Jones, Pleasant: (CMTS) 1890 Veterans Census, (CO) Adams
Jones, Right: (CMTS) 1890 Veterans Census, (CO) Issaquena

Jones, Robert: (CMTS) 1890 Veterans Census, (CO) Adams
Jones, Robert: (CMTS) 1890 Veterans Census, (CO) Amite
Jones, Robert: (CMTS) 1890 Veterans Census, (CO) Coahoma
Jones, S. C.: (CMTS) 1890 Veterans Census, (CO) Tishomingo
Jones, Sam: (B) 1890, (Race) Black, (BP) Natchez, MS, (WWIDR) Sharkey, MS, (CO) Adams
Jones, Sam: (B) Feb. 15, 1894, (Race) Black, (BP) Natchez, MS, (WWIDR) Adams,
    MS, (CO) Adams
Jones, Sam: (CMTS) 1890 Veterans Census, (CO) Tunica
Jones, Samuel: (B) Dec. 5, 1898, (Race) Black, (WWIDR) Adams,
    MS, (CO) Adams
Jones, Samuel: (CMTS) 1890 Veterans Census, (CO) Washington
Jones, Samuel B: (CMTS) 1890 Veterans Census, (CO) Washington
Jones, Samuel E.: (CMTS) 1890 Veterans Census, (CO) Bolivar
Jones, Shep: (CMTS) 1890 Veterans Census, (CO) Hinds
Jones, Thomas: (CMTS) 1890 Veterans Census, (CO) Coahoma
Jones, Thomas: (CMTS) 1890 Veterans Census, (CO) Hinds
Jones, Thomas: (CMTS) 1890 Veterans Census, (CO) Sharkey
Jones, Tom: (CMTS) 1890 Veterans Census, (CO) Hinds
Jones, Tom: (CMTS) 1890 Veterans Census, (CO) Tunica
Jones, Valentine: (CMTS) 1890 Veterans Census, (CO) Waren
Jones, Vaughn A.: (B) Apr. 9, 1893, (Race) White, (BP) Natchez, MS, (WWIDR) Adams,
    MS, (CO) Adams
Jones, Wane: (CMTS) 1890 Veterans Census, (CO) Tate
Jones, Welden (Wilden): (B) Oct. 10, 1882, (Race) Black, (WWIDR) Adams,
    MS, (CO) Adams
Jones, Wesley: (CMTS) 1890 Veterans Census, (CO) Tunica
Jones, Wesley: (MD) Jan. 14, 1882, (Spouse) Betsy Brown, (CO) Lowndes
Jones, Wilden (Welden): (B) Oct. 10, 1882, (Race) Black, (WWIDR) Adams,
    MS, (CO) Adams
Jones, William: (B) 1882, (Race) Black, (WWIDR) Adams, MS, (CO) Adams
Jones, William: (CMTS) 1890 Veterans Census, (CO) Jefferson
Jones, William: (CMTS) 1890 Veterans Census, (CO) Tunica
Jones, William F.: (CMTS) 1890 Veterans Census, (CO) Tishmingo
Jones, William M.: (CMTS) 1890 Veterans Census, (CO) Tippah
Jones, Willie Washington: (B) Apr. 25, 1892, (Race) White, (BP) Natchez, MS, (WWIDR) Adams,
    MS, (CO) Adams
Jones, Willis B: (CMTS) 1890 Veterans Census, (CO) Wayne
Jones, Wilson: (B) Sep 2, 1894, (Race) Black, (WWIDR) Adams, MS, (CO) Adams
Jones, Winkley: (B) Sep 10, 1899, (Race) Black, (WWIDR) Adams, MS, (CO) Adams
Jones, Yorke: (CMTS) 1890 Veterans Census, (CO) Claiborne
Jones, Zachariah: (CMTS) 1890 Veterans Census, (CO) Warren
Jonson, Jackb: (CMTS) 1890 Veterans Census, (CO) Hinds
Jordan, Alfred: (CMTS) 1890 Veterans Census, (CO) Coahoma
Jordan, Elridge: (CMTS) 1890 Veterans Census, (CO) Yazoo
Jordan, John: (CMTS) 1890 Veterans Census, (CO) Adams
Jordan, Tilley: (CMTS) 1890 Veterans Census, (CO) Holmes
Jordan, Wesley: (CMTS) 1890 Veterans Census, (CO) Holmes
Jorden, Matt: (CMTS) 1890 Veterans Census, (CO) Marshall
Jorden, Mose: (CMTS) 1890 Veterans Census, (CO) Tinica
Jordon, Farrar: (CMTS) 1890 Veterans Census, (CO) Sharkey
Jordon, Joe: (CMTS) 1890 Veterans Census, (CO) Washington
Jordon, John: (CMTS) 1890 Veterans Census, (CO) Bolivar
Jossel, Louisa J.: (CMTS) 1890 Veterans Census, (CO) Hinds
Jossel, William: (CMTS) 1890 Veterans Census, (CO) Hinds

Jourdan, Joseph: (B) 1896, (Race) Black Blackhaw, LA, (WWIDR) Adams, MS, (CO) Adams
Jowe, John S.: (CMTS) 1890 Veterans Census, (CO) Sharkey
Joy, George H.: (CMTS) 1890 Veterans Census, (CO) Bolivar
Julkes, Levey: (CMTS) 1890 Veterans Census, (CO) Washington
Jungling, Carl Pennywitt: (B) Aug. 29, 1888, (Race) White, (BP) Natchez, MS, (WWIDR) Adams, MS, (CO) Adams
Jungling, George Harold: (B) Dec. 23, 1892, (Race) White, (BP) Natchez, MS, (WWIDR) Adams, MS, (CO) Adams
Jupiter, Isaac: (CMTS) 1890 Veterans Census, (CO) Sunflower
Juroy, John: (CMTS) 1890 Veterans Census, (CO) Tunica
Kaggs, Moses S.: (CMTS) 1890 Veterans Census, (CO) Hinds
Kaiser, Albert Delaney: (B) Jul. 17, 1898, (Race) White, (WWIDR) Adams, MS, (CO) Adams
Kaiser, Charles Hayden: (B) Nov. 5, 1898, (Race) White, (WWIDR) Adams, MS, (CO) Adams
Kaiser, Clement J.: (B) Feb. 1, 1892, (Race) White, (BP) Natchez, MS, (WWIDR) Adams, MS, (CO) Adams
Kaiser, Harold Leo: (B) Mar. 31, 1892, (Race) White, (BP) Natchez, MS, (WWIDR) Adams, MS, (CO) Adams
Kaiser, William Leslie: (B) Jun. 24, 1888, (Race) White, (BP) Natchez, MS, (WWIDR) Adams, MS, (CO) Adams
Kane, Benjamin: (CMTS) 1890 Veterans Census, (CO) Warren
Kastor, Louis Duncan: (B) Dec. 17, 1882, (Race) Black, (WWIDR) Adams, MS, (CO) Adams
Kates, Abbie: (CMTS) 1890 Veterans Census, (CO) Hinds
Kates, Brad: (CMTS) 1890 Veterans Census, (CO) Hinds
Keebe, Eupaphus H.: (CMTS) 1890 Veterans Census, (CO) Jefferson
Keef, Edward: (CMTS) 1890 Veterans Census, (CO) Warren
Keele, Dafney: (CMTS) 1890 Veterans Census, (CO) Washington
Keele, Handy: (CMTS) 1890 Veterans Census, (CO) Washington
Keeley, Thomas: (CMTS) 1890 Veterans Census, (CO) Grenada
Keen, John D.: (CMTS) 1890 Veterans Census, (CO) Yalobusha
Keenan, Frank: (B) Aug. 26, 1892, (Race) Black, (BP) Natchez, MS, (WWIDR) Jackson City, MS, (CO) Adams
Keener, Lem: (B) Mar., 1883, (Race) Black, (WWIDR) Adams, MS, (CO) Adams
Keennan, Christopher: (CMTS) 1890 Veterans Census, (CO) Adams
Keennan, Rebecca: (CMTS) 1890 Veterans Census, (CO) Adams
Kees, Sr., Leonard: (CMTS) 1890 Veterans Census, (CO) Franklin
Keese, Richard: (CMTS) 1890 Veterans Census, (CO) Hancock
Kegler, Emma: (CMTS) 1890 Veterans Census, (CO) Warren
Keim, Charles Henry: (B) Jan. 23, 1891, (Race) White, (BP) Natchez, MS, (WWIDR) Adams, MS, (CO) Adams
Keim, John L.: (B) Jun. 19, 1895, (Race) White, (BP) Natchez, MS, (WWIDR) Adams, MS, (CO) Adams
Keland, Archa: (CMTS) 1890 Veterans Census, (CO) Holmes
Keland, Fanny: (CMTS) 1890 Veterans Census, (CO) Bolivar
Kelker, Toney: (CMTS) 1890 Veterans Census, (CO) Hancock
Kellar, Marion: (CMTS) 1890 Veterans Census, (CO) Warren
Kelled, John W.: (CMTS) 1890 Veterans Census, (CO) Washington
Keller, Josiah F.: (CMTS) 1890 Veterans Census, (CO) Leflore
Keller, Robert: (CMTS) 1890 Veterans Census, (CO) Bolivar
Kelley, Abram: (CMTS) 1890 Veterans Census, (CO) Washington
Kelley, Arthur: (CMTS) 1890 Veterans Census, (CO) Claiborne
Kelley, Colonel: (B) Aug., 1884, (Race) Black, (WWIDR) Adams,

MS, (CO) Adams
Kelley, Ezekiel (Ezakle): (B) May 25, 1896, (Race) Black Adams Co., MS, (WWIDR) Adams, MS, (CO) Adams
Kelley, Patrick: (CMTS) 1890 Veterans Census, (CO) Grenada
Kelley, Pearl: (B) Jun., 18, 1889, (Race) Black Adams Co., MS, (WWIDR) Adams, MS, (CO) Adams
Kelley, William: (CMTS) 1890 Veterans Census, (CO) Grenada
Kelley, William H.: (CMTS) 1890 Veterans Census, (CO) Jackson
Kelley, William K.: (CMTS) 1890 Veterans Census, (CO) Jackson
Kellky, John: (CMTS) 1890 Veterans Census, (CO) Washington
Kellogg, Joseph Bentley: (B) Oct. 9, 1887, (Race) White, (BP) Woodville, MS, (WWIDR) Adams, MS, (CO) Adams
Kelly, Alfred: (CMTS) 1890 Veterans Census, (CO) Bolivar
Kelly, Frank: (CMTS) 1890 Veterans Census, (CO) Bolivar
Kelly, Isiah: (CMTS) 1890 Veterans Census, (CO) Warren
Kelly, Jessey: (CMTS) 1890 Veterans Census, (CO) Issaquena
Kelly, Joshua Ben: (B) May 26, 1896, (Race) Black Adams Co., MS, (WWIDR) Adams, MS, (CO) Adams
Kelly, Martin: (CMTS) 1890 Veterans Census, (CO) Washington
Kelly, Mose: (B) Sep 4, 1899, (Race) Black, (BP) Natchez, MS, (WWIDR) Adams, MS, (CO) Adams
Kelly, Samuel A.: (CMTS) 1890 Veterans Census, (CO) Washington
Kelly, Tom: (CMTS) 1890 Veterans Census, (CO) Tunica
Kelly, William: (CMTS) 1890 Veterans Census, (CO) Warren
Kelond, Fanny: (CMTS) 1890 Veterans Census, (CO) Bolivar
Kelsey, Nancy: (CMTS) 1890 Veterans Census, (CO) Warren
Kemp, Arthur: (CMTS) 1890 Veterans Census, (CO) Adams
Kemp, Charles: (B) Feb. 3, 1889, (Race) Black, (BP) Tensas Par., LA, (WWIDR) Adams, MS, (CO) Adams
Kemp, George: (B) May 19, 1892, (Race) Black, (BP) Cannonsburg, MS, (WWIDR) Adams, MS, (CO) Adams
Kemp, Henry: (CMTS) 1890 Veterans Census, (CO) Washington
Kemp, Martha: (CMTS) 1890 Veterans Census, (CO) Adams
Kemp, Phillis: (CMTS) 1890 Veterans Census, (CO) Warren
Kemp, Stephen: (CMTS) 1890 Veterans Census, (CO) Warren
Kemp, Stephen: (CMTS) 1890 Veterans Census, (CO) Washington
Kemp, Steven: (CMTS) 1890 Veterans Census, (CO) Warren
Kendall, Charles M.: (CMTS) 1890 Veterans Census, (CO) Leflore
Kendall, Thomas W.: (B) Nov. 6, 1896, (Race) White, (BP) Vicksburg, MS, (WWIDR) Adams, MS, (CO) Adams
Kendall, William J.: (B) Jul. 26, 1893, (Race) White, (BP) Longview TX, (WWIDR) Adams, MS, (CO) Adams
Kendlers, Robert: (CMTS) 1890 Veterans Census, (CO) Issaquena
Kennard, Stephen: (CMTS) 1890 Veterans Census, (CO) Warren
Kennedy, Ed: (CMTS) 1890 Veterans Census, (CO) Adams
Kennedy, L. John: (CMTS) 1890 Veterans Census, (CO) Washington
Kennedy, Laurens Thompson: (B) Apr. 15, 1881, (Race) White, (WWIDR) Adams, MS, (CO) Adams
Kennedy, Thomas: (CMTS) 1890 Veterans Census, (CO) Adams
Kennedy, William C: (CMTS) 1890 Veterans Census, (CO) Jackson
Kennord, Stephen: (CMTS) 1890 Veterans Census, (CO) Warren
Kenny, Jackson: (CMTS) 1890 Veterans Census, (CO) Warren
Kernel, Antoin: (B) Nov. 11, 1881, (Race) Black, (WWIDR) Adams, MS, (CO) Adams
Ketteringham, Burton: (B) Sep 11, 1898, (Race) White, (WWIDR) Adams,

MS, (CO) Adams
Ketteringham, Charles: (B) Aug. 19, 1892, (Race) White, (BP) Natchez, MS, (WWIDR) Adams, MS, (CO) Adams
Kettle, Charles C: (CMTS) 1890 Veterans Census, (CO) Warren
Kettle, Lewis: (CMTS) 1890 Veterans Census, (CO) Tunica
Key, Frank: (CMTS) 1890 Veterans Census, (CO) Dekalb
Key, Thomas J.: (CMTS) 1890 Veterans Census, (CO) Jefferson
Keys, Jacob: (CMTS) 1890 Veterans Census, (CO) Washington
Keys, James: (CMTS) 1890 Veterans Census, (CO) Claiborne
Keys, Jessee: (CMTS) 1890 Veterans Census, (CO) Pontotoc
Keys, William H.: (CMTS) 1890 Veterans Census, (CO) Washington
Kibbe, Euphapus H.: (CMTS) 1890 Veterans Census, (CO) Jefferson
Kibbey, Alexander: (CMTS) 1890 Veterans Census, (CO) Alcorn
Kibbey, Alexander P: (CMTS) 1890 Veterans Census, (CO) Alcorn
Kidd, Calep: (CMTS) 1890 Veterans Census, (CO) Dekalb
Kiernan, John Lee: (B) Feb. 7, 1881, (Race) Black, (WWIDR) Adams, MS, (CO) Adams
Kiernan, Thomas P.: (B) Mar. 21, 1888, (Race) White, (BP) Natchez, MS, (WWIDR) Adams, MS, (CO) Adams
Kilbourne, Alfred L.: (CMTS) 1890 Veterans Census, (CO) Pike
Kilgarland, Joe: (B) Jul. 28, 1887, (Race) White, (BP) Natchez, MS, (WWIDR) Warren, MS, (CO) Adams
Kilgarlin, Patrick (Patric): (B) Mar. 10, 1887, (Race) White, (BP) Natchez, MS, (WWIDR) Adams, MS, (CO) Adams
Killingsworth, Chester Porter: (B) Dec. 8, 1881, (Race) White, (WWIDR) Adams, MS, (CO) Adams
Killmer, Phillip G.: (CMTS) 1890 Veterans Census, (CO) Grenada
Kilpatick, Mary: (CMTS) 1890 Veterans Census, (CO) Warren
Kilpatick, Sandy: (CMTS) 1890 Veterans Census, (CO) Warren
Kimble, Dasty: (CMTS) 1890 Veterans Census, (CO) Tunica
Kimble, Ede: (CMTS) 1890 Veterans Census, (CO) Tunica
Kimble, Jack: (CMTS) 1890 Veterans Census, (CO) Tunica
Kimons, James: (CMTS) 1890 Veterans Census, (CO) Dekalb
Kinal, Jack: (CMTS) 1890 Veterans Census, (CO) Tunica
Kincaid, Shack: (CMTS) 1890 Veterans Census, (CO) Scott
Kinchen, Harris: (CMTS) 1890 Veterans Census, (CO) Washington
Kincke, Rudolph: (B) Jul. 10, 1897, (Race) White, (BP) L. Natchez, MS, (WWIDR) Adams, MS, (CO) Adams
King, Albert: (B) May 3, 1889, (Race) Black, (BP) Kingston, MS, (WWIDR) Adams, MS, (CO) Adams
King, Betsy K: (CMTS) 1890 Veterans Census, (CO) Warren
King, Calvin: (CMTS) 1890 Veterans Census, (CO) Sunflower
King, Catherine: (CMTS) 1890 Veterans Census, (CO) Warren
King, Charlie: (B) Sep 27, 1896, (Race) Black, (WWIDR) Adams, MS, (CO) Adams
King, David: (B) Mar. 4, 1899, (Race) Black, (WWIDR) Adams, MS, (CO) Adams
King, Edward: (CMTS) 1890 Veterans Census, (CO) Yazoo
King, Eliourd: (B) Apr., 1896, (Race) Black, (BP) Natchez, MS, (WWIDR) Adams, MS, (CO) Adams
King, Garfield: (B) Dec. 12, 1886, (Race) Black, (WWIDR) Adams, MS, (CO) Adams
King, George: (CMTS) 1890 Veterans Census, (CO) Adams
King, Henry: (B) Jan. 7, 1896, (Race) Black, (BP) Waterproof, LA, (WWIDR) Adams, MS, (CO) Adams
King, Henry: (B) Jun. 1, 1897, (Race) Black, (WWIDR) Adams, MS, (CO) Adams
King, Henry: (B) Nov. 26, 1892, (Race) Black Adams Co., MS, (WWIDR) Adams,

MS, (CO) Adams
King, John: (B) Oct. 15, 1892, (Race) Black, (BP) Pine Ridge, MS, (WWIDR) Adams, MS, (CO) Adams
King, John R.: (CMTS) 1890 Veterans Census, (CO) Tunica
King, Jones: (B) Feb. 11, 1891, (Race) Black Adams Co., MS, (WWIDR) Adams, MS, (CO) Adams
King, Joseph: (B) Jun. 11, 1891, (Race) Black Adams Co., MS, (WWIDR) Adams, MS, (CO) Adams
King, Joseph Westley: (B) Dec. 12, 1896, (Race) Black, (BP) Natchez, MS, (WWIDR) Adams, MS, (CO) Adams
King, Philip: (B) Nov. 9, 1890, (Race) Black, (BP) Washington, MS, (WWIDR) Jackson City, MS, (CO) Adams
King, Prosper: (CMTS) 1890 Veterans Census, (CO) Jefferson
King, Richard: (CMTS) 1890 Veterans Census, (CO) Warren
King, Robert: (B) Aug., 1891, (Race) Black Adams Co., MS, (WWIDR) Adams, MS, (CO) Adams
King, Robert: (B) Oct. 3, 1892, (Race) Black Adams Co., MS, (WWIDR) Adams, MS, (CO) Adams
King, Scott: (B) May 13, 1892, (Race) Black Adams Co., MS, (WWIDR) Adams, MS, (CO) Adams
King, Seaborn: (CMTS) 1890 Veterans Census, (CO) Warren
King, Walter: (B) Aug. 31, 1893, (Race) Black, (BP) New Orleans, LA, (WWIDR) Adams, MS, (CO) Adams
King, William A. (B) Feb. 11, 1887, (Race) White, (BP) Winnsboro, LA, (WWIDR) Adams, MS, (CO) Adams
Kinghten, Robert: (CMTS) 1890 Veterans Census, (CO) Washington
Kink, Amanda: (CMTS) 1890 Veterans Census, (CO) Washington
Kink, Boston: (CMTS) 1890 Veterans Census, (CO) Washington
Kinslow, Charles: (CMTS) 1890 Veterans Census, (CO) Adams
Kinslow, Mollie: (CMTS) 1890 Veterans Census, (CO) Adams
Kinstley, George Dewey: (B) Oct. 10, 1898, (Race) White, (WWIDR) Adams,MS, (CO) Adams
Kirby, Bolin C: (CMTS) 1890 Veterans Census, (CO) Lafayette
Kirby, C. C: (CMTS) 1890 Veterans Census, (CO) Yalobusha
Kirby, John: (CMTS) 1890 Veterans Census, (CO) Bolivar
Kirk, Edward: (B) May 14, 1896, (Race) Black, (CO) Copiah, (MIL) WWI
Kirk, Henry: (B) Aug. 12, 1886, (Race) White, (CO) Copiah, (MIL) WWI
Kirk, John: (B) Sep. 15, 1884, (Race) White , (WWIDR) Jackson City, MS
Kirk, John Wesley: (B) Jan. 28, 1882, (Race) White, (CO) Sunflower, (MIL) WWI
Kirk, Lam: (B) Oct. 25, 1889, (race) Black, (CO) Sunflower, (MIL) WWI
Kirkland, Allen: (CMTS) 1890 Veterans Census, (CO) Dekalb
Kirkman, Nelson: (CMTS) 1890 Veterans Census, (CO) Dekalb
Kisner, Andrew J. (Dr.): (B) Jun. 29, 1885, (Race) White, (WWIDR) Adams, MS, (CO) Adams
Kitchens, Albert: (CMTS) 1890 Veterans Census, (CO) Washington
Kitter, Frank: (CMTS) 1890 Veterans Census, (CO) Bolivar
Klein, Raphael Alexander: (B) Sep, 18, 1884, (Race) White, (WWIDR) Adams, MS, (CO) Adams
Knapp, Benjamin D.: (CMTS) 1890 Veterans Census, (CO) Jefferson
Knapp, Rubin: (CMTS) 1890 Veterans Census, (CO) Copiah
Knight, America: (CMTS) 1890 Veterans Census, (CO) Claiborne
Knight, Andrew: (B) Jun. 28, 1895, (Race) Black, (BP) Natchez, MS, (WWIDR) Issaquena, MS, (CO) Adams
Knight, Arthur : (B) 1892, (Race) Black, (BP) Cannonsburg, MS, (WWIDR) Adams, MS, (CO) Adams
Knight, Eli: (B) Feb. 20, 1888, (Race) Black, (BP) Mississippi, (WWIDR) Adams, MS, (CO) Adams

Knight, John Henry: (B) Oct. 11, 1899, (Race) Black, (WWIDR) Adams, MS, (CO) Adams
Knight, Lonzy: (B) Feb. 15, 1897, (Race) Black, (BP) L. Natchez, MS, (WWIDR) Issaquena, MS, (CO) Adams
Knight, Ruffin Paul: (B) Jul. 19, 1881, (Race) White, (WWIDR) Adams, MS, (CO) Adams
Knight, William: (CMTS) 1890 Veterans Census, (CO) Jefferson
Knights, Elijah: (CMTS) 1890 Veterans Census, (CO) Jefferson
Knowles, Andrew: (B) Feb. 15, 1896, (Race) Black, (BP) Natchez, MS, (WWIDR) Sunflower, MS, (CO) Adams
Knowles, Limbrick: (B) Apr. 12, 1896, (Race) Black, (WWIDR) Adams, MS, (CO) Adams
Knowles, Mose: (B) Feb. 15, 1890, (Race) Black, (BP) Natchez, MS, (WWIDR) Sunflower, MS, (CO) Adams
Knowling, Francis: (CMTS) 1890 Veterans Census, (CO) Warren
Knowling, Vaughn: (CMTS) 1890 Veterans Census, (CO) Warren
Knox, Balus: (CMTS) 1890 Veterans Census, (CO) Sunflower
Knox, Charles R.: (CMTS) 1890 Veterans Census, (CO) Hinds
Knox, Mahala: (CMTS) 1890 Veterans Census, (CO) Wilkinson
Kock, John: (CMTS) 1890 Veterans Census, (CO) Leflore
Koehler, John: (CMTS) 1890 Veterans Census, (CO) Hancock
Koerber, Leonard L.: (B) Aug. 8, 1886, (Race) White, (BP) Natchez, MS, (WWIDR) Adams, MS, (CO) Adams
Kokler, Toney: (CMTS) 1890 Veterans Census, (CO) Hancock
Korndorffer, Guido Edward: (B) Feb. 1, 1898, (Race) White, (WWIDR) Adams, MS, (CO) Adams
Koury, Albert Joseph: (B) Dec. 16, 1886, (Race) White, (WWIDR) Adams, MS, (CO) Adams
Krauss, Ferdinand: (CMTS) 1890 Veterans Census, (CO) Jefferson
Kuehn, August P: (CMTS) 1890 Veterans Census, (CO) Adams
Kuehn, August P.: (B) Jun. 2, 1891, (Race) White, (BP) Natchez, MS, (WWIDR) Adams, MS, (CO) Adams
Kuehn, Charles Augustus: (B) Sep 17, 1883, (Race) White, (WWIDR) Adams, MS, (CO) Adams
Kuehnle, Joseph: (B) Aug. 8, 1885, (Race) White, (WWIDR) Adams, S, (CO) Adams
Kuntz, Alfred J.: (CMTS) 1890 Veterans Census, (CO) Warren
Kyle, James G.: (CMTS) 1890 Veterans Census, (CO) Sunflower
Kyle, James J.: (CMTS) 1890 Veterans Census, (CO) Sunflower
Kyle, Josiah: (CMTS) 1890 Veterans Census, (CO) Clay
Kyle, Stephen: (CMTS) 1890 Veterans Census, (CO) Warren
Kyle, William D. C: (CMTS) 1890 Veterans Census, (CO) Tate
La Haty, Albert A.: (CMTS) 1890 Veterans Census, (CO) Washington
Lackey, Dennis: (B) Mar. 21, 1899, (Race) Black, (WWIDR) Adams, MS, (CO) Adams
Lackey, George: (B) Mar. 5, 1896, (Race) Black, (BP) Washington, MS, (WWIDR) Adams, MS, (CO) Adams
Lackey, Harrison: (B) 1893, (Race) Black, (BP) Natchez, MS, (WWIDR) Adams, MS, (CO) Adams
Lacklin, Bob L.: (CMTS) 1890 Veterans Census, (CO) Dekalb
Lacost, Kittie: (CMTS) 1890 Veterans Census, (CO) Adams
Lacost, William: (CMTS) 1890 Veterans Census, (CO) Adams
Lacy, Drury William: (B) Dec. 8, 1899, (Race) White, (WWIDR) Adams, MS, (CO) Adams
Ladervic, Anthony: (CMTS) 1890 Veterans Census, (CO) Warren
Ladner, Edmond S.: (L) 162.69 acres, Jackson Land Office, (ID) Oct., 18, 1892, (CO) Hancock
Lahatt, Albert A.: (CMTS) 1890 Veterans Census, (CO) Washington
Lahham, William: (CMTS) 1890 Veterans Census, (CO) Washington
Laird, Arthur Moulton (Authe: (B) Sep 13, 1893, (Race) White , (WWIDR) Adams, MS, (CO) Adams
Lakey, Harvey: (CMTS) 1890 Veterans Census, (CO) Alcorn
Lamacchia, Prosper Francis: (B) Aug. 23, 1884, (Race) White, (WWIDR) Adams, MS, (CO) Adams
Lamb, James: (CMTS) 1890 Veterans Census, (CO) Alcorn

Lamb, William R.: (CMTS) 1890 Veterans Census, (CO) Washington
Lambdin, Eddie: (B) May 15, 1891, (Race) Black, (BP) Pine Ridge, MS, (WWIDR) Adams, MS, (CO) Adams
Lambdin, Samuel H.: (B) Sep 19, 1899, (Race) White, (WWIDR) Adams, MS, (CO) Adams
Lambert, Charles: (CMTS) 1890 Veterans Census, (CO) Amite
Lambert, James: (CMTS) 1890 Veterans Census, (CO) Tishomingo
Lambert, John J.: (CMTS) 1890 Veterans Census, (CO) Adams
Lancaster, Joseph: (CMTS) 1890 Veterans Census, (CO) Dekalb
Landers, John Dards: (B) Jan. 19, 1899, (Race) White, (WWIDR) Adams, MS, (CO) Adams
Landers, Leon A.: (B) Jun. 28, 1897, (Race) Black, (BP) Natchez, MS, (WWIDR) Adams, MS, (CO) Adams
Landers, Leon A.: (B) Jun. 28, 1897, (Race) Black, (WWIDR) Adams, MS, (CO) Adams
Landers, Samuel: (B) 1894, (Race) Black Concordia Par., LA, (WWIDR) Adams, MS, (CO) Adams
Landfair, James: (CMTS) 1890 Veterans Census, (CO) Holmes
Landreth, Ann: (CMTS) 1890 Veterans Census, (CO) Coahoma
Landrum, J. H.: (MD) Mar. 24, 1896, (Spouse) Katie Hemmingway, (CO) Atalla
Lane, Dave: (B) Jan. 11, 1892, (Race) Black Angola, LA, (WWIDR) Adams, MS, (CO) Adams
Lane, George C: (CMTS) 1890 Veterans Census, (CO) Tallahatchie
Lane, Joseph: (CMTS) 1890 Veterans Census, (CO) Warren
Lane, Madison: (CMTS) 1890 Veterans Census, (CO) Warren
Lane, Nett: (CMTS) 1890 Veterans Census, (CO) Washington
Lane, Rhuben: (CMTS) 1890 Veterans Census, (CO) Bolivar
Lane, Westley: (CMTS) 1890 Veterans Census, (CO) Washington
Lane, Willis: (CMTS) 1890 Veterans Census, (CO) Washington
Lanehart, Francis Augustin: (B) Sep 11, 1897, (Race) White, (WWIDR) Adams, MS, (CO) Adams
Lanehart, Leslie Mathew: (B) Jan. 1, 1895, (Race) White, (BP) Natchez, MS, (WWIDR) Adams, MS, (CO) Adams
Lanehart, Otis Ambrose: (B) Apr. 22, 1893, (Race) White, (BP) Natchez, MS, (WWIDR) Adams, MS, (CO) Adams
Lanes, Charles: (CMTS) 1890 Veterans Census, (CO) Warren
Lang, Proff: (CMTS) 1890 Veterans Census, (CO) Yalobusha
Langhauser, Fred: (B) Mar. 25, 1882, (Race) White, (WWIDR) Adams, MS, (CO) Adams
Langister, Sam: (CMTS) 1890 Veterans Census, (CO) Sunflower
Langston, Bennie: (B) Aug. 24, 1897, (Race) Black, (BP) Moorhead, MS, (WWIDR) Sunflower, MS, (CO) Adams
Langston, Bennie: (B) Aug. 24, 1897, (Race) Black, (WWIDR) Sunflower, MS, (CO) Adams
Langston, Jerry C: (CMTS) 1890 Veterans Census, (CO) Tate
Langston, William: (CMTS) 1890 Veterans Census, (CO) Washington
Lanigan, John: (CMTS) 1890 Veterans Census, (CO) Warren
Lanigar, John: (CMTS) 1890 Veterans Census, (CO) Warren
Lanius, Albert Marion: (B) Jan. 22, 1884, (Race) White, (WWIDR) Adams, MS, (CO) Adams
Lanneau, Keith Palmer: (B) Jun. 15, 1886, (Race) White, (BP) Natchez, MS, (WWIDR) Adams, MS, (CO) Adams
Larkin, Alexander: (CMTS) 1890 Veterans Census, (CO) Dekalb
Larrington, Hector: (CMTS) 1890 Veterans Census, (CO) Warren
Lasley, Newton: (CMTS) 1890 Veterans Census, (CO) Leflore
Laston, Henry: (CMTS) 1890 Veterans Census, (CO) Warren
Lathan, Peter: (CMTS) 1890 Veterans Census, (CO) Washington
Lathan, Willis: (CMTS) 1890 Veterans Census, (CO) Sharkey
Latson, Samuel: (CMTS) 1890 Veterans Census, (CO) Jackson
Lattimore, Jack: (CMTS) 1890 Veterans Census, (CO) Yazoo
Lattimore, Jackson: (CMTS) 1890 Veterans Census, (CO) Warren

Laub, Alvin: (B) Dec. 24, 1889, (Race) White, (BP) Natchez, MS, (WWIDR) Adams, MS, (CO) Adams
Laub, Jake S.: (B) Jul. 8, 1886, (Race) White, (BP) Natchez, MS, (WWIDR) Adams, MS, (CO) Adams
Laub, Sol Beekman: (B) Nov. 25, 1883, (Race) White, (WWIDR) Adams, MS, (CO) Adams
Lauderdale, Alexander: (CMTS) 1890 Veterans Census, (CO) Tunica
Laughlin, William E.: (CMTS) 1890 Veterans Census, (CO) Dekalb
Laurence, Harry W. (Harey): (B) Aug. 5, 1890, (Race) White, (BP) Midland TX, (WWIDR) Adams, MS, (CO) Adams
Lawner, Jack: (CMTS) 1890 Veterans Census, (CO) Quitman
Lawson, Ellen: (CMTS) 1890 Veterans Census, (CO) Sharkey
Lawson, Henry: (CMTS) 1890 Veterans Census, (CO) Claiborne
Lawson, James: (CMTS) 1890 Veterans Census, (CO) Washington
Lawton, Marriette: (CMTS) 1890 Veterans Census, (CO) Washington
Layton, James: (CMTS) 1890 Veterans Census, (CO) Jackson
Lazarus, Leon Guice: (B) Sep 10, 1899, (Race) White, (WWIDR) Adams, MS, (CO) Adams
Lazarus, Lloyd: (B) Oct. 30, 1894, (Race) White, (BP) Pine Ridge, MS, (WWIDR) Adams, MS, (CO) Adams
Lazarus, Willie Cobb: (B) Apr. 6, 1897, (Race) White, (BP) Pine Ridge, MS, (WWIDR) Adams, MS, (CO) Adams
Lcokin, Larry: (CMTS) 1890 Veterans Census, (CO) Jefferson
Le Grand, James: (CMTS) 1890 Veterans Census, (CO) Warren
Le Grant, Richard: (CMTS) 1890 Veterans Census, (CO) Warren
Leach, Albert G.: (CMTS) 1890 Veterans Census, (CO) Clarke
Leach, William H.: (CMTS) 1890 Veterans Census, (CO) Sunflower
Lead, William H.: (CMTS) 1890 Veterans Census, (CO) Sunflower
Leak, Manuel: (CMTS) 1890 Veterans Census, (CO) Dekalb
Leard, Newton Robert: (B) Nov. 22, 1895, (Race) White, (BP) Natchez, MS, (WWIDR) Adams, MS, (CO) Adams
Lebelle, Henry: (CMTS) 1890 Veterans Census, (CO) Washington
Lee, Adam: (CMTS) 1890 Veterans Census, (CO) Washington
Lee, Ambrose: (CMTS) 1890 Veterans Census, (CO) Claiborne
Lee, David: (CMTS) 1890 Veterans Census, (CO) Washington
Lee, Edmond: (CMTS) 1890 Veterans Census, (CO) Warren
Lee, Elmo: (B) Mar. 28, 1895, (Race) Black Ashland, MS, (WWIDR) Adams, MS, (CO) Adams
Lee, General: (B) May 12, 1895, (Race) Black Adams Co., MS, (WWIDR) Adams, MS, (CO) Adams
Lee, George: (CMTS) 1890 Veterans Census, (CO) Coahoma
Lee, George Brevard: (B) Sep 25, 1899, (Race) White, (WWIDR) Adams, MS, (CO) Adams
Lee, James: (B) 1895, (Race) Black, (BP) Jeannette, MS, (WWIDR) Adams, MS, (CO) Adams
Lee, James: (B) Jan. 10, 1884, (Race) Black, (WWIDR) Adams, MS, (CO) Adams
Lee, John Henry: (B) Jun. 1, 1899, (Race) Black, (WWIDR) Adams, MS, (CO) Adams
Lee, Joseph: (CMTS) 1890 Veterans Census, (CO) Adams
Lee, Joseph: (CMTS) 1890 Veterans Census, (CO) Washington
Lee, Maria: (CMTS) 1890 Veterans Census, (CO) Warren
Lee, Mary: (CMTS) 1890 Veterans Census, (CO) Washington
Lee, Millie: (CMTS) 1890 Veterans Census, (CO) Washington
Lee, Peter: (CMTS) 1890 Veterans Census, (CO) Sunflower
Lee, Philip: (B) Sep 23, 1890, (Race) Black, (BP) Kingston, MS, (WWIDR) Adams, MS, (CO) Adams
Lee, Quilla: (B) Aug. 16, 1881, (Race) Black, (WWIDR) Adams, MS, (CO) Adams
Lee, Robert: (CMTS) 1890 Veterans Census, (CO) Jefferson

Lee, Robert: (CMTS) 1890 Veterans Census, (CO) Scott
Lee, Ruben: (B) Oct. 30, 1886, (Race) Black, (BP) Natchez, MS, (WWIDR) Adams, MS, (CO) Adams
Lee, Sam: (CMTS) 1890 Veterans Census, (CO) Bolivar
Lee, Samuel: (B) Jul. 15, 1897, (Race) Black, (WWIDR) Adams, MS, (CO) Adams
Lee, Spencer: (CMTS) 1890 Veterans Census, (CO) Washington
Lee, Stephen: (CMTS) 1890 Veterans Census, (CO) Wilkinson
Lee, Sylvester: (B) 1889, (Race) Black, (BP) Stanton, MS, (WWIDR) Adams, MS, (CO) Adams
Lee, Thomas: (CMTS) 1890 Veterans Census, (CO) Adams
Lee, William: (B) Mar. 20, 1885, (Race) Black, (WWIDR) Adams, MS, (CO) Adams
Lee, William: (CMTS) 1890 Veterans Census, (CO) Issaquena
Lee, Willie: (B) Jan. 13, 1895, (Race) Black Adams Co., MS, (WWIDR) Adams, MS, (CO) Adams
Lee, William D.: (CMTS) 1890 Veterans Census, (CO) Dekalb
Lees, Richard Elmer: (B) Nov. 12, 1899, (Race) White, (WWIDR) Adams, MS, (CO) Adams
Leewis, Grant: (B) Mar. 5, 1892, (Race) Black, (BP) Natchez, MS, (WWIDR) Adams, MS, (CO) Adams
Leflore, Winstan: (CMTS) 1890 Veterans Census, (CO) Tunica
Legan, Caesar: (CMTS) 1890 Veterans Census, (CO) Warren
Legg, D. M.: (CMTS) 1890 Veterans Census, (CO) Warren
Leighton, George W.: (CMTS) 1890 Veterans Census, (CO) Jefferson
Leland, Abram: (CMTS) 1890 Veterans Census, (CO) Panola
Lesley, John: (B) Dec. 15, 1898, (Race) Black, (WWIDR) Adams, MS, (CO) Adams
Leslie, Ed: (B) Dec., 1891, (Race) Black, (BP) Natchez, MS, (WWIDR) Adams, MS, (CO) Adams
Leslie, John: (B) Dec. 15, 1898, (Race) Black, (WWIDR) Adams, MS, (CO) Adams
Lester, Miles: (CMTS) 1890 Veterans Census, (CO) Bolivar
Letzer, Joseph: (CMTS) 1890 Veterans Census, (CO) Jackson
Level, John: (CMTS) 1890 Veterans Census, (CO) Hinds
Levite, David: (B) Oct. 10, 1887, (Race) White, (BP) Odessa, Russia, (WWIDR) Adams, MS, (CO) Adams
Levy, Leon M.: (B) Oct. 17, 1895, (Race) White, (BP) New Orleans, LA, (WWIDR) Adams, MS, (CO) Adams
Lewellen, Lafayette: (CMTS) 1890 Veterans Census, (CO) Benton
Lewis, Albert: (B) May 6, 1899, (Race) Black, (WWIDR) Adams, MS, (CO) Adams
Lewis, Allen: (CMTS) 1890 Veterans Census, (CO) Adams
Lewis, Arnel: (CMTS) 1890 Veterans Census, (CO) Washington
Lewis, Ben: (B) May, 1889, (Race) Black Adams Co., MS, (WWIDR) Adams, MS, (CO) Adams
Lewis, Benjamin: (B) Jan. 26, 1891, (Race) Black, (BP) Natchez, MS, (WWIDR) Adams, MS, (CO) Adams
Lewis, Bert: (CMTS) 1890 Veterans Census, (CO) Bolivar
Lewis, Charlie: (B) Sep 25, 1889, (Race) Black, (BP) Turner, MS, (WWIDR) Adams, MS, (CO) Adams
Lewis, Dent: (CMTS) 1890 Veterans Census, (CO) Washington
Lewis, Edward: (CMTS) 1890 Veterans Census, (CO) Adams
Lewis, Edward: (CMTS) 1890 Veterans Census, (CO) Claiborne
Lewis, Edward: (CMTS) 1890 Veterans Census, (CO) Panola
Lewis, Ellen: (CMTS) 1890 Veterans Census, (CO) Bolivar
Lewis, Frances: (CMTS) 1890 Veterans Census, (CO) Bolivar
Lewis, George: (B) Aug. 23, 1894, (Race) Black, (BP) Natchez, MS, (CO) Adams
Lewis, George: (CMTS) 1890 Veterans Census, (CO) Lincoln

Lewis, Grandason: (CMTS) 1890 Veterans Census, (CO) Coahoma
Lewis, Griffin: (CMTS) 1890 Veterans Census, (CO) Washington
Lewis, Harrison: (B) May 10, 1897, (Race) Black, (BP) L. Adams Co., MS, (WWIDR) Adams,
    MS, (CO) Adams
Lewis, Harvey: (CMTS) 1890 Veterans Census, (CO) Bolivar
Lewis, Henry: (B) Jun. 12, 1887, (Race) Black, (BP) Mars Hill, MS, (WWIDR) Adams,
    MS, (CO) Adams
Lewis, Henry: (CMTS) 1890 Veterans Census, (CO) Adams
Lewis, Hovell David: (B) Aug. 11, 1893, (Race) White, (BP) L. Rock SD, (WWIDR) Adams,
    MS, (CO) Adams
Lewis, Isom: (CMTS) 1890 Veterans Census, (CO) Washington
Lewis, James: (B) 1894, (Race) Black, (BP) Natchez, MS, (WWIDR) Adams,
    MS, (CO) Adams
Lewis, James: (B) Sep, 1888, (Race) Black Adams Co., MS, (WWIDR) Adams,
    MS, (CO) Adams
Lewis, James: (CMTS) 1890 Veterans Census, (CO) Hinds
Lewis, James: (CMTS) 1890 Veterans Census, (CO) Jackson
Lewis, Jeff Alexander: (B) Mar. 8, 1881, (Race) Black, (WWIDR) Adams, MS, (CO) Adams
Lewis, Jerry: (CMTS) 1890 Veterans Census, (CO) Adams
Lewis, Jessie: (B) Jun. 16, 1895, (Race) Black Adams Co., MS, (WWIDR) Adams,
    MS, (CO) Adams
Lewis, Jessie: (CMTS) 1890 Veterans Census, (CO) Washington
Lewis, John: (CMTS) 1890 Veterans Census, (CO) Adams
Lewis, John: (CMTS) 1890 Veterans Census, (CO) Tunica
Lewis, John: (CMTS) 1890 Veterans Census, (CO) Washington
Lewis, Julia: (CMTS) 1890 Veterans Census, (CO) Bolivar
Lewis, Lenard A.: (CMTS) 1890 Veterans Census, (CO) Jackson
Lewis, Lenord A.: (CMTS) 1890 Veterans Census, (CO) Jackson
Lewis, Lottie: (CMTS) 1890 Veterans Census, (CO) Warren
Lewis, Maria: (CMTS) 1890 Veterans Census, (CO) Lincoln
Lewis, Mike: (CMTS) 1890 Veterans Census, (CO) Washington
Lewis, Moses: (CMTS) 1890 Veterans Census, (CO) Washington
Lewis, Robert: (B) Dec. 29, 1887, (Race) Black, (BP) New Orleans, LA, (WWIDR) Adams,
    MS, (CO) Adams
Lewis, Robert: (B) Mar. 7, 1889, (Race) Black Cannonsburg, MS, (WWIDR) Adams,
    MS, (CO) Adams
Lewis, Robert: (B) 1894, (Race) Black Adams Co., MS, (WWIDR) Adams, MS, (CO) Adams
Lewis, Robert: (CMTS) 1890 Veterans Census, (CO) Coahoma
Lewis, Robert: (CMTS) 1890 Veterans Census, (CO) Hinds
Lewis, Robert: (CMTS) 1890 Veterans Census, (CO) Yazoo
Lewis, Sandy: (B) Oct. 13, 1890, (Race) Black, (BP) Natchez, MS, (WWIDR) Adams,
    MS, (CO) Adams
Lewis, Thomas: (CMTS) 1890 Veterans Census, (CO) Jefferson
Lewis, Walter: (B) Dec. 17, 1893, (Race) Black, (WWIDR) Adams, MS, (CO) Adams
Lewis, Walter: (CMTS) 1890 Veterans Census, (CO) Adams
Lewis, Warren: (B) Mar. 15, 1884, (Race) Black, (WWIDR) Adams, MS, (CO) Adams
Lewis, Will: (B) 1895, (Race) Black, (BP) Natchez, MS, (WWIDR) Sharkey, MS, (CO) Adams
Lewis, William: (B) Dec. 25, 1893, (Race) Black, (BP) Natchez, MS, (WWIDR) Adams,
    MS, (CO) Adams
Lewis, William: (CMTS) 1890 Veterans Census, (CO) Adams
Lewis, William: (CMTS) 1890 Veterans Census, (CO) Leflore
Lewis, William: (CMTS) 1890 Veterans Census, (CO) Warren
Lewis, Willie: (B) Aug. 15, 1895, (Race) Black, (BP) Natchez, MS, (WWIDR) Adams,
    MS, (CO) Adams

Leynn, Spencer: (CMTS) 1890 Veterans Census, (CO) Tunica
Licata, Joseph Mary: (B) Dec. 4, 1891, (Race) White Castronuoro Sicily Italy, (WWIDR) Adams, MS, (CO) Adams
Lick, David J.: (CMTS) 1890 Veterans Census, (CO) Sunflower
Lick, David J. W.: (CMTS) 1890 Veterans Census, (CO) Sunflower
Liddell, Americus V: (CMTS) 1890 Veterans Census, (CO) Jefferson
Liddell, Dewitt D.: (B) Dec. 28, 1889, (Race) White, (BP) Fayette, MS, (WWIDR) Adams, MS, (CO) Adams
Liddell, Perry Volney: (B) May 20, 1883, (Race) White, (WWIDR) Adams, MS, (CO) Adams
Liggett, Isaac: (CMTS) 1890 Veterans Census, (CO) Warren
Liggett, Mary: (CMTS) 1890 Veterans Census, (CO) Warren
Lighter, Jack: (CMTS) 1890 Veterans Census, (CO) Hinds
Lights, Charles Lawrence: (B) Dec. 29, 1882, (Race) Black, (WWIDR) Adams, MS, (CO) Adams
Ligon, James Louis: (B) Feb. 22, 1895, (Race) Black, (BP) Sibley, MS, (WWIDR) Adams, MS, (CO) Adams
Ligon, Toree: (B) Mar. 14, 1896, (Race) Black Adams Co., MS, (WWIDR) Adams, MS, (CO) Adams
Likling, Bob L.: (CMTS) 1890 Veterans Census, (CO) Dekalb
Liley, Sam: (B) Dec. 5, 1883, (Race) Black, (WWIDR) Adams, MS, (CO) Adams
Lillicrap, Richard Henry: (B) Aug. 22, 1882, (Race) White, (WWIDR) Adams, MS, (CO) Adams
Limerick, John Aldridge: (B) Oct. 30, 1890, (Race) White, (BP) Natchez, MS, (WWIDR) Adams, MS, (CO) Adams
Limerick, Richard Conner: (B) Feb. 15, 1892, (Race) White, (BP) Natchez, MS, (WWIDR) Adams, MS, (CO) Adams
Lincoln, Abraham: (B) May 15, 1886, (Race) Black, (WWIDR) Adams, MS, (CO) Adams
Lincoln, Abram: (CMTS) 1890 Veterans Census, (CO) Washington
Lindheim, Mayer: (CMTS) 1890 Veterans Census, (CO) Hinds
Lindsey, Luck A.: (CMTS) 1890 Veterans Census, (CO) Warren
Lindsey, Preston: (CMTS) 1890 Veterans Census, (CO) Coahoma
Lindsey, Wesley T.: (B) Sep 28, 1886, (Race) White, (BP) Eureka TX, (WWIDR) Adams, MS, (CO) Adams
Lindsley, Edmond: (CMTS) 1890 Veterans Census, (CO) Washington
Lindsy, Washington: (CMTS) 1890 Veterans Census, (CO) Marshall
Ling, James: (CMTS) 1890 Veterans Census, (CO) Warren
Lintard, Gilbert: (B) 1892, (Race) Black, (WWIDR) Adams, MS, (CO) Adams
Linton, Benjamin: (CMTS) 1890 Veterans Census, (CO) Washington
Litchfield, C. B: (CMTS) 1890 Veterans Census, (CO) Washington
Littlejohn, Asley: (CMTS) 1890 Veterans Census, (CO) Coahoma
Littlejohn, Harris: (CMTS) 1890 Veterans Census, (CO) Dekalb
Littlejohn, Henry: (CMTS) 1890 Veterans Census, (CO) Claiborne
Littlejohn, John: (CMTS) 1890 Veterans Census, (CO) Tunica
Littlejohn, William: (CMTS) 1890 Veterans Census, (CO) Coahoma
Littlewort, Richard J.: (CMTS) 1890 Veterans Census, (CO) Tallahatchie
Litzler, Joseph: (CMTS) 1890 Veterans Census, (CO) Jackson
Lively, Richard: (B) Dec. 25, 1894, (Race) Black Adams Co., MS, (WWIDR) Adams, MS, (CO) Adams
Liver, Henry: (CMTS) 1890 Veterans Census, (CO) Washington
Livings, Andy: (B) Aug. 10, 1890, (Race) White, (BP) McNeill, MS, (WWIDR) Adams, MS, (CO) Adams
Lloyd, Clarence: (B) Apr. 6, 1894, (Race) Black, (WWIDR) Adams, MS, (CO) Adams
Lloyd, Eliot: (B) Sep 1, 1881, (Race) Black, (WWIDR) Adams, MS, (CO) Adams

Loach, Albert G.: (CMTS) 1890 Veterans Census, (CO) Clarke
Lock, Harrison: (CMTS) 1890 Veterans Census, (CO) Warren
Lock, Lewis: (CMTS) 1890 Veterans Census, (CO) Warren
Lock, Mary Ann: (CMTS) 1890 Veterans Census, (CO) Warren
Locket, James: (CMTS) 1890 Veterans Census, (CO) Adams
Lockett, Solomon: (CMTS) 1890 Veterans Census, (CO) Warren
Lockwood, Felow J.: (CMTS) 1890 Veterans Census, (CO) Bolivar
Lockwood, Joseph: (CMTS) 1890 Veterans Census, (CO) Jackson
Lockwood, Malinda: (CMTS) 1890 Veterans Census, (CO) Washington
Lodester, Ellis: (CMTS) 1890 Veterans Census, (CO) Warren
Lofton, Silas: (CMTS) 1890 Veterans Census, (CO) Washington
Logan, Adam (Adiom): (B) Aug. 12, 1895, (Race) Black, (BP) Natchez, MS, (WWIDR) Sunflower, MS, (CO) Adams
Logan, Ceasar: (CMTS) 1890 Veterans Census, (CO) Warren
Logan, Fred: (B) Sep 1, 1891, (Race) Black, (BP) Natchez, MS, (WWIDR) Sunflower, MS, (CO) Adams
Logan, George: (CMTS) 1890 Veterans Census, (CO) Washington
Logan, Hamilton: (B) May 2, 1887, (Race) Black, (BP) Natchez, MS, (WWIDR) Sunflower, MS, (CO) Adams
Logan, Isaiah: (B) Apr. 7, 1892, (Race) Black, (BP) Jeannette, MS, (WWIDR) Adams, MS, (CO) Adams
Logan, James Edward: (B) May 13, 1892, (Race) Black, (BP) Natchez, MS, (WWIDR) Adams, MS, (CO) Adams
Logan, John: (CMTS) 1890 Veterans Census, (CO) Quitman
Logan, Vennie: (B) Feb., 1898, (Race) Black, (WWIDR) Adams, MS, (CO) Adams
Lomax, Henry: (CMTS) 1890 Veterans Census, (CO) Clay
London, Harald: (CMTS) 1890 Veterans Census, (CO) Tippah
London, Harris: (CMTS) 1890 Veterans Census, (CO) Warren
Long, David: (B) May 1, 1895, (Race) Black Adams Co., MS, (WWIDR) Adams, MS, (CO) Adams
Long, Emily: (CMTS) 1890 Veterans Census, (CO) Adams
Long, Isaac: (CMTS) 1890 Veterans Census, (CO) Tunica
Long, John: (CMTS) 1890 Veterans Census, (CO) Marshall
Long, John S.: (CMTS) 1890 Veterans Census, (CO) Tishomingo
Long, Louis: (CMTS) 1890 Veterans Census, (CO) Adams
Long, Olliver: (CMTS) 1890 Veterans Census, (CO) Warren
Long, Robert: (B) 1888, (Race) Black Adams Co., MS, (WWIDR) Adams, MS, (CO) Adams
Long, Robert: (CMTS) 1890 Veterans Census, (CO) Warren
Long, William: (CMTS) 1890 Veterans Census, (CO) Perry
Long, Willie: (B) 1892, (Race) Black Adams Co., MS, (WWIDR) Adams, MS, (CO) Adams
Longborough, Samuel: (CMTS) 1890 Veterans Census, (CO) Washington
Longcroff, Charles H.: (CMTS) 1890 Veterans Census, (CO) Yalobusha
Longmire, Clarence Leslie: (B) Aug. 11, 1889, (Race) White, (BP) Gloster, MS, (WWIDR) Adams, MS, (CO) Adams
Longmire, Elmer: (B) Nov. 14, 1899, (Race) White, (WWIDR) Adams, MS, (CO) Adams
Longs, Eugene: (B) Mar. 26, 1892, (Race) Black Adams Co., MS, (WWIDR) Adams, MS, (CO) Adams
Lonius, Albert Marion: (B) Jan. 22, 1884, (Race) White,, (WWIDR) Adams, MS, (CO) Adams
Loocas, Charles: (CMTS) 1890 Veterans Census, (CO) Sharkey
Lorn, John C: (CMTS) 1890 Veterans Census, (CO) Dekalb
Losby, Joe: (CMTS) 1890 Veterans Census, (CO) Benton
Lott, James: (CMTS) 1890 Veterans Census, (CO) Grenada
Lott, Joe: (CMTS) 1890 Veterans Census, (CO) Grenada
Lott, Judge: (CMTS) 1890 Veterans Census, (CO) Tunica

Lott, Robert: (CMTS) 1890 Veterans Census, (CO) Washington
Louis, James: (B) Nov. 29, 1890, (Race) Black, (BP) Monroe, LA, (WWIDR) Adams, MS, (CO) Adams
Love, Frank: (CMTS) 1890 Veterans Census, (CO) Madison
Love, Henry: (CMTS) 1890 Veterans Census, (CO) Warren
Love, Henry: (CMTS) 1890 Veterans Census, (CO) Washington
Love, Jack: (CMTS) 1890 Veterans Census, (CO) Tate
Love, Joseph: (CMTS) 1890 Veterans Census, (CO) Dekalb
Love, Joseph F.: (CMTS) 1890 Veterans Census, (CO) Washington
Love, Richard: (CMTS) 1890 Veterans Census, (CO) Benton
Love, Samuel: (CMTS) 1890 Veterans Census, (CO) Tate
Love, Silas: (CMTS) 1890 Veterans Census, (CO) Warren
Love, Wesley: (CMTS) 1890 Veterans Census, (CO) Coahoma
Lovejoy, Charles B: (CMTS) 1890 Veterans Census, (CO) Clay
Lovell, Daniel: (CMTS) 1890 Veterans Census, (CO) Bolivar
Lovely, Charles: (CMTS) 1890 Veterans Census, (CO) Bolivar
Lovett, Amanda E.: (CMTS) 1890 Veterans Census, (CO) Warren
Lovett, Howard: (CMTS) 1890 Veterans Census, (CO) Warren
Loving, Abraham: (CMTS) 1890 Veterans Census, (CO) Claiborne
Low, Elmira: (CMTS) 1890 Veterans Census, (CO) Warren
Low, Moses K: (CMTS) 1890 Veterans Census, (CO) Warren
Lowe, James M.: (CMTS) 1890 Veterans Census, (CO) Jefferson
Lowenburg, Sam Block: (B) Dec. 6, 1887, (Race) White, (BP) Natchez, MS, (WWIDR) Adams, MS, (CO) Adams
Lowery, Alfred: (CMTS) 1890 Veterans Census, (CO) Claiborne
Lowrie, Benjamin T.: (CMTS) 1890 Veterans Census, (CO) Jefferson
Lowrie, Mry M.: (CMTS) 1890 Veterans Census, (CO) Jefferson
Loyd, Ben: (CMTS) 1890 Veterans Census, (CO) Scott
Loyd, Clarence: (B) Apr. 6, 1894, (Race) Black Adams Co., MS, (WWIDR) Adams, MS, (CO) Adams
Loyd, Dref: (CMTS) 1890 Veterans Census, (CO) Scott
Loyd, Eliot: (B) Sep 1, 1881, (Race) Black, (WWIDR) Adams, MS, (CO) Adams
Loyd, Frances: (CMTS) 1890 Veterans Census, (CO) Tunica
Loyd, Sancho: (CMTS) 1890 Veterans Census, (CO) Adams
Loyd, Thomas: (CMTS) 1890 Veterans Census, (CO) Adams
Lucas, Andrew: (B) Aug. 10, 1882, (Race) Black, (WWIDR) Adams, MS, (CO) Adams
Lucas, Eugene: (B) May 27, 1898, (Race) Black, (WWIDR) Adams, MS, (CO) Adams
Lucas, Jack: (CMTS) 1890 Veterans Census, (CO) Adams
Lucas, John: (CMTS) 1890 Veterans Census, (CO) Adams
Lucas, John: (CMTS) 1890 Veterans Census, (CO) Sharkey
Lucas, Leslie Earl (Leisly): (B) Oct. 10, 1884, (Race) White, (WWIDR) Adams, MS, (CO) Adams
Lucas, Tip: (B) Jan. 1, 1890, (Race) Black, (BP) Washington, MS, (WWIDR) Sharkey, MS, (CO) Adams
Lucas, William: (CMTS) 1890 Veterans Census, (CO) Coahoma
Lucky, Frank: (CMTS) 1890 Veterans Census, (CO) Adams
Luss, James: (B) Sep 27, 1892, (Race) Black, (BP) Mississippi, (WWIDR) Adams, MS, (CO) Adams
Luster, Luke: (B) Mar. 8, 1886, (Race) Black, (WWIDR) Adams, MS, (CO) Adams
Lutcher, William: (B) Jun. 30, 1899, (Race) Black, (WWIDR) Warren, MS, (CO) Adams
Lwson, York: (CMTS) 1890 Veterans Census, (CO) Washington
Lyle, Prince: (B) Aug. 29, 1899, (Race) Black, (WWIDR) Adams, MS, (CO) Adams
Lyle, Sylvester: (B) Sep 1, 1881, (Race) Black, (WWIDR) Adams, MS, (CO) Adams
Lyles, Ben: (B) Jul. 9, 1890, (Race) Black Carthage Plantation, MS, (WWIDR) Adams,

MS, (CO) Adams
Lyles, Caleb: (CMTS) 1890 Veterans Census, (CO) Hinds
Lyles, John: (B) Jan. 22, 1884, (Race) Black, (WWIDR) Adams, MS, (CO) Adams
Lynch, Charlie: (CMTS) 1890 Veterans Census, (CO) Warren
Lynch, John: (CMTS) 1890 Veterans Census, (CO) Tunica
Lynias, Clayton: (CMTS) 1890 Veterans Census, (CO) Benton
Lyntaind, Gilbert: (B) 1892, (Race) Black, (WWIDR) Adams, MS, (CO) Adams
Lyntaind, Gilbert: (B) 1892, (Race) Black, (WWIDR) Adams, MS, (CO) Adams
Lyon, Irving M.: (B) Jan. 15, 1890, (Race) White, (BP) Macon, MS, (WWIDR) Adams,
    MS, (CO) Adams
Lyon, Robert: (B) May 4, 1884, (Race) Black, (WWIDR) Adams, MS, (CO) Adams
Lyons, Albert: (B) Jul. 29, 1888, (Race) Black, (BP) Vidalia, LA, (WWIDR) Adams,
    MS, (CO) Adams
Lyons, William: (CMTS) 1890 Veterans Census, (CO) Tunica
Lysle, John: (B) Jan. 22, 1884, (Race) Black, (WWIDR) Adams, MS, (CO) Adams
Mabbett, Gideon: (CMTS) 1890 Veterans Census, (CO) Jefferson
Maberry, Henry J.: (CMTS) 1890 Veterans Census, (CO) Jefferson
Mac, Robert: (CMTS) 1890 Veterans Census, (CO) Adams
Mack, Ben: (B) Jul. 8, 1897, (Race) Black, (BP) Natchez, MS, (WWIDR) Adams,
    MS, (CO) Adams
Mack, Ben: (B) Jul. 8, 1897, (Race) Black, (WWIDR) Adams,
    MS, (CO) Adams
Mack, Charley: (B) May 15, 1899, (Race) Black, (WWIDR) Adams, MS, (CO) Adams
Mack, Cicen: (CMTS) 1890 Veterans Census, (CO) Coahoma
Mack, Jaes E.: (CMTS) 1890 Veterans Census, (CO) Claiborne
Mack, Joseph: (CMTS) 1890 Veterans Census, (CO) Adams
Mack, Julius: (B) Dec. 14, 1892, (Race) Black, (BP) Jefferson Co., MS, (WWIDR) Adams,
    MS, (CO) Adams
Mack, Vince: (B) May, 1888, (Race) Black, (BP) Jefferson Co., MS, (WWIDR) Adams,
    MS, (CO) Adams
Mackel, Robert D.: (B) Jul. 30, 1892, (Race) Black, (BP) Natchez, MS, (WWIDR) Adams,
    MS, (CO) Adams
Macky, Amanda: (CMTS) 1890 Veterans Census, (CO) Claiborne
Macky, Harriett: (CMTS) 1890 Veterans Census, (CO) Sunflower
Macsagni, Silio: (B) Mar. 4, 1894, (Race) White Bologna Italy, (WWIDR) Adams,
    MS, (CO) Adams
Maddan, Calvin: (CMTS) 1890 Veterans Census, (CO) Marshall
Maddock, Clarissa C: (CMTS) 1890 Veterans Census, (CO) Perry
Maddock, Lewellyn M.: (CMTS) 1890 Veterans Census, (CO) Perry
Maddox, Joe B: (CMTS) 1890 Veterans Census, (CO) Benton
Madison, Caleb: (CMTS) 1890 Veterans Census, (CO) Bolivar
Madison, Daniel: (CMTS) 1890 Veterans Census, (CO) Warren
Madison, George: (B) Apr. 17, 1890, (Race) Black, (WWIDR) Adams, MS, (CO) Adams
Madison, John E.: (CMTS) 1890 Veterans Census, (CO) Sunflower
Madison, Stewart: (CMTS) 1890 Veterans Census, (CO) Warren
Madison, William John: (CMTS) 1890 Veterans Census, (CO) Warren
Magee, John: (CMTS) 1890 Veterans Census, (CO) Lincoln
Magner, Patrick R.: (CMTS) 1890 Veterans Census, (CO) Warren
Magrew, William: (CMTS) 1890 Veterans Census, (CO) Copiah
Magruder, Ben: (B) Feb. 28, 1891, (Race) Black, (BP) Fenwick, MS, (WWIDR) Adams,
    MS, (CO) Adams
Magruder, James: (B) Mar. 5, 1883, (Race) Black, (BP) Turner, MS, (WWIDR) Adams,
    MS, (CO) Adams
Magruder, Solomon (Solmon): (B) Jun. 27, 1888, (Race) Black, (BP) Fenwick, MS, (WWIDR)

Adams, MS, (CO) Adams
Mags, William: (CMTS) 1890 Veterans Census, (CO) Warren
Mahoney, Benjamin Webster: (B) Apr. 21, 1883, (Race) White, (WWIDR) Adams, MS, (CO) Adams
Mahoney, Dannie Franklin: (B) Feb. 19, 1889, (Race) White, (BP) Wilkinson Co., MS, (WWIDR) Adams, MS, (CO) Adams
Maison, Dennis: (CMTS) 1890 Veterans Census, (CO) Bolivar
Maix, Sam: (B) Jun., 1889, (Race) Black, (WWIDR) Adams, MS, (CO) Adams
Mallery, John: (B) Oct. 31, 1881, (Race) White, (WWIDR) Adams, MS, (CO) Adams
Malone, Henry: (B) Mar. 9, 1885, (Race) Black, (WWIDR) Adams, MS, (CO) Adams
Malone, James: (B) Feb. 14, 1881, (Race) Black, (WWIDR) Adams, MS, (CO) Adams
Malone, Jim: (CMTS) 1890 Veterans Census, (CO) Washington
Malone, Peter: (CMTS) 1890 Veterans Census, (CO) Tate
Maloney, Patrick J.: (CMTS) 1890 Veterans Census, (CO) Harrison
Manden, James: (CMTS) 1890 Veterans Census, (CO) Dekalb
Mangum, William Ball: (B) Dec. 10, 1882, (Race) White, (WWIDR) Adams, MS, (CO) Adams
Mann, Albert: (CMTS) 1890 Veterans Census, (CO) Washington
Mann, Charles: (CMTS) 1890 Veterans Census, (CO) Tunica
Mann, Charles A.: (CMTS) 1890 Veterans Census, (CO) Pike
Mann, Smith: (CMTS) 1890 Veterans Census, (CO) Washington
Manning, George: (CMTS) 1890 Veterans Census, (CO) Yazoo
Manny, John: (CMTS) 1890 Veterans Census, (CO) Hinds
Manoway, Lucius W. W: (CMTS) 1890 Veterans Census, (CO) Lauderdale
Mansell, Charles: (CMTS) 1890 Veterans Census, (CO) Washington
Mansfield, Tolton: (CMTS) 1890 Veterans Census, (CO) Washington
Mansnill, William M.: (CMTS) 1890 Veterans Census, (CO) Bolivar
Manson, John W.: (CMTS) 1890 Veterans Census, (CO) Tishomingo
Manson, Richard: (CMTS) 1890 Veterans Census, (CO) Warren
Manuel, Joseph: (CMTS) 1890 Veterans Census, (CO) Dekalb
Maplen, Austin: (CMTS) 1890 Veterans Census, (CO) Dekalb
March, Murry: (CMTS) 1890 Veterans Census, (CO) Washington
Marcus, Aaron Alexander: (B) Apr. 19, 1897, (Race) Black, (BP) L. Natchez, MS, (WWIDR) Adams, MS, (CO) Adams
Mariee, Bonnie: (B) Mar. 11, 1890, (Race) Black, (BP) Pine Ridge, MS, (WWIDR) Madison LA, (CO) Adams
Marion, Antwine: (B) Nov. 5, 1895, (Race) Black, (BP) Natchez, MS, (WWIDR) Adams, MS, (CO) Adams
Marks, Joseph: (B) Jul. 25, 1893, (Race) Black , (WWIDR) Adams, MS, (CO) Adams
Marr, Aaaron: (CMTS) 1890 Veterans Census, (CO) Claiborne
Marron, John: (B) Apr. 5, 1890, (Race) Black Adams Co., MS, (WWIDR) Adams, MS, (CO) Adams
Marsal, George A.: (CMTS) 1890 Veterans Census, (CO) Chickasa
Marsaw, Fayette: (B) Nov., 1895, (Race) Black, (BP) Pine Ridge, MS, (WWIDR) Adams, MS, (CO) Adams
Marsaw, Levi: (B) Apr. 24, 1887, (Race) Black, (BP) Pine Ridge, MS, (WWIDR) Adams, MS, (CO) Adams
Marsh, Isaac: (CMTS) 1890 Veterans Census, (CO) Warren
Marsh, Martha: (CMTS) 1890 Veterans Census, (CO) Warren
Marshal, Esquire: (CMTS) 1890 Veterans Census, (CO) Adams
Marshall, Abraham: (B) Jan. 23, 1892, (Race) Black, (BP) Washington, MS, (WWIDR) Adams, MS, (CO) Adams
Marshall, Albert: (CMTS) 1890 Veterans Census, (CO) Adams
Marshall, Cyrus: (CMTS) 1890 Veterans Census, (CO) Warren
Marshall, George Mathews: (B) Dec. 27, 1893, (Race) White, (BP) Natchez, MS, (WWIDR)

Adams, MS, (CO) Adams
Marshall, Hillary: (CMTS) 1890 Veterans Census, (CO) Leflore
Marshall, John: (CMTS) 1890 Veterans Census, (CO) Washington
Marshall, John Shelby: (B) Jan., 18, 1899, (Race) White, (WWIDR) Adams, MS, (CO) Adams
Marshall, Riley G.: (CMTS) 1890 Veterans Census, (CO) Wilkinson
Marshall, Thomas: (B) Aug. 6, 1894, (Race) Black, (WWIDR) Warren, MS, (CO) Adams
Marshall, Thomas: (CMTS) 1890 Veterans Census, (CO) Adams
Marshell, James: (CMTS) 1890 Veterans Census, (CO) Leflore
Marshell, James M.: (CMTS) 1890 Veterans Census, (CO) Leflore
Marten, Emaul: (CMTS) 1890 Veterans Census, (CO) Sharkey
Martin, Ebb: (B) Apr. 13, 1894, (Race) Black, (WWIDR) Adams, MS, (CO) Adams
Martin, Emmeline: (CMTS) 1890 Veterans Census, (CO) Tunica
Martin, Felix Clifford: (B) Nov. 25, 1897, (Race) Black, (WWIDR) Adams, MS, (CO) Adams
Martin, Grant: (CMTS) 1890 Veterans Census, (CO) Yazoo
Martin, Grant: (B) Jul. 15, 1896, (Race) Black, (BP) L. Adams Co., MS, (WWIDR) Adams, MS, (CO) Adams
Martin, Harry: (CMTS) 1890 Veterans Census, (CO) Yalobusha
Martin, Henrietta: (CMTS) 1890 Veterans Census, (CO) Warren
Martin, Jack: (CMTS) 1890 Veterans Census, (CO) Bolivar
Martin, James: (CMTS) 1890 Veterans Census, (CO) Bolivar
Martin, James: (CMTS) 1890 Veterans Census, (CO) Issaquena
Martin, James Otho (Brother): (B) Jul. 3, 1881, (Race) White, (WWIDR) Adams, MS, (CO) Adams
Martin, Jenes Edward: (CMTS) 1890 Veterans Census, (CO) Grenada
Martin, Jerry: (CMTS) 1890 Veterans Census, (CO) Jefferson
Martin, John: (CMTS) 1890 Veterans Census, (CO) Harrison
Martin, John: (CMTS) 1890 Veterans Census, (CO) Washington
Martin, Kimet: (CMTS) 1890 Veterans Census, (CO) Warren
Martin, Mollie: (CMTS) 1890 Veterans Census, (CO) Dekalb
Martin, Robert: (CMTS) 1890 Veterans Census, (CO) Washington
Martin, Samuel: (CMTS) 1890 Veterans Census, (CO) Hancock
Martin, Samuel S.: (CMTS) 1890 Veterans Census, (CO) Tishomingo
Martin, Samuel T.: (CMTS) 1890 Veterans Census, (CO) Marshall
Martin, William T.: (B) Sep 28, 1891, (Race) White, (BP) Natchez, MS, (WWIDR) Adams, MS, (CO) Adams
Marvel, Aleck: (B) Jan. 1, 1884, (Race) Black, (WWIDR) Adams, MS, (CO) Adams
Masey, Jane: (CMTS) 1890 Veterans Census, (CO) Bolivar
Mason, Adline: (CMTS) 1890 Veterans Census, (CO) Bolivar
Mason, Alex: (CMTS) 1890 Veterans Census, (CO) Hinds
Mason, Henry: (CMTS) 1890 Veterans Census, (CO) Bolivar
Mason, James: (CMTS) 1890 Veterans Census, (CO) Bolivar
Mason, James W.: (CMTS) 1890 Veterans Census, (CO) Bolivar
Mason, Janie S.: (B) Sep. 30, 1896(D) Jun. 12, 1965(CO) Clarke(C) Hepzibah Baptist Church Cemetery
Mason, Jesse: (B) Jun., 18, 1894, (Race) Black, (BP) Dead, Man's Bend, MS, (WWIDR) Adams, MS, (CO) Adams
Mason, John: (CMTS) 1890 Veterans Census, (CO) Coahoma
Mason, John: (CMTS) 1890 Veterans Census, (CO) Washington
Mason, Mark: (B) Dec., 18, 1881(D) Aug. 12, 1964(CO) Clarke(C) Hepzibah Baptist Church Cemetery
Mason, Peter: (CMTS) 1890 Veterans Census, (CO) Adams
Mason, Sam: (B) 1889, (Race) Black, (BP) Natchez, MS, (WWIDR) Adams, MS, (CO) Adams
Mason, William: (CMTS) 1890 Veterans Census, (CO) Bolivar
Mason, William E.: (CMTS) 1890 Veterans Census, (CO) Bolivar

Mass, Margaret: (CMTS) 1890 Veterans Census, (CO) Washington
Maston, Hampton: (CMTS) 1890 Veterans Census, (CO) Tunica
Matel, Elias: (CMTS) 1890 Veterans Census, (CO) Washington
Mathew, Jackson: (CMTS) 1890 Veterans Census, (CO) Coahoma
Mathew, John: (B) Nov. 25, 1895, (Race) Black, (BP) Hamburg, MS, (WWIDR) Adams, MS, (CO) Adams
Mathew, Mary: (CMTS) 1890 Veterans Census, (CO) Bolivar
Mathews, Anderson: (B) Aug. 17, 1882, (Race) Black, (WWIDR) Adams, MS, (CO) Adams
Mathews, Bennie: (B) 1896, (Race) Black Cannonsburg, MS, (WWIDR) Adams, MS, (CO) Adams
Mathews, Ernest: (B) 1896, (Race) Black, (BP) Natchez, MS, (WWIDR) Adams, MS, (CO) Adams
Mathews, George: (CMTS) 1890 Veterans Census, (CO) Tate
Mathews, Henry: (CMTS) 1890 Veterans Census, (CO) Adams
Mathews, Jacob: (B) May 3, 1881, (Race) Black, (WWIDR) Adams,MS, (CO) Adams
Mathews, John: (B) Nov. 25, 1895, (Race) Black, (BP) Hamburg, MS, (WWIDR) Adams, MS, (CO) Adams
Mathews, John: (B) Sep 8, 1882, (Race) Black, (WWIDR) Adams, MS, (CO) Adams
Mathews, Learoy: (CMTS) 1890 Veterans Census, (CO) Washington
Mathews, Sammie: (B) May 15, 1883, (Race) Black, (WWIDR) Adams, MS, (CO) Adams
Mathews, Sandy: (CMTS) 1890 Veterans Census, (CO) Warren
Mathews, William H.: (CMTS) 1890 Veterans Census, (CO) Holmes
Mathien, George A.: (CMTS) 1890 Veterans Census, (CO) Jackson
Mathieus, Calvin: (CMTS) 1890 Veterans Census, (CO) Marshall
Mathill, James: (CMTS) 1890 Veterans Census, (CO) Adams
Matiker, Reese: (CMTS) 1890 Veterans Census, (CO) Adams
Matlock, Andrew J.: (CMTS) 1890 Veterans Census, (CO) Dekalb
Matlock, Harriet: (CMTS) 1890 Veterans Census, (CO) Dekalb
Maton, James: (CMTS) 1890 Veterans Census, (CO) Washington
Matthews, Alfred: (B) Mar., 1896, (Race) Black Adams Co., MS, (WWIDR) Adams, MS, (CO) Adams
Matthews, George: (B) Jan. 20, 1896, (Race) Black, (BP) Natchez, MS, (WWIDR) Adams, MS, (CO) Adams
Matthews, George: (B) Jul. 5, 1897, (Race) Black, (WWIDR) Adams, MS, (CO) Adams
Matthews, Isaiah: (B) 1893, (Race) Black Adams Co., MS, (WWIDR) Adams, MS, (CO) Adams
Matthews, James: (B) Jul., 18, 1899, (Race) Black, (WWIDR) Adams, MS, (CO) Adams
Matthews, Joe: (CMTS) 1890 Veterans Census, (CO) Sunflower
Matthews, John R.: (CMTS) 1890 Veterans Census, (CO) Wilkinson
Matthews, Page: (CMTS) 1890 Veterans Census, (CO) Hinds
Matthews, Roger: (B) May 9, 1899, (Race) Black, (WWIDR) Adams, MS, (CO) Adams
Matthews, Sam: (CMTS) 1890 Veterans Census, (CO) Warren
Matthews, William: (CMTS) 1890 Veterans Census, (CO) Dekalb
Matthis, George W.: (CMTS) 1890 Veterans Census, (CO) Quitman
Mattire, Peter: (CMTS) 1890 Veterans Census, (CO) Wilkinson
Mattis, Christian F.: (CMTS) 1890 Veterans Census, (CO) Hinds
Mauer, Simon R.: (B) May 17, 1889, (Race) White, (BP) Singleston PA, (WWIDR) Adams, MS, (CO) Adams
Mawley, Phillip: (CMTS) 1890 Veterans Census, (CO) Warren
Maxwell, Fred: (B) Sep 8, 1893, (Race) Black, (BP) Morgan, LA, (WWIDR) Adams, MS, (CO) Adams
Maxwell, Joe: (CMTS) 1890 Veterans Census, (CO) Dekalb
Maxwell, John L.: (CMTS) 1890 Veterans Census, (CO) Harrison

Maxwell, Mary S.: (CMTS) 1890 Veterans Census, (CO) Harrison
Maxwell, Nathaniel: (CMTS) 1890 Veterans Census, (CO) Dekalb
Maxwell, Thomas: (CMTS) 1890 Veterans Census, (CO) Dekalb
Maxwell, Thomas: (CMTS) 1890 Veterans Census, (CO) Yazoo
Maxwell, Willie: (B) Jun. 24, 1895, (Race) Black, (BP) Natchez, MS, (WWIDR) Adams,
    MS, (CO) Adams
Maxwell, Worthey: (B) Aug. 31, 1894, (Race) Black, (BP) Gloster, MS, (WWIDR) Adams,
    MS, (CO) Adams
May, Henry E.: (CMTS) 1890 Veterans Census, (CO) Yazoo
Mayberry, Freeman: (B) Sep, 1881, (Race) Black, (WWIDR) Adams, MS, (CO) Adams
Mayberry, Harris: (B) Mar. 15, 1890, (Race) Black, (BP) Turner, MS, (WWIDR) Adams,
    MS, (CO) Adams
Mayberry, William: (B) Aug., 1898, (Race) Black, (WWIDR) Adams, MS, (CO) Adams
Maycock, James: (CMTS) 1890 Veterans Census, (CO) Harrison
Mayes, Hubbard: (CMTS) 1890 Veterans Census, (CO) Coahoma
Mayfield, General: (B) Aug. 9, 1896, (Race) Black, (BP) L. Adams Co., MS, (WWIDR) Adams,
    MS, (CO) Adams
Mayfield, Guy: (B) Sep 15, 1894, (Race) Black Adams Co., MS, (WWIDR) Adams,
    MS, (CO) Adams
Maynard, Lewis: (CMTS) 1890 Veterans Census, (CO) Tunica
Mayse, Robert: (B) Jul. 22, 1888, (Race) Black, (BP) Pine Ridge, MS, (WWIDR) Adams,
    MS, (CO) Adams
Mayweather, Claiborn: (CMTS) 1890 Veterans Census, (CO) Coahoma
Mayweather, Mack: (CMTS) 1890 Veterans Census, (CO) Tunica
Mazique, Augusta: (B) Dec. 28, 1883, (Race) Black, (WWIDR) Adams,
    MS, (CO) Adams
Mazique, Bennie: (B) Mar., 18, 1896, (Race) Black, (BP) Vicksburg, MS, (WWIDR) Adams,
    MS, (CO) Adams
Mazique, Cavanaugh: (B) Jan. 4, 1888, (Race) Black, (BP) Plaquemine, LA, (WWIDR) Adams,
    MS, (CO) Adams
Mazique, Charles: (B) 1893, (Race) Black, (BP) Sibley, MS, (WWIDR) Adams,
    MS, (CO) Adams
Mazique, Charles: (B) Jan. 15, 1894, (Race) Black Adams Co., MS, (WWIDR) Adams,
    MS, (CO) Adams
Mazique, Fleming: (B) Aug., 1899, (Race) Black, (WWIDR) Adams,
    MS, (CO) Adams
Mazique, Fore Thomas: (B) Dec., 18, 1883, (Race) Black, (WWIDR) Adams,
    MS, (CO) Adams
Mazique, Isaac: (B) Nov., 18, 1897, (Race) Black, (WWIDR) Adams,
    MS, (CO) Adams
Mazique, McKinley: (B) Sep 17, 1896, (Race) Black, (BP) L. Adams Co., MS, (WWIDR) Adams,
    MS, (CO) Adams
Mazique, Otey: (B) May 30, 1886, (Race) Black, (WWIDR) Adams,
    MS, (CO) Adams
Mazique, Willie: (B) Nov. 25, 1890, (Race) Black Adams Co., MS, (WWIDR) Adams,
    MS, (CO) Adams
Mazy, Alphonso: (CMTS) 1890 Veterans Census, (CO) Yalobusha
Mc Allaster, George W.: (CMTS) 1890 Veterans Census, (CO) Monroe
Mc Allister, Stanford: (CMTS) 1890 Veterans Census, (CO) Tunica
Mc Bean, Thomas: (CMTS) 1890 Veterans Census, (CO) Washington
Mc Bride, J.: (CMTS) 1890 Veterans Census, (CO) Jefferson
Mc Broom, John H.: (CMTS) 1890 Veterans Census, (CO) Warren
Mc Elerane, Nelson: (CMTS) 1890 Veterans Census, (CO) Tunica
Mc Elevane, Nelson: (CMTS) 1890 Veterans Census, (CO) Tunica

Mc Henry, Eliza: (CMTS) 1890 Veterans Census, (CO) Warren
Mc Henry, Gilbert: (CMTS) 1890 Veterans Census, (CO) Warren
Mc Intosh, George B: (CMTS) 1890 Veterans Census, (CO) Tunica
Mc Intosh, Henry: (CMTS) 1890 Veterans Census, (CO) Quitman
Mc Intosh, Jeff: (CMTS) 1890 Veterans Census, (CO) Quitman
Mc Intyre, John W.: (CMTS) 1890 Veterans Census, (CO) Tippah
Mc Intyre, Robert: (CMTS) 1890 Veterans Census, (CO) Adams
Mc Johns, Carrie: (CMTS) 1890 Veterans Census, (CO) Washington
Mc Mary, Jcob: (CMTS) 1890 Veterans Census, (CO) Warren
Mc Mary, William: (CMTS) 1890 Veterans Census, (CO) Panola
Mc Micahel, George: (CMTS) 1890 Veterans Census, (CO) Tunica
Mc Millan, Dick: (CMTS) 1890 Veterans Census, (CO) Lincoln
Mc Millan, Henry: (CMTS) 1890 Veterans Census, (CO) Sharkey
Mc Millan, Joe: (CMTS) 1890 Veterans Census, (CO) Jefferson
Mc Millan, William: (CMTS) 1890 Veterans Census, (CO) Wilkinson
Mc Millean, Henry: (CMTS) 1890 Veterans Census, (CO) Sharkey
Mc Millean, Sandy: (CMTS) 1890 Veterans Census, (CO) Sharkey
Mc Millian, Sandy: (CMTS) 1890 Veterans Census, (CO) Sharkey
Mc Millon, Ceasar: (CMTS) 1890 Veterans Census, (CO) Sunflower
Mc Morris, Andrew: (CMTS) 1890 Veterans Census, (CO) Hinds
Mc Naman, Thomas W.: (CMTS) 1890 Veterans Census, (CO) Adams
Mc Neal, Bridget: (CMTS) 1890 Veterans Census, (CO) Washington
Mc Neal, George: (CMTS) 1890 Veterans Census, (CO) Claiborne
Mc Neal, Rachael: (CMTS) 1890 Veterans Census, (CO) Warren
Mc Neal, William: (CMTS) 1890 Veterans Census, (CO) Grenada
Mc Neely, Newton: (CMTS) 1890 Veterans Census, (CO) Adams
Mc Pike, Nelson: (CMTS) 1890 Veterans Census, (CO) Hinds
Mc Sweeny, Edward B: (CMTS) 1890 Veterans Census, (CO) Washington
Mc Voy, Allen: (CMTS) 1890 Veterans Census, (CO) Claiborne
Mc Voy, Frank: (CMTS) 1890 Veterans Census, (CO) Jefferson
Mc Whorten, Philip: (CMTS) 1890 Veterans Census, (CO) Wilkinson
Mc Willie, Henry: (CMTS) 1890 Veterans Census, (CO) Madison
McAllister, Dave: (B) Feb. 4, 1891, (Race) Black, (BP) Natchez, MS, (WWIDR) Adams,
    MS, (CO) Adams
McBroom, John H.: (CMTS) 1890 Veterans Census, (CO) Warren
McCabe, Isaac: (CMTS) 1890 Veterans Census, (CO) Sharkey
McCabe, James: (CMTS) 1890 Veterans Census, (CO) Warren
Mccabe, James: (CMTS) 1890 Veterans Census, (CO) Harrison
McCabe, William Gregory: (B) May 16, 1894, (Race) White, (BP) Natchez, MS, (WWIDR) Adams,
    MS, (CO) Adams
McCaleb, Alex Bisland: (B) Jul. 26, 1886, (Race) White, (BP) Pine Ridge, MS, (WWIDR) Adams,
    MS, (CO) Adams
McCaleb, Jessie: (B) Jul., 1893, (Race) Black, (BP) Ireland Place, MS, (WWIDR) Adams,
    MS, (CO) Adams
McCaleb, John: (B) Aug. 25, 1889, (Race) White, (BP) Selma, MS, (WWIDR) Adams,
    MS, (CO) Adams
McCaleb, Lawson Jonathan: (B) Aug. 24, 1883, (Race) White, (WWIDR) Adams,
    MS, (CO) Adams
McCaleb, Otis: (B) Feb. 9, 1889, (Race) Black, (BP) Pine Ridge, MS, (WWIDR) Adams,
    MS, (CO) Adams
McCaleb, Sidney Briscoe: (B) Jul. 9, 1882, (Race) White, (WWIDR) Adams,
    MS, (CO) Adams
McCall, Daniel: (CMTS) 1890 Veterans Census, (CO) Harrison
McCall, Thomas: (CMTS) 1890 Veterans Census, (CO) Franklin

McCall, Thomas: (CMTS) 1890 Veterans Census, (CO) Tunica
McCallum, Sam Winters: (B) Oct. 24, 1898, (Race) White, (WWIDR) Adams, MS, (CO) Adams
McCamley, William Curtis: (B) Jan. 5, 1892, (Race) White, (BP) Saint Joseph, LA, (WWIDR) Adams, MS, (CO) Adams
McCarty, Alex: (CMTS) 1890 Veterans Census, (CO) Warren
McCarty, Edward: (CMTS) 1890 Veterans Census, (CO) Benton
McCaskin, William: (CMTS) 1890 Veterans Census, (CO) Tunica
McCasky, Julia: (CMTS) 1890 Veterans Census, (CO) Warren
McCasky, Samuel: (CMTS) 1890 Veterans Census, (CO) Warren
McCauley, Dallas: (CMTS) 1890 Veterans Census, (CO) Tishomingo
McClain, Monroe: (B) 1885, (Race) Black, (WWIDR) Adams, MS, (CO) Adams
McClathie, Wilbert: (CMTS) 1890 Veterans Census, (CO) Benton
McClean, Alex: (CMTS) 1890 Veterans Census, (CO) Hinds
McClenden, Jeff: (CMTS) 1890 Veterans Census, (CO) Coahoma
McClenton, Willis: (CMTS) 1890 Veterans Census, (CO) Claiborne
McCloud, John: (CMTS) 1890 Veterans Census, (CO) Washington
McCloud, John: (CMTS) 1890 Veterans Census, (CO) Washington
McClure, Charles E.: (B) May 4, 1897, (Race) White, (BP) L. Natchez, MS, (WWIDR) Adams, MS, (CO) Adams
McClure, David P: (CMTS) 1890 Veterans Census, (CO) Clay
McClure, Edward: (CMTS) 1890 Veterans Census, (CO) Warren
McClure, Edward: (CMTS) 1890 Veterans Census, (CO) Warren
McClure, Hanry B: (CMTS) 1890 Veterans Census, (CO) Jefferson
McClure, Hudson: (CMTS) 1890 Veterans Census, (CO) Benton
McClure, James Sr: (CMTS) 1890 Veterans Census, (CO) Jefferson
McClure, Margaret E.: (CMTS) 1890 Veterans Census, (CO) Jefferson
McClure, Rensalare Edward: (B) Oct. 23, 1894, (Race) White, (BP) Natchez, MS, (WWIDR) Adams, MS, (CO) Adams
McCoe, William A.: (CMTS) 1890 Veterans Census, (CO) Tishomingo
McColearn, Nelson: (CMTS) 1890 Veterans Census, (CO) Bolivar
McColl, Daniel: (CMTS) 1890 Veterans Census, (CO) Harrison
McCollum, Robert H.: (CMTS) 1890 Veterans Census, (CO) Jefferson
McCombs, Calvin: (B) Jun. 7, 1887, (Race) Black, (WWIDR) Adams, MS, (CO) Adams
McComick, Charles: (CMTS) 1890 Veterans Census, (CO) Jefferson
McConchie, James Thomas: (B) May 25, 1898, (Race) White, (WWIDR) Adams, MS, (CO) Adams
McConeco, Tim: (CMTS) 1890 Veterans Census, (CO) Sunflower
McConnell, Charley: (CMTS) 1890 Veterans Census, (CO) Jefferson
McConnell, Patrick Francis (: (B) Jun. 29, 1888, (Race) White, (WWIDR) Adams, MS, (CO) Adams
McCoskill, Hamp: (CMTS) 1890 Veterans Census, (CO) Leflore
McCovens, William: (B) Feb. 28, 1891, (Race) Black Adams Co., MS, (WWIDR) Adams, MS, (CO) Adams
McCovine, Alex: (CMTS) 1890 Veterans Census, (CO) Warren
McCovine, Maria: (CMTS) 1890 Veterans Census, (CO) Warren
Mccovins, Alex: (CMTS) 1890 Veterans Census, (CO) Warren
Mccovins, Maria: (CMTS) 1890 Veterans Census, (CO) Warren
McCown, Millas W.: (CMTS) 1890 Veterans Census, (CO) Tippah
McCoy, Allen: (CMTS) 1890 Veterans Census, (CO) Hinds
McCoy, Augustavos: (CMTS) 1890 Veterans Census, (CO) Jefferson
McCoy, Berry: (CMTS) 1890 Veterans Census, (CO) Washington

Mccoy, Berry: (CMTS) 1890 Veterans Census, (CO) Washington
McCoy, Hampshire: (CMTS) 1890 Veterans Census, (CO) Jefferson
McCoy, Henry: (B) Dec. 4, 1898, (Race) Black, (WWIDR) Adams, MS, (CO) Adams
McCoy, Henry: (CMTS) 1890 Veterans Census, (CO) Jefferson
McCoy, John: (B) Jan. 4, 1898, (Race) Black Arnot, MS, (WWIDR) Adams, MS, (CO) Adams
McCoy, Mahala: (CMTS) 1890 Veterans Census, (CO) Washington
McCoy, Moses: (B) Oct. 22, 1892, (Race) Black Bandella Point, MS, (WWIDR) Adams, MS, (CO) Adams
McCoy, Rolla: (CMTS) 1890 Veterans Census, (CO) Jefferson
McCoy, Sarah: (CMTS) 1890 Veterans Census, (CO) Warren
McCran, Bessie: (CMTS) 1890 Veterans Census, (CO) Warren
McCrary, Sallie: (CMTS) 1890 Veterans Census, (CO) Adams
Mccravan, Edward: (CMTS) 1890 Veterans Census, (CO) Dekalb
Mccraw, Bessie: (CMTS) 1890 Veterans Census, (CO) Warren
McCray, Cornelius: (CMTS) 1890 Veterans Census, (CO) Warren
McCray, Samuel: (CMTS) 1890 Veterans Census, (CO) Warren
McCray, William: (CMTS) 1890 Veterans Census, (CO) Bolivar
McCrea, Allen: (CMTS) 1890 Veterans Census, (CO) Washington
McCrea, Allen: (CMTS) 1890 Veterans Census, (CO) Washington
McCrea, George: (CMTS) 1890 Veterans Census, (CO) Claiborne
McCree, Joseph: (CMTS) 1890 Veterans Census, (CO) Claiborne
McCrory, Preston Thomas: (B) Mar. 10, 1893, (Race) White Barlow, MS, (WWIDR) Adams, MS, (CO) Adams
McCullum, Anthony: (B) Jan. 28, 1897, (Race) Black Cannonsburg, MS, (WWIDR) Adams, MS, (CO) Adams
McCullum, David: (B) 1892, (Race) Black Cannonsburg, MS, (WWIDR) Adams, MS, (CO) Adams
McCullun, Anthony: (B) Jan. 28, 1897, (Race) Black Cannonsburg, MS, (WWIDR) Adams, MS, (CO) Adams
McCurdy, Madison: (CMTS) 1890 Veterans Census, (CO) Adams
McDamell, Henry: (CMTS) 1890 Veterans Census, (CO) Yazoo
McDanial, Alex: (CMTS) 1890 Veterans Census, (CO) Coahoma
McDaniel, Lottie: (CMTS) 1890 Veterans Census, (CO) Warren
McDaniel, Thad: (CMTS) 1890 Veterans Census, (CO) Bolivar
McDaniels, William: (B) Apr. 3, 1891, (Race) Black Adams Co., MS, (WWIDR) Adams, MS, (CO) Adams
Mcdonald, George: (CMTS) 1890 Veterans Census, (CO) Benton
McDonald, J. B.: (CMTS) 1890 Veterans Census, (CO) Scott
McDonald, James Robert: (B) Jun. 2, 1886, (Race) White, (WWIDR) Adams, MS, (CO) Adams
McDonell, Frank: (CMTS) 1890 Veterans Census, (CO) Washington
McDowald, James S.: (CMTS) 1890 Veterans Census, (CO) Bolivar
McDowell, Claude C.: (B) Jun. 29, 1890, (Race) White Adams Co., MS, (WWIDR) Adams, MS, (CO) Adams
McDowell, Henry: (CMTS) 1890 Veterans Census, (CO) Panola
McDowell, Sam R.: (CMTS) 1890 Veterans Census, (CO) Washington
McDurity, Matthew: (CMTS) 1890 Veterans Census, (CO) Dekalb
McEllen, John: (CMTS) 1890 Veterans Census, (CO) Alcorn
McFaden, George: (CMTS) 1890 Veterans Census, (CO) Bolivar
McFarland, Allen: (CMTS) 1890 Veterans Census, (CO) Yalobusha
McFarland, Chaney: (CMTS) 1890 Veterans Census, (CO) Hinds
McFarland, Chester: (B) Jan. 1, 1897, (Race) Black, (BP) L. Wilkinson Co., M, (WWIDR) Adams, MS, (CO) Adams

McFarland, T. J.: (CMTS) 1890 Veterans Census, (CO) Yalobusha
McFarley, Sam: (CMTS) 1890 Veterans Census, (CO) Coahoma
McField, Sancho: (B) Jan. 10, 1896, (Race) Black Adams Co., MS, (WWIDR) Adams,
    MS, (CO) Adams
McFilke, Joseph: (B) Jul. 2, 1892, (Race) Black Adams Co., MS, (WWIDR) Adams,
    MS, (CO) Adams
McFurson, Harris: (CMTS) 1890 Veterans Census, (CO) Sharkey
McGaris, Bird: (CMTS) 1890 Veterans Census, (CO) Warren
McGee, Charles: (CMTS) 1890 Veterans Census, (CO) Lincoln
McGee, Henry: (B) Jan. 12, 1892, (Race) Black Adams Co., MS, (WWIDR) Adams,
    MS, (CO) Adams
McGee, Joseph: (CMTS) 1890 Veterans Census, (CO) Jefferson
McGee, Samuel: (CMTS) 1890 Veterans Census, (CO) Washington
McGee, Solomon: (CMTS) 1890 Veterans Census, (CO) Bolivar
McGee, Thedore: (CMTS) 1890 Veterans Census, (CO) Adams
McGee, Wesley: (CMTS) 1890 Veterans Census, (CO) Tate
Mcgee, William: (CMTS) 1890 Veterans Census, (CO) Dekalb
McGehee, Iria E.: (CMTS) 1890 Veterans Census, (CO) Washington
McGehee, Joseph L.: (CMTS) 1890 Veterans Census, (CO) Bolivar
McGill, Harvey: (CMTS) 1890 Veterans Census, (CO) Jefferson
McGill, Lawrence: (B) Jul. 31, 1894, (Race) Black Claiborne Co., MS, (WWIDR) Adams,
    MS, (CO) Adams
McGill, Pearl: (B) 1896, (Race) Black, (BP) Natchez, MS, (WWIDR) Adams,
    MS, (CO) Adams
McGinnis, PatricK: (CMTS) 1890 Veterans Census, (CO) Coahoma
McGinnis, Sandy: (CMTS) 1890 Veterans Census, (CO) Sharkey
McGinnis, William: (CMTS) 1890 Veterans Census, (CO) Warren
Mcginnis, William: (CMTS) 1890 Veterans Census, (CO) Warren
McGitny, Oscar H.: (CMTS) 1890 Veterans Census, (CO) Jefferson
McGlinchey, John: (CMTS) 1890 Veterans Census, (CO) Adams
McGloffin, James: (CMTS) 1890 Veterans Census, (CO) Tunica
McGown, Augustas: (CMTS) 1890 Veterans Census, (CO) Hinds
McGraw, George: (CMTS) 1890 Veterans Census, (CO) Warren
McGraw, George W.: (CMTS) 1890 Veterans Census, (CO) Copiah
McGraw, John O.: (B) Jun. 19, 1886 (D) Jul. 8 1975 (CO) Chickasaw, (C) Wesley Chapel
    Cemetery
McGregor, Willy: (CMTS) 1890 Veterans Census, (CO) Pontotoc
McGregory, Richmond: (CMTS) 1890 Veterans Census, (CO) Hinds
McGrew, Steve: (B) May 3, 1884, (Race) Black, (WWIDR) Adams,
    MS, (CO) Adams
McGruder, John: (CMTS) 1890 Veterans Census, (CO) Warren
McGruder, Samuel: (B) Mar., 1895, (Race) Black Adams Co., MS, (WWIDR) Adams,
    MS, (CO) Adams
McGuire, Jerry: (CMTS) 1890 Veterans Census, (CO) Bolivar
McGuire, John: (B) Jan. 15, 1898, (Race) Black, (WWIDR) Adams,
    MS, (CO) Adams
McGuire, Thomas R.: (CMTS) 1890 Veterans Census, (CO) Bolivar
McGuire, Willie Jefferson: (B) Oct. 1, 1892, (Race) Black, (BP) Natchez, MS, (WWIDR) Adams,
    MS, (CO) Adams
McHenry, Eliza: (CMTS) 1890 Veterans Census, (CO) Warren
McHenry, Gilbert: (CMTS) 1890 Veterans Census, (CO) Warren
McInernery, John M.: (B) Jul., 18, 1886, (Race) White, (BP) Ottumwa IA, (WWIDR) Adams,
    MS, (CO) Adams
Mcintosh, Bryan F.: (CMTS) 1890 Veterans Census, (CO) Dekalb

McIntyre, James M.: (B) Dec. 25, 1896, (Race) Black, (BP) Natchez, MS, (WWIDR) Adams, MS, (CO) Adams
McIntyre, James M.: (B) Dec. 25, 1896, (Race) Black, (WWIDR) Adams, MS, (CO) Adams
McIntyre, John: (CMTS) 1890 Veterans Census, (CO) Dekalb
McIntyre, Taylor Lee: (B) Jul. 8, 1888, (Race) Black Adams Co., MS, (WWIDR) Adams, MS, (CO) Adams
McIntyre, William: (B) Mar. 15, 1891, (Race) Black, (BP) Natchez, MS, (WWIDR) Adams, MS, (CO) Adams
McKan, Anatole: (CMTS) 1890 Veterans Census, (CO) Hancock
McKay, Tribute: (CMTS) 1890 Veterans Census, (CO) Harrison
McKay, Wash: (CMTS) 1890 Veterans Census, (CO) Harrison
McKay, Wsh: (CMTS) 1890 Veterans Census, (CO) Harrison
McKee, George W.: (CMTS) 1890 Veterans Census, (CO) Marshall
McKee, Henry Thomas: (B) Oct. 9, 1896, (Race) White, (BP) Wesson, MS, (WWIDR) Warren, MS, (CO) Adams
McKee, Henry Thomas: (B) Oct. 9, 1896, (Race) White, (WWIDR) Warren, MS, (CO) Adams
McKennis, Eli: (CMTS) 1890 Veterans Census, (CO) Lincoln
McKenzie, Curtis: (CMTS) 1890 Veterans Census, (CO) Warren
McKey, Amanda: (CMTS) 1890 Veterans Census, (CO) Warren
McKey, Issac: (CMTS) 1890 Veterans Census, (CO) Warren
McKinney, James: (CMTS) 1890 Veterans Census, (CO) Bolivar
McKinney, John: (CMTS) 1890 Veterans Census, (CO) Adams
McKinney, Rosefina: (CMTS) 1890 Veterans Census, (CO) Bolivar
McKinnis, Eli: (CMTS) 1890 Veterans Census, (CO) Lincoln
McKinny, Paul P: (CMTS) 1890 Veterans Census, (CO) Bolivar
McKliffe, Henry: (CMTS) 1890 Veterans Census, (CO) Claiborne
McKnight, Clarence: (B) Jul. 26, 1892, (Race) Black, (WWIDR) Adams, MS, (CO) Adams
McLachlan, Philip: (B) Aug. 9, 1886, (Race) White, (WWIDR) Adams, MS, (CO) Adams
McLain, Charles Ed: (B) Mar. 24, 1882, (Race) White, (WWIDR) Adams, MS, (CO) Adams
McLain, Louis Bertrand: (B) Apr. 14, 1899, (Race) White, (WWIDR) Adams, MS, (CO) Adams
Mclall, Jane: (CMTS) 1890 Veterans Census, (CO) Washington
McLane, Frank: (CMTS) 1890 Veterans Census, (CO) Bolivar
Mclane, Lurdon: (CMTS) 1890 Veterans Census, (CO) Warren
Mclaughlin, William: (B) Mar. 22, 1889 (D) May 10 1928 (CO) Chickasaw, (C) Wesley Chapel Cemetery
McLean, George Daniel: (B) Jan. 1, 1884, (Race) White, (WWIDR) Adams, MS, (CO) Adams
McLean, Neal Anthony: (B) Sep 17, 1895, (Race) White, (BP) Natchez, MS, (WWIDR) Adams, MS, (CO) Adams
McLean, William Arthur: (B) Aug. 26, 1899, (Race) White, (WWIDR) Adams, MS, (CO) Adams
McLemore, Egbert: (CMTS) 1890 Veterans Census, (CO) Tunica
McLemore, Guy DeWitt: (B) Jun. 14, 1891, (Race) White , (WWIDR) Adams,MS, (CO) Adams
McLemore, John Dabney: (B) Dec. 20, 1888, (Race) White, (WWIDR) Adams,MS, (CO) Adams
McLeod, Calvin H.: (CMTS) 1890 Veterans Census, (CO) Sunflower
McLeod, John A.: (B) Jul. 25, 1892, (Race) White, (BP) Ironwood, MI, (WWIDR) Adams, MS, (CO) Adams
McLin, Nannie R.: (CMTS) 1890 Veterans Census, (CO) Sunflower
McLood, Calvin H.: (CMTS) 1890 Veterans Census, (CO) Sunflower

McLuser, Caroline: (CMTS) 1890 Veterans Census, (CO) Bolivar
Mcmillan, William: (CMTS) 1890 Veterans Census, (CO) Wilkinson
McMillin, Johnie W.: (B) Nov. 30, 1882, (Race) White, (WWIDR) Adams,
    MS, (CO) Adams
McMurry, Melvin Eugene: (CMTS) 1890 Veterans Census, (CO) Alcorn
McMurtry, James L.: (B) Mar. 3, 1889, (Race) Black Adams Co., MS, (WWIDR) Adams,
    MS, (CO) Adams
Mcnary, Jacob: (CMTS) 1890 Veterans Census, (CO) Warren
McNeal, Bridget: (CMTS) 1890 Veterans Census, (CO) Washington
McNeal, Caloe: (CMTS) 1890 Veterans Census, (CO) Washington
McNealy, Alfred: (B) Jan. 12, 1885, (Race) Black, (WWIDR) Adams,
    MS, (CO) Adams
McNealy, Aron: (B) Sep 22, 1892, (Race) Black Adams Co., MS, (WWIDR) Adams,
    MS, (CO) Adams
McNealy, Elam: (B) Dec. 21, 1882, (Race) Black, (WWIDR) Adams,
    MS, (CO) Adams
McNeely, Eugene Ray: (B) Sep 2, 1892, (Race) White, (BP) Natchez, MS, (WWIDR) Adams,
    MS, (CO) Adams
McNeely, Robert Hall: (B) Mar. 1, 1890, (Race) White, (BP) Natchez, MS, (WWIDR) Adams,
    MS, (CO) Adams
McNeil, Joseph Henry: (B) Oct. 9, 1887, (Race) White, (BP) Natchez, MS, (WWIDR) Jackson
    City, MS, (CO) Adams
McNight, Joe: (B) Dec. 20, 1884, (Race) Black, (WWIDR) Adams, MS, (CO) Adams
Mcnight, Joseph: (CMTS) 1890 Veterans Census, (CO) Franklin
McNight, Obedere: (B) Nov. 12, 1884, (Race) Black, (WWIDR) Adams,
    MS, (CO) Adams
McPhate, Charlie Oren: (B) Dec. 24, 1884, (Race) White, (WWIDR) Adams,
    MS, (CO) Adams
McPhate, Fielden H.: (B) Nov. 26, 1893, (Race) White Church Hill, MS, (WWIDR) Adams,
    MS, (CO) Adams
McPhate, James L.: (B) Jan. 28, 1890, (Race) White Church Hill, MS, (WWIDR) Adams,
    MS, (CO) Adams
McPhate, John A.: (B) Oct. 9, 1886, (Race) White Church Hill, MS, (WWIDR) Adams,
    MS, (CO) Adams
McPhate, Stephen D.: (B) Nov. 27, 1891, (Race) White, (BP) Natchez, MS, (WWIDR) Adams,
    MS, (CO) Adams
McPherson, John: (CMTS) 1890 Veterans Census, (CO) Warren
McQueen, Joseph: (B) Mar. 19, 1882, (Race) Black, (WWIDR) Adams,
    MS, (CO) Adams
McQueen, Nelson: (B) Mar. 27, 1882, (Race) Black, (WWIDR) Adams,
    MS, (CO) Adams
McQueen, Primus: (CMTS) 1890 Veterans Census, (CO) Bolivar
McShane, William Silvester: (B) Aug. 25, 1898, (Race) Black, (WWIDR) Adams,
    MS, (CO) Adams
Mcsweeny, Edward B: (CMTS) 1890 Veterans Census, (CO) Washington
Mcwhorter, Philip: (CMTS) 1890 Veterans Census, (CO) Wilkinson
Meacham, Jacob: (CMTS) 1890 Veterans Census, (CO) Dekalb
Mead, John A.: (CMTS) 1890 Veterans Census, (CO) Hancock
Meade, William K: (CMTS) 1890 Veterans Census, (CO) Jackson
Meadow, Alonzo: (CMTS) 1890 Veterans Census, (CO) Marshall
Meath, John Augustus: (B) Sep 13, 1891, (Race) White, (BP) Natchez, MS, (WWIDR) Adams,
    MS, (CO) Adams
Meath, Thomas John: (B) Dec. 6, 1898, (Race) White, (WWIDR) Adams,
    MS, (CO) Adams

Meeks, Issiac: (CMTS) 1890 Veterans Census, (CO) Tippah
Meeks, Thomas F.: (CMTS) 1890 Veterans Census, (CO) Panola
Meeks, Tom: (B) Jul., 1898, (Race) Black, (WWIDR) Adams,
　　MS, (CO) Adams
Meinard, Jackson: (CMTS) 1890 Veterans Census, (CO) Washington
Melchior, Albert D.: (CMTS) 1890 Veterans Census, (CO) Bolivar
Mellor, John H.: (CMTS) 1890 Veterans Census, (CO) Alcorn
Mendas, John: (CMTS) 1890 Veterans Census, (CO) Adams
Mender, Mary J.: (CMTS) 1890 Veterans Census, (CO) Hinds
Mender, William H.: (CMTS) 1890 Veterans Census, (CO) Hinds
Mener, Simon R.: (B) May 17, 1889, (Race) White, (BP) Singleston PA, (WWIDR) Adams,
　　MS, (CO) Adams
Menifer, Harriet: (CMTS) 1890 Veterans Census, (CO) Jefferson
Mentlow, Marshall: (CMTS) 1890 Veterans Census, (CO) Tunica
Mercer, Andrew: (CMTS) 1890 Veterans Census, (CO) Holmes
Merchant, James B: (CMTS) 1890 Veterans Census, (CO) Lee
Merchison, Elijah: (CMTS) 1890 Veterans Census, (CO) Warren
Meredith, James: (B) Nov. 12, 1893, (Race) Black Concordia Par., LA, (WWIDR) Adams,
　　MS, (CO) Adams
Meriideth, Jospeh: (CMTS) 1890 Veterans Census, (CO) Panola
Meriwether, Henry: (CMTS) 1890 Veterans Census, (CO) Dekalb
Meriwether, Sallie T. Mr: (CMTS) 1890 Veterans Census, (CO) Dekalb
Merrett, John: (CMTS) 1890 Veterans Census, (CO) Coahoma
Merrett, William: (CMTS) 1890 Veterans Census, (CO) Coahoma
Merrick, Joseph: (B) Oct. 10, 1892, (Race) Black, (BP) Natchez, MS, (WWIDR) Adams,
　　MS, (CO) Adams
Merrick, McKinley: (B) May, 1897, (Race) Black, (BP) Natchez, MS, (WWIDR) Adams,
　　MS, (CO) Adams
Merrick, Oscar: (B) Feb. 22, 1893, (Race) Black, (BP) Natchez, MS, (WWIDR) Adams,
　　MS, (CO) Adams
Merrick, Simon: (B) Jan. 8, 1881, (Race) Black, (WWIDR) Adams,
　　MS, (CO) Adams
Merridith, James: (B) Nov. 12, 1893, (Race) Black Concordia Par., LA, (WWIDR) Adams,
　　MS, (CO) Adams
Merrill, Dunbar S.: (B) Oct. 25, 1888, (Race) White, (BP) Natchez, MS, (WWIDR) Adams,
　　MS, (CO) Adams
Merritt, John: (CMTS) 1890 Veterans Census, (CO) Coahoma
Mesphie, Alford: (CMTS) 1890 Veterans Census, (CO) Bolivar
Metcalf, Henry L.: (CMTS) 1890 Veterans Census, (CO) Adams
Metcalfe, Samuel Choppin: (B) Aug. 4, 1888, (Race) White, (BP) Natchez, MS, (WWIDR) Adams,
　　MS, (CO) Adams
Metts, Lemuel W.: (CMTS) 1890 Veterans Census, (CO) Lafayette
Meyer, Fred: (B) May 27, 1890, (Race) Black, (BP) Natchez, MS, (WWIDR) Adams,
　　MS, (CO) Adams
Meyer, George W.: (CMTS) 1890 Veterans Census, (CO) Lauderdale
Meyer, William: (CMTS) 1890 Veterans Census, (CO) Warren
Meyers, Charley: (CMTS) 1890 Veterans Census, (CO) Yazoo
Meyers, Henry: (B) Apr. 10, 1895, (Race) Black, (BP) Natchez, MS, (WWIDR) Adams, MS,
　　(CO) Adams
Meyers, Henry: (B) Apr. 10, 1895, (Race) Black, (WWIDR) Adams,
　　MS, (CO) Adams
Michel, George: (CMTS) 1890 Veterans Census, (CO) Bolivar
Michel, Helen: (CMTS) 1890 Veterans Census, (CO) Bolivar
Michel, John: (CMTS) 1890 Veterans Census, (CO) Adams

Mickey, David M.: (CMTS) 1890 Veterans Census, (CO) Sharkey
Middleton, Albert B.: (L) 80.17 acres, Jackson Land Office, (ID) Feb. 29, 1896, (CO)
    Webster
Middleton, Ann: (CMTS) 1890 Veterans Census, (CO) Warren
Middleton, Eaton: (L) 39.22 acres, Jackson Land Office, (ID) Apr. 23, 1892, (CO)
    Franklin
Middleton, Henry: (CMTS) 1890 Veterans Census, (CO) Adams
Middleton, James A.: (B)
Middleton, Joe: (CMTS) 1890 Veterans Census, (CO) Adams
Middleton, John: (B) Feb. 22, 1892, (CO) Franklin
Middleton, John A.: (B) Jan. 7, 1889, , (PRTS) David R. Middleton, (CO) Warren
Middleton, John W.: (MD) Jul. 26, 1896, (Spouse) Massie Cameron, (CO) Franklin
Middleton, Joseph: (B) Aug. 4, 1889, (Race) Black Adams Co., MS, (WWIDR) Adams,
    MS, (CO) Adams
Middleton, Kate: (CMTS) 1890 Veterans Census, (CO) Warren
Middleton, Miles: (L) 40 acres, Jackson Land Office, (ID) May 26, 1892, (CO) Lincoln
Middleton, Thomas J.: (L) 154.03 acres, Jackson Land Office, (ID) Jun. 30, 1891, (CO)
    Franklin
Midlebrook, Luke Wille: (CMTS) 1890 Veterans Census, (CO) Leflore
Mikell, James L.: (CMTS) 1890 Veterans Census, (CO) Washington
Miknel, Jake: (CMTS) 1890 Veterans Census, (CO) Washington
Milan, Bonnie: (CMTS) 1890 Veterans Census, (CO) Bolivar
Miles, Alfred: (CMTS) 1890 Veterans Census, (CO) Jefferson
Miles, Benjamin A.: (L) 160.39 acres, Jackson Land Office, (ID) Aug. 16, 1890, (CO) Forrest
Miles, Cassius: (B) Jan. 8, 1895, (Race) Black Adams Co., MS, (WWIDR) Adams,
    MS, (CO) Adams
Miles, Elbert: (L) 79.94 acres, Jackson Land Office, (ID) Nov. 10, 1882, (CO) Harrison
Miles, Francis: (L) 80.21 acres, Jackson Land Office, (ID) Feb. 21, 1895, (CO) Webster
Miles, Henry: (B) Feb. 14, 1892, (Race) Black, (BP) Natchez, MS, (WWIDR) Adams,
    MS, (CO) Adams
Miles, Henry: (L) 73.78 acres, Jackson Land Office, (ID) Jun. 25, 1892, (CO) Wilkinson
Miles, Hezekiah: (L) 161 acres, Jackson Land Office, (ID) Nov. 10, 1882, (CO) Stone
Miles, Hezekiah D.: (L) 120.44 acres, Jackson Land Office, (ID) May 10, 1882, (CO)
    Stone
Miles, Isiah: (L) 160.48 acres, Jackson Land Office, (ID) Dec. 30, 1884, (CO) Stone
Miles, Jacob: (B) Dec. 13, 1893, (Race) Black Adams Co., MS, (WWIDR) Adams, MS, (CO)
    Adams
Miles, Jerry: (CMTS) 1890 Veterans Census, (CO) Bolivar
Miles, Jesse: (CMTS) 1890 Veterans Census, (CO) Tate
Miles, Parnell: (CMTS) 1890 Veterans Census, (CO) Washington
Miles, Ransom (Ranson): (B) 1881, (Race) Black, (WWIDR) Adams, MS, (CO) Adams
Miles, Simon: (B) 1894, (Race) Black, (BP) Natchez, MS, (WWIDR) Sunflower, MS, (CO) Adams
Miles, Squire: (CMTS) 1890 Veterans Census, (CO) Warren
Miles, Thomas: (CMTS) 1890 Veterans Census, (CO) Washington
Miles, William: (B) Aug. 1, 1895, (Race) Black Adams Co., MS, (WWIDR) Adams, MS, (CO) Adams
Miles, William H.: (CMTS) 1890 Veterans Census, (CO) Panola
Miller, A. C.: (L) 160.52 acres, Jackson Land Office, (ID) Jun. 30, 1891, (CO) Jefferson Davis
Miller, Aaron: (CMTS) 1890 Veterans Census, (CO) Bolivar
Miller, Aaron: (L) 160.24 acres, Jackson Land Office, (ID) Jun.17, 1895, (CO) Copiah
Miller, Adaline: (L) 40 .33 acres, Jackson Land Office
Miller, Alexander: (B) Jun. 3, 1881, (Race) Black, (WWIDR) Adams, MS, (CO) Adams
Miller, Bender: (CMTS) 1890 Veterans Census, (CO) Bolivar
Miller, Benjamin: (CMTS) 1890 Veterans Census, (CO) Washington
Miller, Caroline: (CMTS) 1890 Veterans Census, (CO) Warren

Miller, Charles: (B) Aug. 9, 1882, (Race) Black, (WWIDR) Adams, MS, (CO) Adams
Miller, Charlie George: (B) Jul. 11, 1883, (Race) Black, (WWIDR) Adams, MS, (CO) Adams
Miller, Clinton: (B) Mar. 10, 1897, (Race) Black, (WWIDR) Adams, MS, (CO) Adams
Miller, Elias F.: (CMTS) 1890 Veterans Census, (CO) Bolivar
Miller, Francis: (CMTS) 1890 Veterans Census, (CO) Washington
Miller, Frank: (B) Sep 5, 1883, (Race) Black, (BP) Natchez, MS, (WWIDR) Warren, MS, (CO) Adams
Miller, George: (CMTS) 1890 Veterans Census, (CO) Bolivar
Miller, George: (CMTS) 1890 Veterans Census, (CO) Madison
Miller, Gus (Guss): (B) Mar. 5, 1899, (Race) Black, (WWIDR) Adams, MS, (CO) Adams
Miller, Hannah: (CMTS) 1890 Veterans Census, (CO) Adams
Miller, Harry Hall: (B) Jun. 24, 1897, (Race) Black, (WWIDR) Adams, MS, (CO) Adams
Miller, Henry: (CMTS) 1890 Veterans Census, (CO) Adams
Miller, Henry: (CMTS) 1890 Veterans Census, (CO) Washington
Miller, Henry M.: (CMTS) 1890 Veterans Census, (CO) Washington
Miller, Henry Tilford: (B) Sep 25, 1885, (Race) Black, (WWIDR) Adams, MS, (CO) Adams
Miller, James: (B) Mar. 7, 1898, (Race) Black, (WWIDR) Adams, MS, (CO) Adams
Miller, James: (B) Dec. 31, 1898, (Race) Black, (WWIDR) Adams, MS, (CO) Adams
Miller, Jefferson: (B) Apr. 10, 1894, (Race) Black, (BP) Pine Ridge, MS, (WWIDR) Adams, MS, (CO) Adams
Miller, John: (B) 1889, (Race) Black, (BP) Turner, MS, (WWIDR) Adams, MS, (CO) Adams
Miller, John: (CMTS) 1890 Veterans Census, (CO) Washington
Miller, Joseph E..: (CMTS) 1890 Veterans Census, (CO) Coahoma
Miller, Joseph: (B) Mar. 29, 1897, (Race) Black, (BP) Natchez, MS, (WWIDR) Adams, MS, (CO) Adams
Miller, Joseph: (CMTS) 1890 Veterans Census, (CO) Dekalb
Miller, Joseph Balfour: (B) Mar. 15, 1892, (Race) Black, (BP) New Orleans, LA, (WWIDR) Adams, MS, (CO) Adams
Miller, Joseph E.: (CMTS) 1890 Veterans Census, (CO) Coahoma
Miller, Joseph H.: (CMTS) 1890 Veterans Census, (CO) Copiah
Miller, Joseph P: (CMTS) 1890 Veterans Census, (CO) Calhoun
Miller, Kate: (CMTS) 1890 Veterans Census, (CO) Copiah
Miller, Kitty: (CMTS) 1890 Veterans Census, (CO) Warren
Miller, Kitty: (CMTS) 1890 Veterans Census, (CO) Yazoo
Miller, Leonard: (CMTS) 1890 Veterans Census, (CO) Washington
Miller, Lucy A.: (CMTS) 1890 Veterans Census, (CO) Issaquena
Miller, Luther: (B) Apr. 17, 1891, (Race) Black, (BP) Turner, MS, (WWIDR) Adams, MS, (CO) Adams
Miller, Manuel: (CMTS) 1890 Veterans Census, (CO) Bolivar
Miller, Mark: (B) Oct. 2, 1888, (Race) Black, (BP) Knoxville, MS, (WWIDR) Adams, MS, (CO) Adams
Miller, Mary: (CMTS) 1890 Veterans Census, (CO) Tunica
Miller, Matilda: (CMTS) 1890 Veterans Census, (CO) Washington
Miller, Moses: (CMTS) 1890 Veterans Census, (CO) Warren
Miller, Sam: (B) Feb. 20, 1896, (Race) Black, (BP) Jessup GA, (WWIDR) Adams, MS, (CO) Adams
Miller, Samuel: (B) Jun. 4, 1897, (Race) Black, (BP) mom, Lives, Memphis TN, (WWIDR) Adams, MS, (CO) Adams
Miller, Samuel: (CMTS) 1890 Veterans Census, (CO) Warren
Miller, Susan V: (CMTS) 1890 Veterans Census, (CO) Harrison
Miller, Thomas: (CMTS) 1890 Veterans Census, (CO) Warren
Miller, Tif: (B) Dec. 1, 1891, (Race) Black, (BP) Pine Ridge, MS, (WWIDR) Adams, MS, (CO) Adams
Miller, Tom: (CMTS) 1890 Veterans Census, (CO) Bolivar
Miller, William: (CMTS) 1890 Veterans Census, (CO) Yazoo

Milles, Francis: (CMTS) 1890 Veterans Census, (CO) Washington
Millette, Batto Q.: (B) Sep 11, 1892, (Race) White, (BP) Natchez, MS, (WWIDR) Adams, MS, (CO) Adams
Millhouse, John: (CMTS) 1890 Veterans Census, (CO) Washington
Milligan, Alonza C: (CMTS) 1890 Veterans Census, (CO) Coahoma
Milligan, David: (CMTS) 1890 Veterans Census, (CO) Lafayette
Milliken, Jonas: (CMTS) 1890 Veterans Census, (CO) Warren
Milliken, Lucinda: (CMTS) 1890 Veterans Census, (CO) Warren
Mills, Fred: (B) May, 1896, (Race) Black, (BP) Natchez, MS, (WWIDR) Adams, MS, (CO) Adams
Mills, James G.: (D) Dec. 29, 1885, (CO) Lafayette, (Spouse) Elizabeth P. Alderson,
Mills, Mathew: (CMTS) 1890 Veterans Census, (CO) Adams
Mills, Ottoway: (CMTS) 1890 Veterans Census, (CO) Sunflower
Mills, William: (CMTS) 1890 Veterans Census, (CO) Yazoo
Millsap, Jefferson: (CMTS) 1890 Veterans Census, (CO) Issaquena
Millum, George: (CMTS) 1890 Veterans Census, (CO) Marshall
Minefield, Peter: (CMTS) 1890 Veterans Census, (CO) Washington
Miner, Jacob: (CMTS) 1890 Veterans Census, (CO) Dekalb
Ming, John D.: (CMTS) 1890 Veterans Census, (CO) Yalobusha
Mingee, Charles Cecil: (B) Oct. 19, 1898, (Race) White, (WWIDR) Adams, MS, (CO) Adams
Mingee, Henry: (CMTS) 1890 Veterans Census, (CO) Adams
Mingee, Julius Clyde: (B) Sep 17, 1893, (Race) White, (BP) Pine Ridge, MS, (WWIDR) Adams, MS, (CO) Adams
Mingo, Delphia M.: (CMTS) 1890 Veterans Census, (CO) Hinds
Mingo, Joseph: (CMTS) 1890 Veterans Census, (CO) Hinds
Mingo, Sanuel: (CMTS) 1890 Veterans Census, (CO) Bolivar
Minor, Alex: (CMTS) 1890 Veterans Census, (CO) Claiborne
Minor, Charles: (B) 1892, (Race) Black, (BP) Natchez, MS, (WWIDR) Warren, MS, (CO) Adams
Minor, Eliga: (B) May, 1898, (Race) Black, (WWIDR) Adams, MS, (CO) Adams
Minor, Eliger: (B) Jul. 5, 1889, (Race) Black, (BP) Natchez, MS, (WWIDR) Adams, MS, (CO) Adams
Minor, Fred: (B) Feb. 12, 1897, (Race) Black, (BP) L. Natchez, MS, (WWIDR) Adams, MS, (CO) Adams
Minor, George: (B) Dec. 25, 1896, (Race) Black Adams Co., MS, (WWIDR) Adams, MS, (CO) Adams
Minor, Hilliard: (B) Apr. 28, 1881, (Race) Black, (WWIDR) Adams, MS, (CO) Adams
Minor, John: (B) Sep 15, 1890, (Race) Black, (BP) Washington, MS, (WWIDR) Adams, MS, (CO) Adams
Minor, John: (CMTS) 1890 Veterans Census, (CO) Warren
Minor, Levi: (B) 1889, (Race) Black, (WWIDR) Adams, MS, (CO) Adams
Minor, Miles Ellis: (B) May 15, 1898, (Race) White, (WWIDR) Adams, MS, (CO) Adams
Minor, Robert: (CMTS) 1890 Veterans Census, (CO) Holmes
Minor, Stephen: (B) May 19, 1893, (Race) Black Adams Co., MS, (WWIDR) Adams, MS, (CO) Adams
Minor, William: (B) 1896, (Race) Black, (BP) Washington, MS, (WWIDR) Adams, MS, (CO) Adams
Minor, William: (B) Jun. 18, 1885, (Race) Black, (WWIDR) Adams, MS, (CO) Adams
Minyard, Lillian: (B) May, 1886, (PRTS) Eliza and Bailey Minyard, (CMTS) 1900 Census
Minyard, Narcis: (B) Sep., 1883, (PRTS) Eliza and Bailey Minyard, (CMTS) 1900 Census
Mirkey, David M.: (CMTS) 1890 Veterans Census, (CO) Sharkey
Mitchel, Amandy: (CMTS) 1890 Veterans Census, (CO) Dekalb
Mitchel, Barry: (CMTS) 1890 Veterans Census, (CO) Tunica
Mitchel, Burris: (CMTS) 1890 Veterans Census, (CO) Bolivar
Mitchel, Charles: (CMTS) 1890 Veterans Census, (CO) Dekalb

Mitchel, Charles: (CMTS) 1890 Veterans Census, (CO) Wilkinson
Mitchel, Fannie: (CMTS) 1890 Veterans Census, (CO) Tunica
Mitchel, George: (CMTS) 1890 Veterans Census, (CO) Tunica
Mitchel, Handy: (CMTS) 1890 Veterans Census, (CO) Washington
Mitchel, Israel: (CMTS) 1890 Veterans Census, (CO) Jefferson
Mitchel, Jacob: (CMTS) 1890 Veterans Census, (CO) Dekalb
Mitchel, Jake: (CMTS) 1890 Veterans Census, (CO) Washington
Mitchell, Aaron: (B) Nov. 27, 1884, (Race) Black, (WWIDR) Adams, MS, (CO) Adams
Mitchell, Albert: (CMTS) 1890 Veterans Census, (CO) Warren
Mitchell, Andrew: (CMTS) 1890 Veterans Census, (CO) Issaquena
Mitchell, Andy: (CMTS) 1890 Veterans Census, (CO) Warren
Mitchell, Edward: (B) Sep 12, 1882, (Race) Black, (WWIDR) Adams, MS, (CO) Adams
Mitchell, Emeline: (CMTS) 1890 Veterans Census, (CO) Washington
Mitchell, Fred: (B) Dec. 3, 1899, (Race) Black, (WWIDR) Adams, MS, (CO) Adams
Mitchell, George: (CMTS) 1890 Veterans Census, (CO) Warren
Mitchell, George T.: (CMTS) 1890 Veterans Census, (CO) Hancock
Mitchell, Henry: (CMTS) 1890 Veterans Census, (CO) Warren
Mitchell, Jake: (CMTS) 1890 Veterans Census, (CO) Washington
Mitchell, John: (CMTS) 1890 Veterans Census, (CO) Bolivar
Mitchell, John: (CMTS) 1890 Veterans Census, (CO) Warren
Mitchell, Joseph L.: (B) Jul. 7, 1888, (Race) White, (BP) Holmes Co., MS, (WWIDR) Adams, MS, (CO) Adams
Mitchell, Lonzo: (CMTS) 1890 Veterans Census, (CO) Washington
Mitchell, Lorenzo: (CMTS) 1890 Veterans Census, (CO) Wshingt
Mitchell, Louis: (B) 1892, (Race) Black, (BP) Natchez, MS, (WWIDR) Warren, MS, (CO) Adams
Mitchell, Louis: (CMTS) 1890 Veterans Census, (CO) Leflore
Mitchell, Nellie: (CMTS) 1890 Veterans Census, (CO) Warren
Mitchell, Nelson: (CMTS) 1890 Veterans Census, (CO) Washington
Mitchell, Richard: (CMTS) 1890 Veterans Census, (CO) Bolivar
Mitchell, Richard: (CMTS) 1890 Veterans Census, (CO) Warren
Mitchell, Samuel: (CMTS) 1890 Veterans Census, (CO) Hinds
Mitchell, Silas: (B) May 17, 1890, (Race) Black, (WWIDR) Adams, MS, (CO) Adams
Mitchell, Susan: (CMTS) 1890 Veterans Census, (CO) Warren
Mitchell, Walter: (B) Jan. 24, 1882, (Race) Black, (WWIDR) Adams, MS, (CO) Adams
Mitchell, William: (CMTS) 1890 Veterans Census, (CO) Warren
Mitchell, William: (CMTS) 1890 Veterans Census, (CO) Yazoo
Mitchell, Willie: (B) Aug. 12, 1895, (Race) Black, (BP) Natchez, MS, (WWIDR) Adams, MS, (CO) Adams
Mithcell, Charles: (CMTS) 1890 Veterans Census, (CO) Warren
Mithcell, Emmeline: (CMTS) 1890 Veterans Census, (CO) Washington
Mitichell, Nelie: (CMTS) 1890 Veterans Census, (CO) Warren
Mix, James: (CMTS) 1890 Veterans Census, (CO) Dekalb
Mixon, Leroy Needham: (B) Apr. 5, 1897(D) Aug. 8, 1954(CO) Clarke(C) Hepzibah Baptist Church Cemetery
Mixon, Sallie Hailes: (B) Jan. 11, 1895(D) May 12, 1974(CO) Clarke(C) Hepzibah Baptist Church Cemetery
Mobley, John: (CMTS) 1890 Veterans Census, (CO) Bolivar
Mock, Ben: (B) Jul. 8, 1897, (Race) Black, (BP) Natchez, MS, (WWIDR) Adams, MS, (CO) Adams
Mock, Ben: (B) Jul. 8, 1897, (Race) Black, (WWIDR) Adams, MS, (CO) Adams
Mock, Charley: (B) May 15, 1899, (Race) Black, (WWIDR) Adams, MS, (CO) Adams
Mock, Duke: (B) Jul. 7, 1899, (Race) Black, (WWIDR) Adams, MS, (CO) Adams
Mock, John: (B) Nov. 12, 1898, (Race) Black, (WWIDR) Adams, MS, (CO) Adams
Mock, Johnny: (B) May, 1894, (Race) Black Adams Co., MS, (WWIDR) Adams,

MS, (CO) Adams
Mock, Lafayette Engle: (B) May 6, 1895, (Race) White, (BP) Natchez, MS, (WWIDR) Adams, MS, (CO) Adams
Mock, Samuel: (B) Dec. 10, 1882, (Race) White, (WWIDR) Adams, MS, (CO) Adams
Molchatsky, Isaac: (B) Mar. 12, 1892, (Race) White, (BP) Lida Russia, (WWIDR) Adams, MS, (CO) Adams
Moner, Simon R.: (B) May 17, 1889, (Race) White, (BP) Singleston PA, (WWIDR) Adams, MS, (CO) Adams
Monroe, Charles: (CMTS) 1890 Veterans Census, (CO) Warren
Monroe, Irena: (CMTS) 1890 Veterans Census, (CO) Warren
Monroe, James: (CMTS) 1890 Veterans Census, (CO) Coahoma
Monroe, James: (CMTS) 1890 Veterans Census, (CO) Warren
Monroe, John: (CMTS) 1890 Veterans Census, (CO) Coahoma
Monroe, Joseph: (CMTS) 1890 Veterans Census, (CO) Washington
Monroe, Josephen: (CMTS) 1890 Veterans Census, (CO) Coahoma
Monroe, Peter: (CMTS) 1890 Veterans Census, (CO) Warren
Monroe, Russell: (CMTS) 1890 Veterans Census, (CO) Warren
Monroe, Walter: (B) Dec., 18, 1884, (Race) Black, (WWIDR) Adams, MS, (CO) Adams
Monkeith, Stephen Rumble: (B) Nov. 13, 1892, (Race) White, (BP) Natchez, MS, (WWIDR) Adams, MS, (CO) Adams
Montgomery, Andrew: (CMTS) 1890 Veterans Census, (CO) Washington
Montgomery, Brozier: (CMTS) 1890 Veterans Census, (CO) Warren
Montgomery, Burgess: (CMTS) 1890 Veterans Census, (CO) Leflore
Montgomery, Carlisle: (B) Jul. 1, 1899, (Race) White, (WWIDR) Adams, MS, (CO) Adams
Montgomery, Carolina: (CMTS) 1890 Veterans Census, (CO) Adams
Montgomery, David: (B) Oct. 30, 1884, (Race) Black, (WWIDR) Adams, MS, (CO) Adams
Montgomery, Eli: (CMTS) 1890 Veterans Census, (CO) Washington
Montgomery, Frank A.: (CMTS) 1890 Veterans Census, (CO) Bolivar
Montgomery, Harry: (CMTS) 1890 Veterans Census, (CO) Hinds
Montgomery, James: (B) Aug. 12, 1885, (Race) Black, (WWIDR) Adams, MS, (CO) Adams
Montgomery, John M.: (CMTS) 1890 Veterans Census, (CO) Washington
Montgomery, Joseph: (CMTS) 1890 Veterans Census, (CO) Jefferson
Montgomery, Joseph Lane: (B) Aug., 18, 1889, (Race) White, (BP) Mississippi, (WWIDR) Adams, MS, (CO) Adams
Montgomery, Robert: (B) Dec. 6, 1895, (Race) Black Country, MS, (WWIDR) Adams, MS, (CO) Adams
Montgomery, Sam: (B) Mar. 17, 1896, (Race) Black, (BP) Natchez, MS, (WWIDR) Sunflower, MS, (CO) Adams
Montgomery, Welch: (B) Sep 8, 1886, (Race) Black Adams Co., MS, (WWIDR) Adams, MS, (CO) Adams
Montgomery, William: (CMTS) 1890 Veterans Census, (CO) Dekalb
Montgomery, William Eugene (: (B) Jul., 18, 1881, (Race) White, (WWIDR) Adams, MS, (CO) Adams
Montgomery, William Jr: (CMTS) 1890 Veterans Census, (CO) Sunflower
Montgomery, William W.: (CMTS) 1890 Veterans Census, (CO) Sunflower
Moody, Enolh: (CMTS) 1890 Veterans Census, (CO) Bolivar
Moody, George: (CMTS) 1890 Veterans Census, (CO) Warren
Moody, James M.: (CMTS) 1890 Veterans Census, (CO) Pontotoc
Moon, Ed: (CMTS) 1890 Veterans Census, (CO) Sharkey
Moon, Joseph: (CMTS) 1890 Veterans Census, (CO) Tunica
Moore, Alexander: (CMTS) 1890 Veterans Census, (CO) Dekalb
Moore, Alexander: (CMTS) 1890 Veterans Census, (CO) Warren
Moore, Andrew: (CMTS) 1890 Veterans Census, (CO) Bolivar
Moore, Bettie: (CMTS) 1890 Veterans Census, (CO) Dekalb

Moore, Bryant: (CMTS) 1890 Veterans Census, (CO) Warren
Moore, Calvin: (MD) Apr. 20, 1882, (Spouse) Isabella Sanders, (CO) Madison
Moore, Calvin: (CMTS) 1890 Veterans Census, (CO) Washington
Moore, Calvin: (MD) Jun. 14, 18897, (Spouse) Georgia Washington, (CO) Sunflower
Moore, Calvin: (MD) Jun. 28, 1882, (Spouse) Mary Williams, (CO) Hinds
Moore, Calvin: (MD) Aug. 13, 1884, (Spouse) Anna Jackson, (CO) Warren
Moore, Calvin: (MD) Oct. 8, 1889, (Spouse) Hannah Davis, (CO) Bolivar
Moore, Celia: (CMTS) 1890 Veterans Census, (CO) Washington
Moore, Christopher: (CMTS) 1890 Veterans Census, (CO) Warren
Moore, Charles: (MD) Dec. 26, 1882, (Spouse) Laura Harris, (CO) Hinds
Moore, Charles E.: (B) Sep. 26, 1889, (BP) Leake Co., MS, (D) Oct. 24, 1978, (DP)
    Red River Co., TX, (C) Bogata Cemetery
Moore, Charles H.: (MD) May 26, 1882, (Spouse) Virginia Terven, (CO) Jackson
Moore, Charles S.: (MD) Mar. 14, 1882, (Spouse) Charlotte Gains, (CO) Warren
Moore, Charley: (CMTS) 1890 Veterans Census, (CO) Washington
Moore, Dan: (B) 1891, (Race) Black Cannonsburg, MS, (WWIDR) Adams,
    MS, (CO) Adams
Moore, Dennis: (CMTS) 1890 Veterans Census, (CO) Washington
Moore, Eli: (CMTS) 1890 Veterans Census, (CO) Tippah
Moore, Ellen: (CMTS) 1890 Veterans Census, (CO) Washington
Moore, Ellis: (CMTS) 1890 Veterans Census, (CO) Washington
Moore, Ezekial A.: (CMTS) 1890 Veterans Census, (CO) Yazoo
Moore, Frank: (CMTS) 1890 Veterans Census, (CO) Dekalb
Moore, Frank: (CMTS) 1890 Veterans Census, (CO) Warren
Moore, Fred Caridine: (B) Mar. 23, 1895, (Race) Black, (BP) Natchez, MS, (WWIDR) Adams,
    MS, (CO) Adams
Moore, George: (CMTS) 1890 Veterans Census, (CO) Bolivar
Moore, George: (CMTS) 1890 Veterans Census, (CO) Washington
Moore, Henry: (B) Apr. 24, 1892, (Race) Black, (BP) Natchez, MS, (WWIDR) Adams,
    MS, (CO) Adams
Moore, Henry B: (CMTS) 1890 Veterans Census, (CO) Lincoln
Moore, Ivry: (CMTS) 1890 Veterans Census, (CO) Marshall
Moore, J. H.: (CMTS) 1890 Veterans Census, (CO) Tippah
Moore, Jack A.: (CMTS) 1890 Veterans Census, (CO) Jefferson
Moore, James: (CMTS) 1890 Veterans Census, (CO) Wilkinson
Moore, Jerry: (CMTS) 1890 Veterans Census, (CO) Yazoo
Moore, John: (CMTS) 1890 Veterans Census, (CO) Washington
Moore, John: (B) Apr. 2, 1890, (Race) Black, (BP) Natchez, MS, (WWIDR) Adams,
    MS, (CO) Adams
Moore, John: (B) May 26, 1884, (Race) Black, (WWIDR) Sharkey, MS, (CO) Adams
Moore, John: (CMTS) 1890 Veterans Census, (CO) Bolivar
Moore, John: (CMTS) 1890 Veterans Census, (CO) Hinds
Moore, John L.: (MD) Aug. 24, 1883, (Spouse) Martha M. Alderson, (CO) Leake
Moore, John W.: (CMTS) 1890 Veterans Census, (CO) Leflore
Moore, Joseph: (CMTS) 1890 Veterans Census, (CO) Marshall
Moore, King: (CMTS) 1890 Veterans Census, (CO) Warren
Moore, Levi: (B) 1887, (Race) Black Cannonsburg, MS, (WWIDR) Adams,
    MS, (CO) Adams
Moore, Louis: (B) Dec. 25, 1883, (Race) Black, (WWIDR) Adams,   MS, (CO) Adams
Moore, Margaret: (CMTS) 1890 Veterans Census, (CO) Warren
Moore, Martha V.: (B) Feb. 8, 1891, (CO) Leake
Moore, Martin L.: (B) Feb. 21, 1895, (CO) Leake
Moore, Nancy: (CMTS) 1890 Veterans Census, (CO) Leflore
Moore, Nathan W.: (B) Oct. 24, 1886, (D) Sep. 13, 1887, (CO) Leake

Moore, Rece: (CMTS) 1890 Veterans Census, (CO) Marshall
Moore, Robert: (CMTS) 1890 Veterans Census, (CO) Claiborne
Moore, Russ: (B) Aug. 7, 1893, (Race) Black, (BP) Natchez, MS, (WWIDR) Adams, MS, (CO) Adams
Moore, Susan J.: (CMTS) 1890 Veterans Census, (CO) Marshall
Moore, Volney: (B) Feb. 1, 1898, (Race) Black, (WWIDR) Adams, MS, (CO) Adams
Moore, Walker: (CMTS) 1890 Veterans Census, (CO) Dekalb
Moore, William: (CMTS) 1890 Veterans Census, (CO) Yazoo
Moore, William: (CMTS) 1890 Veterans Census, (CO) Tunica
Moore, William J.: (CMTS) 1890 Veterans Census, (CO) Adams
Moore, William T.: (CMTS) 1890 Veterans Census, (CO) Benton
Moore, Willie: (B) Jul. 5, 1896, (Race) Black Adams Co., MS, (WWIDR) Warren, MS, (CO) Adams
Moorehead, Anthony: (CMTS) 1890 Veterans Census, (CO) Tunica
Moorehead, Antony: (CMTS) 1890 Veterans Census, (CO) Tunica
Moorman, Laney: (CMTS) 1890 Veterans Census, (CO) Tunica
Moorman, Saney: (CMTS) 1890 Veterans Census, (CO) Tunica
Moosher, Ben: (B) Aug. 16, 1884, (Race) White, (WWIDR) Adams, MS, (CO) Adams
Mordican, Hinton: (CMTS) 1890 Veterans Census, (CO) Sunflower
Mordicay, Hinton: (CMTS) 1890 Veterans Census, (CO) Sunflower
More, Frank: (CMTS) 1890 Veterans Census, (CO) Adams
Morehead, Jane: (L) 82.72 acres, Jackson Land Office, (ID) Mar. 16, 1891, (CO) Montogmery
Morley, Charles: (CMTS) 1890 Veterans Census, (CO) Warren
Morgan, Duncan: (B) Sep 26, 1894, (Race) Black, (BP) Natchez, MS, (WWIDR) Adams, MS, (CO) Adams
Morgan, George: (CMTS) 1890 Veterans Census, (CO) Harrison
Morgan, Henry: (B) May 30, 1888, (Race) Black, (BP) Natchez, MS, (WWIDR) Adams, MS, (CO) Adams
Morgan, Henry Lea: (B) May 13, 1884, (Race) White, (WWIDR) Adams, MS, (CO) Adams
Morgan, John: (CMTS) 1890 Veterans Census, (CO) Marshall
Morgan, Joshua: (CMTS) 1890 Veterans Census, (CO) Dekalb
Morgan, Lee: (CMTS) 1890 Veterans Census, (CO) Benton
Morgan, Richard: (B) Mar. 13, 1883, (Race) Black, (WWIDR) Adams, MS, (CO) Adams
Morgan, Samuel: (CMTS) 1890 Veterans Census, (CO) Hinds
Morgan, Sarah A.: (CMTS) 1890 Veterans Census, (CO) Alcorn
Morgan, Thomas: (CMTS) 1890 Veterans Census, (CO) Tunica
Moris, Thomas: (B) Jul., 1893, (Race) Black, (BP) Pine Ridge, MS, (WWIDR) Adams, MS, (CO) Adams
Morish, Sandy: (CMTS) 1890 Veterans Census, (CO) Warren
Morris, Abe: (CMTS) 1890 Veterans Census, (CO) Yazoo
Morris, Bethi: (CMTS) 1890 Veterans Census, (CO) Washington
Morris, Bettie: (CMTS) 1890 Veterans Census, (CO) Washington
Morris, David: (CMTS) 1890 Veterans Census, (CO) Panola
Morris, David: (CMTS) 1890 Veterans Census, (CO) Washington
Morris, Ellis: (CMTS) 1890 Veterans Census, (CO) Jefferson
Morris, Francis: (CMTS) 1890 Veterans Census, (CO) Washington
Morris, Frank: (CMTS) 1890 Veterans Census, (CO) Washington
Morris, George: (CMTS) 1890 Veterans Census, (CO) Quitman
Morris, Isaac: (CMTS) 1890 Veterans Census, (CO) Choctaw
Morris, John: (CMTS) 1890 Veterans Census, (CO) Leflore
Morris, Johnny: (B) Aug. 30, 1891, (Race) Black Adams Co., MS, (WWIDR) Adams, MS, (CO) Adams
Morris, Joshua: (B) Sep 14, 1886, (Race) Black Adams Co., MS, (WWIDR) Adams, MS, (CO) Adams
Morris, Linnie: (CMTS) 1890 Veterans Census, (CO) Jefferson

Morris, Louisa: (CMTS) 1890 Veterans Census, (CO) Panola
Morris, Lucy: (CMTS) 1890 Veterans Census, (CO) Quitman
Morris, Paul: (B) Feb. 8, 1896. (CO) Perry
Morris, Peter: (CMTS) 1890 Veterans Census, (CO) Adams
Morris, Peter: (CMTS) 1890 Veterans Census, (CO) Washington
Morris, Pollie: (CMTS) 1890 Veterans Census, (CO) Washington
Morris, Richard: (B) Mar. 1885, (D) 1969, (RES) Belzoni, MS, (CO) Humphreys
Morris, Richard: (B) Apr. 15, 1894, (D) 1971, (CO) Coahoma
Morris, Richard B.: (MD) Nov. 23, 1882, (Spouse) Mamie S. Armstrong, (CO) Lowndes
Morris, Sullivan: (B) Aug. 2, 1889, (Race) Black, (BP) Vidalia, LA, (WWIDR) Adams, MS, (CO) Adams
Morris. Thomas: (MD) May 13, 1890, (Spouse) Mary Williams. (CO) Coahoma
Morris, Thomas: (MD) Dec. 9, 1890, (Spouse) Sallie Sanders, (CO) Lowndes
Morris, Thomas: (B) Jul., 1893, (Race) Black, (BP) Pine Ridge, MS, (WWIDR) Adams, MS, (CO) Adams
Morris, Thomas Edward: (B) Sep. 24, 1887, (CO) Leake
Morris, Thomas Washington: (B) Jun. 19, 1895, (CO) Jasper
Morris, William: (MD) Nov. 3, 1886, (Spouse) Bettie Walker, (CO) SUnflower
Morris, William: (MD) Sep. 12, 1885, (Spouse) Nannie Gray, (CO) Noxubee
Morris, William: (MD) Jan. 1, 1883, (Spouse) Mollie Gillespie, (CO) DeSoto
Morris, William: (CMTS) 1890 Veterans Census, (CO) Hinds
Morris, William: (MD) Aug. 11, 1881, (Spouse) Adeline Sanders, (CO) Hinds
Morris, William: (CMTS) 1890 Veterans Census, (CO) Washington
Morris, William T.: (MD) Oct. 19, 1886, (Spouse) Mary Paulina Lott, (CO) Marion
Morris, William W.: (B) Apr. 9, 1856, (D) Nov. 7, 1894, (CO) Perry, (C) Morriston Cemetery, Morriston, MS
Morrison, Augustus: (CMTS) 1890 Veterans Census, (CO) Warren
Morrison, Lafayette: (CMTS) 1890 Veterans Census, (CO) Hinds
Morrison, Maggie: (CMTS) 1890 Veterans Census, (CO) Warren
Morrison, Thomas C: (CMTS) 1890 Veterans Census, (CO) Harrison
Morse, Howard: (CMTS) 1890 Veterans Census, (CO) Adams
Morse, William: (B) Jul. 4, 1896, (Race) Black Adams Co., MS, (WWIDR) Adams, MS, (CO) Adams
Morton, Emaul: (CMTS) 1890 Veterans Census, (CO) Sharkey
Morton, Isham: (CMTS) 1890 Veterans Census, (CO) Adams
Morton, Jack: (CMTS) 1890 Veterans Census, (CO) Warren
Morton, Jane: (CMTS) 1890 Veterans Census, (CO) Harrison
Morton, John: (B) Aug. 10, 1882, (Race) Black, (WWIDR) Adams, MS, (CO) Adams
Morton, Mary: (CMTS) 1890 Veterans Census, (CO) Adams
Mosby, Edward A.: (B) Jul. 15, 1891, (Race) Black, (BP) Natchez, MS, (WWIDR) Adams, MS, (CO) Adams
Mosby, Louis: (CMTS) 1890 Veterans Census, (CO) Warren
Mosby, Theodore: (B) 1894, (Race) Black, (BP) Stanton, MS, (WWIDR) Adams, MS, (CO) Adams
Mosby, William H.: (CMTS) 1890 Veterans Census, (CO) Pike
Moseby, James: (B) 1899, (Race) Black, (WWIDR) Adams, MS, (CO) Adams
Moseby, Zed: (CMTS) 1890 Veterans Census, (CO) Bolivar
Moseley, Alice: (CMTS) 1890 Veterans Census, (CO) Warren
Moseley, C. William: (CMTS) 1890 Veterans Census, (CO) Washington
Moseley, Jacob: (CMTS) 1890 Veterans Census, (CO) Waren
Mosely, Charles: (CMTS) 1890 Veterans Census, (CO) Warren
Mosely, Robert: (CMTS) 1890 Veterans Census, (CO) Claiborne
Mosely, William: (CMTS) 1890 Veterans Census, (CO) Claiborne
Moses, John H.: (CMTS) 1890 Veterans Census, (CO) Adams

Mosher, Ben: (B) Aug. 16, 1884, (Race) White, (WWIDR) Adams, MS, (CO) Adams
Mosley, Edward A.: (B) Jul. 15, 1891, (Race) Black, (BP) Natchez, MS, (WWIDR) Adams, MS, (CO) Adams
Mosly, Theodore: (B) 1894, (Race) Black, (BP) Stanton, MS, (WWIDR) Adams, MS, (CO) Adams
Moss, Guss: (CMTS) 1890 Veterans Census, (CO) Grenada
Moss, James: (CMTS) 1890 Veterans Census, (CO) Issaquena
Moss, James: (CMTS) 1890 Veterans Census, (CO) Warren
Moss, James: (CMTS) 1890 Veterans Census, (CO) Harrison
Moss, John A.: (CMTS) 1890 Veterans Census, (CO) Coahoma
Moss, John V: (CMTS) 1890 Veterans Census, (CO) Benton
Moss, Margaret: (CMTS) 1890 Veterans Census, (CO) Washington
Moss, Nathaniel: (CMTS) 1890 Veterans Census, (CO) Warren
Mossey, Hey: (CMTS) 1890 Veterans Census, (CO) Washington
Mossey, May: (CMTS) 1890 Veterans Census, (CO) Washington
Moton, James: (CMTS) 1890 Veterans Census, (CO) Washington
Moton, Merrette: (CMTS) 1890 Veterans Census, (CO) Adams
Moultine, Ned: (CMTS) 1890 Veterans Census, (CO) Issaquena
Mounger, Edwin James: (B) Apr. 20, 1896, (Race) White, (BP) Natchez, MS, (WWIDR) Adams, MS, (CO) Adams
Moury, James B: (CMTS) 1890 Veterans Census, (CO) Sharkey
Moyce, Jacob: (CMTS) 1890 Veterans Census, (CO) Dekalb
Mozee, Harrett: (CMTS) 1890 Veterans Census, (CO) Warren
Mozee, Hawkins: (CMTS) 1890 Veterans Census, (CO) Warren
Mozer, Hariet: (CMTS) 1890 Veterans Census, (CO) Warren
Mozer, Hawkins: (CMTS) 1890 Veterans Census, (CO) Warren
Mozer, Richard: (CMTS) 1890 Veterans Census, (CO) Bolivar
Muce, Letitia: (CMTS) 1890 Veterans Census, (CO) Warren
Mullen, George: (B) Apr. 10, 1881, (Race) Black, (WWIDR) Adams, MS, (CO) Adams
Mullens, William: (CMTS) 1890 Veterans Census, (CO) Marshall
Mullins, Charles Elison: (B) Apr. 12, 1883, (Race) White, (WWIDR) Adams, MS, (CO) Adams
Mullins, Robert Miller: (B) Sep 8, 1885, (Race) White, (WWIDR) Adams, MS, (CO) Adams
Mulvihill, Dennis Augustus: (B) Jun. 16, 1883, (Race) White, (WWIDR) Adams, MS, (CO) Adams
Mulvihill, Edward Theophile: (B) Jul. 23, 1881, (Race) White, (WWIDR) Adams, MS, (CO) Adams
Munro, Henry: (CMTS) 1890 Veterans Census, (CO) Hinds
Munroe, Jackson: (CMTS) 1890 Veterans Census, (CO) Jefferson
Munroe, John: (CMTS) 1890 Veterans Census, (CO) Jefferson
Murdock, Henry: (CMTS) 1890 Veterans Census, (CO) Coahoma
Murdock, William: (CMTS) 1890 Veterans Census, (CO) Coahoma
Murphey, Charles: (CMTS) 1890 Veterans Census, (CO) Washington
Murphy, Alexander: (CMTS) 1890 Veterans Census, (CO) Tunica
Murphy, Daniel: (CMTS) 1890 Veterans Census, (CO) Lauderdale
Murphy, Jacob: (CMTS) 1890 Veterans Census, (CO) Adams
Murphy, James: (B) 1898, (Race) Black, (WWIDR) Adams, MS, (CO) Adams
Murphy, John Joseph: (B) Sep 30, 1897, (Race) White, (WWIDR) Adams, MS, (CO) Adams
Murphy, Joseph: (CMTS) 1890 Veterans Census, (CO) Warren
Murphy, William: (B) 1898, (Race) Black, (WWIDR) Adams, MS, (CO) Adams
Murray, Annie E.: (CMTS) 1890 Veterans Census, (CO) Warren
Murray, Barbary: (CMTS) 1890 Veterans Census, (CO) Warren
Murray, George W.: (CMTS) 1890 Veterans Census, (CO) Alcorn
Murray, Jacob: (B) Feb. 29, 1890, (Race) Black, (WWIDR) Adams, MS, (CO) Adams
Murray, John Leslie: (B) Apr. 21, 1893, (Race) White, (BP) Natchez, MS, (CO) Adams
Murray, Thomas: (CMTS) 1890 Veterans Census, (CO) Warren

Murray, Thomas C: (CMTS) 1890 Veterans Census, (CO) Warren
Murry, Henry: (CMTS) 1890 Veterans Census, (CO) Bolivar
Murry, James: (CMTS) 1890 Veterans Census, (CO) Claiborne
Murry, Julia: (CMTS) 1890 Veterans Census, (CO) Warren
Murry, March: (CMTS) 1890 Veterans Census, (CO) Washington
Murry, Ruben: (CMTS) 1890 Veterans Census, (CO) Quitman
Murry, Steve: (B) May 24, 1896, (Race) Black, (BP) Kingston, MS, (WWIDR) Adams, MS, (CO) Adams
Musisie, James T.: (CMTS) 1890 Veterans Census, (CO) Bolivar
Myers, Cathern: (CMTS) 1890 Veterans Census, (CO) Bolivar
Myers, Ike: (B) Dec. 25, 1895, (Race) Black, (BP) Natchez, MS, (WWIDR) Perry, MS, (CO) Adams
Myers, James: (B) May 20, 1890, (Race) Black, (BP) Natchez, MS, (WWIDR) Sunflower, MS, (CO) Adams
Myers, Jerry: (CMTS) 1890 Veterans Census, (CO) Bolivar
Myers, Sophia: (CMTS) 1890 Veterans Census, (CO) Jefferson
Myers, William C: (CMTS) 1890 Veterans Census, (CO) Bolivar
Myles, Charles: (CMTS) 1890 Veterans Census, (CO) Warren
Myles, Edward: (B) Nov. 11, 1889, (Race) Black, (BP) Natchez, MS, (WWIDR) Issaquena, MS, (CO) Adams
Myles, Levi Alven: (B) Jun. 21, 1881, (Race) Black, (WWIDR) Adams, MS, (CO) Adams
Myles, Martin: (CMTS) 1890 Veterans Census, (CO) Claiborne
Myles, William Henry: (B) Feb., 18, 1898, (Race) Black, (WWIDR) Sunflower, MS, (CO) Adams
Myrack, Frank: (CMTS) 1890 Veterans Census, (CO) Tunica
Myrack, Morsis: (CMTS) 1890 Veterans Census, (CO) Tunica
Myrack, Norsis: (CMTS) 1890 Veterans Census, (CO) Tunica
Myricks, Dennis: (CMTS) 1890 Veterans Census, (CO) Bolivar
Napoleon, Louis: (CMTS) 1890 Veterans Census, (CO) Hinds
Napper, Ed: (B) Jul. 10, 1885, (Race) Black, (WWIDR) Adams, MS, (CO) Adams
Narcisis, Cecelia: (CMTS) 1890 Veterans Census, (CO) Jackson
Nash, Charles: (CMTS) 1890 Veterans Census, (CO) Washington
Nash, Claricy: (CMTS) 1890 Veterans Census, (CO) Claiborne
Nash, Deward: (CMTS) 1890 Veterans Census, (CO) Claiborne
Nash, James: (CMTS) 1890 Veterans Census, (CO) Coahoma
Nash, Levy: (CMTS) 1890 Veterans Census, (CO) Jefferson
Nash, Pleasant: (CMTS) 1890 Veterans Census, (CO) Issaquena
Nashville, Page: (CMTS) 1890 Veterans Census, (CO) Hinds
Nathaniel, Johns: (CMTS) 1890 Veterans Census, (CO) Adams
Neal, Abraham David: (B) Feb., 1891, (Race) Black, (BP) Franklin Co., MS, (WWIDR) Adams, MS, (CO) Adams
Neal, Aleck: (CMTS) 1890 Veterans Census, (CO) Warren
Neal, Alex: (B) Sep 23, 1888, (Race) Black, (BP) Natchitoches, LA, (WWIDR) Adams, MS, (CO) Adams
Neal, James: (CMTS) 1890 Veterans Census, (CO) Warren
Neal, Mack: (CMTS) 1890 Veterans Census, (CO) Washington
Neal, Madison: (CMTS) 1890 Veterans Census, (CO) Tishomingo
Neal, Mary: (CMTS) 1890 Veterans Census, (CO) Tishomingo
Neal, Sandy: (CMTS) 1890 Veterans Census, (CO) Bolivar
Neal, Tom: (B) Apr., 18, 1889, (Race) Black, (BP) Franklin Co., MS, (WWIDR) Adams, MS, (CO) Adams
Neal, Wm. Merideth: (B) Mar. 21, 1897 (D) Sep 13, 1899 (CO) Chickasaw, (C) Wesley Chapel Cemetery
Nealy, Francis: (B) Apr. 11, 1891, (Race) White, (BP) L. Castle, LA, (WWIDR) Adams, MS, (CO) Adams

Neel, John: (CMTS) 1890 Veterans Census, (CO) Hinds
Neeley, Robert: (B) Mar. 16, 1895, (Race) Black, (BP) Jefferson Co., MS, (WWIDR) Adams, MS, (CO) Adams
Neely, Charlie: (B) Aug. 2, 1885, (Race) White, (WWIDR) Adams, MS, (CO) Adams
Neely, Francis: (B) Apr. 11, 1891, (Race) White, (BP) L. Castle, LA, (WWIDR) Adams, MS, (CO) Adams
Neely, Henry: (CMTS) 1890 Veterans Census, (CO) Lee
Negus, James E.: (CMTS) 1890 Veterans Census, (CO) Washington
Neill, Milton Clarence: (B) May 23, 1898, (Race) White, (WWIDR) Adams, MS, (CO) Adams
Neily, Allen: (B) Feb. 4, 1896, (Race) Black, (BP) Jefferson Co., MS, (WWIDR) Adams, MS, (CO) Adams
Nelson, Adam: (CMTS) 1890 Veterans Census, (CO) Hinds
Nelson, Allen: (CMTS) 1890 Veterans Census, (CO) Washington
Nelson, Bill: (CMTS) 1890 Veterans Census, (CO) Washington
Nelson, Campbell: (CMTS) 1890 Veterans Census, (CO) Washington
Nelson, Christopher: (CMTS) 1890 Veterans Census, (CO) Harrison
Nelson, Elvira: (CMTS) 1890 Veterans Census, (CO) Warren
Nelson, Hayward: (CMTS) 1890 Veterans Census, (CO) Warren
Nelson, Hester: (CMTS) 1890 Veterans Census, (CO) Washington
Nelson, James: (CMTS) 1890 Veterans Census, (CO) Washington
Nelson, James T.: (CMTS) 1890 Veterans Census, (CO) Hinds
Nelson, John: (CMTS) 1890 Veterans Census, (CO) Yazoo
Nelson, John Lee: (B) Nov. 8, 1885, (Race) Black, (WWIDR) Adams, MS, (CO) Adams
Nelson, Joseph: (CMTS) 1890 Veterans Census, (CO) Claiborne
Nelson, Lewis: (B) 1890, (Race) Black, (BP) Natchez, MS, (WWIDR) Adams, MS, (CO) Adams
Nelson, Noah: (CMTS) 1890 Veterans Census, (CO) Warren
Nelson, Oliver: (CMTS) 1890 Veterans Census, (CO) Washington
Nelson, Warner: (CMTS) 1890 Veterans Census, (CO) Washington
Nelson, William: (CMTS) 1890 Veterans Census, (CO) Warren
Nelus, Travis: (CMTS) 1890 Veterans Census, (CO) Dekalb
Nesmith, William W.: (CMTS) 1890 Veterans Census, (CO) Washington
Netter, Roger: (B) Apr. 8, 1884, (Race) Black, (WWIDR) Adams, MS, (CO) Adams
Netterville, Paul: (B) Apr. 25, 1898, (Race) White, (WWIDR) Adams, MS, (CO) Adams
Nettles, Sydney: (CMTS) 1890 Veterans Census, (CO) Adams
Neul, Aleck: (CMTS) 1890 Veterans Census, (CO) Warren
Nevla, Elmer: (B) May 1, 1890, (Race) White, (BP) Holly Springs, MS, (WWIDR) Adams, MS, (CO) Adams
New, Edward Clifton: (B) Sep 13, 1886, (Race) White, (BP) Poplarville, MS, (WWIDR) Adams, MS, (CO) Adams
New, Fleetwood Albert: (B) Sep 5, 1884, (Race) Black, (WWIDR) Adams, MS, (CO) Adams
Newbery, Johathan J.: (CMTS) 1890 Veterans Census, (CO) Dekalb
Newcomb, Thadeus C: (CMTS) 1890 Veterans Census, (CO) Alcorn
Newel, Joe: (B) 1895, (Race) Black, (BP) Natchez, MS, (WWIDR) Sunflower, MS, (CO) Adams
Newman, Coleman: (CMTS) 1890 Veterans Census, (CO) Warren
Newman, Harry Walter: (B) Aug. 5, 1892, (Race) White, (BP) Fort Collins CO, (WWIDR) Adams, MS, (CO) Adams
Newman, Robert James: (B) Sep, 18, 1893, (Race) Black, (BP) Natchez, MS, (WWIDR) Claiborne, MS, (CO) Adams
Newsom, George R.: (CMTS) 1890 Veterans Census, (CO) Bolivar
Newton, James: (CMTS) 1890 Veterans Census, (CO) Bolivar
Newton, Moses: (CMTS) 1890 Veterans Census, (CO) Yazoo
Nichels, William: (CMTS) 1890 Veterans Census, (CO) Washington
Nichols, Anthony M.: (CMTS) 1890 Veterans Census, (CO) Lincoln
Nichols, Bossie: (B) Feb. 24, 1886, (Race) Black, (BP) Vidalia, LA, (WWIDR) Adams,

MS, (CO) Adams
Nichols, Fran B: (CMTS) 1890 Veterans Census, (CO) Grenada
Nichols, Harry: (CMTS) 1890 Veterans Census, (CO) Warren
Nichols, Joe: (CMTS) 1890 Veterans Census, (CO) Claibiorn
Nichols, Margret: (CMTS) 1890 Veterans Census, (CO) Warren
Nichols, Sidney H.: (B) Oct. 13, 1886 (D) Mar 5 1941 (CO) Chickasaw, (C) Wesley Chapel
    Cemetery
Nichols, Stephen R.: (CMTS) 1890 Veterans Census, (CO) Prentiss
Nichols, Willie: (B) Dec. 22, 1899, (Race) Black, (WWIDR) Adams, MS, (CO) Adams
Nicholson, Lee: (CMTS) 1890 Veterans Census, (CO) Sharkey
Night, John: (CMTS) 1890 Veterans Census, (CO) Tunica
Nine, Joe: (CMTS) 1890 Veterans Census, (CO) Issaquena
Nisbet, Robert E.: (CMTS) 1890 Veterans Census, (CO) Alcorn
Nix, Winston: (CMTS) 1890 Veterans Census, (CO) Tunica
Niyl, John: (CMTS) 1890 Veterans Census, (CO) Tunica
Noble, Samuel: (CMTS) 1890 Veterans Census, (CO) Yalobusha
Nobles, Frank B.: (B) 1895, (Race) White, (BP) Jones Co., MS, (WWIDR) Adams,
    MS, (CO) Adams
Nolan, Thomas: (B) Aug. 23, 1896, (Race) Black, (BP) Natchez, MS, (WWIDR) Adams,
    MS, (CO) Adams
Nolan, Thomas: (CMTS) 1890 Veterans Census, (CO) Jackson
Noland, Aaron: (CMTS) 1890 Veterans Census, (CO) Bolivar
Noland, Stephen: (CMTS) 1890 Veterans Census, (CO) Warren
Noling, Charles: (CMTS) 1890 Veterans Census, (CO) Adams
Norflick, Jim: (CMTS) 1890 Veterans Census, (CO) Coahoma
Norish, Joe: (CMTS) 1890 Veterans Census, (CO) Warren
Norman, Andrew: (CMTS) 1890 Veterans Census, (CO) Yazoo
Norman, Earl M.: (B) Dec. 8, 1889, (Race) White, (BP) Natchez, MS, (WWIDR) Adams,
    MS, (CO) Adams
Norman, Ezekiel: (B) Dec., 1886, (Race) Black, (BP) Marksville, LA, (WWIDR) Adams,
    MS, (CO) Adams
Norman, William: (B) Dec. 8, 1891, (Race) Black Adams Co., MS, (WWIDR) Adams,
    MS, (CO) Adams
Norris, Joseph: (CMTS) 1890 Veterans Census, (CO) Pike
North, Rose H.: (CMTS) 1890 Veterans Census, (CO) Lauderdale
Norton, Jordan: (CMTS) 1890 Veterans Census, (CO) Jefferson
Norton, Walter H.: (B) Aug. 23, 1888, (Race) White, (BP) Flora, MS, (WWIDR) Adams,
    MS, (CO) Adams
Nory, Dennis: (CMTS) 1890 Veterans Census, (CO) Jackson
Nunez, Howard Wilson: (B) Jul. 21, 1898, (Race) White, (WWIDR) Adams, MS, (CO) Adams
Nunlin, Jeremiah: (CMTS) 1890 Veterans Census, (CO) Hinds
Nutchett, Emmeline: (CMTS) 1890 Veterans Census, (CO) Washington
Nutt, J. L.: (CMTS) 1890 Veterans Census, (CO) Benton
Nye, Samuel: (CMTS) 1890 Veterans Census, (CO) Warren
O'Briand, Charles: (CMTS) 1890 Veterans Census, (CO) Sharkey
O'Neil, Farnam: (CMTS) 1890 Veterans Census, (CO) Washington
Oakland, John: (CMTS) 1890 Veterans Census, (CO) Washington
Oates, Steve: (B) Aug. 23, 1893, (Race) Black, (BP) Natchez, MS, (WWIDR) Adams,
    MS, (CO) Adams
Oates, Willie: (B) May 1, 1895, (Race) Black Adams Co., MS, (WWIDR) Adams,
    MS, (CO) Adams
Obanion, Robert: (B) Oct. 10, 1891, (Race) Black, (BP) Jonesville, LA, (WWIDR) Adams,
    MS, (CO) Adams
Obanion, Thompson: (B) Jan. 7, 1889, (Race) Black, (BP) Louisiana, (WWIDR) Adams,

MS, (CO) Adams
Ober, Miller: (CMTS) 1890 Veterans Census, (CO) Tunica
O'Brian, Lee: (B) Nov. 2, 1889, (Race) White, (BP) Natchez, MS, (WWIDR) Adams,
    MS, (CO) Adams
O'Brien, Sacho: (CMTS) 1890 Veterans Census, (CO) Adams
O'Connel, Richard: (CMTS) 1890 Veterans Census, (CO) Adams
Odam, Henry: (CMTS) 1890 Veterans Census, (CO) Dekalb
Odey, Frasier: (CMTS) 1890 Veterans Census, (CO) Warren
Odle, Adolphus M.: (CMTS) 1890 Veterans Census, (CO) Tunica
O'Donnell, Charles: (B) Mar. 1, 1891, (Race) White, (BP) Monroe, LA, (WWIDR) Adams,
    MS, (CO) Adams
Odum, Peter: (B) Feb. 13, 1884, (Race) Black, (WWIDR) Adams, MS, (CO) Adams
Odum, Warren: (CMTS) 1890 Veterans Census, (CO) Jefferson
O'Ferrall, Theophile Meersch: (B) Aug. 29, 1892, (Race) White, (BP) Natchez, MS, (WWIDR)
    Adams, MS, (CO) Adams
O'Ferrall, Thomas J.: (B) Feb. 13, 1890, (Race) White, (BP) Natchez, MS, (WWIDR) Adams,
    MS, (CO) Adams
Offord, Sam W.: (CMTS) 1890 Veterans Census, (CO) Bolivar
Ogdan, William: (CMTS) 1890 Veterans Census, (CO) Adams
Ogden, Lucian Peyson: (B) Sep 25, 1882, (Race) White, (WWIDR) Adams, MS, (CO) Adams
O'hara, Irvin F.: (CMTS) 1890 Veterans Census, (CO) Tunica
O'Hara, Michael F. (Bro. Edm: (B) Jun. 11, 1892, (Race) White, (BP) Harrison NJ, (WWIDR)
    Adams, MS, (CO) Adams
Oils, Eliza: (CMTS) 1890 Veterans Census, (CO) Warren
Oils, Robert: (CMTS) 1890 Veterans Census, (CO) Warren
O'Kelley, James Edward: (B) Jun. 28, 1882, (Race) White, (WWIDR) Adams, MS, (CO) Adams
Olds, Oscar: (CMTS) 1890 Veterans Census, (CO) Benton
Olenburg, Charles: (CMTS) 1890 Veterans Census, (CO) Dekalb
Olenburg, Ella: (CMTS) 1890 Veterans Census, (CO) Dekalb
Olive, Dave: (CMTS) 1890 Veterans Census, (CO) Madsion
Olive, Eliza: (CMTS) 1890 Veterans Census, (CO) Mdison
Oliver, Carey W.: (CMTS) 1890 Veterans Census, (CO) Dekalb
Oliver, George: (CMTS) 1890 Veterans Census, (CO) Sharkey
Oliver, Hanan: (CMTS) 1890 Veterans Census, (CO) Tunica
Oliver, Jake: (L) 79.67 acres, Jackson Land Office, (ID) Jan. 25, 1896, (CO) Webster
Oliver, Mitchell: (L) 120.63 acres, Jackson Land Office, (ID) Dec. 21, 1893, (CO) Montgomery
Oliver, Nathan: (CMTS) 1890 Veterans Census, (CO) Warren
Oliver, Nelson: (CMTS) 1890 Veterans Census, (CO) Washington
Oliver, Randall: (CMTS) 1890 Veterans Census, (CO) Tunica
Oliver, Samuel A.: (L) 159.94 acres, Jackson Land Office, (ID) Jan. 5, 1889, (CO) Grenada
Oliver, Thomas J.: (L) 80.13 acres, Jackson Land Office, (ID) Aug. 3, 1882, (CO) Montgomery
Oliver, William H.: (L) 159.98 acres, Jan\ckson Land Office, (ID) Jun. 27, 1895, (CO) Neshoba
Olophant, James M.: (CMTS) 1890 Veterans Census, (CO) Benton
Olsen, Gustav Johan: (B) Aug. 4, 1882, (Race) White, (WWIDR) Adams, MS, (CO) Adams
Olson, Peter L.: (CMTS) 1890 Veterans Census, (CO) Jackson
Olstien, Charles: (CMTS) 1890 Veterans Census, (CO) Amite
O'Neal, Martha: (CMTS) 1890 Veterans Census, (CO) Washington
O'Neal, Crocket: (CMTS) 1890 Veterans Census, (CO) Yazoo
O'Neal, Philip: (B) Oct. 25, 1893, (Race) Black , (WWIDR) Adams, MS, (CO) Adams
O'Neil, Farnum: (CMTS) 1890 Veterans Census, (CO) Washington
O'Neil, Sarah: (CMTS) 1890 Veterans Census, (CO) Dekalb
O'Neill, Alonzo (Alonza): (B) May 7, 1891, (Race) White, (BP) Natchez, MS, (WWIDR) Warren,
    MS, (CO) Adams
O'Neill, James Tyler: (B) Aug. 21, 1895, (Race) White, (BP) Natchez, MS, (WWIDR) Adams,

MS, (CO) Adams
Oney, Tobias: (CMTS) 1890 Veterans Census, (CO) Warren
Onselem, Robert: (CMTS) 1890 Veterans Census, (CO) Adams
Ora, Tobias: (CMTS) 1890 Veterans Census, (CO) Warren
Ore, Henry: (B) May 1, 1882, (Race) Black, (WWIDR) Adams, MS, (CO) Adams
Orey, Tobias: (CMTS) 1890 Veterans Census, (CO) Warren
Oriley, Mike: (CMTS) 1890 Veterans Census, (CO) Pontiac
Orr, Felix Posey: (B) Sep 5, 1885, (Race) White, (WWIDR) Adams, MS, (CO) Adams
Orr, Samuel: (CMTS) 1890 Veterans Census, (CO) Adams
Orrington, J. J: (CMTS) 1890 Veterans Census, (CO) Leflore
Orsborne, Samuel: (CMTS) 1890 Veterans Census, (CO) Jefferson
Orvens, James: (CMTS) 1890 Veterans Census, (CO) Lafayette
Osborne, Jery: (CMTS) 1890 Veterans Census, (CO) Waren
Osburn, John: (CMTS) 1890 Veterans Census, (CO) Washington
Osk, Henry: (CMTS) 1890 Veterans Census, (CO) Warren
Otis, Louis: (B) Oct. 23, 1893, (Race) Black, (BP) Natchez, MS, (WWIDR) Adams,
    MS, (CO) Adams
Ousbury, Thomas A.: (CMTS) 1890 Veterans Census, (CO) Bolivar
Outen, Isaac: (CMTS) 1890 Veterans Census, (CO) Dekalb
Overholt, K Simeon: (CMTS) 1890 Veterans Census, (CO) Washington
Overton, Charley: (B) Dec. 2, 1895, (Race) Black, (BP) Natchez, MS, (WWIDR) Adams,
    MS, (CO) Adams
Overton, George: (CMTS) 1890 Veterans Census, (CO) Claiborne
Overton, Mack: (CMTS) 1890 Veterans Census, (CO) Warren
Owen, Albert: (CMTS) 1890 Veterans Census, (CO) Harrison
Owen, Elizabeth: (CMTS) 1890 Veterans Census, (CO) Warren
Owen, James Alexander: (B) Sep 6, 1891, (Race) Black, (BP) Natchez, MS, (WWIDR) Adams,
    MS, (CO) Adams
Owen, Johnson: (B) Jan. 1, 1884, (Race) Black, (WWIDR) Adams, MS, (CO) Adams
Owen, Richard: (CMTS) 1890 Veterans Census, (CO) Tunica
Owen, Russell A.: (CMTS) 1890 Veterans Census, (CO) Scott
Owen, Samuel Henry Clay: (B) Sep 6, 1891, (Race) Black, (BP) Natchez, MS, (WWIDR) Adams,
    MS, (CO) Adams
Owens, Alexander: (CMTS) 1890 Veterans Census, (CO) Tate
Owens, Andrew: (CMTS) 1890 Veterans Census, (CO) Adams
Owens, Gueller: (CMTS) 1890 Veterans Census, (CO) Dekalb
Owens, Harred: (CMTS) 1890 Veterans Census, (CO) Tunica
Owens, Harry: (CMTS) 1890 Veterans Census, (CO) Tunica
Owens, Henry: (B) 1885, (Race) Black, (WWIDR) Adams, MS, (CO) Adams
Owens, John: (CMTS) 1890 Veterans Census, (CO) Lauderdale
Owens, Lee: (B) 1883, (Race) Black, (WWIDR) Adams, MS, (CO) Adams
Owens, Leonard: (CMTS) 1890 Veterans Census, (CO) Warren
Owens, Mat: (CMTS) 1890 Veterans Census, (CO) Dekalb
Owens, Sussie: (CMTS) 1890 Veterans Census, (CO) Boivar
Owens, Thomas: (CMTS) 1890 Veterans Census, (CO) Bolivar
Owens, Will: (B) Jan., 1892, (Race) Black, (BP) Natchez, MS, (WWIDR) Warren, MS,
    (CO) Adams
Owens, Will: (B) Apr. 7, 1895, (Race) Black, (WWIDR) Adams, MS, (CO) Adams
Owerholt, K Simeon: (CMTS) 1890 Veterans Census, (CO) Washington
Owings, Harry Preston: (B) Mar. 22, 1899, (Race) White, (WWIDR) Adams,
    MS, (CO) Adams
Ownes, Eliza: (CMTS) 1890 Veterans Census, (CO) Boliviar
Ozbirn, George W. L.: (CMTS) 1890 Veterans Census, (CO) Tishomingo
Packer, Moses: (CMTS) 1890 Veterans Census, (CO) Bolivar

Pagano, Tony: (B) Mar. 26, 1896, (Race) White, (BP) New Orleans, LA, (WWIDR) Adams, MS, (CO) Adams
Page, Elbert: (B) Oct. 16, 1884, (Race) Black, (WWIDR) Adams, MS, (CO) Adams
Page, Ellen: (CMTS) 1890 Veterans Census, (CO) Warren
Page, Frank: (B) 1889, (Race) Black Adams Co., MS, (WWIDR) Adams, MS, (CO) Adams
Page, Leonard: (B) Jun. 26, 1890, (Race) Black, (BP) Natchez, MS, (WWIDR) Adams, MS, (CO) Adams
Page, Nat: (CMTS) 1890 Veterans Census, (CO) Adams
Page, Robert: (CMTS) 1890 Veterans Census, (CO) Harrison
Page, Robert A.: (CMTS) 1890 Veterans Census, (CO) Harrison
Page, Wesley: (CMTS) 1890 Veterans Census, (CO) Wilkinson
Page, Willis: (CMTS) 1890 Veterans Census, (CO) Claiborne
Painter, Acoe: (CMTS) 1890 Veterans Census, (CO) Adams
Paldo, Humphrey: (CMTS) 1890 Veterans Census, (CO) Benton
Palmer, Alex: (CMTS) 1890 Veterans Census, (CO) Warren
Palmer, Crocket: (CMTS) 1890 Veterans Census, (CO) Warren
Palmer, Frances F.: (CMTS) 1890 Veterans Census, (CO) Madison
Palmer, George: (CMTS) 1890 Veterans Census, (CO) Washington
Palmer, James: (CMTS) 1890 Veterans Census, (CO) Jackson
Palmer, James: (CMTS) 1890 Veterans Census, (CO) Yazoo
Palmer, Nick: (CMTS) 1890 Veterans Census, (CO) Tunica
Palmer, Samuel: (CMTS) 1890 Veterans Census, (CO) Warren
Palmore, Richard: (CMTS) 1890 Veterans Census, (CO) Yazoo
Pantoliano, Thomas Dominick: (B) Jun. 26, 1888, (Race) White, (BP) Natchez, MS, (WWIDR) Adams, MS, (CO) Adams
Pardue, Frank M.: (B) 1890, (Race) White, (WWIDR) Adams, MS, (CO) Adams
Parham, Archer B.: (B) Jan. 15, 1888, (Race) White, (BP) Gibson, Landing, LA, (WWIDR) Adams, MS, (CO) Adams
Parham, Fenner Payne: (B) Jan. 16, 1895, (Race) White , (WWIDR) Adams, MS, (CO) Adams
Parish, Oliver: (CMTS) 1890 Veterans Census, (CO) Coahoma
Parker, Albert: (CMTS) 1890 Veterans Census, (CO) Adams
Parker, Ben: (CMTS) 1890 Veterans Census, (CO) Adams
Parker, Charles: (CMTS) 1890 Veterans Census, (CO) Washington
Parker, Clarence Joseph: (B) Feb. 1, 1882, (Race) Black, (WWIDR) Adams, MS, (CO) Adams
Parker, Daniel: (CMTS) 1890 Veterans Census, (CO) Adams
Parker, Daniel: (CMTS) 1890 Veterans Census, (CO) Dekalb
Parker, Ellar: (CMTS) 1890 Veterans Census, (CO) Bolivar
Parker, Herman Louis: (B) May 16, 1898, (Race) Black, (WWIDR) Adams, MS, (CO) Adams
Parker, James W.: (B) Jun. 4, 1892, (Race) Black, (BP) Natchez, MS, (WWIDR) Adams, MS, (CO) Adams
Parker, John: (CMTS) 1890 Veterans Census, (CO) Warren
Parker, Joseph Wheeler: (B) Jun. 10, 1899, (Race) White, (WWIDR) Adams, MS, (CO) Adams
Parker, L. B: (CMTS) 1890 Veterans Census, (CO) Jones
Parker, Martin V: (CMTS) 1890 Veterans Census, (CO) Jones
Parker, Oliver: (B) Dec. 10, 1885, (Race) Black, (WWIDR) Adams, MS, (CO) Adams
Parker, Perry: (CMTS) 1890 Veterans Census, (CO) Holmes
Parker, Robert Hicks: (B) Jul. 6, 1892, (Race) White, (BP) Natchez, MS, (WWIDR) Adams, MS, (CO) Adams
Parker, Robert Lee: (B) May 3, 1894, (Race) White, (BP) Natchez, MS, (WWIDR) Adams, MS, (CO) Adams
Parker, Susan: (CMTS) 1890 Veterans Census, (CO) Warren
Parker, Titus: (CMTS) 1890 Veterans Census, (CO) Wilkinson
Parker, William: (B) Dec. 28, 1884, (Race) Black, (WWIDR) Adams, MS, (CO) Adams
Parker, William H.: (CMTS) 1890 Veterans Census, (CO) Yalobusha

Parker, Willie: (B) Jul. 24, 1882, (Race) Black, (WWIDR) Adams, MS, (CO) Adams
Parker, Wilson: (CMTS) 1890 Veterans Census, (CO) Claiborne
Parks, Jane: (CMTS) 1890 Veterans Census, (CO) Quitman
Parks, Joseph: (CMTS) 1890 Veterans Census, (CO) Quitman
Parks, Julius: (CMTS) 1890 Veterans Census, (CO) Coahoma
Parks, William: (CMTS) 1890 Veterans Census, (CO) Warren
Parnelia, Ben: (CMTS) 1890 Veterans Census, (CO) Claiborne
Parnell, Louisiance: (CMTS) 1890 Veterans Census, (CO) Washington
Parrett, Ernest: (B) Dec., 18, 1886, (Race) White Copiah Co., MS, (WWIDR) Adams, MS, (CO) Adams
Parrish, Peter: (CMTS) 1890 Veterans Census, (CO) Panola
Parrish, Solomon P.: (L) 72.79 acres, Jackson Land Office, (ID) Mar. 16, 1891, (CO) Kemper
Parsons, Frank: (CMTS) 1890 Veterans Census, (CO) Lincoln
Parsons, Fredrick: (CMTS) 1890 Veterans Census, (CO) Adams
Parsons, Frnak: (CMTS) 1890 Veterans Census, (CO) Lincoln
Parton, William: (CMTS) 1890 Veterans Census, (CO) Warren
Partridge, Jesse H.: (CMTS) 1890 Veterans Census, (CO) Neshoba
Passavanti, John Baptista: (B) Mar. 1, 1884, (Race) White, (WWIDR) Adams, MS, (CO) Adams
Passavanti, Sam: (B) Nov. 2, 1892, (Race) White Castroveova Sicily Italy, (WWIDR) Adams, MS, (CO) Adams
Paston, Patsy: (CMTS) 1890 Veterans Census, (CO) Tunica
Patrie, Benjamin: (CMTS) 1890 Veterans Census, (CO) Alcorn
Patten, William: (CMTS) 1890 Veterans Census, (CO) Harrison
Patterson, Charles Francis: (B) Jun. 10, 1891, (Race) White, (BP) Natchez, MS, (WWIDR) Adams, MS, (CO) Adams
Patterson, David: (CMTS) 1890 Veterans Census, (CO) Coahoma
Patterson, Frank: (CMTS) 1890 Veterans Census, (CO) Adams
Patterson, Frank: (CMTS) 1890 Veterans Census, (CO) Jefferson
Patterson, Henry: (CMTS) 1890 Veterans Census, (CO) Dekalb
Patterson, James Liddell: (B) Aug. 11, 1894, (Race) White, (BP) Natchez, MS, (WWIDR) Adams, MS, (CO) Adams
Patterson, John: (B) Jul. 4, 1882, (Race) Black, (WWIDR) Warren, MS, (CO) Adams
Patterson, John: (CMTS) 1890 Veterans Census, (CO) Washington
Patterson, John E.: (CMTS) 1890 Veterans Census, (CO) Warren
Patterson, Johnnie: (B) 1896, (Race) Black, (BP) St. Joseph, LA, (WWIDR) Issaquena, MS, (CO) Adams
Patterson, Johnnie: (B) 1896, (Race) Black, (WWIDR) Issaquena, MS, (CO) Adams
Patterson, Louis: (CMTS) 1890 Veterans Census, (CO) Washington
Patterson, Parthenia: (CMTS) 1890 Veterans Census, (CO) Dekalb
Patterson, Samuel C: (CMTS) 1890 Veterans Census, (CO) Calhoun
Patterson, William: (CMTS) 1890 Veterans Census, (CO) Washington
Patterson, William G.: (CMTS) 1890 Veterans Census, (CO) Panola
Patterson, Willie: (B) Feb. 5, 1894, (Race) Black, (BP) Natchez, MS, (WWIDR) Sunflower, MS, (CO) Adams
Patton, John J.: (CMTS) 1890 Veterans Census, (CO) Bolivar
Patton, John W.: (CMTS) 1890 Veterans Census, (CO) Jefferson
Patton, Laura V G.: (CMTS) 1890 Veterans Census, (CO) Jefferson
Paulter, William Ralph: (B) Dec. 3, 1895, (Race) White, (BP) Natchez, MS, (WWIDR) Adams, MS, (CO) Adams
Paulter, William Ralph: (B) Dec. 3, 1895, (Race) White, (WWIDR) Adams, MS, (CO) Adams
Paxton, Hugh: (CMTS) 1890 Veterans Census, (CO) Warren
Paxton, James K: (CMTS) 1890 Veterans Census, (CO) Washington
Paxton, Miles: (CMTS) 1890 Veterans Census, (CO) Adams

Paxton, William: (CMTS) 1890 Veterans Census, (CO) Warren
Payne, Charlie: (B) May 9, 1881, (Race) Black, (WWIDR) Adams, MS, (CO) Adams
Payne, Cleavon: (B) Dec. 25, 1898, (Race) Black, (WWIDR) Adams, MS, (CO) Adams
Payne, Eddie: (B) Mar. 7, 1892, (Race) Black, (BP) Saint Joseph, LA, (WWIDR) Adams, MS, (CO) Adams
Payne, Ezekiel: (B) Mar. 28, 1883, (Race) Black, (WWIDR) Adams, MS, (CO) Adams
Payne, Frank: (B) Apr. 29, 1895, (Race) Black, (BP) Natchez, MS, (WWIDR) Adams, MS, (CO) Adams
Payne, George: (B) Mar. 30, 1893, (Race) Black Adams Co., MS, (WWIDR) Adams, MS, (CO) Adams
Payne, Granville: (B) Apr. 5, 1889, (Race) Black, (BP) Natchez, MS, (WWIDR) Adams, MS, (CO) Adams
Payne, James: (CMTS) 1890 Veterans Census, (CO) Jefferson
Payne, John: (CMTS) 1890 Veterans Census, (CO) Warren
Payne, Julius: (B) May 13, 1897, (Race) Black, (BP) L. Adams Co., MS, (WWIDR) Adams, MS, (CO) Adams
Payne, Julius: (B) Mar. 25, 1895, (Race) Black Adams Co., MS, (WWIDR) Adams, MS, (CO) Adams
Payne, Louis: (CMTS) 1890 Veterans Census, (CO) Dekalb
Payne, Louis: (CMTS) 1890 Veterans Census, (CO) Jefferson
Payne, Malinda: (CMTS) 1890 Veterans Census, (CO) Warren
Payne, Nathan: (CMTS) 1890 Veterans Census, (CO) Tunica
Payne, Rebecca: (CMTS) 1890 Veterans Census, (CO) Warren
Payne, Robert Linton: (B) Aug. 3, 1887, (Race) White Church Hill, MS, (WWIDR) Adams, MS, (CO) Adams
Payne, Thomas M.: (CMTS) 1890 Veterans Census, (CO) Coahoma
Payne, Zeb: (B) Aug. 12, 1885, (Race) Black, (WWIDR) Adams, MS, (CO) Adams
Paynes, Cleavon: (B) Dec. 25, 1898, (Race) Black, (WWIDR) Adams, MS, (CO) Adams
Payton, Henry: (CMTS) 1890 Veterans Census, (CO) Hinds
Payton, Paul: (CMTS) 1890 Veterans Census, (CO) Jefferson
Peacock, Lovick R.: (CMTS) 1890 Veterans Census, (CO) Sunflower
Peak, William W.: (CMTS) 1890 Veterans Census, (CO) Prentiss
Peale, Daniel: (CMTS) 1890 Veterans Census, (CO) Warren
Pearl, Pintie: (B) Aug. 2, 1898, (Race) Black, (WWIDR) Warren, MS, (CO) Adams
Pearl, William: (B) Sep 17, 1893, (Race) Black, (BP) Mississippi, (WWIDR) Adams, MS, (CO) Adams
Pearles, Johnnie: (B) Aug. 17, 1896, (Race) Black, (BP) L. Adams Co., MS, (WWIDR) Adams, MS, (CO) Adams
Pearson, William: (CMTS) 1890 Veterans Census, (CO) Panola
Peascore, John Felix: (B) Aug. 23, 1898, (Race) White, (WWIDR) Adams, MS, (CO) Adams
Pease, John B: (CMTS) 1890 Veterans Census, (CO) Bolivar
Peck, John: (CMTS) 1890 Veterans Census, (CO) Adams
Peeks, George: (CMTS) 1890 Veterans Census, (CO) Panola
Peeks, Margaret: (CMTS) 1890 Veterans Census, (CO) Panola
Peeples, Peter: (CMTS) 1890 Veterans Census, (CO) Bolivar
Pegram, Alex: (CMTS) 1890 Veterans Census, (CO) Warren
Pegram, Daniel: (CMTS) 1890 Veterans Census, (CO) Warren
Pegram, Isabella: (CMTS) 1890 Veterans Census, (CO) Warren
Peleaz, Charles: (CMTS) 1890 Veterans Census, (CO) Harrison
Penbutne, Mark: (CMTS) 1890 Veterans Census, (CO) Sharkey
Pender, James: (CMTS) 1890 Veterans Census, (CO) Warren
Pender, Richard: (CMTS) 1890 Veterans Census, (CO) Jefferson
Pendleton, Charley: (B) Apr. 28, 1891, (Race) Black, (BP) Newellton, LA, (WWIDR) Adams, MS, (CO) Adams

Pendleton, Thomas: (B) Jul. 15, 1891, (Race) Black, (BP) Yazoo Co., MS, (WWIDR) Adams, MS, (CO) Adams
Penly, Ephriam C: (CMTS) 1890 Veterans Census, (CO) Warren
Penly, N. N: (CMTS) 1890 Veterans Census, (CO) Warren
Penn, John: (CMTS) 1890 Veterans Census, (CO) Warren
Penny, William K: (CMTS) 1890 Veterans Census, (CO) Jefferson
Penrose, Frank: (CMTS) 1890 Veterans Census, (CO) Jefferson
Penrose, Mary: (CMTS) 1890 Veterans Census, (CO) Jefferson
Pepper, A. G.: (CMTS) 1890 Veterans Census, (CO) Yazoo
Peppin, Ed: (B) 1892, (Race) Black, (BP) Washington, MS, (WWIDR) Adams, MS, (CO) Adams
Peppins, Ed: (B) 1892, (Race) Black, (BP) Washington, MS, (WWIDR) Adams, MS, (CO) Adams
Percy, Ephrian: (CMTS) 1890 Veterans Census, (CO) Washington
Percy, Ephriham: (CMTS) 1890 Veterans Census, (CO) Washington
Perkens, Dan: (B) Feb. 7, 1889, (Race) Black Adams Co., MS, (WWIDR) Adams, MS, (CO) Adams
Perkin, Jackson: (CMTS) 1890 Veterans Census, (CO) Adams
Perkins, Alfred: (CMTS) 1890 Veterans Census, (CO) Wilkinson
Perkins, Amy: (CMTS) 1890 Veterans Census, (CO) Dekalb
Perkins, Bertha: (CMTS) 1890 Veterans Census, (CO) Dekalb
Perkins, David: (CMTS) 1890 Veterans Census, (CO) Adams
Perkins, Frank: (CMTS) 1890 Veterans Census, (CO) Warren
Perkins, Hardy: (CMTS) 1890 Veterans Census, (CO) Adams
Perkins, Harry: (CMTS) 1890 Veterans Census, (CO) Dekalb
Perkins, Jack: (CMTS) 1890 Veterans Census, (CO) Wilkinson
Perkins, James D.: (B) Jan. 12, 1899, (Race) White, (WWIDR) Adams, MS, (CO) Adams
Perkins, Jiles: (CMTS) 1890 Veterans Census, (CO) Washington
Perkins, John: (CMTS) 1890 Veterans Census, (CO) Warren
Perkins, Mary: (CMTS) 1890 Veterans Census, (CO) Adams
Perkins, Matilda: (CMTS) 1890 Veterans Census, (CO) Warren
Perkins, Rhubin: (CMTS) 1890 Veterans Census, (CO) Warren
Perkins, Rubin: (CMTS) 1890 Veterans Census, (CO) Washington
Perkins, Samuel: (CMTS) 1890 Veterans Census, (CO) Warren
Perkins, Samuel: (CMTS) 1890 Veterans Census, (CO) Warren
Perkins, Simon: (CMTS) 1890 Veterans Census, (CO) Warren
Perkins, Simpson: (CMTS) 1890 Veterans Census, (CO) Warren
Perkins, Thomas: (CMTS) 1890 Veterans Census, (CO) Warren
Perkins, Zachariah: (CMTS) 1890 Veterans Census, (CO) Warren
Perkins, Zackariah: (CMTS) 1890 Veterans Census, (CO) Warren
Pernell, Jerry: (CMTS) 1890 Veterans Census, (CO) Grenada
Pernell, John R.: (CMTS) 1890 Veterans Census, (CO) Marshall
Perrault, Armond Louis: (B) Jul. 11, 1882, (Race) White, (WWIDR) Adams, MS, (CO) Adams
Perrault, Charles Henry: (B) Mar. 26, 1899, (Race) White, (WWIDR) Adams, MS, (CO) Adams
Perrault, Francis Desales: (B) Oct. 27, 1898, (Race) White, (WWIDR) Adams, MS, (CO) Adams
Perrault, Frank Joseph: (B) Oct. 20, 1883, (Race) White, (WWIDR) Adams, MS, (CO) Adams
Perrault, Joseph: (B) Oct. 15, 1899, (Race) Black, (WWIDR) Adams, MS, (CO) Adams
Perrault, Joseph Samuel: (B) Jan. 9, 1885, (Race) White, (WWIDR) Adams,

MS, (CO) Adams
Perrault, Vincent L.: (B) Sep 23, 1890, (Race) White, (BP) Wytheville VA, (WWIDR) Adams, MS, (CO) Adams
Perrine, Charlie: (B) Jul. 20, 1882, (Race) White, (WWIDR) Adams, MS, (CO) Adams
Perry, Edward A.: (CMTS) 1890 Veterans Census, (CO) Dekalb
Perry, Pauline: (CMTS) 1890 Veterans Census, (CO) Warren
Perry, Sarah: (CMTS) 1890 Veterans Census, (CO) Grenada
Perry, William: (CMTS) 1890 Veterans Census, (CO) Lauderdale
Perryman, Alfred: (CMTS) 1890 Veterans Census, (CO) Jefferson
Person, Moses: (CMTS) 1890 Veterans Census, (CO) Sharkey
Persons, Jos: (CMTS) 1890 Veterans Census, (CO) Genada
Persons, Joseph: (CMTS) 1890 Veterans Census, (CO) Genada
Peter, George: (CMTS) 1890 Veterans Census, (CO) Quitman
Peter, Griffin: (CMTS) 1890 Veterans Census, (CO) Wilkinson
Peters, John: (CMTS) 1890 Veterans Census, (CO) Harrison
Peters, Matilda: (CMTS) 1890 Veterans Census, (CO) Jefferson
Peters, Shadric: (CMTS) 1890 Veterans Census, (CO) Yazoo
Peters, Simon: (CMTS) 1890 Veterans Census, (CO) Harrison
Peters, Susan: (CMTS) 1890 Veterans Census, (CO) Harrison
Peters, Thomas: (CMTS) 1890 Veterans Census, (CO) Yazoo
Peterson, Archie: (CMTS) 1890 Veterans Census, (CO) Sunflower
Peterson, George: (CMTS) 1890 Veterans Census, (CO) Adams
Peterson, John: (CMTS) 1890 Veterans Census, (CO) Dekalb
Petkovsek, Frank: (B) Jun. 3, 1889, (Race) White, (BP) Natchez, MS, (WWIDR) Adams, MS, (CO) Adams
Petkovsek, Rapheal: (B) Aug. 27, 1892, (Race) White, (BP) Natchez, MS, (WWIDR) Adams, MS, (CO) Adams
Petter, James: (CMTS) 1890 Veterans Census, (CO) Adams
Petterbone, Eugene E.: (CMTS) 1890 Veterans Census, (CO) Grenada
Petti, Greene: (CMTS) 1890 Veterans Census, (CO) Washington
Pettie, Jerry: (CMTS) 1890 Veterans Census, (CO) Warren
Pettigrew, Columbus: (CMTS) 1890 Veterans Census, (CO) Yazoo
Pettigrew, Mary: (CMTS) 1890 Veterans Census, (CO) Yazoo
Pettis, Albert Izaac: (B) 1898, (Race) Black, (WWIDR) Adams, MS, (CO) Adams
Pettis, Burrell (Burrill): (B) 1895, (Race) Black Adams Co., MS, (WWIDR) Adams, MS, (CO) Adams
Pettis, Gilbert: (B) Oct. 8, 1890, (Race) Black Adams Co., MS, (WWIDR) Adams, MS, (CO) Adams
Pettis, John: (B) Sep 14, 1891, (Race) Black Adams Co., MS, (WWIDR) Adams, MS, (CO) Adams
Pettis, Richard: (B) Jun. 6, 1894, (Race) Black Adams Co., MS, (WWIDR) Adams, MS, (CO) Adams
Pettis, William H.: (L) 84.37 acres, Jackson Land Office, (ID) Oct. 18, 1892, (CO) Neshoba
Pettis, Willie: (B) Jan. 12, 1896, (Race) Black, (BP) Natchez, MS, (WWIDR) Adams, MS, (CO) Adams
Peyton, Wilson: (CMTS) 1890 Veterans Census, (CO) Panola
Pfeiffer, Edwin Louis: (B) Apr. 14, 1889, (Race) White, (BP) Natchez, MS, (WWIDR) Adams, MS, (CO) Adams
Phelan, John: (B) Jun. 14, 1889, (Race) White, (BP) Natchez, MS, (WWIDR) Adams, MS, (CO) Adams
Phelan, Mike P.: (B) Sep 14, 1887, (Race) White, (BP) Natchez, MS, (WWIDR) Adams, MS, (CO) Adams
Phelan, Thomas J.: (B) Feb. 12, 1891, (Race) White, (BP) Natchez, MS, (WWIDR) Adams,

MS, (CO) Adams
Phelps, Alonzo J.: (CMTS) 1890 Veterans Census, (CO) Sharkey
Phelps, James F.: (CMTS) 1890 Veterans Census, (CO) Washington
Phelps, William L.: (CMTS) 1890 Veterans Census, (CO) Clarke
Phenix, William: (B) Dec. 16, 1881, (Race) Black, (WWIDR) Adams, MS, (CO) Adams
Philip, Bro: (CMTS) 1890 Veterans Census, (CO) Warren
Philips, Andrew: (CMTS) 1890 Veterans Census, (CO) Jackson
Philips, Elizabeth: (CMTS) 1890 Veterans Census, (CO) Jackson
Phillips, Adaline: (CMTS) 1890 Veterans Census, (CO) Washington
Phillips, Ben F.: (CMTS) 1890 Veterans Census, (CO) Marshall
Phillips, Grant: (CMTS) 1890 Veterans Census, (CO) Coahoma
Phillips, Henry: (CMTS) 1890 Veterans Census, (CO) Warren
Phillips, Henry: (CMTS) 1890 Veterans Census, (CO) Washington
Phillips, Henry Clay: (CMTS) 1890 Veterans Census, (CO) Sharkey
Phillips, Jacob: (CMTS) 1890 Veterans Census, (CO) Panola
Phillips, James D.: (CMTS) 1890 Veterans Census, (CO) Dekalb
Phillips, James Turner: (B) Dec. 9, 1895, (Race) White, (BP) Lacour, LA, (WWIDR) Adams, MS, (CO) Adams
Phillips, John Bailey: (B) Jun. 2, 1886, (Race) White, (WWIDR) Adams, MS, (CO) Adams
Phillips, John E.: (CMTS) 1890 Veterans Census, (CO) Coahoma
Phillips, Margarette T.: (CMTS) 1890 Veterans Census, (CO) Dekalb
Phillips, Orren: (B) Jan. 16, 1899, (Race) White, (WWIDR) Adams, MS, (CO) Adams
Pickett, Emaline: (CMTS) 1890 Veterans Census, (CO) Warren
Pickett, Rogers: (B) Mar. 19, 1892, (Race) White, (BP) Tyler, MO, (WWIDR) Adams, MS, (CO) Adams
Pickett, Tucker: (CMTS) 1890 Veterans Census, (CO) Warren
Picking, James: (CMTS) 1890 Veterans Census, (CO) Bolivar
Picou, James: (B) Oct. 9, 1899, (Race) Black, (WWIDR) Adams, MS, (CO) Adams
Picou, Lemuel: (B) Oct. 17, 1893, (Race) Black, (BP) Natchez, MS, (WWIDR) Adams, MS, (CO) Adams
Pierce, Frank: (CMTS) 1890 Veterans Census, (CO) Sharkey
Pierce, Frank G.: (CMTS) 1890 Veterans Census, (CO) Sharkey
Pierce, James: (CMTS) 1890 Veterans Census, (CO) Jefferson
Pierce, John: (CMTS) 1890 Veterans Census, (CO) Warren
Pierce, Legrand: (CMTS) 1890 Veterans Census, (CO) Sharkey
Pierce, Levy: (CMTS) 1890 Veterans Census, (CO) Prentiss
Pierce, William: (CMTS) 1890 Veterans Census, (CO) Claiborne
Piercefield, Prosper M.: (CMTS) 1890 Veterans Census, (CO) Jefferson
Pierson, Emily: (CMTS) 1890 Veterans Census, (CO) Warren
Pierson, Philip: (CMTS) 1890 Veterans Census, (CO) Warren
Pilate, George: (B) Aug. 26, 1883, (Race) Black, (WWIDR) Warren, MS, (CO) Adams
Pillow, W.R: (CMTS) 1890 Veterans Census, (CO) Leflore
Pillow, Mrs. W.R.: (CMTS) 1890 Veterans Census, (CO) Leflore
Pillow, Walter: (CMTS) 1890 Veterans Census, (CO) Leflore
Pimberton, Mark: (CMTS) 1890 Veterans Census, (CO) Sharkey
Pinas, Tony: (CMTS) 1890 Veterans Census, (CO) Yazoo
Pine, Eddie: (B) May 10, 1882, (Race) Black, (WWIDR) Adams, MS, (CO) Adams
Pine, Ernest: (B) Jan. 10, 1899, (Race) Black, (WWIDR) Adams, MS, (CO) Adams
Pinkel, Carter: (CMTS) 1890 Veterans Census, (CO) Sharkey
Pinkens, Phillip: (CMTS) 1890 Veterans Census, (CO) Jefferson
Pinket, Canton: (CMTS) 1890 Veterans Census, (CO) Sharkey
Pinkney, Clarence: (B) Oct. 26, 1890, (Race) Black, (BP) Natchez, MS, (WWIDR) Adams, MS, (CO) Adams
Pinkney, Clarence: (B) Oct. 26, 1890, (Race) Black, (WWIDR) Adams, MS, (CO) Adams

Pinkney, Dennis: (CMTS) 1890 Veterans Census, (CO) Warren
Piper, Hilliard: (CMTS) 1890 Veterans Census, (CO) Warren
Piper, James: (CMTS) 1890 Veterans Census, (CO) Adams
Pipes, Helliard: (CMTS) 1890 Veterans Census, (CO) Warren
Pippens, Mose: (B) Sep 10, 1894, (Race) Black, (BP) Washington, MS, (WWIDR) Adams, MS, (CO) Adams
Pitchford, John Joseph: (B) Sep 23, 1890, (Race) White, (BP) Natchez, MS, (WWIDR) Adams, MS, (CO) Adams
Pitman, Isaac: (CMTS) 1890 Veterans Census, (CO) Washington
Pitman, Samantha: (CMTS) 1890 Veterans Census, (CO) Marshall
Pitty, Ellen: (CMTS) 1890 Veterans Census, (CO) Warren
Plamer, Minerva: (CMTS) 1890 Veterans Census, (CO) Warren
Plamer, Robert: (CMTS) 1890 Veterans Census, (CO) Madison
Pleasure, William: (CMTS) 1890 Veterans Census, (CO) Jefferson
Pleman, Robert: (CMTS) 1890 Veterans Census, (CO) Bolivar
Plummer, Granville: (CMTS) 1890 Veterans Census, (CO) Warren
Plummer, John: (B) Jan., 1881, (Race) Black, (WWIDR) Adams, MS, (CO) Adams
Plummer, Parker William: (B) Dec. 24, 1885, (Race) Black, (WWIDR) Adams, MS, (CO) Adams
Podesta, August Joseph (Dr.): (B) Dec. 29, 1892, (Race) White, (BP) Natchez, MS, (WWIDR) Adams, MS, (CO) Adams
Podesta, Julius J.: (B) Sep 3, 1894, (Race) White, (BP) Natchez, MS, (WWIDR) Adams, MS, (CO) Adams
Poe, David: (CMTS) 1890 Veterans Census, (CO) Jackson
Poindexter, Ollie A.: (B) Aug. 2, 1893, (Race) White, (BP) Vicksburg, MS, (WWIDR) Adams, MS, (CO) Adams
Poindexter, William S.: (CMTS) 1890 Veterans Census, (CO) Warren
Pointer, Scott: (CMTS) 1890 Veterans Census, (CO) Tunica
Polite, Henry: (CMTS) 1890 Veterans Census, (CO) Washington
Polite, William: (CMTS) 1890 Veterans Census, (CO) Washington
Polizzi, Frank: (B) Jul. 24, 1881, (Race) White, (WWIDR) Adams, MS, (CO) Adams
Polk, Abram: (CMTS) 1890 Veterans Census, (CO) Tunica
Polk, Alex: (CMTS) 1890 Veterans Census, (CO) Bolivar
Polk, Emanuel: (CMTS) 1890 Veterans Census, (CO) Yalobusha
Polk, Henderson: (CMTS) 1890 Veterans Census, (CO) Wilkinson
Polk, Robert: (B) Aug. 9, 1890, (Race) Black, (WWIDR) Sunflower, MS, (CO) Adams
Polk, Shepherd: (CMTS) 1890 Veterans Census, (CO) Coahoma
Polk, Walter: (B) 1894, (Race) Black Adams Co., MS, (WWIDR) Adams, MS, (CO) Adams
Polk, Wesley: (CMTS) 1890 Veterans Census, (CO) Dekalb
Pollard, Albert Anderson: (B) Nov. 16, 1882, (Race) Black, (WWIDR) Adams, MS, (CO) Adams
Pollard, Aston: (CMTS) 1890 Veterans Census, (CO) Washington
Pollard, Dick: (CMTS) 1890 Veterans Census, (CO) Yalobusha
Pollard, Eliza: (CMTS) 1890 Veterans Census, (CO) Yalobusha
Pollard, Henry: (CMTS) 1890 Veterans Census, (CO) Washington
Pollard, James Clinton: (B) Feb. 5, 1896, (Race) Black Adams Co., MS, (WWIDR) Adams, MS, (CO) Adams
Pollard, Junius: (B) Jul. 4, 1886, (Race) Black, (BP) Natchez, MS, (WWIDR) Warren, MS, (CO) Adams
Pollard, Margaret: (CMTS) 1890 Veterans Census, (CO) Washington
Pollard, Oliver: (B) Jul., 1884, (Race) Black, (WWIDR) Adams, MS, (CO) Adams
Pollard, Olston: (CMTS) 1890 Veterans Census, (CO) Washington
Polly, George: (CMTS) 1890 Veterans Census, (CO) Sharkey
Pommel, Hackett: (B) Nov., 18, 1885, (Race) Black, (WWIDR) Adams, MS, (CO) Adams
Pomtderster, William S.: (CMTS) 1890 Veterans Census, (CO) Warren
Pone, Lee: (CMTS) 1890 Veterans Census, (CO) Dekalb

Ponshea, John: (CMTS) 1890 Veterans Census, (CO) Warren
Pool, James H.: (CMTS) 1890 Veterans Census, (CO) Benton
Pool, John: (B) Aug. 18, 1883, (D) 1983, (RES) Bigpoint, Eastlawn, Helena, Orange Grove, Pasgoula, Pecan, Three Rivers and Wade, MS, (CO) Jackson
Pool, John: (MD) Jul. 31, 1883, (Spouse) Nancy Gibbs, (CO) Clay
Pool, John Oliver: (B) Jul. 16, 1896, (CO) Jasper
Pool, John W.: (MD) Nov. 14, 1894, (Spouse) E. W. Lucy, (CO) Jones
Pool, John Washington: (MD) Mar. 14, 1885, (Spouse) Elvia Eugenia Morgan, (CO) Amite
Pool, Ward: (B) 1889, (Race) Black, (WWIDR) Adams, MS, (CO) Adams
Pool, William: (B) Jul. 15, 1893, (Race) Black, (BP) Dead, Mans Bend, MS, (WWIDR) Adams, MS, (CO) Adams
Pool, Willis: (MD) Dec. 25, 1886, (Spouse) Laura Bell, (CO) Chickasaw
Pool, Willis: (MD) Jul. 17, 1887, (Spouse) Cassey Mims, (CO) Carrol
Poole, Earle J.: (B) Jan. 29, 1890 (D) Aug., 18 1945, (CO) Chickasaw, (C) Wesley Chapel Cemetery
Poole, William: (B) Jan., 1892, (PRTS) Lee G. Poole, (CO) Union
Pope, Alex: (B) Aug. 29, 1897, (Race) Black, (WWIDR) Adams, MS, (CO) Adams
Pope, Robert: (B) Jan. 12, 1890, (Race) Black, (WWIDR) Adams, MS, (CO) Adams
Porter, Dallas: (CMTS) 1890 Veterans Census, (CO) Yazoo
Porter, David: (B) Oct. 1, 1883, (Race) Black, (WWIDR) Adams, MS, (CO) Adams
Porter, David: (CMTS) 1890 Veterans Census, (CO) Warren
Porter, Floyd: (B) Jun. 15, 1896, (Race) Black, (BP) Washington, MS, (WWIDR) Adams, MS, (CO) Adams
Porter, Floyd: (B) Jun. 15, 1896, (Race) Black, (WWIDR) Adams, MS, (CO) Adams
Porter, Henry: (B) Jul. 16, 1883, (Race) Black, (WWIDR) Adams, MS, (CO) Adams
Porter, Jackson: (CMTS) 1890 Veterans Census, (CO) Warren
Porter, John James: (D) Dec. 30, 1881, (CO) Hinds
Porter, John A.: (B) Feb. 6. 1840, (D) Dec. 15, 1881, (CO) Lee, (C) Shannon Cemetery
Porter, Nancy: (CMTS) 1890 Veterans Census, (CO) Warren
Porter, Oscar: (B) Jun. 12, 1881, (Race) Black, (WWIDR) Adams, MS, (CO) Adams
Porter, Robert: (CMTS) 1890 Veterans Census, (CO) Bolivar
Porter, Silas: (CMTS) 1890 Veterans Census, (CO) Clarke
Porter, Stephen: (CMTS) 1890 Veterans Census, (CO) Dekalb
Porter, William: (CMTS) 1890 Veterans Census, (CO) Coahoma
Porter, William J.: (CMTS) 1890 Veterans Census, (CO) Warren
Porterfield, Lathy: (B) 1893, (Race) Black Adams Co., MS, (WWIDR) Adams, MS, (CO) Adams
Posey, Nelson: (CMTS) 1890 Veterans Census, (CO) Tunica
Posey, Stanhope: (CMTS) 1890 Veterans Census, (CO) Leflore
Postlethwaite, Alexander: (B) Sep. 18, 1887, (Race) White, (BP) Natchez, MS, (WWIDR) Adams, MS, (CO) Adams
Poter, Jack: (CMTS) 1890 Veterans Census, (CO) Tunica
Potter, Ross: (B) Oct. 10, 1897, (Race) Black, (WWIDR) Adams, MS, (CO) Adams
Potter, Townsend B: (CMTS) 1890 Veterans Census, (CO) Coahoma
Potts, Charley: (CMTS) 1890 Veterans Census, (CO) Dekalb
Potts, Milas: (CMTS) 1890 Veterans Census, (CO) Panola
Poulter, William Ralph: (B) Dec. 3, 1895, (Race) White, (BP) Natchez, MS, (WWIDR) Adams, MS, (CO) Adams
Pounders, Hardy: (CMTS) 1890 Veterans Census, (CO) Tunica
Powe, Wisdom: (CMTS) 1890 Veterans Census, (CO) Wayne
Powel, James: (CMTS) 1890 Veterans Census, (CO) Adams
Powell, Dan: (B) Aug., 18, 1887, (Race) White, (BP) Natchez, MS, (WWIDR) Adams, MS, (CO) Adams
Powell, Hillared: (CMTS) 1890 Veterans Census, (CO) Washington

Powell, Hunter J.: (CMTS) 1890 Veterans Census, (CO) Sharkey
Powell, James: (CMTS) 1890 Veterans Census, (CO) Tishomingo
Powell, John Henry: (B) Aug., 18, 1888, (Race) Black, (BP) Natchez, MS, (WWIDR) Adams, MS, (CO) Adams
Powell, Stanback: (CMTS) 1890 Veterans Census, (CO) Dekalb
Powells, Alonza: (B) Jan. 28, 1897, (Race) Black, (BP) Pine Ridge, MS, (WWIDR) Adams, MS, (CO) Adams
Powells, Alonza: (B) Jan. 28, 1897, (Race) Black, (WWIDR) Adams, MS, (CO) Adams
Power, William: (CMTS) 1890 Veterans Census, (CO) Marshall
Powers, Charles Jessee: (CMTS) 1890 Veterans Census, (CO) Tishomingo
Powers, Elijah: (B) 1888, (Race) Black, (BP) Natchez, MS, (WWIDR) Adams, MS, (CO) Adams
Powers, Richard V: (CMTS) 1890 Veterans Census, (CO) Yazoo
Powers, Richd: (CMTS) 1890 Veterans Census, (CO) Yazoo
Powlett, George Lennox: (B) Sep 9, 1881, (Race) White, (WWIDR) Adams, MS, (CO) Adams
Prater, James: (CMTS) 1890 Veterans Census, (CO) Warren
Pratt, Joe: (B) Jun. 1, 1896, (Race) Black Church Hill, MS, (WWIDR) Adams, MS, (CO) Adams
Prentiss, George: (CMTS) 1890 Veterans Census, (CO) Coahoma
Preston, Edmond: (CMTS) 1890 Veterans Census, (CO) Warren
Preston, Wade: (CMTS) 1890 Veterans Census, (CO) Washington
Price, Andrew: (CMTS) 1890 Veterans Census, (CO) Claiborne
Price, Bazell: (CMTS) 1890 Veterans Census, (CO) Coahoma
Price, Ben: (CMTS) 1890 Veterans Census, (CO) Bolivar
Price, George W.: (CMTS) 1890 Veterans Census, (CO) Yalobusha
Price, Gribing: (CMTS) 1890 Veterans Census, (CO) Claiborne
Price, Hence: (CMTS) 1890 Veterans Census, (CO) Washington
Price, Henderson: (CMTS) 1890 Veterans Census, (CO) Dekalb
Price, Henry: (B) Sep. 1, 1821 (D) May 26, 1897 (CO) Chickasaw, (C) Wesley Chapel Cemetery
Price, Horace: (CMTS) 1890 Veterans Census, (CO) Claiborne
Price, Junius: (B) 1883, (Race) Black, (WWIDR) Adams, MS, (CO) Adams
Price, Martha: (CMTS) 1890 Veterans Census, (CO) Washington
Price, Peter: (CMTS) 1890 Veterans Census, (CO) Dekalb
Priester, Dewey: (B) Dec. 10, 1898, (Race) White, (WWIDR) Adams, MS, (CO) Adams
Priester, William Rufus: (B) Mar. 25, 1892, (Race) White Adams Co., MS, (WWIDR) Adams, MS, (CO) Adams
Prigin, John: (CMTS) 1890 Veterans Census, (CO) Sharkey
Prince, Robert: (CMTS) 1890 Veterans Census, (CO) Issaquena
Prince, William: (CMTS) 1890 Veterans Census, (CO) Washington
Pritchard, Joseph: (CMTS) 1890 Veterans Census, (CO) Marshall
Proby, Abner: (B) Jan. 11, 1899, (Race) Black, (WWIDR) Adams, MS, (CO) Adams
Proby, Charles: (B) 1892, (Race) Black, (BP) Stanton, MS, (WWIDR) Adams, MS, (CO) Adams
Proby, Henry: (B) 1890, (Race) Black, (BP) Stanton, MS, (WWIDR) Adams, MS, (CO) Adams
Proby, John: (B) Aug. 14, 1881, (Race) Black, (WWIDR) Adams, MS, (CO) Adams
Proby, Joseph: (B) Jul. 14, 1887, (Race) Black, (BP) Stanton, MS, (WWIDR) Adams, MS, (CO) Adams
Proby, Perry: (B) Jul. 16, 1883, (Race) Black, (WWIDR) Adams, MS, (CO) Adams
Proctor, Benjamin: (CMTS) 1890 Veterans Census, (CO) Tippah
Proctor, Richard: (CMTS) 1890 Veterans Census, (CO) Tippah
Profit, Ben: (B) Apr. 3, 1890, (Race) Black Adams Co., MS, (WWIDR) Sunflower, MS, (CO) Adams
Profit, Jeremiah: (CMTS) 1890 Veterans Census, (CO) Dekalb
Protheroe, Walter Louis: (B) Aug. 26, 1892, (Race) White, (BP) Natchez, MS, (WWIDR) Adams, MS, (CO) Adams

Pruett, James M.: (CMTS) 1890 Veterans Census, (CO) Lafayette
Pryor, Adam: (CMTS) 1890 Veterans Census, (CO) Jefferson
Pryor, Clarissa: (CMTS) 1890 Veterans Census, (CO) Prentiss
Pryor, Madison: (CMTS) 1890 Veterans Census, (CO) Prentiss
Puckett, Eddie: (B) Sep 14, 1887, (Race) Black Adams Co., MS, (WWIDR) Adams, MS, (CO) Adams
Pullen, D. C: (CMTS) 1890 Veterans Census, (CO) Yalobusha
Pulley, David Larlee: (B) Nov. 6, 1884, (Race) Black, (WWIDR) Adams, MS, (CO) Adams
Pulley, Earnest: (B) 1895, (Race) Black Adams Co., MS, (WWIDR) Adams, MS, (CO) Adams
Pulley, Ralph: (B) Jan. 5, 1897, (Race) Black, (BP) Natchez, MS, (WWIDR) Adams, MS, (CO) Adams
Pullin, John F.: (CMTS) 1890 Veterans Census, (CO) Dekalb
Pullum, Zechariah: (CMTS) 1890 Veterans Census, (CO) Washington
Purnell, Alfred: (CMTS) 1890 Veterans Census, (CO) Warren
Purnell, Charles: (B) May 8, 1894, (Race) White, (BP) Natchez, MS, (WWIDR) Adams, MS, (CO) Adams
Purnell, Vina: (CMTS) 1890 Veterans Census, (CO) Warren
Purnell, William: (CMTS) 1890 Veterans Census, (CO) Issaquena
Purson, Emily: (CMTS) 1890 Veterans Census, (CO) Warren
Purvis, William: (CMTS) 1890 Veterans Census, (CO) Lafayette
Quarterman, George T.: (B) May 21, 1896, (Race) White, (BP) Natchez, MS, (WWIDR) Adams, MS, (CO) Adams
Quigless, Charles: (CMTS) 1890 Veterans Census, (CO) Claiborne
Quincy, John: (CMTS) 1890 Veterans Census, (CO) Washington
Quinn, Irvin: (CMTS) 1890 Veterans Census, (CO) Warren
Quinn, William: (CMTS) 1890 Veterans Census, (CO) Pike
Qutman, Joshua: (CMTS) 1890 Veterans Census, (CO) Washington
Racley, Taylor: (B) Jun. 6, 1890, (Race) Black Adams Co., MS, (WWIDR) Adams, MS, (CO) Adams
Radigan, Thomas Henry: (B) Jul. 25, 1881, (Race) White, (WWIDR) Adams, MS, (CO) Adams
Rafaul, Khalil Monsour: (B) Jun. 21, 1882, (Race) White, (WWIDR) Adams, MS, (CO) Adams
Raffelt, Petro: (B) May 15, 1886, (Race) White, (WWIDR) Adams, MS, (CO) Adams
Ragg, Lewis: (CMTS) 1890 Veterans Census, (CO) Warren
Raines, A. J.: (MD) Nov. 6, 1893. (Spouse) Lorella Thrash, (CO Newton
Raines, Alfred R.: (MD) Ludie Cross, (MD) May 31, 1893, (CO) Newton
Rains, Isaac: (CMTS) 1890 Veterans Census, (CO) Wayne
Rains, William: (CMTS) 1890 Veterans Census, (CO) Dekalb
Rainy, George: (CMTS) 1890 Veterans Census, (CO) Bolivar
Ralls, Henry: (CMTS) 1890 Veterans Census, (CO) Washington
Ramesy, Edward: (CMTS) 1890 Veterans Census, (CO) Dekalb
Ramey, Edmund: (CMTS) 1890 Veterans Census, (CO) Warren
Ramsey, Thomas Pierre: (B) Sep 26, 1884, (Race) White, (WWIDR) Adams, MS, (CO) Adams
Randall, George: (CMTS) 1890 Veterans Census, (CO) Jefferson
Randall, Nay: (CMTS) 1890 Veterans Census, (CO) Tunica
Randle, Tony: (CMTS) 1890 Veterans Census, (CO) Warren
Randolph, Depha: (CMTS) 1890 Veterans Census, (CO) Bolivar
Randolph, Edward: (CMTS) 1890 Veterans Census, (CO) Bolivar
Randolph, Sarah: (CMTS) 1890 Veterans Census, (CO) Bolivar
Rankin, Jiles R.: (CMTS) 1890 Veterans Census, (CO) Dekalb
Rankin, Johnnie: (B) Dec. 14, 1882, (Race) Black, (WWIDR) Adams, MS, (CO) Adams
Rankin, Robert J.: (CMTS) 1890 Veterans Census, (CO) Tippah
Ranney, Edmund: (CMTS) 1890 Veterans Census, (CO) Warren
Ransom, Albialbon J.: (CMTS) 1890 Veterans Census, (CO) Grenada
Ransom, Aleck: (B) Jan. 13, 1886, (Race) Black, (BP) Natchez, MS, (WWIDR) Warren, MS, (CO)

Adams
Ransom, Edward: (B) Oct. 21, 1896, (Race) Black, (WWIDR) Adams, MS, (CO) Adams
Ransom, George: (B) May 12, 1895, (Race) Black, (BP) Natchez, MS, (WWIDR) Warren, MS, (CO) Adams
Ransom, Harvey R.: (B) Oct. 12, 1885, (Race) Black, (WWIDR) Adams, MS, (CO) Adams
Ransom, Herman L.: (B) Oct. 11, 1895, (Race) Black, (WWIDR) Adams, MS, (CO) Adams
Ransom, Howard: (B) Aug., 1889, (Race) Black, (BP) Saint Joseph, LA, (WWIDR) Adams, MS, (CO) Adams
Ransom, James: (B) 1884, (Race) Black, (WWIDR) Adams, MS, (CO) Adams
Raper, George: (CMTS) 1890 Veterans Census, (CO) Leflore
Rapp, James K: (CMTS) 1890 Veterans Census, (CO) Warren
Rappelt, Petro: (B) May 15, 1886, (Race) White, (WWIDR) Adams, MS, (CO) Adams
Rasberry, Abraham: (CMTS) 1890 Veterans Census, (CO) Sunflower
Rasberry, Abraham: (CMTS) 1890 Veterans Census, (CO) Washington
Rasberry, John: (CMTS) 1890 Veterans Census, (CO) Washington
Rasberry, William Davis: (B) Jan. 8, 1882, (Race) White, (WWIDR) Adams, MS, (CO) Adams
Rasbury, Sausan: (CMTS) 1890 Veterans Census, (CO) Sunflower
Ratcliff, Andrew Martin: (B) Oct., 1899, (Race) White, (WWIDR) Adams, MS, (CO) Adams
Ratcliff, C.Everett: (B) Nov. 19, 1887, (Race) White, (BP) Turner, MS, (WWIDR) Adams, MS, (CO) Adams
Ratcliff, Carey Lee: (B) May 21, 1895, (Race) White, (BP) Gloster, MS, (WWIDR) Adams, MS, (CO) Adams
Ratcliff, Hugh Anderson: (B) Jun. 5, 1881, (Race) White, (WWIDR) Adams, MS, (CO) Adams
Ratcliff, Webb: (B) Mar. 13, 1881, (Race) White, (WWIDR) Adams, MS, (CO) Adams
Ratcliff, Willie: (B) Oct. 26, 1884, (Race) White, (WWIDR) Adams, MS, (CO) Adams
Ratliff, Reuben: (CMTS) 1890 Veterans Census, (CO) Warren
Ratliff, Scott: (CMTS) 1890 Veterans Census, (CO) Warren
Raven, William: (CMTS) 1890 Veterans Census, (CO) Warren
Rawle, Gabriel: (CMTS) 1890 Veterans Census, (CO) Adams
Rawlings, John Thomas: (B) Sep 17, 1899, (Race) White, (WWIDR) Adams, MS, (CO) Adams
Ray, Hattie: (CMTS) 1890 Veterans Census, (CO) Bolivar
Ray, John R.: (CMTS) 1890 Veterans Census, (CO) Tippah
Ray, Johnnie: (B) Apr. 25, 1899, (Race) Black, (WWIDR) Adams, MS, (CO) Adams
Ray, Joseph: (B) Feb. 17, 1888, (Race) Black, (BP) Natchez, MS, (WWIDR) Adams, MS, (CO) Adams
Ray, Joseph: (B) Feb. 17, 1888, (Race) Black, (WWIDR) Adams, MS, (CO) Adams
Ray, Willie: (B) Feb. 12, 1890, (Race) Black, (BP) Natchez, MS, (WWIDR) Sunflower, MS, (CO) Adams
Raymno, Herman: (CMTS) 1890 Veterans Census, (CO) Bolivar
Raymond, Alfred: (CMTS) 1890 Veterans Census, (CO) Bolivar
Raymond, Flora: (CMTS) 1890 Veterans Census, (CO) Bolivar
Raysall, Alexander: (CMTS) 1890 Veterans Census, (CO) Bolivar
Raysday, Alfred W.: (CMTS) 1890 Veterans Census, (CO) Jefferson
Raysday, Mildred A.: (CMTS) 1890 Veterans Census, (CO) Jefferson
Read, Adam: (CMTS) 1890 Veterans Census, (CO) Claiborne
Reads, Poter: (CMTS) 1890 Veterans Census, (CO) Tunica
Reber, George Butler: (B) Jul. 16, 1882, (Race) White, (WWIDR) Adams, MS, (CO) Adams
Reber, Leicester: (B) May 28, 1889, (Race) White, (BP) Natchez, MS, (WWIDR) Adams, MS, (CO) Adams
Reber, Thomas: (CMTS) 1890 Veterans Census, (CO) Adams
Redd, Thomas S.: (CMTS) 1890 Veterans Census, (CO) Washington
Redden, Perry: (B) Oct. 12, 1882, (Race) Black, (WWIDR) Adams, MS, (CO) Adams
Redden, Wesley: (CMTS) 1890 Veterans Census, (CO) Coahoma

Redding, John Howard: (B) Nov. 26, 1897, (Race) White, (WWIDR) Adams, MS, (CO) Adams
Redeemer, David: (CMTS) 1890 Veterans Census, (CO) Adams
Redeemer, Lucinda: (CMTS) 1890 Veterans Census, (CO) Adams
Redeemer, Mat: (CMTS) 1890 Veterans Census, (CO) Adams
Redmon, Lee: (B) Oct. 2, 1893, (Race) Black, (BP) Natchez, MS, (WWIDR) Adams, MS, (CO) Adams
Redmond, Henry: (CMTS) 1890 Veterans Census, (CO) Warren
Redwood, Clara: (CMTS) 1890 Veterans Census, (CO) Washington
Redwood, Clara A.: (CMTS) 1890 Veterans Census, (CO) Washington
Redwood, Edward: (CMTS) 1890 Veterans Census, (CO) Washington
Reed, Alex: (B) Mar. 11, 1890, (Race) Black, (BP) Palestine, MS, (WWIDR) Adams, MS, (CO) Adams
Reed, Charles A.: (CMTS) 1890 Veterans Census, (CO) Jefferson
Reed, Clem: (CMTS) 1890 Veterans Census, (CO) Quitman
Reed, Daniel: (CMTS) 1890 Veterans Census, (CO) Washington
Reed, David: (CMTS) 1890 Veterans Census, (CO) Adams
Reed, David: (CMTS) 1890 Veterans Census, (CO) Tunica
Reed, Edmond: (CMTS) 1890 Veterans Census, (CO) Adams
Reed, Henry: (B) Jun. 23, 1893, (Race) Black, (BP) Mississippi, (WWIDR) Adams, MS, (CO) Adams
Reed, Herbert Cane: (B) May 8, 1885, (Race) White, (WWIDR) Adams, MS, (CO) Adams
Reed, James: (CMTS) 1890 Veterans Census, (CO) Washington
Reed, James: (MD) Dec. 3, 1882, (Spouse) Bettie Thompson, (CO) Lauderdale
Reed, Jarrett: (CMTS) 1890 Veterans Census, (CO) Bolivar
Reed, Joe: (B) Sep 5, 1881, (Race) Black, (WWIDR) Adams, MS, (CO) Adams
Reed, John Benton: (B) Jul. 20, 1884, (Race) Black, (WWIDR) Adams, MS, (CO) Adams
Reed, Leon: (B) Apr. 15, 1896, (Race) Black, (BP) Natchez, MS, (WWIDR) Adams, MS, (CO) Adams
Reed, Leon: (B) Aug. 12, 1882, (Race) Black, (WWIDR) Adams, MS, (CO) Adams
Reed, Lewis: (CMTS) 1890 Veterans Census, (CO) Washington
Reed, Louis Edward: (B) Dec. 21, 1881, (Race) White, (WWIDR) Adams, MS, (CO) Adams
Reed, Louiza: (CMTS) 1890 Veterans Census, (CO) Bolivar
Reed, Luther R.: (CMTS) 1890 Veterans Census, (CO) Warren
Reed, Peter: (B) Dec. 2, 1898, (Race) Black, (WWIDR) Adams, MS, (CO) Adams
Reed, Robert Lynch: (B) Jan. 9, 1881, (Race) Black, (WWIDR) Adams, MS, (CO) Adams
Reed, Ruthus: (B) Oct. 31, 1896, (Race) Black, (BP) Pine Ridge, MS, (WWIDR) Adams, MS, (CO) Adams
Reed, Stephen: (CMTS) 1890 Veterans Census, (CO) Jefferson
Reed, Sylvester: (B) Jan. 15, 1894, (Race) Black, (BP) Washington AR, (WWIDR) Adams, MS, (CO) Adams
Reed, William: (CMTS) 1890 Veterans Census, (CO) Washington
Reede, John W.: (CMTS) 1890 Veterans Census, (CO) Warren
Rees, Mathew C: (CMTS) 1890 Veterans Census, (CO) Yalobusha
Reese, Carrol: (CMTS) 1890 Veterans Census, (CO) Yalobusha
Reeves, Alexander: (CMTS) 1890 Veterans Census, (CO) Bolivar
Register, Norman Hudson: (B) Jan. 5, 1889, (Race) White, (BP) Tensas Parrish, LA, (WWIDR) Adams, MS, (CO) Adams
Reid, Adam: (MD) Jul. 4, 1884, (Spouse) Emeline Gibson, (CO) Claiborne
Reid, H. I.: (CMTS) 1890 Veterans Census, (CO) Holmes
Reid, James D.: (MD) Nov. 25, 1883, (Spouse) Isalle Raborn, (CO) Marion
Reid, Toney: (CMTS) 1890 Veterans Census, (CO) Waren
Reilly, Aaron: (B) Sep 11, 1893, (Race) Black, (BP) Natchez, MS, (WWIDR) Adams, MS, (CO) Adams
Reilly, Thomas H.: (CMTS) 1890 Veterans Census, (CO) Harrison

Reitiz, August: (CMTS) 1890 Veterans Census, (CO) Alcorn
Remondet, Eugene Francis: (B) Feb. 21, 1891, (Race) White, (BP) Natchez, MS, (WWIDR)
     Adams, MS, (CO) Adams
Renick, Andrew J.: (CMTS) 1890 Veterans Census, (CO) Benton
Reson, Lizzie: (CMTS) 1890 Veterans Census, (CO) Warren
Reuben, Martin: (CMTS) 1890 Veterans Census, (CO) Dekalb
Reveley, Frank: (CMTS) 1890 Veterans Census, (CO) Sharkey
Reymus, Louis: (CMTS) 1890 Veterans Census, (CO) Warren
Reynolds, Alfred: (B) Jul. 8, 1887, (Race) Black Adams Co., MS, (WWIDR) Adams,
     MS, (CO) Adams
Reynolds, Anderson: (B) Aug. 17, 1882, (Race) Black, (WWIDR) Adams, MS, (CO) Adams
Reynolds, Anthony: (B) May 23, 1893, (Race) Black Adams Co., MS, (WWIDR) Adams,
     MS, (CO) Adams
Reynolds, Ben: (B) Jan. 1, 1892, (Race) Black, (BP) Natchez, MS, (WWIDR) Sunflower, MS, (CO)
     Adams
Reynolds, Benjamin: (MD) Jan. 20, 1884, (Spouse) Penny Nelson, (CO) Lafayette
Reynolds, Benjamin: (B) Jul. 23, 1891, (RES) Antioch, Calhoun, Choctaw, Cleo, Errata, Glade,
     Hoy, Laurel, Lightsey, Limbert, Mill Creek, Myrick, Pendorff, Pineview, Powers, Sharon,
     Shady Grove, Strengthford and Tuckers Crossing, MS, (CO) Jones
Reynolds, Benjamin: (MD) Apr. 14, '884, (Spouse) Mary A. Jones, (CO) Tate
Reynolds, Benjamin: (CMTS) 1890 Veterans Census, (CO) Tunica
Reynolds, Benjamin A.: (MD) Oct. 23, 1883, (Spouse) Aggie House, (CO) Marshall
Reynolds, Charles: (CMTS) 1890 Veterans Census, (CO) Warren
Reynolds, Charles: (MD) Apr. 27, 1885, (Spouse) Polly Mittaway, (CO) Warren
Reynolds, Charles A.: (CMTS) 1890 Veterans Census, (CO) Monroe
Reynolds, Charles O.: (MD) Jul. 20, 1882, (Spouse) Ida A. Hailey, (CO) Newton
Reynolds, Isaac: (CMTS) 1890 Veterans Census, (CO) Waren
Reynolds, Jabel: (CMTS) 1890 Veterans Census, (CO) Warren
Reynolds, James: (MD) May 11, 1892, (Spouse) Lucinda Martin, (CO) Itawamba
Reynolds, James: (B) Oct. 13, 1882, (Race) Black, (WWIDR) Adams, MS, (CO) Adams
Reynolds, John R.: (MD) Jul. 3, 1881, (Spouse) Margaret Gooch, (CO) Prentiss
Reynolds, Leon: (B) Nov. 21, 1895, (Race) Black, (BP) Sibley, MS, (WWIDR) Adams,
     MS, (CO) Adams
Reynolds, Leon: (B) May 4, 1894, (Race) Black, (BP) Natchez, MS, (WWIDR) Sunflower, MS,
     (CO) Adams
Reynolds, M. B: (CMTS) 1890 Veterans Census, (CO) Warren
Reynolds, Mitchell: (CMTS) 1890 Veterans Census, (CO) Warren
Reynolds, Precilla: (CMTS) 1890 Veterans Census, (CO) Adams
Reynolds, Robert: (B) May 6, 1889, (Race) Black Adams Co., MS, (WWIDR) Adams,
     MS, (CO) Adams
Reynolds, Thomas S.: (CMTS) 1890 Veterans Census, (CO) Yalobusha
Reynor, Louis: (CMTS) 1890 Veterans Census, (CO) Tunica
Rhine, Thomas: (CMTS) 1890 Veterans Census, (CO) Hinds
Rhodaman, Eliza: (CMTS) 1890 Veterans Census, (CO) Warren
Rhodes, Ben: (CMTS) 1890 Veterans Census, (CO) Washington
Rhodes, Cary: (CMTS) 1890 Veterans Census, (CO) Jefferson
Rhodes, Dennis: (CMTS) 1890 Veterans Census, (CO) Lee
Rhodes, Herbert Richerson: (B) Sep 7, 1884, (Race) White, (WWIDR) Adams,
     MS, (CO) Adams
Rhodes, Oscar: (B) Jan. 15, 1883, (Race) Black, (WWIDR) Adams, MS, (CO) Adams
Rhodes, Sam: (CMTS) 1890 Veterans Census, (CO) Panola
Rhodes, Victoria: (CMTS) 1890 Veterans Census, (CO) Panola
Rhone, Eddie: (B) Jun. 12, 1897, (Race) Black, (BP) Natchez, MS, (WWIDR) Adams,
     MS, (CO) Adams

Rhone, Eddie: (B) Jun. 12, 1897, (Race) Black, (WWIDR) Adams, MS, (CO) Adams
Rhone, Wade: (B) Jan. 24, 1895, (Race) Black, (BP) Natchez, MS, (WWIDR) Adams, MS, (CO) Adams
Rice, Elizabeth: (CMTS) 1890 Veterans Census, (CO) Attala
Rice, Ellis: (CMTS) 1890 Veterans Census, (CO) Washington
Rice, Floyd: (B) Nov. 7, 1896, (Race) Black, (BP) Pine Ridge, MS, (WWIDR) Adams, MS, (CO) Adams
Rice, George: (CMTS) 1890 Veterans Census, (CO) Adams
Rice, Isiah: (CMTS) 1890 Veterans Census, (CO) Tallahatchie
Rice, James: (CMTS) 1890 Veterans Census, (CO) Coahoma
Rice, Moses: (CMTS) 1890 Veterans Census, (CO) Coahoma
Rice, Samuel: (CMTS) 1890 Veterans Census, (CO) Washington
Rich, Alexander: (CMTS) 1890 Veterans Census, (CO) Wilkinson
Rich, Allen: (CMTS) 1890 Veterans Census, (CO) Warren
Richard, Dick: (CMTS) 1890 Veterans Census, (CO) Warren
Richard, Lev: (CMTS) 1890 Veterans Census, (CO) Sharkey
Richardison, Berrill: (CMTS) 1890 Veterans Census, (CO) Sunflower
Richards, Dick: (CMTS) 1890 Veterans Census, (CO) Waren
Richards, Philemon: (CMTS) 1890 Veterans Census, (CO) Jackson
Richardson, Alfred: (CMTS) 1890 Veterans Census, (CO) Sunflower
Richardson, Allen: (CMTS) 1890 Veterans Census, (CO) Warren
Richardson, Edward: (B) Aug. 14, 1894, (Race) Black, (WWIDR) Adams, MS, (CO) Adams
Richardson, Frank: (B) Jan. 19, 1896, (Race) Black Briers, MS, (WWIDR) Adams, MS, (CO) Adams
Richardson, Henry George: (B) Dec. 10, 1894, (Race) Black Adams Co., MS, (WWIDR) Adams, MS, (CO) Adams
Richardson, Jacob: (CMTS) 1890 Veterans Census, (CO) Adams
Richardson, James: (B) May 10, 1896, (Race) Black Cranfield, MS, (WWIDR) Adams, MS, (CO) Adams
Richardson, James: (CMTS) 1890 Veterans Census, (CO) Tunica
Richardson, John W.: (CMTS) 1890 Veterans Census, (CO) Alcorn
Richardson, Junius: (B) Jun. 25, 1890, (Race) Black Adams Co., MS, (WWIDR) Adams, MS, (CO) Adams
Richardson, Lee: (B) Jun. 5, 1895, (Race) Black, (BP) Turner, MS, (WWIDR) Adams, MS, (CO) Adams
Richardson, Lloyd Orlander: (B) Jun. 12, 1889, (Race) White Burns TN, (WWIDR) Adams, MS, (CO) Adams
Richardson, Nathan: (B) Aug. 14, 1895, (Race) Black, (BP) Washington, MS, (WWIDR) Adams, MS, (CO) Adams
Richardson, Norman: (B) Apr. 17, 1888, (Race) Black, (BP) Smithland, LA, (WWIDR) Adams, MS, (CO) Adams
Richardson, Peyton: (CMTS) 1890 Veterans Census, (CO) Warren
Richardson, Rose: (CMTS) 1890 Veterans Census, (CO) Hinds
Richardson, Samuel: (CMTS) 1890 Veterans Census, (CO) Warren
Richardson, Sylvester: (B) Apr. 1, 1896, (Race) Black, (BP) Washington, MS, (WWIDR) Adams, MS, (CO) Adams
Richardson, Thomas H.: (CMTS) 1890 Veterans Census, (CO) Yazoo
Richardson, Wiley: (CMTS) 1890 Veterans Census, (CO) Tunica
Richardson, William: (CMTS) 1890 Veterans Census, (CO) Jefferson
Richie, Isac: (CMTS) 1890 Veterans Census, (CO) Bolivar
Richman, Sandy: (CMTS) 1890 Veterans Census, (CO) Sharkey
Richmond, Sam: (CMTS) 1890 Veterans Census, (CO) Dekalb
Rick, Allen: (CMTS) 1890 Veterans Census, (CO) Warren
Rickerson, Patrick: (CMTS) 1890 Veterans Census, (CO) Warren

Ricks, Dock: (CMTS) 1890 Veterans Census, (CO) Warren
Riddle, Millie: (CMTS) 1890 Veterans Census, (CO) Issaquena
Ridgley, Jno: (CMTS) 1890 Veterans Census, (CO) Harrison
Ridley, Armsted: (B) Mar. 15, 1888, (Race) Black Adams Co., MS, (WWIDR) Adams, MS, (CO) Adams
Ridley, Charles: (CMTS) 1890 Veterans Census, (CO) Washington
Ridley, Kit: (CMTS) 1890 Veterans Census, (CO) Wilkinson
Ried, James G.: (CMTS) 1890 Veterans Census, (CO) Tunica
Riggans, George: (CMTS) 1890 Veterans Census, (CO) Warren
Riggins, Henry: (CMTS) 1890 Veterans Census, (CO) Washington
Riggins, Rose: (CMTS) 1890 Veterans Census, (CO) Washington
Righ, James H.: (CMTS) 1890 Veterans Census, (CO) Leflore
Riley, Ben: (B) Jul. 31, 1896, (Race) Black, (WWIDR) Adams, MS, (CO) Adams
Riley, George: (B) 1886, (Race) Black, (WWIDR) Adams, MS, (CO) Adams
Riley, Mikle: (CMTS) 1890 Veterans Census, (CO) Pontotoc
Riley, Thomas: (CMTS) 1890 Veterans Census, (CO) Issaquena
Riley, Will: (B) Apr. 5, 1882, (Race) Black, (WWIDR) Adams, MS, (CO) Adams
Ring, George F.: (CMTS) 1890 Veterans Census, (CO) Sunflower
Ringo, Alfred: (CMTS) 1890 Veterans Census, (CO) Hinds
Risby, Monroe: (B) Mar. 15, 1882, (Race) Black, (WWIDR) Adams, MS, (CO) Adams
Ritnour, Luther Clifton: (B) Aug. 25, 1892, (Race) White, (BP) Florence, MS, (WWIDR) Adams, MS, (CO) Adams
Rivers, Joseph: (CMTS) 1890 Veterans Census, (CO) Choctaw
Rivers, Martha: (CMTS) 1890 Veterans Census, (CO) Tunica
Roach, Allen: (CMTS) 1890 Veterans Census, (CO) Hinds
Roach, Benjamin: (CMTS) 1890 Veterans Census, (CO) Warren
Roach, Henry: (CMTS) 1890 Veterans Census, (CO) Tishomingo
Roach, Mosley: (CMTS) 1890 Veterans Census, (CO) Warren
Roach, Samuel: (CMTS) 1890 Veterans Census, (CO) Bolivar
Roaten, Granville C: (CMTS) 1890 Veterans Census, (CO) Leake
Robbins, Charles H.: (CMTS) 1890 Veterans Census, (CO) Jackson
Roberdson, Arhtur: (CMTS) 1890 Veterans Census, (CO) Warren
Roberson, Albert: (CMTS) 1890 Veterans Census, (CO) Hinds
Roberson, Boss: (CMTS) 1890 Veterans Census, (CO) Panola
Roberson, Clarence: (B) Oct. 10, 1893, (Race) Black, (BP) Gloster, MS, (WWIDR) Adams, MS, (CO) Adams
Roberson, Daniel: (CMTS) 1890 Veterans Census, (CO) Lafayette
Roberson, Eligah: (B) Mar., 1897, (Race) Black, (BP) Gibson, LA, (WWIDR) Issaquena, MS, (CO) Adams
Roberson, Harry: (CMTS) 1890 Veterans Census, (CO) Issaquena
Roberson, Jacob: (CMTS) 1890 Veterans Census, (CO) Panola
Roberson, Jefferson: (B) Oct., 1899, (Race) Black, (WWIDR) Adams, MS, (CO) Adams
Roberson, John: (CMTS) 1890 Veterans Census, (CO) Hinds
Roberson, Mithcel: (CMTS) 1890 Veterans Census, (CO) Panola
Roberts, Abraham T.: (CMTS) 1890 Veterans Census, (CO) Warren
Roberts, Charles M.: (CMTS) 1890 Veterans Census, (CO) Bolivar
Roberts, Clarence P.: (B) Jan., 18, 1892, (Race) White, (BP) Gloster, MS, (WWIDR) Adams, MS, (CO) Adams
Roberts, Czan: (CMTS) 1890 Veterans Census, (CO) Warren
Roberts, Daniel: (CMTS) 1890 Veterans Census, (CO) Marshall
Roberts, Fred Henry: (B) Mar. 16, 1881, (Race) White, (WWIDR) Adams, MS, (CO) Adams
Roberts, J. S.: (CMTS) 1890 Veterans Census, (CO) Yazoo
Roberts, Richard: (CMTS) 1890 Veterans Census, (CO) Washington
Roberts, Sally: (CMTS) 1890 Veterans Census, (CO) Bolivar

Roberts, Samuel: (CMTS) 1890 Veterans Census, (CO) Yazoo
Roberts, Samuel F.: (CMTS) 1890 Veterans Census, (CO) Adams
Roberts, Walker: (B) Nov. 10, 1890, (Race) Black Adams Co., MS, (WWIDR) Adams, MS, (CO) Adams
Robertson, Abraham T.: (CMTS) 1890 Veterans Census, (CO) Warren
Robertson, Anna: (CMTS) 1890 Veterans Census, (CO) Warren
Robertson, George M.: (CMTS) 1890 Veterans Census, (CO) Harrison
Robertson, Harriet: (CMTS) 1890 Veterans Census, (CO) Claiborne
Robertson, John: (CMTS) 1890 Veterans Census, (CO) Leflore
Robertson, John: (CMTS) 1890 Veterans Census, (CO) Yazoo
Robertson, Neal: (B) 1882, (Race) Black, (WWIDR) Adams, MS, (CO) Adams
Robertson, Richard: (CMTS) 1890 Veterans Census, (CO) Warren
Robertson, Sam: (CMTS) 1890 Veterans Census, (CO) Hinds
Robertson, Walter: (B) Jan. 25, 1897, (Race) Black, (BP) L. Tensas Par., LA, (WWIDR) Adams, MS, (CO) Adams
Robeson, Rios: (B) 1892, (Race) Black, (BP) Washington, MS, (WWIDR) Adams, MS, (CO) Adams
Robeson, Sam: (B) Feb. 21, 1892, (Race) Black, (BP) Shields Plantation, MS, (WWIDR) Adams, MS, (CO) Adams
Robinnett, James: (CMTS) 1890 Veterans Census, (CO) Bolivar
Robins, Alfred M.: (CMTS) 1890 Veterans Census, (CO) Warren
Robinson, Abraham: (B) Apr. 25, 1890, (Race) Black, (BP) Natchez, MS, (WWIDR) Sunflower, MS, (CO) Adams
Robinson, Alex: (CMTS) 1890 Veterans Census, (CO) Warren
Robinson, Anthony: (CMTS) 1890 Veterans Census, (CO) Warren
Robinson, Asberry: (CMTS) 1890 Veterans Census, (CO) Warren
Robinson, Barney: (CMTS) 1890 Veterans Census, (CO) Wilkinson
Robinson, Caroline: (CMTS) 1890 Veterans Census, (CO) Adams
Robinson, Charles: (CMTS) 1890 Veterans Census, (CO) Dekalb
Robinson, Charlie: (B) Dec. 10, 1894, (Race) Black, (BP) Kingston, MS, (WWIDR) Adams, MS, (CO) Adams
Robinson, Charlie: (B) Aug. 14, 1897, (Race) Black, (BP) L. Adams Co., MS, (WWIDR) Adams, MS, (CO) Adams
Robinson, Daniel: (CMTS) 1890 Veterans Census, (CO) Washington
Robinson, David: (B) Aug. 22, 1897, (Race) Black, (BP) L. Adams Co., MS, (WWIDR) Adams, MS, (CO) Adams
Robinson, David: (B) Nov., 1895, (Race) Black Adams Co., MS, (WWIDR) Adams, MS, (CO) Adams
Robinson, Earl: (B) Jan. 24, 1885, (Race) Black, (WWIDR) Adams, MS, (CO) Adams
Robinson, Edward: (CMTS) 1890 Veterans Census, (CO) Washington
Robinson, Eligah: (B) Jun. 9, 1884, (Race) Black, (WWIDR) Adams, MS, (CO) Adams
Robinson, Elisha: (CMTS) 1890 Veterans Census, (CO) Bolivar
Robinson, Emanuel: (CMTS) 1890 Veterans Census, (CO) Warren
Robinson, Fannie: (CMTS) 1890 Veterans Census, (CO) Washington
Robinson, Flora: (CMTS) 1890 Veterans Census, (CO) Bolivar
Robinson, Frank Henry: (B) Jan. 2, 1885, (Race) Black, (WWIDR) Adams, MS, (CO) Adams
Robinson, Fred: (B) Jul. 5, 1895, (Race) Black, (BP) St. Charles, MO, (WWIDR) Adams, MS, (CO) Adams
Robinson, George: (CMTS) 1890 Veterans Census, (CO) Adams
Robinson, George: (CMTS) 1890 Veterans Census, (CO) Washington
Robinson, Harriet: (CMTS) 1890 Veterans Census, (CO) Jackson
Robinson, Harry: (B) Jul. 28, 1893, (Race) Black, (WWIDR) Sunflower, MS, (CO) Adams
Robinson, Henderson: (B) Oct. 21, 1886, (Race) Black Adams Co., MS, (WWIDR) Adams, MS, (CO) Adams
Robinson, Henry: (CMTS) 1890 Veterans Census, (CO) Amite

Robinson, Henry: (CMTS) 1890 Veterans Census, (CO) Claiborne
Robinson, Henry: (CMTS) 1890 Veterans Census, (CO) Coahoma
Robinson, Henry: (CMTS) 1890 Veterans Census, (CO) Madison
Robinson, Hiram: (CMTS) 1890 Veterans Census, (CO) Tunica
Robinson, Indiana: (CMTS) 1890 Veterans Census, (CO) Warren
Robinson, Ira: (CMTS) 1890 Veterans Census, (CO) Tunica
Robinson, Isaac: (CMTS) 1890 Veterans Census, (CO) Warren
Robinson, Isaiah: (CMTS) 1890 Veterans Census, (CO) Yazoo
Robinson, James: (B) Aug. 10, 1890, (Race) Black Adams Co., MS, (WWIDR) Adams, MS, (CO) Adams
Robinson, James: (CMTS) 1890 Veterans Census, (CO) Adams
Robinson, James: (CMTS) 1890 Veterans Census, (CO) Bolivar
Robinson, Jane: (CMTS) 1890 Veterans Census, (CO) Adams
Robinson, Joe: (CMTS) 1890 Veterans Census, (CO) Tunica
Robinson, John: (B) Oct. 2, 1886, (Race) Black, (BP) Natchez, MS, (WWIDR) Adams, MS, (CO) Adams
Robinson, John: (CMTS) 1890 Veterans Census, (CO) Washington
Robinson, Johnson: (CMTS) 1890 Veterans Census, (CO) Washington
Robinson, Lee Bob: (B) Jan. 7, 1881, (Race) Black, (WWIDR) Adams, MS, (CO) Adams
Robinson, Martha: (CMTS) 1890 Veterans Census, (CO) Warren
Robinson, Mary Eliza: (CMTS) 1890 Veterans Census, (CO) Amite
Robinson, Metcalf: (B) 1894, (Race) Black, (BP) Natchez, MS, (WWIDR) Adams, MS, (CO) Adams
Robinson, Micheal: (CMTS) 1890 Veterans Census, (CO) Dekalb
Robinson, Miles: (CMTS) 1890 Veterans Census, (CO) Panola
Robinson, Moses: (CMTS) 1890 Veterans Census, (CO) Hinds
Robinson, Moses: (CMTS) 1890 Veterans Census, (CO) Washington
Robinson, Prince Alber: (CMTS) 1890 Veterans Census, (CO) Adams
Robinson, Richard: (B) Oct. 4, 1891, (Race) Black, (BP) Natchez, MS, (WWIDR) Sunflower, MS, (CO) Adams
Robinson, Richard: (B) Dec. 29, 1894, (Race) Black, (BP) Fenwick, MS, (WWIDR) Adams, MS, (CO) Adams
Robinson, Richard: (CMTS) 1890 Veterans Census, (CO) Warren
Robinson, Richard: (CMTS) 1890 Veterans Census, (CO) Washington
Robinson, Rose: (CMTS) 1890 Veterans Census, (CO) Yazoo
Robinson, Sam: (B) Oct. 3, 1897, (Race) Black, (WWIDR) Adams, MS, (CO) Adams
Robinson, Samuel: (CMTS) 1890 Veterans Census, (CO) Washington
Robinson, Samuel F.: (CMTS) 1890 Veterans Census, (CO) Tunica
Robinson, Susan: (CMTS) 1890 Veterans Census, (CO) Tunica
Robinson, Thomas: (CMTS) 1890 Veterans Census, (CO) Bolivar
Robinson, Tina: (CMTS) 1890 Veterans Census, (CO) Adams
Robinson, Wallace: (CMTS) 1890 Veterans Census, (CO) Warren
Robinson, Walter: (B) Aug. 14, 1897, (Race) Black, (BP) L. Adams Co., MS, (WWIDR) Adams, MS, (CO) Adams
Robinson, William: (CMTS) 1890 Veterans Census, (CO) Jefferson
Robinson, William: (CMTS) 1890 Veterans Census, (CO) Warren
Robinson, Willie: (B) Aug. 8, 1895, (Race) Black Adams Co., MS, (WWIDR) Adams, MS, (CO) Adams
Robinson, Wyman A.: (CMTS) 1890 Veterans Census, (CO) Perry
Robinston, Richard: (CMTS) 1890 Veterans Census, (CO) Warren
Robison, Archie: (B) Apr. 23, 1890, (Race) Black, (BP) Washington, MS, (WWIDR) Adams, MS, (CO) Adams
Robison, Bert T.: (CMTS) 1890 Veterans Census, (CO) Benton
Robison, Rich S.: (CMTS) 1890 Veterans Census, (CO) Benton

Robison, Richard: (B) Jan. 15, 1890, (Race) Black Adams Co., MS, (WWIDR) Adams, MS, (CO) Adams
Robly, William: (CMTS) 1890 Veterans Census, (CO) Tunica
Robson, Hy: (B) 1885, (Race) Black, (WWIDR) Adams, MS, (CO) Adams
Rocca, Adolph: (B) Aug. 24, 1884, (Race) White, (WWIDR) Adams, MS, (CO) Adams
Roch, Sam: (CMTS) 1890 Veterans Census, (CO) Yalobusha
Rochester, John: (B) Oct. 14, 1897, (Race) Black Adams Co., MS, (WWIDR) Adams, MS, (CO) Adams
Rocket, Ephriam: (CMTS) 1890 Veterans Census, (CO) Tate
Rockwell, Capt: (CMTS) 1890 Veterans Census, (CO) Adams
Rockwell, Joseph E.: (CMTS) 1890 Veterans Census, (CO) Clarke
Rockwell, Joseph G.: (CMTS) 1890 Veterans Census, (CO) Clarke
Roderick, Leo: (B) Jun. 10, 1890, (Race) Black, (BP) Natchez, MS, (WWIDR) Adams, MS, (CO) Adams
Roderick, Leslie L.: (B) Oct., 1891, (Race) Black, (BP) Natchez, MS, (WWIDR) Adams, MS, (CO) Adams
Rodgers, Jackson: (CMTS) 1890 Veterans Census, (CO) Marshall
Rodgers, Jane D.: (CMTS) 1890 Veterans Census, (CO) Lauderdale
Rodgers, John J.: (CMTS) 1890 Veterans Census, (CO) Lauderdale
Rodgers, Joseph: (CMTS) 1890 Veterans Census, (CO) Jackson
Rodgers, Millie K: (CMTS) 1890 Veterans Census, (CO) Alcorn
Rodgers, William: (CMTS) 1890 Veterans Census, (CO) Washington
Roe, Richard: (CMTS) 1890 Veterans Census, (CO) Marshall
Rogers, Benjamin: (CMTS) 1890 Veterans Census, (CO) Coahoma
Rogers, Elizabeth C.: (D) Feb. 26, 1893(A) 70Y(CO) Clarke(C) Hepzibah Baptist Church Cemetery
Rogers, Ethelbert Carlton: (B) Jun. 17, 1885, (Race) White, (WWIDR) Adams, MS, (CO) Adams
Rogers, Frank: (B) Sep 10, 1894, (Race) Black Amite Co., MS, (WWIDR) Adams, MS, (CO) Adams
Rogers, John: (CMTS) 1890 Veterans Census, (CO) Coahoma
Rogers, Lewis W.: (CMTS) 1890 Veterans Census, (CO) Copiay
Rogers, Sherman H.: (CMTS) 1890 Veterans Census, (CO) Washington
Rogers, V Mrs: (CMTS) 1890 Veterans Census, (CO) Copiah
Rogers, William: (CMTS) 1890 Veterans Census, (CO) Washington
Rogillio, Douglas S.: (B) Jan. 9, 1895, (Race) White, (BP) Jefferson Co., MS, (WWIDR) Adams, MS, (CO) Adams
Rogillio, Walter Samuel: (B) Dec. 1, 1898, (Race) White, (WWIDR) Adams, MS, (CO) Adams
Rolinson, Harriet: (CMTS) 1890 Veterans Census, (CO) Jackson
Rollinger, Thomas: (B) Dec. 4, 1894, (Race) Black, (BP) Natchez, MS, (WWIDR) Adams, MS, (CO) Adams
Rollins, Nat: (CMTS) 1890 Veterans Census, (CO) Bolivar
Rollins, Sam: (CMTS) 1890 Veterans Census, (CO) Holmes
Rome, General: (CMTS) 1890 Veterans Census, (CO) Issauen
Roninson, Albert: (CMTS) 1890 Veterans Census, (CO) Adams
Roopier, Albert: (CMTS) 1890 Veterans Census, (CO) Adams
Rose, Anthony: (CMTS) 1890 Veterans Census, (CO) Warren
Rose, Henry: (CMTS) 1890 Veterans Census, (CO) Dekalb
Rose, Jack: (CMTS) 1890 Veterans Census, (CO) Bolivar
Rose, James M.: (CMTS) 1890 Veterans Census, (CO) Adams
Rose, William: (CMTS) 1890 Veterans Census, (CO) Washington
Roseboro, Lee: (CMTS) 1890 Veterans Census, (CO) Madison
Roseley, Charles: (CMTS) 1890 Veterans Census, (CO) Tunica
Rosenthal, Harry Jonas: (B) May 27, 1885, (Race) White, (WWIDR) Adams, MS, (CO) Adams

Rosenzweig, Isadore: (B) Jun. 21, 1898, (Race) White, (WWIDR) Adams, MS, (CO) Adams
Rosenzweig, Sam: (B) Mar. 1, 1895, (Race) White, (BP) Galatz Romania, (WWIDR) Adams, MS, (CO) Adams
Rosm, Wade H.: (CMTS) 1890 Veterans Census, (CO) Hinds
Ross, Arb: (B) 1896, (Race) Black Adams Co., MS, (WWIDR) Adams, MS, (CO) Adams
Ross, Curtis: (B) Oct. 10, 1882, (Race) Black, (WWIDR) Adams, MS, (CO) Adams
Ross, David: (CMTS) 1890 Veterans Census, (CO) Bolivar
Ross, Elisor: (CMTS) 1890 Veterans Census, (CO) Sharkey
Ross, Fred: (B) Sep 23, 1899, (Race) Black, (WWIDR) Adams, MS, (CO) Adams
Ross, Jack: (B) 1890, (Race) Black, (BP) Marksville, LA, (WWIDR) Adams, MS, (CO) Adams
Ross, Jessee: (CMTS) 1890 Veterans Census, (CO) Washington
Ross, Jessie: (CMTS) 1890 Veterans Census, (CO) Washington
Ross, John E.: (CMTS) 1890 Veterans Census, (CO) Yazoo
Ross, Lovie: (B) Aug. 23, 1890, (Race) Black Carthage Plantation, MS, (WWIDR) Adams, MS, (CO) Adams
Ross, Nathaniel: (B) Dec. 25, 1894, (Race) Black, (BP) Natchez, MS, (WWIDR) Adams, MS, (CO) Adams
Ross, Walter Nathan: (B) Oct. 13, 1896, (Race) Black, (BP) Natchez, MS, (WWIDR) Adams, MS, (CO) Adams
Ross, Walter Nathan: (B) Oct. 13, 1896, (Race) Black, (WWIDR) Adams, MS, (CO) Adams
Ross, Wickliffe: (B) Jun. 5, 1895, (Race) Black Adams Co., MS, (WWIDR) Adams, MS, (CO) Adams
Ross, William: (CMTS) 1890 Veterans Census, (CO) Bolivar
Ross, William: (CMTS) 1890 Veterans Census, (CO) Washington
Ross, Willie: (B) Jan. 3, 1893, (Race) Black, (BP) Natchez, MS, (WWIDR) Adams, MS, (CO) Adams
Ross, Woodfin: (CMTS) 1890 Veterans Census, (CO) Coahoma
Rosten, Henry: (CMTS) 1890 Veterans Census, (CO) Jefferson
Roten, Aleln: (CMTS) 1890 Veterans Census, (CO) Dekalb
Roth, Thomas Joseph: (B) Jun. 5, 1894, (Race) White, (BP) Natchez, MS, (WWIDR) Adams, MS, (CO) Adams
Rothe, Carl William: (B) Mar. 31, 1888, (Race) White, (BP) Greiz Thuringia Germany, (WWIDR) Adams, MS, (CO) Adams
Rouland, Andrew J.: (CMTS) 1890 Veterans Census, (CO) Pontotoc
Rouland, James W.: (CMTS) 1890 Veterans Census, (CO) Yalobusha
Rounds, Alexander: (B) Sep, 1885, (Race) Black, (WWIDR) Adams, MS, (CO) Adams
Rounds, Alphonso: (CMTS) 1890 Veterans Census, (CO) Yazoo
Rounds, Goliah: (B) May, 1892, (Race) Black Adams Co., MS, (WWIDR) Adams, MS, (CO) Adams
Rouse, John Leslie: (B) May 9, 1888, (Race) White, (BP) Natchez, MS, (WWIDR) Adams, MS, (CO) Adams
Row, William: (CMTS) 1890 Veterans Census, (CO) Sharkey
Rowan, Alexander: (CMTS) 1890 Veterans Census, (CO) Adams
Rowan, Alfred: (B) Jul., 18, 1883, (Race) Black, (WWIDR) Adams, MS, (CO) Adams
Rowan, Ferd: (B) May 4, 1896, (Race) Black Adams Co., MS, (WWIDR) Adams, MS, (CO) Adams
Rowan, Leon Perkins: (B) Apr. 7, 1881, (Race) Black, (WWIDR) Adams, MS, (CO) Adams
Rowan, Sidney L.: (CMTS) 1890 Veterans Census, (CO) Claiborne
Rowan, Solomon: (B) Jun. 15, 1896, (Race) Black Adams Co., MS, (WWIDR) Adams, MS, (CO) Adams
Rowan, Trim: (B) Jul. 3, 1884, (Race) Black, (WWIDR) Adams, MS, (CO) Adams
Rowell, Ephriam: (CMTS) 1890 Veterans Census, (CO) Bolivar
Rowell, Sam: (CMTS) 1890 Veterans Census, (CO) Tate
Rowland, Elebander: (CMTS) 1890 Veterans Census, (CO) Tippah

Rowland, Elibander: (CMTS) 1890 Veterans Census, (CO) Tippah
Rowland, Jack: (CMTS) 1890 Veterans Census, (CO) Yazoo
Rowland, John H.: (CMTS) 1890 Veterans Census, (CO) Tippah
Rowland, John H. Jr: (CMTS) 1890 Veterans Census, (CO) Tippah
Rowland, William I: (CMTS) 1890 Veterans Census, (CO) Tippah
Roy, Cornelious: (B) Jul. 31, 1889, (Race) Black, (BP) Wilkinson Co., MS, (WWIDR) Adams, MS, (CO) Adams
Roy, Fred: (B) Dec., 18, 1884, (Race) Black, (WWIDR) Adams, MS, (CO) Adams
Roy, Johnnie: (B) Apr. 25, 1899, (Race) Black, (WWIDR) Adams MS, (CO) Adams
Roy, West: (B) Jul. 16, 1890, (Race) White Adams Co., MS, (WWIDR) Adams, MS, (CO) Adams
Royeston, Miles: (CMTS) 1890 Veterans Census, (CO) Washington
Royster, Lilton: (CMTS) 1890 Veterans Census, (CO) Warren
Royster, Littleton: (CMTS) 1890 Veterans Census, (CO) Warren
Rozelle, Abbie: (CMTS) 1890 Veterans Census, (CO) Tunica
Rozelle, Allen: (CMTS) 1890 Veterans Census, (CO) Tunica
Rubbush, Charles M.: (CMTS) 1890 Veterans Census, (CO) Lauderdale
Rubin, Maurice: (B) Jun. 23, 1881, (Race) White, (WWIDR) Adams, MS, (CO) Adams
Rucker, Henry: (CMTS) 1890 Veterans Census, (CO) Warren
Rucker, Henry Clay: (CMTS) 1890 Veterans Census, (CO) Jefferson
Rucker, William: (CMTS) 1890 Veterans Census, (CO) Washington
Rueff, Charles: (CMTS) 1890 Veterans Census, (CO) Pike
Rueff, Ellen: (CMTS) 1890 Veterans Census, (CO) Pike
Rumble, Edward: (B) Apr. 16, 1891, (Race) Black, (BP) Natchez, MS, (WWIDR) Adams, MS, (CO) Adams
Rumble, Stephen E.: (CMTS) 1890 Veterans Census, (CO) Adams
Rumble, Walter: (B) Aug. 17, 1883, (Race) Black, (WWIDR) Adams, MS, (CO) Adams
Rummer, James: (CMTS) 1890 Veterans Census, (CO) Madison
Rumulels, Alfred: (CMTS) 1890 Veterans Census, (CO) Jefferson
Rumulels, Henry P: (CMTS) 1890 Veterans Census, (CO) Jefferson
Rumulels, Parker: (CMTS) 1890 Veterans Census, (CO) Jefferson
Rundle, Richard: (CMTS) 1890 Veterans Census, (CO) Warren
Ruoff, John S.: (B) Aug. 15, 1889, (Race) White, (BP) Natchez, MS, (WWIDR) Adams, MS, (CO) Adams
Rushing, Jessie James: (B) May 28, 1897, (Race) White, (BP) L, Lucien, MS, (WWIDR) Adams, MS, (CO) Adams
Ruso, Theapelus: (CMTS) 1890 Veterans Census, (CO) Itawamba
Russ, John: (CMTS) 1890 Veterans Census, (CO) Adams
Russel, Osker: (CMTS) 1890 Veterans Census, (CO) Bolivar
Russel, Word: (CMTS) 1890 Veterans Census, (CO) Washington
Russell, Augustus: (B) Mar. 22, 1889, (Race) White Adams Co., MS, (WWIDR) Adams, MS, (CO) Adams
Russell, Chance: (B) Jan. 5, 1897, (Race) Black, (BP) L. Adams Co., MS, (WWIDR) Adams, MS, (CO) Adams
Russell, Charles: (B) Feb. 15, 1898, (Race) Black, (WWIDR) Adams, MS, (CO) Adams
Russell, Cleveland Brokers: (B) Oct. 2, 1884, (Race) White, (WWIDR) Adams, MS, (CO) Adams
Russell, Danniel: (CMTS) 1890 Veterans Census, (CO) Issaquena
Russell, Edward: (CMTS) 1890 Veterans Census, (CO) Issaquena
Russell, Fanny: (CMTS) 1890 Veterans Census, (CO) Warren
Russell, George W.: (CMTS) 1890 Veterans Census, (CO) Leflore
Russell, Hapry: (CMTS) 1890 Veterans Census, (CO) Adams
Russell, Hariet: (CMTS) 1890 Veterans Census, (CO) Adams
Russell, Henry: (B) Jul., 1892, (Race) Black Adams Co., MS, (WWIDR) Adams,

MS, (CO) Adams
Russell, James: (B) Mar. 25, 1889, (Race) Black Church Hill, MS, (WWIDR) Adams,
    MS, (CO) Adams
Russell, James: (CMTS) 1890 Veterans Census, (CO) Warren
Russell, John H.: (CMTS) 1890 Veterans Census, (CO) Tate
Russell, Laura: (CMTS) 1890 Veterans Census, (CO) Warren
Russell, Martin: (CMTS) 1890 Veterans Census, (CO) Pike
Russell, R. W.: (CMTS) 1890 Veterans Census, (CO) Leflore
Russell, Robert: (CMTS) 1890 Veterans Census, (CO) Adams
Russell, Thomas: (CMTS) 1890 Veterans Census, (CO) Warren
Russell, Thomas Bailey: (B) Jul. 20, 1887, (Race) White, (WWIDR) Adams, MS, (CO) Adams
Russell, Willie: (B) 1894, (Race) Black, (BP) Mississippi, (WWIDR) Adams, MS, (CO) Adams
Rust, James W.: (CMTS) 1890 Veterans Census, (CO) Yalobusha
Rutherford, Archibald: (B) Nov. 10, 1883, (Race) White, (WWIDR) Adams, MS, (CO) Adams
Rutherford, George R.: (B) Jun. 16, 1891, (Race) White, (BP) Natchez, MS, (WWIDR) Adams,
    MS, (CO) Adams
Rutherford, Harry Martin: (B) Mar. 26, 1899, (Race) White, (WWIDR) Adams, MS, (CO) Adams
Rutherford, Walter Allen: (B) Jan. 23, 1883, (Race) White, (WWIDR) Adams, MS, (CO) Adams
Ryan, George: (B) Feb. 22, 1896, (Race) Black, (BP) Natchez, MS, (WWIDR) Adams,
    MS, (CO) Adams
Ryan, John: (CMTS) 1890 Veterans Census, (CO) Grenada
Ryan, Rosaline: (CMTS) 1890 Veterans Census, (CO) Harrison
Ryan, Thomas: (CMTS) 1890 Veterans Census, (CO) Perry
Saddler, John: (CMTS) 1890 Veterans Census, (CO) Jefferson
Saddler, William: (CMTS) 1890 Veterans Census, (CO) Warren
Saddlers, Huldi A.: (CMTS) 1890 Veterans Census, (CO) Warren
Sadler, Charles: (CMTS) 1890 Veterans Census, (CO) Washington
Sadler, Effie: (CMTS) 1890 Veterans Census, (CO) Marshall
Salen, John W.: (CMTS) 1890 Veterans Census, (CO) Tunica
Sales, Warren: (CMTS) 1890 Veterans Census, (CO) Bolivar
Salibury, Everett S.: (MD) Jun. 6, 1896, (Spouse) Mary E. Kirkwood, (CO) Jackson
Salmarsh, Joe K.: (CMTS) 1890 Veterans Census, (CO) Sharkey
Salvo, Emile William: (B) Apr. 3, 1892, (Race) White, (BP) Natchez, MS, (WWIDR) Adams,
    MS, (CO) Adams
Salvo, Natale Adair: (B) Feb. 23, 1887, (Race) White, (BP) Natchez, MS, (WWIDR) Adams,
    MS, (CO) Adams
Salvo, Paul Albert: (B) Oct. 1, 1882, (Race) White, (WWIDR) Adams, MS, (CO) Adams
Samola, Mat: (CMTS) 1890 Veterans Census, (CO) Holmes
Sample, Henry: (CMTS) 1890 Veterans Census, (CO) Yazoo
Sampson, John: (CMTS) 1890 Veterans Census, (CO) Jefferson
Samuel, Calvin: (CMTS) 1890 Veterans Census, (CO) Jefferson
Samuel, Mayer: (CMTS) 1890 Veterans Census, (CO) Wilkinson
Samuel, Wembe B: (CMTS) 1890 Veterans Census, (CO) Washington
Samuels, William: (CMTS) 1890 Veterans Census, (CO) Amite
Sanchez, Israel: (MD) Dec. 7, 1898, (Spouse) Victoria Ryan, (CO) Jackson
Sandage, Louis: (CMTS) 1890 Veterans Census, (CO) Dekalb
Sanders, Amanda M.: (CMTS) 1890 Veterans Census, (CO) Yazoo
Sanders, Andrew J.: (CMTS) 1890 Veterans Census, (CO) Jefferson
Sanders, Anthony: (MD) Aug. 13, 1898, (Spouse) Sophronia Moffett, (CO) Jackson
Sanders, Archie: (B) Aug. 15, 1897, (Race) Black Adams Co., MS, (WWIDR) Adams,
    MS, (CO) Adams
Sanders, Candas: (CMTS) 1890 Veterans Census, (CO) Warren
Sanders, Charles: (CMTS) 1890 Veterans Census, (CO) Bolivar
Sanders, Dick: (CMTS) 1890 Veterans Census, (CO) Tate

Sanders, Freeman: (CMTS) 1890 Veterans Census, (CO) Warren
Sanders, George: (CMTS) 1890 Veterans Census, (CO) Sharkey
Sanders, Geroge F.: (CMTS) 1890 Veterans Census, (CO) Dekalb
Sanders, Harry: (CMTS) 1890 Veterans Census, (CO) Warren
Sanders, Henry: (CMTS) 1890 Veterans Census, (CO) Bolivar
Sanders, Isaac: (CMTS) 1890 Veterans Census, (CO) Warren
Sanders, J. M.: (MD) Nov. 13, 1892, (Spouse) Ada Word, (CO) Tallahatchie
Sanders, James: (CMTS) 1890 Veterans Census, (CO) Claiborne
Sanders, James: (CMTS) 1890 Veterans Census, (CO) Coahoma
Sanders, James: (CMTS) 1890 Veterans Census, (CO) Hinds
Sanders, John: (CMTS) 1890 Veterans Census, (CO) Claiborne
Sanders, John: (CMTS) 1890 Veterans Census, (CO) Issaquena
Sanders, Johnson: (MD) Jul. 2, 1891, (Spouse) Mary McDonald, (CO) Jackson
Sanders, Leander: (B) Jun. 11, 1896, (Race) Black, (BP) Natchez, MS, (WWIDR) Adams, MS, (CO) Adams
Sanders, Nelson: (B) Dec. 25, 1891, (Race) Black, (BP) Washington, MS, (WWIDR) Adams, MS, (CO) Adams
Sanders, Shederick: (CMTS) 1890 Veterans Census, (CO) Issaquena
Sanders, Stephen Green: (MD) May 15, 1895, (Spouse) Pauline Wilson, (CO) Jackson
Sanders, Truman: (CMTS) 1890 Veterans Census, (CO) Warren
Sandridge, Harris: (CMTS) 1890 Veterans Census, (CO) Marshall
Sanford, Charles M.: (B) Dec. 5, 1893, (Race) White, (BP) Natchez, MS, (WWIDR) Adams, MS, (CO) Adams
Sanford, Elias: (CMTS) 1890 Veterans Census, (CO) Issaquena
Sanford, Nelson: (CMTS) 1890 Veterans Census, (CO) Issaquena
Sanguinetti, John Henry: (B) Jan. 8, 1891, (Race) White, (BP) Natchez, MS, (WWIDR) Warren, MS, (CO) Adams
Sank, Paul: (CMTS) 1890 Veterans Census, (CO) Adams
Santa Cruz, Fritz: (MD) Nov. 22, 1899, (Spouse) Catherine Seymour, (CO) Jackson
Santa Cruz, George J.: (MD) Oct. 29, 1891, (Spouse) Rose Pol, (CO) Jackson
Sanxton, Henry: (B) Oct. 20, 1898, (Race) Black, (WWIDR) Adams, MS, (CO) Adams
Sassery, Alex: (B) Nov. 27, 1896, (Race) Black, (WWIDR) Adams, MS, (CO) Adams
Satchele, David: (CMTS) 1890 Veterans Census, (CO) Dekalb
Satchfield, Edward Emette: (B) Nov. 9, 1883, (Race) White, (WWIDR) Adams, MS, (CO) Adams
Satchfield, George W.: (CMTS) 1890 Veterans Census, (CO) Dekalb
Satter, Dick: (CMTS) 1890 Veterans Census, (CO) Benton
Saunders, Allen: (CMTS) 1890 Veterans Census, (CO) Dekalb
Saunders, Anne: (CMTS) 1890 Veterans Census, (CO) Dekalb
Saunders, Bailey: (CMTS) 1890 Veterans Census, (CO) Washington
Saunders, Beverly: (CMTS) 1890 Veterans Census, (CO) Warren
Saunders, J. W.: (MD) Sep. 16, 1891, (Spouse) Lula McCarty, (CO) Tallahatchie
Saunders, Robert: (B) Jul. 3, 1893, (Race) Black, (BP) Knoxville, MS, (WWIDR) Adams, MS, (CO) Adams
Saundrs, Beverly: (CMTS) 1890 Veterans Census, (CO) Warren
Sauters, Anna: (CMTS) 1890 Veterans Census, (CO) Washington
Savage, Olivar: (CMTS) 1890 Veterans Census, (CO) Bolivar
Savage, William: (B) Jan. 25, 1896, (Race) Black, (BP) Kingston, MS, (WWIDR) Adams, MS, (CO) Adams
Savoy, Nick: (CMTS) 1890 Veterans Census, (CO) Jefferson
Savoy, Sallie: (CMTS) 1890 Veterans Census, (CO) Jefferson
Saweman, Henry: (CMTS) 1890 Veterans Census, (CO) Washington
Sawxton, Henry: (B) Oct. 20, 1898, (Race) Black, (WWIDR) Adams, MS, (CO) Adams
Sawyer, Irvine: (B) 1893, (Race) Black Concordia Par., LA, (WWIDR) Adams, MS, (CO) Adams

Scales, David: (CMTS) 1890 Veterans Census, (CO) Lele
Scales, Milo: (B) 1899, (Race) Black, (WWIDR) Adams, MS, (CO) Adams
Schafers, Elijah: (CMTS) 1890 Veterans Census, (CO) Adams
Schaffer, Henry: (B) 1884, (Race) Black, (WWIDR) Warren, MS, (CO) Adams
Scharff, Aaron Roos: (B) Oct. 20, 1895, (Race) White, (BP) Natchez, MS, (WWIDR) Adams, MS, (CO) Adams
Scharff, Daniel Laub: (B) Mar. 29, 1898, (Race) White, (WWIDR) Adams, MS, (CO) Adams
Scharff, Ike Daniel: (B) Dec. 16, 1899, (Race) White, (WWIDR) Adams, MS, (CO) Adams
Schaw, George W.: (CMTS) 1890 Veterans Census, (CO) Bolivar
Schleet, Frederick C.: (B) Aug. 12, 1894, (Race) White, (BP) Natchez, MS, (WWIDR) Adams, MS, (CO) Adams
Schleicher, Ernest Hearley: (B) May 31, 1896, (Race) White, (BP) Fairview, LA, (WWIDR) Adams, MS, (CO) Adams
Schleiffarth, Hallum: (CMTS) 1890 Veterans Census, (CO) Grandad
Schluter, Frederick Will: (CMTS) 1890 Veterans Census, (CO) Warren
Schluter, William: (CMTS) 1890 Veterans Census, (CO) Warren
Schneider, Charles: (CMTS) 1890 Veterans Census, (CO) Warren
Schofield, Henry: (CMTS) 1890 Veterans Census, (CO) Pike
Scholtman, John: (CMTS) 1890 Veterans Census, (CO) Warren
Schuder, Sylvester: (CMTS) 1890 Veterans Census, (CO) Adams
Schumann, Charles: (CMTS) 1890 Veterans Census, (CO) Harrison
Schurlock, John: (CMTS) 1890 Veterans Census, (CO) Yalobusha
Schwamm, Ferdinand: (CMTS) 1890 Veterans Census, (CO) Dekalb
Schwanesberg, Henry: (CMTS) 1890 Veterans Census, (CO) Calhoun
Schwartz, David: (B) Nov. 15, 1891, (Race) White, (BP) Natchez, MS, (WWIDR) Adams, MS, (CO) Adams
Scobel, Joseph A.: (CMTS) 1890 Veterans Census, (CO) Jackson
Scott, Aaron G.: (CMTS) 1890 Veterans Census, (CO) Prentiss
Scott, Annie: (CMTS) 1890 Veterans Census, (CO) Jefferson
Scott, Ar: (CMTS) 1890 Veterans Census, (CO) G
Scott, Benjamin: (CMTS) 1890 Veterans Census, (CO) Warren
Scott, Bettie: (CMTS) 1890 Veterans Census, (CO) Warren
Scott, Charles: (CMTS) 1890 Veterans Census, (CO) Bolivar
Scott, Charles B: (CMTS) 1890 Veterans Census, (CO) Jefferson
Scott, Claude Majors: (B) Dec. 29, 1882, (Race) White, (WWIDR) Adams, MS, (CO) Adams
Scott, Collin: (B) Jul., 1895, (Race) Black, (BP) Natchez, MS, (WWIDR) Adams, MS, (CO) Adams
Scott, Daniel: (CMTS) 1890 Veterans Census, (CO) Warren
Scott, Daniel S.: (CMTS) 1890 Veterans Census, (CO) Adams
Scott, Dave: (B) Jun. 3, 1891, (Race) Black, (BP) Fishbone, LA, (WWIDR) Adams, MS, (CO) Adams
Scott, Earnest: (B) Jun. 10, 1889, (Race) Black, (BP) Jeannette, MS, (WWIDR) Adams, MS, (CO) Adams
Scott, Ellis: (B) Aug. 8, 1897, (Race) Black, (WWIDR) Adams, MS, (CO) Adams
Scott, Franklin: (CMTS) 1890 Veterans Census, (CO) Adams
Scott, George: (CMTS) 1890 Veterans Census, (CO) Warren
Scott, Hamilton: (CMTS) 1890 Veterans Census, (CO) Warren
Scott, Henry: (CMTS) 1890 Veterans Census, (CO) Adams
Scott, Isaac: (CMTS) 1890 Veterans Census, (CO) Jefferson
Scott, Isaid: (B) Jan. 3, 1888, (Race) Black, (BP) Springfield, MS, (WWIDR) Adams, MS, (CO) Adams
Scott, Israel: (B) Mar. 12, 1891, (Race) Black Adams Co., MS, (WWIDR) Adams,

MS, (CO) Adams
Scott, J. Cooper: (CMTS) 1890 Veterans Census, (CO) Tunica
Scott, James: (CMTS) 1890 Veterans Census, (CO) Bolivar
Scott, James Otis: (B) Mar. 14, 1891, (Race) Black, (BP) Natchez, MS, (WWIDR) Adams, MS, (CO) Adams
Scott, Jessee: (CMTS) 1890 Veterans Census, (CO) Pontiac
Scott, Joe: (CMTS) 1890 Veterans Census, (CO) Bolivar
Scott, John: (CMTS) 1890 Veterans Census, (CO) Adams
Scott, John: (CMTS) 1890 Veterans Census, (CO) Bolivar
Scott, John: (CMTS) 1890 Veterans Census, (CO) Coahoma
Scott, Joshua: (B) Dec. 23, 1895, (Race) Black Adams Co., MS, (WWIDR) Adams, MS, (CO) Adams
Scott, Lafayette: (B) Sep 19, 1896, (Race) Black Adams Co., MS, (WWIDR) Adams, MS, (CO) Adams
Scott, Leroy: (B) 1896, (Race) Black Adams Co., MS, (WWIDR) Adams, MS, (CO) Adams
Scott, Lewis: (CMTS) 1890 Veterans Census, (CO) Warren
Scott, Marshall: (B) Aug. 3, 1897, (Race) Black Adams Co., MS, (WWIDR) Adams, MS, (CO) Adams
Scott, Melinda: (CMTS) 1890 Veterans Census, (CO) Washington
Scott, Nathan: (B) Apr. 1, 1897, (Race) Black, (BP) L. Natchez, MS, (WWIDR) Madison LA, (CO) Adams
Scott, Nelson: (CMTS) 1890 Veterans Census, (CO) Jefferson
Scott, Rosa A.: (CMTS) 1890 Veterans Census, (CO) Tunica
Scott, Sim Dallas: (B) Feb. 16, 1881, (Race) Black, (WWIDR) Adams, MS, (CO) Adams
Scott, Tennessee: (CMTS) 1890 Veterans Census, (CO) Warren
Scott, Tennissee: (CMTS) 1890 Veterans Census, (CO) Warren
Scott, Thomas: (B) Dec., 1893, (Race) Black, (BP) Natchez, MS, (WWIDR) Adams, MS, (CO) Adams
Scott, Thomas: (CMTS) 1890 Veterans Census, (CO) Washington
Scott, Tony: (CMTS) 1890 Veterans Census, (CO) Washington
Scott, Walter: (CMTS) 1890 Veterans Census, (CO) Bolivar
Scott, Warren: (CMTS) 1890 Veterans Census, (CO) Sharkey
Scott, Wiliam: (CMTS) 1890 Veterans Census, (CO) Claiborne
Scott, Wilkin: (B) Oct. 1, 1890, (Race) Black Adams Co., MS, (WWIDR) Adams, MS, (CO) Adams
Scott, William: (B) Dec. 24, 1899, (Race) Black, (WWIDR) Adams, MS, (CO) Adams
Screase, George: (B) Jul. 4, 1893, (Race) Black, (WWIDR) Adams, MS, (CO) Adams
Screws, William: (B) Mar. 10, 1890, (Race) Black Adams Co., MS, (WWIDR) Adams, MS, (CO) Adams
Scruase, George: (B) Jul. 4, 1893, (Race) Black, (WWIDR) Adams, MS, (CO) Adams
Scruggs, J. R.: (CMTS) 1890 Veterans Census, (CO) Bolivar
Scrus, James: (B) Aug. 12, 1892, (Race) Black Adams Co., MS, (WWIDR) Adams, MS, (CO) Adams
Scudmore, Edwin Arthur: (B) Sep 21, 1882, (Race) White, (WWIDR) Adams, MS, (CO) Adams
Scurlock, John: (L) 80.7 acres, Jackson Land Office, (ID) Mar. 16, 1891, (CO) Yalobusha
Scutter, Sylvester: (CMTS) 1890 Veterans Census, (CO) Adams
Seabrook, Caesar: (CMTS) 1890 Veterans Census, (CO) Issaquena
Seal, Alonzo: (CMTS) 1890 Veterans Census, (CO) Warren
Seale, Thomas Jay: (B) Feb. 27, 1895, (Race) White, (BP) Hamburg, MS, (WWIDR) Adams, MS, (CO) Adams
Seales, George: (CMTS) 1890 Veterans Census, (CO) Tate
Seals, Emma: (CMTS) 1890 Veterans Census, (CO) Tunica

Seals, Nathaniel: (B) Aug. 13, 1898, (Race) Black, (WWIDR) Adams, MS, (CO) Adams
Seals, Nehmiah: (B) Jul. 10, 1886, (Race) Black, (BP) Jacksons Point, MS, (WWIDR) Adams, MS, (CO) Adams
Seals, Thomas: (CMTS) 1890 Veterans Census, (CO) Bolivar
Searcy, John F. B: (CMTS) 1890 Veterans Census, (CO) Dekalb
Seeney, Phillip: (CMTS) 1890 Veterans Census, (CO) Jefferson
Seiforth, Jessie: (B) Feb. 15, 1888, (Race) Black, (BP) Jefferson Co., MS, (WWIDR) Adams, MS, (CO) Adams
Seiforth, Willie: (B) Jun. 11, 1889, (Race) Black, (BP) Helena AR, (WWIDR) Adams, MS, (CO) Adams
Seldon, Thomas: (CMTS) 1890 Veterans Census, (CO) Warren
Self, Carter H.: (CMTS) 1890 Veterans Census, (CO) Quitman
Self, James: (MD) Jul. 22, 1891, (Spouse) Sarah F. Allen, (CO) Tallahatchie
Sellers, Hardy: (CMTS) 1890 Veterans Census, (CO) Alcorn
Sellers, Matilda: (CMTS) 1890 Veterans Census, (CO) Alcorn
Selph, Montgomery C: (CMTS) 1890 Veterans Census, (CO) Benton
Serio, Joseph Paul: (B) May 24, 1885, (Race) White, (WWIDR) Adams, MS, (CO) Adams
Serio, Sam: (B) Feb. 14, 1896, (Race) White, (BP) Natchez, MS, (WWIDR) Adams, MS, (CO) Adams
Session, Joseph: (CMTS) 1890 Veterans Census, (CO) Warren
Sessions, Butler&: (CMTS) 1890 Veterans Census, (CO) Adams
Sessions, Joseph Ferdinand: (B) Feb. 3, 1895, (Race) White Brookhaven, MS, (WWIDR) Adams, MS, (CO) Adams
Sewell, Claborne: (B) 1898, (Race) Black, (WWIDR) Adams, MS, (CO) Adams
Sewell, Henderson: (B) Apr. 19, 1884, (Race) Black, (WWIDR) Adams, MS, (CO) Adams
Sewell, Joseph: (CMTS) 1890 Veterans Census, (CO) Adams
Sewell, Lee Andrew: (B) Jul. 4, 1894, (Race) Black Adams Co., MS, (WWIDR) Adams, MS, (CO) Adams
Sewell, Mose: (B) May 31, 1891, (Race) Black, (BP) Kingston, MS, (WWIDR) Adams, MS, (CO) Adams
Sewell, Nathan: (CMTS) 1890 Veterans Census, (CO) Dekalb
Sewell, Robert: (B) Sep 1, 1899, (Race) Black, (WWIDR) Adams, MS, (CO) Adams
Sewell, Walter: (B) Nov. 6, 1889, (Race) Black, (BP) Kingston, MS, (WWIDR) Adams, MS, (CO) Adams
Sewell, William B: (CMTS) 1890 Veterans Census, (CO) Copiah
Sewell, Willie: (B) Jul. 28, 1894, (Race) Black, (BP) Kingston, MS, (WWIDR) Adams, MS, (CO) Adams
Sewell, Willie: (B) Jan. 25, 1897, (Race) Black, (BP) Kingston, MS, (WWIDR) Adams, MS, (CO) Adams
Sexton, William: (CMTS) 1890 Veterans Census, (CO) Adams
Sexton, William Wellington: (B) Oct. 24, 1894, (Race) Black, (BP) Natchez, MS, (WWIDR) Adams, MS, (CO) Adams
Shackelford, George: (CMTS) 1890 Veterans Census, (CO) Washington
Shackelford, Thomas: (CMTS) 1890 Veterans Census, (CO) Yazoo
Shackleford, James: (CMTS) 1890 Veterans Census, (CO) Warren
Shands, Charlie: (CMTS) 1890 Veterans Census, (CO) Tate
Shannan, James H.: (CMTS) 1890 Veterans Census, (CO) Claiborne
Shannell, Frank: (CMTS) 1890 Veterans Census, (CO) Warren
Shannell, Mary: (CMTS) 1890 Veterans Census, (CO) Warren
Sharkey, Gus: (CMTS) 1890 Veterans Census, (CO) Issaquena
Sharkey, Hanes: (CMTS) 1890 Veterans Census, (CO) Issaquena
Sharkey, Santy: (CMTS) 1890 Veterans Census, (CO) Warren
Sharp, Albert: (CMTS) 1890 Veterans Census, (CO) Panola
Sharp, Alfred: (B) Dec. 2, 1885, (Race) White, (WWIDR) Adams, MS, (CO) Adams

Sharp, Madison: (CMTS) 1890 Veterans Census, (CO) Washington
Sharp, Richard B,: (B) Dec. 19, 1890, (Race) White Amite Co., MS, (WWIDR) Adams, MS, (CO) Adams
Shattuck, James W.: (CMTS) 1890 Veterans Census, (CO) Bolivar
Shavor, Thomas: (CMTS) 1890 Veterans Census, (CO) Hinds
Shaw, Ben: (CMTS) 1890 Veterans Census, (CO) Washington
Shaw, Caroline: (CMTS) 1890 Veterans Census, (CO) Washington
Shaw, Charles L.: (B) Jan. 15, 1894, (Race) Black, (BP) Natchez, MS, (WWIDR) Adams, MS, (CO) Adams
Shaw, Eugene A.: (CMTS) 1890 Veterans Census, (CO) Marshall
Shaw, Fleming: (B) Mar. 8, 1885, (Race) Black, (WWIDR) Adams, MS, (CO) Adams
Shaw, Frank M.: (CMTS) 1890 Veterans Census, (CO) Marshall
Shaw, Harvey Allen: (B) Jan. 7, 1887, (Race) White, (BP) Northfield OH, (WWIDR) Adams, MS, (CO) Adams
Shaw, Henry Lee: (B) Nov. 25, 1899, (Race) Black, (WWIDR) Adams, MS, (CO) Adams
Shaw, Hugh: (CMTS) 1890 Veterans Census, (CO) Choctaw
Shaw, Lawrence Carl: (B) Jan. 8, 1886, (Race) White, (WWIDR) Adams, MS, (CO) Adams
Shaw, Oscar: (B) Nov. 5, 1899, (Race) Black, (WWIDR) Adams, MS, (CO) Adams
Shaw, Rich: (CMTS) 1890 Veterans Census, (CO) Wayne
Shaw, Sam: (B) Jul. 16, 1883, (Race) Black, (WWIDR) Adams, MS, (CO) Adams
Shaw, Samuel C: (CMTS) 1890 Veterans Census, (CO) Webster
Shaw, Willie Louis: (B) Nov. 22, 1883, (Race) White, (WWIDR) Adams, MS, (CO) Adams
Shaw,: (B) Dec. 27, 1895, (Race) White, (BP) Macedonia OH, (WWIDR) Adams, MS, (CO) Adams
Shay, George: (CMTS) 1890 Veterans Census, (CO) Yazoo
Shea, Mary H.: (CMTS) 1890 Veterans Census, (CO) Warren
Shea, William H.: (CMTS) 1890 Veterans Census, (CO) Warren
Shearns, Emerline: (CMTS) 1890 Veterans Census, (CO) Tunica
Sheder, Charley: (CMTS) 1890 Veterans Census, (CO) Sunflower
Shedrick, Augusta: (CMTS) 1890 Veterans Census, (CO) Jefferson
Shedrick, Chloe: (CMTS) 1890 Veterans Census, (CO) Jefferson
Sheilds, Harnson: (CMTS) 1890 Veterans Census, (CO) Washington
Sheilds, Jacob: (CMTS) 1890 Veterans Census, (CO) Claiborne
Sheilds, Maria: (CMTS) 1890 Veterans Census, (CO) Adams
Sheilds, Nancy: (CMTS) 1890 Veterans Census, (CO) Claiborne
Shelby, John: (CMTS) 1890 Veterans Census, (CO) Warren
Shelby, Robert: (CMTS) 1890 Veterans Census, (CO) Issaquena
Shelby, William E.: (CMTS) 1890 Veterans Census, (CO) Bolivar
Shell, Joffre: (B) Mar. 1, 1891, (Race) Black, (BP) Knoxville, MS, (WWIDR) Adams, MS, (CO) Adams
Shelley, Maria: (CMTS) 1890 Veterans Census, (CO) Warren
Shelton, James: (CMTS) 1890 Veterans Census, (CO) Hinds
Shelton, Laura: (CMTS) 1890 Veterans Census, (CO) Bolivar
Shelton, Robert: (CMTS) 1890 Veterans Census, (CO) Jackson
Shelton, Thomas: (CMTS) 1890 Veterans Census, (CO) Warren
Shepard, Mathew: (CMTS) 1890 Veterans Census, (CO) Washington
Shepherd, Isaac: (CMTS) 1890 Veterans Census, (CO) Warren
Shepherd, Willie: (B) Mar. 1, 1892, (Race) Black Adams Co., MS, (WWIDR) Adams, MS, (CO) Adams
Sheriff, Jackson: (CMTS) 1890 Veterans Census, (CO) Bolivar
Sheriff, John: (CMTS) 1890 Veterans Census, (CO) Bolivar
Sherman, Bridgett: (CMTS) 1890 Veterans Census, (CO) Warren

Sherman, Sam: (CMTS) 1890 Veterans Census, (CO) Warren
Sherman, Sarah: (CMTS) 1890 Veterans Census, (CO) Tunica
Sherman, Wheatley: (CMTS) 1890 Veterans Census, (CO) Washington
Shield, Albert: (CMTS) 1890 Veterans Census, (CO) Coahoma
Shields, Harrison: (CMTS) 1890 Veterans Census, (CO) Washington
Shields, Henry: (CMTS) 1890 Veterans Census, (CO) Coahoma
Shields, Henry Kern: (B) Apr. 10, 1891, (Race) White, (BP) Natchez, MS, (WWIDR) Adams,
    MS, (CO) Adams
Shields, Isaac: (CMTS) 1890 Veterans Census, (CO) Tate
Shields, Robert: (CMTS) 1890 Veterans Census, (CO) Dekalb
Shields, Victor: (B) Feb. 13, 1896, (Race) Black, (BP) Natchez, MS, (WWIDR) Adams,
    MS, (CO) Adams
Shilkins, Ernest: (B) Jan. 10, 1890, (Race) Black Bullets Bayou, LA, (WWIDR) Adams,
    MS, (CO) Adams
Shipard, Mathew: (CMTS) 1890 Veterans Census, (CO) Washington
Shivers, George W.: (CMTS) 1890 Veterans Census, (CO) Sunflower
Short, Alexander: (B) 1896, (Race) Black, (BP) Natchez, MS, (WWIDR) Adams, MS, (CO) Adams
Short, Edward: (CMTS) 1890 Veterans Census, (CO) Jefferson
Short, Laura D.: (CMTS) 1890 Veterans Census, (CO) Jefferson
Shorter, John: (CMTS) 1890 Veterans Census, (CO) Warren
Shorter, Winnie: (CMTS) 1890 Veterans Census, (CO) Warren
Shuer, Martha: (CMTS) 1890 Veterans Census, (CO) Washington
Shultz, Adolphus W.: (CMTS) 1890 Veterans Census, (CO) Amite
Shy, Aaron: (CMTS) 1890 Veterans Census, (CO) Warren
Shy, Louisa: (CMTS) 1890 Veterans Census, (CO) Warren
Siblin, Laurence: (CMTS) 1890 Veterans Census, (CO) Jackson
Sideboard, Richard: (CMTS) 1890 Veterans Census, (CO) Wilkinson
Sides, Marshall: (CMTS) 1890 Veterans Census, (CO) Warren
Sides, Melissa: (CMTS) 1890 Veterans Census, (CO) Warren
Sigay, Dick: (CMTS) 1890 Veterans Census, (CO) Warren
Sigay, Dick: (CMTS) 1890 Veterans Census, (CO) Warren
Silcien, Lurence: (CMTS) 1890 Veterans Census, (CO) Jackson
Siles, Samuel: (CMTS) 1890 Veterans Census, (CO) Jefferson
Silket, Charles: (CMTS) 1890 Veterans Census, (CO) Wilkinson
Silveste, Spencer: (B) 1899, (Race) Black, (WWIDR) Adams,
    MS, (CO) Adams
Silvester, Spencer: (B) 1899, (Race) Black, (WWIDR) Adams,
    MS, (CO) Adams
Simmons, Alfred: (B) Aug. 2, 1884, (Race) Black, (WWIDR) Adams,
    MS, (CO) Adams
Simmons, Benjamin: (CMTS) 1890 Veterans Census, (CO) Bolivar
Simmons, Catherine: (CMTS) 1890 Veterans Census, (CO) Clayton
Simmons, Daniel D.: (CMTS) 1890 Veterans Census, (CO) Leflore
Simmons, Ellen: (CMTS) 1890 Veterans Census, (CO) Panola
Simmons, Ernest Carter: (B) Jul. 4, 1889, (Race) White, (BP) Natchez, MS, (WWIDR) Adams,
    MS, (CO) Adams
Simmons, George E.: (CMTS) 1890 Veterans Census, (CO) Leflore
Simmons, Henry: (CMTS) 1890 Veterans Census, (CO) Warren
Simmons, John: (CMTS) 1890 Veterans Census, (CO) Coahoma
Simmons, Joseph E.: (B) Sep 12, 1893, (Race) White, (BP) Natchez, MS, (WWIDR) Adams,
    MS, (CO) Adams
Simmons, Lizzie: (CMTS) 1890 Veterans Census, (CO) Coahoma
Simmons, Moses: (CMTS) 1890 Veterans Census, (CO) Tunica
Simmons, Paul Reed: (B) Oct. 11, 1886, (Race) White, (BP) Natchez, MS, (WWIDR) Adams,

MS, (CO) Adams
Simmons, Richard: (B) 1894, (Race) Black, (BP) Hamburg, MS, (WWIDR) Adams, MS, (CO) Adams
Simmons, Sam: (CMTS) 1890 Veterans Census, (CO) Jefferson
Simmons, Stepehn: (CMTS) 1890 Veterans Census, (CO) Warren
Simmons, Sylvester: (CMTS) 1890 Veterans Census, (CO) Leflore
Simmons, Thomas: (CMTS) 1890 Veterans Census, (CO) Panola
Simmons, Thomas: (CMTS) 1890 Veterans Census, (CO) Washington
Simms, Henry: (B) Jan. 28, 1893, (Race) Black, (BP) New Orleans, LA, (WWIDR) Adams, MS, (CO) Adams
Simon, Abe: (B) Jul. 24, 1897, (Race) White, (BP) Kosciusko, MS, (WWIDR) Adams, MS, (CO) Adams
Simon, David Laub: (B) Jan. 29, 1899, (Race) White, (WWIDR) Adams, MS, (CO) Adams
Simpkins, Newton: (CMTS) 1890 Veterans Census, (CO) Sharkey
Simpson, Claude: (B) Sep 13, 1893, (Race) Black, (BP) Stanton, MS, (WWIDR) Adams, MS, (CO) Adams
Simpson, George: (CMTS) 1890 Veterans Census, (CO) Washington
Simpson, John Joseph: (B) Jul. 4, 1884, (Race) Black, (WWIDR) Adams, MS, (CO) Adams
Simpson, Miles: (CMTS) 1890 Veterans Census, (CO) Dekalb
Simpson, Robert: (B) Jul. 31, 1897, (Race) Black, (BP) Stanton, MS, (WWIDR) Adams, MS, (CO) Adams
Simpson, Samuel: (CMTS) 1890 Veterans Census, (CO) Marshall
Simpson, W. A.: (CMTS) 1890 Veterans Census, (CO) Yalobusha
Sims, Brannon: (B) Feb. 20, 1882, (Race) Black, (WWIDR) Adams, MS, (CO) Adams
Sims, Everette Armond: (B) Oct., 18, 1891, (Race) White, (BP) Jefferson Co., MS, (WWIDR) Adams, MS, (CO) Adams
Sims, John: (B) 1887, (Race) Black, (BP) Natchez, MS, (WWIDR) Copiah, MS, (CO) Adams
Sims, Peter: (B) Apr. 28, 1885, (Race) Black, (WWIDR) Adams, MS, (CO) Adams
Sims, Robert William: (B) Sep 24, 1895, (Race) White, (BP) Memphis TN, (WWIDR) Adams, MS, (CO) Adams
Sinclair, Louis S.: (CMTS) 1890 Veterans Census, (CO) Harrison
Singleton, David: (CMTS) 1890 Veterans Census, (CO) Sharkey
Singleton, George: (B) Dec., 1896, (Race) Black, (BP) Selma, MS, (WWIDR) Adams, MS, (CO) Adams
Singleton, Howard: (CMTS) 1890 Veterans Census, (CO) Warren
Singleton, William: (CMTS) 1890 Veterans Census, (CO) Washington
Sipes, Jacob: (CMTS) 1890 Veterans Census, (CO) Warren
Sipes, Mary J.: (CMTS) 1890 Veterans Census, (CO) Warren
Six, Phillip: (CMTS) 1890 Veterans Census, (CO) Sunflower
Skates, Adam: (CMTS) 1890 Veterans Census, (CO) Warren
Skeffer, Burt: (B) Aug. 4, 1882, (Race) Black, (WWIDR) Adams, MS, (CO) Adams
Skillen, Alonzo: (B) Feb. 16, 1885, (Race) Black, (WWIDR) Adams, MS, (CO) Adams
Skipper, Sam: (B) Dec. 24, 1888, (Race) Black, (BP) Jeannette, MS, (WWIDR) Adams, MS, (CO) Adams
Skipworth, John: (CMTS) 1890 Veterans Census, (CO) Washington
Slade, Florence: (CMTS) 1890 Veterans Census, (CO) Warren
Slade, John F.: (CMTS) 1890 Veterans Census, (CO) Pike
Slade, Richard: (CMTS) 1890 Veterans Census, (CO) Warren
Slaiten, Little: (CMTS) 1890 Veterans Census, (CO) Bolivar
Slaughter, Albert: (CMTS) 1890 Veterans Census, (CO) Warren
Slaughter, Fredrick: (CMTS) 1890 Veterans Census, (CO) Adams
Slaughter, Howard: (CMTS) 1890 Veterans Census, (CO) Claiborne
Slaughter, John: (CMTS) 1890 Veterans Census, (CO) Scott

Slaughter, Mary: (CMTS) 1890 Veterans Census, (CO) Madison
Slaughton, John: (CMTS) 1890 Veterans Census, (CO) Scott
Slay, Isac: (CMTS) 1890 Veterans Census, (CO) Dekalb
Slayden, Archie: (CMTS) 1890 Veterans Census, (CO) Tunica
Sledge, Collins: (B) Dec. 10, 1891, (Race) Black, (BP) Greenville, MS, (WWIDR) Adams, MS, (CO) Adams
Sloss, Jackson: (CMTS) 1890 Veterans Census, (CO) Tunica
Slughter, Charles: (CMTS) 1890 Veterans Census, (CO) Warren
Small, Alfred: (CMTS) 1890 Veterans Census, (CO) Yazoo
Small, George: (CMTS) 1890 Veterans Census, (CO) Quitman
Small, Laura: (CMTS) 1890 Veterans Census, (CO) Yazoo
Small, Robert: (CMTS) 1890 Veterans Census, (CO) Jefferson
Smallwood, Johnie: (B) May 5, 1891, (Race) Black, (BP) Natchez, MS, (WWIDR) Adams, MS, (CO) Adams
Smiley, Benjamin F.: (B) Nov. 10, 1898(D) Sep. 7, 1958(CO) Clarke(C) Hepzibah Baptist Church Cemetery
Smiley, James Douglas: (B) Apr. 28, 1885, (Race) Black, (WWIDR) Adams, MS, (CO) Adams
Smiser, Acey: (CMTS) 1890 Veterans Census, (CO) Issaquena
Smith, Abram: (CMTS) 1890 Veterans Census, (CO) Warren
Smith, Ad: (B) Mar. 20, 1897, (Race) Black, (BP) Turner, MS, (WWIDR) Adams, MS, (CO) Adams
Smith, Adam: (CMTS) 1890 Veterans Census, (CO) Jefferson
Smith, Adam: (CMTS) 1890 Veterans Census, (CO) Warren
Smith, Albert: (B) Jul. 7, 1883, (Race) Black, (WWIDR) Adams, MS, (CO) Adams
Smith, Albert B.: (L) 159.97 acres, Jackson Land Office, (ID) Mar. 16, 1891, (CO) Jones
Smith, Alex: (CMTS) 1890 Veterans Census, (CO) Warren
Smith, Alexander: (CMTS) 1890 Veterans Census, (CO) Dekalb
Smith, Alfred: (CMTS) 1890 Veterans Census, (CO) Jefferson
Smith, Allen W.: (CMTS) 1890 Veterans Census, (CO) Washington
Smith, Andrew: (CMTS) 1890 Veterans Census, (CO) Warren
Smith, Andrew: (CMTS) 1890 Veterans Census, (CO) Wilkinson
Smith, Andrew H.: (CMTS) 1890 Veterans Census, (CO) Warren
Smith, Andrew M.: (CMTS) 1890 Veterans Census, (CO) Warren
Smith, Anna: (CMTS) 1890 Veterans Census, (CO) Washington
Smith, Augusta: (B) 1899, (Race) Black, (WWIDR) Adams, MS, (CO) Adams
Smith, Benjamin: (CMTS) 1890 Veterans Census, (CO) Yazoo
Smith, Benjamin: (B) Mar. 6, 1896, (Race) Black, (BP) Natchez, MS, (WWIDR) Adams, MS, (CO) Adams
Smith, Benjamin: (CMTS) 1890 Veterans Census, (CO) Warren
Smith, Benjamin F.: (CMTS) 1890 Veterans Census, (CO) Sunflower
Smith, Betsy: (CMTS) 1890 Veterans Census, (CO) Jefferson
Smith, Bob: (CMTS) 1890 Veterans Census, (CO) Dekalb
Smith, Caleb: (B) Oct. 12, 1881, (Race) Black, (WWIDR) Adams, MS, (CO) Adams
Smith, Calvin: (CMTS) 1890 Veterans Census, (CO) Claiborne
Smith, Charles H.: (CMTS) 1890 Veterans Census, (CO) Warren
Smith, Charles S.: (CMTS) 1890 Veterans Census, (CO) Alcorn
Smith, Charley: (CMTS) 1890 Veterans Census, (CO) Dekalb
Smith, Cora: (CMTS) 1890 Veterans Census, (CO) Warren
Smith, Dan: (B) Aug. 3, 1890, (Race) Black, (BP) Turner, MS, (WWIDR) Adams, MS, (CO) Adams
Smith, Dan: (B) Jul. 5, 1882, (Race) Black, (WWIDR) Madison LA, (CO) Adams
Smith, David: (B) Dec. 7, 1892, (Race) Black, (BP) Roxie, MS, (WWIDR) Adams, MS, (CO) Adams
Smith, David: (B) Feb., 1888, (Race) Black Adams Co., MS, (WWIDR) Adams,

Smith, David: (CMTS) 1890 Veterans Census, (CO) Warren
Smith, Douglas: (B) Nov. 5, 1889, (Race) Black, (BP) Kingston, MS, (WWIDR) Adams, MS, (CO) Adams
Smith, Douglass: (B) Feb. 16, 1893, (Race) Black, (BP) Selma, MS, (WWIDR) Adams, MS, (CO) Adams
Smith, Ed: (B) Mar. 4, 1888, (Race) Black, (BP) Natchez, MS, (WWIDR) Adams, MS, (CO) Adams
Smith, Ed: (B) Nov. 30, 1889, (Race) Black, (BP) Natchez, MS, (WWIDR) Sunflower, MS, (CO) Adams
Smith, Edmond: (CMTS) 1890 Veterans Census, (CO) Tate
Smith, Edward: (CMTS) 1890 Veterans Census, (CO) Warren
Smith, Edward J.: (CMTS) 1890 Veterans Census, (CO) Warren
Smith, Elias: (CMTS) 1890 Veterans Census, (CO) Warren
Smith, Elisa: (CMTS) 1890 Veterans Census, (CO) Washington
Smith, Elizabeth: (CMTS) 1890 Veterans Census, (CO) Warren
Smith, Ely: (CMTS) 1890 Veterans Census, (CO) Dekalb
Smith, Ephriam: (CMTS) 1890 Veterans Census, (CO) Warren
Smith, Forest Beal: (B) May 22, 1888, (Race) White, (BP) Lake View IA, (WWIDR) Adams, MS, (CO) Adams
Smith, Francie: (CMTS) 1890 Veterans Census, (CO) Dekalb
Smith, Freddy: (B) Nov. 17, 1895, (Race) Black Adams Co., MS, (WWIDR) Adams, MS, (CO) Adams
Smith, Garry W.: (CMTS) 1890 Veterans Census, (CO) Leflore
Smith, George H.: (CMTS) 1890 Veterans Census, (CO) Jefferson
Smith, George W.: (CMTS) 1890 Veterans Census, (CO) Issaquena
Smith, George: (B) Oct. 27, 1899, (Race) Black, (WWIDR) Adams, MS, (CO) Adams
Smith, George: (CMTS) 1890 Veterans Census, (CO) Bolivar
Smith, George: (CMTS) 1890 Veterans Census, (CO) Dekalb
Smith, George: (CMTS) 1890 Veterans Census, (CO) Sharkey
Smith, George: (CMTS) 1890 Veterans Census, (CO) Warren
Smith, Gold: (B) Sep 20, 1896, (Race) Black, (WWIDR) Adams, MS, (CO) Adams
Smith, Green: (B) Jul. 4, 1883, (Race) Black, (WWIDR) Adams, MS, (CO) Adams
Smith, Green S.: (CMTS) 1890 Veterans Census, (CO) Coahoma
Smith, Guy: (CMTS) 1890 Veterans Census, (CO) Wilkinson
Smith, Hal: (CMTS) 1890 Veterans Census, (CO) Hinds
Smith, Harry: (B) Mar. 15, 1897, (Race) Black, (BP) Natchez, MS, (WWIDR) Issaquena, MS, (CO) Adams
Smith, Harry J.: (B) Aug. 4, 1897, (Race) White, (BP) Natchez, MS, (WWIDR) Warren, MS, (CO) Adams
Smith, Harry J.: (B) Aug. 4, 1897, (Race) White, (WWIDR) Warren, MS, (CO) Adams
Smith, Harry M. (Dr.): (B) Mar. 10, 1888, (Race) White, (WWIDR) Adams, MS, (CO) Adams
Smith, Henry: (B) Mar. 19, 1898, (Race) Black, (WWIDR) Adams, MS, (CO) Adams
Smith, Henry: (B) Aug. 30, 1899, (Race) Black, (WWIDR) Adams, MS, (CO) Adams
Smith, Henry: (CMTS) 1890 Veterans Census, (CO) Leflore
Smith, Henry: (CMTS) 1890 Veterans Census, (CO) Yazoo
Smith, Henry C: (CMTS) 1890 Veterans Census, (CO) Bolivar
Smith, Henry W.: (CMTS) 1890 Veterans Census, (CO) Wayne
Smith, Henson: (CMTS) 1890 Veterans Census, (CO) Jefferson
Smith, Hilliard: (CMTS) 1890 Veterans Census, (CO) Coahoma
Smith, Hiram: (CMTS) 1890 Veterans Census, (CO) Leflore
Smith, Isaac: (CMTS) 1890 Veterans Census, (CO) Adams
Smith, Isaac: (CMTS) 1890 Veterans Census, (CO) Washington

Smith, Isaac T.: (CMTS) 1890 Veterans Census, (CO) Bolivar
Smith, James: (B) Dec. 25, 1896, (Race) Black, (BP) Natchez, MS, (WWIDR) Adams, MS, (CO) Adams
Smith, James: (CMTS) 1890 Veterans Census, (CO) Claiborne
Smith, James: (CMTS) 1890 Veterans Census, (CO) Coahoma
Smith, James: (CMTS) 1890 Veterans Census, (CO) Grenada
Smith, James: (CMTS) 1890 Veterans Census, (CO) Jackson
Smith, James: (CMTS) 1890 Veterans Census, (CO) Jefferson
Smith, James: (CMTS) 1890 Veterans Census, (CO) Washington
Smith, James: (CMTS) 1890 Veterans Census, (CO) Yazoo
Smith, James: (CMTS) 1890 Veterans Census, (CO) Wilkinson
Smith, James Lawrence: (B) Feb. 25, 1882, (Race) Black, (WWIDR) Adams, MS, (CO) Adams
Smith, James W.: (CMTS) 1890 Veterans Census, (CO) Warren
Smith, Jesse: (CMTS) 1890 Veterans Census, (CO) Adams
Smith, Jesse: (CMTS) 1890 Veterans Census, (CO) Warren
Smith, Jessee: (CMTS) 1890 Veterans Census, (CO) Warren
Smith, Jessie: (CMTS) 1890 Veterans Census, (CO) Warren
Smith, Jim: (CMTS) 1890 Veterans Census, (CO) Tunica
Smith, Joe: (B) Apr. 13, 1887, (Race) Black, (BP) Warren Co., MS, (WWIDR) Adams, MS, (CO) Adams
Smith, Joel: (CMTS) 1890 Veterans Census, (CO) Jackson
Smith, Johanna: (CMTS) 1890 Veterans Census, (CO) Warren
Smith, John: (B) Mar. 7, 1892, (Race) Black, (BP) Washington, MS, (WWIDR) Adams, MS, (CO) Adams
Smith, John: (B) Jun. 15, 1891, (Race) Black Cannonsburg, MS, (WWIDR) Adams, MS, (CO) Adams
Smith, John: (CMTS) 1890 Veterans Census, (CO) Adams
Smith, John: (CMTS) 1890 Veterans Census, (CO) Alcorn
Smith, John: (CMTS) 1890 Veterans Census, (CO) Bolicar
Smith, John: (CMTS) 1890 Veterans Census, (CO) Hinds
Smith, John: (CMTS) 1890 Veterans Census, (CO) Jackson
Smith, John: (CMTS) 1890 Veterans Census, (CO) Jefferson
Smith, John: (CMTS) 1890 Veterans Census, (CO) Monroe
Smith, John: (CMTS) 1890 Veterans Census, (CO) Warren
Smith, John H.: (CMTS) 1890 Veterans Census, (CO) Tippah
Smith, John Henry: (CMTS) 1890 Veterans Census, (CO) Jefferson
Smith, John L.: (CMTS) 1890 Veterans Census, (CO) Dekalb
Smith, John T.: (CMTS) 1890 Veterans Census, (CO) Quitman
Smith, Johnnie: (B) May 27, 1897, (Race) Black, (BP) Natchez, MS, (WWIDR) Warren, MS, (CO) Adams
Smith, Johnnie: (B) May 27, 1897, (Race) Black, (WWIDR) Warren, MS, (CO) Adams
Smith, Joseph: (B) Mar. 2, 1887, (Race) Black Adams Co., MS, (WWIDR) Adams, MS, (CO) Adams
Smith, Joseph: (B) Nov. 1, 1899, (Race) Black, (WWIDR) Adams, MS, (CO) Adams
Smith, Joseph: (CMTS) 1890 Veterans Census, (CO) Bolivar
Smith, Joseph: (CMTS) 1890 Veterans Census, (CO) Warren
Smith, Joseph: (CMTS) 1890 Veterans Census, (CO) Washington
Smith, Joseph: (CMTS) 1890 Veterans Census, (CO) Yazoo
Smith, Joseph A.: (CMTS) 1890 Veterans Census, (CO) Bolivar
Smith, Joshua: (B) Jul. 16, 1896, (Race) Black, (BP) Mississippi, (WWIDR) Adams, MS, (CO) Adams
Smith, Julia: (CMTS) 1890 Veterans Census, (CO) Warren
Smith, Lafayette: (CMTS) 1890 Veterans Census, (CO) Warren
Smith, Laura: (CMTS) 1890 Veterans Census, (CO) Warren

Smith, Leon: (B) Sep, 1892, (Race) Black, (BP) Jeannette, MS, (WWIDR) Adams, MS, (CO) Adams
Smith, Leonard: (B) Aug. 15, 1890, (Race) Black Adams Co., MS, (WWIDR) Adams, MS, (CO) Adams
Smith, Leroy: (B) May 22, 1899, (Race) Black, (WWIDR) Adams, MS, (CO) Adams
Smith, Levy: (CMTS) 1890 Veterans Census, (CO) Harrison
Smith, Lizzie: (CMTS) 1890 Veterans Census, (CO) Warren
Smith, Mack: (CMTS) 1890 Veterans Census, (CO) Tunica
Smith, Martha: (CMTS) 1890 Veterans Census, (CO) Bolivar
Smith, Mary Ann: (CMTS) 1890 Veterans Census, (CO) Warren
Smith, MatheW.: (B) Jan. 1, 1893, (Race) Black, (BP) Franklin Co., MS, (WWIDR) Adams, MS, (CO) Adams
Smith, Matilda: (CMTS) 1890 Veterans Census, (CO) Adams
Smith, Miles: (CMTS) 1890 Veterans Census, (CO) Holmes
Smith, Milton: (B) Jun. 5, 1892, (Race) Black, (BP) Natchez, MS, (WWIDR) Warren, MS, (CO) Adams
Smith, Nancy: (CMTS) 1890 Veterans Census, (CO) Bolivar
Smith, Ned: (CMTS) 1890 Veterans Census, (CO) Washington
Smith, Newton J.: (CMTS) 1890 Veterans Census, (CO) Dekalb
Smith, Nichalis: (CMTS) 1890 Veterans Census, (CO) Bolivar
Smith, Nick: (CMTS) 1890 Veterans Census, (CO) Yazoo
Smith, Olliver: (CMTS) 1890 Veterans Census, (CO) Yazoo
Smith, Orange: (CMTS) 1890 Veterans Census, (CO) Washington
Smith, Owen: (CMTS) 1890 Veterans Census, (CO) Washington
Smith, Pearl: (B) Feb. 27, 1894, (Race) Black, (BP) Washington, MS, (WWIDR) Adams, MS, (CO) Adams
Smith, Perry: (B) Jan. 13, 1890, (Race) White, (BP) Jonesville, LA, (WWIDR) Adams, MS, (CO) Adams
Smith, Peter: (CMTS) 1890 Veterans Census, (CO) Hinds
Smith, Peter: (CMTS) 1890 Veterans Census, (CO) Tunica
Smith, Peter: (CMTS) 1890 Veterans Census, (CO) Warren
Smith, Peter: (CMTS) 1890 Veterans Census, (CO) Washington
Smith, Phillip: (MD) Jan. 2, 1887, (Spouse) Mariah Simones, (CO) Bolivar
Smith, Philip: (B) 1883, (Race) Black, (WWIDR) Adams, MS, (CO) Adams
Smith, Philip Williams: (B) Nov. 21, 1891, (Race) White, (BP) Natchez, MS, (WWIDR) Adams, MS, (CO) Adams
Smith, Philip: (MD) Feb. 12, 1886, (Spouse) Earry Johnson, (CO) Adams
Smith, Phillip: (B) Aug. 20, 1895, (Race) Black, (BP) Washington, MS, (WWIDR) Adams, MS, (CO) Adams
Smith, Phillip R.: (MD) Dec. 20, 1884, (Spouse) Fannie Powell, (CO) Hinds
Smith, Pleas D.: (CMTS) 1890 Veterans Census, (CO) Dekalb
Smith, Preston: (MD) Dec. 30, 1896, (Spouse) Hattie Richmond, (CO) Panola
Smith, Preston: (MD) Sep. 12, 1894, (Spouse) May Anna Thomas, (CO) Coahoma
Smith, Preston: (CMTS) 1890 Veterans Census, (CO) Bolivar
Smith, Preston Alonzo: (MD) Feb. 4, 1884, (Spouse) Fannie Eveline Brock, (CO) Pike
Smith, Preston F.: (B) Nov., 1898, (CO) Yazoo
Smith, Rachael: (CMTS) 1890 Veterans Census, (CO) Warren
Smith, Randall: (CMTS) 1890 Veterans Census, (CO) Hinds
Smith, Richard: (CMTS) 1890 Veterans Census, (CO) Bolivar
Smith, Richard: (MD) Jan. 1, 1896, (Spouse) Millie Rucker, (CO) Holmes
Smith, Richard: (MD) Dec. 2, 1881, (Spouse) Tamara Clark, (CO) Wilkinson
Smith, Richard: (CMTS) 1890 Veterans Census, (CO) Jefferson
Smith, Richard: (MD) Mar. 24, 1898, (Spouse) Laura Bingman, (CO) Jefferson
Smith, Richard: (CMTS) 1890 Veterans Census, (CO) Warren

Smirh, Richard A.: (B) Jan. 17, 1899, (CO) Harrison
Smith, Robert: (CMTS) 1890 Veterans Census, (CO) Bolivar
Smith, Robert: (CMTS) 1890 Veterans Census, (CO) Warren
Smith, Robert Charles: (B) Feb. 4, 1885, (Race) White, (WWIDR) Copiah, MS, (CO) Adams
Smith, Robert E.: (B) Jun. 10, 1886, (Race) White, (BP) Randolph TN, (WWIDR) Adams, MS, (CO) Adams
Smith, Robert H.: (CMTS) 1890 Veterans Census, (CO) Bolivar
Smith, Robert: (CMTS) 1890 Veterans Census, (CO) Leflore
Smith, Roda: (CMTS) 1890 Veterans Census, (CO) Bolivar
Smith, Rowan: (CMTS) 1890 Veterans Census, (CO) Claiborne
Smith, Roy: (B) Feb. 15, 1897, (Race) Black, (BP) Natchez, MS, (WWIDR) Adams, MS, (CO) Adams
Smith, Roy: (B) Feb. 15, 1897, (Race) Black, (WWIDR) Adams, MS, (CO) Adams
Smith, Sallie: (CMTS) 1890 Veterans Census, (CO) Coahoma
Smith, Sam: (CMTS) 1890 Veterans Census, (CO) Issaquena
Smith, Samuel: (CMTS) 1890 Veterans Census, (CO) Yazoo
Smith, Samuel J.: (CMTS) 1890 Veterans Census, (CO) Benton
Smith, Sarah S.: (CMTS) 1890 Veterans Census, (CO) Hinds
Smith, Scott: (B) Oct. 30, 1899, (Race) Black, (WWIDR) Adams, MS, (CO) Adams
Smith, Sidney: (B) Mar. 27, 1886, (Race) Black, (WWIDR) Adams, MS, (CO) Adams
Smith, Sim: (B) Feb. 4, 1883, (Race) Black, (WWIDR) Adams, MS, (CO) Adams
Smith, Simon: (CMTS) 1890 Veterans Census, (CO) Warren
Smith, Soloman: (CMTS) 1890 Veterans Census, (CO) Jefferson
Smith, Spencer: (CMTS) 1890 Veterans Census, (CO) Panola
Smith, T. J.: (MD) Feb. 10, 1892, (Spouse) Nannie C. Carroll, (CO) Tallahatchie
Smith, Thomas: (CMTS) 1890 Veterans Census, (CO) Adams
Smith, Thomas: (CMTS) 1890 Veterans Census, (CO) Coahoma
Smith, Thomas W.R.: (B) Jun. 4, 1892, (Race) White, (BP) Natchez, MS, (WWIDR) Adams, MS, (CO) Adams
Smith, Thomas B: (CMTS) 1890 Veterans Census, (CO) Jackson
Smith, Toney: (CMTS) 1890 Veterans Census, (CO) Tippah
Smith, Turmie: (B) Jul. 4, 1882, (Race) Black, (WWIDR) Adams, MS, (CO) Adams
Smith, Vernon: (B) Feb. 11, 1887, (Race) Black Adams Co., MS, (WWIDR) Claiborne, MS, (CO) Adams
Smith, Wade: (CMTS) 1890 Veterans Census, (CO) Coahoma
Smith, William: (B) 1881, (Race) Black, (WWIDR) Adams, MS, (CO) Adams
Smith, William: (CMTS) 1890 Veterans Census, (CO) Coahoma
Smith, William: (CMTS) 1890 Veterans Census, (CO) Issaquena
Smith, William: (CMTS) 1890 Veterans Census, (CO) Tunica
Smith, William: (CMTS) 1890 Veterans Census, (CO) Warren
Smith, William Francis: (B) Sep 19, 1887, (Race) White, (BP) Natchez, MS, (WWIDR) Adams, MS, (CO) Adams
Smith, Willie: (B) Oct. 12, 1899, (Race) Black, (WWIDR) Adams, MS, (CO) Adams
Smith, Willis: (CMTS) 1890 Veterans Census, (CO) Warren
Smith, William R.: (CMTS) 1890 Veterans Census, (CO) Tishomingo
Smith, Wright: (B) Mar. 1, 1898, (Race) Black, (WWIDR) Adams, MS, (CO) Adams
Smith, Wyiet: (CMTS) 1890 Veterans Census, (CO) Washington
Smithburger, Adam: (CMTS) 1890 Veterans Census, (CO) Washington
Smithland, Solomon: (CMTS) 1890 Veterans Census, (CO) Warren
Smoot, Ben: (B) Nov. 19, 1891, (Race) Black, (BP) Natchez, MS, (WWIDR) Adams, MS, (CO) Adams
Smoot, Charlie: (B) Dec. 25, 1889, (Race) Black Adams Co., MS, (WWIDR) Adams, MS, (CO) Adams
Smoot, Eddie: (B) May 10, 1892, (Race) Black, (BP) Natchez, MS, (WWIDR) Claiborne, MS, (CO)

Adams
Smoot, Eddie: (B) Jul. 12, 1897, (Race) Black, (BP) L. Natchez, MS, (WWIDR) Adams, MS, (CO) Adams
Smoot, Henry: (B) May 24, 1889, (Race) Black, (BP) Natchez, MS, (WWIDR) Adams, MS, (CO) Adams
Smoot, Willie: (B) Mar. 7, 1896, (Race) Black Adams Co., MS, (WWIDR) Adams, MS, (CO) Adams
Smothers, Elisha: (CMTS) 1890 Veterans Census, (CO) Hinds
Smothers, Henry: (CMTS) 1890 Veterans Census, (CO) Claiborne
Smothers, James: (CMTS) 1890 Veterans Census, (CO) Hinds
Smothers, William: (CMTS) 1890 Veterans Census, (CO) Hinds
Smythe, Christopher Montague: (B) Nov. 22, 1895, (Race) White, (BP) London England, (WWIDR) Adams, MS, (CO) Adams
Sneed, Nathaniel D.: (CMTS) 1890 Veterans Census, (CO) Hinds
Sneed, Rachel: (CMTS) 1890 Veterans Census, (CO) Bolivar
Sneed, Walter: (CMTS) 1890 Veterans Census, (CO) Claiborne
Snells, Johnnie: (B) Dec. 17, 1883, (Race) Black, (WWIDR) Adams, MS, (CO) Adams
Snels, Evan T.: (CMTS) 1890 Veterans Census, (CO) Dekalb
Snels, Susan: (CMTS) 1890 Veterans Census, (CO) Dekalb
Snider, Henry: (CMTS) 1890 Veterans Census, (CO) Warren
Snowden, Samuel: (CMTS) 1890 Veterans Census, (CO) Warren
Snyder, Delila: (CMTS) 1890 Veterans Census, (CO) Jefferson
Snyder, George Troupe: (B) May 7, 1882, (Race) White, (WWIDR) Adams, MS, (CO) Adams
Snyder, Joseph Castleman: (B) Jul. 12, 1892, (Race) White, (BP) Largent, LA, (WWIDR) Adams, MS, (CO) Adams
Soderstrom, Adolph: (CMTS) 1890 Veterans Census, (CO) Jackson
Sojournerr, Absalom H.: (CMTS) 1890 Veterans Census, (CO) Adams
Soleman, August M.: (CMTS) 1890 Veterans Census, (CO) Dekalb
Soleman, Benj F.: (CMTS) 1890 Veterans Census, (CO) Dekalb
Soleman, Joseph H.: (CMTS) 1890 Veterans Census, (CO) Dekalb
Solheim, Sverre: (B) Jan. 12, 1894, (Race) White, (BP) Bergen, Norway, (WWIDR) Adams, MS, (CO) Adams
Solmarsh, John: (CMTS) 1890 Veterans Census, (CO) Sharkey
Souders, Antoine: (B) Nov. 21, 1888, (Race) White, (BP) New Orleans, LA, (WWIDR) Adams, MS, (CO) Adams
Southen, Henry: (CMTS) 1890 Veterans Census, (CO) Yazoo
Southerland, Hutson: (CMTS) 1890 Veterans Census, (CO) Coahoma
Southerland, Malinda: (CMTS) 1890 Veterans Census, (CO) Coahoma
Southern, Jeff: (CMTS) 1890 Veterans Census, (CO) Washington
Sove, John: (CMTS) 1890 Veterans Census, (CO) Warren
Sparks, Harriet: (CMTS) 1890 Veterans Census, (CO) Warren
Speare, Andrew J.: (CMTS) 1890 Veterans Census, (CO) Coahoma
Speech, Andrew: (CMTS) 1890 Veterans Census, (CO) Warren
Speed, Fredric: (CMTS) 1890 Veterans Census, (CO) Warren
Speed, Oscar: (CMTS) 1890 Veterans Census, (CO) Warren
Spellman, David Eugene: (B) Sep 25, 1881, (Race) Black, (WWIDR) Adams, MS, (CO) Adams
Spencer, Bowie: (CMTS) 1890 Veterans Census, (CO) Jefferson
Spencer, Charlotte: (CMTS) 1890 Veterans Census, (CO) Warren
Spencer, Cordelia: (CMTS) 1890 Veterans Census, (CO) Jefferson
Spencer, Hal F.: (CMTS) 1890 Veterans Census, (CO) Dekalb
Spencer, Henry: (CMTS) 1890 Veterans Census, (CO) Sunflower
Spencer, John: (CMTS) 1890 Veterans Census, (CO) Coahoma
Spencer, Joseph Kohlhorst: (B) Sep 22, 1897, (Race) White, (WWIDR) Adams,

MS, (CO) Adams
Spencer, Mathew: (CMTS) 1890 Veterans Census, (CO) Tippah
Spencer, Sol: (B) Jun. 17, 1887, (Race) Black, (BP) Natchez, MS, (WWIDR) Sunflower, MS, (CO) Adams
Spight, Ephriam: (CMTS) 1890 Veterans Census, (CO) Tunica
Spight, John: (CMTS) 1890 Veterans Census, (CO) Tippah
Spight, John H.: (CMTS) 1890 Veterans Census, (CO) Tippah
Spiller, Noah: (CMTS) 1890 Veterans Census, (CO) Adams
Spilmand, John: (CMTS) 1890 Veterans Census, (CO) Washington
Spilmund, John: (CMTS) 1890 Veterans Census, (CO) Washington
Spires, Isadore Philip: (B) Aug. 21, 1885, (Race) White, (WWIDR) Adams, MS, (CO) Adams
Spottsworth, Eli: (CMTS) 1890 Veterans Census, (CO) Adams
Sprake, William: (CMTS) 1890 Veterans Census, (CO) Washington
Spriggs, John: (CMTS) 1890 Veterans Census, (CO) Washington
Sprigs, Daniel: (CMTS) 1890 Veterans Census, (CO) Franklin
Springs, Albert Leroy: (B) Jan. 22, 1891, (Race) Black, (BP) Natchez, MS, (WWIDR) Adams, MS, (CO) Adams
Sprouse, Henry: (CMTS) 1890 Veterans Census, (CO) Waren
Spry, Mary: (CMTS) 1890 Veterans Census, (CO) Adams
Spry, Nick: (CMTS) 1890 Veterans Census, (CO) Adams
Squall, Daniel: (B) Apr. 13, 1896, (Race) Black, (BP) Selma, MS, (WWIDR) Adams, MS, (CO) Adams
Squalls, Clarence: (B) Mar. 6, 1889, (Race) Black Cannonsburg, MS, (WWIDR) Adams, MS, (CO) Adams
Squalls, Daniel: (B) Apr. 13, 1896, (Race) Black, (BP) Selma, MS, (WWIDR) Adams, MS, (CO) Adams
Squalls, Louis: (B) Nov. 7, 1882, (Race) Black, (WWIDR) Adams, MS, (CO) Adams
Squalls, Moses: (B) Apr. 7, 1887, (Race) Black, (BP) Pine Ridge, MS, (WWIDR) Adams, MS, (CO) Adams
Squalls, Willie: (B) Mar. 1, 1890, (Race) Black Adams Co., MS, (WWIDR) Adams, MS, (CO) Adams
Square, Burnell: (CMTS) 1890 Veterans Census, (CO) Bolivar
Squire, Charles: (CMTS) 1890 Veterans Census, (CO) Bolivar
St Clair, Charles: (CMTS) 1890 Veterans Census, (CO) Adams
St Clair, Thomas L.: (CMTS) 1890 Veterans Census, (CO) Sunflower
Stacking, John: (CMTS) 1890 Veterans Census, (CO) Bolivar
Stacks, William C.: (B) Jan. 21, 1895, (Race) White, (BP) Lafayette Co., MS, (WWIDR) Adams, MS, (CO) Adams
Stafford, John W.: (CMTS) 1890 Veterans Census, (CO) Lauderdale
Stafford, Tony: (B) Mar. 5, 1882, (Race) Black, (WWIDR) Adams, MS, (CO) Adams
Stalling, James R.: (B) Dec. 27, 1887(D) Nov. 6, 1968, (CO) Clarke, (C) Hepzibah Baptist Church Cemetery
Stalworth, Samuel: (CMTS) 1890 Veterans Census, (CO) Yazoo
Stampley, Cicero Z: (CMTS) 1890 Veterans Census, (CO) Jefferson
Stampley, Jacob: (CMTS) 1890 Veterans Census, (CO) Jefferson
Stampley, Jefferson E.: (CMTS) 1890 Veterans Census, (CO) Jefferson
Stampley, Juan: (B) 1896, (Race) Black, (BP) Natchez, MS, (WWIDR) Sunflower, MS, (CO) Adams
Stampley, Julis: (B) 1896, (Race) Black, (BP) Natchez, MS, (WWIDR) Sunflower, MS, (CO) Adams
Stampley, Mabella A.: (CMTS) 1890 Veterans Census, (CO) Jefferson
Stampley, Samuel R.: (CMTS) 1890 Veterans Census, (CO) Jefferson
Stamps, Winfield: (CMTS) 1890 Veterans Census, (CO) Claiborne

Standard, Charles: (CMTS) 1890 Veterans Census, (CO) Washington
Standard, James F.: (CMTS) 1890 Veterans Census, (CO) Warren
Standifer, G. W.: (MD) Nov. 14, 1883, (Spouse) Mollie B. Taylor, (CO) Jackson
Stanfield, Jere BloW.: (B) Oct. 20, 1882, (Race) Black, (WWIDR) Adams, MS, (CO) Adams
Stansberry, Ransom: (CMTS) 1890 Veterans Census, (CO) Franklin
Stanton, James B.(P.): (B) May 17, 1884, (Race) Black, (WWIDR) Adams, MS, (CO) Adams
Stanton, Morris: (B) Aug. 16, 1895, (Race) Black Adams Co., MS, (WWIDR) Adams, MS, (CO) Adams
Stapes, George: (CMTS) 1890 Veterans Census, (CO) Washington
Starkes, George: (CMTS) 1890 Veterans Census, (CO) Washington
Starkey, Lawrence: (CMTS) 1890 Veterans Census, (CO) Coahoma
Starks, Annie: (CMTS) 1890 Veterans Census, (CO) Jefferson
Starks, Burky: (CMTS) 1890 Veterans Census, (CO) Yazoo
Starks, Humphrey: (CMTS) 1890 Veterans Census, (CO) Tunica
Starks, Isaac: (CMTS) 1890 Veterans Census, (CO) Jefferson
Starks, Robert: (CMTS) 1890 Veterans Census, (CO) Yazoo
Starling, Andrew: (CMTS) 1890 Veterans Census, (CO) Bolivar
Starnes, John Calvin: (B) Sep 13, 1882, (Race) White, (WWIDR) Adams, MS, (CO) Adams
Starns, James R.: (CMTS) 1890 Veterans Census, (CO) Webster
Staves, James: (CMTS) 1890 Veterans Census, (CO) Jefferson
Staycy, William: (CMTS) 1890 Veterans Census, (CO) Tunica
Steadaway, Jane: (CMTS) 1890 Veterans Census, (CO) Warren
Stean, Henry: (CMTS) 1890 Veterans Census, (CO) Hinds
Steaneman, Wheattey: (CMTS) 1890 Veterans Census, (CO) Washington
Steel, William: (CMTS) 1890 Veterans Census, (CO) Dekalb
Steele, George F.: (B) May 11, 1885, (Race) White, (WWIDR) Adams,MS, (CO) Adams
Steele, Hiram R.: (CMTS) 1890 Veterans Census, (CO) Adams
Steele, Sam: (CMTS) 1890 Veterans Census, (CO) Coahoma
Stein, William: (B) Jul. 1, 1886, (Race) White, (BP) Gross Karlbach Bavaria Germ, (WWIDR) Adams, MS, (CO) Adams
Stephen, Emanuel: (CMTS) 1890 Veterans Census, (CO) Hinds
Stephens, David: (CMTS) 1890 Veterans Census, (CO) Adams
Stephens, Hattie: (CMTS) 1890 Veterans Census, (CO) Hinds
Stephens, C. G.: (MD) Oct. 19, 1886, (Spouse) Azzalie Sadler, (CO) Alcorn
Stephens, Joel: (CMTS) 1890 Veterans Census, (CO) Sharkey
Stephens, John: (CMTS) 1890 Veterans Census, (CO) Tunica
Stephens, Judson: (CMTS) 1890 Veterans Census, (CO) Sharkey
Stephens, William L.: (CMTS) 1890 Veterans Census, (CO) Jefferson
Stephty, George: (CMTS) 1890 Veterans Census, (CO) Washington
Sterling, Cornelius: (B) Nov. 5, 1898, (Race) Black, (WWIDR) Adams, MS, (CO) Adams
Sterns, Rily L.: (CMTS) 1890 Veterans Census, (CO) Yazoo
Stevens, Albert: (MD) Sep. 18, 1897, (Spouse) Lelia Young, (CO) Chickasaw
Stevens, Alexander: (CMTS) 1890 Veterans Census, (CO) Warren
Stevens, Booker: (MD) Nov. 3, 1898, (Spouse) Mary Ellen Cooper, (CO) Chickasaw
Stevens, Charles: (B) Oct. 4, 1897, (Race) Black, (BP) L. Adams Co., MS, (WWIDR) Adams, MS, (CO) Adams
Stevens, Daniel H. L.: (CMTS) 1890 Veterans Census, (CO) Hinds
Stevens, J. E.: (MD) Dec. 28, 1893, (Spouse) Tollie Kirk, (CO) Attala
Stevens, J. P.: (MD) Jan. 1, 1899, (Spouse) Ellen May Tyler, (CO) Attala
Stevens, J. S.: (MD) Jul. 20, 1898, (Spouse) Miss B. A. Harland, (CO) Attala
Stevens, J. W.: (MD) Jan. 22, 1884, (Spouse) Ada Perry, (CO) Bolivar
Stevens, Leroy: (CMTS) 1890 Veterans Census, (CO) Grenada

Stevens, Oscar: (MD) Feb. 7, 1898, (Spouse) Jennie Coldwell, C(O) Attala
Stevens, Mayse: (MD) Jul. 30, 1898, (Spouse) Laura William, (CO) Amite
Stevens, Richard: (CMTS) 1890 Veterans Census, (CO) Warren
Stevens, William H.: (CMTS) 1890 Veterans Census, (CO) Holmes
Stevens, William Joseph: (B) Jul. 23, 1897, (Race) Black, (BP) Natchez, MS, (WWIDR) Adams, MS, (CO) Adams
Stevenson, Benjamin: (CMTS) 1890 Veterans Census, (CO) Issaquena
Stevenson, Charles: (B) Oct. 4, 1897, (Race) Black, (BP) L. Adams Co., MS, (WWIDR) Adams, MS, (CO) Adams
Stevenson, George: (CMTS) 1890 Veterans Census, (CO) Marshall
Stevenson, Jane: (CMTS) 1890 Veterans Census, (CO) Warren
Stevenson, Joe: (CMTS) 1890 Veterans Census, (CO) Warren
Stevenson, John: (CMTS) 1890 Veterans Census, (CO) Adams
Stevenson, Louisa: (CMTS) 1890 Veterans Census, (CO) Issaquena
Stevenson, Winnie: (CMTS) 1890 Veterans Census, (CO) Tunica
Steverson, Jerry: (CMTS) 1890 Veterans Census, (CO) Sunflower
Stevison, William: (CMTS) 1890 Veterans Census, (CO) Claiborne
Steward, David: (CMTS) 1890 Veterans Census, (CO) Adams
Steward, Edward: (CMTS) 1890 Veterans Census, (CO) Adams
Steward, Fred: (B) 1895, (Race) Black Adams Co., MS, (WWIDR) Adams, MS, (CO) Adams
Steward, Ike: (B) Jul. 4, 1897, (Race) Black, (WWIDR) Adams, MS, (CO) Adams
Steward, Joseph: (B) Jun. 1, 1897, (Race) Black Concordia Par., LA, (WWIDR) Adams, MS, (CO) Adams
Steward, Joshua L.: (CMTS) 1890 Veterans Census, (CO) Sunflower
Steward, Marion L.: (CMTS) 1890 Veterans Census, (CO) Warren
Steward, Mary: (CMTS) 1890 Veterans Census, (CO) Warren
Steward, Sandy: (CMTS) 1890 Veterans Census, (CO) Warren
Steward, Will: (B) Dec., 1889, (Race) Black, (WWIDR) Sharkey, MS, (CO) Adams
Stewart, Alverly: (CMTS) 1890 Veterans Census, (CO) Sharkey
Stewart, Arthur: (B) Aug. 15, 1898, (Race) Black, (WWIDR) Adams, MS, (CO) Adams
Stewart, Augustus: (CMTS) 1890 Veterans Census, (CO) Hinds
Stewart, Cealie: (CMTS) 1890 Veterans Census, (CO) Washington
Stewart, Cesar: (CMTS) 1890 Veterans Census, (CO) Union
Stewart, Duncan: (CMTS) 1890 Veterans Census, (CO) Wilkinson
Stewart, Faust: (B) Oct. 5, 1882, (Race) Black, (WWIDR) Adams, MS, (CO) Adams
Stewart, George H.: (CMTS) 1890 Veterans Census, (CO) Adams
Stewart, Hampton: (CMTS) 1890 Veterans Census, (CO) Warren
Stewart, Henry: (B) Jan. 14, 1891, (Race) Black, (BP) Jefferson Co., MS, (WWIDR) Adams, MS, (CO) Adams
Stewart, Henry: (CMTS) 1890 Veterans Census, (CO) Sharkey
Stewart, Henry: (CMTS) 1890 Veterans Census, (CO) Warren
Stewart, Henry Alexander: (B) Sep 6, 1898, (Race) Black, (WWIDR) Adams, MS, (CO) Adams
Stewart, Isom: (B) Jun. 6, 1897, (Race) Black, (WWIDR) Adams, MS, (CO) Adams
Stewart, James: (CMTS) 1890 Veterans Census, (CO) Wilkinson
Stewart, John: (CMTS) 1890 Veterans Census, (CO) Coahoma
Stewart, Joseph: (B) Mar. 23, 1895, (Race) Black, (BP) Washington, MS, (WWIDR) Adams, MS, (CO) Adams
Stewart, Joseph: (B) Jan. 10, 1890, (Race) Black Adams Co., MS, (WWIDR) Adams, MS, (CO) Adams
Stewart, Josh: (B) Feb. 2, 1893, (Race) Black, (BP) Natchez, MS, (WWIDR) Adams, MS, (CO) Adams
Stewart, Joshua: (CMTS) 1890 Veterans Census, (CO) Warren
Stewart, Marion Gordon: (B) May 8, 1896, (Race) White, (BP) Natchez, MS, (WWIDR) Adams,

MS, (CO) Adams
Stewart, Percy Edwin: (B) Jul. 21, 1899, (Race) White, (WWIDR) Adams, MS, (CO) Adams
Stewart, Perk: (CMTS) 1890 Veterans Census, (CO) Madison
Stewart, Price Cleveland: (B) Jan. 11, 1885, (Race) White, (WWIDR) Adams, MS, (CO) Adams
Stewart, Robert Percy: (B) Mar. 28, 1892, (Race) White, (BP) Natchez, MS, (WWIDR) Adams, MS, (CO) Adams
Stewart, Sam: (B) Feb. 25, 1892, (Race) Black, (BP) Washington, MS, (WWIDR) Adams, MS, (CO) Adams
Stewart, Samuel: (CMTS) 1890 Veterans Census, (CO) Jefferson
Stewart, Staughter: (B) Jul. 14, 1894, (Race) Black Adams Co., MS, (WWIDR) Adams, MS, (CO) Adams
Stewart, Vernon Eugene: (B) Mar. 28, 1895, (Race) White, (BP) Natchez, MS, (WWIDR) Adams, MS, (CO) Adams
Stewart, Walter: (B) Aug. 11, 1895, (Race) Black, (BP) Wilkinson Co., MS, (WWIDR) Adams, MS, (CO) Adams
Stewart, Will: (B) Dec., 1889, (Race) Black, (WWIDR) Sharkey, MS, (CO) Adams
Stier, Fred: (B) Oct., 18, 1885, (Race) White, (WWIDR) Adams, MS, (CO) Adams
Stier, John Henry: (B) Feb. 14, 1884, (Race) White, (WWIDR) Adams, MS, (CO) Adams
Stietenroth, Frederick Walte: (B) Nov. 15, 1898, (Race) White, (WWIDR) Adams, MS, (CO) Adams
Stietenroth, James Fields: (B) Aug. 15, 1881, (Race) White, (WWIDR) Adams, MS, (CO) Adams
Stiff, George: (CMTS) 1890 Veterans Census, (CO) Washington
Stinespring, Frank Edward: (B) Feb. 24, 1899, (Race) White, (WWIDR) Adams, MS, (CO) Adams
Stinespring, George Henry: (B) Mar. 29, 1893, (Race) White, (BP) Natchez, MS, (WWIDR) Adams, MS, (CO) Adams
Stockley, Jackson: (CMTS) 1890 Veterans Census, (CO) Tunica
Stockner, Ben: (B) Jan. 5, 1884, (Race) White, (WWIDR) Adams, MS, (CO) Adams
Stocks, Joseph: (CMTS) 1890 Veterans Census, (CO) Jefferson
Stocks, Sallie: (CMTS) 1890 Veterans Census, (CO) Jefferson
Stockton, John: (CMTS) 1890 Veterans Census, (CO) Itawamba
Stokes, E. A.: (CMTS) 1890 Veterans Census, (CO) Madison
Stokes, E. H.: (CMTS) 1890 Veterans Census, (CO) Madison
Stokes, Gareld: (B) Aug. 3, 1897, (Race) Black, (BP) L, Leonard, MS, (WWIDR) Adams, MS, (CO) Adams
Stokes, Henry: (CMTS) 1890 Veterans Census, (CO) Warren
Stokes, Jackson: (CMTS) 1890 Veterans Census, (CO) Washington
Stokes, Jacson: (CMTS) 1890 Veterans Census, (CO) Washington
Stokes, Jordeon: (CMTS) 1890 Veterans Census, (CO) Warren
Stokes, Jordson: (CMTS) 1890 Veterans Census, (CO) Warren
Stokes, Lareld: (B) Aug. 3, 1897, (Race) Black, (BP) L, Leonard, MS, (WWIDR) Adams, MS, (CO) Adams
Stokes, Oscar: (B) Dec. 22, 1894, (Race) Black Adams Co., MS, (WWIDR) Adams, MS, (CO) Adams
Stokes, Ralph E.: (B) Oct. 31, 1886, (Race) White, (BP) Natchez, MS, (WWIDR) Adams, MS, (CO) Adams
Stokes, Solomon: (B) Feb. 7, 1887, (Race) Black, (WWIDR) Adams, MS, (CO) Adams
Stokes, William: (CMTS) 1890 Veterans Census, (CO) Warren
Stoks, July: (CMTS) 1890 Veterans Census, (CO) Claiborne
Stoks, Ralph E.: (B) Oct. 31, 1886, (Race) White, (BP) Natchez, MS, (WWIDR) Adams, MS, (CO) Adams
Stoll, Jacob: (CMTS) 1890 Veterans Census, (CO) Leflore
Stone, Audley Britton: (B) Sep 15, 1881, (Race) White, (WWIDR) Adams, MS, (CO) Adams
Stone, Robert: (CMTS) 1890 Veterans Census, (CO) Claiborne
Storebald, Richard: (CMTS) 1890 Veterans Census, (CO) Warren

Storey, Sam Merrill: (B) Jun. 3, 1882, (Race) White, (WWIDR) Adams, MS, (CO) Adams
Stowers, James: (CMTS) 1890 Veterans Census, (CO) Jefferson
Straddy, Robert: (CMTS) 1890 Veterans Census, (CO) Calhoun
Stranbridge, Nora: (CMTS) 1890 Veterans Census, (CO) Harrison
Strauder, Cato: (B) May 27, 1890, (Race) Black Adams Co., MS, (WWIDR) Adams, MS, (CO) Adams
Strauss, Gerson David: (B) Dec. 13, 1886, (Race) White, (BP) Tupelo, MS, (WWIDR) Adams, MS, (CO) Adams
Strawbridge, Nora: (CMTS) 1890 Veterans Census, (CO) Harrison
Street, Major: (CMTS) 1890 Veterans Census, (CO) Marshall
Street, Mikel: (CMTS) 1890 Veterans Census, (CO) Issaquena
Streeter, Emily: (CMTS) 1890 Veterans Census, (CO) Warren
Streeter, John: (CMTS) 1890 Veterans Census, (CO) Leflore
Strickland, Alonzo Joseph: (B) Jan. 22, 1898, (Race) Black, (WWIDR) Adams, MS, (CO) Adams
Strickland, John W.: (CMTS) 1890 Veterans Census, (CO) Montgomery
Striver, Nelson: (CMTS) 1890 Veterans Census, (CO) Bolivar
Strock, William E.: (CMTS) 1890 Veterans Census, (CO) Jackson
Stroud, Louis Audley: (B) Jan. 25, 1892, (Race) White, (BP) Natchez, MS, (WWIDR) Adams, MS, (CO) Adams
Strowd, Georgana: (CMTS) 1890 Veterans Census, (CO) Bolivar
Strowd, John: (CMTS) 1890 Veterans Census, (CO) Bolivar
Stuart, Earl: (B) Apr. 23, 1890, (Race) Black, (BP) Natchez, MS, (WWIDR) Adams, MS, (CO) Adams
Stuart, Pearl: (B) Dec. 10, 1894, (Race) Black Adams Co., MS, (WWIDR) Adams, MS, (CO) Adams
Stuart, Robert: (CMTS) 1890 Veterans Census, (CO) Yazoo
Stubbs, Harkless: (CMTS) 1890 Veterans Census, (CO) Prentiss
Stubbs, Henry: (CMTS) 1890 Veterans Census, (CO) Warren
Stubbs, Joseph: (CMTS) 1890 Veterans Census, (CO) Prentiss
Stubbs, Priscilla: (CMTS) 1890 Veterans Census, (CO) Prentiss
Stutzman, Jacob Otto: (B) Sep 29, 1890, (Race) White, (BP) Fort Adams, MS, (WWIDR) Adams, MS, (CO) Adams
Stutzman, Spencer Gustavious: (B) May 29, 1896, (Race) White, (BP) Fort Adams, MS, (WWIDR) Adams, MS, (CO) Adams
Suggs, Joshua: (CMTS) 1890 Veterans Census, (CO) Leflore
Suitman, Joshua: (CMTS) 1890 Veterans Census, (CO) Washington
Sullivan, James Rodger: (B) Apr. 14, 1891, (Race) White, (BP) Natchez, MS, (WWIDR) Reeves TX, (CO) Adams
Sullivan, John: (B) Nov. 25, 1881, (Race) Black, (WWIDR) Adams, MS, (CO) Adams
Sulliver, Sampson: (CMTS) 1890 Veterans Census, (CO) Adams
Sumerville, Aaron: (CMTS) 1890 Veterans Census, (CO) Washington
Summers, James: (CMTS) 1890 Veterans Census, (CO) Waren
Summerville, Danniel: (CMTS) 1890 Veterans Census, (CO) Bolivar
Summerville, Jane: (CMTS) 1890 Veterans Census, (CO) Bolivar
Sumner, George Washington Au: (B) Sep, 18, 1884, (Race) White, (WWIDR) Adams, MS, (CO) Adams
Sunday, Robert: (CMTS) 1890 Veterans Census, (CO) Hancock
Susrat, Isaac: (CMTS) 1890 Veterans Census, (CO) Panola
Suttles, James: (CMTS) 1890 Veterans Census, (CO) Hinds
Sutton, Harry: (B) Jul. 4, 1892, (Race) Black, (BP) Jefferson Co., MS, (WWIDR) Adams, MS, (CO) Adams
Sutton, Louis: (CMTS) 1890 Veterans Census, (CO) Washington
Sutton, Rachael: (CMTS) 1890 Veterans Census, (CO) Leflroe

Sutton, Thomas: (CMTS) 1890 Veterans Census, (CO) Hinds
Suzett, Lushion: (B) Jul. 11, 1894, (Race) Black, (BP) Natchez, MS, (WWIDR) Adams, MS, (CO) Adams
Swafford, Levy W.: (CMTS) 1890 Veterans Census, (CO) Warren
Swain, Earl: (B) Mar. 12, 1895, (Race) Black, (BP) Natchez, MS, (WWIDR) Adams, MS, (CO) Adams
Swan, Augustine: (CMTS) 1890 Veterans Census, (CO) Washington
Swan, Benie: (B) Jan. 31, 1896, (Race) Black, (WWIDR) Sunflower, MS, (CO) Adams
Swan, Charley: (CMTS) 1890 Veterans Census, (CO) Bolivar
Swan, Ellx: (B) Aug. 17, 1891, (Race) Black, (BP) Natchez, MS, (WWIDR) Sunflower, MS, (CO) Adams
Swan, Feltus Ogden: (B) May 19, 1897, (Race) White, (WWIDR) Adams, MS, (CO) Adams
Swan, Feltus Ogden: (B) May 19, 1897, (Race) White Briers, MS, (WWIDR) Adams, MS, (CO) Adams
Swan, Fred: (B) Feb. 22, 1894, (Race) Black, (BP) Natchez, MS, (WWIDR) Sunflower, MS, (CO) Adams
Swan, Jane: (CMTS) 1890 Veterans Census, (CO) Warren
Swan, Richard: (B) Jan. 14, 1885, (Race) Black, (WWIDR) Adams, MS, (CO) Adams
Swan, Tom: (B) Feb. 23, 1887, (Race) Black, (BP) Delta Point, LA, (WWIDR) Adams, MS, (CO) Adams
Swanagin, Charles: (CMTS) 1890 Veterans Census, (CO) Tunica
Swanigan, Able: (CMTS) 1890 Veterans Census, (CO) Pike
Sweten, Caroline: (CMTS) 1890 Veterans Census, (CO) Washington
Sweten, George: (CMTS) 1890 Veterans Census, (CO) Washington
Sweten, George M.: (CMTS) 1890 Veterans Census, (CO) Washington
Swetin, Caroline: (CMTS) 1890 Veterans Census, (CO) Washington
Swift, Allen: (CMTS) 1890 Veterans Census, (CO) Benton
Swift, Louisa: (CMTS) 1890 Veterans Census, (CO) Benton
Swight, John: (CMTS) 1890 Veterans Census, (CO) Tippah
Swine, Jane: (CMTS) 1890 Veterans Census, (CO) Warren
Swiney, Henry: (CMTS) 1890 Veterans Census, (CO) Bolivar
Swinnie, Levy: (CMTS) 1890 Veterans Census, (CO) Dekalb
Sykes, Alford: (CMTS) 1890 Veterans Census, (CO) Grenada
Syles, D. L.: (CMTS) 1890 Veterans Census, (CO) Yalobusha
Syles, Lucy: (CMTS) 1890 Veterans Census, (CO) Yalobusha
Symes, John: (CMTS) 1890 Veterans Census, (CO) Warren
Tabor, Alex J.: (CMTS) 1890 Veterans Census, (CO) Lafayette
Tabor, Eugene: (B) Jun. 3, 1883, (Race) White, (WWIDR) Adams, MS, (CO) Adams
Tabor, Leander: (B) Jun. 27, 1892, (Race) White, (BP) Natchez, MS, (WWIDR) Warren, MS, (CO) Adams
Tabor, William Osborn: (B) Jan. 15, 1889, (Race) White Adams Co., MS, (WWIDR) Adams, MS, (CO) Adams
Tageant, Francis Joseph: (B) Dec. 21, 1898, (Race) White, (WWIDR) Adams, MS, (CO) Adams
Tageant, Phillip J.: (B) Sep 3, 1893, (Race) White, (BP) Lockwood, LA, (WWIDR) Adams, MS, (CO) Adams
Tagley, Ely N: (CMTS) 1890 Veterans Census, (CO) Pontotoc
Tally, Mary: (CMTS) 1890 Veterans Census, (CO) Warren
Tally, Merett: (CMTS) 1890 Veterans Census, (CO) Warren
Talton, Alfred: (B) May 14, 1890, (Race) Black, (BP) Vidalia, LA, (WWIDR) Adams, MS, (CO) Adams
Talton, Bennie: (B) 1887, (Race) Black, (WWIDR) Adams, MS, (CO) Adams
Talton, Ed: (B) Oct. 2, 1884, (Race) Black, (WWIDR) Adams, MS, (CO) Adams
Talton, Gabriel: (CMTS) 1890 Veterans Census, (CO) Adams
Talton, John: (B) 1896, (Race) Black, (BP) Natchez, MS, (WWIDR) Adams, MS, (CO) Adams

Talton, Willie: (B) Dec., 18, 1895, (Race) Black, (BP) Natchez, MS, (WWIDR) Adams, MS, (CO) Adams
Tankerston, Thomas T.: (CMTS) 1890 Veterans Census, (CO) Warren
Tanner, Charles: (CMTS) 1890 Veterans Census, (CO) Tunica
Tanner, Edwin H.: (CMTS) 1890 Veterans Census, (CO) Lauderdale
Tardy, Frank: (CMTS) 1890 Veterans Census, (CO) Tunica
Tarpley, Frank: (B) Jun., 1899, (Race) Black, (WWIDR) Adams, MS, (CO) Adams
Tartt, Edwin: (CMTS) 1890 Veterans Census, (CO) Harrison
Tate, James: (CMTS) 1890 Veterans Census, (CO) Adams
Tate, Jarret: (CMTS) 1890 Veterans Census, (CO) Panola
Tate, Jeremiah: (CMTS) 1890 Veterans Census, (CO) Dekalb
Tate, Perry: (CMTS) 1890 Veterans Census, (CO) Bolivar
Tate, Peyton: (CMTS) 1890 Veterans Census, (CO) Dekalb
Tate, Sam: (CMTS) 1890 Veterans Census, (CO) Dekalb
Tate, William: (CMTS) 1890 Veterans Census, (CO) Yazoo
Tates, John: (CMTS) 1890 Veterans Census, (CO) Warren
Tatum, Emma: (CMTS) 1890 Veterans Census, (CO) Tunica
Tayler, Jean: (CMTS) 1890 Veterans Census, (CO) Adams
Taylor, Albert: (CMTS) 1890 Veterans Census, (CO) Washington
Taylor, Ann: (CMTS) 1890 Veterans Census, (CO) Tunica
Taylor, Ann: (CMTS) 1890 Veterans Census, (CO) Yazoo
Taylor, Booker: (CMTS) 1890 Veterans Census, (CO) Sharkey
Taylor, Crete: (CMTS) 1890 Veterans Census, (CO) Issaquena
Taylor, Daniel: (CMTS) 1890 Veterans Census, (CO) Claiborne
Taylor, David: (B) Mar. 22, 1897, (Race) Black Adams Co., MS, (WWIDR) Adams, MS, (CO) Adams
Taylor, David: (CMTS) 1890 Veterans Census, (CO) Adams
Taylor, Ed: (B) Jun. 24, 1894, (Race) Black, (BP) Natchez, MS, (WWIDR) Adams, MS, (CO) Adams
Taylor, Eli: (CMTS) 1890 Veterans Census, (CO) Yazoo
Taylor, Elizabeth: (CMTS) 1890 Veterans Census, (CO) Pike
Taylor, Emanel: (CMTS) 1890 Veterans Census, (CO) Sunflower
Taylor, Fredrick: (CMTS) 1890 Veterans Census, (CO) Adams
Taylor, George: (CMTS) 1890 Veterans Census, (CO) Sunflower
Taylor, Henry: (B) Feb. 5, 1894, (Race) Black, (BP) Natchez, MS, (WWIDR) Adams, MS, (CO) Adams
Taylor, Henry: (CMTS) 1890 Veterans Census, (CO) Holmes
Taylor, Henry: (CMTS) 1890 Veterans Census, (CO) Panola
Taylor, Henry: (CMTS) 1890 Veterans Census, (CO) Warren
Taylor, Henry: (CMTS) 1890 Veterans Census, (CO) Warren
Taylor, Isba: (CMTS) 1890 Veterans Census, (CO) Yazoo
Taylor, Israel: (CMTS) 1890 Veterans Census, (CO) Adams
Taylor, Jackson: (CMTS) 1890 Veterans Census, (CO) Washington
Taylor, James: (CMTS) 1890 Veterans Census, (CO) Madison
Taylor, Jane: (CMTS) 1890 Veterans Census, (CO) Bolivar
Taylor, Jerry: (CMTS) 1890 Veterans Census, (CO) Issaquena
Taylor, John Henry: (CMTS) 1890 Veterans Census, (CO) Washington
Taylor, Joseph C: (CMTS) 1890 Veterans Census, (CO) Washington
Taylor, Lucius H.: (CMTS) 1890 Veterans Census, (CO) Yazoo
Taylor, Mary: (CMTS) 1890 Veterans Census, (CO) Adams
Taylor, Obediah: (CMTS) 1890 Veterans Census, (CO) Marshall
Taylor, Pike: (CMTS) 1890 Veterans Census, (CO) Bolivar
Taylor, Richard: (CMTS) 1890 Veterans Census, (CO) Adams
Taylor, Robert: (CMTS) 1890 Veterans Census, (CO) Washington

Taylor, Sallie: (CMTS) 1890 Veterans Census, (CO) Washington
Taylor, Sam: (CMTS) 1890 Veterans Census, (CO) Homlmes
Taylor, Soloman: (CMTS) 1890 Veterans Census, (CO) Wilkinson
Taylor, Spencer: (CMTS) 1890 Veterans Census, (CO) Washington
Taylor, Thomas: (CMTS) 1890 Veterans Census, (CO) Washington
Taylor, Thomas Z: (CMTS) 1890 Veterans Census, (CO) Alcorn
Taylor, W. H.: (CMTS) 1890 Veterans Census, (CO) Benton
Taylor, Wiley T.: (CMTS) 1890 Veterans Census, (CO) Coahoma
Taylor, William: (B) Apr. 19, 1881, (Race) Black, (WWIDR) Adams, MS, (CO) Adams
Taylor, William: (CMTS) 1890 Veterans Census, (CO) Carroll
Taylor, William: (CMTS) 1890 Veterans Census, (CO) Pike
Taylor, William: (CMTS) 1890 Veterans Census, (CO) Tunica
Taylor, William: (CMTS) 1890 Veterans Census, (CO) Warren
Taylor, William: (CMTS) 1890 Veterans Census, (CO) Yazoo
Tayness, William G.: (CMTS) 1890 Veterans Census, (CO) Tunica
Temple, Israel: (CMTS) 1890 Veterans Census, (CO) Washington
Templeton, Neb: (CMTS) 1890 Veterans Census, (CO) Warren
Tendall, Thomas: (CMTS) 1890 Veterans Census, (CO) Warren
Terrel, Albert: (B) Dec., 1899, (Race) Black, (WWIDR) Adams, MS, (CO) Adams
Terrell, Clinton: (CMTS) 1890 Veterans Census, (CO) Adams
Terrey, Dock: (CMTS) 1890 Veterans Census, (CO) Washington
Terry, Burl: (CMTS) 1890 Veterans Census, (CO) Wilkinson
Terry, Newton: (CMTS) 1890 Veterans Census, (CO) Jefferson
Terry, Thomas Newton: (B) Mar. 12, 1886, (Race) White, (WWIDR) Adams, MS, (CO) Adams
Terry, William H.: (CMTS) 1890 Veterans Census, (CO) Jefferson
Tharps, Samuel: (CMTS) 1890 Veterans Census, (CO) Warren
Thnas, Frances: (CMTS) 1890 Veterans Census, (CO) Adams
Thoas, Nicholas: (CMTS) 1890 Veterans Census, (CO) Warren
Thomas, Albert: (CMTS) 1890 Veterans Census, (CO) Tate
Thomas, Alexander: (CMTS) 1890 Veterans Census, (CO) Warren
Thomas, Alfred: (B) Oct. 22, 1893, (Race) Black, (BP) Selma, MS, (WWIDR) Adams, MS, (CO) Adams
Thomas, Alfred: (CMTS) 1890 Veterans Census, (CO) Tunica
Thomas, Amanda: (CMTS) 1890 Veterans Census, (CO) Washington
Thomas, Amos: (B) Jan. 15, 1894, (Race) Black, (BP) Warren Co., MS, (WWIDR) Adams, MS, (CO) Adams
Thomas, Andrew: (CMTS) 1890 Veterans Census, (CO) Washington
Thomas, Ben: (CMTS) 1890 Veterans Census, (CO) Bolivar
Thomas, Ben: (CMTS) 1890 Veterans Census, (CO) Washington
Thomas, Benjamin: (CMTS) 1890 Veterans Census, (CO) Adams
Thomas, Calvin: (CMTS) 1890 Veterans Census, (CO) Marshall
Thomas, Charles: (CMTS) 1890 Veterans Census, (CO) Issaquena
Thomas, Charles Hanford: (B) Dec. 25, 1887, (Race) Black, (BP) Natchez, MS, (WWIDR) Warren, MS, (CO) Adams
Thomas, Charlie: (B) Aug. 9, 1882, (Race) Black, (WWIDR) Adams, MS, (CO) Adams
Thomas, Cleveland: (B) Apr. 11, 1897, (Race) Black, (WWIDR) Adams, MS, (CO) Adams
Thomas, Cleveland: (B) Apr. 11, 1897, (Race) Black Adams Co., MS, (WWIDR) Adams, MS, (CO) Adams
Thomas, Columbus: (B) May 16, 1891, (Race) Black Ashland, MS, (WWIDR) Adams, MS, (CO) Adams
Thomas, Daniel: (CMTS) 1890 Veterans Census, (CO) Bolivar
Thomas, David: (B) Nov. 19, 1898, (Race) Black, (WWIDR) Adams, MS, (CO) Adams
Thomas, Ed: (CMTS) 1890 Veterans Census, (CO) Warren

Thomas, Edgar: (B) Nov. 24, 1891, (Race) Black, (BP) Shaw, MS, (WWIDR) Adams, MS, (CO) Adams
Thomas, Edward: (CMTS) 1890 Veterans Census, (CO) Adams
Thomas, Edward: (CMTS) 1890 Veterans Census, (CO) Warren
Thomas, Ernest: (B) May 4, 1896, (Race) Black Adams Co., MS, (WWIDR) Adams, MS, (CO) Adams
Thomas, Fil: (B) 1895, (Race) Black, (BP) Stampley, MS, (WWIDR) Adams, MS, (CO) Adams
Thomas, Fred: (B) Aug. 8, 1897, (Race) Black, (BP) L. Natchez, MS, (WWIDR) Jackson City, MS, (CO) Adams
Thomas, George: (CMTS) 1890 Veterans Census, (CO) Bolivar
Thomas, George: (CMTS) 1890 Veterans Census, (CO) Hancock
Thomas, George: (CMTS) 1890 Veterans Census, (CO) Lincoln
Thomas, George: (CMTS) 1890 Veterans Census, (CO) Warren
Thomas, George: (CMTS) 1890 Veterans Census, (CO) Yazoo
Thomas, George Charles: (B) May 30, 1884, (Race) Black, (WWIDR) Adams, MS, (CO) Adams
Thomas, George Washington: (B) Dec. 26, 1893, (Race) Black, (BP) Newellton, LA, (WWIDR) Adams, MS, (CO) Adams
Thomas, Gilbert: (CMTS) 1890 Veterans Census, (CO) Tunica
Thomas, Harrison: (B) Jul. 22, 1898, (Race) Black, (WWIDR) Adams, MS, (CO) Adams
Thomas, Henry: (CMTS) 1890 Veterans Census, (CO) Adams
Thomas, Henry: (CMTS) 1890 Veterans Census, (CO) Bolivar
Thomas, Henry Clay: (CMTS) 1890 Veterans Census, (CO) Sharkey
Thomas, Horras: (CMTS) 1890 Veterans Census, (CO) Warren
Thomas, James: (B) 1887, (Race) Black Adams Co., MS, (WWIDR) Adams, MS, (CO) Adams
Thomas, Jeff: (CMTS) 1890 Veterans Census, (CO) Adams
Thomas, Jefferson: (CMTS) 1890 Veterans Census, (CO) Warren
Thomas, Jessie James: (B) Jul., 18, 1899, (Race) Black, (WWIDR) Adams, MS, (CO) Adams
Thomas, Joe: (B) 1891, (Race) Black, (BP) Ferriday, LA, (WWIDR) Adams, MS, (CO) Adams
Thomas, John: (B) Jun. 1, 1899, (Race) Black, (WWIDR) Adams, MS, (CO) Adams
Thomas, John: (CMTS) 1890 Veterans Census, (CO) Dekalb
Thomas, John: (CMTS) 1890 Veterans Census, (CO) Tunica
Thomas, John: (CMTS) 1890 Veterans Census, (CO) Washington
Thomas, Johnie: (B) May 27, 1897, (Race) Black, (BP) Jonesville, LA, (WWIDR) Adams, MS, (CO) Adams
Thomas, Johnie: (B) Sep 12, 1898, (Race) Black, (WWIDR) Adams, MS, (CO) Adams
Thomas, Joseph: (B) Dec. 24, 1899, (Race) Black, (WWIDR) Adams, MS, (CO) Adams
Thomas, Julia A.: (CMTS) 1890 Veterans Census, (CO) Washington
Thomas, Lettie: (CMTS) 1890 Veterans Census, (CO) Jefferson
Thomas, Levi: (CMTS) 1890 Veterans Census, (CO) Tate
Thomas, Mariah: (CMTS) 1890 Veterans Census, (CO) Adams
Thomas, Mary: (CMTS) 1890 Veterans Census, (CO) Warren
Thomas, Mathew F.: (CMTS) 1890 Veterans Census, (CO) Washington
Thomas, Millie: (CMTS) 1890 Veterans Census, (CO) Washington
Thomas, Monroe: (B) Mar. 13, 1896, (Race) Black Adams Co., MS, (WWIDR) Adams, MS, (CO) Adams
Thomas, Moses: (CMTS) 1890 Veterans Census, (CO) Washington
Thomas, Newton: (CMTS) 1890 Veterans Census, (CO) Tunica
Thomas, Peter: (CMTS) 1890 Veterans Census, (CO) Bolivar
Thomas, Polly: (CMTS) 1890 Veterans Census, (CO) Adams
Thomas, Richard: (CMTS) 1890 Veterans Census, (CO) Warren
Thomas, Robert: (CMTS) 1890 Veterans Census, (CO) Dekalb

Thomas, Stanfield: (B) Oct. 1, 1883, (Race) Black, (WWIDR) Adams, MS, (CO) Adams
Thomas, Sydney: (B) May 9, 1890, (Race) Black, (BP) Selma, MS, (WWIDR) Adams, MS, (CO) Adams
Thomas, Tom: (B) Mar. 25, 1882, (Race) Black, (WWIDR) Adams, MS, (CO) Adams
Thomas, Tom: (CMTS) 1890 Veterans Census, (CO) Adams
Thomas, Wallace: (CMTS) 1890 Veterans Census, (CO) Claiborne
Thomas, Watson: (B) 1890, (Race) Black Ashland, MS, (WWIDR) Adams, MS, (CO) Adams
Thomas, William: (B) Jun. 1, 1892, (Race) Black Adams Co., MS, (WWIDR) Adams, MS, (CO) Adams
Thomas, William: (CMTS) 1890 Veterans Census, (CO) Jefferson
Thomas, William: (CMTS) 1890 Veterans Census, (CO) Sharkey
Thomas, William: (CMTS) 1890 Veterans Census, (CO) Warren
Thomas, William: (CMTS) 1890 Veterans Census, (CO) Washington
Thomas, William D.: (CMTS) 1890 Veterans Census, (CO) Marshall
Thomas, Zacariah: (CMTS) 1890 Veterans Census, (CO) Jefferson
Thompson, Adam: (CMTS) 1890 Veterans Census, (CO) Bolivar
Thompson, Alexander: (B) Jun. 12, 1899, (Race) Black, (WWIDR) Adams, MS, (CO) Adams
Thompson, Alexander: (CMTS) 1890 Veterans Census, (CO) Washington
Thompson, Alfred: (CMTS) 1890 Veterans Census, (CO) Wilkinson
Thompson, Benj: (CMTS) 1890 Veterans Census, (CO) Bolivar
Thompson, Bennie: (B) 1897, (Race) Black, (BP) Natchez, MS, (WWIDR) Adams, MS, (CO) Adams
Thompson, Calvin: (B) Feb. 22, 1892, (Race) Black Adams Co., MS, (WWIDR) Adams, MS, (CO) Adams
Thompson, Charlie: (B) Dec. 16, 1888, (Race) Black, (WWIDR) Hinds, MS, (CO) Adams
Thompson, Edward: (CMTS) 1890 Veterans Census, (CO) Warren
Thompson, Elbert: (CMTS) 1890 Veterans Census, (CO) Jefferson
Thompson, Eugene: (B) May 8, 1883, (Race) Black, (WWIDR) Adams, MS, (CO) Adams
Thompson, George: (CMTS) 1890 Veterans Census, (CO) Holmes
Thompson, Grover: (B) Aug. 1, 1885, (Race) Black, (WWIDR) Adams, MS, (CO) Adams
Thompson, Harrison: (B) Jul. 22, 1898, (Race) Black, (WWIDR) Adams, MS, (CO) Adams
Thompson, Henry: (CMTS) 1890 Veterans Census, (CO) Bolivar
Thompson, Henry Howard: (B) May 3, 1887, (Race) White, (BP) Winston Co., MS, (WWIDR) Adams, MS, (CO) Adams
Thompson, Horace: (CMTS) 1890 Veterans Census, (CO) Jefferson
Thompson, J. E.: (MD) Nov. 16, 1881, (Spouse) Bettie Brown, (CO) Launderdale
Thompson, James: (B) 1887, (Race) Black Adams Co., MS, (WWIDR) Adams, MS, (CO) Adams
Thompson, James: (CMTS) 1890 Veterans Census, (CO) Adams
Thompson, Johnny: (B) Jan. 7, 1890, (Race) Black, (BP) Franklin Co., MS, (WWIDR) Adams, MS, (CO) Adams
Thompson, Melvine: (CMTS) 1890 Veterans Census, (CO) Bolivar
Thompson, Philip: (B) Dec. 23, 1884, (Race) Black, (WWIDR) Adams, MS, (CO) Adams
Thompson, Robert: (CMTS) 1890 Veterans Census, (CO) Dekalb
Thompson, Robert: (CMTS) 1890 Veterans Census, (CO) Hinds
Thompson, Saint Elmo: (B) Oct. 24, 1897, (Race) Black, (WWIDR) Adams, MS, (CO) Adams
Thompson, Sam: (B) Jan. 8, 1895, (Race) Black, (BP) Spring Hill, MS, (WWIDR) Adams, MS, (CO) Adams
Thompson, Samuel: (CMTS) 1890 Veterans Census, (CO) Warren
Thompson, Silas: (CMTS) 1890 Veterans Census, (CO) Adams
Thompson, Wasington: (CMTS) 1890 Veterans Census, (CO) Franklin
Thompson, William: (CMTS) 1890 Veterans Census, (CO) Wilkinson
Thompson, William: (CMTS) 1890 Veterans Census, (CO) Coahoma
Thompson, William: (CMTS) 1890 Veterans Census, (CO) Warren
Thompson, William: (CMTS) 1890 Veterans Census, (CO) Washington

Thompson, Willie: (B) Jan. 1, 1882, (Race) Black, (WWIDR) Adams, MS, (CO) Adams
Thomson, Clifton R.: (B) Dec. 6, 1894, (Race) White Astoria OR, (WWIDR) Adams, MS, (CO) Adams
Thomson, Elie: (B) Dec. 10, 1894, (Race) Black Cranfield, MS, (WWIDR) Adams, MS, (CO) Adams
Thornton, Ann M.: (CMTS) 1890 Veterans Census, (CO) Adams
Thornton, Benjamin: (CMTS) 1890 Veterans Census, (CO) Adams
Thornton, Charles: (CMTS) 1890 Veterans Census, (CO) Washington
Thornton, Commodore: (CMTS) 1890 Veterans Census, (CO) Warren
Thornton, Dave: (B) Dec. 14, 1885, (Race) Black, (WWIDR) Adams, MS, (CO) Adams
Thornton, Edward: (CMTS) 1890 Veterans Census, (CO) Adams
Thornton, Fields: (CMTS) 1890 Veterans Census, (CO) Adams
Thornton, Gallatin: (CMTS) 1890 Veterans Census, (CO) Hinds
Thornton, Henry: (CMTS) 1890 Veterans Census, (CO) Claiborne
Thornton, James: (CMTS) 1890 Veterans Census, (CO) Warren
Thornton, Louisa: (CMTS) 1890 Veterans Census, (CO) Adams
Thornton, Lydia: (CMTS) 1890 Veterans Census, (CO) Adams
Thornton, Lydia Ann: (CMTS) 1890 Veterans Census, (CO) Adams
Thornton, Rubin: (CMTS) 1890 Veterans Census, (CO) Adams
Thornton, Silas: (CMTS) 1890 Veterans Census, (CO) Adams
Thornton, Thomas: (CMTS) 1890 Veterans Census, (CO) Washington
Thornton, William: (CMTS) 1890 Veterans Census, (CO) Adams
Thorp, Jeremiah: (CMTS) 1890 Veterans Census, (CO) Dekalb
Thorpe, George C.: (B) Feb. 29, 1888, (Race) White, (BP) Edwards Co. KS, (WWIDR) Adams, MS, (CO) Adams
Thorton, John: (CMTS) 1890 Veterans Census, (CO) Washington
Thorver, Mary E.: (CMTS) 1890 Veterans Census, (CO) Adams
Thurdgill, William: (CMTS) 1890 Veterans Census, (CO) Adams
Thurston, William: (CMTS) 1890 Veterans Census, (CO) Warren
Tias, William: (CMTS) 1890 Veterans Census, (CO) Washington
Tibbs, Henry J.: (CMTS) 1890 Veterans Census, (CO) Lincoln
Tibbs, Mildred: (CMTS) 1890 Veterans Census, (CO) Lincoln
Tichenor, John G.: (CMTS) 1890 Veterans Census, (CO) Warren
Tickett, Charles: (CMTS) 1890 Veterans Census, (CO) Adams
Ticle, Auther: (CMTS) 1890 Veterans Census, (CO) Adams
Tidwell, Charles: (CMTS) 1890 Veterans Census, (CO) Warren
Tidwell, James: (CMTS) 1890 Veterans Census, (CO) Holmes
Tidwell, Peter: (CMTS) 1890 Veterans Census, (CO) Coahoma
Tierner, Herman: (B) Apr., 18, 1894, (Race) Black, (BP) Kilmore, MS, (WWIDR) Adams, MS, (CO) Adams
Tight, Hendrick: (CMTS) 1890 Veterans Census, (CO) Dekalb
Till, James Walter: (MD) Sep. 16, 1898, (Spouse) Ida Mosely, (CO) Rankin, (B) Feb. 18, 1874, (Children) E. Lee, Robert, Glaster, Walter R. and Julis
Tillas, Willie: (B) Apr. 9, 1883, (Race) Black, (WWIDR) Adams, MS, (CO) Adams
Tillman, Cassius L.: (B) Dec. 28, 1890, (Race) White, (BP) Natchez, MS, (WWIDR) Adams, MS, (CO) Adams
Tillman, Joseph Ludwig: (B) Jul. 13, 1885, (Race) White, (WWIDR) Adams, MS, (CO) Adams
Tillman, Luther Butler: (B) Nov. 17, 1899, (Race) White, (WWIDR) Adams, MS, (CO) Adams
Tilmore, Isac: (CMTS) 1890 Veterans Census, (CO) Holmes
Tims, Arthur: (B) Dec. 17, 1883, (Race) Black, (WWIDR) Adams, MS, (CO) Adams
Tinnie, William: (CMTS) 1890 Veterans Census, (CO) Tunica
Tinnin, Finley W.: (B) Dec. 8, 1887, (Race) White, (BP) Three Rivers, MS, (WWIDR) Adams, MS, (CO) Adams
Tinsley, Lige: (B) Dec. 15, 1881, (Race) Black, (WWIDR) Adams, MS, (CO) Adams

Tinsley, Susan: (CMTS) 1890 Veterans Census, (CO) Warren
Tipler, Henderson: (CMTS) 1890 Veterans Census, (CO) Benton
Tirks, Ray: (CMTS) 1890 Veterans Census, (CO) Tunica
Titus, Marshall Lang: (B) Apr. 1, 1896, (Race) Black, (BP) Natchez, MS, (WWIDR) Adams, MS, (CO) Adams
Toby, John: (CMTS) 1890 Veterans Census, (CO) Jackson
Todd, Bernard H.: (CMTS) 1890 Veterans Census, (CO) Benton
Todd, John: (CMTS) 1890 Veterans Census, (CO) Tunica
Tolbert, Arthur: (B) 1885, (Race) Black, (WWIDR) Adams, MS, (CO) Adams
Tolbert, Frank: (CMTS) 1890 Veterans Census, (CO) Coahoma
Tolbert, Steven: (CMTS) 1890 Veterans Census, (CO) Adams
Tolbert, William: (CMTS) 1890 Veterans Census, (CO) Adams
Toles, Frank: (B) Aug. 9, 1894, (Race) Black, (BP) Natchez, MS, (WWIDR) Adams, MS, (CO) Adams
Toles, Louis: (B) Jan. 5, 1897, (Race) Black, (BP) L. Natchez, MS, (WWIDR) Adams, MS, (CO) Adams
Toles, Loyd: (CMTS) 1890 Veterans Census, (CO) Adams
Toles, William: (B) Aug. 30, 1881, (Race) Black, (WWIDR) Adams, MS, (CO) Adams
Tolifer, Ben: (CMTS) 1890 Veterans Census, (CO) Claiborne
Toliver, James: (CMTS) 1890 Veterans Census, (CO) Warren
Toliver, Jim: (B) Apr. 23, 1897, (Race) Black, (WWIDR) Adams, MS, (CO) Adams
Tolmarsk, John: (CMTS) 1890 Veterans Census, (CO) Sharkey
Tomlinson, Gordon: (CMTS) 1890 Veterans Census, (CO) Benton
Tomlinson, James T.: (CMTS) 1890 Veterans Census, (CO) Tippah
Tonery, Wardy M.: (CMTS) 1890 Veterans Census, (CO) Lafayette
Tony, Frank: (CMTS) 1890 Veterans Census, (CO) Warren
Tooley, Simon: (B) Jun. 2, 1882, (Race) Black, (WWIDR) Adams, MS, (CO) Adams
Toom, Allen: (CMTS) 1890 Veterans Census, (CO) Tunica
Toomey, Leon John: (B) Nov. 29, 1891, (Race) White, (BP) Natchez, MS, (WWIDR) Adams, MS, (CO) Adams
Toomey, Thomas Earl: (B) Jun. 4, 1895, (Race) White, (BP) Natchez, MS, (WWIDR) Adams, MS, (CO) Adams
Topp, Amanda: (CMTS) 1890 Veterans Census, (CO) Coahoma
Topper, John: (CMTS) 1890 Veterans Census, (CO) Bolivar
Topps, George: (CMTS) 1890 Veterans Census, (CO) Warren
Torrance, Gilbert: (CMTS) 1890 Veterans Census, (CO) Yalobusha
Torrance, James: (CMTS) 1890 Veterans Census, (CO) Adams
Torrance, Sol: (CMTS) 1890 Veterans Census, (CO) Yalobusha
Torrey, Sylvester: (CMTS) 1890 Veterans Census, (CO) Jefferson
Toscin, Isaac: (CMTS) 1890 Veterans Census, (CO) Warren
Totten, John Hiram: (B) Mar. 12, 1882, (Race) White, (WWIDR) Adams, MS, (CO) Adams
Tounson, Thomas: (B) Apr. 20, 1881, (Race) Black, (WWIDR) Adams, MS, (CO) Adams
Towles, John T. M.: (CMTS) 1890 Veterans Census, (CO) Panola
Towned, Vanderbilt: (B) Apr. 10, 1892, (Race) Black Adams Co., MS, (WWIDR) Adams, MS, (CO) Adams
Towns, Dick: (CMTS) 1890 Veterans Census, (CO) Yalobusha
Towns, Eliz: (CMTS) 1890 Veterans Census, (CO) Yalobusha
Towns, W. A.: (CMTS) 1890 Veterans Census, (CO) Jefferson
Townsen, Vanderbilt: (B) Apr. 10, 1892, (Race) Black Adams Co., MS, (WWIDR) Adams, MS, (CO) Adams
Townsend, Jerry: (CMTS) 1890 Veterans Census, (CO) Adams
Townsend, Lizzy: (CMTS) 1890 Veterans Census, (CO) Adams
Townsend, Thomas: (B) Apr. 20, 1881, (Race) Black, (WWIDR) Adams, MS, (CO) Adams
Townsend, Timothy: (B) Mar. 11, 1898, (Race) Black, (WWIDR) Adams, MS, (CO) Adams

Townsend, Westly: (CMTS) 1890 Veterans Census, (CO) Lincoln
Townsend, Willie: (B) 1899, (Race) Black, (WWIDR) Adams, MS, (CO) Adams
Townson, Wesley: (B) Mar. 20, 1891, (Race) Black Adams Co., MS, (WWIDR) Adams, MS, (CO) Adams
Toy, Feildon: (CMTS) 1890 Veterans Census, (CO) Adams
Travers, William: (CMTS) 1890 Veterans Census, (CO) Bolivar
Travis, Emmons J.: (CMTS) 1890 Veterans Census, (CO) Lincoln
Travis, Ezekiel P: (CMTS) 1890 Veterans Census, (CO) Perrry
Treadwell, William L.: (CMTS) 1890 Veterans Census, (CO) Benton
Trent, Alford: (CMTS) 1890 Veterans Census, (CO) Sharkey
Tretor, Henderson: (CMTS) 1890 Veterans Census, (CO) Lafayette
Triffin, Alfred O: (CMTS) 1890 Veterans Census, (CO) Warren
Trim, Willis: (CMTS) 1890 Veterans Census, (CO) Warren
Trimbell, Rheuben: (CMTS) 1890 Veterans Census, (CO) Washington
Trimble, Arthur Lee: (B) Oct. 17, 1890, (Race) White, (BP) Natchez, MS, (WWIDR) Adams, MS, (CO) Adams
Trimble, Francis Elliott: (B) Nov. 26, 1894, (Race) White, (BP) Natchez, MS, (WWIDR) Adams, MS, (CO) Adams
Trimble, Warren Black: (B) Jan. 30, 1891, (Race) White, (BP) Natchez, MS, (WWIDR) Adams, MS, (CO) Adams
Tripp, Madison: (CMTS) 1890 Veterans Census, (CO) Warren
Tripp, Maria: (CMTS) 1890 Veterans Census, (CO) Warren
Trivious, John: (CMTS) 1890 Veterans Census, (CO) Warren
Troup, Newton A.: (CMTS) 1890 Veterans Census, (CO) Harrison
Truly, Emiline: (CMTS) 1890 Veterans Census, (CO) Sunflower
Truly, Everette Geoffry: (B) Oct. 16, 1890, (Race) White, (BP) Fayette, MS, (WWIDR) Adams, MS, (CO) Adams
Truly, Simon: (CMTS) 1890 Veterans Census, (CO) Sunflower
Truss, Peter: (CMTS) 1890 Veterans Census, (CO) Lauderdale
Trussell, James M.: (L) 193.49 acres, Columbus Land Office, (ID) May 5, 1897, (CO) Lauderdale
Trussell, James M.: (L) 193.49 acres, Columbus Land Office, (ID) May 5, 1897, (CO) Newton
Trustall, Robert: (CMTS) 1890 Veterans Census, (CO) Marshall
Tryey, Peggy: (CMTS) 1890 Veterans Census, (CO) Pike
Tuccio, Samuel: (B) Jul. 24, 1894, (Race) White Cefalu Sicily Italy, (WWIDR) Adams, MS, (CO) Adams
Tuce, Monroe: (CMTS) 1890 Veterans Census, (CO) Tunica
Tucker, Alexander: (CMTS) 1890 Veterans Census, (CO) Marshall
Tucker, Ben C: (CMTS) 1890 Veterans Census, (CO) Tate
Tucker, D. L.: (CMTS) 1890 Veterans Census, (CO) Jones
Tucker, George: (B) May 15, 1897, (Race) Black, (BP) L. Adams Co., MS, (WWIDR) Adams, MS, (CO) Adams
Tucker, James: (CMTS) 1890 Veterans Census, (CO) Marshall
Tucker, James S.: (CMTS) 1890 Veterans Census, (CO) Jones
Tucker, Jeffrey: (CMTS) 1890 Veterans Census, (CO) Warren
Tucker, Marial: (CMTS) 1890 Veterans Census, (CO) Sharkey
Tucker, Marshall: (B) Nov. 10, 1894, (Race) Black Adams Co., MS, (WWIDR) Adams, MS, (CO) Adams
Tucker, Moses: (B) Jul. 4, 1884, (Race) Black, (WWIDR) Adams, MS, (CO) Adams
Tucker, Robert: (CMTS) 1890 Veterans Census, (CO) Madison
Tucker, Robert: (CMTS) 1890 Veterans Census, (CO) Warren
Tucker, Robert L.: (CMTS) 1890 Veterans Census, (CO) Warren
Tucker, Thomas: (B) Jun. 14, 1892, (Race) Black Adams Co., MS, (WWIDR) Adams, MS, (CO) Adams
Tuesno, Sulivan: (B) Mar. 4, 1885, (Race) Black, (WWIDR) Adams, MS, (CO) Adams

Tuglar, Thomas: (CMTS) 1890 Veterans Census, (CO) Hinds
Tugle, Luke: (B) 1883, (Race) Black, (WWIDR) Warren, MS, (CO) Adams
Tugle, Luke: (B) 1883, (Race) Black Claiborne Co., MS, (WWIDR) Warren, MS, (CO) Adams
Tullos, Edward Joseph: (B) Jun. 28, 1888, (Race) White, (BP) New Orleans, LA, (WWIDR) Adams, MS, (CO) Adams
Tullos, Emanuel: (B) 1890, (Race) White, (WWIDR) Adams, MS, (CO) Adams
Tully, Hugh M.: (CMTS) 1890 Veterans Census, (CO) Quitman
Tunstall, Gust: (CMTS) 1890 Veterans Census, (CO) Marshall
Tupagnier, Walter J.: (B) Apr. 20, 1887, (Race) White Cedar Grove, LA, (WWIDR) Adams, MS, (CO) Adams
Tupper, Mary: (CMTS) 1890 Veterans Census, (CO) Washington
Turnbull, Enoch: (CMTS) 1890 Veterans Census, (CO) Washington
Turner, Alex: (CMTS) 1890 Veterans Census, (CO) Tunica
Turner, Alfred: (CMTS) 1890 Veterans Census, (CO) Yazoo
Turner, Bekjamin F.: (CMTS) 1890 Veterans Census, (CO) Adams
Turner, Cotton: (CMTS) 1890 Veterans Census, (CO) Adams
Turner, Daniel: (CMTS) 1890 Veterans Census, (CO) Tallahatchie
Turner, Edward: (CMTS) 1890 Veterans Census, (CO) Adams
Turner, Emanuel: (CMTS) 1890 Veterans Census, (CO) Holmes
Turner, George: (CMTS) 1890 Veterans Census, (CO) Adams
Turner, Grant: (B) Apr. 10, 1881, (Race) Black, (WWIDR) Adams, MS, (CO) Adams
Turner, Harvey: (CMTS) 1890 Veterans Census, (CO) Bolivar
Turner, Henry: (B) Oct. 30, 1886, (Race) Black, (BP) Natchez, MS, (WWIDR) Adams, MS, (CO) Adams
Turner, Henry: (CMTS) 1890 Veterans Census, (CO) Tunica
Turner, Henry: (CMTS) 1890 Veterans Census, (CO) Warren
Turner, Henry V.: (B) May 4, 1895, (Race) Black, (BP) Natchez, MS, (WWIDR) Adams, MS, (CO) Adams
Turner, Isaac: (CMTS) 1890 Veterans Census, (CO) Washington
Turner, Jackson: (CMTS) 1890 Veterans Census, (CO) Warren
Turner, Jacob: (CMTS) 1890 Veterans Census, (CO) Sharkey
Turner, Jessie: (CMTS) 1890 Veterans Census, (CO) Washington
Turner, John Mrs: (CMTS) 1890 Veterans Census, (CO) Yazoo
Turner, Joseph: (B) Aug. 29, 1893, (Race) Black Briers, MS, (WWIDR) Adams, MS, (CO) Adams
Turner, Joseph: (CMTS) 1890 Veterans Census, (CO) Wilkinson
Turner, Laura: (CMTS) 1890 Veterans Census, (CO) Jefferson
Turner, Lee: (CMTS) 1890 Veterans Census, (CO) Warren
Turner, Louis (Luis): (B) 1881, (Race) Black, (WWIDR) Adams, MS, (CO) Adams
Turner, Malinda: (CMTS) 1890 Veterans Census, (CO) Warren
Turner, Munroe: (CMTS) 1890 Veterans Census, (CO) Jefferson
Turner, Padon: (CMTS) 1890 Veterans Census, (CO) Claiborne
Turner, Robert: (CMTS) 1890 Veterans Census, (CO) Washington
Turner, Roxanna: (CMTS) 1890 Veterans Census, (CO) Warren
Turner, Samuel: (CMTS) 1890 Veterans Census, (CO) Holmes
Turner, Samuel: (CMTS) 1890 Veterans Census, (CO) Leflore
Turner, Sirus: (CMTS) 1890 Veterans Census, (CO) Tallahatchie
Turner, Thomas: (B) Mar. 25, 1888, (Race) Black, (BP) Natchez, MS, (WWIDR) Adams, MS, (CO) Adams
Turner, Thomas: (B) Sep 25, 1895, (Race) Black, (BP) Natchez, MS, (WWIDR) Adams, MS, (CO) Adams
Turner, Thomas: (MD) Jul. 6, 1882, (Spouse) Bettie Brown, (CO) Copiah
Turner, William: (CMTS) 1890 Veterans Census, (CO) Carroll
Turner, William: (CMTS) 1890 Veterans Census, (CO) Hinds

Turner, William: (CMTS) 1890 Veterans Census, (CO) Panola
Turner, William: (CMTS) 1890 Veterans Census, (CO) Warren
Turner, Willie: (B) Jan. 21, 1897, (Race) Black Adams Co., MS, (WWIDR) Adams, MS, (CO) Adams
Turner, Wilson: (B) Jan. 10, 1889, (Race) Black Carthage, MS, (WWIDR) Adams, MS, (CO) Adams
Turner, Wilson: (CMTS) 1890 Veterans Census, (CO) Adams
Turnipseed, William Louis: (B) Aug. 22, 1894, (Race) White, (BP) Natchez, MS, (WWIDR) Warren, MS, (CO) Adams
Turnner, Rachael: (CMTS) 1890 Veterans Census, (CO) Issaquena
Turpin, David: (CMTS) 1890 Veterans Census, (CO) Bolivar
Tyer, Arthur Pete: (B) Feb. 29, 1882, (Race) White, (WWIDR) Adams, MS, (CO) Adams
Tyler, Henry: (B) Apr. 14, 1892, (Race) Black, (BP) Natchez, MS, (WWIDR) Adams, MS, (CO) Adams
Uds, Augustus: (CMTS) 1890 Veterans Census, (CO) Dekalb
Udson, Charley: (CMTS) 1890 Veterans Census, (CO) Madison
Uhler, Sydnham L.: (CMTS) 1890 Veterans Census, (CO) Mdison
Ullman,: (B) Aug. 12, 1895, (Race) White, (BP) Natchez, MS, (WWIDR) Adams, MS, (CO) Adams
Umchler, John Leonard: (B) Nov. 25, 1896, (Race) White, (BP) Hamilton IL, (WWIDR) Adams, MS, (CO) Adams
Umchler, John Leonard: (B) Nov. 25, 1896, (Race) White, (WWIDR) Adams, MS, (CO) Adams
Umshler, John Leonard: (B) Nov. 25, 1896, (Race) White, (BP) Hamilton IL, (WWIDR) Adams, MS, (CO) Adams
Umshler, John Leonard: (B) Nov. 25, 1896, (Race) White, (WWIDR) Adams, MS, (CO) Adams
Underwood, John: (B) Jun., 1894, (Race) White, (BP) Forest AL, (WWIDR) Adams, MS, (CO) Adams
Upshaw, John: (CMTS) 1890 Veterans Census, (CO) Tunica
Upshaw, William: (CMTS) 1890 Veterans Census, (CO) Bolivar
Urnor, Taylor B: (CMTS) 1890 Veterans Census, (CO) Bolivar
Vaiden, William H.: (CMTS) 1890 Veterans Census, (CO) Coahoma
Vaider, Virginia H.: (CMTS) 1890 Veterans Census, (CO) Dekalb
Vaidere, Potter F.: (CMTS) 1890 Veterans Census, (CO) Dekalb
Valdrie, Herbert: (B) Apr., 1899, (Race) Black, (WWIDR) Adams, MS, (CO) Adams
Valentine, Monday: (CMTS) 1890 Veterans Census, (CO) Warren
Vallentine, Ben: (CMTS) 1890 Veterans Census, (CO) Warren
Van Bremer, Steven W.: (CMTS) 1890 Veterans Census, (CO) Leflore
Van Dyke, Arthur Bennett: (B) Mar. 20, 1885, (Race) White, (WWIDR) Adams, MS, (CO) Adams
Vance, Ellis: (CMTS) 1890 Veterans Census, (CO) Adams
Vandyke, Horace Farr: (B) Apr. 22, 1898, (Race) White, (WWIDR) Adams, MS, (CO) Adams
Vanerson, Lee: (B) Feb. 4, 1881, (Race) Black, (WWIDR) Adams, MS, (CO) Adams
Vannable, Gabe: (CMTS) 1890 Veterans Census, (CO) Warren
Vannerson, Frank: (B) Jun. 30, 1882, (Race) Black, (WWIDR) Adams, MS, (CO) Adams
Vannerson, Lee: (B) Feb. 4, 1881, (Race) Black, (WWIDR) Adams, MS, (CO) Adams
Vannetta, Daniel: (CMTS) 1890 Veterans Census, (CO) Holmes

Varnado, Charles MattheW.: (B) Jun. 27, 1893, (Race) White, (BP) Hillsdale, MS, (WWIDR) Adams, MS, (CO) Adams
Vass, Alexander: (CMTS) 1890 Veterans Census, (CO) Washington
Vaughan, John E.: (CMTS) 1890 Veterans Census, (CO) Washington
Vaughn, Albert Henry: (B) 1884, (Race) Black, (WWIDR) Adams, MS, (CO) Adams
Vaughn, Elizabeth A.: (CMTS) 1890 Veterans Census, (CO) Copiah
Vaughn, Henry A.: (CMTS) 1890 Veterans Census, (CO) Copiah
Vaughn, James: (B) Apr. 7, 1894, (Race) Black Adams Co., MS, (WWIDR) Adams, MS, (CO) Adams
Vaughn, Tony: (CMTS) 1890 Veterans Census, (CO) Bolivar
Veal, Nolan: (CMTS) 1890 Veterans Census, (CO) Wilkinson
Veant, William: (CMTS) 1890 Veterans Census, (CO) Adams
Venable, John S.: (CMTS) 1890 Veterans Census, (CO) Harrison
Venerable, Gabe: (CMTS) 1890 Veterans Census, (CO) Warren
Venus, Charles Andrew: (B) Nov. 22, 1890, (Race) White, (BP) New Orleans, LA, (WWIDR) Adams, MS, (CO) Adams
Vernon, Willie Ransom: (B) Dec. 6, 1888, (Race) White, (BP) St. Helena Par., LA, (WWIDR) Adams, MS, (CO) Adams
Verse, Robert: (B) 1899, (Race) Black, (WWIDR) Adams, MS, (CO) Adams
Verucchi, John E.: (B) Mar. 3, 1896, (Race) White, (BP) Tole di Bolorgno, Italy, (WWIDR) Adams, MS, (CO) Adams
Vessel, Charles: (CMTS) 1890 Veterans Census, (CO) Adams
Viccinnelli, Serviglio: (B) Apr. 21, 1899, (Race) White, (WWIDR) Adams, MS, (CO) Adams
Victory, Daniel: (CMTS) 1890 Veterans Census, (CO) Washington
Viener, Imanuel: (B) May 28, 1895, (Race) White, (BP) Odessa Russia, (WWIDR) Adams, MS, (CO) Adams
Viener, Leon: (B) Sep 11, 1881, (Race) White, (WWIDR) Adams, MS, (CO) Adams
Viener, Rudolph: (B) Jun. 20, 1898, (Race) White, (WWIDR) Adams, MS, (CO) Adams
Vince, Armstead: (B) Nov. 7, 1897, (Race) Black, (BP) Overton Plantation, MS, (WWIDR) Adams, MS, (CO) Adams
Vincent, Elijah: (CMTS) 1890 Veterans Census, (CO) Adams
Vincent, Frank: (CMTS) 1890 Veterans Census, (CO) Adams
Vincent, Sam: (B) 1896, (Race) Black Adams Co., MS, (WWIDR) Adams, MS, (CO) Adams
Vine, Benjamin: (CMTS) 1890 Veterans Census, (CO) Bolivar
Vinecent, Sydney: (CMTS) 1890 Veterans Census, (CO) Tate
Vinegar, Woodson H.: (CMTS) 1890 Veterans Census, (CO) Adams
Vinson, Albert Greene: (B) Mar. 25, 1882, (Race) White, (WWIDR) Adams, MS, (CO) Adams
Virrllie, Francisco: (B) Aug. 27, 1897, (Race) White, (WWIDR) Adams, MS, (CO) Adams
Visor, Alax: (CMTS) 1890 Veterans Census, (CO) Yalobusha
Visor, Henry: (CMTS) 1890 Veterans Census, (CO) Yalobusha
Volstead, Chiles: (CMTS) 1890 Veterans Census, (CO) Coahoma
Vomer, Henry: (CMTS) 1890 Veterans Census, (CO) Marshall
Voos, Thomas Alexander: (B) Feb. 26, 1892, (Race) White, (BP) Natchez, MS, (WWIDR) Adams, MS, (CO) Adams
Voos, Wilson L.: (B) Mar. 19, 1895, (Race) White, (BP) Natchez, MS, (WWIDR) Adams, MS, (CO) Adams
Vorsey, Henry: (CMTS) 1890 Veterans Census, (CO) Adams
Voss, Alexander: (CMTS) 1890 Veterans Census, (CO) Washington
Vutner, Benjamin: (CMTS) 1890 Veterans Census, (CO) Claiborne
Wade, Anderson: (B) Nov. 15, 1890, (Race) Black, (BP) Jefferson Co., MS, (WWIDR) Adams, MS, (CO) Adams

Wade, Benjamin: (CMTS) 1890 Veterans Census, (CO) Claiborne
Wade, Benjamin: (CMTS) 1890 Veterans Census, (CO) Leflore
Wade, Charles: (B) Jul. 29, 1896, (Race) Black,. (BP) Briers, MS, (WWIDR) Adams, MS, (CO) Adams
Wade, Cornelius: (CMTS) 1890 Veterans Census, (CO) Tunica
Wade, Dal: (B) Apr. 16, 1897, (Race) Black, (WWIDR) Adams, MS, (CO) Adams
Wade, Green: (CMTS) 1890 Veterans Census, (CO) Jefferson
Wade, Henry: (CMTS) 1890 Veterans Census, (CO) Claiborne
Wade, Horace: (CMTS) 1890 Veterans Census, (CO) Claiborne
Wade, Manson: (B) Apr. 24, 1887, (Race) Black Claiborne Co., MS, (WWIDR) Adams, MS, (CO) Adams
Wade, William W.: (CMTS) 1890 Veterans Census, (CO) Bolivar
Wadins, James: (CMTS) 1890 Veterans Census, (CO) Warren
Wadkin, Silas: (CMTS) 1890 Veterans Census, (CO) Hinds
Wadkins, Adkins H.: (CMTS) 1890 Veterans Census, (CO) Warren
Wadkins, Andrew: (CMTS) 1890 Veterans Census, (CO) Yazoo
Wadkins, Henry: (CMTS) 1890 Veterans Census, (CO) Bolivar
Wadkins, Wesley: (CMTS) 1890 Veterans Census, (CO) Dekalb
Wadsworth, Daniel Vincent: (B) Aug. 3, 1890, (Race) White, (BP) Wellborn FL, (WWIDR) Adams, MS, (CO) Adams
Wagner, Daniel R.: (CMTS) 1890 Veterans Census, (CO) Yalobusha
Waid, Manson: (B) Apr. 24, 1887, (Race) Black Claiborne Co., MS, (WWIDR) Adams, MS, (CO) Adams
Walcott, Charles Edward: (B) Feb., 18, 1895, (Race) White, (BP) Natchez, MS, (WWIDR) Adams, MS, (CO) Adams
Walcott, Robert Vincent: (B) Jul., 18, 1896, (Race) White, (BP) L. Natchez, MS, (WWIDR) Adams, MS, (CO) Adams
Walden, Lewis: (CMTS) 1890 Veterans Census, (CO) Prentiss
Walice, Amanda: (CMTS) 1890 Veterans Census, (CO) Tunica
Walker, Alex: (CMTS) 1890 Veterans Census, (CO) Yazoo
Walker, Alfred: (CMTS) 1890 Veterans Census, (CO) Warren
Walker, Anne: (CMTS) 1890 Veterans Census, (CO) Yalobusha
Walker, Ben: (CMTS) 1890 Veterans Census, (CO) Bolivar
Walker, Bud: (B) Jul., 18, 1884, (Race) Black, (WWIDR) Adams, MS, (CO) Adams
Walker, Charles: (CMTS) 1890 Veterans Census, (CO) Dekalb
Walker, Charlie: (CMTS) 1890 Veterans Census, (CO) Dekalb
Walker, Colonel: (B) 1891, (Race) Black, (BP) Natchez, MS, (WWIDR) Adams, MS, (CO) Adams
Walker, Colonl: (CMTS) 1890 Veterans Census, (CO) Adams
Walker, Daniel: (CMTS) 1890 Veterans Census, (CO) Yalobusha
Walker, Dave: (CMTS) 1890 Veterans Census, (CO) Coahoma
Walker, David: (CMTS) 1890 Veterans Census, (CO) Warren
Walker, Epsy J.: (CMTS) 1890 Veterans Census, (CO) Tishomingo
Walker, Harry: (CMTS) 1890 Veterans Census, (CO) Leflore
Walker, Henrietta: (CMTS) 1890 Veterans Census, (CO) Warren
Walker, Henry: (CMTS) 1890 Veterans Census, (CO) Benton
Walker, Henry: (CMTS) 1890 Veterans Census, (CO) Yazoo
Walker, Jack: (CMTS) 1890 Veterans Census, (CO) Adams
Walker, James: (B) 1894, (Race) Black, (BP) Natchez, MS, (WWIDR) Sunflower, MS, (CO) Adams
Walker, James: (B) 1891, (Race) Black, (BP) Hencain, MS, (WWIDR) Adams, MS, (CO) Adams
Walker, James: (CMTS) 1890 Veterans Census, (CO) Washington
Walker, Jane: (CMTS) 1890 Veterans Census, (CO) Washington
Walker, Jno W.: (CMTS) 1890 Veterans Census, (CO) Tishomingo

Walker, John: (CMTS) 1890 Veterans Census, (CO) Harrison
Walker, Joseph: (B) Feb. 25, 1899, (Race) Black, (WWIDR) Adams, MS, (CO) Adams
Walker, Kate: (CMTS) 1890 Veterans Census, (CO) Warren
Walker, Letitia: (CMTS) 1890 Veterans Census, (CO) Washington
Walker, Martin: (B) Feb., 1881, (Race) Black, (WWIDR) Adams, MS, (CO) Adams
Walker, Mathew: (CMTS) 1890 Veterans Census, (CO) Coahoma
Walker, Matt Hamilton: (B) Aug. 16, 1886, (Race) Black Adams Co., MS, (WWIDR) Adams, MS, (CO) Adams
Walker, Pete: (CMTS) 1890 Veterans Census, (CO) Bolivar
Walker, Porter: (CMTS) 1890 Veterans Census, (CO) Warren
Walker, Richard: (CMTS) 1890 Veterans Census, (CO) Washington
Walker, Richard E.: (CMTS) 1890 Veterans Census, (CO) Washington
Walker, Richard T.: (CMTS) 1890 Veterans Census, (CO) Warren
Walker, Robert: (CMTS) 1890 Veterans Census, (CO) Tunica
Walker, Roddly: (CMTS) 1890 Veterans Census, (CO) Bolivar
Walker, Sam: (B) Dec. 27, 1891, (Race) Black, (BP) Washington, MS, (WWIDR) Adams, MS, (CO) Adams
Walker, Smith: (CMTS) 1890 Veterans Census, (CO) Wilkinson
Walker, Trolidus L.: (CMTS) 1890 Veterans Census, (CO) Dekalb
Walker, William: (CMTS) 1890 Veterans Census, (CO) Hancock
Walker, William: (CMTS) 1890 Veterans Census, (CO) Wilkinson
Walker, William G.: (CMTS) 1890 Veterans Census, (CO) Harrison
Walker, Willis: (CMTS) 1890 Veterans Census, (CO) Tunica
Walkins, Andrew: (B) Dec. 1, 1889, (Race) Black Adams Co., MS, (WWIDR) Adams, MS, (CO) Adams
Wall, Alexander: (CMTS) 1890 Veterans Census, (CO) Washington
Wall, David: (CMTS) 1890 Veterans Census, (CO) Marshall
Wall, Dock: (CMTS) 1890 Veterans Census, (CO) Marshall
Wall, James M.: (CMTS) 1890 Veterans Census, (CO) Marshall
Wall, W. H.: (CMTS) 1890 Veterans Census, (CO) Wilkinson
Wallace, Alexander: (CMTS) 1890 Veterans Census, (CO) Dekalb
Wallace, Daniel: (CMTS) 1890 Veterans Census, (CO) Dekalb
Wallace, George: (CMTS) 1890 Veterans Census, (CO) Lauderdale
Wallace, Jno M.: (CMTS) 1890 Veterans Census, (CO) Lafayette
Wallace, John: (B) May 30, 1894, (Race) Black, (BP) Natchez, MS, (WWIDR) Sunflower, MS, (CO) Adams
Wallace, Mildred: (CMTS) 1890 Veterans Census, (CO) Warren
Wallace, Mingo: (CMTS) 1890 Veterans Census, (CO) Warren
Wallace, Peter: (CMTS) 1890 Veterans Census, (CO) Hinds
Wallace, Thomas: (CMTS) 1890 Veterans Census, (CO) Jefferson
Wallace, Willis: (CMTS) 1890 Veterans Census, (CO) Warren
Wallis, Thomas R.: (CMTS) 1890 Veterans Census, (CO) Washington
Walls, Allen: (CMTS) 1890 Veterans Census, (CO) Bolivar
Walsh, John: (CMTS) 1890 Veterans Census, (CO) Warren
Walter, Richard: (CMTS) 1890 Veterans Census, (CO) Washington
Walters, Calvin: (CMTS) 1890 Veterans Census, (CO) Grenada
Walters, Charley Elmer: (B) Nov. 16, 1899, (Race) White, (WWIDR) Adams, MS, (CO) Adams
Walters, Hanson: (CMTS) 1890 Veterans Census, (CO) Jones
Walters, Henry P.: (B) Sep. 7, 1886 (D) Aug. 17 1972 (CO) Chickasaw, (C) Wesley Chapel Cemetery
Walters, James A.: (CMTS) 1890 Veterans Census, (CO) Wayne
Walton, Lewis: (CMTS) 1890 Veterans Census, (CO) Bolivar
Walton, Nelson: (CMTS) 1890 Veterans Census, (CO) Sharkey
Walworth, Daniel: (CMTS) 1890 Veterans Census, (CO) Dekalb

Wamack, James E.: (CMTS) 1890 Veterans Census, (CO) Warren
Wampold, Abraham: (CMTS) 1890 Veterans Census, (CO) Adams
Wandell, Amandy C: (CMTS) 1890 Veterans Census, (CO) Tippah
Wanse, Henry: (CMTS) 1890 Veterans Census, (CO) Jefferson
Waray, Major: (CMTS) 1890 Veterans Census, (CO) Bolivar
Ward, Anderson: (CMTS) 1890 Veterans Census, (CO) Washington
Ward, Claiborne: (CMTS) 1890 Veterans Census, (CO) Claiborne
Ward, Elizabeth: (CMTS) 1890 Veterans Census, (CO) Holmes
Ward, Harriet: (CMTS) 1890 Veterans Census, (CO) Warren
Ward, Harry: (CMTS) 1890 Veterans Census, (CO) Holmes
Ward, Henry: (CMTS) 1890 Veterans Census, (CO) Tate
Ward, Henry: (CMTS) 1890 Veterans Census, (CO) Wilkinson
Ward, Jack: (CMTS) 1890 Veterans Census, (CO) Holmes
Ward, James H.: (B) Feb. 4, 1888, (Race) White, (BP) Natchez, MS, (WWIDR) Adams,
    MS, (CO) Adams
Ward, James R.: (CMTS) 1890 Veterans Census, (CO) Washington
Ward, Louis: (CMTS) 1890 Veterans Census, (CO) Washington
Ward, Merritt: (B) Nov. 26, 1886, (Race) White, (BP) Natchez, MS, (WWIDR) Adams,
    MS, (CO) Adams
Ward, Richard: (CMTS) 1890 Veterans Census, (CO) Warren
Ward, Robert J.: (CMTS) 1890 Veterans Census, (CO) Washington
Ward, Thomas: (CMTS) 1890 Veterans Census, (CO) Warren
Ward, Thomas: (CMTS) 1890 Veterans Census, (CO) Warren
Ward, William: (CMTS) 1890 Veterans Census, (CO) Bolivar
Ward, Wilson: (B) Feb. 15, 1882, (Race) Black, (WWIDR) Adams, MS, (CO) Adams
Wardell, Manerva A.: (CMTS) 1890 Veterans Census, (CO) Warren
Wardell, Samuel: (CMTS) 1890 Veterans Census, (CO) Warren
Wardlon, George: (CMTS) 1890 Veterans Census, (CO) Washington
Wardlow, George: (CMTS) 1890 Veterans Census, (CO) Washington
Wardlow, Thomas: (CMTS) 1890 Veterans Census, (CO) Warren
Ware, Alfred: (CMTS) 1890 Veterans Census, (CO) Warren
Ware, Dorman: (CMTS) 1890 Veterans Census, (CO) Jackson
Ware, George: (B) Oct. 2, 1884, (Race) Black, (WWIDR) Adams,
    MS, (CO) Adams
Ware, Harrison: (CMTS) 1890 Veterans Census, (CO) Adams
Ware, Harry: (CMTS) 1890 Veterans Census, (CO) Warren
Ware, James: (B) Oct., 1881, (Race) Black, (WWIDR) Adams, MS, (CO) Adams
Ware, Joseph: (CMTS) 1890 Veterans Census, (CO) Dekalb
Ware, Mala Neal: (B) Apr. 26, 1889 (D) Feb. 29 1968 (CO) Chickasaw, (C) Wesley Chapel
    Cemetery
Ware, Thomas: (CMTS) 1890 Veterans Census, (CO) Hinds
Ware, Tyler: (CMTS) 1890 Veterans Census, (CO) Warren
Warfield, James: (B) Sep, 18, 1886, (Race) Black, (BP) Natchez, MS, (WWIDR) Sunflower, MS,
    (CO) Adams
Warfield, Reuben: (CMTS) 1890 Veterans Census, (CO) Adams
Warmack, Bob: (MD) Mar. 30, 1889, (Spouse) Clarissa Richardson, (CO) Madison
Warner, Eliza: (CMTS) 1890 Veterans Census, (CO) Warren
Warner, Orleans: (CMTS) 1890 Veterans Census, (CO) Jefferson
Warner, Robert: (CMTS) 1890 Veterans Census, (CO) Sharkey
Warner, Sallie: (CMTS) 1890 Veterans Census, (CO) Jefferson
Warren, Albert Washington: (B) Sep 20, 1893, (Race) Black, (BP) Natchez, MS, (WWIDR)
    Adams, MS, (CO) Adams
Warren, Alfred: (CMTS) 1890 Veterans Census, (CO) Warren
Warren, Alice: (CMTS) 1890 Veterans Census, (CO) Warren

Warren, Allen: (CMTS) 1890 Veterans Census, (CO) Washington
Warren, Frances: (CMTS) 1890 Veterans Census, (CO) Warren
Warren, Harriet: (CMTS) 1890 Veterans Census, (CO) Warren
Warren, Henry: (CMTS) 1890 Veterans Census, (CO) Sharkey
Warren, Jefferson: (CMTS) 1890 Veterans Census, (CO) Warren
Warren, Robert: (CMTS) 1890 Veterans Census, (CO) Sharkey
Warren, Robert: (CMTS) 1890 Veterans Census, (CO) Washington
Warren, Thomas: (CMTS) 1890 Veterans Census, (CO) Warren
Warren, William: (CMTS) 1890 Veterans Census, (CO) Washington
Warrick, Drue C: (CMTS) 1890 Veterans Census, (CO) Bolivar
Washington, Aaron: (B) Jul. 4, 1896, (Race) Black, (BP) Woodville, MS, (WWIDR) Adams, MS, (CO) Adams
Washington, Albert Berley: (B) Jun. 23, 1881, (Race) Black, (WWIDR) Adams, MS, (CO) Adams
Washington, Alexande: (CMTS) 1890 Veterans Census, (CO) Jefferson
Washington, Alfred: (B) Jan. 1, 1899, (Race) Black, (WWIDR) Adams, MS, (CO) Adams
Washington, Allen: (CMTS) 1890 Veterans Census, (CO) Warren
Washington, Anderson: (CMTS) 1890 Veterans Census, (CO) Yazoo
Washington, Archie: (B) Aug. 23, 1894, (Race) Black Adams Co., MS, (WWIDR) Adams, MS, (CO) Adams
Washington, Arthur: (B) Apr. 8, 1894, (Race) Black, (BP) Washington, MS, (WWIDR) Adams, MS, (CO) Adams
Washington, Barnes: (B) 1896, (Race) Black Adams Co., MS, (WWIDR) Adams, MS, (CO) Adams
Washington, Booker T.: (B) 1891, (Race) Black Adams Co., MS, (WWIDR) Adams, MS, (CO) Adams
Washington, Brown: (CMTS) 1890 Veterans Census, (CO) Warren
Washington, Carline: (CMTS) 1890 Veterans Census, (CO) Claiborne
Washington, Charles: (B) Oct. 8, 1889, (Race) Black Adams Co., MS, (WWIDR) Adams, MS, (CO) Adams
Washington, Charley: (CMTS) 1890 Veterans Census, (CO) Warren
Washington, Chester: (B) Jan. 17, 1889, (Race) Black, (BP) Wikinson Co., MS, (WWIDR) Adams, MS, (CO) Adams
Washington, Cordelia: (CMTS) 1890 Veterans Census, (CO) Jefferson
Washington, Daniel: (B) Aug. 5, 1897, (Race) Black, (WWIDR) Adams, MS, (CO) Adams
Washington, Dave: (B) 1884, (Race) Black, (WWIDR) Adams, MS, (CO) Adams
Washington, Earnest: (B) Feb. 15, 1895, (Race) Black, (BP) Natchez, MS, (WWIDR) Sunflower, MS, (CO) Adams
Washington, Edward: (B) Nov. 15, 1893, (Race) Black, (BP) Jeannette, MS, (WWIDR) Adams, MS, (CO) Adams
Washington, Eliger: (B) Dec. 26, 1895, (Race) Black, (BP) Natchez, MS, (WWIDR) Sunflower, MS, (CO) Adams
Washington, Elija: (CMTS) 1890 Veterans Census, (CO) Warren
Washington, Ely: (B) May 8, 1890, (Race) Black Adams Co., MS, (WWIDR) Adams, MS, (CO) Adams
Washington, Emaline: (CMTS) 1890 Veterans Census, (CO) Warren
Washington, Emily: (CMTS) 1890 Veterans Census, (CO) Yazoo
Washington, Frank: (CMTS) 1890 Veterans Census, (CO) Holmes
Washington, Fred: (B) Aug., 18, 1882, (Race) Black, (WWIDR) Adams, MS, (CO) Adams
Washington, Frenceu: (B) Sep 15, 1884, (Race) Black, (WWIDR) Adams, MS, (CO) Adams
Washington, Gabriel: (CMTS) 1890 Veterans Census, (CO) Adams
Washington, General: (CMTS) 1890 Veterans Census, (CO) Bolivar

Washington, George: (CMTS) 1890 Veterans Census, (CO) Dekalb
Washington, George: (CMTS) 1890 Veterans Census, (CO) Yazoo
Washington, George: (B) Jan. 2, 1894, (Race) Black Adams Co., MS, (WWIDR) Adams,
 MS, (CO) Adams
Washington, George: (B) 1894, (Race) Black Adams Co., MS, (WWIDR) Adams,
 MS, (CO) Adams
Washington, George: (CMTS) 1890 Veterans Census, (CO) Adams
Washington, George: (CMTS) 1890 Veterans Census, (CO) Benton
Washington, George: (CMTS) 1890 Veterans Census, (CO) Bolivar
Washington, George: (CMTS) 1890 Veterans Census, (CO) Bolivar
Washington, George: (CMTS) 1890 Veterans Census, (CO) Coahoma
Washington, George: (CMTS) 1890 Veterans Census, (CO) Grenada
Washington, George: (CMTS) 1890 Veterans Census, (CO) Hinds
Washington, George: (CMTS) 1890 Veterans Census, (CO) Issaquena
Washington, George: (CMTS) 1890 Veterans Census, (CO) Jefferson
Washington, George: (CMTS) 1890 Veterans Census, (CO) Leflore
Washington, George: (CMTS) 1890 Veterans Census, (CO) Lincoln
Washington, George: (CMTS) 1890 Veterans Census, (CO) Quitman
Washington, George: (CMTS) 1890 Veterans Census, (CO) Tate
Washington, George: (CMTS) 1890 Veterans Census, (CO) Warren
Washington, George: (CMTS) 1890 Veterans Census, (CO) Washington
Washington, George: (CMTS) 1890 Veterans Census, (CO) Washington
Washington, George: (CMTS) 1890 Veterans Census, (CO) Yazoo
Washington, George A.: (CMTS) 1890 Veterans Census, (CO) Warren
Washington, George R.: (CMTS) 1890 Veterans Census, (CO) Adams
Washington, Green: (CMTS) 1890 Veterans Census, (CO) Washington
Washington, Hannah: (CMTS) 1890 Veterans Census, (CO) Warren
Washington, Haywood: (CMTS) 1890 Veterans Census, (CO) Bolivar
Washington, Henry: (CMTS) 1890 Veterans Census, (CO) Hinds
Washington, Jackson: (CMTS) 1890 Veterans Census, (CO) Warren
Washington, Jake: (B) Aug. 2, 1899, (Race) Black, (WWIDR) Adams,
 MS, (CO) Adams
Washington, James: (B) Apr. 23, 1895, (Race) Black, (BP) Jeannette, MS, (WWIDR) Adams,
 MS, (CO) Adams
Washington, James: (B) Aug., 18, 1890, (Race) Black Adams Co., MS, (WWIDR) Adams,
 MS, (CO) Adams
Washington, Jeremiah: (CMTS) 1890 Veterans Census, (CO) Hinds
Washington, Jessie: (B) Oct. 6, 1891, (Race) Black Adams Co., MS, (WWIDR) Adams,
 MS, (CO) Adams
Washington, Joseph W.: (CMTS) 1890 Veterans Census, (CO) Marshall
Washington, Lee: (B) 1884, (Race) Black, (WWIDR) Adams, MS, (CO) Adams
Washington, Lewis: (B) 1898, (Race) Black, (WWIDR) Adams, MS, (CO) Adams
Washington, Lincoln: (B) Nov. 22, 1882, (Race) Black, (WWIDR) Adams,
 MS, (CO) Adams
Washington, Melachi: (B) Jan. 17, 1883, (Race) Black, (BP) Jeannette, MS, (WWIDR) Adams,
 MS, (CO) Adams
Washington, Mose: (B) May 23, 1889, (Race) Black, (BP) Jeannette, MS, (WWIDR) Adams,
 MS, (CO) Adams
Washington, Phillis: (CMTS) 1890 Veterans Census, (CO) Benton
Washington, Pleasant: (B) Jan. 3, 1899, (Race) Black, (WWIDR) Adams, MS, (CO) Adams
Washington, Prine: (CMTS) 1890 Veterans Census, (CO) Yazoo
Washington, Robert: (B) May 21, 1883, (Race) Black, (WWIDR) Adams, MS, (CO) Adams
Washington, Robert: (CMTS) 1890 Veterans Census, (CO) Holmes
Washington, Robert: (CMTS) 1890 Veterans Census, (CO) Washington

Washington, Ross: (CMTS) 1890 Veterans Census, (CO) Hinds
Washington, Sarget: (B) 1898, (Race) Black, (WWIDR) Adams, MS, (CO) Adams
Washington, Scott: (B) Mar. 2, 1885, (Race) Black, (BP) Wilkinson Co., MS, (WWIDR) Adams, MS, (CO) Adams
Washington, Silas: (CMTS) 1890 Veterans Census, (CO) Warren
Washington, Stewart: (CMTS) 1890 Veterans Census, (CO) Warren
Washington, Thomas: (CMTS) 1890 Veterans Census, (CO) Hinds
Washington, Vent (Vince): (B) 1899, (Race) Black, (WWIDR) Adams, MS, (CO) Adams
Washington, Vince (Vent): (B) 1899, (Race) Black, (WWIDR) Adams, MS, (CO) Adams
Washington, Virginia: (CMTS) 1890 Veterans Census, (CO) Warren
Washington, Wesley: (CMTS) 1890 Veterans Census, (CO) Coahoma
Washington, Will: (B) Dec. 10, 1888, (Race) Black, (BP) Wilkinson Co., MS, (WWIDR) Adams, MS, (CO) Adams
Washington, William: (B) 1899, (Race) Black, (WWIDR) Adams, MS, (CO) Adams
Washington, William: (CMTS) 1890 Veterans Census, (CO) Adams
Washington, William: (CMTS) 1890 Veterans Census, (CO) Adams
Washington, William: (CMTS) 1890 Veterans Census, (CO) Bolivar
Washington, William: (CMTS) 1890 Veterans Census, (CO) Yazoo
Washington, Willie: (B) Feb. 7, 1885, (Race) Black, (WWIDR) Adams, MS, (CO) Adams
Washington, Willie M.: (B) Jun. 23, 1888, (Race) Black, (WWIDR) Adams, MS, (CO) Adams
Waterman, Jerry: (CMTS) 1890 Veterans Census, (CO) Coahoma
Waters, Allen W.: (CMTS) 1890 Veterans Census, (CO) Sharkey
Waters, Samuel: (CMTS) 1890 Veterans Census, (CO) Warren
Watkins, Andrew: (B) Dec. 1, 1889, (Race) Black Adams Co., MS, (WWIDR) Adams, MS, (CO) Adams
Watkins, Benjamine F.: (CMTS) 1890 Veterans Census, (CO) Jefferson
Watkins, Diana: (CMTS) 1890 Veterans Census, (CO) Tunica
Watkins, Ed: (CMTS) 1890 Veterans Census, (CO) Bolivar
Watkins, Henry: (CMTS) 1890 Veterans Census, (CO) Adams
Watkins, Henry: (CMTS) 1890 Veterans Census, (CO) Claiborne
Watkins, Henry: (CMTS) 1890 Veterans Census, (CO) Dekalb
Watkins, Isaac: (B) Apr. 7, 1881, (Race) Black, (WWIDR) Adams, MS, (CO) Adams
Watkins, Jessie: (B) Apr. 6, 1894, (Race) Black, (BP) Natchez, MS, (WWIDR) Sharkey, MS, (CO) Adams
Watkins, John F.: (CMTS) 1890 Veterans Census, (CO) Coahoma
Watkins, Lewis: (CMTS) 1890 Veterans Census, (CO) Warren
Watkins, Nelson: (CMTS) 1890 Veterans Census, (CO) Wilkinson
Watkins, Seab: (B) 1883, (Race) Black, (WWIDR) Adams, MS, (CO) Adams
Watkins, Slab: (B) 1883, (Race) Black, (WWIDR) Adams, MS, (CO) Adams
Watkins, William: (B) 1895, (Race) Black, (WWIDR) Adams, MS, (CO) Adams
Watkins, Willie: (B) Mar. 19, 1895, (Race) Black, (BP) Natchez, MS, (WWIDR) Adams, MS, (CO) Adams
Watrop, Henry: (CMTS) 1890 Veterans Census, (CO) Dekalb
Watson, Albert: (CMTS) 1890 Veterans Census, (CO) Warren
Watson, Allen W.: (CMTS) 1890 Veterans Census, (CO) Sharkey
Watson, Andrew: (CMTS) 1890 Veterans Census, (CO) Washington
Watson, Ben: (B) Nov. 7, 1888, (Race) White Catahoula, LA, (WWIDR) Adams, MS, (CO) Adams
Watson, Blake: (CMTS) 1890 Veterans Census, (CO) Bolivar
Watson, Chaney: (CMTS) 1890 Veterans Census, (CO) Jefferson
Watson, Ed: (CMTS) 1890 Veterans Census, (CO) Panola
Watson, Ed: (CMTS) 1890 Veterans Census, (CO) Sharkey
Watson, Frank: (B) Mar. 10, 1894, (Race) Black, (WWIDR) Adams, MS, (CO) Adams
Watson, Frank: (MD) Aug, 16, 1884, (Spouse) Georgianna Roaten, (CO) Quitman

Watson, Frank: (MD) Jun. 16, 1886, (Spouse) Gracie Miller, (CO) Jackson
Watson, George: (MD) Jan. 24, 1884, (Spouse) Lina Sheppard, (CO) Claiborne
Watson, George: (MD) Feb. 1, 1883, (Spouse) Mattie Anderson, (CO) Carroll
Watson, George: (MD) Oct. 8, 1884, (Spouse) Mary Porterfield, (CO) Washington
Watson, George: (CMTS) 1890 Veterans Census, (CO) Yazoo
Watson, George W.: (MD) Jan. 27, 1881(Spouse) Julia Harris(CO) Benton
Watson, George Washington: (B) Sep 17, 1886, (Race) Black Adams Co., MS, (WWIDR) Adams, MS, (CO) Adams
Watson, Helen: (CMTS) 1890 Veterans Census, (CO) Warren
Watson, Henry: (CMTS) 1890 Veterans Census, (CO) Issaquena
Watson, Henry: (CMTS) 1890 Veterans Census, (CO) Tunica
Watson, Henry: (CMTS) 1890 Veterans Census, (CO) Warren
Watson, Henry Oscar: (B) Sep 17, 1887, (Race) Black, (WWIDR) Warren, MS, (CO) Adams
Watson, Isaac: (B) Jun. 25, 1885, (Race) Black, (WWIDR) Adams, MS, (CO) Adams
Watson, J.Ben: (B) Nov. 7, 1888, (Race) White, (WWIDR) Adams, MS, (CO) Adams
Watson, Jake: (B) Aug. 21, 1896, (Race) Black, (BP) Lake St. John, LA, (WWIDR) Adams, MS, (CO) Adams
Watson, Jerry: (CMTS) 1890 Veterans Census, (CO) Warren
Watson, John J.: (CMTS) 1890 Veterans Census, (CO) Jackson
Watson, John W.: (CMTS) 1890 Veterans Census, (CO) Coahoma
Watson, Joseph: (CMTS) 1890 Veterans Census, (CO) Jefferson
Watson, Joseph: (CMTS) 1890 Veterans Census, (CO) Tunica
Watson, Lizzie: (CMTS) 1890 Veterans Census, (CO) Warren
Watson, Lucian: (CMTS) 1890 Veterans Census, (CO) Warren
Watson, Millie: (CMTS) 1890 Veterans Census, (CO) Sharkey
Watson, Nancy: (CMTS) 1890 Veterans Census, (CO) Warren
Watson, Nellie: (CMTS) 1890 Veterans Census, (CO) Warren
Watson, Richard: (CMTS) 1890 Veterans Census, (CO) Panola
Watson, Robert: (CMTS) 1890 Veterans Census, (CO) Warren
Watson, Santee: (CMTS) 1890 Veterans Census, (CO) Claiborne
Watson, Thomas: (CMTS) 1890 Veterans Census, (CO) Warren
Watson, Toy: (CMTS) 1890 Veterans Census, (CO) Washington
Watson, Ward: (CMTS) 1890 Veterans Census, (CO) Bolivar
Watson, Willie: (B) 1881, (Race) Black, (WWIDR) Adams, MS, (CO) Adams
Watts, Hiram: (CMTS) 1890 Veterans Census, (CO) Washington
Watts, Rafe: (CMTS) 1890 Veterans Census, (CO) Adams
Way, John Paul: (B) Jan. 27, 1899, (Race) Black, (WWIDR) Adams, MS, (CO) Adams
Weaver, Jessee: (CMTS) 1890 Veterans Census, (CO) Prentiss
Webb, Abner: (CMTS) 1890 Veterans Census, (CO) Dekalb
Webb, Andrew: (CMTS) 1890 Veterans Census, (CO) Adams
Webb, Armour: (B) Feb. 9, 1894, (Race) Black, (BP) Natchez, MS, (WWIDR) Sunflower, MS, (CO) Adams
Webb, Claude Alouisus: (B) Jan. 4, 1884, (Race) Black, (WWIDR) Adams, MS, (CO) Adams
Webb, Elmore: (B) Jan. 26, 1889, (Race) Black, (BP) Natchez, MS, (WWIDR) Sunflower, MS, (CO) Adams
Webb, George: (CMTS) 1890 Veterans Census, (CO) Washington
Webb, George W.: (CMTS) 1890 Veterans Census, (CO) Tishomingo
Webb, John: (CMTS) 1890 Veterans Census, (CO) Dekalb
Webb, Steve: (B) Sep 29, 1884, (Race) White, (WWIDR) Adams, MS, (CO) Adams
Webb, Walter: (B) Nov. 5, 1898, (Race) Black, (WWIDR) Adams, MS, (CO) Adams
Webster, Edmund: (CMTS) 1890 Veterans Census, (CO) Tunica
Webster, William M.: (CMTS) 1890 Veterans Census, (CO) Leflore
Webster, Willie: (B) 1896, (Race) Black, (BP) Wilkinson Co., MS, (WWIDR) Adams, MS, (CO) Adams

Webster, Jr., Hiram: (CMTS) 1890 Veterans Census, (CO) Bolivar
Weed, John: (CMTS) 1890 Veterans Census, (CO) Jefferson
Weigert, Augustus S.: (CMTS) 1890 Veterans Census, (CO) Grenada
Weightman, James: (CMTS) 1890 Veterans Census, (CO) Warren
Weikel, Joseph: (CMTS) 1890 Veterans Census, (CO) Jackson
Weir, Frank: (B) May 31, 1897, (Race) Black, (BP) New Orleans, LA, (WWIDR) Adams,
    MS, (CO) Adams
Weir, James: (B) Aug. 27, 1895, (Race) Black, (BP) New Orleans, LA, (WWIDR) Adams,
    MS, (CO) Adams
Weir, John: (B) Jul. 2, 1897, (Race) Black Adams Co., MS, (WWIDR) Adams,
    MS, (CO) Adams
Weise, John: (CMTS) 1890 Veterans Census, (CO) Warren
Welborne, Shelton G.: (CMTS) 1890 Veterans Census, (CO) Sunflower
Welbranche, Henry: (CMTS) 1890 Veterans Census, (CO) Warren
Welch, Oscar Ray: (B) Dec. 9, 1893, (Race) White, (BP) Memphis TN, (WWIDR) Adams,
    MS, (CO) Adams
Wellborne, Sheltong: (CMTS) 1890 Veterans Census, (CO) Sunflower
Weller, Fathern: (CMTS) 1890 Veterans Census, (CO) Warren
Weller, Frine: (CMTS) 1890 Veterans Census, (CO) Warren
Wells, Alex: (CMTS) 1890 Veterans Census, (CO) Panola
Wells, Ben R.: (CMTS) 1890 Veterans Census, (CO) Hinds
Wells, Catherine: (CMTS) 1890 Veterans Census, (CO) Warren
Wells, George H.: (B) Jun. 12, 1888, (Race) White Bolton, MS, (WWIDR) Adams,
    MS, (CO) Adams
Wells, Grief C: (CMTS) 1890 Veterans Census, (CO) Sunflower
Wells, Harry S.: (B) Sep 14, 1884, (Race) White, (WWIDR) Adams, MS, (CO) Adams
Wells, Jessie: (CMTS) 1890 Veterans Census, (CO) Warren
Wells, Joe: (CMTS) 1890 Veterans Census, (CO) Bolivar
Wells, John: (B) May 9, 1894, (Race) Black, (BP) Natchez, MS, (WWIDR) Sharkey, MS,
    (CO) Adams
Wells, John: (CMTS) 1890 Veterans Census, (CO) Issaquena
Wells, Miles: (CMTS) 1890 Veterans Census, (CO) Washington
Wells, Nathaniel P: (CMTS) 1890 Veterans Census, (CO) Hinds
Wells, Poolhope: (CMTS) 1890 Veterans Census, (CO) Warren
Wells, Wesley: (B) 1891, (Race) Black Adams Co., MS, (WWIDR) Adams, MS, (CO) Adams
Welson, Gris: (CMTS) 1890 Veterans Census, (CO) Sharkey
Welty, Lafayette: (CMTS) 1890 Veterans Census, (CO) Tunica
Wendt, James Robert: (B) Dec. 4, 1884, (Race) White, (WWIDR) Adams, MS, (CO) Adams
Wenner, Christena: (CMTS) 1890 Veterans Census, (CO) Pike
Wenner, Phillip: (CMTS) 1890 Veterans Census, (CO) Pike
Wensel, Teodore V.: (CMTS) 1890 Veterans Census, (CO) Adams
Wentworth, Boisey: (B) Jul. 13, 1888, (Race) White, (BP) Natchez, MS, (WWIDR) Warren,
    MS, (CO) Adams
Wentz, Edwin J.: (CMTS) 1890 Veterans Census, (CO) Washington
Wenzel, John Fredrick: (B) Nov. 30, 1891, (Race) White, (BP) New Orleans, LA, (WWIDR)
    Adams, MS, (CO) Adams
Wesley, Dorcus: (CMTS) 1890 Veterans Census, (CO) Adams
Wesley, Fleming: (B) Feb. 5, 1887, (Race) Black Adams Co., MS, (WWIDR) Adams,
    MS, (CO) Adams
Wesley, James: (CMTS) 1890 Veterans Census, (CO) Washington
Wesley, John: (CMTS) 1890 Veterans Census, (CO) Panola
Wesley, John: (CMTS) 1890 Veterans Census, (CO) Warren
Wesley, John Brown: (CMTS) 1890 Veterans Census, (CO) Adams
Wesley, Lewis: (B) Jun. 8, 1895, (Race) Black Adams Co., MS, (WWIDR) Adams,

MS, (CO) Adams
Wesley, Mary: (CMTS) 1890 Veterans Census, (CO) Warren
Wesley, Page: (CMTS) 1890 Veterans Census, (CO) Wilkinson
Wesly, John: (CMTS) 1890 Veterans Census, (CO) Warren
Wesson, Moses: (CMTS) 1890 Veterans Census, (CO) Tunica
West, Adam: (CMTS) 1890 Veterans Census, (CO) Yazoo
West, Alex: (CMTS) 1890 Veterans Census, (CO) Tunica
West, Alfred: (B) Sep 26, 1894, (Race) Black, (BP) Pine Ridge, MS, (WWIDR) Adams,
	MS, (CO) Adams
West, Bostick: (CMTS) 1890 Veterans Census, (CO) Tunica
West, Charles: (CMTS) 1890 Veterans Census, (CO) Claiborne
West, Dave: (CMTS) 1890 Veterans Census, (CO) Warren
West, Fredrick: (CMTS) 1890 Veterans Census, (CO) Adams
West, George W.: (CMTS) 1890 Veterans Census, (CO) Ittawamba
West, Hannah: (CMTS) 1890 Veterans Census, (CO) Warren
West, Hugh O: (CMTS) 1890 Veterans Census, (CO) Hinds
West, James: (CMTS) 1890 Veterans Census, (CO) Warren
West, Jesse: (B) Sep 11, 1892, (Race) Black, (BP) Lorman, MS, (WWIDR) Adams,
	MS, (CO) Adams
West, Jiles: (CMTS) 1890 Veterans Census, (CO) Alcorn
West, John B: (CMTS) 1890 Veterans Census, (CO) Dekalb
West, John F.: (CMTS) 1890 Veterans Census, (CO) Jefferson
West, Leroy: (CMTS) 1890 Veterans Census, (CO) Yazoo
West, Letitia: (CMTS) 1890 Veterans Census, (CO) Warren
West, Plima: (CMTS) 1890 Veterans Census, (CO) Washington
West, Primus: (CMTS) 1890 Veterans Census, (CO) Issaquena
Westbrook, James: (CMTS) 1890 Veterans Census, (CO) Hinds
Westbrook, Sylvester: (CMTS) 1890 Veterans Census, (CO) Lincoln
Westley, Charles: (CMTS) 1890 Veterans Census, (CO) Claiborne
Weston, John: (CMTS) 1890 Veterans Census, (CO) Alcorn
Wetbrook, Sylvester: (CMTS) 1890 Veterans Census, (CO) Lincoln
Wetherbee, Hiram E.: (CMTS) 1890 Veterans Census, (CO) Washington
Wetherley, Louis: (CMTS) 1890 Veterans Census, (CO) Washington
Wethers, Charles: (CMTS) 1890 Veterans Census, (CO) Lee
Wexler, Jules Weis: (B) Oct. 12, 1883, (Race) White, (WWIDR) Adams, MS, (CO) Adams
Wheat, Charles H.: (CMTS) 1890 Veterans Census, (CO) Bolivar
Wheat, James E.: (MD) Aug. 16, 1887, (Spouse) Delilah Wallace, (CO) Marion
Wheatley, Jr., Land: (CMTS) 1890 Veterans Census, (CO) Washington
Wheatley, Sr., Land: (CMTS) 1890 Veterans Census, (CO) Washington
Wheatley, William B: (CMTS) 1890 Veterans Census, (CO) Washington
Wheeler, Amanda: (CMTS) 1890 Veterans Census, (CO) Washington
Wheeler, Charles: (CMTS) 1890 Veterans Census, (CO) Washington
Wheeler, Charles T.: (CMTS) 1890 Veterans Census, (CO) Warren
Wheeler, Joseph: (CMTS) 1890 Veterans Census, (CO) Washington
Wheeler, Rubin: (CMTS) 1890 Veterans Census, (CO) Warren
Wheeler, Ruth A.: (CMTS) 1890 Veterans Census, (CO) Warren
Wheeler, Tom H.: (CMTS) 1890 Veterans Census, (CO) Dekalb
Wheeler, Vivian Bradford: (B) Sep 11, 1881, (Race) White, (WWIDR) Adams, MS, (CO) Adams
Wheeler, William Audley Brit: (B) Jul. 4, 1895, (Race) White, (BP) Natchez, MS,
	(WWIDR) Adams, MS, (CO) Adams
Wheeler, Zack: (CMTS) 1890 Veterans Census, (CO) Dekalb
Whethers, Henry: (CMTS) 1890 Veterans Census, (CO) Warren
Whetherspoon, Marshall: (CMTS) 1890 Veterans Census, (CO) Tunica
Whicher, Sarah C. C: (CMTS) 1890 Veterans Census, (CO) Choctaw

Whitaker, Louisa: (CMTS) 1890 Veterans Census, (CO) Warren
Whitaker, Mike: (CMTS) 1890 Veterans Census, (CO) Bolivar
Whitaker, William: (CMTS) 1890 Veterans Census, (CO) Warren
Whitam, Charles LeRoy: (B) Apr. 20, 1892, (Race) White Adams Co., MS, (WWIDR) Adams, MS, (CO) Adams
Whitam, Julius Emmett: (B) Mar. 11, 1897, (Race) White, (BP) L. Natchez, MS, (WWIDR) Adams, MS, (CO) Adams
Whitbeck, Geo M.: (CMTS) 1890 Veterans Census, (CO) Pike
Whitche, Amanda: (CMTS) 1890 Veterans Census, (CO) Warren
Whitche, John: (CMTS) 1890 Veterans Census, (CO) Warren
Whitcke, Amanda: (CMTS) 1890 Veterans Census, (CO) Warren
Whitcke, John: (CMTS) 1890 Veterans Census, (CO) Warren
White, Adolph: (CMTS) 1890 Veterans Census, (CO) Adams
White, Alexander: (CMTS) 1890 Veterans Census, (CO) Adams
White, Alexander: (CMTS) 1890 Veterans Census, (CO) Jefferson
White, Alfred: (CMTS) 1890 Veterans Census, (CO) Adams
White, Andrew: (B) Sep 10, 1895, (Race) Black, (BP) Natchez, MS, (WWIDR) Sunflower, MS, (CO) Adams
White, Annie V: (CMTS) 1890 Veterans Census, (CO) Coahoma
White, Ben: (MD) Mar. 10, 1896, (Spouse) Lena Ross, (CO) Holmes
White, Ben: (MD) Dec. 23, 1890, (Spouse) Pricella Lindsey, (CO) Clay
White, Benjamin S.: (B) May 1, 1886, (CO) Lauderdale
White, Charlie: (B) Mar. 20, 1896, (Race) Black Cranfield, MS, (WWIDR) Adams, MS, (CO) Adams
White, Charlott: (CMTS) 1890 Veterans Census, (CO) Bolivar
White, Crusoe: (CMTS) 1890 Veterans Census, (CO) Adams
White, Delia: (CMTS) 1890 Veterans Census, (CO) Tunica
White, Dewitt C: (CMTS) 1890 Veterans Census, (CO) Yazoo
White, Donger: (CMTS) 1890 Veterans Census, (CO) Benton
White, Easter: (CMTS) 1890 Veterans Census, (CO) Adams
White, Edmond: (CMTS) 1890 Veterans Census, (CO) Yazoo
White, Edward: (CMTS) 1890 Veterans Census, (CO) Dekalb
White, Elmon: (CMTS) 1890 Veterans Census, (CO) Coahoma
White, George: (CMTS) 1890 Veterans Census, (CO) Warren
White, Gid: (CMTS) 1890 Veterans Census, (CO) Bolivar
White, Gilbert: (CMTS) 1890 Veterans Census, (CO) Washington
White, Howard: (B) Jan. 5, 1884, (Race) Black, (WWIDR) Adams, MS, (CO) Adams
White, Howard: (CMTS) 1890 Veterans Census, (CO) Adams
White, Isaac: (CMTS) 1890 Veterans Census, (CO) Panola
White, Jack: (CMTS) 1890 Veterans Census, (CO) Jefferson
White, James: (B) Aug. 7, 1888, (Race) Black, (BP) Hobgood NC, (WWIDR) Adams, MS, (CO) Adams
White, James: (B) Nov. 24, 1894, (D) 1970, (RES) Meridian, MS, (CO) Lauderdale
White, James: (B) Jun. 24, 1893, (D) 1968, (CO) Lauderdale
White, James: (B) Jan. 5, 1890, (Race) Black, (BP) Adams Co., MS, (WWIDR) Adams, MS, (CO) Adams
White, James: (B) 1892, (Race) Black, (BP) Adams Co., MS, (WWIDR) Adams, MS, (CO) Adams
White, James: (CMTS) 1890 Veterans Census, (CO) Sharkey
White, James Apple: (B) Jul. 12, 1882, (Race) Black, (WWIDR) Adams, MS, (CO) Adams
White, Jane: (CMTS) 1890 Veterans Census, (CO) Warren
White, Joe: (B) Aug. 4, 1893, (Race) Black Briers, MS, (WWIDR) Adams, MS, (CO) Adams
White, John: (B) Oct. 17, 1895, (Race) Black Artonish, MS, (WWIDR) Adams, MS, (CO) Adams
White, John: (CMTS) 1890 Veterans Census, (CO) Adams
White, John Joseph: (B) Oct. 19, 1883, (Race) White, (WWIDR) Adams, MS, (CO) Adams

White, Johnnie: (B) Jan., 18, 1897, (Race) Black, (BP) L. Adams Co., MS, (WWIDR) Adams, MS, (CO) Adams
White, Joseph: (B) Feb. 2, 1882, (Race) Black, (WWIDR) Adams, MS, (CO) Adams
White, Leano: (B) Aug. 10, 1897, (Race) Black, (WWIDR) Adams, MS, (CO) Adams
White, Lizzie: (CMTS) 1890 Veterans Census, (CO) Bolivar
White, Major: (CMTS) 1890 Veterans Census, (CO) Jefferson
White, Nancy: (CMTS) 1890 Veterans Census, (CO) Adams
White, Oliver: (CMTS) 1890 Veterans Census, (CO) Warren
White, P. Abram: (CMTS) 1890 Veterans Census, (CO) Warren
White, Pete: (B) Oct. 19, 1899, (Race) Black, (WWIDR) Adams, MS, (CO) Adams
White, Phil: (B) May 29, 1890, (Race) Black Adams Co., MS, (WWIDR) Adams, MS, (CO) Adams
White, Robert: (CMTS) 1890 Veterans Census, (CO) Washington
White, Rose: (CMTS) 1890 Veterans Census, (CO) Panola
White, Samuel: (CMTS) 1890 Veterans Census, (CO) Adams
White, Samuel: (CMTS) 1890 Veterans Census, (CO) Claiborne
White, Samuel Lankin: (B) Mar. 13, 1884, (Race) Black, (WWIDR) Adams, MS, (CO) Adams
White, Senor: (CMTS) 1890 Veterans Census, (CO) Warren
White, Thomas: (B) 1896, (Race) Black Adams Co., MS, (WWIDR) Adams, MS, (CO) Adams
White, Thomas F.: (B) Jan. 29, 1888, (Race) White, (BP) Natchez, MS, (WWIDR) Adams, MS, (CO) Adams
White, Thomas W.: (CMTS) 1890 Veterans Census, (CO) Tunica
White, Walter Frank: (B) Apr., 1899, (Race) Black, (WWIDR) Adams, MS, (CO) Adams
White, Washington: (B) 1884, (Race) Black, (WWIDR) Adams, MS, (CO) Adams
White, William: (B) Sep 13, 1892, (Race) Black, (BP) Stanton, MS, (WWIDR) Adams, MS, (CO) Adams
White, William: (B) Dec. 17, 1895, (Race) Black Adams Co., MS, (WWIDR) Adams, MS, (CO) Adams
White, William: (CMTS) 1890 Veterans Census, (CO) Adams
White, William: (CMTS) 1890 Veterans Census, (CO) Washington
White, Willie: (B) Sep 16, 1898, (Race) Black, (WWIDR) Adams, MS, (CO) Adams
Whitefield, Deliliah: (CMTS) 1890 Veterans Census, (CO) Monroe
Whitefield, George: (CMTS) 1890 Veterans Census, (CO) Dekalb
Whitefield, Henry: (CMTS) 1890 Veterans Census, (CO) Warren
Whitefield, James: (CMTS) 1890 Veterans Census, (CO) Warren
Whitefield, Richard: (CMTS) 1890 Veterans Census, (CO) Monroe
Whitefield, Robert: (CMTS) 1890 Veterans Census, (CO) Panola
Whitefield, Washington: (CMTS) 1890 Veterans Census, (CO) Monroe
Whiteham, John W.: (CMTS) 1890 Veterans Census, (CO) Benton
Whitehead, Charles Hugh: (B) Dec. 6, 1891, (Race) White, (BP) Natchez, MS, (WWIDR) Adams, MS, (CO) Adams
Whitehead, Cicero: (CMTS) 1890 Veterans Census, (CO) Sunflower
Whitehead, Stephen: (CMTS) 1890 Veterans Census, (CO) Covingto
Whitehead, Willie Watson: (B) Jun. 29, 1895, (Race) White, (BP) Natchez, MS, (WWIDR) Adams, MS, (CO) Adams
Whitehurst, E. H.: (CMTS) 1890 Veterans Census, (CO) Tishomingo
Whitehurst, Eliza A.: (CMTS) 1890 Veterans Census, (CO) Alcorn
Whiten, Harrison: (CMTS) 1890 Veterans Census, (CO) Washington
Whiten, John: (CMTS) 1890 Veterans Census, (CO) Jefferson
Whitetown, Newton A.: (CMTS) 1890 Veterans Census, (CO) Benton
Whitford, Willie: (B) 1889, (Race) Black, (BP) Natchez, MS, (WWIDR) Issaquena, MS, (CO) Adams

Whitin, Harrison: (CMTS) 1890 Veterans Census, (CO) Washington
Whiting, Clarence: (B) 1888, (Race) Black, (BP) Selma, MS, (WWIDR) Adams,
    MS, (CO) Adams
Whiting, George: (CMTS) 1890 Veterans Census, (CO) Jefferson
Whiting, Henry: (CMTS) 1890 Veterans Census, (CO) Warren
Whiting, John: (B) Dec. 25, 1884, (Race) Black, (WWIDR) Adams, MS, (CO) Adams
Whiting, Monroe: (B) 1881, (Race) Black, (WWIDR) Adams,
    MS, (CO) Adams
Whitley, Albert: (CMTS) 1890 Veterans Census, (CO) Dekalb
Whitley, William: (CMTS) 1890 Veterans Census, (CO) Dekalb
Whitlock, Dave: (B) Mar. 24, 1881, (Race) White, (WWIDR) Adams,
    MS, (CO) Adams
Whitlow, Phillip W.: (CMTS) 1890 Veterans Census, (CO) Pontotoc
Whitney, George: (CMTS) 1890 Veterans Census, (CO) Warren
Whitney, Horace: (CMTS) 1890 Veterans Census, (CO) Jefferson
Whitney, Jefferson J.: (CMTS) 1890 Veterans Census, (CO) Jefferson
Whitney, Prosper K: (CMTS) 1890 Veterans Census, (CO) Jefferson
Whitney, Steve: (B) Dec. 16, 1881, (Race) Black, (WWIDR) Adams, MS, (CO) Adams
Whittaker, Ned: (CMTS) 1890 Veterans Census, (CO) Adams
Whittaker, Peter: (CMTS) 1890 Veterans Census, (CO) Warren
Whitten, Joel M.: (CMTS) 1890 Veterans Census, (CO) Sunflower
Whittingham, Ranson P.: (L) 83.33 acres, Jackson Land Office, (ID) Feb. 12, 1891, (CO) Amite
Whittingham, Ranson P.: (L) 83.33 acres, Jackson Land Office, (ID) Feb. 12, 1891, (CO) Franklin
Whittington, Hannah: (CMTS) 1890 Veterans Census, (CO) Warren
Whorley, Richmond: (CMTS) 1890 Veterans Census, (CO) Coahoma
Whorton, Charles: (CMTS) 1890 Veterans Census, (CO) Warren
Whorton, Maria: (CMTS) 1890 Veterans Census, (CO) Warren
Wickliffe, Aaron W.: (CMTS) 1890 Veterans Census, (CO) Washington
Wickliffe, Thomas Hall: (B) Sep 4, 1883, (Race) White, (WWIDR) Adams, MS, (CO) Adams
Wigal, William T.: (CMTS) 1890 Veterans Census, (CO) Bolivar
Wiggins, Alfred: (CMTS) 1890 Veterans Census, (CO) Warren
Wiggins, Amanda: (CMTS) 1890 Veterans Census, (CO) Warren
Wiggins, Daniel: (CMTS) 1890 Veterans Census, (CO) Warren
Wiggins, Eliga: (B) Jul. 1, 1898, (Race) Black, (WWIDR) Adams, MS, (CO) Adams
Wiggins, Nathaniel: (CMTS) 1890 Veterans Census, (CO) Warren
Wiggins, Robert Elmer: (B) Apr. 23, 1884, (Race) White, (WWIDR) Adams, MS, (CO) Adams
Wiggins, Will: (B) Sep, 1890, (Race) Black, (BP) Natchez, MS, (WWIDR) Jackson City, MS, (CO)
    Adams
Wiggins, William: (CMTS) 1890 Veterans Census, (CO) Sunflower
Wilborn, Armistead: (CMTS) 1890 Veterans Census, (CO) Tunica
Wilcox, Vernon: (B) Mar. 11, 1893, (Race) White, (BP) Natchez, MS, (WWIDR) Adams,
    MS, (CO) Adams
Wiley, George Dewey: (B) Jun. 16, 1899, (Race) Black, (WWIDR) Adams, MS, (CO) Adams
Wiley, Philip: (CMTS) 1890 Veterans Census, (CO) Bolivar
Wilhers, Charles A.: (CMTS) 1890 Veterans Census, (CO) Bolivar
Wilhite, Jackson W.: (CMTS) 1890 Veterans Census, (CO) Tishomingo
Wilkens, Bob: (CMTS) 1890 Veterans Census, (CO) Tate
Wilkerson, E. J.: (CMTS) 1890 Veterans Census, (CO) Marshall
Wilkerson, Jacoe: (CMTS) 1890 Veterans Census, (CO) Warren
Wilkerson, John F.: (CMTS) 1890 Veterans Census, (CO) Madison
Wilkerson, Joseph: (CMTS) 1890 Veterans Census, (CO) Warren
Wilkerson, Samuel: (CMTS) 1890 Veterans Census, (CO) Tunica
Wilkes, Claude: (B) May 1, 1896, (Race) Black, (BP) Dallas TX, (WWIDR) Adams,
    MS, (CO) Adams

Wilkins, Alex: (CMTS) 1890 Veterans Census, (CO) Dekalb
Wilkins, Dennis Thomas: (B) Dec. 14, 1899, (Race) Black, (WWIDR) Adams,
    MS, (CO) Adams
Wilkins, Emile Q: (CMTS) 1890 Veterans Census, (CO) Benton
Wilkins, Henry: (CMTS) 1890 Veterans Census, (CO) Warren
Wilkins, Jeff: (CMTS) 1890 Veterans Census, (CO) Claiborne
Wilkins, John: (CMTS) 1890 Veterans Census, (CO) Tunica
Wilkins, Johnny: (B) Jun. 6, 1898, (Race) Black, (WWIDR) Adams, MS, (CO) Adams
Wilkins, Louis: (B) Aug. 21, 1891, (Race) Black, (BP) Jefferson Co., MS, (WWIDR) Adams,
    MS, (CO) Adams
Wilkinson, Alphonse: (B) Jun. 2, 1896, (Race) Black, (BP) Natchez, MS, (WWIDR) Adams,
    MS, (CO) Adams
Wilkinson, Harry: (CMTS) 1890 Veterans Census, (CO) Warren
Wilkinson, Rodney: (CMTS) 1890 Veterans Census, (CO) Warren
Willace, Riley D.: (CMTS) 1890 Veterans Census, (CO) Tunica
Willard, Edgar Clayton: (B) Mar. 11, 1885, (Race) White, (WWIDR) Adams, MS, (CO) Adams
Willard, Joseph H.: (CMTS) 1890 Veterans Census, (CO) Warren
Willber, Richard: (CMTS) 1890 Veterans Census, (CO) Dekalb
Willhite, George: (CMTS) 1890 Veterans Census, (CO) Dekalb
William, Anthony: (CMTS) 1890 Veterans Census, (CO) Sharkey
William, Emily: (CMTS) 1890 Veterans Census, (CO) Tate
William, Emma: (CMTS) 1890 Veterans Census, (CO) Sharkey
William, Henry: (CMTS) 1890 Veterans Census, (CO) Sharkey
William, James W.: (CMTS) 1890 Veterans Census, (CO) Leflore
William, Lemuel: (B) 1899, (Race) Black, (BP) moved to Jacksonville TN, (WWIDR) Adams,
    MS, (CO) Adams
William, Tony: (CMTS) 1890 Veterans Census, (CO) Sharkey
Williams, Anthony: (B) May 8, 1897, (Race) Black, (BP) L. Foster, Mound, MS, (WWIDR) Adams,
    MS, (CO) Adams
Williams, Billy: (B) Apr. 20, 1893, (Race) Black, (BP) Mississippi, (WWIDR) Adams,
    MS, (CO) Adams
Williams, Buck: (B) May 20, 1889, (Race) Black Adams Co., MS, (WWIDR) Adams,
    MS, (CO) Adams
Williams, Caroneal: (B) Jul. 10, 1891, (Race) Black, (BP) Fenwick, MS, (WWIDR) Adams,
    MS, (CO) Adams
Williams, Charlie: (B) 1887, (Race) Black, (BP) Natchez, MS, (WWIDR) Adams,
    MS, (CO) Adams
Williams, Clarence: (B) Jul. 4, 1881, (Race) Black, (WWIDR) Adams, MS, (CO) Adams
Williams, Claude: (B) Nov., 1887, (Race) Black, (BP) North Carolina, (WWIDR) Adams,
    MS, (CO) Adams
Williams, Crosby: (B) May 15, 1898, (Race) White, (WWIDR) Adams, MS, (CO) Adams
Williams, Dan: (B) Nov., 1898, (Race) Black, (WWIDR) Adams, MS, (CO) Adams
Williams, Dave: (B) Aug. 19, 1890, (Race) Black, (BP) Pine Ridge, MS, (WWIDR) Adams,
    MS, (CO) Adams
Williams, David: (B) May 13, 1894, (Race) Black, (BP) Plaquemines, LA, (WWIDR) Adams,
    MS, (CO) Adams
Williams, Davis Yates: (B) May 16, 1898, (Race) White, (WWIDR) Adams, MS, (CO) Adams
Williams, Ebb: (B) Apr. 14, 1888, (Race) Black, (BP) Natchez, MS, (WWIDR) Issaquena, MS,
    (CO) Adams
Williams, Ed: (B) Mar. 23, 1882, (Race) Black, (WWIDR) Adams, MS, (CO) Adams
Williams, Edgar J.: (B) Dec. 15, 1894, (Race) White, (WWIDR) Hinds, MS, (CO) Adams
Williams, Elisia (Elisa): (B) Jun. 15, 1881, (Race) Black, (WWIDR) Adams,
    MS, (CO) Adams
Williams, Ernest: (B) May 9, 1892, (Race) Black, (BP) Mississippi, (WWIDR) Adams,

Williams, Files: (B) Aug. 25, 1891, (Race) Black Adams Co., MS, (WWIDR) Adams, MS, (CO) Adams
Williams, Francis: (B) Jul. 4, 1882, (Race) Black, (WWIDR) Adams, MS, (CO) Adams
Williams, Frank: (B) 1882, (Race) Black, (WWIDR) Adams, MS, (CO) Adams
Williams, Gabe: (B) Nov. 19, 1894, (Race) Black Adams Co., MS, (WWIDR) Adams, MS, (CO) Adams
Williams, Garvino: (B) Feb. 11, 1881, (Race) Black, (WWIDR) Adams,MS, (CO) Adams
Williams, Harrison: (B) Dec. 29, 1887, (Race) Black Adams Co., MS, (WWIDR) Warren, MS, (CO) Adams
Williams, Henry: (B) Jun. 15, 1894, (Race) Black, (BP) Sharkey Co., MS, (WWIDR) Adams, MS, (CO) Adams
Williams, Henry: (B) 1890, (Race) Black, (BP) Natchez, MS, (WWIDR) Adams, MS, (CO) Adams
Williams, Henry: (B) May 4, 1896, (Race) Black Adams Co., MS, (WWIDR) Adams, MS, (CO) Adams
Williams, Henry: (B) Mar. 3, 1882, (Race) Black, (WWIDR) Adams, MS, (CO) Adams
Williams, Huston: (B) 1889, (Race) Black, (BP) Natchez, MS, (WWIDR) Hancock, MS, (CO) Adams
Williams, Isaac: (B) Dec. 25, 1891, (Race) Black, (BP) Mississippi, (WWIDR) Adams, MS, (CO) Adams
Williams, Isaac: (B) Oct. 15, 1896, (Race) Black Adams Co., MS, (WWIDR) Adams, MS, (CO) Adams
Williams, Isaiah (Isiah): (B) Nov. 23, 1899, (Race) Black, (WWIDR) Adams, MS, (CO) Adams
Williams, James: (B) 1890, (Race) Black, (BP) Natchez, MS, (WWIDR) Adams, MS, (CO) Adams
Williams, James: (B) May 10, 1895, (Race) Black, (BP) Natchez, MS, (WWIDR) Adams, MS, (CO) Adams
Williams, James: (B) Feb. 7, 1886, (Race) Black, (BP) Mississippi, (WWIDR) Adams, MS, (CO) Adams
Williams, James: (B) 1890, (Race) Black, (WWIDR) Adams, MS, (CO) Adams
Williams, James R.: (D) Sep. 8, 1889 (CO) Chickasaw, (C) Wesley Chapel Cemetery
Williams, Jim: (B) Jul. 1, 1896, (Race) Black, (WWIDR) Adams, MS, (CO) Adams
Williams, Joe: (B) Aug. 12, 1897, (Race) Black, (BP) Natchez, MS, (WWIDR) Adams, MS, (CO) Adams
Williams, Joe: (B) Aug. 12, 1897, (Race) Black, (WWIDR) Adams, MS, (CO) Adams
Williams, Joe: (B) Aug. 20, 1884, (Race) Black, (WWIDR) Warren, MS, (CO) Adams
Williams, John: (B) 1892, (Race) Black, (BP) Natchez, MS, (WWIDR) Adams, MS, (CO) Adams
Williams, John: (B) Aug. 20, 1893, (Race) Black, (BP) Natchez, MS, (WWIDR) Adams, MS, (CO) Adams
Williams, John: (B) Jul. 30, 1888, (Race) Black, (BP) Lorman, MS, (WWIDR) Adams, MS, (CO) Adams
Williams, John: (B) Nov. 8, 1893, (Race) Black, (BP) Fayette, MS, (WWIDR) Adams, MS, (CO) Adams
Williams, John: (B) Dec. 19, 1889, (Race) Black Adams Co., MS, (WWIDR) Adams, MS, (CO) Adams
Williams, John: (B) 1892, (Race) Black Adams Co., MS, (WWIDR) Adams, MS, (CO) Adams
Williams, John: (B) Jul. 30, 1888, (Race) Black, (WWIDR) Adams, MS, (CO) Adams
Williams, John Henry: (B) May 1, 1894, (Race) Black, (BP) Natchez, MS, (WWIDR) Adams, MS, (CO) Adams
Williams, John Henry: (B) Apr. 4, 1881, (Race) Black, (WWIDR) Adams, MS, (CO) Adams

Williams, Johnie: (B) 1890, (Race) Black, (BP) Kingston, MS, (WWIDR) Adams, MS, (CO) Adams
Williams, Johnie: (B) Jul. 20, 1896, (Race) Black (WWIDR) Adams, MS, (CO) Adams
Williams, June: (B) Jun., 1882, (Race) Black, (WWIDR) Adams, MS, (CO) Adams
Williams, Lehman Walter: (B) Apr. 26, 1886, (Race) Black, (WWIDR) Adams, MS, (CO) Adams
Williams, Louis: (B) Sep 16, 1889, (Race) Black, (BP) Natchez, MS, (WWIDR) Adams, MS, (CO) Adams
Williams, Louis: (B) 1895, (Race) Black Adams Co., MS, (WWIDR) Adams, MS, (CO) Adams
Williams, Luke: (B) Aug. 4, 1899, (Race) Black, (WWIDR) Adams, MS, (CO) Adams
Williams, Mat: (B) May 28, 1882, (Race) Black, (WWIDR) Adams, MS, (CO) Adams
Williams, Mauce: (B) Mar. 10, 1897, (Race) Black, (WWIDR) Adams, MS, (CO) Adams
Williams, Mauce: (B) Mar. 10, 1897, (Race) Black, (WWIDR) Adams, MS, (CO) Adams
Williams, Morris: (B) Aug. 22, 1892, (Race) Black, (BP) Natchez, MS, (WWIDR) Adams, MS, (CO) Adams
Williams, Otis: (B) May 16, 1893, (Race) Black, (BP) Natchez, MS, (WWIDR) Issaquena, MS, (CO) Adams
Williams, Phil: (B) Jan. 1, 1882, (Race) Black, (WWIDR) Adams, MS, (CO) Adams
Williams, Pleas: (B) 1893, (Race) Black, (BP) Natchez, MS, (WWIDR) Adams, MS, (CO) Adams
Williams, Ralph: (B) 1888, (Race) Black, (BP) North Carolina, (WWIDR) Adams, MS, (CO) Adams
Williams, Richard: (B) Dec. 16, 1896, (Race) Black, (WWIDR) Adams, MS, (CO) Adams
Williams, Richard: (B) Dec. 16, 1896, (Race) Black Adams Co., MS, (WWIDR) Adams, MS, (CO) Adams
Williams, Richard: (B) Jul. 31, 1898, (Race) Black, (WWIDR) Adams, MS, (CO) Adams
Williams, Robert H.: (B) Sep 14, 1886, (Race) Black Adams Co., MS, (WWIDR) Adams, MS, (CO) Adams
Williams, Romain: (B) Mar. 1, 1893, (Race) Black Baton Rouge, LA, (WWIDR) Adams, MS, (CO) Adams
Williams, Rufis: (B) Aug. 28, 1882, (Race) Black, (WWIDR) Adams, MS, (CO) Adams
Williams, Sam: (B) Aug. 4, 1885, (Race) Black, (WWIDR) Adams, MS, (CO) Adams
Williams, Sam: (B) Feb. 28, 1892, (Race) Black, (WWIDR) Adams, MS, (CO) Adams
Williams, Samuel: (B) Aug. 15, 1883, (Race) Black, (WWIDR) Adams, MS, (CO) Adams
Williams, Samuel Francis: (B) Feb. 15, 1899, (Race) Black, (WWIDR) Adams, MS, (CO) Adams
Williams, Shelby: (B) May 25, 1898, (Race) Black, (WWIDR) Adams, MS, (CO) Adams
Williams, Simuel Francis: (B) Feb. 15, 1899, (Race) Black, (WWIDR) Adams, MS, (CO) Adams
Williams, Smith: (B) 1891, (Race) Black, (BP) Roxie, MS, (WWIDR) Adams, MS, (CO) Adams
Williams, Theodore: (B) Sep 27, 1891, (Race) Black, (BP) Natchez, MS, (WWIDR) Adams, MS, (CO) Adams
Williams, Tom: (B) Aug. 12, 1885, (Race) Black, (WWIDR) Adams, MS, (CO) Adams
Williams, Walter: (B) Jun. 3, 1891, (Race) Black, (BP) Natchez, MS, (WWIDR) Adams, MS, (CO) Adams
Williams, Walter: (B) Oct. 25, 1894, (Race) Black, (WWIDR) Adams, MS, (CO) Adams
Williams, Walter: (B) Aug. 24, 1899, (Race) Black, (WWIDR) Adams, MS, (CO) Adams
Williams, Willie: (B) Sep 25, 1891, (Race) Black, (BP) Vidalia, LA, (WWIDR) Adams, MS, (CO) Adams
Williams, Willie: (B) Mar. 20, 1884, (Race) Black, (WWIDR) Adams, MS, (CO) Adams
Williamson, Antonio: (B) Oct. 25, 1890, (Race) Black, (BP) Natchez, MS, (WWIDR) Adams, MS, (CO) Adams

Williamson, Joseph Roscoe: (B) Dec. 15, 1884, (Race) Black, (WWIDR) Adams, MS, (CO) Adams
Williamson, Thomas: (B) Oct. 19, 1887, (Race) Black, (BP) Natchez, MS, (WWIDR) Adams, MS, (CO) Adams
Willis, Alexander: (L) 79.98 acres, Jackson Land Office, (ID) Jun. 13, 1899, (CO) Stone
Willis, Amanda: (CMTS) 1890 Veterans Census, (CO) Warren
Willis, Caroline: (CMTS) 1890 Veterans Census, (CO) Adams
Willis, Carter: (CMTS) 1890 Veterans Census, (CO) Warren
Willis, Charles: (CMTS) 1890 Veterans Census, (CO) Warren
Willis, Charles: (CMTS) 1890 Veterans Census, (CO) Claiborne
Willis, Charles B.: (B) Sep 16, 1894, (Race) White, (BP) New Orleans, LA, (WWIDR) Adams, MS, (CO) Adams
Willis, Charles W.: (CMTS) 1890 Veterans Census, (CO) Bolivar
Willis, George: (CMTS) 1890 Veterans Census, (CO) Adams
Willis, Isaac: (CMTS) 1890 Veterans Census, (CO) Warren
Willis, John: (B) Dec. 14, 1894, (Race) Black, (BP) Natchez, MS, (WWIDR) Sunflower, MS, (CO) Adams
Willis, John Wickliff: (B) Feb. 3, 1896, (Race) White, (BP) Natchez, MS, (WWIDR) Adams, MS, (CO) Adams
Willis, Lewis: (CMTS) 1890 Veterans Census, (CO) Warren
Willis, Louis: (CMTS) 1890 Veterans Census, (CO) Warren
Willis, Mack: (B) Feb. 14, 1895, (Race) Black, (BP) Natchez, MS, (WWIDR) Sunflower, MS, (CO) Adams
Willis, Richard: (CMTS) 1890 Veterans Census, (CO) Hinds
Willis, Thomas R.: (CMTS) 1890 Veterans Census, (CO) Washington
Willis, Tom W.: (CMTS) 1890 Veterans Census, (CO) Washington
Willis, Walker: (CMTS) 1890 Veterans Census, (CO) Tunica
Willis, William: (CMTS) 1890 Veterans Census, (CO) Tunica
Willium, Billie: (CMTS) 1890 Veterans Census, (CO) Tunica
Willson, John: (CMTS) 1890 Veterans Census, (CO) Sunflower
Willy, Stanford: (CMTS) 1890 Veterans Census, (CO) Lafayette
Wilson, Aleck: (MD) Jan. 12, 1882, (Spouse) Elvira Brown, (CO) Yalobusha
Wilson, Aleck: (MD) Sep. 25, 1884, (Spouse) P. Davis, (CO) Lauderdale
Wilson, Alex: (MD) Feb. 26, 1884, (Spouse) Beckie Jones, (CO) Yalobusha
Wilson, Alexander: (MD) Feb. 11, 1884, (Spouse) June Hudson, (CO) Washington
Wilson, Alexander: (CMTS) 1890 Veterans Census, (CO) Harrison
Wilson, Alexander: (MD) Aug. 5, 1887, (Spouse) Annie Murdock, (CO) Holmes
Wilson, Alfred: (CMTS) 1890 Veterans Census, (CO) Hinds
Wilson, Alfred: (MD) Dec. 4, 1890, (Spouse) Becky Montgomery, (CO) Bolivar
Wilson, Ansel: (MD) Sep. 29, 1892, (Spouse) Mahala Hall, (CO) Franklin
Wilson, Aron: (B) Aug. 20, 1882, (Race) Black Adams Co., MS, (WWIDR) Adams, MS, (CO) Adams
Wilson, Ben: (CMTS) 1890 Veterans Census, (CO) Panola
Wilson, Ben: (L) 114,54 acres, Jackson Land Office, (ID) Sep. 17, 1881, (CO) Amite
Wilson, Benjamin: (MD) Dec. 26, 1895, (Spouse) Ida Marley, (CO) Warren
Wilson, Bettie: (CMTS) 1890 Veterans Census, (CO) Yazoo
Wilson, Bill: (CMTS) 1890 Veterans Census, (CO) Washington
Wilson, Billie: (CMTS) 1890 Veterans Census, (CO) Washington
Wilson, Bryant: (CMTS) 1890 Veterans Census, (CO) Coahoma
Wilson, C. J.: (MD) Nov. 15, 1893, (Spouse) Rebecca Chatman, (CO) Tippah
Wilson, Caroline: (L) 160.52 acres, Jackson Land Office, (ID) Oct. 9, 1895, (CO) Jasper
Wilson, Charles N.: (L) 166.81 acres, Jackson Land Office, (ID) Nov. 11, 1895, (CO) Lawrence
Wilson, Claiborne: (CMTS) 1890 Veterans Census, (CO) Warren

Wilson, Claricy A.: (L) 80.5 acres, Jackson Land Office, (ID) Feb. 12, 1892, (CO) Neshoba
Wilson, Columbus: (CMTS) 1890 Veterans Census, (CO) Harrison
Wilson, Danfel: (CMTS) 1890 Veterans Census, (CO) Issaquena
Wilson, Dudley: (CMTS) 1890 Veterans Census, (CO) Warren
Wilson, Easter: (CMTS) 1890 Veterans Census, (CO) Warren
Wilson, Elijah: (B) Mar. 8, 1881, (Race) Black, (WWIDR) Adams,
    MS, (CO) Adams
Wilson, Ellen: (L) 39.68 acres, Jackson Land Office, (ID) Jun. 27, 1895, (CO) Grenada
Wilson, Emerline: (CMTS) 1890 Veterans Census, (CO) Tunica
Wilson, Ephriam: (CMTS) 1890 Veterans Census, (CO) Warren
Wilson, Flanders: (L) 39.68 acres, Jackson Land Office, (ID) Jun. 27, 1895, (CO) Grenada
Wilson, Fleming: (B) Oct. 9, 1899, (Race) Black, (WWIDR) Adams, MS, (CO) Adams
Wilson, Frank: (CMTS) 1890 Veterans Census, (CO) Hinds
Wilson, Frank: (L) 40 acres, Jackson Land Office, (ID) Mar. 12, 1894, (CO) Clarke
Wilson, Fred Daniel: (B) Oct. 26, 1888, (Race) White, (WWIDR) Adams, MS, (CO) Adams
Wilson, George: (L) 79.47 acres, Jackson Land Office, (ID) May 7, 1897, (CO) Lauderdale
Wilson, George: (L) 39.73 acres, Jackson Land Office, (ID) Apr. 29, 1892, (CO) Lauderdale
Wilson, George: (CMTS) 1890 Veterans Census, (CO) Adams
Wilson, George: (CMTS) 1890 Veterans Census, (CO) Dekalb
Wilson, George L.: (MD) Dec. 24, 1890, (Spouse) I. M. Arnold, (CO) Franklin
Wilson George W.: (L) 159.85 acres, Jackson Land Office, (ID) Jul. 25, 1892, (CO) Jones
Wilson, George W.: (L) 160.97 acres, Jackson Land Office, (ID) Nov. 22, 1894, (CO) Lawrence
Wilson, Hall Watkins: (B) Sep 10, 1893, (Race) White, (BP) Natchez, MS, (WWIDR) Adams,
    MS, (CO) Adams
Wilson, Harrison: (CMTS) 1890 Veterans Census, (CO) Warren
Wilson, Harry: (CMTS) 1890 Veterans Census, (CO) Dekalb
Wilson, Harry Anderson: (B) Mar. 13, 1885, (Race) White, (WWIDR) Adams, MS, (CO) Adams
Wilson, Hayden: (CMTS) 1890 Veterans Census, (CO) Warren
Wilson, Hayward: (CMTS) 1890 Veterans Census, (CO) Warren
Wilson, Henry: (B) Oct. 28, 1892, (Race) Black Adams Co., MS, (WWIDR) Adams,
    MS, (CO) Adams
Wilson, Henry: (CMTS) 1890 Veterans Census, (CO) Marshall
Wilson, Henry: (CMTS) 1890 Veterans Census, (CO) Panola
Wilson, Henry E.: (MD) Jan. 5, 1896, (Spouse) V, T, Goldold, (CO)
Wilson, Isaac: (CMTS) 1890 Veterans Census, (CO) Jefferson
Wilson, Issac: (CMTS) 1890 Veterans Census, (CO) Sharkey
Wilson, Jacob: (CMTS) 1890 Veterans Census, (CO) Tunica
Wilson, James: (CMTS) 1890 Veterans Census, (CO) Dekalb
Wilson, James: (CMTS) 1890 Veterans Census, (CO) Sharkey
Wilson, John: (CMTS) 1890 Veterans Census, (CO) Clarke
Wilson, John: (MD) Apr. 18, 1897, (Spouse) Missouri Smith, (CO) Tippah
Wilson, John Franklin: (B) Jul. 16, 1892, (Race) White, (BP) Lawrence Co., MS, (WWIDR)
    Adams, MS, (CO) Adams
Wilson, John G.: (CMTS) 1890 Veterans Census, (CO) Madison
Wilson, John L.: (CMTS) 1890 Veterans Census, (CO) Itawamba
Wilson, Johnnie: (B) Dec. 25, 1895, (Race) Black, (BP) Natchez, MS, (WWIDR) Sunflower, MS,
    (CO) Adams
Wilson, Luke: (CMTS) 1890 Veterans Census, (CO) Warren
Wilson, Matilda: (CMTS) 1890 Veterans Census, (CO) Washington
Wilson, Matt: (CMTS) 1890 Veterans Census, (CO) Bolivar
Wilson, Maurice W.: (B) Jan. 14, 1891, (Race) White, (BP) Natchez, MS, (WWIDR) Adams,
    MS, (CO) Adams
Wilson, Milley: (CMTS) 1890 Veterans Census, (CO) Harrison
Wilson, Monroe: (B) May 20, 1884, (Race) Black, (WWIDR) Adams,

Wilson, Moses: (CMTS) 1890 Veterans Census, (CO) Adams
MS, (CO) Adams
Wilson, Nelly: (L) 40 acres, Jackson Land Office, (ID) Mar. 12, 1894, (CO) Clarke
Wilson, O. T.: (MD) Dec. 23, 1887, (Spouse) J. O. Chatman, (CO) Tippah
Wilson, Owen: (B) 1889, (Race) Black Adams Co., MS, (WWIDR) Adams,
  MS, (CO) Adams
Wilson, Owen: (CMTS) 1890 Veterans Census, (CO) Adams
Wilson, Parmer: (CMTS) 1890 Veterans Census, (CO) Washington
Wilson, Peter C: (CMTS) 1890 Veterans Census, (CO) Pike
Wilson, Pheobe: (CMTS) 1890 Veterans Census, (CO) Warren
Wilson, Philip: (CMTS) 1890 Veterans Census, (CO) Marshall
Wilson, Phoebe: (CMTS) 1890 Veterans Census, (CO) Warren
Wilson, Rayden: (CMTS) 1890 Veterans Census, (CO) Warren
Wilson, Rebecca: (CMTS) 1890 Veterans Census, (CO) Warren
Wilson, Robert: (CMTS) 1890 Veterans Census, (CO) Adams
Wilson, Robert Lee: (B) Sep 1, 1889, (Race) Black, (BP) Natchez, MS, (WWIDR) Adams,
  MS, (CO) Adams
Wilson, Ruffin: (CMTS) 1890 Veterans Census, (CO) Lauderdale
Wilson, Sam: (CMTS) 1890 Veterans Census, (CO) Holmes
Wilson, Samuel: (CMTS) 1890 Veterans Census, (CO) Washington
Wilson, Samuel: (CMTS) 1890 Veterans Census, (CO) Bolivar
Wilson, Selia: (CMTS) 1890 Veterans Census, (CO) Adams
Wilson, Spencer: (CMTS) 1890 Veterans Census, (CO) Washington
Wilson, Stephen: (MD) Dec. 18, 1890, (Spouse) Lidia E. Bowman, (CO) Tippah
Wilson, Sydney: (CMTS) 1890 Veterans Census, (CO) Yazoo
Wilson, T. J.: (MD) Nov. 22, 1882, (Spouse) Samantha Jenkins, (CO) Tippah
Wilson, Thomas: (CMTS) 1890 Veterans Census, (CO) Grenada
Wilson, Thomas: (CMTS) 1890 Veterans Census, (CO) Sunflower
Wilson, Thomas: (CMTS) 1890 Veterans Census, (CO) Washington
Wilson, Washington: (CMTS) 1890 Veterans Census, (CO) Warren
Wilson, William: (B) Aug., 1898, (Race) Black, (WWIDR) Warren, MS, (CO) Adams
Wilson, William: (CMTS) 1890 Veterans Census, (CO) Washington
Wilson, William Waldron: (B) Feb. 8, 1885, (Race) White, (WWIDR) Adams,
  MS, (CO) Adams
Wilson, Willie Hugh: (B) Jun. 28, 1882, (Race) White, (WWIDR) Adams,
  MS, (CO) Adams
Wilson, Z. L.: (MD) Oct. 29, 1891, (Spouse) Della Ann Hall, (CO) Tippah
Wimbley, Charles: (B) Jul. 4, 1887, (Race) Black Adams Co., MS, (WWIDR) Adams,
  MS, (CO) Adams
Windom, Simon: (CMTS) 1890 Veterans Census, (CO) Issaquena
Winefred, Edwin: (CMTS) 1890 Veterans Census, (CO) Madison
Wineland, Thomas Louis: (B) Dec. 13, 1889, (Race) White, (BP) Natchez, MS, (WWIDR) Adams,
  MS, (CO) Adams
Winfield, Edwin: (CMTS) 1890 Veterans Census, (CO) Madison
Winfield, Eugene: (B) Mar. 1, 1890, (Race) Black, (BP) Jefferson Co., MS, (WWIDR) Adams,
  MS, (CO) Adams
Winfield, Nelson: (CMTS) 1890 Veterans Census, (CO) Yazoo
Winfield, Robert: (CMTS) 1890 Veterans Census, (CO) Alcorn
Wingate, Marget: (CMTS) 1890 Veterans Census, (CO) Warren
Wingate, Thomas: (CMTS) 1890 Veterans Census, (CO) Warren
Winkler, George Edward: (B) Apr. 20, 1898, (Race) White, (WWIDR) Adams,
  MS, (CO) Adams
Winlock, Bayles: (CMTS) 1890 Veterans Census, (CO) Warren
Winlock, Baylus: (CMTS) 1890 Veterans Census, (CO) Warren

Winn, Edmond: (CMTS) 1890 Veterans Census, (CO) Bolivar
Winn, James: (CMTS) 1890 Veterans Census, (CO) Sharkey
Winn, Johny: (B) Aug. 15, 1885, (Race) Black, (WWIDR) Adams,
    MS, (CO) Adams
Winship, James M.: (CMTS) 1890 Veterans Census, (CO) Harrison
Winston, Alan: (B) Dec. 6, 1889, (Race) Black Cannonsburg, MS, (WWIDR) Adams,
    MS, (CO) Adams
Winston, Bizella: (B) Jun., 18, 1897, (Race) Black, (BP) L. Adams Co., MS, (WWIDR) Adams,
    MS, (CO) Adams
Winston, David: (B) Apr. 24, 1896, (Race) Black, (BP) Turner, MS, (WWIDR) Adams,
    MS, (CO) Adams
Winston, Jim: (B) 1894, (Race) Black, (BP) Natchez, MS, (WWIDR) Adams,
    MS, (CO) Adams
Winston, Lemuel: (B) Aug. 7, 1892, (Race) Black, (BP) Jefferson Co., MS, (WWIDR) Adams,
    MS, (CO) Adams
Winston, Lewis: (B) Mar. 2, 1890, (Race) Black, (BP) Jefferson Co., MS, (WWIDR) Adams,
    MS, (CO) Adams
Winston, Louis: (B) Aug. 15, 1887, (Race) Black, (BP) Natchez, MS, (WWIDR) Adams,
    MS, (CO) Adams
Winston, Oliver: (B) 1896, (Race) Black, (BP) Washington, MS, (WWIDR) Adams,
    MS, (CO) Adams
Winston, Sam: (B) Dec. 12, 1895, (Race) Black Adams Co., MS, (WWIDR) Adams,
    MS, (CO) Adams
Winston, Willie: (B) Jun. 5, 1897, (Race) Black Concordia Par., LA, (WWIDR) Adams,
    MS, (CO) Adams
Winter, Annie E.: (CMTS) 1890 Veterans Census, (CO) Yalobusha
Winter, Edward D.: (CMTS) 1890 Veterans Census, (CO) Washington
Winter, Henry H.: (CMTS) 1890 Veterans Census, (CO) Yalobusha
Winter, Samuel: (CMTS) 1890 Veterans Census, (CO) Lafayette
Winter, Thomas: (CMTS) 1890 Veterans Census, (CO) Issaquena
Winters, John: (CMTS) 1890 Veterans Census, (CO) Warren
Wise, John: (CMTS) 1890 Veterans Census, (CO) Warren
Wisham, Robert: (CMTS) 1890 Veterans Census, (CO) Adams
Wisher, Willis: (CMTS) 1890 Veterans Census, (CO) Coahoma
Witney, J. B: (CMTS) 1890 Veterans Census, (CO) Yalobusha
Witt, James Thomas: (B) Feb. 24, 1893, (Race) White Chattanooga TN, (WWIDR) Adams,
    MS, (CO) Adams
Wolf, John: (CMTS) 1890 Veterans Census, (CO) Yalobusha
Wolfe, David D.: (CMTS) 1890 Veterans Census, (CO) Sunflower
Wolff, Christian: (CMTS) 1890 Veterans Census, (CO) Washington
Wolfolk, Frank: (CMTS) 1890 Veterans Census, (CO) Warren
Wolfolk, Margaret: (CMTS) 1890 Veterans Census, (CO) Warren
Wolfork, Frank: (CMTS) 1890 Veterans Census, (CO) Warren
Wolfork, Margaret: (CMTS) 1890 Veterans Census, (CO) Warren
Womack, Benjamin: (CMTS) 1890 Veterans Census, (CO) Dekalb
Womack, Butler Frank: (B) Oct. 22, 1894. (BP) Amite Co., MS, (RES) Summit, MS, (WWIDR) WWI,
    (CO) Amite
Womack, Calvin: (L) 78.46 acres, Jackson Land Office, (ID) Nov. 10, 1892, (CO) Simpson
Wormack, Charles: (B) Apr. 28, 1881, (CO) Smith
Womack, Charles: (B) Jun. 5, 1885, (D) 1966, (CO) Quitman
Wormack, Charles T.: (B) Aug. 27, 1885, (PRTS) James Womack, (CO) Yalobusha
Womack, Charles W.: (MD) Dec. 16, 1894, (Spouse) Hattie Lewis, (CO) Yalobusha
Womack, Clarence Jacob: (B) May 15, 1891, (BP) Smithdale, MS, (WWIDR) WWI, (CO) Amite
Wormack, Cora: (B) Aug. 265, 1886, (CO) Tishomingo

Womack, David: (MD) Dec. 16, 1886, (Spouse) Mary Stone, (CO) Clay
Womack, David: (MD) Oct. 25, 1885, (Spouse) Mary Womack, (CO) Franklin
Womack, Dicie: (L) 120.17 acres, Jackson Land Office, (ID) May 20, 1887, (CO) Simpson
Womack, E. J.: (MD) Feb. 2, 1888, (Spouse) Mary E. Shelby, (CO) Coahoma
Womack, George: (MD) Nov. 23, 1882, (Spouse) Dora Baker, (CO) Coahoma
Womack, Green B.: (L) 120.56 acres, Jackson Land Office, (CO) Simpson
Womack, H. F.: (MD) May 3, 1899, (Spouse) Dollie Summers, (CO) Lincoln
Womack, H. F.: (MD) Dec. 11, 1891, (Spouse) Mollie Jennings, (CO) Hinds
Womack, Harry: (L) 161.21 acres, Jackson Land Office, (CO) Simpson
Womack, L. E.: (MD) Dec. 31, 1884, (Spouse) Mary Francis Rushing, (CO) Franklin
Womack, J. T.: (MD) Mar. 2, 1885, (Spouse) Henrietta Elutts, (CO) Choctaw
Womack, James E.: (MD) Oct. 22, 1884, (Spouse) Frances S. Wood, (CO) Yalobusha
Womack, Jeff: (MD) Jan. 23, 1894, (Spouse) Emma Howell, (CO) Rankin
Womack, John A.: (MD) Jan. 21, 1887, (Spouse) Laura Dykes, (CO) Amite
Womack, John C.: (B) Jul. 19, 1888, (CO) Tishomingo
Womack, John R.: (L) 160.25 acres, Jackson Land Office, (ID) May 20, 1891, (CO)
Womack, L. A.: (MD) Dec. 24, 1896, (Spouse) Mittie Dixon, (CO) Amite
Womack, M. A.: (MD) Feb. 2, 1885, (Spouse) J. W. Franklin, (CO) Chocktaw
Womack, M. J.: (MD) Oct. 23, 1885, (Spouse) A. Stewart, (CO) Chocktaw
Womack, Matilda: (CMTS) 1890 Veterans Census, (CO) Dekalb
Womack, Oscar: (B) Dec. 28, 1890, (BP) Tippah CO., MS, (WWIDR) Benton Co., MS, (CO) Amite
Womack, Paul Fisher: (B) Jan. 6, 1885, (WWIDR) Desoto Co., MS, (CO) Desoto
Womack, R. V.: (MD) Feb. 9, 1892, (Spouse) Mollie Whitlow, (CO) Prentiss
Womack, Richard K.: (L) 120.17 acres, Jackson Land Office, (ID) May 20, 1887, (CO) Simpson
Womack, Russell Dodds: (B) Sep. 8, 1887, (WWIDR) Desoto Co., MS, (CO) Desoto
Womack, W. F.: (MD) Sep. 13, 1897, (Spouse) Daisy Mayfield, (CO) Desoto
Womack, W. R.: (MD) Aug. 10, 1889, (Spouse) Miss I. G. Wooten, Madison
Womack, William: (B) Jun. 26, 1892, (CO) Calhoun
Womack, William: (MD) 1885, (Spouse) Lizzie Dodds, (CO) Desoto
Womack, William E.: (MD) Dec. 28, 1892, (Spouse) Armena Upchurch, (CO) Yalobusha
Womack, William H.: (MD) Dec. 24, 1885, (Spouse) Celia Kyle, (CO) Copiah
Womack, Willis: (B) Jul. 30, 1892, (CO) Rankin
Wood, Andrew: (CMTS) 1890 Veterans Census, (CO) Adams
Wood, Betsy: (CMTS) 1890 Veterans Census, (CO) Warren
Wood, Charles Lee: (B) Aug. 4, 1898, (Race) Black, (WWIDR) Adams, MS, (CO) Adams
Wood, Garret B: (CMTS) 1890 Veterans Census, (CO) Warren
Wood, James: (B) Oct. 4, 1895, (Race) Black Adams Co., MS, (WWIDR) Adams, MS, (CO) Adams
Wood, James O.: (B) Dec. 27, 1891, (Race) White, (BP) Kemper Co., MS, (WWIDR) Adams, MS, (CO) Adams
Wood, John: (B) Jan. 20, 1899, (Race) Black, (WWIDR) Adams, MS, (CO) Adams
Wood, John D.: (CMTS) 1890 Veterans Census, (CO) Lee
Wood, Mary A.: (CMTS) 1890 Veterans Census, (CO) Warren
Wood, Steve: (B) May 5, 1882, (Race) Black, (WWIDR) Adams, MS, (CO) Adams
Wood, Walter: (CMTS) 1890 Veterans Census, (CO) Adams
Woodall, Nancy: (CMTS) 1890 Veterans Census, (CO) Bolivar
Woodall, William Martin: (B) Sep. 10, 1893 (D) Sep 1 1954 (CO) Chickasaw, (C) Wesley Chapel Cemetery
Woodard, Ben: (CMTS) 1890 Veterans Census, (CO) Warren
Woodard, Jim: (CMTS) 1890 Veterans Census, (CO) Washington
Woodard, Thomas: (L) 159.50 acres, Jackson Land Office, (ID) Mar. 16, 1891, (CO) Jones
Woodberry, Robert S.: (CMTS) 1890 Veterans Census, (CO) Washington
Woodfork, Fred: (B) Dec. 20, 1899, (Race) Black, (WWIDR) Adams, MS, (CO) Adams

Woods, Alfred: (B) Oct. 23, 1890, (Race) Black, (BP) Natchez, MS, (WWIDR) Warren, MS, (CO) Adams
Woods, Bryant: (CMTS) 1890 Veterans Census, (CO) Tunica
Woods, Cary: (B) Apr. 15, 1892, (Race) Black, (WWIDR) Adams, MS, (CO) Adams
Woods, Charles: (CMTS) 1890 Veterans Census, (CO) Adams
Woods, Cyntha: (CMTS) 1890 Veterans Census, (CO) Benton
Woods, Ephraim: (B) Apr. 8, 1893, (Race) Black Adams Co., MS, (WWIDR) Adams, MS, (CO) Adams
Woods, Fred: (B) May 17, 1889, (Race) Black Ameica, LA, (WWIDR) Adams, MS, (CO) Adams
Woods, George: (B) Sep 27, 1889, (Race) Black, (BP) Natchez, MS, (WWIDR) Warren, MS, (CO) Adams
Woods, George: (CMTS) 1890 Veterans Census, (CO) Yalobusha
Woods, Hughy: (B) Dec. 20, 1882, (Race) Black, (WWIDR) Adams, MS, (CO) Adams
Woods, Joseph: (B) Feb., 1899, (Race) Black, (WWIDR) Adams, MS, (CO) Adams
Woods, Joseph K: (CMTS) 1890 Veterans Census, (CO) Webster
Woods, Joshua: (CMTS) 1890 Veterans Census, (CO) Warren
Woods, Leon Hays: (B) Dec. 16, 1899, (Race) Black, (WWIDR) Adams, MS, (CO) Adams
Woods, Lewis: (CMTS) 1890 Veterans Census, (CO) Bolivar
Woods, Maria: (CMTS) 1890 Veterans Census, (CO) Warren
Woods, Mariah: (CMTS) 1890 Veterans Census, (CO) Coahoma
Woods, Peter: (CMTS) 1890 Veterans Census, (CO) Warren
Woods, Prince: (CMTS) 1890 Veterans Census, (CO) Holmes
Woods, Raleigh: (CMTS) 1890 Veterans Census, (CO) Warren
Woods, Richard: (B) Mar. 23, 1896, (Race) Black, (BP) Natchez, MS, (WWIDR) Adams, MS, (CO) Adams
Woods, Richard: (B) Dec., 1899, (Race) Black, (WWIDR) Adams, MS, (CO) Adams
Woods, William: (B) May 19, 1890, (Race) Black Adams Co., MS, (WWIDR) Adams, MS, (CO) Adams
Woods, William: (B) Apr. 30, 1898, (Race) Black, (WWIDR) Adams, MS, (CO) Adams
Woods, William: (CMTS) 1890 Veterans Census, (CO) Benton
Woodson, Americ: (CMTS) 1890 Veterans Census, (CO) Issaquena
Woodson, John W.: (CMTS) 1890 Veterans Census, (CO) Tunica
Wooley, Judson: (B) Oct. 20, 1886, (Race) Black, (BP) Natchez, MS, (WWIDR) Warren, MS, (CO) Adams
Woolfork, Perry: (CMTS) 1890 Veterans Census, (CO) Bolivar
Wootan, A. C.: (MD) Feb. 18, 1899, (Spouse) Sallie Stevens, (CO) Adams
Wooten, Charly: (CMTS) 1890 Veterans Census, (CO) Tate
Wooten, Henry: (CMTS) 1890 Veterans Census, (CO) Marshall
Word, Charles S.: (CMTS) 1890 Veterans Census, (CO) Lafayette
Word, Russell: (CMTS) 1890 Veterans Census, (CO) Washington
Workman, Sepion: (CMTS) 1890 Veterans Census, (CO) Adams
Works, Author W.: (CMTS) 1890 Veterans Census, (CO) Coahoma
Works, Robert: (CMTS) 1890 Veterans Census, (CO) Hinds
Worley, Lee: (B) Jun. 21, 1893, (Race) White, (BP) Monticello, MS, (WWIDR) Adams, MS, (CO) Adams
Worsham, William: (CMTS) 1890 Veterans Census, (CO) Carroll
Worthington, W. W: (CMTS) 1890 Veterans Census, (CO) Washington
Worthy, Howard Devan: (B) Jan. 22, 1892, (Race) White, (BP) Williamsburg, MS, (WWIDR) Adams, MS, (CO) Adams
Wortlins, Tom: (CMTS) 1890 Veterans Census, (CO) Dekalb
Wright, Adam: (CMTS) 1890 Veterans Census, (CO) Warren
Wright, Adonion C: (CMTS) 1890 Veterans Census, (CO) Alcorn

Wright, Albert: (CMTS) 1890 Veterans Census, (CO) Washington
Wright, Allen: (CMTS) 1890 Veterans Census, (CO) Adams
Wright, Anderson: (B) Apr. 5, 1895, (Race) Black, (BP) Natchez, MS, (WWIDR) Warren, MS, (CO) Adams
Wright, Andrew: (CMTS) 1890 Veterans Census, (CO) Warren
Wright, Arthur: (B) Feb. 11, 1893, (Race) Black, (BP) Turner, MS, (WWIDR) Adams, MS, (CO) Adams
Wright, Beauregard: (B) Jul. 6, 1882, (Race) Black, (WWIDR) Adams, MS, (CO) Adams
Wright, Charles: (B) 1891, (Race) Black, (BP) Turner, MS, (WWIDR) Adams, MS, (CO) Adams
Wright, Charles: (B) 1891, (Race) Black, (WWIDR) Adams, MS, (CO) Adams
Wright, Charley: (B) Dec. 20, 1898, (Race) Black, (WWIDR) Adams, MS, (CO) Adams
Wright, David: (CMTS) 1890 Veterans Census, (CO) Warren
Wright, Ezekiel: (B) Mar. 12, 1884, (Race) Black, (WWIDR) Adams, MS, (CO) Adams
Wright, Flora: (CMTS) 1890 Veterans Census, (CO) Adams
Wright, George: (B) Mar. 8, 1884, (Race) Black, (WWIDR) Adams, MS, (CO) Adams
Wright, George: (CMTS) 1890 Veterans Census, (CO) Dekalb
Wright, Henry: (CMTS) 1890 Veterans Census, (CO) Washington
Wright, James: (B) Apr. 25, 1887, (Race) Black Cranfield, MS, (WWIDR) Adams, MS, (CO) Adams
Wright, James: (B) May 9, 1898, (Race) Black, (WWIDR) Adams, MS, (CO) Adams
Wright, James: (CMTS) 1890 Veterans Census, (CO) Adams
Wright, James: (CMTS) 1890 Veterans Census, (CO) Madison
Wright, John: (CMTS) 1890 Veterans Census, (CO) Quitman
Wright, John: (CMTS) 1890 Veterans Census, (CO) Quitman
Wright, Johnny: (B) Jul. 4, 1898, (Race) Black, (WWIDR) Adams, MS, (CO) Adams
Wright, Joseph: (CMTS) 1890 Veterans Census, (CO) Warren
Wright, Lancaster: (CMTS) 1890 Veterans Census, (CO) Adams
Wright, Louis: (CMTS) 1890 Veterans Census, (CO) Coahoma
Wright, Major Charles: (B) Dec. 19, 1899, (Race) Black, (WWIDR) Adams, MS, (CO) Adams
Wright, Mary A.: (CMTS) 1890 Veterans Census, (CO) Adams
Wright, Nathan: (CMTS) 1890 Veterans Census, (CO) Adams
Wright, Nelson: (CMTS) 1890 Veterans Census, (CO) Tunica
Wright, Orange: (CMTS) 1890 Veterans Census, (CO) Washington
Wright, Peter: (CMTS) 1890 Veterans Census, (CO) Washington
Wright, Peter Pier: (CMTS) 1890 Veterans Census, (CO) Jefferson
Wright, Rickard: (CMTS) 1890 Veterans Census, (CO) Adams
Wright, Susan: (CMTS) 1890 Veterans Census, (CO) Madison
Wright, Tom: (B) Dec. 23, 1886, (Race) Black, (BP) Stanton, MS, (WWIDR) Adams, MS, (CO) Adams
Wright, Tom: (B) Dec. 23, 1886, (Race) Black, (WWIDR) Adams, MS, (CO) Adams
Wright, Walter: (B) Jun. 2, 1892, (Race) Black, (WWIDR) Adams, MS, (CO) Adams
Wright, William: (CMTS) 1890 Veterans Census, (CO) Hinds
Wright, William: (CMTS) 1890 Veterans Census, (CO) Adams
Wright, William G.: (B) Mar. 12, 1890, (Race) White, (BP) Natchez, MS, (WWIDR) Copiah, MS, (CO) Adams
Wright, Willie: (B) Sep 7, 1890, (Race) Black, (BP) Tate Plantation, MS, (WWIDR) Adams, MS, (CO) Adams
Wright, Willie: (B) Sep 7, 1890, (Race) Black, (WWIDR) Adams, MS, (CO) Adams
Wroten, John Howel: (B) Jul. 7, 1884, (Race) White, (WWIDR) Adams, MS, (CO) Adams
Wyat, Anet: (CMTS) 1890 Veterans Census, (CO) Claiborne

Wyatt, Henry: (CMTS) 1890 Veterans Census, (CO) Wilkinson
Wyatt, Hubbard: (CMTS) 1890 Veterans Census, (CO) Warren
Wyatt, Nelson: (CMTS) 1890 Veterans Census, (CO) Hinds
Wyles, Jack: (CMTS) 1890 Veterans Census, (CO) Leflore
Wylie, George: (CMTS) 1890 Veterans Census, (CO) Coahoma
Wylie, John: (B) Sep, 1890, (Race) Black, (BP) Tensas Par., LA, (WWIDR) Adams, MS, (CO) Adams
Yagee, Edward: (B) Dec. 25, 1888, (Race) White, (BP) Saint Joseph, LA, (WWIDR) Adams, MS, (CO) Adams
Yarbear, A. M.: (CMTS) 1890 Veterans Census, (CO) Alcorn
Yarber, Joshua P: (CMTS) 1890 Veterans Census, (CO) Itawamba
Yarber, Perry: (CMTS) 1890 Veterans Census, (CO) Claiborne
Yates, Millie: (CMTS) 1890 Veterans Census, (CO) Bolivar
Yeager, John: (CMTS) 1890 Veterans Census, (CO) Calhoun
Yelliday, Juda: (CMTS) 1890 Veterans Census, (CO) Warren
Yelliday, Patrick: (CMTS) 1890 Veterans Census, (CO) Warren
Yelliday, Robert: (CMTS) 1890 Veterans Census, (CO) Warren
Yellidy, Juda: (CMTS) 1890 Veterans Census, (CO) Warren
York, Emanuel: (CMTS) 1890 Veterans Census, (CO) Adams
York, Fannie: (CMTS) 1890 Veterans Census, (CO) Adams
York, Madison: (CMTS) 1890 Veterans Census, (CO) Hinds
York, Norah: (CMTS) 1890 Veterans Census, (CO) Issaquena
York, Wesley: (CMTS) 1890 Veterans Census, (CO) Yazoo
Young, Albert: (CMTS) 1890 Veterans Census, (CO) Hinds
Young, Alfred: (CMTS) 1890 Veterans Census, (CO) Dekalb
Young, Allen: (CMTS) 1890 Veterans Census, (CO) Quitman
Young, Altimore: (CMTS) 1890 Veterans Census, (CO) Sharkey
Young, Amos: (CMTS) 1890 Veterans Census, (CO) Tunica
Young, Annie: (CMTS) 1890 Veterans Census, (CO) Warren
Young, Archie: (B) Dec. 24, 1881, (Race) Black, (WWIDR) Adams, MS, (CO) Adams
Young, Austin: (CMTS) 1890 Veterans Census, (CO) Warren
Young, Benjamin F.: (CMTS) 1890 Veterans Census, (CO) Newton
Young, Charity: (CMTS) 1890 Veterans Census, (CO) Holmes
Young, Charlotte: (CMTS) 1890 Veterans Census, (CO) Warren
Young, Christopher: (CMTS) 1890 Veterans Census, (CO) Warren
Young, Daniel: (B) Sep 5, 1884, (Race) Black, (WWIDR) Adams, MS, (CO) Adams
Young, Daniel: (CMTS) 1890 Veterans Census, (CO) Tunica
Young, David: (CMTS) 1890 Veterans Census, (CO) Warren
Young, Edward: (CMTS) 1890 Veterans Census, (CO) Dekalb
Young, Emanuel: (CMTS) 1890 Veterans Census, (CO) Yalobusha
Young, Frank: (CMTS) 1890 Veterans Census, (CO) Issaquena
Young, George: (CMTS) 1890 Veterans Census, (CO) Bolivar
Young, Gilmore: (B) Sep 1, 1890, (Race) Black, (BP) Natchez, MS, (WWIDR) Adams, MS, (CO) Adams
Young, Harvey: (CMTS) 1890 Veterans Census, (CO) Dekalb
Young, Henrietta: (CMTS) 1890 Veterans Census, (CO) Coahoma
Young, Henrietta: (CMTS) 1890 Veterans Census, (CO) Quitman
Young, Henry: (CMTS) 1890 Veterans Census, (CO) Tunica
Young, Henry: (CMTS) 1890 Veterans Census, (CO) Washington
Young, Jack: (CMTS) 1890 Veterans Census, (CO) Tunica
Young, James: (B) Jul. 31, 1895, (Race) Black, (BP) Natchez, MS, (WWIDR) Warren, MS, (CO) Adams
Young, John: (CMTS) 1890 Veterans Census, (CO) Coahoma

Young, Joseph Alonzo: (B) Dec. 14, 1886, (Race) Black, (BP) Natchez, MS, (WWIDR) Adams, MS, (CO) Adams
Young, Lavinia: (CMTS) 1890 Veterans Census, (CO) Dekalb
Young, Lyphus: (CMTS) 1890 Veterans Census, (CO) Dekalb
Young, Millie: (CMTS) 1890 Veterans Census, (CO) Washington
Young, Pelham: (B) Jan. 21, 1893, (Race) Black Adams Co., MS, (WWIDR) Adams, MS, (CO) Adams
Young, Perry: (CMTS) 1890 Veterans Census, (CO) Adams
Young, Primans: (CMTS) 1890 Veterans Census, (CO) Tunica
Young, Primas: (CMTS) 1890 Veterans Census, (CO) Warren
Young, Primous: (CMTS) 1890 Veterans Census, (CO) Tunica
Young, Sam: (B) Jan. 8, 1896, (Race) Black, (BP) Natchez, MS, (WWIDR) Adams, MS, (CO) Adams
Young, Shelby: (B) Nov. 19, 1893, (Race) Black, (BP) Natchez, MS, (WWIDR) Warren, MS, (CO) Adams
Young, Stark: (B) Oct. 11, 1881, (BP) Como, MS, (OC) Writer
Young, Taylor: (CMTS) 1890 Veterans Census, (CO) Warren
Young, Walter: (B) Oct. 3, 1898, (Race) Black, (WWIDR) Adams, MS, (CO) Adams
Young, Walter: (MD) Feb. 9, 1888(Spouse) Rena Sanders(CO) Lafayette
Young, William: (MD) Feb. 2, 1881(Spouse) Laura Dockery(CO) DeSoto
Young, William: (MD) Feb. 24., 1881(Spouse) Ellen Jackson(CO) Warren
Young, William: (CMTS) 1890 Veterans Census, (CO) Bolivar
Young, William: (CMTS) 1890 Veterans Census, (CO) Washington
Young, William E.: (MD) 1881(Spouse) Fannie McGhee(CO) Franklin
Young, Willis: (MD) Apr. 3, 1881(Spouse) Hagar Anderson(CO) Yazoo
Young, Wilson D.: (CMTS) 1890 Veterans Census, (CO) Washington
Youngblood, T. J.: (CMTS) 1890 Veterans Census, (CO) Jefferson
Youngblood, William: (CMTS) 1890 Veterans Census, (CO) Washington
Youngs, James M.: (CMTS) 1890 Veterans Census, (CO) Panola
Zechariah, Pullum: (CMTS) 1890 Veterans Census, (CO) Washington
Zeno, Frank: (CMTS) 1890 Veterans Census, (CO) Adams
Zeno, George: (CMTS) 1890 Veterans Census, (CO) Adams
Zuccaro, Augustine: (B) Jun. 2, 1892, (Race) White, (BP) Termine Imerese Sicily Ital, (WWIDR) Adams, MS, (CO) Adams
Zuccaro, John: (B) Apr. 15, 1888, (Race) White, (BP) Termini Imerese Sicily Ital, (WWIDR) Adams, MS, (CO) Adams
Zuccaro, Joseph: (B) Jan. 10, 1894, (Race) White, (BP) Termini Sicily Italy, (WWIDR) Adams, MS, (CO) Adams
Zuccaro, Vincent: (B) Jan. 28, 1886, (Race) White, (WWIDR) Adams, MS, (CO) Adams
Zuchellen, Claude Eugene: (B) Sep 21, 1892, (Race) White, (BP) Natchez, MS, (WWIDR) Adams, MS, (CO) Adams
Zuzak, Friedler J.: (B) Feb. 24, 1894, (Race) White, (BP) Vidalia, LA, (WWIDR) Adams, MS, (CO) Adams

Other Heritage Books by Sherida K. Eddlemon:

Missouri Genealogical Records and Abstracts:
Volume 1: 1766-1839
Volume 2: 1752-1839
Volume 3: 1787-1839
Volume 4: 1741-1839
Volume 5: 1755-1839
Volume 6: 1621-1839
Volume 7: 1535-1839

Missouri Genealogical Gleanings 1840 and Beyond, Volumes 1-9

1890 Genealogical Census Reconstruction: Mississippi, Volumes 1 and 2

1890 Genealogical Census Reconstruction: Missouri, Volumes 1-3

1890 Genealogical Census Reconstruction: Ohio, Volume 1
(with Patricia P. Nelson)

1890 Genealogical Census Reconstruction: Tennessee, Volume 1

A Genealogical Collection of Kentucky Birth and Death Records

Callaway County, Missouri, Marriage Records: 1821 to 1871

Cumberland Presbyterian Church, Volume One: 1836 and Beyond

Dickson County, Tennessee Marriage Records, 1817-1879

Genealogical Abstracts from Missouri Church Records and Other Religious Sources, Volume 1

Genealogical Abstracts from Tennessee Newspapers, 1791-1808

Genealogical Abstracts from Tennessee Newspapers, 1803-1812

Genealogical Abstracts from Tennessee Newspapers, 1821-1828

Tennessee Genealogical Records and Abstracts, Volume 1: 1787-1839

Genealogical Gleanings from New York Fraternal Organizations Volumes 1 and 2

Index to the Arkansas General Land Office, 1820-1907 Volumes 1-10

Kentucky Genealogical Records and Abstracts, Volume 1: 1781-1839

Kentucky Genealogical Records and Abstracts, Volume 2: 1796-1839

Lewis County, Missouri Index to Circuit Court Records, Volume 1, 1833-1841

Missouri Birth and Death Records, Volumes 1-4

Morgan County, Missouri Marriage Records, 1833-1893

Our Ancestors of Albany County, New York, Volumes 1 and 2

Our Ancestors of Cuyahoga County, Ohio, Volume 1
(with Patricia P. Nelson)

Ralls County, Missouri Settlement Records, 1832-1853

Records of Randolph County, Missouri, 1833-1964

Ten Thousand Missouri Taxpayers

The "Show-Me" Guide to Missouri: Sources for Genealogical and Historical Research

CD: Dickson County, Tennessee Marriage Records, 1817-1879

CD: Index to the Arkansas General Land Office, 1820-1907 Volumes 1-10

CD: Missouri, Volume 3

CD: Tennessee Genealogical Records

CD: Tennessee Genealogical Records, Volumes 1-3

www.ingramcontent.com/pod-product-compliance
Lightning Source LLC
Chambersburg PA
CBHW071710160426
43195CB00012B/1636